경건주의 신학과 신학자들

17-18세기 신학에 대한 안내

카터 린드버그 편집 | 이은재 옮김

기독교문서선교회

기독교문서선교회 (Christian Literature Center: 약칭 CLC)는 1941년 영국 콜체스터에서 켄 아담스에 의해 시작되었으며 국제 본부는 미국 필라델피아에 있습니다. 국제 CLC는 59개 나라에서 180개의 본부를 두고, 약 650여 명의 선교사들이 이동 도서차량 40대를 이용하여 문서 보급에 힘쓰고 있으며 이메일 주문을 통해 130여국으로 책을 공급하고 있습니다. 한국 CLC는 청교도적 복음주의 신학과 신앙서적을 출판하는 문서선교기관으로서, 한 영혼이라도 구원되길 소망하면서 주님이 오시는 그날까지 최선을 다할 것입니다.

The Pietist Theologians

An Introduction to Theology in the Seventeenth and Eighteenth Centuries

by

Carter Lindberg

translated by

Eun-Jae Lee

Copyright © 2005 by Blackwell Publishing

Originally published in the UK under the title
as *The Pietist Theologians* by Blackwell Publishing Ltd.

Translated by the permission of Blackwell Publishing,
9600 Garsington Road, Oxford OX4 2DQ UK

All rights reserved

Korean Edition
Copyright © 2009, 2019 by Christian Literature Center
Seoul, Korea

추천의 글

이성덕
배재대학교 교회사 교수

경건주의는 종교개혁 이후 가장 주목할 만한 교회개혁 운동이며 신학 운동임에도 불구하고, 가장 오해받고 있는 교회사적인 사건이기도 합니다. 어떤 이들은 경건주의를 기독교적 실천으로 평가하지만, 어떤 이들은 경건주의를 지나치게 개인주의적이고 이분법적이며 내세 지향적인 기독교의 한 부정적인 양태로 치부하기도 합니다.

그러나 경건주의를 총체적으로 이해하기 위해서는 경건주의가 태동하였던 그 시대적인 맥락을 이해하고, 다양한 스펙트럼을 지닌 경건주의자들의 삶과 신학과 실천적인 노력을 진지하게 탐구해야 하며, 이것이 기독교회에 끼친 영향과 현재적인 의미를 고찰해야 합니다.

사실 이것은 전문가들이 아니고는 쉽지 않은 작업입니다. 이러한 상황에서 카터 린드버그가 편집한 책을 번역한 본서는 일반인들에게도 경건주의에 대한 이해의 폭과 깊이를 더하게 할 수 있는 포괄적인 입문서이자 경건주의 연구를 위한 좋은 자료가 될 것을 확신하며, 기쁜 마음으로 추천하는 바입니다.

감사의 글

이 책이 만들어지도록 도와주고 작업에 동참한 여러분들께 고마운 마음을 표한다. 언제나 그랬듯이, 블랙웰(Blackwell)출판사 편집자들은 놀라운 능력을 가진 분들이며, 그들의 성품과 인내심은 전문가로서의 자질을 가진 최고의 사람들이라고 생각한다. 책임편집자인 레베카 하킨(Rebecca Harkin)은 이 책을 진심으로 환영하였고, 또한 경건주의에 관한 이 한 권의 책이 16세기와 19세기 사이의 신학자들 사이에서 "위대한 신학자들"(The Great Theologians) 시리즈로서 교량역할을 제공할 것이라는 나의 제안을 지지해주었다. 독자들의 반응에 더 많은 유익을 제공하려고 했던 초기의 제안으로 인해서 다른 인물들을 몇 명 더 추가하자는 목소리가 설득력을 가진 바 있다. 그러나 지면의 제약으로 인해 천거된 대부분은 다루었지만 아쉽게도 언급된 모든 인물들을 다 싣지는 못하였다. 블랙웰 출판사의 로라 배리(Laura Barry)가 추천한 소피 깁슨(Sophie Gibson)은 이 업무를 담당한 자로서 충실한 후원자요 안내자이며, 매번 요구되는 사항들과 이러저러한 간섭으로 인해 결국 최초의 마감일을 넘겨 이 일이 지연되었건만 통찰력과 유머와 인내심을 가지고 신속하게 일을 처리해주었다. 린다 슈림튼(Leanda Shrimpton)은 사진 전문위원(Picture Research Controller)으로 표지 그림을 찾아내었다. 뜻밖에도 이 그림은 루터교인인 내가 웨슬리(Wesley)에 대해 헐뜯는 것을 오랫동안 참아주었던 나의 감리교 동료가 분실하지 않고 가지고 있던 것이다. 또 한 분 미셸 고티에(Michelle Gauthier)에게도 감사를 전하고 싶다. 그는 앤도버에 있는 하버드(Andover-Harvard) 신학도서관에서 도서관끼리 보급 및 대출을 담당하는 총 관리자이다. 그가 아니었더라면 나로서는 자료에 접근하는 것이 어려웠거나 아예 불가능했을지도 모른다.

나는 특별히 이 책의 각 장마다 은혜롭게 작업을 해주신 기고자들에게 감사를 전한다. 학자들의 탁월한 학문성에 걸맞게 많은 시간이 요청되는 작업이었음에도 불구하고 다행히도 그들이 동참을 해주었다. 나는 아른트(Arndt), 게르하르트(Gerhardt), 프랑케(Francke), 페테르젠(Petersen), 테어슈테겐(Tersteegen), 벵엘(Bengel), 외팅어(Oetinger)에 관한 장을 번역하는 책임을 맡았다. 저자들의 글을 읽고, 수정하고, 번역한 초고를 다시 읽는 과정에서 많은 감동을 받았다. 그러나 많은 분들의 도움이 있었음에도 불구하고 번역상의 오류와 부적합한 표현들은 전적으로 나의 잘못이다.

마지막으로 나는 스티브 반 길더(Steve Van Gilder), 필 울드(Phil Wold), 더그 볼드(Doug Vold), 브래드 얼제네스(Brad Ulgenes)와 몬태나(Montana)에 있는 밀 크리크연구소(Mill Creek Institute)에서 함께 경건주의를 축하해 준 매우 탁월한 목회자 제프 스투프스(Jeff Stoopes)에게 감사를 표한다.

2003년 만성절에
카터 린드버그(Carter Lindberg)

역자 서문

"지금 경건주의자들의 이름은 세상이 널리 알려져 있습니다.
경건주의자란 무엇입니까? 그들은 하나님의 말씀을 배우는 자들입니다.
또한 하나님의 말씀을 따라 거룩한 삶을 영위하는 자들입니다
---(중략)---
경건은 마음에 깃들이는 것이 우선입니다."

Joachim Feller(1628-1691)

본서는 블랙웰(Blackwell) 출판사의 "위대한 신학자들"(The Great Tehologians) 시리즈로서 『경건주의 신학과 신학자들』(*The Pietist Theologians*)을 번역한 것이다. 17-8세기의 경건주의 신학자들에 대한 종합적인 안내서로 영국의 청교도, 대륙의 경건주의 그리고 경건주의가 미국에 미친 영향까지 고려하여 서술되었다. 몇 가지 특징을 살펴본다면,
1. 종교개혁 이후 개신교 진영의 복음적인 측면을 골고루 다루었다.
2. 경건주의가 17-8세기의 종교, 문화, 사회의 삶에 끼친 영향을 잘 그려내고 있다.
3. 특별히 경건주의가 현대의 신학과 문화에 어떤 자극제가 되었는지를 살펴볼 수 있다.

4. 개신교와 가톨릭 진영뿐만 아니라 여성들의 역할에 대해서도 편견없이 다루었다.

5. 국제적인 학자들이 전문성을 발휘하여 최근까지의 연구 상황 및 문헌들을 제공해준다.

한국교회와 성도들에게 경건이란 단어는 영성이란 말로 대체된 것 같다. 신적 성품이나 존재에 관심을 기울이는 영성이나 하나님과의 관계적인 삶을 묻는 경건 모두 우리에게 너무나 절실하다.

그런 점에서 독자들은 본서를 통해 기독교인의 삶에 대한 풍부한 크기와 깊이를 발견할 수 있으며, 따라서 오늘 한국교회가 건강한 미래로 나아갈 수 있는 발판을 마련해주길 간절히 기대하는 마음이다.

2009년 7월
냉천 동산에서
이은재

목 차

추천의 글: 이성덕 (배재대학교 교회사 교수) 5
감사의 글 6
역자 서문 8
집필진들에 대한 소개 13
약어표 20

서 론 23

제1장 요한 아른트- 요한네스 발만 61

제2장 윌리엄 퍼킨스- 레이몬드 A. 블랙키터 95

제3장 루이스 베일리와 리처드 백스터- 칼 투르먼 123

제4장 파울 게르하르트- 크리스티안 분너스 153

제5장 필립 야콥 슈페너- K. 제임스 슈타인 183

제6장 아우구스트 헤르만 프랑케- 마르쿠스 마티아스 213

제7장 코튼 마더- 리처드 러브레이스 241

CONTENTS

제8장 제인 와드 레데와 필라델피아 공동체- 도널드 F. 던바　　267

제9장 요한나 엘레오노라 페테르젠- 마르틴 H. 융　　305

제10장 마담 귀용- 패트리시아 A. 와드　　331

제11장 고트프리드 아르놀트- 피터 어브　　357

제12장 게르하르트 테어슈테겐- 한스권터 루데비히　　385

제13장 니콜라스 루트비히 폰 진젠도르프- 페터 폭트　　419

제14장 요한 알브레히트 벵엘- 헤르만 에머　　449

제15장 프리드리히 크리스토프 외팅어- 마르틴 바이어-멩크호프　　479

제16장 존 웨슬리- 데이비드 햄튼　　511

용어 해설집　　541

색 인　　549

The Pietist Theologians

기고자들에 대한 소개

레이몬드 A. 블랙키터(Raymond A. Blacketer)는 현재 캐나다 앨버타(Alberta)에 있는 크리스천개혁주의교회에서 목회자로 시무하고 있다. 종교개혁과 후기-종교개혁 시대의 개혁주의 신학에 있어서 성경주석의 역사를 연구하고 있다.

크리스티안 분너스(Christian Bunners)는 베를린에 있는 바울신학교(Paulinum)에서 강의하고 있는 목회자이다. 특별히 그는 찬송가와 교회음악 분야에 관해 여러 권의 책을 출판한 저자이다. 1993년부터 1999년까지 국제찬송가학연구회(Internationalen Arbeitsgemeinschaft für Hymnologie)의 회장직을 역임하였다. 현재 그는 경건주의역사연구회(Historischen Kommission zur Erforschung des Pietismus)와 1999년에 설립된 파울 게르하르트학회(Paul Gerhardt Gesellschaft)의 회장직을 맡고 있다.

도널드 F. 던바(Donald F. Durnbaugh)는 베다니신학교의 명예교수로 교회사 전공이며, 은퇴한 후에 펜실베이니아의 헌팅던에 소재한 주니아타(Juniata)대학의 사서로 봉사하고 있다. 또한 그는 펜실베이니아 주 엘리자베스타운에 소재한 엘리자베스타운(Elizabethtown)대학에서 재세례파와 경건주의 연구를 위한 영 센터(Young Center)의 특별회원이며, 경건주의역사연구회의 객원위원이다.

헤르만 에머(Hermann Ehmer)는 뷰르템베르크에 있는 독일 루터교회의 주(洲) 도서관 관장이며, 튜빙엔(Tübingen)대학에서 뷰르템베르크 교회사를 강의하는 학자이다. 또한 「뷰르템베르크 교회사 잡지」(*Blätter für württembergischen Kirchengeschichte*)의 협동 편집장이다. 그는 바덴-뷰르템베르크의 역사와 교회사 영역에서 그리고 이 책의 총서 가운데 한 권인 『종교개혁 신학자들』(*The Reformation Theologians*, Blackwell, 2002)에서 요한네스 브렌츠(Johannes Brenz)에 관한 글을 비롯하여 많은 책을 발행하는데 힘쓰고 있다.

피터 어브(Peter C. Erb)는 캐나다 온타리오의 워털루에 위치한 윌프리드 로리어(Wilfrid Laurier)대학의 종교와 문화학 교수이다. 또한 펜실베이니아 펜스버그(Pennsburg)에 소재한 슈벵크펠트도서관 및 헤리티지센터(Schwenkfelder Library and Heritage Center)의 부총무이다. 그는 급진적 종교개혁과 경건주의에 관하여 많은 글을 썼다. 또한 그는 19세기 앵글로-가톨릭(Anglo-Catholic)과 영국의 로마 가톨릭(British Roman Catholic)과의 관계를 연구하는 전문가이다. 그는 최근 브로일-쿵켈(W. Breul-Kunkel)과 포겔(L. Vogel)이 편집한 「수용과 개혁: 한스 슈나이더 60회 생신 기념 논문집」(*Rezeption und Reform: Festschrift für Hans Schneider zu seinem 60, Geburtstag*, 2001)에 "경건주의와 옥스퍼드 소책자 운동주의자: 에드워드 부베리 푸지, 복음주의 그리고 독일신학의 해석"(Pietism and Tractarian

Oxford: Edward Bouverie Pusey, Evangelicalism, and the Interpretation of German Theology)과 마이어와 슈트레터(D. Meyer and U. Sträter)가 편집한 「16세기에서 19세기까지 개신교의 신비주의 전통의 수용」(Zur Rezeption mystischer Tradition im Protestantimus des 16. bis 19. Jahrhunderts, 2002)에 "고트프리드 아르놀트의 신비신학 옹호"(Gottfried Arnold's Defence of Mystical Theology)를 발표했다.

데이비드 햄튼(David Hempton)은 보스턴대학교 교회사 교수이자 석좌교수이다. 그는 『영국사회에서 감리교와 정치』(Methodism and Politics in British Society, 1984)와 『사람들의 종교: 감리교와 대중종교 1750-1900』(Religion of the People: Methodism and Popular Religion 1750-1900, 1996)를 포함하여 감리교 전통에 대해 폭넓은 연구를 다루었다. 최근 그는 18-19세기 북 대서양 지역에서 감리교의 발흥에 관한 책을 출판하였으며, 현재 하버드대학교 교회사 교수로 자리를 옮겼다.

마르틴 융(Martin H. Jung)은 독일의 오스나브뤽(Osnabrück)대학의 역사신학 교수이다. 그는 경건주의 역사와 교회에서의 여성의 역사에 초점을 맞추어 연구하고 있다. 그의 출판물의 범위는 멜랑히톤(Melanchton)의 작품에서부터 19세기 프로테스탄트까지 광범위하다. 최근의 출판물로는 『경건주의와 각성운동 시기에 경건한 여성들의 자서전』(Autobiographien frommer Frauen aus Pietismus und Erweckungsbewegung, 1999), 『1815-1870년까지 독일 개신교』(Der Protestantimus in Deutschland 1815-1870, 2000), 『수녀들, 여성 예언자들, 교회의 어머니들』(Nonnen, Prophetinnen, Kirchenmütter, 2002), 『16세기 신학자들』(Theologen des 16. Jahrhunderts, 2002), 『17-18세기 신학자들』(Theologen des 17. und 18. Jahrhunderts, 2003)

등이 있다.

카터 린드버그(Carter Lindberg)는 보스턴대학교 신학부 명예 교회사 교수이다. 그는 이 총서 가운데 한 권인『종교개혁과 신학자들』(*Reformation Theologians*, 2002)을 편집했고,『유럽의 종교개혁』(*The European Reformation*, 1996)의 저자이다.

리처드 러브레이스(Richard F. Lovelace)는 매사추세츠 사우스 해밀톤에 소재한 고든-콘웰(Gordon-Conwell)신학교의 교회사 명예교수이다. 그는 교회사와 영성 분야에서 많은 논문들을 발표하였고, 특별히 저작으로는 『영적 생활의 역동성』(*Dynamics of Spiritual Life*, 1978)과『코튼 마더의 미국 경건주의』(*The American Pietism of Cotton Mather*, 1979)가 있다.

한스귄터 루데비히(Hansgünter Ludewig)는 복음적인 겟세마네 공동체(Gethsemane-Bruderschaft)의 창립인 가운데 한 사람이며, 헤르만스부르크(Hermansburg)에서 선교학을 가르쳤다. 1980년 역사적인 대성당수도원 라체부르크(Domkloster Ratzeburg)에 복음적인 수도원을 세웠다. 그리고 뤼벡에서 1986에서 1992년까지 주교의 종교법 고문으로 활동하였다. 현재 브라운슈바이크의 카타리넨교회(Catharinenkirche)에서 목사로 사역하고 있다. 테어슈테겐(Tersteegen)에 관한 박사학위 논문은 복음적인 신비주의 영역을 다룬 그의 많은 작품들의 기초가 된다.

마르쿠스 마티아스(Markus Matthias)는 할레-비텐베르크의 마르틴-루터대학교(Martin-Luther-Universität Halle-Wittenberg) 역사신학연구소의 사강사이다. 그는 경건주의 연구에 크게 공헌하였다. 슈페너의 서신 편집을 비롯하여 『요한과 엘레오노레 페테르젠 연구』(Johann and Eleonore Petersen, 1993) 및 『아우구스트 헤르만 프랑케의 생애(Lebensläufe August Hermann Francke, 1999)의 편집에 참여했다.

제임스 슈타인(K. James Stein)은 일리노이 주 이반스톤에 소재한 게렛-복음주의신학교(Garrett-Evangelical Theological Seminary) 교회사 명예교수이다. 그는 현재 이곳 대학의 교회사 분야 원로이다. 그의 연구는 『필립 야콥 슈페너: 경건주의의 시조』(Philipp Jakob Spener: Pietist Patriarch, 1986)와 수많은 논문들을 포함하여 계속해서 슈페너 연구에 초점을 두고 있다.

칼 투르먼(Karl Trueman)은 필라델피아(Philadelphia)에 있는 웨스트민스터신학대학원(Westminster Theological Seminary)의 교회사 및 역사신학 조교수이다. 그는 영국 종교개혁과 영국의 청교도 존 오웬(John Owen)의 사상에 관한 책 『진리의 외침: 존 오웬의 삼위일체 신학』(The Claims of Truth: John Owen's Trinitarian theology, 1998)의 저자이다.

페터 폭트(Peter Vogt)는 독일 출생으로 하버드대학교 신학부(Harvard Divinity School)와 보스턴대학교 신학부(Boston University School of Theology)에서 연구하였으며, 보스턴대학교 신학부에서 조직신학과 교회사로 2001년에 신학박사 학위를 받았다. 논문은 「사랑의 공동체인 교회: 역사적이며 신학적인 탐구」(The Church as Community of Love: A Historical and Theological Inquiry)이다. 많은 논문과 함께 그는 2개 국어로 병행해서 발행되는 펜실베이니아 진젠도르프 모임의 소책자를 발간하고 있으며, 모라비안 역사 연구서의 공동 편집자이다. 현재 그는 독일 모라비안교회의 회원이며, 독일 니에스키 지방의 모라비안 공동체를 섬기고 있다.

요한네스 발만(Johannes Wallmann)은 보쿰(Bochum)에 있는 루어대학(Ruhr-Universität)의 교회사 명예교수이며, 베를린에 있는 훔볼트대학(Humboldt-Universität)의 명예교수이다. 또한 그는 슈페너의 서신을 출판하는 책임자이다. 경건주의에 관한 수많은 연구 가운데 가장 잘 알려진 것은 1970년에 출판된『필립 야콥 슈페너와 경건주의의 시작』(*Philipp Jakob Spener und die Anfänge des Pietismus*)으로 이 책은 1986년에 개정되었으며, 또한 전공영역에 관한 교과서로『경건주의』(*Der Pietismus*, 1990)가 있다.

패트리시아 와드(Patricia A. Ward)는 프랑스어와 비교문학 교수로서 밴더빌트(Vanderbilt)대학의 보들레르(Baudelaire)와 현대 프랑스어 연구를 위한 반디연구소(W. T. Bandy Center)의 책임자이다. 그녀의 관심분야 가운데 하나는 종교와 문학에 관한 연구이다. 그녀는 마담 귀용(Madame Guyon)과 페넬롱(Fenèlon)에 관한 여러 편의 연구서를 발표하였다. 대표적으로 『마담 귀용』(*Madam Guyon: Recontres autour de la vie et l'oeuvre*, 1997)이 있으며, 곧『해외의 정숙주의자들: 마담 귀용, 페넬롱 그리고 미국인 독자들』(*Quietists Abroad: Madame Guyon, Fenèlon, and Their American Readers*)이라는 제목으로 책을 출판할 계획이다.

마르틴 바이어-멩크호프(Martin Weyer-Menkhoff)는 슈바벤 지역 그뮌트에 소재한 교육대학(Paedagogische Hochschule Schwaebisch Gmuend)에서 신학과 종교교육연구소의 개신교 신학 및 종교교육학 교수이다. 그의 주요작품은 외팅어(Oetinger)에 관한 것으로『그리스도,

본성의 구원, 프리드리히 크리스토프 외팅어 신학의 기원과 체계』(*Christus, das Heil der Natur. Entstehung und Systematik der Theologie Friedrich Christoph Oetingers*, 1990)가 있다.

약어표

AGP   *Arbeiten zur Geschichte des Pietismus*

Brecht 1 Martin Brecht (ed.), *Geschichte des Pietismus* (Göttingen: Vandenhoeck & Ruprecht, 1993), vol. 1, *Der Pietismus vom siebzehnten bis zum frühen achtzehnten Jahrhundert.*

Brecht 2 Martin Brecht and Klaus Deppermann (eds), *Geschichte des Pietismus* (Göttingen: Vandenhoeck & Ruprecht, 1995), vol. 2: *Der Pietismus im Achtzehnten Jahrhundert.*

BWKG   *Blätter für Württembergische Kirchengeschichte*

CH   *Curch History*

JEH   *Journal of Ecclesiastical History*

KTP   *Kleine Texte des Pietismus*

LQ   *Lutheran Quarterly*

LW   *Luther's Works*, Jaroslav Pelikan and Helmut T. Lehmann (eds), 55 vols. (St Louis: Concordia/ Philadelphia: Fortress, 1955-86), cited as LW vol.: page.

NKZ   *Neue Kirchliche Zeitschrift*

NZSTh *Neue Zeitschrift für systematische Theologie*

PuN   *Pietismus und Neuzeit*

RGG	*Religion in Geschichte und Gegenwart* (3rd edn, Tübinggen: Mohr, 1957f.).
SCJ	*The Sixteenth Century Journal*
TGP	*Text zur Geschichte des Pietismus*
TRE	*Theologische Realenzylopädie,* Gerhard Krause and Gerhard Müller (eds) (Berlin and New York: de Guyter, from 1977).
UF	*Unitas Fratrum*
WA	*D. Martin Luthers Werke, kritische Gesamtausgabe* (Weimar: Böhlau, 1883f.), cited as WA vol.: page, line.
WNM	Martin Schmidt, *Wiedergeburt und neuer Mensch: Gesammelte Studien Zur Geschichte des Pietismus* (Witten: Luther Verlage, 1969).
WTJ	*Westminster Theological Journal*
ZKG	*Zeitschrift für Kirchengeschichte*
ZRGG	*Zeitschrift für Religions und Geistesgeschichte*
ZThK	*Zeitschrift für Theologie und Kirche*

The Pietist Theologians

서 론

카터 린드버그(Carter Lindberg)

왜 기독교역사에 등장하는 주요 신학자들에 관한 총서에 경건주의 신학자들에 관한 책을 포함시키는가? 경건주의는 정확하게 대학의 신학(academic theology)을 마음의 종교(religion of heart)와 대조되는 머리의 종교(religion of head)라고 비판하는 운동이 아니었던가? 터툴리아누스(Tertullian)의 말에 빗대어, "확실히 극단적인 루터 정통주의에 속한 성당"[1](혹은 대학의 신학에 속한 성당)인 비텐베르크가 예루살렘과 무슨 관련이 있는가? 경건주의는 하나님에 대해 말하는 것을 하나님과 동행하는 것으로 바꾸어 놓지 않았는가? 결국 고트프리드 아르놀트(Gottfried Anold)가 자신의 『교회와 이단에 관한 공정한(편견 없는) 역사』(*Unparteiischen Kirchen-und Ketzerhistorie*, 1699/1700)에서 지적이고 고도로 세련된 신학자들이 반드시 기독교의 삶의 귀감은 아니라고 매우

---

1) Hans-Walter Krumwiede, "Theological School in Europe," in Julius Bodensieck (ed.), *The Encyclopedia of the Lutheran Church*, 3 vols (Philadelphia: Fortress Press, 1965), 3: 2353-70. 여기에서는 2370: "1591년 비텐베르크는 극단적인 루터교 정통파의 확실한 보루가 되었다. 루터파의 보루(cathedra Lutheri)인 이곳에는 후터(L. Huetter), 라이저(P. Leyser)를 비롯하여 특히 칼로비우스(Calovius)와 크벤슈테트(Quenstedt)는 엄격한 루터교 교리를 대표하는 중요한 인물들이었다."

강조하였기 때문에, 한편으로는 이른바 이단자들이 진정한 성인일 수도 있다. 그렇게 마음의 종교가 언제나 머리의 종교를 이기는 것이 아닌가?

경건주의에 관한 진부한 상투어들이 수많은 페이지를 채울 수 있지만, 요점은 조지 린드벡(George Lindbeck)이 적절하게 명명한 바대로 후기 종교개혁은 "경험적이고 표현적인" 종교로 전환되었다는 점이며, 그것(경험적인 종교)은 오랫동안 신학적인 면이 부족하다는 의혹을 받아왔다.[2] 경건주의는 중세의 신비주의와 급진적인 종교개혁이 지닌 열광주의, 그리고 교리보다 종교적 경험을 중시하여 은사운동을 일으키는 것들과 관련되어 있으므로, 신학연구와 성찰에 해로운 것처럼 보인다. 간단히 말해서, 경건주의의 찬송가, 경건적인 작품들, 선교적인 추진력, 사회적 기여에 대한 긍정적인 평가들이 있을 수 있지만, 일반적으로 경건주의 자체는 중요한 신학운동으로 간주되지 않았다.[3]

그렇지만 경건주의자들은 기도와 찬송을 강조하며, 다음 장에서 다루어지는 아쿠아테인의 프로스퍼(Prosper of Aquataine, c.390-c.463)가 말한 "기도의 규칙이 신앙의 규칙을 규정해야 한다."(ut legem credendi lex statuat supplicandi)는 원리를 반영하는 것이다.[4] 실천이 신학을 위한

---

2) George A. Lindbeck, *The Nature of Doctrine: Religion and Theology in a Postliberal Age* (Philadelphia: Westminster Press, 1984). 경험적이고 표현적인 신학과 인식적이고 명제적인 신학을 대조하는 가운데 조지 린드벡은 정통주의에 대해 경건주의를 나란히 놓는 대다수 신학 역사들에 대한 구조를 반영한다.
3) 경건주의에 대한 최근의 역사 편찬들은 다음과 같다. Donald F. Durnbaugh, "Pietism. A Millenial View from an American Perspective," PuN 28 (2002), 11-29, Jonathan Strom, "Problems and Promises of Pietism Research," CH 71 (September 2002), 536-54, Johannes Wallmann, "L'etat actuel de la recherché sur le piétisme" and Anne Lagny, "Préface" in Anne Lagny (ed.), *Les pietisms à la áge classique* (Villeneuve d'Ascq: Presses universitaires du Septentrion, 2001), 31-55, 9-29, Marc Lienhard, "La piété comme objet d'étude de l'historiographie," in Matthieu Arnold and Rolf Decot (eds), *Frömmigkeit und Spiritualität. Auswirkungen der Reformation im 16. und 17. Jahrhundert* (Mainz am Rhein: Zabern, 2002), 7-14, W. R. Ward, "Bibliographical Survey: German Pietism, 1670-1750," JEH 44 (July 1993), 476-505. 여전히 유용한 다음을 보라. "Interpretations of Pietism in the Research of Contemporary German Historians," by Horst Weigelt, CH 39 (1970), 236-41.
4) 인용, Jaroslav Pelikan, *The Christian Tradition: A History of the Development of Doctrine*, vol. 1: The Emergence of the Catholic Tradition (100-600) (Chicago and

근원이라는 관념은 근대에 고안된 것이 아니라 오랜 역사를 가지고 있는 것으로, 경건주의는 그러한 역사에 대한 최근의 표현이다. 다음에 이어지는 단원들은 청교도주의를 포함하여 경건주의는 종교개혁과 19세기의 신학적인 동요 사이에 있었던 중간 시기로서 신학적으로는 아무런 결실도 맺지 못하였다는 일반화된 오해를 다루고 있다.

"경건주의란 무엇인가?" 이 질문은 성 아우구스티누스(St. Augustine)의 『고백록』(*Confessions*) 제11권의 시간에 관한 그의 회상을 떠올리게 하는데, 여기에서 그는 어느 누구도 자신에게 시간을 설명해 달라고 부탁하지 않는 한 그는 시간이 무엇인지 안다고 기록했다. 경건주의는, 적어도 넓은 의미에서, 파악하기 어려운 현상이며, 그것에 대한 정의와 설명은 논쟁거리로 남아있다. "경건주의의 기원에 관한 불확실성은 경건주의 자체 개념이 지닌 모호성으로 인해 매우 복합적이기에 미셸 고트프로이드(Michel Godfroid)는 대체 그것이 존재하기나 하였는가? 라고 물어볼 정도였다."5) 고트프로이드의 도발적인 주장에 따르면 경건주의는 세계가 탈-신성화하는 것에 대한 개신교의 다양한 반응의 역사에 지나지 않는다는 것이다. 이와 유사하게 조지(C. H. George)는 "청교도주의는 '폐기되어야 할… 나쁜 개념'이라고 주장한다."6) 고트프로이드와 조지가 이같이 주장함에도 불구하고, 학자들은 경건주의의 넓이와 다양성에 대해 입증할 수 있으며, 경건주의는

London: University of Chicago Press, 1971), 339. 대중적인 형태의 금언은 "신앙의 법, 기도의 법"(lex credendi, lex orandi)이다. 같은 곳에서 펠리칸은 관습(praxis)이 성경을 해석하는 열쇠였다는 사실을 계속해서 지적한다. "내가 언급했던 그레고리를 비롯하여 거룩한 교부들의 생애로부터 성경에 대한 적절한 해석을 위한 원리들을 이끌어 내는 것이 가능하였다. 따라서 예식(actio)이 설교(praedicatio)의 의미를 이해하는 것을 도와주었다."

5) Ward, "Bibliographical Survey," 478. 참조, Michel Godfroid, "Le Pietisme allemand a-t-il existé?" Études Germaniques 51 (1971), 32-45. Brecht, Geschichte 1: 3에서 고트프로이드의 에세이를 언급한다.
6) C. H. George, "Puritanism as History and Historiography," Past and Present 41 (1968), 77-104, 여기에서는 104, Mary Fulbrook, *Piety and Politics: Religion and the Rise of Absolutism in England, Württemberg and Prussia* (Cambridge University Press, 1983), 27. 풀부룩은 다음과 같이 언급했다. "어떻게 하면 청교도주의와 경건주의를 정의하지 '않을까' 하는 것이 받아들일 수 있을만한 특징을 묘사하는 것보다 진술하는데 있어서 훨씬 쉽다."

역사적으로 설명할 수 있는 현상이라는 점에 동의한다.[7]

경건주의에 대한 표현, 분석 및 평가는 일반적으로 경건주의를 대표하는 인물들과 그들의 논리적인 지침에 초점을 맞추는데, 그것은 경건주의자들이 개인의 거듭난 삶을 강조하고 그 결과 경건주의자들의 표현이 다양성을 띠기 때문이다. 이 책 역시 이런 방침을 따른다. 최근에 들어서야 경건주의에 대한 학술작업이 그 주창자들과 선동자들에 대한 연구를 넘어서서 다양한 방식으로 경건주의를 앞서 제시한 자들과[8] 그것을 받아들인 사람들 - 즉, 후기 종교개혁(post-Reformation) 직후 시기의 신학자들과 목사들, 여인들[9], 농부들, 사업가들, 그들의 사회적 관계와 가족 관계 가운데 있는 사람들에게로[10] 확대되었다. 우리는 학식 있는 경건주의 지도자들로부터 우리가 던지는 질문에 대한 구체적인 해답들을 어떤 범주에서는 찾을 수 있는 반면에, 그들의 추종자들에 대한 견해들을 확인하는 것은 어렵다. 경건주의의 교리와 찬송가, 교훈적이며 교육적인 본문들을 연구하는 것은 살아있는 신앙에 끼친 그들의 영향을 찾아보는

---

7) Brecht, *Geschichte* 1:3-4.
8) 불연속성을 넘어 연속성을 주장하는 하이코 오버만(Heiko A. Oberman)의 논증을 보라. "불확실한 논제"라는 그의 말은 일반적으로 인정을 받는다. Heiko A. Oberman, *Forerunners of the Reformation: The Shape of Late Medieval Thought Illustrated by Key Documents* (New York: Holt, Rinehart and Winston, 1966), 1장: "선구자의 사례"(The Case of the Forerunner).
9) 경건주의 운동에서 여성의 참여와 리더십은 최근에 학문적인 관심을 받고 있는 중이다. 예를 들어 다음을 보라. Ulrike Witt, *Bekehrung, Bildung und Biographie. Frauen im Umkreis des Halleschen Pietismus* (Tübingen: Max Niemayer, 1996), Friedrich de Boor, "Anna Maria Schuchart als Endzeit-Prophetin in Erfurt 1691/92," PuN 21 (1995), 148-83, Ute Gause, "Frauen und Frömmigkeit im 19. Jahrhundert: Der Aufbruch in die Öffentlichkeit," PuN 24 (1998), 309-27, Martin H. Jung, *Frauen des Pietismus: Zehn Porträts* (Gütersloh: Gütersloher Verlagshaus, 1998), Katherine M. Faull (ed.), *Moravian Women's Memoirs: Their Related Lives*, 1750-1820 (Syracuse: Syracuse University Press, 1997).
10) 그동안 경건주의 운동에 관한 연구에서 가정에 대한 주제는 거의 관심 밖의 일이었다. William Faix, *Familie im gesellschaftlichen Wandel. Der Beitrag des Pietismus. Eine sozialgeschichtliche Studie* (Giessen; Basel: Brunnen Verlag, 1997). Hartmut Lehmann, "Vorüberlegung zu einer Sozialgeschichte des Pietismus im 17./18. Jahrhundert," PuN 21 (1995), 69-83, Richard von Dülmen, *Kultur und Alltag in der Frühen Neuzeit*, vol. 3: *Religion, Magie, Aufklärung* (Munich: Beck, 1995).

것보다 훨씬 쉽다.¹¹⁾ 그렇다고 해서 장례식 때 행한 설교나 개인의 일기 같은 자료들이 없다는 뜻이 아니라, 이 자료들을 아직 충분히 활용하지 못하고 있다는 말이다. 장례식 설교는 모인 사람들에게 고인의 자서전에 비춰진 죽음과 부활을 상기시켰고, 산 자들에게는 본보기로서 그/그녀의 삶을 회고했다. 경건주의의 독특한 장르인 일기와 자서전은 회심과 내면의 삶에 초점이 맞추어져 있으며, 근대 심리학적인 자기관찰과 분석의 선구자들이다.¹²⁾ 나는 경건한 신도들의 견해들을 글이나 또는 기록된 모범적인 경험으로 또는 설교를 통해서 경건주의를 반영하였을 것이라고 추측하지만, 엘리트 문화와 대중문화의 관계라는 주제는 너무 복잡하고 또 두말할 것 없이 논쟁적이기에, 이 책에서는 깊이 다루지 않기로 한다.

다시 우리의 질문으로 되돌아가자. 경건주의는 무엇인가? 무엇이 경건한 것인가? 경건한 사람의 특징은 무엇인가? 이제 경건주의 연구라는 광대한 늪지대 속으로 온몸으로 뛰어 들어가자. 경건주의 학자들은 이 늪지대를 여행하는데 대해 많은 정보를 제공하기도 하거니와 때로는 갈등을 유발하는 지도를 제공해 준다. 경건주의에 대한 시간적이고 지리적 경계들에 대한 논쟁은 오랜 역사를 가지고 있다. 가장 최근에 벌어진 논쟁에 관한 토론의 대표자들은 요한네스 발만(Johannes Wallmann)과 마르틴 브레히트(Martin Brecht)이다. 경건주의에 대한 "엄격한 구성주의자"인 발만은 경건주의라는 용어의 올바른 의미를 제공하고자 시도하였다. 그에 따르면 경건주의는 필립 야콥 슈페너(Philipp Jacob Spener, 1637-1707)와 함께 시작되어 18세기까지 계속 확장된다. 슈페너가 탁월하게 기여한 바는 '교회 안의 작은 교회'(소그룹 모임, ecclesiola in ecclesia)라는 비밀집회 운동을 발전시킨 것이며, 장래의 '더 나은 시대'를 향한 천년왕국설에 희망을 둔 것과 성경을 읽고 연구하는

---

11) Marc Lienhard, "La Piété," 7.
12) 예를 들어, Rudolf Lenz (ed.), *Leichenpredigten als Quelle historischer Wissenschaften* (Cologne: Böhlau, 1975), Harry Yeide, *Studies in Classical Pietism: the Flowering of the Ecclesiola* (New York: Peter Lang, 1997), 18, Hartmut Lehmann, "The Cultural Importance of the Pious Middle Classes in Seventeenth-Century Protestant Society," in Kaspar von Greyertz (ed.), *Religion and Society in Early Modern Europe* 1500-1800 (London: George Allen & Unwin, 1984), 33-41, 34.

것을 강조한 것이다. 이런 관점에서 보면, 슈페너는 경건주의를 이해하는데 표준이 되는 인물이다.[13] 덧붙여 최근 경건주의 연구들에 대한 폭넓고도 날카로운 비평적인 논평에서, 발만은 주장하기를 경건주의라는 개념을 확장하는 것은 오히려 교회사의 윤곽을 흐리게 하여 경건주의를 운동으로서는 더 이상 정의할 수도 없고, 또한 다른 운동들과 구별할 수 없도록 만든다고 주장한다.[14] 쟁점은 경건주의가 역사의 특정한 시기에 대한 개념인가 아니면 반-역사적인 유형학적인 개념인가 하는 점이다.[15]

다른 한편으로 브레히트는 경건주의 개념을 초국가적이고 교파를 초월하는 현상이라고 확대하는데, 이 현상들은 후기 종교개혁시기에 개신교회가 기독교적인 삶과 행동을 실현하고자 하는 어려움 가운데 경건의 위기를 맞이하면서 시작되었다.[16] 이와 같이 브레히트는 시간적인 매개 변수를 아른트로부터 시작하였고[17] 그것은 20세기까지 지속되었다. 또한 브레히트가 보는 지리적이고 교파적인 변수들은 영국 청교도주의를 포함하여, 네덜란드에서의 "지속적인 종교개혁"(또는 네덜란드의 종교개혁, nadere Refomatie) 그리고 "급진적인 경건주의"가 포함된 독일에서의 경건운동으로서 진젠도르프와 모라비안 교도들 그리고 경건주의의 연장으로서 감리교와 각성운동들이 있다.[18] 발만에 의하면, 브레히트는

---

13) Johannes Wallmann, *Philipp Jakob Spener und die Anfänge des Pietismus* (2nd revd edn, Tübingen: Mohr, 1986), *Der Pietismus* (Die Kirche in ihrer Geschichte, vol. 4/01 <Goettingen: Vandenhoeck & Ruprecht, 1990>), "Was ist Pietismus?" PuN 20 (1994), 11-27, "Pietas contra Pietismus. Zum Frömmigkeitsvertändnis der Lutherischen Orthodoxie," in Udo Sträter(ed.), *Pietas in der Lutherischen Orthodoxie* (Wittenerg: Hans Luft, 1998), 6-18, "L'etat actuel," 47-8.

14) Johannes Wallmann, "Eine alternative Geschichte des Pietismus. Zur gegenwärtigen Diskussion um den Pietismusbegriff," PuN 28 (2002), 30-71.

15) Johannes Wallmann, "'Pietismus' - mit Gänsefüsshen," *Theologische Rundschau* 66 (2001), 462-80, 464, 478-80.

16) Brecht, *Geschichte* 1: 116. Hartmut Lehmann, "Vorüberlegungen," 83, 레만은 이를 "재-기독교화를 위해 대륙의 유럽이 보여준 첫 번째 노력"이라고 언급했다.

17) 에른스트 스퇴플러(F. Ernest Stoeffler)는 "루터파 경건주의의 아버지는 슈페너가 아니라 요한 아른트"라고 주장하였다. 보라 그의 책, *The Rise of Evangelical Pietism* (Leiden: Brill, 1965), 202.

18) Martin Brecht, "Pietismus," TRE 26 (1996), 606-31, "Probleme der

광범위한 경건주의 개념을 집대성한 5권으로 구성된 『경건주의 역사』(Geschichte des Pietismus)의 첫 권에서 "첫 발을 잘못 내딛었다."라고 하였다.19) 브레히트는 편집위원회가 큰 그림을 위해 의식적으로 그 같은 결정을 하였다고 하였는데, 이는 17세기 유럽 개신교의 풍부한 역사를 단지 최근시대의 이전 역사(prehistory)로 제시하는 것은 "불충분하다"고 여겼기 때문이다.20)

여기에서 경건주의 해석들에 대한 이러저러한 논쟁들을 해결하는 것이 주된 일은 아니다.21) 우리의 목적을 위해서는 동시대 학자들의 연구영역과 경건주의 다양한 본성을 반영하는 정의의 범위를 인식하는 것으로 충분하다. 재세례파의 기원에 관한 연구에서 한 부분을 취한다면, 경건주의의 "단일 기원설"(monogenesis)보다 "다원 기원설"(polygenesis)에 대해 이야기하게 될 것이다.22) 우리가 아른트로부터 웨슬리까지 인물들을 선정하는 것은 경건주의가 갖는 초국가적이며 초교파적인 표현들과 영국 및 유럽대륙과 미국 사이의 상호 영향들 그리고 이런 다원적인 발생설을 작은 책자라는 제한된 범위에 반영해야 하는 까닭이다. 비록 경건주의(Pietism), 청교도주의(Puritanism), 얀센주의(Jansenism), 정숙주의(Quietism)에 대한

Pietismusforschung," *Nederlands archief voor Kerkgeschiednis* 76 (1996), 227-37, Brecht, Geschichte 1에 3장 참고.

19) Johannes Wallmann, "Fehlstart. Zur Konzeption von Band 1 der neuen 'Geschichte des Pietismus'," PuN 20 (1994), 218-35.

20) Martin Brecht, "Zur Konzeption der Geschichte des Pietismus. Eine Entgegnung auf Johannes Wallmann," PuN 22 (1996), 226-29.

21) 그러나 기록에 의거하여 나는 발만(Wallmann)의 방침과 공유한다. 내가 기술한 단락을 보라. "경건주의에서부터 초기 계몽주의까지"(From Pietism to the Early Enlightenment), in Howard C. Kee et al. (eds), *Christianity: A Social and Cultural History* (2nd edn, Upper Saddle River: Prentice Hall, 1998), 342: "이는 정치적으로 베스트팔리아의 평화조약(1648)으로부터 옛 제국의 멸망(1806)까지의 기간이다. 신학적이고 철학적인 발전의 범주로 보면 슈페너의 『경건한 소원』(*Pious Desires*, 1675)에서 임마누엘 칸트의 『이성의 한계 내에 있는 종교』(*Religion within the Limits of Reason Alone*, 1793)까지의 기간이다."

22) 보라. James M. Stayer, Werner O. Packull and Klaus Deppermann, "From Monogenesis to Polygenesis: The Historical Discussion of Anabaptist Origins," *Mennonite Quarterly Review* 53 (1979), 175-218.

비교 연구들이 아직은 초기단계이지만, 독자들은 적어도 이러한 운동들의 대표자들을 파악할 수 있을 것이다.[23]

경건주의자와 청교도에 대한 현상의 다양성은 경건주의가 "기독교 역사에서 가장 이해받지 못한 운동 가운데 하나"라는 주장을 하게 하는 원인이 되었다.[24] 브레히트는 "경건주의의 모습이 많은 점에서 매우 논쟁적이라는 것"을 인정한다.[25] 따라서 그는 경건주의가 역사적으로 다양한 현상이었다는 것은 물론이고, 그에 따른 다양한 표현방식에도 불구하고 종교적인 갱신에 대해 일관된 프로그램을 보여주었다는 점을 언급하면서 경건주의에 대해 개괄적인 언급을 하기 전에 신중할 것을 권한다.[26] 사실 경건주의는 한편으로 세상으로부터 편협한 도덕적이고 성경적인 도피이거나,[27] 다른 한편으로 "종교개혁 이후 가장 중요한 개신교의 종교운동"[28]이라는 정반대의 평가들을 불러 일으켰다.

"경건주의자"라는 용어는 슈페너가 1680년에 쓴 편지에서 처음 등장하는데, 이 편지에서 경건주의자는 욕설과 조롱의 용어로 사용된다고 언급하였다.[29] 그 이후 "경건주의자"라는 단어는 라이프치히(Leipzig)대학의 수사학 교수이자 프랑케의 친구인 요아힘 펠러(Joachim Feller, 1628-91)가 경건주의 회원이었던 어떤 신학생의 장례식용으로 지은 시를 통해서 하나의 표어(catchword)가 되었다.

---

23) 보라. Ernst Hinrichs, "Jansenismus und Pietismus - Versuch eines Strukturvergleichs," in Hartmut Lehmann,Heinz Schilling, Hans-Jürgen Schrader (eds), *Jansenismus, Quietismus, Pietismus* (Göttingen: Vandenhoeck & Ruprecht), 136-58.
24) Stoeffler, *The Rise of Evangelical Pietism*, 1.
25) Brecht, *Geschichte* 1: 3. Wallmann, Pietismus, 7. 둘 다 동일한 관점을 제시한다.
26) Matin Brecht, "Pietismus," TRE 26: 606-31.
27) 보라. Norbert Fehringer (ed.), *Väter des Pietismus. Wer sie sind und was sie uns sagen* (Marburg an der Lahn: Verlag der Francke-Buchhandlung, 1982), 9.
28) Wallmann, *Pietismus*, 7, Brecht, TRE 26, 606.
29) Fulbrook, *Piety and Politics*, 27. "...청교도들과 경건주의자들은 자신들을 위해서 이러한 호칭들을 선택한 것이 아니었다. 그들은 냉소와 학대라는 사회적인 과정의 일부로서 또한 정치적인 과정의 한 부분으로써 분류되었다."

경건주의자들- 이 이름은 지금 세상에 널리 알려져 있습니다.30)
경건주의자란 무엇입니까? 그들은 하나님의 말씀을 배우는 자들입니다.
또한 하나님의 말씀을 따라 거룩한 삶을 영위하는 자들입니다.
…
경건은 마음에 깃들이는 것이 우선입니다.31)

펠러의 이 시와 뒤이어 쓴 시는 슈페너를 당황하게 만들었다. 슈페너는 생각하기를, 스스로를 "경건주의자"라고 부르는 것은 반대자들에게 경건주의가 하나의 분파라는 낙인을 찍을 수 있는 가능성을 제공할 수 있다고 믿었기 때문이었다.32) 그렇지만 펠러의 시는 경건주의가 갱신된 마음에서 우러나오는 거룩한 삶에 관심을 갖는 성경 중심의 운동임을 잘 드러낸다.33)

경건주의의 특징은 그것이 도덕주의의 경멸하는 의미이든지 또는 사회학적으로 볼 때 막스 베버(Max Weber)의 세계 내적인 신비주의이든지 너무 조급하게 거룩한 삶(생활)에 초점을 맞추려는 경향이 있어 왔다. 따라서 발만은 경건주의가 단순히 "경건(거룩함)"(Frömmigkeit)34)과 성화가

---

30) 일부 번역들은 "세상" 대신에 "도시"라는 표현을 사용한다.
31) Schicketanz, *Pietismus*, 17, Wallmann, Pietismus, 8, Wallmann, "Was ist Pietismus?," 13, Brecht, *Geschichte* 1: 4.
32) Horst Weigelt, *Pietismus-Studien*, I. Teil: *Der spener-hallische Pietismus* (Stuttgart: Calwer Verlag, 1965), 20. 라이프치히 각성을 둘러싼 논쟁에 대한 논의를 위해서는 경건주의 역사에서 이것이 지닌 맥락과 중요성을 잘 지적한 다음의 책을 보라. Christian Peters, "'Daraus der Lärm des Pietismi entstanden.' Die Leipziger Unruhen von 1689/1690 und ihre Deutung durch Spener und die halleschen Pietisten," PuN 23 (1997), 103-30.
33) Schicketanz, *Pietismus*, 17-18. Jaroslav Pelikan, *The Christian Tradition. A History of the Development of Doctrine*, vol. 5: *Christian Doctrine and Modern Culture* (since 1700 <Chicago and London: University of Chicago Press, 1989>), ch. 3, "The Theology of the Heart."
34) "경건"(Frömmigkeit)은 영어로 번역하기기 쉽지 않다. 비록 fromme가 영어의 "헌신적인"(devout)이라는 의미를 가지고 있기는 하지만, "경건"(piety)이라는 단어와도 호환이 가능하기 때문이다. "대중경건"(Volksfrömmigkeit)이라는 용어가 갖는 어려움에 대한 논의를 위해서는 다음을 참고하라. Heribert Smolinesky, "Volksfrömmigkeit als Thema der neueren Forschung. Beobachtungen und Aspekte," in Klaus

아니라, 성경 읽기와 연구에 관심을 갖는다는 유익한 조언을 하였다. "하나님의 말씀(성경) 연구는…개개인이 가정에서 하거나 또는 가족이 행하였고, 덧붙여서 특별한 교회 모임에서도 공동으로 성경을 읽었다. - 이는 본질적으로 경건주의에 속하며, 따라서 '경건주의는 무엇인가?'라는 질문에 답변하고자 할 때, 성경이라는 중심적인 언급을 빼뜨려서는 안 된다."35)

이같이 경건주의에 대한 간결한 정의를 염두에 두면서, 우리는 경건주의를 해석하려는 주도적인 학자들의 간단하고도 일반적으로 기술된 정의들을 언급할 수 있다. 발만에 따르면, "17세기에 발생한 '기독교 갱신운동'(a religious renewal movement)으로서 18세기 유럽대륙의 개신교에서 만개한 경건주의는 앵글로-색슨 청교도주의 다음으로 종교개혁 이후에 일어난 개신교 운동으로는 가장 중요한 운동이다…경건주의는 종교 생활의 개인화와 내면화를 강조하였고, 개인 경건과 공동체 생활의 새로운 형식들을 발전시켰으며, 신학과 교회를 광범위하게 일소(一掃)하는 개혁을 일으켰고, 경건주의가 꽃을 피웠던 나라에서 그 사회와 문화적인 삶에 깊은 영향을 주었다."36)

비슷하긴 하나 브레히트는 더 광범위하게 기술한다. "경건주의는 종교개혁 이후 가장 중요한 개신교의 헌신운동(Frömmigkeitsbewegung)이며, 이러한 운동들은 본질적으로 종교적인 현상이다. 경건운동의 공간적, 시간적, 사회적,

---

Ganzer (ed.), *Volksfrömmigkeit in der Frühen Neuzeit* (Münster: Aschendorff, 1994), 9-16. Berndt Hamm, "Was ist Frömmigkeitstheologie? Überlegungen zum 14. bis 16. Jahrhundert," in Hans-Jörg Nieden and Marcel Nieden (eds), *Praxis Pietatis: Beiträge zu Theologie und Frömmigkeit in der frühen Neuzeit* (Stutgart: Kohlhammer, 1999), 9-45, 용어 자체에 관해서는 10-11. "일반적으로 알려진 것처럼 용어상의 출발점은 대단히 산만하다. 그것은 표현상의 광범위한 스펙트럼을 의미한다. 한편으로는 한 개인의 종교적인 독특한 내면의 영성을 언급하는 것이다. 다른 한편으로는 한 집단에서, 그것이 크건 작건 간에 종교적인 활동으로부터 시작하는 틀에 박힌 행동상의 패턴을 나타낸다." 프랑스어 "pietté"(영어로는 "devotion," "religiosity")는 독일어의 "Frömmigkeit"만큼이나 복잡하다. Matthieu Arnold, "Introduction," in Matthieu Arnold and Rolf Decot (eds), *Frömmigkeit und Spiritualität*, 1 각주 1. TRE는 "경건주의"와 "경건"이라는 두 개의 표제어를 사용한다.
35) Wallmann, "Was ist Pieitismus?," 22.
36) Wallmann, *Pietismus*, 7. 발만의 강조가 담겨있다.

영적, 교회의 신앙 고백적, 신학적인 범위는 그저 놀랍고, 이 모든 것들이 경건주의의 역사적 위대함을 구성하는 요인들이다. 경건주의는 16세기에서 17세기로 넘어갈 때, 기존 교회와 신자들의 영적인 관계에 대한 비판으로부터 시작되었고, 영국과 네덜란드, 독일 등지에서 거의 동시에 나타났으며, 이들 지역으로부터 스위스와 스칸디나비아, 동유럽, 미국 등지로 퍼져나갔다. 그것은 개신교의 선교가 전 세계로 거대하게 확장되도록 공헌을 하였으며, 아직도 여전히 살아있는 운동으로 남아있다…"37)

앞서 말한 것처럼, 브레히트는 경건주의가 출현하게 된 근본적인 이유는 종교개혁 교회들이 기독교적인 삶을 실현시키는 과정에서 발생한 여러 가지 어려움 때문이라고 본다. 루터 자신은 그가 살고 있는 도시가 새로운 믿음에서 벗어남으로 인해 실패하였다고 보고 몹시 심란하여 그 도시를 떠나겠다고 수차례 말했다. 비텐베르크만 복음에서 벗어난 유일한 도시는 아니었다. 다른 개혁가들도 사랑 안에서 믿음을 활성화 하여 윤리적 결실들을 맺으라는 자신들의 간곡한 권고에 귀를 막고 듣지 않는 비통한 경험을 했다. 보다 "급진적인" 종교개혁자들은 비난하기를, 루터가 거듭난 자들의 기독교적인 삶에 대해서 진지함이 결여되어 있으며, 정치권력과 부당하고 신의 없는 동맹을 맺었다고 고발하였다. 이러한 쟁점에서 루터와 달리하는 사람들은 그들이 영성 증진과 후기 중세의 신비주의와 오늘의 헌신운동(Devotio moderna)에 공헌한다는 점에서 후기 경건주의의 원천으로 여겼다. 브레히트는 특히 카스파르 폰 슈벵크펠트(Kaspar von Schwenckfeld, 1489-1561), 테오프라스트 봄바스트 폰 호헨하임(흔히 파라켈수스로 알려져 있다. Theophrast Bombast von Hohenheim or Paracelsus, c. 1493-1541), 팔렌틴 바이겔(Valentin Weigel, 1533-88) 등은 요한 아른트를 거쳐 17세기 헌신운동에까지 이르는 신비주의 전승자들이라고 한다.38)

---

37) Brecht, *Geschichte* 1: 1.
38) Brecht, *Geschichte* 1: 116-30. 물론 개혁가들은 경건, 거룩한 삶, 헌신적인 삶, 즉 간단히 말해서 경건에 대해 늘 관심과 염려를 기울였다. 에라스무스의 경건에 관한 논의를 위해서는 John O'Malley의 서론을 보라. *The Collected Works of Erasmus*, vol. 66 (Toronto: University of Toronto Press, 1988). 중세와 복음적인 신비주의의 관계를

이 짧은 목록에, 처음에는 루터의 비텐베르크 동료였다가 나중에 신랄한 반대자가 된 안드레아스 보덴슈타인 폰 칼슈타트(Andreas Bodenstein von Karlstadt, 1486-1541)의 작품과 영향도 추가되어야 한다. 루터 다음으로 가장 많은 글을 출판한 사람 가운데 하나인 칼슈타트는 성찬의 형상과 신학 쟁점들 때문에 루터와 결별했다. 루터와 논쟁을 벌이게 된 중심사상으로서 칼슈타트의 거듭남과 성화의 신학은 발렌틴 바이겔과 다른 성격의 종교개혁에 해당하는 신비주의적 영성주의자들(Spiritualists)을 통해서 경건주의에 전해졌다. 울리히 부벤하이버(Ulrich Bubenheimer)는 경건주의자들이 칼슈타트의 작품들, 특히 『하나님의 의지에 속사람을 내어맡김』(방념, Gelassenheit)에 관한 작품의 수용과정을 성실하게 추적하였다. 많은 사람들 중에 고트프리드 아르놀트(Gottfried Arnold)가 칼슈타트의 명예를 경건주의에서 회복시켰다.[39]

종교개혁 이후 세대에서 가장 영향력 있는 영성주의자에 속하는 자는 야곱 뵈메(Jacob Böhme, 1575-1624)로서, 그의 신비주의적이고 신지학적인 작품들은 본성 안에서 하나님에게 새로운 관심을 갖도록 하였고, 하나님의 내적 본성 속에서 선과 악, 진노와 사랑의 관계가 더불어 씨름하는 구조를 가진 고대의 유대 신비주의, 즉 카발라(Cabbala)의 작품에 대해서도 관심을

다룬 최근의 에세이 모음집은 다음을 보라. Dietrich Meyer and Udo Sträter (eds), *Zur Rezeption mystischer Traditionen im Protestantismus des 16. bis 19. Jahrhunderts* (Cologne: Rheinland-Verlag, 2002).

39) Unrich Bubenheimer, "Karlstadtrezeption von der Reformation bis zum Pietismus im Spiegel der Schriften Karlstadts zur Gelassenheit," in Sigrid Looss and Markus Matthias (eds), *Andreas Bodenstein von Karlstadt (1486-1541). Ein Theologe der frühen Reformation* (Lutherstadt Wittenberg: Hans Lufft, 1998), 25-71. "방념"(Gelassenheit)을 포함해서 경건주의자들이 사용한 용어에 관한 연구로는 다음을 참고하라. August Langen, *Der Wortschatz des deutschen Pietismus* (Tübingen: Niemayer, 1968). 후기 재세례파에 관한 경건주의의 반작용은 John D. Roth에 의해 연구되었다. John D. Roth, "Pietism and the Anabaptist Soul," PuN 25 (1995), 182-202. "'성결운동'(Holiness Movements)에 관한 루터의 판단이 지닌 정당성과 부당성"에 대해 나는 루터파 전통에 입각해서 칭의와 성화의 관계를 신경계의 이슈로 고찰해 보았다. Peter Manns and Harding Meyer (eds), *Luther's Ecumenical Significance: An Interconfessional Consultation* (Philadelphia: Fortress, 1984), 161-81. "Do Lutherans Shout Justification But Whisper Sanctification?," LQ 13 (1999), 1-20.

기울였다. 하나님에 대한 그의 개념들은 지혜의 원초적 심연이며 거룩한 원리이므로 하나님의 근본에 대한 그의 통찰력은 추종자들로 하여금 그를 "독일 철학자"로 보도록 자극하였고, 반대자들에게는 그를 영지주의에 속하는 이단자로 비난하게 했다. 그의 영향력은 사변적인 글들만 아니라 『그리스도에게 가는 길』(*The Way to Christ*, 1624)이라는 제목 아래 수록된 그의 신앙적인 소논문들로부터 시작한다. 제인 레데(Jane Leads)로부터 윌리엄 로(William Law)에 이르기까지 영어로 번역된 뵈메의 작품들은 격찬을 받아왔다. 독일에서는 후기 낭만주의 운동과 관념론이 뵈메를 수용하였다.[40]

루터 역시 개신교 경건주의에 지대한 영향을 끼쳤다. 그래서 경건주의의 자기이해는 종종 종교개혁의 연장, 즉 "새로운 종교개혁" 또는 "제2의 종교개혁"이라고 규정되었던 것이다.[41] 그래서 슈페너는 다음과 같이 쓸 수 있었다. "(우리의) 종교개혁은⋯그것이 반드시 있어야 하지만 아직까지 해야 할 것이 남아 있습니다. 말하자면, 건물을 세우기 위한 기초를 놓은 시점에 있다는 것입니다. 그러므로 분명히 바라기는⋯남아 있는 것을 좋게 만들어야 합니다."[42]

거듭난 기독교인의 삶을 위한 루터의 "기초작업"은 그가 「로마서

---

40) 보라. Heinrich Bornkamm, "Jakob Böhme" in Heinrich Bornkamm, Das Jahrhundert der Reformation (Göttingen: Vandenhoeck & Ruprecht, 1961), 291-321, Brecht 1: 205-18, David Walsh, The Mysticism of Innerworldly Fulfillment: A Study of Jacob Boehme (Gainesville: University Presses of Florida, 1983).

41) 경건주의자들이 루터를 수용한 것을 다룬 연구들은 그 수를 헤아리기 어려울 정도로 많다. 예를 들어 다음을 보라. Erwin Mühlhaupt, "Die Bedeutung Luthers für den Pietismus," *Luther* 37 (1966), 19-33, Kurt Aland, "Spener und Luther - Zum Thema Rechtfertigung und Wiedergeburt," in Wolf-Dieter Hauschild, Wihelm Neuser and Christian Peters (eds), *Luthers Wirkung. Festschrift für Martin Brecht zum 60. Geburtstag* (Stuttgart: Calwer Verlag, 1992), 209-32, 알란트에 대한 요한네스 발만의 응답. Johannes Wallmann, *Theologie und Frömmigkeit im Zeitalter des Barock. Gesammelte Aufsätze* (Tübingen: Mohr, 1995), 362-67. 그리고 *Philipp Jakob Spener und die Anfänge des Pietismus*.

42) Philipp Spener, *Theologische Bedenken*, 4 vols (Halle: 1701), 3: 179f. 인용 Ernst Zeeden, *Martin Luther und die Reformation im Urteil des deutschen Luthertums* (Freiburg: Herder, 1952), 198-9.

서문」(Preface to Romans)에서 믿음과 중생을 연결시킨 것에서 찾아볼 수 있다. "하여간 믿음이란 우리 안에서 역사하는 거룩한 활동으로 우리를 변화시키고 우리를 하나님께 속한 새로운 피조물로 태어나게 한다(요 1:12-13). 믿음은 옛 아담을 죽이고 우리를 마음, 영혼과 정신과 힘에서 완전히 다른 사람이 되게 한다. 또한 믿음은 이것과 함께 성령을 모셔 들인다. 오, 믿음은 살아있고, 부지런하며, 활동적이고 강력한 것으로, 이것이 믿음이다. 믿음은 선행들을 끊임없이 행하지 않는다는 것이 불가능하다."43) 무엇보다 루터가 강조한 신학, 곧 기도와 명상과 영적 시련으로 성장한 경험을 통해 획득한 지혜로서의 신학은 슈페너와 프랑케, 벵엘과 같은 경건주의자들에게 매력적인 것이었다.44)

흥미진진한 것은 경건주의에서 영적인 소용돌이, 물체를 빨아들이듯 흐르는 모래밭과 샘 등을 모두 살펴보는 것이다. 그러나 경건주의를

---

43) LW 34: 365ff.; WA DB 7: 3ff. 슈페너의 경건주의 프로그램을 담은 소책자는 영어로 번역되었다. *Pia Desideria*, tr. by Theodore G. Tappert (Philadelphia: Fortress Press, 1964), 64-5. 반면에 루터는 경건주의자들에 반대하는 노선으로 간주될 수 있었다. 예를 들어 '경건한 사람'에 대해서 말하는 것은 가공의 표현이다. 그것은 마치 하나님이 죄로 타락하도록 유도하셨다고 말하는 허구적인 표현과 다를 바 없다. 그러나 사물의 본질에 의하면 이것은 있을 수 없는 일이다." LW 12: 325; WA 40/2: 347, 29-31. 루터는 그리스도 안에서 행위의 의(義)와 신앙을 대조시키는 설교에서 다음과 같이 말했다. "복음의 적절한 사역은 사람들을 경건하게 만드는 것이 아니라 단지 기독교인들을 만듭니다. 경건한 사람보다 기독교인이 되는 것이 더욱 귀한 것입니다. 사람들이 경건할 수는 있으나 그렇다고 해서 기독교인이 되는 것은 아닙니다." WA 10, 1/2: 430, 30-32. 그러므로 존 웨슬리는 다음과 같은 유명한 진술을 남길 수 있었다. "누가 오직 믿음으로만 의롭게 된다는 주제에 관하여 마르틴 루터보다 더 잘 기술할 수 있겠는가? 또한 누가 그보다 더 성화의 가르침에 대하여 무지할 수 있으며, 아니면 성화의 개념에 대하여 혼란스러울 수 있단 말인가?" *The Works of John Wesley* (London: 1872), 7: 204.

44) "누군가가 신학자가 된다는 것은 사는 것을 통해서 그리고 진실로 죽는 것과 비난받는 것을 통해서 가능한 것이지, 이해하거나 읽고 사색을 통해서 이루어지는 것이 결코 아니다." WA 5: 163, 28f. 기도, 명상 그리고 영적 시련에 관한 루터의 세 가지 "규칙"이 지닌 영향에 관해서는 다음을 보라. Oswald Bayer, *Theologie* (Handbuch Systematischer Theologie, vol. 1), (Gütersloh: Gütersloher Verlagshaus, 1994), 55-9. 계속해서 다음을 보라. Oswald Bayer, "Martin Luther"(1483-1546), in Carter Lindberg (ed.), *The Reformation Theologians* (Oxford: Blackwell, 2002), 51-66, 특별히 52. 그리고 Marcel Nieden, "Anfechtung als Thema lutherischer Anweisungsschriften zum Theologiestudium," Hans-Jörg Nieden and Marcel Nieden (eds), *Praxis Pietatis: Beiträge zu Theologie und Frömmigkeit in der frühen Neuzeit: Wolfgang Sommer zum 60. Geburtstag* (Stuttgart: Kohlhammer, 1999), 83-102.

연구하는데 따른 복잡한 지도와 한정된 지면 때문에 불가피하게 중심인물을 선택하게 되었다. 청교도들, 여성들, 로마 가톨릭 신자들 그리고 보다 급진적인 성향을 가진 자들 가운데서 선택된 인물들은 경건주의의 다양한 형태가 지닌 독특한 향기를 제공한다. 선택 범위는 의도적으로 아른트에서 웨슬리까지로 한정하였다. 슈페너의 인품과 작품 속에서 올바르게 명시한 경건주의에 따라 종교개혁 이후의 시대상황을 제공하는 것과 역사신학 핸드북에서 종종 누락되거나 형식적으로만 소개되었던 일부 신학자들을 소개하고자 하였다.

우리가 요한 아른트(Johann Arndt, 1555-1621)로부터 시작하는 것은 믿을 수 없을 정도로 엄청난 영향력뿐만 아니라 그가 경건주의와 개신교 정통주의 사이에서 긍정적인 관계를 보여주기 때문이다. 특히 교회사를 체계적으로 구성하는 가운데 경건주의를 개신교 정통주의의 신학적인 체계화에 대한 반발로 묘사하는 것은 그리 낯설지 않다.[45] 의심할 바 없이 경건주의자들이 슬로건을 만드는 경향도 이러한 관점에 기여하는 것이다. 그들은 강조하기를, 기독교인의 삶은 말이 아니라 행동이며, 존재가 아니라 기독교인이 되는 것이다. 따라서 머리(지식)의 종교에 반대해서 마음의 종교가 중요하므로 삶은 교리나 가르침에 우선하며, 단지 거룩하게 보이는 것(경건의 모양)에 대해 비판하였던 것이다. 크리스티안 호부르크(Christian Hoburg, 1607-75)는 이것들을 다음과 같이 간략하게 요약하였다. "칭의는 허구이며, 중생은 사실이다."[46] 살아있는 믿음(lived faith)에 관한 가르침을 명상의 구심점으로 파악한 프랑스 개신교도 피에르 쁘아레(Pierre Poiret,

---

45) "경건주의는 17세기 후반에서 18세기 초기의 광범위한 운동에 대한 용어이다. 이 운동은 그 자체로 새로운 종교개혁이라는 목적을 기치에 두었다. 왜냐하면 첫 번째 종교개혁은 개신교 정통주의 안에서 제도적이며 교리적으로 붕괴되었기 때문이다." Martin Schmidt, "Pietismus," RGG 5: 370. "17세기 독일 루터교회 안에서 발생했던 이 운동은 P. J. 슈페너에 의해서 시작되었으며, 당시의 생기 없는 제도적인 개신교회 안에 새로운 삶을 부여하려는 목적을 가지고 있었다." F. L. Cross와 E. A. Livingstone (ed.), *The Oxford Dictionary of the Christian Church* (Oxford: Oxford University Press, 1984), 1089. Valerio Marchetti, "L'orthodoxie luthérienne et le piétisme," in Lagny, *Les Pietismes*, 167-203.

46) 인용. Martin Schmidt, *Pietismus* (Stuttgart: Kohlhammer, 1972), 14.

1646-1719)의 작품 『마음의 신학』(*La theologie du coeur*)[47)]과 슈페너의 작품에서는 다음과 같이 덜 과격하게 표현되고 있다. "어떻게 우리가 머리를 마음에 이르게 할 수 있는가?"[48)]

그러나 신앙 가르침(신조)을 바로잡고자 하는 강박적인 충동으로 인해 정통주의가 신학과 경건을 분리했다는 가정은 그 상황을 왜곡하는 것이다.[49)] (신앙고백에 따른) 교파주의의 갈등은 단단한 껍데기를 만들었지만, 그 밑에는 풍요롭고 진정어린 영적인 삶이 고동쳤다. 정통주의 시기는 경건문학과 시가 넘치는 고전 시기이다. 목회자들은 적어도 식사를 할 때만 아니라 아침저녁으로 가족을 위해 기도할 것을 주창하였다. 그 목적은 정기적인 가정 예배를 통해 신앙심을 함양시키는 글을 읽는 것과 영적인 노래들을 부르게 하려는 것이었다. 평신도들을 대상으로 출판된 수많은 찬송가집, 설교집, 기도용 저서들이 경건주의 이전에 가정교육을 위해 준비되고 판매되었다는 것을 보여준다.[50)] 경건은 파울 게르하르트(Paul Gerhardt, 1607-76)의 찬송가에서 꽃을 피웠다. 게르하르트가 경건주의적 감성 때문에 교리들을 붕괴시켰다고 비난하기는 어렵다. 왜냐하면 군주가

---

47) 보라. Marjolaine Chevallier, "Pierre Poiret et le piétisme," in Lagny, *Les Piétisme*, 317-31. 쁘아레(Poiret)는 약간의 중세 신비주의자들의 문헌뿐만 아니라 마담 귀용(Mme Guyon)의 작품도 편집하였다. 그리고 그는 게르하르트 테어슈테겐(Gerhard Tersteegen)에게 영향을 주었다.
48) Udo Sträter, *Meditation und Kirchenreform in der lutherischen Kirche des 17. Jahrhunderts* (Tübingen: Mohr Siebeck, 1995), 1, 121.
49) 다음의 에세이를 보라. Udo Sträter (ed.), *Pietas in der Lutherischen Orthodoxie* (Wittenberg: Hans Lufft, 1998). Markus Matthias, "Lutherische Orthodoxie" 그리고 Olivier Fatio, "Reformierte Orthodoxie," TRE 25: 464-97.
50) Dülmen, *Kultur*, 65-6. Lehmann, "Pious Middle Classes," 34. "심지어 이러한 문학작품의 제작과 배급에 대한 일련의 통계가 제공된 바가 없다 하더라도 그 같은 작품들의 생산이 17세기에 질적으로나 양적으로 정점에 도달했었다고 말할 수 있을 것이다. 경건문학의 양은 대략 1580년 이후로 가파르게 증가하였고, 17세기의 전반기에 처음으로 정점에 이르렀다. 작품들은 18세기의 2/3 이후에 점점 쇠퇴하기 시작하였다. 경건문학의 범주에서 볼 때 발행된 전체 서적 가운데 거의 1/4 정도가 종교개혁에서부터 계몽주의 시기 사이에 출판되었다. 더욱이 이 책들의 영향은 단지 인쇄된 단어로 국한되지 않았다. 장례 설교들은 회중들 앞에서 선포되었고, 찬송가는 회중들에 의해서 불려졌다. 그러므로 우리는 기껏해야 16세기 후반에서 18세기 초기 사이의 기간 동안에 포함된 경건문학의 중요성에 대해서만 높이 살 수 있을 따름이다."

다른 신앙고백에 반대해서 성상안치소 논쟁을 금지시킨데 대해 굴복하지 않음으로 인해 그는 베를린에서 목사직을 잃었기 때문이다. 정통주의 시대에 교회음악은 꽃을 피웠으며, 당시 가장 유명한 사람은 하인리히 쉬츠(Heinrich Schütz, 1585-1672)와 요한 세바스티안 바흐(Johann Sebastian Bach, 1685-1750)를 들 수 있다.

경건주의에 끼친 정통주의의 뿌리는 요한 아른트에 의해 믿을 수 없을 정도로 자극을 받고 성장하였는데, 그의 저작들은 수 백 번이나 재판될 정도로[51] 너무 인기가 있어서 17세기와 18세기에 루터의 영향력을 가릴 정도였다. "아른트의 『진정한 기독교』를 음미하지 못한 사람은 누구든지 영적인 욕구를 잃어버린 자다."[52]라는 격언도 있었다. 17세기 중반 즈음 정통주의 신학자들은 아른트의 책을 읽는다면서 성경을 읽지 않는 루터교도들에게 성경을 읽는 것을 잊지 말라고 권고하였다.[53]

아른트는 루터와는 다른 상황에서 말하였다. 루터는 믿음에 의한 칭의, 즉 구원은 성취되는 것이 아니라 값없이 주어지는 좋은 소식이라고 말하면서 선행, 순례, 면죄를 통해 구원을 찾으려는 중세 후기의 사람들에게 칭의론을 주장하였다. 그 메시지를 받아들인 덕분에 사람들의 종교적인 관심이 칭의의 결과로 향하였다. 믿음으로부터 어떤 결과가 따라 오는가? 강조점은 칭의에서 성화와 중생, 곧 거룩한 삶으로 옮겨갔다.

이런 과정을 거쳐 내면성과 내적 성찰의 경건이 생겨났다. 형식적인 예배에 비판을 가했던 종교개혁 시기의 신비주의적 영성주의자들(앞으로 신령주의자라고 부른다)에 대해 아른트가 호감을 가졌다는 사실은 진정한 예배에 대한 신령주의자들의 표준문구(locus classicus)인 요한복음 4:23을 그가 빈번하게 인용하고 있다는 것을 보면 알 수 있다. ("아버지께 참으로

---

51) 아른트의 『진정한 기독교』(*True Christianity*)는 "그가 죽기 전에 이미 20판을 거듭하였으며, 18세기가 끝나기 전에 무려 125회 이상 출판되었다. 19세기의 완전한 목록과 미국에서의 인쇄도 잘 보전되어 있다." Erb, *Johann Arndt*, 5.
52) 이 격언은 그 출처가 살로모 글라시우스(Salomo Glassius, 1593-1656)라고 본다. 인용. Brecht, *Geschichte* 1: 168.
53) Wallmann, *Kirchengeschichte*, 110-11.

예배하는 자들은 신령과 진정으로 예배할 때가 오나니 곧 이때라 아버지께서는 그렇게 자기에게 예배하는 자들을 찾으시느니라.") 아른트는 "신약성경에서 우리의 예배는 더 이상 형상화된 의식들, 조각상들, 의무들 속에 외재하는 것이 아니라 성령과 진리, 즉 예수 그리스도에 대한 믿음 속에 내재하는 것이다."라고 기술하였다.54) 종교적인 외향성(형식주의)에 대한 비판은 아른트의 추종자들 가운데 한 사람인 하인리히 뮬러(Heinrich Müller, 1631-75)에 의해서 더욱 날카롭게 표현되었는데, 그는 동시대 사람들이 "기독교의 내적인 능력은 부인하는 반면에 말 못하는 교회의 네 가지 우상들…세례반, 설교단, 고해실, 제단"은 믿는다고 비판했다.55) 루터는 소요리 문답서에서 하나님의 왕국이 우리에게 오기를 청원한 반면에 아른트는 우리 '안에' 세워질 왕국에 대하여 말하였던 것이다.

그러나 아른트의 내면성은 수동성과 정적주의로 흐르지 않았다. 그의 관점은 전적으로 참되고, 능동적이며, 살아있는 믿음, 즉 기독교인의 실천에 맞추어져 있다. 실천적인 기독교 신앙에 토대를 둔 주요한 갱신운동이 아른트에게서 비롯되었다. 모라비안 형제회의 감독이었으며, 근대 초기 가장 중요한 개혁교육가였던 요한 아모스 코메니우스(Johann Amos Comenius, 1592-1670)는 자신을 아른트의 학생들 중 한 명으로 생각했다. 정통주의 시대의 루터교회에서 가장 활동적인 개혁자에 속하는 요한 발렌틴 안드레에(Johann Valentin Andreae, 1586-1654)는 "진정한 실천과 능동적인 신앙"에 대한 자신의 깨달음이 아른트의 저작들에 힘입은 바가 크다고 했다. 안드레에는 루터파 독일에서 나온 최초의 유토피아적인 사회소설 『기독교도시』(Christianopolis, 1619)를 요한 아른트에게 바쳤다. 안드레에는 플라톤적이고 원시-공산적인 토대 위에 발전한 기독교의 이상적인 사회질서를 묘사했고, 그것을 제도화하기 위해 단계들을 강구했다. 1621년 안드레에가 뷰르템베르크의 칼프(Württemberg Calv)에 세운

---

54) Hans Schneider, "Johann Arndts 'verschollene' Frühschriften," PuN 21 (1995), 29-68, 42-3.
55) Brecht, Geschichte 1: 174-5.

페르버-슈티프트(Färber-Stift)는 가난한 사람들을 위한 재단으로, 옷감 염색으로 부자가 된 시민들이 지원하였으며, 초기 부르주아 시대에 세워진 가장 오래된 사회조직에 해당한다. 30년 전쟁이 끝난 이후, 안드레에는 그가 제네바에서 배웠던 칼빈주의적인 교회 규율을 뷰르템베르크 교회에 도입했다. 그러나 귀족계급들이 도덕적으로 감독받는 것을 회피하였기 때문에 그 시도는 실패했다. 안드레에는 루터파 설교자들이 게으르다고 한탄하면서, 그들의 이상(理想)은 "짧은 설교와 구운 긴 소시지"라고 하였다. 재치 있는 말이다. 그렇지만 안드레에가 깨달았듯이, 설교의 위기는 사람들이 이해할 수 없는 설교를 함으로써 회중들의 마음을 사로잡는데 실패하고 만 너무나 긴 설교에 기인했다.56) 그는 국가가 통제하는 교회인 "새로운 교황제도"가 도덕적 개선을 가로막는 가장 강력한 장애물이라는 것을 점점 더 인식하게 되었다.57)

이러한 진전은 대학의 학문인 신학에서만 발생한 것이 아니라, 1600년대의 30년 전쟁(1618-1648)에서 최고조에 달했던 생활상태의 전반적인 열악한 상황에서도 일어났다. 그 전쟁이 끝날 즈음, 교회와 사회의 통합은 깨져버렸고, 군주적인 절대주의와 계몽주의의 씨앗은 교파적인 교회 집단과 그들의 신학적 전통으로부터 이미 정치적이고 지성적인 삶을 해방시키기 시작했다. 비록 독일 영토에 있는 주(州)들이 교파주의의 특징을 그대로 유지하기는 했지만 "종교개혁과 반-종교개혁의 교파적인 운동으로부터 흘러나온 용암은 17세기 중반에 교파적인 교회로 단단히 뭉쳐져 있었다."58) 교회를 근대국가 속으로 합병하는 것이야말로 군주들이 지배하는 교회정책의 주된 임무였다.

---

56) Sträter, *Meditation und Kirchenreform*, 75-6. 경건주의 문헌의 중심주제는 설교의 질적인 측면과 목회적인 돌봄의 태만에 대한 비판이었는데, 이에 대한 고전적인 표현은 다음에 잘 나타나 있다. Theophil Grossgebauer, *Wächterstimme aus dem verwuüteten Zion* (1661). 보라. Jonathan Strom, *Orthodoxy and Reform: The Clergy in Seventeenth Century Rostock* (Tübingen: Mohr Siebeck, 1999), 194-221.
57) Wallmann, *Kirchengeschichte*, 111-12.
58) Wallmann, *Kirchengeschichte*, 133-4.

30년 전쟁이 가져온 극심한 대변동은 과소평가될 수 없다.59) 그것은 인간의 타락이 가져온 결과로 인식되었기에, 30년 전쟁은 경건주의자들로 하여금 평화를 크게 열망하게 하였고, 교파들 간의 격렬한 모든 갈등들을 비난하도록 자극하였다.60) 전쟁의 위기와 더불어, 지배적인 개신교 정통주의는 내적인 위기로 고통을 당했다. 기독교인들은 위기에 빠진 사회적-영적 조건들을 개선시켜야만 했지만, 도리어 그들은 그러한 조건들이 (생기는) 원인을 제공했다. 이런 조류를 바꾸어 보려는 설교의 역할은 효과가 없는 것처럼 보였다. 이러한 상태와 교회와 사회 안에 존재하는 계급의 차이로 빚어진 첨예화는 점점 교회와 사회 모두를 비판하도록 만들었다. 교회와 무관하게 자생한 실천적인 무신론은 1690년과 1730년 사이에 정점에 도달하였고, 차례로 수많은 개혁적인 제안들을 자극하였다.

바로 이런 상황에서, 필립 야곱 슈페너(Philipp Jakob Spener, 1635-1705)는 교회의 갱신을 통해서 사회를 재건하려는데 바탕을 둔 보다 나은 미래를 선언함으로써, 17세기 "희망의 신학"을 제시했다.61) 당대의 위기에 의해 조장된 미래에 대한 비관주의와 대조적으로, 슈페너는 전 세계를 향해 선교할 수 있는 가능성을 가진 위대한 시대에 대해 말하면서, 유대교가 기독교로 돌아서고62), 반-종교개혁을 극복하는 것에 대해 말하였다.

슈페너의 『피아 데시데리아(경건한 소원) 또는 하나님을 기쁘게 하는 복음주의 교회의 개혁에 대한 절실한 소망, 그 목적을 향한 몇 개의 간단한 기독교적인 제안들과 더불어』(*Pia Desideria or Heartfelt Desire for a God-*

---

59) 이어지는 종합적인 서술은 아래의 저서에서 많은 영향을 받았다. Erich Beyreuther, *Geschichte der Diakonie und Inneren Mission in der Neuzeit* (Berlin: C-Z-V-Verlag, 1983), 30-2. Geoffrey Parker, *Europe in Crisis* 1598-1648 (2nd edn, Oxford: Blackwell, 2001).
60) Dülmen, *Kultur*, 127.
61) 보라. Thomas Baumann, *Zwischen Weltveränderung und Weltflucht. Zum Wandel der pietistischen Utopie im 17. und 18. Jahrhundert* (Lahr: Johannis, 1991), 15-19: "Der Pietismus als Theologie der Hoffnung: zur Fragestellung."
62) 보라. Peter Vogt, "The Attitude of Eighteenth Century German Pietism toward Jews and Judaism: A Case of Philo-Semitism?" *The Covenant Quarterly* 56/4 (Nov. 1998), 18-32.

pleasing Reform of the true Evangelical Church, Together with Several Simple Christian Proposals Looking Toward this End)는 1675년 봄, 아른트 설교집의 새로운 판본의 서문으로 출판되었다. 교회가 인지하고 있는 비참한 상황은 모두 세 계층이 지닌 탓으로 돌렸는데, 이들 세 계급은 시민 당국, 설교자, 평신도였다. 교회에 진정으로 살아있는 믿음이 부족하다는 문제는 예배모임(devotional assemblies)에서 성경을 읽고 토론함으로써 하나님의 말씀을 교회와 세계 속으로 좀 더 충분히 가져옴으로써 해결되어질 것이다. 따라서 경건주의는 성경운동이 되었다. 즉 모든 신자(혹은 적어도 거듭난 자)들의 만인사제직을 활성화하고, 그 초점을 이론에서 기독교의 실천으로 옮기며, 교파적인 논쟁들을 제한하고, 경건의 실천(Praxis Pietatis)이라는 의미에서 신학적 연구들을 쇄신하고, 마지막으로 설교는 '내적인 존재'의 교화와 성숙을 향하도록 하는 것이다. 슈페너는 하나님이 성경에서 교회에 대해 빛나는 미래를 약속했기 때문에 교회의 개선이 가능하다고 믿었다. 약속의 성취에 대한 징조는 바로 성경운동에 달려있다. 천년왕국설의 영향을 받은 슈페너의 종말론은 그의 개혁 프로그램과 밀접하게 연결되어 있다.[63]

『경건한 소원』은 경건주의의 이정표가 되었고, 대부분 아른트의 관심사를 반영하고 있다. 즉 신앙의 내면화, 개인적인 경험, '새로운 피조물'과 중생의 열매를 지향하는 칭의의 지도(指導) 등이다. 슈페너는 경건하지 않는 사람들을 개선시킴으로써 교회를 개혁하고자 한 것이 아니라, 도리어 경건한 사람들을 양성함으로써 교회를 개혁하기를 열망했다. 평신도들은 그룹성경공부를 위해서 성직자와 함께 모이는 기회를 가져야 한다. 성도들은 설교와 목사가 하는 행위의 '대상'(objects)이 되어야 하는 것이 아니라, 묵상을 통해 성경 전체를 자기 것으로 만듦으로써 기독교 신앙을 실천하는데 관여하는 '주체'(subjects)가 되어야 한다. 평신도들은 그저 단순히 '문답식으로 교리를 배워야'하는 것이 아니라, '성경적으로

---

63) Wallmann, *Kirchengeschichte*, 138.

되어야'한다. 교회 내에 자원하는 자들의 모임들, 즉 '교회 안의 작은 교회'(ecclesiola in ecclesia)는 경건한 사람들을 양육하기 위해 공식적인 예배를 보완하는 하나의 신기원을 이루었다. '교회 안의 작은 교회는 교회를 개혁하기 위한 새로운 전략이었다. 즉 정통주의가 저항하는 자들이나 기꺼이 응하는 자들 모두를 가리지 않고 전체 교회에 훈련을 강조하였던데 반해 경건주의는 교회의 갱신운동을 촉진시키고자 경건한 자들만이 모이도록 패러다임을 바꾼 것이다.[64] 슈페너는 1526년에 루터가 쓴 "독일어미사 서문"과 그 서문에서 열성있는 신자들의 특별한 모임을 천거한 것을 언급하면서 정통주의자들의 비판에도 불구하고 '교회 안의 작은 교회'를 변호하였다.

슈페너가 1705년에 베를린에서 죽었을 때, 그는 루터 이후 루터교 신자 가운데 두 번째로 위대한 신학자로 간주되었다. "경건주의 창시자"의 뒤를 잇는 자는 아우구스트 헤르만 프랑케(August Hermann Francke, 1663-1727)였다. 프랑케는 설교자이면서 목사였고, 신학자이면서 교육자였으며, 믿을 수 없을 정도로 뛰어난 조직가였으며, 경건주의에서 역사적으로 가장 의미심장한 형태, 즉 할레의 경건주의를 발전시키는데 30년 이상을 쏟아 부었다. 학창시절 그는 며칠 동안 내적 갈등을 한 후, 삶을 변화시킨 갑작스러운 회심을 경험하였는데(1687), 이 경험이 그로 하여금 신의 존재와 그 자신의 중생을 확신하게 만들었다. 갑작스러우며, 시일을 추정할 수 있고, 단 한번 일어나는 회심의 중요성은 - 슈페너에게는 여전히 생소한 것이지만 - 프랑케를 통해서 경건주의 속으로 들어왔다. 이는 분명히 영국에서 발생한 것으로서 테오필루스 그로스게바우어(Theophilus Grossgebauer, 1627-61)를 통해 처음으로 독일 루터교회에 전해졌다. '참회의 투쟁'(Busskampt)이라는 형태의 회심경험은 경건주의의 유형을 특징짓는 중요한 특징으로 프랑케의 영향이 매우 크다.[65]

프랑케는 신자가 여전히 신앙의 성장단계에 머물러있다는 것은 질병의

---

64) Wallmann, "Eine alternative Geschichte des Pietismus," 51-2, 56-9.
65) Wallmann, *Kirche*, 144.

증상이므로 주저 없이 율법의 제3의 용법을 강조하였다. "이유는 부단한 참회와 삶의 증진을 우선하지 않고 오히려 일 년이라도 다른 사람들처럼 경건하지 않으므로, 믿음이 강해지지도 않고, 기도할 때 더 열렬하지도 않으며, 모든 죄를 극복하는데 열성적이지도 않고, 모든 선을 행하기에 더욱 근면하지 않기 때문이다. 그것은 하나님에게서 온 삶이 더 이상 그 안에 없다는 확실하고도 분명한 표시이다. 반대로 하나님에게서 온 삶이 그 사람 안에 있는 경우에는 멈춰 서 있는 것이 아니라 오히려 부단한 향상과 지속적인 성장을 하게 된다.[66)]

대학의 직책에 대한 슈페너의 영향력 때문에 프랑케는 할레의 프로이센 대학에서 동양어 교수직을 맡았고, 글라우하(Glaucha)의 교외 지역에서 목회직무를 맡았다. 프랑케가 할레에 구축한 기관들의 성장은 거의 전설적이다. 일명 "프랑케 기관"(Franckean Institutions)은 고아원, 교사와 목회자를 위한 훈련학교, 서로 다른 수준과 서로 다른 계층의 학생들을 위한 다양한 학교들, 성경연구와 번역을 위한 '동양어 모임'(collegium orientale), 출판사, 과학실험실과 약국을 포함한다. 프랑케는 이러한 발전을 자신이 직접 쓴 책에 『여전히 살아계신 하나님의 발자국』(*Die Fussstapfen des nochlebenden Gottes*, 1701-09)이라고 제목을 붙였다. 경건주의를 변호하는 고전적인 작품인『할레인의 경건』(Pietas Hallensis, 1727)은 영어로 출판되었고, 영국 제도에 강한 인상을 심어주었다.

여러 가지 점에서 프랑케는 근대인이다. 기업가적인 능력은 담당 교구의 빈약한 성금함에서 발견한 겨우 몇 달러를 가지고도 그로 하여금 앞에서 말한 단체들을 창설하게 하였고, 바로크 풍의 여러 건물들을 세웠다. 그는 또한 이 단체들을 배치하는데 있어서도 근대적이다. 그는 구빈원, 감화원, 소년원으로부터 고아원을 분리시켰다. 고아원 자체는 그 시대의 가장 선구적인 단체였다. 여러기구 가운데 고아원은 근대 위생학의 선구자 역할을 감당했다. 아무도 신체적 불결에 화를 내지 않던 시대에, 프랑케와

---

66) 인용. Eberhard Winkler, "Exempla fidei: Verkündigung und Seelsorge in der Bestattungspredigt bei August Hermann Francke," PuN 2 (1975), 22-32, 31.

그의 동료들은 강력하게 주장하기를, 아이들은 이를 닦고 목욕을 하고 깨끗한 옷을 입고 깨끗한 침구류를 덮어야 한다고 했다.67) 존 웨슬리가 단언하였듯이 여기에서 청결은 경건함에 버금가는 것이었다.68)

신학연구와 신학교 교수진의 개혁은 곧 할레대학을 독일 전체의 신학생들이 가장 자주 방문하는 학과로 만들었다. 신학연구는 실천에 직접적으로 연관되도록 하였다. 프랑케의 천재적인 조직 능력과 열성 덕분에 "루터파 경건주의는 18세기 독일에서 지배적인 문화세력이 되었다."69) 프로이센 정부는 모든 목사와 교사가 할레에서 공부해야 한다고 규정했다. 기독교 신자는 "예수 그리스도에게 속한 사람들보다 더 쓸모 있는 사람들을 결코 찾아볼 수 없을 것이라는 점을 온 세상이 알 수 있도록 소양을 갖춰서 배출시켜야 한다."는 표어와 함께 프랑케는 적절한 연구들을 학교에 도입했다. 이같이 신앙의 신실성을 확립하기 위해 만든 할레의 프로그램은 사회적이고 경제적인 행동주의에서 믿음의 유용성을 강조했다. 프랑케에게 "현실주의자는 하나님을 진지하게 받아들이는 사람이다." 프로이센 정부는 "하나님을 찬양하고 무기를 건네라"는 초기 형태의 가치를 알아보았고, 프로이센 제국의 관료들과 장교들을 할레에 보내 교육을 받게 했다. 그 교육은 하나님을 경외하는 것과 자기의무의 수행을 행하게 함으로써, 할레 경건주의는 일종의 "프로이센 국가종교"가 되었다.70)

---

67) Beyreuther, *Geschichte der Diakonie*, 34-6. 그리고 내가 쓴 "루터파 전통"(The Lutheran Tradition)은 다음의 책에 소개되어 있다. Ronald L. Numbers and Darrel W. Amundsen (eds), *Carring and Curing: Health and Medicine in the Western Religious Traditions* (2nd edn, Baltimore: Johns Hopkins University Press, 1998), 173-203, 특히 185-88.

68) "단정치 못함은 종교의 일부가 아니다…'청결함이 진실로 경건함 옆에 있다.'" *The Works of John Wesley*, vol. 3, ed. by Albert Outler (Nashville: Abingdon Press, 1986), 249, 392.

69) Wallmann, *Kirchengeschichte*, 145-7, Richard Gawthrop, *Pietism and the Making of Eighteenth-Century Prussia* (Cambridge: Cambridge University Press, 1993), Thomas Müller-Bahlke (ed.), *Gott zur Ehr und zu Landes Besten. Die Franckeschen Stiftungen und Preussen* (Halle: Verlag der Franckeschen Stiftungen, 2001).

70) Hans-Walter Krumweide, *Geschichte des Christentums* III (2nd edn, Stuttgart: Kohlhammer, 1987), 64-5: 경건주의와 프로이센의 국가의 연합은 "군인 출신의 왕" 프리드리히 빌헬름 1세(Friedrich Wilhelm I, 1713-1740)의 통치하에 발생하였다.

"경건주의"의 라틴어 어원은 프로이센 국가에 대한 매력을 암시한다. '경건'(pietas)의 첫 번째 의미는 "본분을 다하는 행위로, 그 행위의 결과로서 사람은 윗사람들과 조국에 대한 바람직한 존경과 사랑을 보여준다." 두 번째 의미는 종교와 동의어로 헌신과 관련되어 있다.[71] 프랑케의 "삶을 위한 규칙들"은 게으름을 비난하고, 근면을 강조하고, 권위에 복종할 것을 강조하였다. "너는 일해야 한다, 그 이유는 (1) 하나님께서 그것을 너에게 요구하시기 때문이며, '일하지 않는 사람은 누구든지 먹어서는 안 된다.'(살후 3:10). (2) 너는 노동으로써 네 이웃에게 사랑을 증명하라… (3) 노동으로 너는 네 육체를 부양하라." 육체와 영혼에게 올바르게 질서를 지우라. "육체는 하인이지 주인이 아니다. 그러므로 육체가 하인으로 규정되면, 즉 빵, 처벌, 노동 등에 속하면 만족한 것이다(갈 5:24, 고전 9:27)." 사치에 대한 그의 비판은 외모에 시간을 소모하는 것, 거울을 들여다보는 것, 또는 화려한 옷과 보석류에 신경을 쓰는 것을 금지시켰다. 프랑케는 그의 독자들에게 양심을 살펴보는 일에 싫증을 내지 말라고 열심히 권했다. 노동, 말, 욕망, 생각들은 정밀하게 살펴져야 한다. 사상들과 생각들은 통제되어야 한다. 그 까닭은 "아이들은 백 명의 성인남자들이 맹렬하게 붙는 불을 끌 수 있는 것보다 더 쉽게 불꽃을 밟아 끌 수 있기 때문이다." 이것은 진지한 일이고, 프랑케는 농담 시에 필요치 않은 웃음을 웃는 것과 마음을 산만하게 하는 바보 같은 짓에 대해서도 경고했다.[72] 경건주의가 도덕적 영향을 가장 강력하게 끼친 곳은 부르주아의 윤리였다. 프랑케가 젊은이들을 교육시키는

약간의 망설임 후에, 프랑케는 스스로 프로이센 국가에 복종하기로 결정했다. 그가 세운 시설은 근면한 국가의 종복들을 만드는 데에 사용되었고, 경건주의는 군목을 제공함으로써 군대와 밀접한 관계를 가졌다. 국가의 권위와 경건이라는 공생관계에서 가장 중요한 결과는 순종하며, 성실하고, 부지런한 그리고 사심이 없는 공무원의 양산이었다. 특히 그들은 프로이센 출신의 독일인 관료와 장교 집단의 기풍(일종의 민족정신)으로 대표되었다.

71) Roy J. Deferrari (ed.), *A Latin-English Dictionary of St. Thomas Aquinas* (Boston: St Paul Editions, 1960).
72) August Hermann Francke, *Lebensregeln*, ed. by George Helbig (Marburg an der Lahn: Verlag der Francke-Buchhandlung, 1983), 25, 21, 37, 4, 6, 33. Krumweide, *Geschichte*, 65, 그는 경건주의 "반-사회적인 하찮은 존재"에 대해 언급하고 있다.

것에 관한 소논문에서 강조하였듯, 하나님을 기쁘시게 하는 삶의 세 가지 중심적인 미덕은 진리, 순종, 근면을 사랑하는 것이다. 근면함, 검소, 순종이라는 이러한 종교적인 미덕들은 초기 근대국가들에게 분명히 기쁜 소식이었다. 엄밀히 말하자면 경건주의자들은 부르주아의 미덕을 요구하는 사람들로서 적어도 그들 자신이 간접적이지만 국가 권력의 후원자임을 깨닫게 되는 경우가 자주 있었다.[73]

이러한 주제들은 독일 경건주의의 발전, 즉 회심, 성화, 사회-통제에 많은 영향을 준 영국의 경건문학의 내용들과 조화를 이룬다.[74] 경건문학은 철저하게 합리화되고, 심리적으로는 효율성을 내포한 방식으로 개인의 실천을 지향하는 경건이라는 이상향을 제시하였다. "사회적인 규율"(social disciplining)을 지향하는 정책은 기독교인의 삶의 지도와 심리학적이고 분석적인 자기지식과 자기조절이라는 근대적인 방법들을 위한 합리화된 방향들까지 모두 다루었다. 영국의 경건문학은 교파주의에 한정된 것이 아니었고, 기독교인의 삶의 이상을 구체화하고 그것을 실현 가능하게 만들려고 노력했다.

말씀을 선포하는 것은 여전히 회심의 수단이었다. 독일처럼 영국에서 새로운 경건개념은 설교를 효과있게 하기 위해서는 개인이 묵상을 해야 한다는 점이 주장되었다. 이 점에서 가장 영향력 있는 경건문학 작품 가운데 하나는 1611년에 처음 등장한 루이스 베일리(Lewis Bayly)의 『경건의 실천』(*Practice of Piety*)이다. 이 책은 1636년도까지 영국에서는 36판을

---

73) Dülmen, *Kultur*, 133-4.
74) 이후의 내용은 대부분 다음의 저서에 기인한다. Udo Sträter, *Sonthom, Bayly, Dyke und Hall. Studien zur Rezeption der englischen Erbauungsliteratur in Deutschland im 17. Jahrhundert* (Tübingen: Mohr Siebeck, 1987). 경건주의 문학은 두 가지 방향으로 경로를 교차시켰다. 영국에서 할레 공동체의 전파는 기독교 지식 증진회(The Society for the Promotion of Christian Knowledge)를 통해 이루어졌다. 이를 통해 영국의 학교가 가난한 이들을 위하여 고무되었고 덕성 함양을 위한 문학이 보급되었다. 독일의 궁정 설교자인 안톤 빌헬름 뵈메(Anton Wilhelm Böhme)는 런던으로 가서 프랑케의 『하나님의 발자취』(*Fussstapfen Gottes*)를 영어로 번역하였다. 물론 할레의 경건주의는 또한 조지아에서 펜실베이니아에 이르는 미국 식민지에도 잘 알려져 있었다. 다음을 보라. Edgar C. Mckenzie, *A Catalog of British Devotional and Religious Books in German Translation from the Reformation to* 1750 (Berlin, New York: de Gruyter, 1997).

거듭했고, 1628년 즈음에 『경건의 실천』(Praxis Pietatis)이라는 라틴어 제목을 단 독일어 판이 나왔고, 그 독일어 판도 많은 판을 거듭했다. 거의 모든 유럽의 언어로, 심지어는 미국 원주민의 한 종족인 알곤퀸(Algonquin, 1665, 1686)족의 언어로도 베일리의 저작들이 널리 보급되어 입수 가능했다는 점은 이런 방법론이 얼마나 매력적이었는지를 보여준다. 설교된 말씀이 효력을 발휘하기 위해서는 묵상을 통해서 자신에게 적용되어야 했다. 하나님의 말씀만으로는 충분하지 않다. 따라서 제임스 어셔(James Usher)는 그의 『묵상을 위한 방법』(A Method for Meditation, London, 1651)에서 묵상하면서 보낸 한 시간이 천개의 설교보다 더 가치가 있다고 확언했다. 설교는 의학강의와 같다. 의학강의를 듣는 것으로는 그 누구도 건강하게 할 수 없다. "즉 의약품이 은사처럼 사용되어야 한다. 마찬가지로 설교에서도 똑같은 단어가 공개적으로 들리면 똑같은 단어가 사용되어야 한다. 즉 모든 사람이 그 자신의 마음에 연고를 발라야만 한다."75)

영국 경건문학의 상당히 많은 부분이 성화에 초점을 맞추었다. 성화의 과정은 자아부인(리처드 백스터<Richard Baxter>의 「자기부정에 관한 논문」<Treatise of Self-Denial>에서 abnegatio sui에 대한 강조를 보라)을 포함하고 세상을 경멸하는데, 이는 기독교인들의 일상생활을 지도하기 위하여 발표된 수많은 소논문에서 찾아볼 수 있다. 프랑케의 『삶의 규율』(Lebensregeln)과 헨리 스쿠더(Henry Scudder)의 『기독교인의 일상 산책』(The Christian's Daily Walk, 1633: 독일어판 Tägliche Wallfahrt, 1635)은 삶의 매일, 매 시간, 매 분마다 개인은 무엇을 생각해야 하고 무엇을 해야 하는지를 잘 보여주었다.76)

삶의 규칙들은 인상적일 정도로 구체적이다. 기독교인의 삶은 분해되고77), 해체되어 일상생활의 모든 측면을 다루는 개인적인 규칙들의

---

75) Sträter, Sonthom, 43f.
76) Sträter, Sonthom, 122. 슈트레터가 제시한 12 페이지에 걸친 원 사료 문헌목록은 영국의 경건문학이 광범위하게 독일어로 번역되었음을 보여준다.
77) 해부학적인 비유 표현의 사용은 자연과학과 더불어 그 당시의 매력을 반영하고 있다. 특히 표면 아래의 것을 조사하고, 숨겨진 원인과 연관성을 발견하고 드러내는 해부학의

체계 속으로 집어넣어졌다. 초점은 하루의 과정에 관여하는 규칙에 맞추어졌고, 특히 성수주일에 맞추었다. 경건의 실천(Praxis Pietatis)은 '훈련'(exercise)을 의미했을 뿐만 아니라, 무엇보다도 기독교인의 삶의 '체계적인 실천'(systematic practice)을 뜻했다. 백스터는 그가 독자들에게 제시한 규칙들을 단지 위로의 말씀으로만 생각할 것이 아니라 그것을 실천할 것을 권고했다. 실천은 성화를 발전시킨다. 순례의 동기가 떠오르면, 그것은 기독교인이 이 세상에서 나그네라는 것을 이해하게 하며, 무엇보다도 그가 지향한 목표가 바로 순례자의 여정이라는 것을 알게 해 준다.[78]

순례자의 여정에 대한 통제는 이미 로욜라(Loyola)에 의해 제안되었다. 그의 『영적 훈련』(Spiritual Exercises)은 매일의 양심을 조사하기 위한 도식을 발전적으로 만들었고, 죄에 대해 대항하고자 매일 매일의 (영적) 투쟁 통계 분석표를 작성했다. 예수회의 결의론은 개혁파(칼빈주의, Reformed) 경건주의의 아버지이며, 영국의 청교도 윌리엄 퍼킨스(William Perkins)에 의해 양심을 정확하게 분석하도록 하였고, 또한 이를 영국과 유럽대륙의 개혁파 개신교가 받아들였다. 여기서부터 두 가지 경향으로 발전하였다. 첫째, 신앙고백의 결의론(casuistry)은 죄의 고백을 개인이 하게 하였고, 또 교회라는 매체 없이 기독교인들 각자가 하나님 앞에 직접 서도록 하는 양심분석을 내 놓았다. 목회자의 목회 안내서는 의심스러운 경우에 개인이 책임지는 결정을 내릴 수 있도록 하는 자기인식과 자기통제를 위한 안내서가 되었다. 둘째, 칼빈주의의 예정교리라는 틀에서, 자기 자신이 구원받는 자에 포함되는가 하는 문제는 선택에서 중심적인 의미를 갖는다.

가능성이 반영되었다. 영적인 해부는 대개의 경우 영적인 약함과 결함을 증명하는 병리학이다. "해부학"은 그 시대의 제목으로 중심적인 용어가 되었다. Robert Burton, *The Anatomy of Melancholy* (1621), John Donne, *The Anatomy of the World*, Edmund Gregory, *A Historical Anatomy of Christian Melancholy* (1646), William Gowper, *The anatomia of a Christian Man* (1611, German 1630), John Andrewe, *The Anatomy of Baseness* (1615), Thomas Watson, *God's Anatomy Upon Man's Heart* (1649). Sträter, *Sonthom*, 109-11.

78) 보라. Jacques Sys, "La spiritualite de John Bunyan," in Lagny, *Les Pietismes a l' Age Classique*, 259-80.

비록 칼빈은 외적인 근거를 바탕으로 구별의 가능성을 배제했음에도 불구하고, 그 문제는 자기-분석에서 강도 높은 문제가 되었다. 영국의 경건문학은 기독교인 스스로가 자기-평가를 통하여 자신의 위치를 판단할 수 있게 하는 '(점검) 표지'의 도식을 발달시켰다. 경건문학은 잘못된 확신을 폭로함으로써 (기독교인)순례자가 먼저 참회하고 거듭남이 없이 장래의 축복에 골몰하는 어리석음을 범하지 않도록 했다.

경건문학은 루터파 구원론의 체계 내에서 그 열매가 풍성한 문학으로 자리매김하도록 하기 위해서, (칼빈의) 선택에 대한 가르침을 말하지 못하게 하거나 두루 뭉실하게 표현하는 것에 대해 언어학적으로는 약간의 수정만을 요구하였지만, 교리적으로는 광범위한 수정을 요구하였다. 저주에 관해 동일한 열정과 두려움을 배경으로 가진 자들, 즉 거듭나지 않은 사람들은 그들이 처해 있는 상황의 위험성을 생각하게 함으로써 참회하게 하였고, 반면에 열렬한 기독교인들은 기독교인의 삶의 성장을 지속적으로 살피게 하였다. 선택의 표지로 공식화된 것은 중생(거듭남)의 표지로 해석되었다.

개인적 환경들은 흉작과 기근, 유행병, 사망률의 증가, 전쟁과 같은 그런 문제들로부터 기인되는 종교적 결과들로부터 분리될 수 없을지 모른다. 비록 사람들이 개인적으로 언제나 이런 사건들을 경험하는 것이 아니라고 하더라도, 사람들은 종종 그 같은 문제들을 가까이에서 보게 되는 경우가 있었다. 위기에 대한 반응들은 여러 가지가 있지만, 적어도 경건주의의 창시자들은 명확한 해답들을 가지고 있었다. 그들의 찬송과 장례 설교는 대부분 죽음과 허무가 그 주제였다. 성경 그리고 경건문학과 더불어 그들이 적극적으로 추구한 것은 구원을 위한 열심과 양심적으로 천직의 의무를 수행할 것을 가르치는 일이었다. 소위 "세상의 자식들"의 행위는 대조적으로 부정적인 역할을 했고, 동료 경건주의자들의 확고부동함은 그들이 가지고 있는 믿음을 확증하는 역할을 했다. 경건주의자들의 내적 세계의 강력함은 폐쇄된 신학체계 안에서 대표적인 대변인들을 통해 도덕적으로 분명한 주장을 제공하였다. 위기의 시대에, 사람들이 통제에 관심을 갖는 것은 놀라운 일이 아니다. 경건주의자들의 설교와 작품들은 꽤 많은 수의 중산층 사람들이 가지고 있는 "진심어린 갈망"을 분명하게 만족시켰는데, 이들은 궁정의 삶과 전통적인 대중문화와 대조적으로, "경제적 성공에 꼭 필요한 전제조건들인 질서 애호, 시간 엄수, 성실, 정직과 같은 바람직한 종교적인 특성들을" 반영하는 세속적인 성취의 윤리학을 내면화했다. 그러므로 경건주의는 "그 시대의 참기 어려운 비참함에 대한 효과적인 반응일 뿐만 아니라, 부가적인 인상으로 간주되어야 한다…(경건문학은) 영적인 단계에서 그들의 걱정거리들과 두려움들을 타파하고, 그들이 행동하는 일상생활에 윤리적인 근거와 구조적인 방법으로 나아가게 하는 수단을 (제공했다.)"[79]

당대의 종교적이고 사회적인 요구들을 말할 때, 경건주의 신학자들은 계몽운동과 근대 신학도 암시했다. 경건주의와 계몽운동의 유사성은 다음에 이어지는 몇몇 장에서 언급될 것이다. 사실, 경건주의와 계몽운동은 부정확한 개념인 "근대성"(modernity)에 의해 특징지어지는 형제자매운동(sibling movements)으로 간주할 수도 있다. 분명 교리주의에 대항한 투쟁과 교리상의 차이에 대한 경험적인 극복은 계몽운동의 보존이라기보다는 오히려 경건주의를 개척하는 시작이었다. 다시 말하자면, 종교개혁 이후 교파주의 시대를 계몽주의가 혼자 힘으로 극복한 것은 아니었다. '교회 안의 작은 교회'라는 슈페너의 사상이 교파주의 시대에 교회를 유지시켰던 정부의 포고령과 교회의 치리수단들을 타파했다.[80] 자기발전에 대한 계몽운동의 관심보다 먼저 나타난 천년왕국설에서 실현된 종말론을 인식하는 것은 결코 과도한 확대해석이 아니다. 영적이고 윤리적인 갱신 가운데 나타나는 경건주의자들의 완전에 대한 이상은 개인에게 초점을 두고 있다. 종교적인 경험에 대한 경건주의자들의 강조는 성령을 다른 "영들"(spirits)과 어떻게 구별할 수 있는가 하는 질문을 불러일으켰다. 슈페너가 제시한 한 가지 답은 이성이다.[81] 그래서 경건주의는 이성주의와

---

79) Lehmann, "Importance of the Pious Middle Classes," 36-8.
80) Wallmann, "Eine alternative Geschichte des Pietismus," 65-6.
81) Johannes Wallmann, "Geisterfahrung und Kirche im frühen Pietismus," in Trutz

계몽주의라는 동전의 한 면이다. 또한 이것은 자유로운 연합과 교육, 종교적 경험에 따른 "경험주의"와 과학과 자연에 관한 동시대의 관심과 무관하지 않은 실천적인 "경험주의"에 대한 경건주의의 지속적인 관심에서 찾아볼 수 있을 것이다. 사실 18세기와 19세기에 계몽운동의 중요한 인물들은 경건주의로부터 나왔다. 예를 들어, 레싱(Lessing), 쉴러(Schiller), 괴테(Goethe), 피히테(Fichte) 그리고 물론 "개신교 자유주의의 아버지"인 슐라이어마허(Schleiermacher)가 있는데, 슐라이어마허는 '절대의존의 감정'에 입각하여 그의 신학을 세웠고, 자기 자신을 "한 단계 더 높은 모라비아인"이라고 말했다. 경건주의의 주요 신학자들은 포이어바흐(Feuerbach)가 신학을 인간학으로 바꾸어버린 것을 보고 뒷걸음질 쳤던 반면에, 어떤 의미에서 그들의 인간학적인 방향은 이른바 신학의 "무덤을 파는 사람"에게 길을 준비해 주었다고 말할 수 있을 것이다.

> 이 전통의 특징은 칭의(법정적인 이미지) 대신에 거듭남(생물학적 이미지)에 그 중심을 두었다는 점이다. "중생," "새 사람," "내적인 인간," "조명," "교화," "영으로 그리스도와 하나됨" 등은 슈페너와 그 이전의 신비주의자들 사이에 공통적이다. 거듭남이란 단어는 기독교적인 삶의 기원과 성장의 미스터리를 표현했고, 19세기에 다시 유행하였는데 슐라이어마허(F. D. Schleiermacher, 1768-1834)와 함께 시작되었다. 슈페너가 한 일은 "하나님의 절대적인 힘을 희생시키지 않으면서 인간의 관점에서 기독교와 교회를 인간학적으로 정의하려는 인상적인 시도"였다.[82]

우리는 경건주의에 대한 연구라는 광활한 바다에서 겨우 발가락만 적셨을 뿐이다. 반면에 더 많은 연구들이 이루어져야 하는 상태로 남아 있지만,

---

Rendtorff (ed.), *Charisma und Institution* (Gütersloh: Mohn, 1985), 132-44, 특히 141-3. 보라. Martin Friedrich, "Philipp Jakob Spener als Kronzeuge des kirchlichen Liberalismus," PuN 21 (1995), 131-47.
82) Tappert (ed.), *Pia Desideria*, 27-8.

경건주의 신학자들은 그들간의 차이에도 불구하고 경건주의가 16세기의 종교개혁을 계몽운동과 그 너머까지를 잇는 교량이라고 말할 수 있을 것이다. "기독교 신앙의 역사가들이 근대시대에 종교성의 의미를 이해하려고 노력했지만, 유럽과 북미를 가로질러 기독교를 새롭게 하려고 노력한 경건주의와 유사 운동들의 다방면에 걸친 역사가 점점 더 중요한 역할을 수행할 것이다."[83]

---

83) Strom, "Problems and Promises of Pietism Research," 554.

참고문헌

연 1회 발행되는 『경건주의와 군대』(*Pietismus und Neuzeit*)는 1974년부터 출판되고 있으며, 경건주의에 관한 다방면에 걸친 관심사와 주제들을 해마다 제공해준다.
마르틴 루터대학(할레, Halle)은 경건주의 연구의 중심으로 매우 유용한 정보를 웹사이트상에서 찾아볼수 있도록 도와준다.

· 경건주의에 관한 역사기술

Durnbaugh, Donald F., "Pietism. A Millenial View from an American Perspective," PuN 28 (2002), 11-29.
Greschat, Martin, *Zur neueren Pietismusforschung* (Darmstadt: Wissenschaftliche Buchgesellschaft, 1977)
Lienhard, Marc, "La piété comme object d'étude de l'historiographie," in Matthieu Arnold and Rolf Decot (eds), *Frömmigkeit und Spiritualität. Auswirkungen der Reformation im 16. und 17. Jahrhundert* (Mainz am Rhein: Zabern, 2002), 7-14.
Schmidt, Martin, "Epochen der Pietismusforschung," in Kurt Aland (ed.), *Der Pietismus als Theologische Erscheinung. Gesammelte Studienn des Geschichte des Pietismus*, 2 (Göttingen: Vandenhoeck & Ruprecht, 1984), 34-83.
Schneider, Hans, "Der radikale Pietismus in der neueren Forschung," PuN 8 (1982), 15-42; PuN 9 (1983), 117-51.

Storm, Jonathan, "Problems and Promises of Pietism Research," CH 71 (September 2002), 536-54.

Wallmann, Joahnnes, "L'état actual de la recherché sur le piétisme," in Anne Lagny (ed.), *Les pietismes à la âge classique* (Villeneuve d'Ascq: Presses universitaires du Septentrion 2001), 31-35, 9-29.

Ward, W.R., "Bibliographical Survey: German Pietism, 1670-1750," JEH 44 (July 1993), 476-505.

Weigelt, Horst, "Interpretations of Pietism in the Research of Contemporary German Historians," CH 39 (1970), 236-41.

· 이차 자료

Arnold, Matthieu and Rolf Dector (eds), *Frömmigkeit und Spiritualität. Auswirkungen der Reformation im 16. und 17. Jahrhundert* (Mainz am Rheim: Zabern), 2002.

Baumann, Thomas, *Zwischen Welteränderung und Weltlucht. Zum Wandel der pietischen Utopie im 17. und 18. Jahrhundert* (Lahr: Johannis, 1991).

Benz, Ernest, "Pietist and Puritan Sources of Early Protestant World Missions," CH 20 (1951), 28-55.

Beyreuther, Erich, *Geschichte der Diakonie und Inneren Mission in der Neuzeit* (Berlin: C-Z-V-Verlag, 1983).

Brecht, Martin, et al. (eds), *Geschichte des Pietismus*, 4 vols (Göttingen: Vandenhoeck & Ruprecht, 1993ff).

Brecht, Martin, "Pietismus," TRE 26 (1996), 606-31.

Brecht, Martin, "Probleme der Pietismusforschung," *Nederlands archief voor Kerkgeschiednis* 76 (1996), 227-37.

Brecht, Martin, "Zur Konzeption der Geschichte des Pietismus. Eine Entgegnung auf Johannes Wallmann," PuN 22 (1996), 226-29.

Brown, Dale W., *Understanding Pietism* (Grand Rapids: Erdmans, 1978).

Bubenheimer, Ulrich, "Karlstadtrezeption von der Reformation bis zum Pietismus im Spiegel der Schriften Karlstadts zur Gelassenheit," in Sigrid Looss and Markus Matthias (eds), *Andreas Bodenstein von Karlstadt (1486-1541). Ein Theologe der frühen Reformation* (Wittenberg: Lufft, 1998), 25-71.

Campbell, Ted A., *The Religion of the Heart. A Study of European Religious Life in the Seventeenth and Eighteenth Centuries* (Columbia: University of South Carolina Press, 1991).

de Boor, Friedrich, "Anna Maria Schuchart als Endzeit-Prophetin in Erfurt 1691/92," PuN 21 (1995), 148-83.

Dupré, Louis and Don E. Saliers (eds), *Christian Spirituality: Post-Reformation and Modern* (New York: Crossroad, 1989).

Faix, William, *Familie im gesellschaftlichen Wandel. Der Beitrag des Pietismus. Eine sozialgeschichtliche Studie* (Giessen/Basel: Brunnen Verlag, 1997).

Faull, Katherine M. (ed), *Moravian Women's Memoirs: Their Related Lives* 1750-1820 (Syracuse: Syracuse University Press, 1997).

Friedrich, Martin, "Philipp Jakob Spencer als Kronzeuge des kirchlichen Liberalismus," PuN 21 (1995), 131-47.

Fulbrook, Mary, *Piety and Politics: Religion and the Rise of Absolutism in England, Württemberg and Prussia* (Cambridge: Cambridge University Press, 1983).

Ganzer, Klaus (ed.), *Volkfrömmigkeit in der Frühen Neuzeit* (Münster:

Aschendorff, 1944).

Gause, Uta, "Frauen und Frömmigkeit im 19. Jahrhundert: Der Aufbruch in die Öffentlichkeit," PuN 24 (1998), 309-27.

Jung, Martin, *Frauen der Pietismus. Zehn Porträts* (Gütersloh: Gütersloher Verlaghaus, 1998).

Lehmann, Hartmut, "Vorüberlegung zu einer Sozialgeschchte des Pietismus im 17./18. Jahrhundert," PuN 21 (1995), 69-83.

Lehmann, Hartmut, "The Cultural Importance of the Pious Middle Classes in Seventeenth Century Protestant Society," in Kasper von Greyertz (ed.), *Religion and Society in Early Modern Europe* 1500-1800 (London: Allen & Unwin, 1984), 33-41.

Lehmann, Hartmut, Heinz Schilling, Hanss-Jürgen Schrader (eds), *Jansenismus, Quietismus, Pietismus* (Göttingen: Vandenhoeck & Ruprecht, 2000).

Lindberg, Carter, *The Third Reformation? Charismatic Movements and the Lutheran Tradition* (Macon: Mercer University Press, 1983).

Lindberg, Carter, "Do Lutherans Shout Justification But Whisper Sanctification?" LQ 13 (1999), 1-20.

Lund, Eric (ed.), *Documents from the History of Lutheranism* 1517-1750 (Minneapolis: Fortress Press, 2002).

Müller-Bahlke, Thomas (ed.), *Gott zur Ehr und zu Landes Besten. Die Franckeschen Stiftungen und Preussen* (Halle: Verlag der Franckeschen Stiftungen, 2001).

Meyer, Dietrich and Udo Sträter (eds), *Zur Rezeption mystischer Traditionen im Protestantismus des 16. bis 19. Jahrhundert* (Cologne: Rheinland-Verlag, 2002).

Nieden, Hans-Jörg and Marcel Neiden (eds), *Praxis Pietatis: Beiträge zu Theologie und Frömmigkeit in der frühen Neuzeit* (Stuttgart: Kohlhammer, 1999).

Parker, Goeffrey, *Europe in Crisis* 1598-1648, second edition (Oxford: Blackwell, 2001).

Roth, John D., "Pietism and the Anabapist Soul," PuN 25 (1999), 182-202.

Schicketanz, Peter, *Der Pietism von 1675 bis 1800* (Leipzig: Evangelische Verlagsanstalt, 2001).

Schneider, Hans, "Johannn Arndts 'verschollene' Frühschriften," PuN 21 (1995), 29-68.

Stoeffler, F. Ernest, *The Rise of Evangelical Pietism* (Leiden: Brill, 1965).

Stoeffler, F. Ernest, *German Pietism during the Eightennth Century* (Leiden: Brill, 1973).

Sträter, Udo (ed.), *Pietas in der Lutherischen Orthodoxie* (Wittenberg: Lufft, 1998).

Sträter, Udo, *Meditation und Kirchenreform in der lutherischen Kirche des 17. Jahrhunderts* (Tübingen: Mohr Siebeck, 1995).

Sträter, Udo, *Sonthom, Bayly, Dyke und Hall. Studien zur Rezeption der englischen Erbauungsliteratur in Deutschland im 17. Jahrhunderts* (Tübingen: Mohr, 1987).

Sträter, Udo, "'Wie bringen wir den Kopff in das Herz?' Meditation in der Lutherischen Kirche des 17. Jahrhunderts," in Gerhard Kurz (ed.), *Meditation und Einnerung in der Frühen Neuzeit* (Göttingen: Vandenhoeck & Ruprecht, 2000).

Strom, Jonathan, *Orthodoxy and Reform: The Clergy in Seventeenth Century Rostock* (Tübingen: Mohr Siebeck, 1999).

Vogt, Peter, "The Attutude of Eighteenth Century German Pietism toward Jews and Judaism: A Case of Philo-Semitism?" *The Covenant Quarterly* 56/4 (1988), 18-32.

Wallmann, Johannes, *Philipp Jakob Spencer und die Anfänge des Pietismus* (Tübingen: Mohr, 1986).

Wallmann, Johannes, *Der Pietismus, vol. 4/01 of Die Kirche in Ihrer Geschichte. Ein Handbuch*, ed. by Bernd Moeller (Göttingen: Vandenhoeck & Ruprecht, 1990).

Wallmann, Johannes, "Was ist Pietismus?" PuN 20 (1994), 218-35.

Wallmann, Johannes, *Theologie und Frömmigkeit im Zeitalter der Barock. Gesammelte Aufsätze* (Tübingen: Mohr, 1995).

Wallmann, Johannes, *Kirchengeschichte Deutschlands zeit der Reformation* (Tübingen: Mohr, 1993).

Wallmann, Johannes, "Geisterfahrung und Kirche im frühen Pietismus," in Trutz Rendtorff, ed., *Charisma und Institution* (Gütersloh: Mohn, 1985), 132-44.

Ward W.R., *The Protestant Evangelical Awakening* (Cambridge: Cambridge University Press, 1992).

Ward W. R., *Faith and Faction*, London: Epworth Press, 1993.

Witt, Ulrike, *Bekehrung, Bildung und Biographie. Frauen im Umkreis des Halleschen Pietismus* (Tübingen: Niemayer, 1996).

Yeide, Harry, *Studies in Classical Pietism: The Flowering of the Ecclesiola* (New York: Peter Lang, 1997).

요한 아른트(1555-1621)

요한네스 발만(Johannes Wallmann)

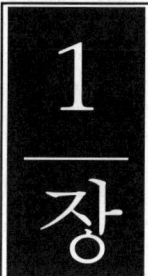

1. 아른트의 영향사

개신교 역사에서 성경을 제외하고 요한 아른트(Johann Arndt, 1555-1621)의 저서 『진정한 기독교』(*Bücher vom wahren Christentum*)만큼 많이 발행된 책은 없다. 이것은 경건에 관한 개신교의 고전적인 책이다. 이 책이 정확히 언제 출판된 것인지 분명하게 알 수 없는 까닭은 '집필 중인 책'이었기 때문이다. 1605년 아른트가 『진정한 기독교의 첫 권』을 출판하였을 때, 다른 세 권의 책도 곧 출판해 달라는 많은 독자들의 열성적인 편지를 받았다. 마침내 1610년 『네 권으로 된 진정한 기독교』가 서점에 진열되었다. 책의 출판은 차례로 출간되었다. 아른트의 사후에 그의 편지와 짧은 유고가 제5권과 제6권으로 출판되었다. 그러므로 아른트의 책을 『여섯 권의 진정한 기독교』라고 부른다. 덧붙여 아른트는 1612년에 기도서인 『기독교인의 덕행으로 가득한 천상의 작은 정원』(*Paradiesgärtlein voller christlicher Tugenden*)을 별도로 출간하였지만, 그 다음 출판 시에는 대부분 『진정한 기독교』 안에 포함시켜 출판하였다. 리가의 감독관(Riga Superintendent)인 요한 피셔(Johann Fischer)는 1679년 『진정한 기독교』의 리가(Riga) 판을 출판하면서 동판 삽화를 넣었고, 또한 각 장의 마지막 부분마다 기도문을 넣었다. 첫 발행시에는 작은 분량의 책이었지만 나중에는 천 여 페이지에 이르는 방대한 분량의 책이 되었으며, 각 가정에서 성경 다음으로 많이 읽히는 책이 되었다. 이 책의 인기는 대단하여 1635년 슈트라스부르크 대학교회의 주임교수인 요한 콘라트 단하우어(Johann Conrad Dannhauer)는 당시 여전히 루터교단에 속해 있었던 슈트라스부르크 성당의 강단에서, 『진정한 기독교』에 대해 강론하며 훈계하기를 성경 읽는 것을 절대로 잊지 말라고 할 정도였다. 18세기 초가 되어서야 아른트의 전집이 완간되었는데 이는 요한 야곱 람바흐(Johann Jakob Rambach)가 편집하였고, 서문에는 함부르크에서 바젤까지, 암스테르담에서 리가까지, 마인 강에 위치한 프랑크푸르트에서 괴를리츠(Goerlitz)까지, 아른트의 『진정한 기독교』가 출판된 지역 30곳이 언급되었으며, 때로는 반복되어 나타난다. 경건주의의 창시자인 필립 야곱 슈페너(Philipp Jacob Spener, 1635-1705)는 베를린에서 출간된 『진정한 기독교』의 첫 세 권에 대한 설교집 서문에 아른트만큼 자주 출판되었던 신학자의 저서는 없다고 썼다. 북미로 처음 이주하는 독일인들은 그들의 여행가방 속에 『진정한 기독교』를 넣어갔다. 책이 다 소진되자 그들은 재출판할 것을 요청하였다. 매우 빨리 500명의 구독 요청자가 생기자, 원래 출판업자였던 벤저민 프랭클린(Benjamin Franklin)은 1751년 필라델피아에서 새로운 판을 준비하였다. 이렇게 아른트의 『진정한 기독교』가 발간됨으로써 신세계 미국에서 출판된 최초의 독일어 책이 되었다.

이 책은 수 없이 재판을 찍었는데, 서지학에 따르면 적어도 300판을 거듭한 것으로 나타난다. 또한 『진정한 기독교』는 스칸디나비아와 발트어로, 영어, 불어, 이태리어, 화란어, 체코, 폴란드, 헝가리, 래토-로만어로, 이디시(유대어, Yiddish)어와 같이 러시아어와 터키어로도 번역되어 출판되었다. 선교사들은 이 책을 사역하는 현지의 언어로 번역하였다. 또한 서지기록에 의하면 이 책이 인도에서 종려나무 잎에

타밀(Tamil)어로도 번역되었다.

룬트(Lund)대학의 교회사가인 힐딩 플라이젤(Hilding Pleijel, 1893-1988)은 종교개혁이후 스웨덴의 루터교에서는 이 책을 낭독하는 관습이 있었으며, 수천의 목록이 있음을 찾아내었다. 그는 19세기 초엽까지 아른트의 저서들이 스웨덴의 가정에서 찬송가와 성경 다음으로 많았다고 기록된 것도 찾아내었다. 스톡홀름에 있는 왕실도서관(Royal Library)에는 스웨덴 판 37쇄의 책이 있는 것으로 보아 당시 "이 책이 다른 책보다 가장 널리 읽히는 경건서적"이었다고 생각할 수 있다. 플라이젤은 결론적으로 말하기를 아른트의 저서『진정한 기독교』는 "종교에 역동적인 관심이 있는 모든 스웨덴 가정들에 다 구비되어 있으며, 그 당시 아른트라는 이름은 경건한 무리들에게는 하나의 능력 있는 외침이었다." 그러나 오늘날에는 아른트를 아는 자가 거의 없다. "이제 우리는 그를 다시 찾아내도록 하자. 아른트에 대해 알면 알수록 그는 종교개혁이후 루터주의자들에게 가장 영향력 있는 목회자였음을 알게 될 것이다."[1]

독일의 경우도 스웨덴과 비슷하다. 100여 년 전에 최고의 경건서적 수집가로 유명한 헤르만 베크(Hermann Beck)는 플라이젤이 내린 것과 동일한 결론을 내렸다. "루터 이후 아른트와 같이 영혼을 붙잡고 영혼을 감동시킨 능력 있는 자는 교회사에 없었다." 그 이름을 기억하는 것은 "지금 이 시간까지도 복음적인 자들에게는 신선함과 힘을 제공한다."[2] 이것은 1891년에 기록되었다. 오늘날 독일에서는 단지 몇 명의 사람들만이 아른트라는 이름을 알고 있을 뿐이다.

우리는 아른트가 끼친 영향사부터 살펴보고자 한다. 그의 작품이 광범위하게 배포되었기에 우리는 다음과 같은 질문을 하게 된다. 요한

---

1) Hilding Pleijel, "Die Bedeutung Johann Arndts für das schwedische Frömmigkeitsleben," in Heinrich Bornkamm et al. (eds), Der Pietismus in Gestalten und Wirkungen. Festschrift für Martin Schmidt (Bielefeld: Luther-Verlag, 1975), 383-94, 394.
2) Hermann Beck, *Die religiöse Volksliteratur der evangelischen Kirche Deutschlands* (Gotha: Perthes, 1891), 118.

아른트는 누구이며 그의 삶은 어떠했는가? 그가 작품을 쓰게 된 동기는 무엇이었는가? 그의 작품 『진정한 기독교』의 특징은 무엇인가? 아른트의 작품에서 개인적인 학풍이나 방향을 발견할 수 있는가? 어디까지 그를 경건주의 신학자라고 부를 수 있는가? 하는 것 등이다. 이러한 질문들에 대해 순차적으로 대답해 보자.

2. 아른트의 생애

당대의 많은 신학자들과 마찬가지로 아른트도 자신이 죽은 후에 읽혀질 특별한 자서전을 쓰지 않았다. 뿐만 아니라 그는 젊었을 때 저술한 것들을 모아 두지도 않았다. 개인적인 삶이 그에게는 중요하지 않았기 때문이다. 그는 어디에서도 자신의 신앙 경험을 말하지 않았다. 그러므로 그의 청년시절에 관해 우리가 알만한 것은 거의 없으며, 그나마 존재하는 자료들은 루터교 목회자로서 후기의 것들이지만 그마저도 불충분하다. 요한 아른트라는 이름의 뜻은 라틴어로 독수리(Aquila)이며, 1555년 12월 27일에 중부 독일의 안할트(Anhalt) 공국(公國) 쾨텐(Köthen)에 가까운 에더리츠(Edderitz) 마을에서 루터교 목회자인 아버지 야콥 아른트(Jakob Arndt)와 어머니 안네 네 죄히팅(Anne nee Söchting) 사이에서 태어났다. 2살 때에 아버지는 도시의 목회자가 되기 위해 발렌슈테트(Ballenstedt)의 니콜라이(Nikolai) 교회로 부임하였다. 아른트는 어린 나이인 1565년에 아버지가 별세하였으므로 가족을 위해 경제적인 책임을 지는 어려움을 경험하였다. 하지만 부자 후원자들이 나타나 청년 시절에 도움을 받았으며, 이로 인해 그의 특별한 재능이 일찍 두각을 나타냈다. 후원자들은 그를 학교에 다니게 해 주었고 나중에는 대학까지 다니게 하였다. 아른트는 아셔스레벤(Aschersleben), 할버슈타트(Halberstadt)와 마그데부르크(Magdeburg)에서 학교를 다녔다. 계속해서 1575년부터 1581년까지 헬름슈테트(Helmstedt),

비텐베르크(Wittenberg), 슈트라스부르크(Strasbourg)와 바젤(Basel) 대학에서 공부하였다. 처음에 그가 의학을 공부하기 원하였지만 심한 질병을 앓으면서 신학을 하기로 결정하였다. 하여간 그는 대학생활 내내 처음부터 가졌던 관심인 의학을 포기하지 않았다. 그의 제자이며 나중에 동료가 된, 즉 예나(Jena)대학에서 가장 중요한 정통주의 신학자인 요한 게르하르트(Johann Gerhard, 1582-1636)는 기록하기를, 아른트는 학창시절 신학을 공부하기보다는 의학에 더 많은 관심을 쏟았다고 하였다. 최근에 밝혀진 것으로 아른트가 공부하던 바젤에서 보내온 편지에 "의대생"(stud. med.)이라는 사인이 기록되어 있는데, 이를 통해 그가 의학에 더 힘을 쏟아 부었음을 알 수 있다. 바젤에서 아른트는 의사인 테오도어 츠빙어(Theodor Zwinger)로부터 파라셀수스(Paracelsus)의 작품을 연구하도록 자극을 받았다. 아른트의 전 생애를 통해 볼 때, 그는 자연과학에 관심을 가지고 그것을 추구하였다. 심지어 말년에도 그는 다음 연구를 위해 화학 실험을 계속하였다. 파라셀수스의 영향은 아른트의 작품 여러 곳에서 묻어나는데, 특히 『진정한 기독교』 제4권에서 자연계를 다루면서 그 절정에 달한다. 경건주의와 계몽주의에서 강하게 거부되었던 개신교의 스콜라적인 철학에 배태되어 있는 아리스토텔레스주의는 아른트에게 이질적인 채로 남아있다. 아른트의 학창시절 아리스토텔레스의 형이상학은 아직 대학에 널리 보급되지 않았다. 철학자들 사이에는 여전히 플라톤과 스토아학파, 에피쿠로스 신봉자(Epictetus) 그리고 무엇보다도 세네카가 존경받는 시대였다.

아른트가 슈트라스부르크 대학(Strasbourg Academy)에서 공부할 때인 1621년, 당시의 학장은 요한 스투룸(Johann Sturm, 1507-89)이었다. 그는 슈트라스부르크의 개혁자인 마르틴 부처(Martin Bucer)의 친구로서 부처의 저작집인 『토무스 앙글리카누스』(Tomus anglicanus, 바젤, 1577)의 첫 권을 편집하였다. 이때 스투룸은 요한 파파스(Johann Pappas, 1549-1610)와 심각한 갈등관계에 있었다. 파푸스는 요한 마르바흐(Johann Marbach, 1521-81)와 함께 슈트라스부르크 도시와 대학에서 일치신조(Formula of Concord)에 따른 엄격한 루터교회의 승리를 확산시키는 방법을 모색하고 있었다. 소책자를 통해 전체 도시에 널리 알려져 시끄럽게 된 그들의 갈등사건은 슈트라스부르크 대학 역사에서 가장 어렵고 위험한 시기라고 불린다. 아른트는 이러한 갈등 속에서 아무런 영향을 받지 않은 채 그냥 있을 수 없었다. 신학자들 간의 싸움에 대한 아른트의 혐오는 슈트라스부르크 학창시절의 경험에 따른 것이다. 갈등의 이유는 요한 스투룸의 관심이 부처에게 있었기 때문이다. 아른트가 지닌 독특성의 상당수는 루터나 루터파 정통주의(Lutheran Orthodoxy)와 구별되는데, 이는 당시 개혁자들 가운데 경건한 자라고 불린 부처의 입장에서 생각해 본다면 수긍할만한 것이었다. 아른트에게 부처는 순수한 교리와 교회의 존재에 대한 필연성 그리고 진정한 경건을 정착시키기 위한 정치적인 협력과 같은 '경건생활'(pietas)의 귀감이었다. 이런 전제가 얼마나 분명한지 결정적인 자료들을 제공할 수 없다는 것이 안타깝다.3)

아른트를 가르친 다른 신학자들에 대해서는 한 명 외에는 아는 바가 없다. 그는 비텐베르크 대학의 폴리캅 레이저(Polycarp Leyser)로 후일 아른트가 서한집에서 밝혔다. 그는 마르틴 켐니츠(Martin Chemnitz, 1522-86)가 쓴 『트리엔트 공의회 구명(究明)』(Examen Concilii Tridentini)을 읽고 루터파 정통주의 신학에 정통한 자로 등장하였다. 그는 초기 저작에서 이 책을 수차례 인용하였다.4) 일치신조(The Formuala of Concord, 1577)는 아른트가 공부하는 시기에 형성되었으며, 루터가 죽은 후 루터주의자들 내에서 발생한 갈등들을 공동의 교리적인 기초 위에 문제를 통합하려고 시도한 것이었다. 즉 주의 만찬, 기독론, 예정론(보편적인 은총) 같은 문제들은 개혁파와 루터주의자들 간에 교리적인 입장이 서로 달랐다. 후에 아른트는

---

3) 참조. Johannes Wallmann, "Bucer und der Pietismus," in Ch. Krieger and Marc Lienhard (eds), *Martin Bucer and Sixteenth Century Europe*, 2 vols (Leiden: Brill, 1993), 2:715-32, 717f.

4) Hans Schneider, "Johann Arndt und Martin Chemnitz. Zur Quellenkritik von Arndts 'Ikonographia'," in W.A. Jünke (ed.), *Der zweite Martin der Lutherischen Kirche. Festschrift zum 400. Todestag von Martin* Chemnitz (Braunschweig, 1986), 203-22.

일치신조를 루터파 교리의 규범으로서 조건 없이 고백하였다. 누구든지 일치신조를 이해하여야 하며, 만일 자신의 저술이 루터파 신앙고백에 따라 수정될 필요가 있다면 그것은 1580년 일치신조서(Book of Concord)를 따르면 된다. 루터파 정통주의를 위한 이 같은 열망은 돋보였으며 분명 신실하였다. 어쨌든 이점이 유망한 지표가 되었지만 정작 아른트 자신은 신비적인 영성주의로부터 비-루터파적인 영향을 받아들여 연구하는 동안 그는 의식이 깨여 신령주의에 의해 각인되었다. 그가 신비주의에 관심을 가지고 있었는지, 또한 어느 정도이든지 간에 아른트의 학창시절에 관한 자료가 불충분하기에 결정적으로 규정지을 수는 없다.

아른트는 학교 교사가 되어 안할트의 고향지역으로 돌아왔다. 1583년 10월 30일 목사 안수를 베른부르크(Bernburg)에서 받은 후에 발렌슈타트에서 집사(보조목회자)가 되었고, 이듬해 1584년에 바데보른(Badeborn) 마을의 목회자가 되었다. 이곳에서 그는 에름스레벤(Ermsleben)의 공무원인 크리스토퍼 바그너(Christopher Wagner)의 딸 안나 바그너(Anna Wagner)와 결혼하였다. 그들은 자식이 없었지만 죽을 때까지 행복하게 살았다. 아른트가 활동했던 지역의 통치자인 요한 게오르크 폰 안할트(Prince Johann Georg von Anhalt, 1589-1618)는 점차 칼빈주의 쪽으로 기울면서 목회자들에게 세례 시에 축사(逐邪)를 금하도록 요청하였으며, 또한 루터가 보류했던 귀신을 쫓아내는 중세의식도 금지할 것을 요구하였다. 이에 아른트는 순복할 것을 거절하고, 1590년 자신의 목회직을 그만두고 고향을 떠났다. 그리고 자신을 초청한 크베들린부르크(Quedlinburg)에 있는 니콜라이(Nikolai) 교회로 갔다. 크베들린부르크는 바데보른 지역과 매우 가까워 주일에는 전에 함께 한 교구민들 중 많은 수가 그의 설교를 들으러 경계선을 넘어 왔다. 1595년 터키가 침략했을 때에 그는 "애굽에 임한 10가지 재앙"(Von den zehn aegyptischen Plagen)이라는 회개의 설교를 하였다. (이 설교문은 손으로 쓴 것으로 복사본이 널리 보급되었다.

1657년에 마인에 있는 프랑크푸르트에서 인쇄하였다.)

인쇄된 아르트의 첫 번째 작품은[5] 성상에 대한 칼빈주의자들의 적대성을 논박하는 것이었다. 즉, 『Iconographia, 성상들에 대한 근본적이고 기독교적인 보도』(Gruendlicher und Christlicher Bericht von den Bildern, 할버슈타트, 1596)이다. 이것은 교파주의(신앙고백) 시기의 신학 논증에 기여한 유일한 것이다. 이후 그는 『독일신학』(Theologia Deutsch, 1597)의 새 판을 위해 준비하였다. 이것은 독일 신비주의자들(『그리스도를 본받아』<The Imitation of Christ>, 요한 폰 슈타우피츠 <Johann von Staupitz>, 요한네스 타울러 <Johannes Tauler>)의 새 판을 위한 시리즈의 첫 권이 되었다. 아르트가 잘 알지 못했던 『그리스도를 본받아』는 별개로 치더라도 초기 루터에게 이들 신비주의자들은 매우 높은 평가를 받았었다. 그러나 신비주의자들은 "열광주의자들"(Schwaermer)과의 논쟁 이후에 관심 밖으로 밀려났다. 아르트는 후기 중세 신비주의를 다시 루터교회로 가져오기를 원하였다. 당시 루터교회는 교회에 비판적인 신령주의에 대한 반동으로 인해 신비주의자들의 작품과는 거리가 멀었다.

크베들린부르크에서 10년 동안(1590-99) 활발하게 활동한 후, 아르트는 브라운슈바이크(Braunschweig, 1599-1609)에 있는 마르틴교회(Martinikirche)의 목사로 청빙을 받았다. 이 도시는 당시 작센 공국에서 가장 부유하고 번창한 도시였다. 오늘날에도 성당들과 오래된 양식의 교회들이 중세시대 브라운슈바이크의 풍요와 중요성을 말해주고 있다. 이곳에서 아르트는 그의 작품 『진정한 기독교』 제1권을 출판하였다(Frankfurt, 1605). 노예의지와 원죄의 교리 같은 몇 가지 내용들은 완성하지 못하였는데, 이는 정통주의자들인 도시 성직자들을 공격하는 것이었다. 아르트는 새로운 판을 여러 방법으로 재빨리 바꿔서 출판하였다(완성본은 1607년 예나(Jena)판이다). 동료 목회자 및 반대자들과의 논쟁은 아르트가 귀족들과 길드 사이에서 벌어진 도시

---

[5] 오직 손으로 쓴 아르트의 초기 작품들에 대해서는 다음을 보라. Hans Schneider, "Johann Arndts 'verschollene' Frühschriften," PuN 21 (1996), 29-68.

내 갈등구조에서 귀족들을 지지하면서 일어났다. 이 일로 아른트는 아이스레벤(Eisleben)에 있는 안드레아스(Andreas)교회의 청빙을 받아들일 수 밖에 없었다. 『진정한 기독교』의 완성(마그데부르크, 1610)은 이렇게 루터가 출생하고 사망한 도시에서 2년간 목회하는 기간(1609-1611)에 완성되었다. 아른트는 브라운슈바이크-뤼네부르크(Braunschweig-Lueneburg) 공국의 지도감독관(General Superintendent)으로 청빙을 받아 1611년 작센의 공작령 도시인 첼레(Celle)로 되돌아갔다. 여기서 그는 브라운슈바이크-뤼네부르크의 공작 크리스티안(Duke Christian the Elder) 1세의 공식적인 보호 아래 그의 생애 마지막 10년 동안 방해를 받지 않고, 교회 활동과 작품 활동을 추구할 수 있었다. 그는 지도감독관이므로 공작령의 모든 교회와 학교를 감독해야 했다. 일반적인 교회시찰을 마치고(1615), 뤼네부르크 교회의 성례전을 수정하였다(1619). 아른트는 낮은 계급의 귀족들의 통상적인 권한에 대항하여 절대주의 초기 교회정부의 권한을 강화하였다.[6] 아른트는 『진정한 기독교』와 경건한 자들이 마음으로부터 드리는 기도를 위한 지침서인 『천상의 작은 정원』(마그데부르크, 1612)으로 문학적인 성취를 이루었다. 이 외에 많은 설교집도 자주 판을 거듭하며 출판되었다. 대표적으로 『복음서 설교』(*Evangelienpostille*, 1616), 『교리문답 설교』(*Katechismuspredigten*, 1616), 『다윗의 시편 주석』(*Auslegung des ganzen Psalter Davids*, 1617) 등이다. 이러한 책들은 당시 기독교인들이 반드시 알아야 할 내용, 즉 주일 예배 강론시의 교회력에 따른 복음서 설교(Gospel pericopes), 교리문답, 시편 등으로 루터와 루터파 정통주의의 이해를 따라서 아른트가 그런 본문들을 해석한 설교들을 수집한 것이다. 루터는 교리문답과 시편을 "평신도들의 성경"이라고 말하였다. 후기 경건주의는 기독교인이라면 성경 전체를 읽어야 하며 그리고 교회력에 따른 본문 외에 예언서와 사도들의 글도 해석이

---

[6] Wolfgang Sommer, "Johann Arndt im Amt des Generalsuperintenden in Braunschweig-Lüneburg," 동일한 저자의 책, *Politik, Theologie und Frömmigkeit im Luthertum der Fruehen Neuzeit, Ausgewählte Aufsätze* (Göttingen: Vandenhoeck & Ruprecht, 1999), 227-38.

되어야 한다고 요청하였다. 이런 요구는 아른트에게서는 발견되지 않는다.[7]

생애 말년에 그의 가르침에 대한 정통성을 문제삼아 새로운 갈등이 터져 나왔다. 논쟁은 단치히(Danzig)에서부터 시작되었는데, 이곳에서 아른트의 작품을 강단에서 멀리하라는 경고가 독자들에게 주어졌다. 아른트는 소책자 시리즈를 통해서 자신을 변호하였다. 대표적인 것으로 『참된 신앙과 거룩한 삶에 관한 가르침과 위로의 소책자』(Lehr-und Trostbuechlein vom wahren Glauben und heiligen Leben, 1620), 『신자들의 연합에 관하여』(De unione credentium, 1620), 『성 삼위일체에 관하여』(Von der heiligen Dreifaltigkeit, 1620), 『변증 반복』(Repetitio apologetica, 1620) 등이 있다. 이런 소책자들은 후에 부분적으로 『진정한 기독교』 제5권과 6권으로 합해졌다. 작품 활동을 시작할 때와 마찬가지로 저술활동을 끝낼 때에도 아른트는 다른 저자들의 글을 편집하는데 몰두하였다. 그는 요한 타울러(Johann Tauler)의 설교집을 새로이 발간하였고(Hamburg, 1621) 그 책의 서문을 길게 썼다. 한 가지 더 언급한다면 말년에 아른트는 슈테판 프레토리우스(Stephan Prätorius)의 짧은 글들을 수집하여 『황금시대에 관하여』(Von der güldenen Zeit, Goslar, 1622)라는 제목으로 발간하였다. 이 제목으로 아른트는 미래의 황금시대를 고대하는 천년왕국설적인 기대로부터 자신을 분명하게 격리시켰다. 즉 이러한 기대는 발렌틴 바이겔(Valentin Weigel)을 신봉하는 지지자들 가운데서 30년 전쟁 직전에 여러 지역에서 터져 나왔다. 황금시대는 마르틴 루터가 복음서의 의미를 재발견함으로써 동이 텄다는 프레토리우스의 주장에 아른트는 동의한다. 또한 지구상에는 최후의 심판 외에 기대할 것이 없다는 것에도 동의하였다. 마지막으로 브라운슈바이크의 공작 아우구스트 II세(August the Younger)의 요청으로 요한네스 부젠로이트(Johannes Busenreuth)가 로마 교황청을 반대하는 심판인 『교황권 개혁』(Reformatio Papatus, Goslar, 1621)을 출판하였다. 아른트는 정통 루터교인으로 1621년 5월11일 첼레에서

---

7) 위대한 설교를 담은 책은 다음을 보라. Werner Anetsberger, *Tröstende Lehre. Die Theologie Johann Arndts in seinen Predigtwerken* (Munich: Utz, 2001).

제1장 요한 아른트 71

하나님의 부르심을 받았다. 그의 동료인 멜키오어 브렐러(Melchior Breler)는 아른트의 저서 목록을 공식적으로 작성하여 『성경 안내서』(*Informatorium biblicum*, 1623)라고 하였고, 나머지 분량이 적은 많은 작품들이 아른트의 것이라고 알려져 있지만 증명할 수는 없다.

아른트는 자신의 정통성에 대한 논쟁이 최고점에 달하는 것을 경험할 만큼 오래 살지 못하였다. 그가 죽은 지 2년 후, 튜빙엔 신학자인 루카스 오시안더 2세(Lukas Osiander II)가 전체 신학부의 이름으로 『아른트의 진정한 기독교에 관한 신학적인 숙고와 기독교적인 신실한 기억』(*Theologisches Bedenken und christilich-treuherzige Erinnerung ueber Arndts Wahres Christendum*, 1623)이라는 비평서를 출간하였다. 아른트는 루터교를 약화시키는 자라는 비난을 받았다. 차라리 그의 작품 『진정한 기독교』는 "진정한 타울러주의"라고 제목을 붙이는 편이 나았을 것이라고 했다. 그렇지만 아른트의 가장 날카로운 대적자인 오시안더는 정통주의를 이끌어 갈 만큼 대표적이지 못하였다. 실제로 17세기에 아른트의 작품은 뷰르템베르크 지방에서 출판이 허용되지 않았다. 그러나 북부와 중부 독일의 루터파 정통주의는 대부분 아른트를 정통적이라고 선언하였고, 독자들이 제대로만 읽는다면 안전하다고 주장하였으며, 어떤 이들은 이 책을 읽도록 권장하기까지 하였다.

뤼네부르크 공작은 튜빙엔의 비난에 반대하여 많은 신학자들에게 아른트를 변호할 과제를 주기도 하였다. 브라운슈바이크-볼펜뷔텔(Braunschweig-Wolfenbüttel)의 공작 아우구스트(August) II세는 그의 궁정설교자인 아우구스트 바레니우스(August Varenius)에게 아른트를 변호할 책을 발행하도록 하였다. 이는 『기독교적이고, 성경에 합당하며 근거가 확실한 네 권으로 된 진정한 기독교의 구원』(*Christliche, schrift-maessige, wolgegrundete Rettung der vier Buecher vom wahren Christendum*, 1624)이라는 제목으로 간행되었다. 1674년 새로 발간된 『진정한 기독교』는 필립 야곱 슈페너가 주석을 추가로 삽입하였는데, 원래는 아른트의 글이 정통적이라고 해석하였던 바레니우스의 판에 보완을 한 것이었다. 또한 슈페너는 루터의 글을 인용하여 아른트와 루터의 글이 일치한다는 것을 입증하였다. 슈페너는 아른트를 지지하였고, 요한 자우베르트(Johann Saubert)8) 같은 루터파 신학자들은 17세기 말엽에 루터교회가 아른트를 적대시하는 일이 없도록 하는데 일조하였다. '아른트와 새로운 경건이 어느 곳이든 널리 전파되었고, 루터교회 전역에 확실하게 퍼져 나갔다.'9)

3. 아른트 문학작품이 나오게 된 동기

아른트의 생애는 종교개혁과 30년 전쟁(1618-1648)이라는 역사적인 시기에 위치한다. 그는 아우구스부르크 종교협약(Religious Peace of Augsburg, 1555)을 맺은 해, 즉 황제와 개신교 제후들 간의 군사적인 갈등이 끝나는 시기에 출생하였다. 또한 그의 마지막 3년은 독일 근대 역사상 가장 참혹한 30년 전쟁이 발발한 것과 일치한다. 그러나 전쟁 첫 해에는 아른트가 살고 있는 독일북부 공국이 영향을 받지는 않았다. 그래서 아른트는 평화로운 시기에 살았다. 아우구스부르크 종교협약을 맺은 시기부터 30년 전쟁이 발발하는 시기 사이를 독일 역사상 가장 평화로운 시기라고 부른다. 이 기간은 경제가 나아지고 독일 모든 도시들이 번영하기 시작한 시기였다. 아른트의 생애 동안 르네상스 풍의 웅장한 시청들이 세워졌다. 확실한 것은 평화의 시기에도 가난과 어려움이 있었다는 것이다. 대표적으로 페스트가 창궐하였고 또 농사에 실패하여 기근이 있었다. 아른트의 동시대인인 필립 니콜라이(Philipp Nicolai, 1556-1608)는 베스트팔리아(Westphalia)에 있는 자신의 운나(Unna) 교구에 페스트가

---

8) Wolfgang Sommer, "Johann Sauberts Eintreten für Johann Arndt im Dienst einer Erneuerung des Frömmigkeit," 동일한 저자의 책, *Politik, Theologie und Frömmigkeit*, 239-62.
9) Wilhelm Koepp, *Johann Arndt. Eine Untersuchung über die Mystik im Luthertum* (Berlin: Trowitch & Sohn, 1912; reprint Aalen: Scientia Verlag, 1973), 159.

덮쳤을 때에 『영생의 기쁨』(*Freudenspiel des ewigen Lebens*, 1599)이라는 작품으로 교구민들을 위로하였다. 경건에 관한 이 책의 관점은 지혜로운 처녀들이 주님이 준비하신 대 만찬에서 신랑 되신 예수님을 만나기를 고대(마 25:1-13)하였듯이 헛된 세상에서 천국으로 향하도록 하였다. 이를 통해 니콜라이는 『옛 위로』(*Alten Tröster*)로 알려진 새로운 문학 장르를 열었다. 그의 찬송은 영원을 기억나게 하였다. "깨어있어라, 우리를 부르는 소리가 있다"(Wachet auf, ruft uns die Stimme)와 "샛별이 얼마나 아름답게 빛나는지"(Wie schön leuchtet der Morgenstern)등이며, 나아가 "영생의 기쁨"(Freudenspiegel des ewigen Lebens)등은 여전히 독일에서 위로의 찬양으로 불리는 고전 찬송이다.

그렇다고 해서 아른트는 단지 위로자가 되려고 하지는 않았다. 그가 『진정한 기독교』를 집필할 당시에 어려운 외부의 환경을 고려하여 쓴 것은 아니었기 때문이다. 아른트가 살고 있던 브라운슈바이크 도시는 17세기가 시작하던 시기에는 경제적으로 풍족하였으며, 어려운 것이 있었다면 그것은 이 부유한 도시를 자신의 영내로 통합시킬 방법을 찾고 있었던 브라운슈바이크 공작과 귀족들 및 길드 간에 내-외적인 정치적인 갈등이 있었다. 아른트가 글을 쓰게 된 동기는 이런 어려움과 걱정 때문이 아니었다. 1605년에 간행된 그의 『진정한 기독교』 초판의 첫 문장은 다음과 같다. "내가 이 책을 쓰게 된 이유는 복음을 너무나 부끄럽게 여겼기 때문이다. 또한 온 입을 열어 그리스도와 거룩한 복음을 찬미하는 백성들이 너무나 완고하고 무사안일하며 또한 그들이 마치 복음을 말하는 것에 걸맞게 행하고 일하기는커녕 복음에 거슬리고 있기 때문"[10]이라고 하였다.

"애지중지하는 복음을 너무나 부끄러워하는 것"에 대해 아른트가 지적한 것은 루터가 재발견한 복음, 즉 오직 믿음으로만 이라는 칭의론에 관한 종교개혁의 가르침을 진실로 백성들이 진리로 믿고 받아들인다는 것이다.

---

10) 제1권에 대한 서문, Frankfurt am Main 1605, Wilhelm Koepp (ed.), *Johann Arndt, Die Klassiker der Religion*, vol. 12 (Berlin: Protestantischer Schriftenvertrieb, 1912), 73-83, 특히 73.

그러나 대다수 기독교인들의 믿음은 삶을 변화시키는 능력이나 열매를 맺게 하는 힘 있는 신앙과는 거리가 멀었다. "아직까지 남아 있는 것이라고는 복음이라는 타이틀과 명목상의 기독교일 뿐이다. 의의 열매는 어디에 있는가? 진정한 기독교인을 만들 수 있는 살아서 움직이는 믿음의 증거는 어디에 있는가? 진정한 회개가 있는가? 또한 형제애는 어디에 있는가? 만일 우리가 삶을 우리가 바꾸지 않는다면 결과적으로 진정한 기독교는 우리들 가운데서 영원히 사라져버릴 것이다."

아른트의 관심은 진정한 기독교에 있었다. 진실하고 살아 있는 신앙, 즉 거룩한 열매와 행동하는 삶이었다. 아른트는 사람이 오직 믿음으로만 의롭게 된다는 칭의론에 관한 종교개혁의 기초 위에 든든히 서고자 하였다. 아른트의 『진정한 기독교』에서 나타나는 철저한 개신교의 특징은 이의의 여지가 없으며, 또한 '믿음'의 개념이 중심적인 의미를 갖는 핵심이므로 그것을 분명히 인지하는 것 외에 다른 것은 없다. 그는 서문에서 믿음에 대해 루터가 기록한 것을 모두 인용하였다. 그러나 믿음을 단지 복음의 진리에 단순히 동의하는 것으로 이해하지 않았다. 『진정한 기독교』 초판 서문에서 루터의 글을 인용한 바에 따르면 "신앙"이란 살아있는 것이며, 영적인 불로서 마음을 새롭게 불붙이고, 거듭나게 하고 성령으로 회심하게 한다.

아른트는 종교개혁 이후 제3세대에 위치한다. 오직 믿음으로만 의롭게 된다는 종교개혁의 메시지는 죄로 인한 고통을 선행과 성지순례, 면죄부를 통해 구원을 찾으려 했던 중세 후기의 상황 아래 놓여있던 자들을 향한 것이었다. 그리고 칭의의 메시지가 해방의 메시지로 울려 퍼졌던 종교적인 상황은 바로 이 메시지를 통해 변화되었다. 정말로 해결되었다. 하나님은 죄를 용서해 주시고 믿음 외에는 아무 것도 요구하지 않으시는 은혜로우신 하나님이라는 사실을 아이들조차 이미 요리문답을 통해 배우고 있었다. 루터가 종교개혁 초기에 저술한 글들은 독일 전역에 흘러넘쳐 이제는 글을 읽을 줄 아는 자들보다 더 많은 분량의 책이 퍼져있었다. 종교적인 관심이 살아 있는 곳에서는 무엇이 칭의의 뒤를 따라야 할 것인지가 문제시되었다. 이제 관심사는 하나님께서 사람들에게 죄를 용서해 주시고 난 후 어떤 은혜를 베풀어주시는가 하는 것이 되었다. 아른트가 강조점을 칭의에서 새로운 삶 또는 성화에로 옮기었다고 할 수 있다. 수 세기 동안 개신교 기독교권에서 아른트를 추종하는 자들의 용어가 된 칭의와 성화는 경건주의만이 아니라 그것을 뛰어넘어 다른 이들에게도 중요한 용어가 되었다. 아른트는 루터파의 신앙고백적인 작품들과 보조를 맞추면서도 칭의와 성화간의 차이를 분명히 구분하는데 관심을 기울였다. 믿음만으로는 부족하여 사랑을 통한 성취와 완전을 요구하는 로마 가톨릭의 가르침에 반대하여 아른트는 '오직 믿음으로만'(sola fide)이라는 종교개혁의 주장을 견지하였다. 독자들이 필히 명심해야 할 것은 그가 서문에서 권고한 것이다. "당신은 어떠한 경우에도 업적과 공로를 (은혜와) 뒤섞거나, 하나님 앞에서 당신의 칭의가 새로운 영적인 삶을 위한 미덕이나 은사로 간주되어서는 결코 안 된다. 왜냐하면 그 어떤 인간의 미덕이나 행위나 공로가 아니라, 다만 믿음으로 붙잡은 예수 그리스도의 최상의 공로만이 하나님 앞에서 유효하기 때문이다." 아른트의 『진정한 기독교』는 신비주의자들의 작품과 다르며, 또한 로마 가톨릭에서 발견할 수 있는 에큐메니칼적인 산만함과 신앙고백적인 중복이 발견되지 않는다.

굶주림, 질병과 전쟁 같은 묵시적인 기수(騎手)들 역시 아른트가 『진정한 기독교』를 쓰도록 감동시키지 못하였다. 외적인 고통과 참혹함은 볼 수 없고 오히려 영적인 황폐함이 문제였다. 이것은 대부분 가려져 있었는데, 이들을 아른트가 처음으로 드러낸 것이다. 즉 이것이 그로 하여금 책을 쓰게 했던 동인이다. 첫 번째 책의 서문에는 그의 책의 특성을 이해하도록 해주는 중요한 문장이 담겨 있다. "그리스도는 많은 종을 가지고 있다. 그러나 따르는 자는 적다."

"그리스도는 많은 종을 가지고 있다." 이점에서 아른트가 마음에 의도한 것은 무엇이었을까? 그의 눈앞에 보이는 것은 작은 동네마다 있었던 수많은 목회자들, 또는 목회자가 되고자 하는 자들, 즉 신학생들이었다.

그 당시에는 어느 대학에서나 신학부가 단연 그 규모가 제일 컸다. 또한 이 시대의 신학자들은 중-고등학교 선생의 지위도 함께 소유하였다. 고등교육기관(Academics)은 대부분 신학자의 몫이었다. "누구든지 공부해서 자신의 신분을 향상시키고 세상에서 유명해지고자 하였을 뿐, 어떻게 경건하게 될 것인지를 놓고 공부하는 사람은 아무도 없었다."

그 당시가 어떠했든지 간에 아른트는 교회에 가서 예배하는 사람들에 대해서도 생각하였다. 예배에 참여하는 것은 시민의 의무였다. 당시 여러 지역에서 주일 예배에 의도적으로 게을렀던 사람들에게는 벌금이 부과되었다. 아른트는 교회에 출석하지 않는 자들에 대해 불평할 필요가 없었다. 도시의 모든 사람들은 기꺼이 그리스도의 종이 되기를 원하였다. "그리스도는 많은 종을 가지고 있지만 따르는 자는 적다"는 표현에는 아른트가 평신도만이 아니라 목회자와 신학생에게도 관심을 두고 있다는 것을 극명하게 보여준다. 아른트는 친구이자 후원자인 브라운슈바이크-볼펜뷔텔의 공작 아우구스트 II세에게 자신의 저서『진정한 기독교』에서 관심을 갖는 이중의 집단에 대해 말하였다. "무엇보다 나는 거의 다시 '스콜라 신학'(Theologia scholastica)으로 변해버린, 즉 논쟁과 다툼을 즐겨하는 신학에 너무나 깊이 빠져버린 학생들과 설교자들의 영혼을 끌어내기 원합니다. 다른 하나는 그리스도를 믿는 신자들을 죽은 믿음으로부터 열매 맺는 믿음으로 인도하려는 의도를 가지고 있습니다."

본래『진정한 기독교』는 그 방향이 신학자들을 향한 것이었다. 하지만 이는 나중에 뒤로 물러나게 되었고 그래서『진정한 기독교』는 소위 평신도들이 읽는 기독교 가정의 경건서적이 되었다. 이는 아른트가 회개에로의 부름을 주된 내용으로 삼은 것이 아닌 까닭이다. 예수께서 선포하신 것은 단지 '회개'로 한정하지 않으시고, 계속해서 "하나님의 나라가 가까웠다"(마 4:17)고 메시지를 주신 것 같이, 아른트 역시 회개를 촉구하는 것으로만 끝나지 않았다. 그가 첫 권에서 회개를 촉구한 다음 곧이어 출판된 다른 세 권의『진정한 기독교』에서는 복음을 선포하고 있다.

『진정한 기독교』 제1권에서는 회개에의 부름이 선포되었고, 뒤이어 출판된 책에서는 경건서적을 기대했던 대다수 사람들에게 위로를 더하였다. 제2권에서 벌써 위로(48-57장까지)의 장이 선언되고 있다. 이 장에서는 "위로의 근본"에 속하는 모든 것들이 각각 열거되고 있다. 이것은 외적인 빈곤 때문이 아니라 영혼의 내적인 가난, 연약한 믿음, 영적인 시련(Anfechtung), 우울증세, 슬픔 때문이며, 마지막으로 "유한한 죽음에 반대하는 위로"까지 포함되어 있다. 30년 전쟁이 끝난 다음 1620년에 쓴 『가르침과 위로의 소책자』(Lehr- und Trostbuechlein)가 『진정한 기독교』의 '제5권'으로 추가되었다. 마지막으로 1612년에 저술된 『천상의 작은 정원』은 기도서로서 내-외적인 필요에 관한 다수의 위로의 기도가 담겨 있다. 『진정한 기독교』의 본문내용에 대한 끊임없는 논쟁은 회개를 촉구하는 본래의 의도가 점차 위로의 기능으로 인해 뒤로 물러나게 되었다는 것을 보여준다. 사망한지 한 세기가 지난 후 마침내 아른트는 자신의 책 표지에 "영적으로 지혜롭고 평안한 교사 요한 아른트"라고 표기되었으며, 책의 내용은 "하늘의 위로"를 제공한다고 기록되었다. 17세기 전체와 18세기 중엽까지 『진정한 기독교』의 인기는 지속되었고, 19세기 대각성운동 기간에 다시 대중성을 인정받았다. 이는 독자들이 삶과 죽음에 필요한 모든 위로와 평안을 기독교 경건서적인 이 책에서 찾아볼 수 있다고 설명한 까닭이다. 만일 이 책이 회개에로의 부름만을 다루었다면 그렇게 많은 계층의 사람들 사이에서 한 세기가 넘게 대중성과 인기를 누리기가 어려웠을 것이다.

4. 아른트의 "네 권으로 된 진정한 기독교"의 특징들

『진정한 기독교』에서 독자들에게 중개해 주는 위로란 과연 무엇일까? 아른트는 회개를 촉구하면서 위로와 격려의 약속, 즉 "하나님의 나라가 가까웠다"를 하나로 묶었다. 필립 니콜라이에게 위로의 관점이란, 큰 재난을 통해서 죽음의 위험에 직면한 이들을 장래의 천국으로 인도하는 것이라고 보았고, 그래서 그들에게 천상의 예루살렘을 기다리자고 말했다. 반면에 아른트는 하나님 나라는 이 땅에 사는 사람들에게 다가온다는 견해를 밝혔다. 아른트의 메시지는 하나님께서 우리에게 오셔서 우리와 친밀하게 교제하시를 원하시고, 우리들의 영혼 안에 당신의 왕국을 세우시기 원하신다는 것이었다.

아른트의 핵심적인 성경 구절은 누가복음 17:21이다. 루터성경의 번역에 따르면 "하나님의 나라는 눈에 띄는 것과 함께 오는 것이 아니므로 여기를 보라, 또는 저기를 보라고 말할 수 없는 것이다. 보라. 하나님의 나라는 너희 '안에'(within) 있다." 당시의 언어적인 감각에 따르면 루터의 번역은 오해하기 쉽다. 오늘날 우리는 "하나님의 나라가 너희들 가운데(among)에 있다"로 읽는다. 아른트에게 하나님의 나라는 인간 영혼 안에 있는 하나의 사건이다. 하나님은 자신의 형상을 따라 인류를 창조하셨다. 죄로 인해 잃어버렸던 하나님의 형상이 인간의 영혼 안에서 회복되면 하나님의 나라가 우리에게 임한다. 이같이 하나님 나라의 도래는 첫째로 이 땅에 도래하는 미래의 하나님 나라를 의미하지 않는다. 아른트는 그 당시 많은 사람들이 꿈꾸어 오던 미래의 황금시대, 즉 천년왕국에 대한 기대들과는 아무런 상관이 없었다. 아른트는 주기도문에서 "당신의 나라가 임하옵시며"라는 청원을 당시의 용어로 해석하였다. 하나님의 나라는 지금 이곳에서 우리들 가운데 세워질 것이다. 아른트는 내면의 경건을 가르친 설교자이다.

내면의 경건을 전파함으로써 아른트는 신비주의 전통을 따르는데, 이는 루터가 종교개혁 초기에 스콜라주의 신학과 투쟁하면서 동맹하였으나, 후기에는 눈에 띄게 거리를 두었던 전통이다. 루터파 경건주의의 방향을 제시한 저작인 『경건한 소원』의 저자 슈페너는 루터교회가 당시의 몰락에 직면하여 다시 루터와 종교개혁의 본래 정신으로 돌아가야 한다고 주장한 반면에 아른트는 루터에게로 되돌아가자고 요청하지 않았다. 아른트는 루터를 지나서 종교개혁 이전의 신비주의라는 옛 전통으로 되돌아갔다.

아른트가 로마서 서문(LW 35:365-80)에서 살아있는 믿음에 대해 루터가 기록한 자료들에 의지하고 있다는 점을 누구든지 쉽게 찾아낼 수 있음은 확실하다. 어쨌거나 루터에게 호소하는 것이 아직도 저변에 남아있다. 종교개혁 이전의 신비주의에서 아른트는 자기 시대에 종교적인 갱신을 위한 필수적인 영감과 능력을 발견하였다. 신비사상의 합병과 취급이 아른트의 주요 저서인『진정한 기독교』의 독특한 구성이다.

『진정한 기독교』를 출판하기 이전에 이미 아른트는 루터파 기독교인들에게 사용하기 위해 신비주의자들의 텍스트를 편집하고 있었다. 처음으로 그가 작업한 것은『독일신학』(Theologia Deutsch)이었다. 루터는 튜턴 수도회(Teutonic Order) 출신의 무명의 성직자에 의해 기록된 이 소책자가 스콜라신학에 반대해서 단순한 신학을 위한 모범이라고 알게 되었고, 이를 1516년에 처음으로 편집하였다. 이 책에 대한 루터와 그의 동료들의 평가는 매우 높았다. 그러나 점차 신령주의적인 종교개혁 좌파(루트비히 헷처<Ludwig Hetzer>, 세바스티안 프랑크<Sebastian Frank>, 세바스티안 카스텔리오<Sebastian Castellio>, 발렌틴 바이겔<Valentin Weigel>)들 사이에서 이 책이 인기를 얻게 되자 그 평가는 감소되었다. 『독일신학』에 대해 칼빈이 날카롭게 비판한 후에 실제적으로 개신교회들 안에서 그 사용이 사라져 갔다. 아른트는 걱정 없이 1597년 할버슈타트에서 출판한 이 책『독일신학』을 루터교회로 되가져왔다. 1605년 신판에서는 토마스 아 켐피스의『그리스도를 본받아』(Imitation of Christ)가 첨가되었다. 이 경건 서적(『그리스도를 본받아』)은 중세 후기의 오늘의 경건(Devotio moderna)으로부터 자라난 것으로, 루터는 모르고 있었으나, 이미 아른트 이전에 신령주의에서 높게 평가되었다. 제4권에서 성례적 경건을 제거한 후에 카스파 폰 슈벵크펠트(Kaspar von Schwenckfeld)가 편집 발행하였다. 아른트는 슈벵크펠트가 제4권 없이 불완전한 형태로 출판하였듯이 『그리스도를 본받아』를 루터교회에서 사용하도록 소개하였다. (루터교회의 후대 편집에서는 주의 만찬이 삽입되었다). 이것은 동일한 해인 1605년에 요한 폰 슈타우피츠(Johann von Staupitz)에 의해 『두 개의 영적인 소책자』(Zwey geistreiche alte Buechlein)란 제목 하에 「하나님의 사랑에 관하여」(Von der Liebe Gottes)와 「우리의 거룩한 기독교 신앙에 관하여」(Von unseren heiligen christlichen Glaube)가 차례로 출판되었다. 아우구스티누스파 수도회에서 루터의 상급자에 의해 저작권이 인정된 이 두 편의 소책자는 중세 후기의 독일 신비주의, 즉 '오늘의 경건'(Devotio moderna)에 영향을 끼쳤다. 아른트는 결국 4편의 작품 모두를 수집하였으며, 이를 『네 권의 영적인 소책자』(Vier uralte geistreiche Buechlein)라는 이름으로 발간하였다. 이 책들은 자주 출판되어 중세 후기 신비주의의 경건을 개신교 진영에 전파하였다. 마지막으로 아른트의 삶의 오랜 관심사는 독일 신비주의자들의 작품들을 보급하는 것으로 아른트가 생애 말년에 요한 타울러의 설교를 새로 편집한데서 잘 나타나 있다. 타울러의 설교들로 채워진 방대한 책은 1521년 바젤에서 처음 선을 보였으며, 마이스터 에크하르트(Meister Eckhardt)에게 속한 것으로 알려졌던 77편의 설교들도 포함되었다. 아른트는 신비주의자들의 문헌을 편집함으로써 독일 신비주의를 개신교에 중재한 인물이 되었다. 그러나 솔로몬의 찬양(아가서)을 주해한 클레르보의 성 베르나르(Bernard of Clairvaux)가 예수 신비주의를 구현한 것처럼 아른트가 라틴(romanischen)신비주의의 보급을 위해 동일한 정도로 노력하지는 못했다. 그럼에도 불구하고 아른트가 예수의 신비를 에로틱한 용어로 사용한 것을 찾아볼 수 있다. 그는 신랑이신 예수와 신부로서 영혼의 달콤함을 말하였는데, 이는 바로크의 영적인 시풍(詩風)과 만나 요한 세바스티안 바흐(Johann Sebastian Bach)의 칸타타 교본이 되었다. 그러나 아른트의 경우에는 필립 니콜라이의 『영생의 기쁨』에 나타난 만큼 특출한 것은 아니었다. 아른트는 자신의 저서 『천상의 작은 정원』에 성 베르나르의 "예수 이름을 찬양하라: 달콤한 기억 예수"(Jubilus de nomine Jesu: Jesu dulcis memoria)라는 유명한 찬송을 포함시켰으며, 이렇게 해서 베르나르의 예수 신비주의는 루터파의 기도언어를 위한 모범이 되었다.

아른트는 신비주의 작품들을 새롭게 편집하는데 그치지 않았다. 그는 중세 신비주의자들의 작품과 종교개혁 이후 신령주의자들의 작품을 『진정한 기독교』 여러 곳에 삽입시켰다. 가장 대표적인 사례는 제3권에서 발견되는데, 영혼 속에 하나님의 나라가 거주함과 하나님과 영혼의 신비적인 연합이 그것이다. 아른트 자신이 제3권의 처음에 글을 쓴 것처럼, 그는 "신령한 사람 요한 타울러의 신학을 따르기 위함이며, 타울러의 언어를 가능한 한 많이 사용하여 아름다운 독일어를 허용되는 한 확장시키려" 하였다. 『진정한 기독교』 제2권 34장에서 아른트는 익명의 글을 많이 삽입하였으며, 신령주의자요 루터파 목회자인 발렌틴 바이겔의 작품 "작은 기도서"(Gebetbuechlein)를 정식 인쇄되지 아니한 형태로 삽입시켰다. 그래서 아른트는 기도를 경건의 핵심으로 삼았으며, 기도는 마음으로부터 하나님과 함께 하는 영혼의 경건한 대화로 이해하였다. 아른트가 신비적인 영성주의자의 작품을 복사했다고 알려졌기에 그는 자신을 바이겔의 이단적인 견해로부터 분명하게 차별화하였다. 세 번째 사례는 동시대 사람들에게 주목받지 못하였다. 그것은 고트프리드 아르놀트(Gottfried Arnold)가 처음 발견하고, 게르하르트 테어슈테겐(Gerhard Tersteegen)이 완전히 확립시킨 것으로 『진정한 기독교』 제2권의 둘째 부분에 있다. 아른트는 13세기 프란체스코회의 제3회원인 안젤라 다 폴리뇨(Angela da Foligno)의 환상들과 훈계들을 사용하였다. 아른트는 그녀의 신비적인 강조, 즉 너무 기뻐 황홀경에서 외치는 "당신은 나요, 나는 당신입니다"(Thou art I and I am Thou)라는 말을 포기하였다. 그리고 안젤라의 "나"를 제3의 인물로 대체하였다. 아른트는 신비주의자가 아니었다. 그는 전적으로 다양한 신비주의 전통들을 취하였으며, 이것들을 자신의 책에 삽입시켰다. 아른트는 루터파 신앙고백 문서들의 기준에 따라 신비적인 작품들을 『진정한 기독교』에 포함시켰으며, 이를 취급하면서 인간의 협력(human synergism)으로 보이는 부분은 모두 제거하였다.

아른트가 종종 주장하였듯이, 기독교의 모든 것은 처음 3권에 기록되어 있으며, 아마도 여기에 기도서인 『천상의 작은 정원』이 첨부되었을 것이다. 세 권의 구조는 신비주의의 세 단계, 즉 정화, 조명(또는 개화), 하나님과 영혼의 신비적인 연합(via purgativa, via illuminativa, unio mystica)과 일치한다. 그러나 아른트는 순수한 신비주의의 관점에서 하나님과 연합하는 방법을 알지 못했다. 아른트는 "믿음을 통해 이미 그리스도를 알고 있는" 자들에게 설교하였다. 어떤 사람이 아른트의 신비주의를 말하고자 한다면, '그것은 구원을 위한 신비주의(Heilsmystik)가 아니라 성화를 위한 신비주의(Heiligungsmystik)이다.' 즉 하나님으로부터 분리된 사람이 하나님과 연합할 수 있는 방법을 보여주는 것이 아니라, 오히려 하나님께서 오셔서 이미 세례와 구원을 받게 하신 사람에게 더욱 '친밀한' 하나님과의 연합의 길을 보여주시는 것이다. 하나님의 형상을 실현하기 위해서는, 구속의 범주를 넘어서서 하나님과 완전히 하나됨을 소망해야 한다. 대부분의 사람들이 세례를 통하여 얻은 구원을 소홀히 여기기 때문에, 아른트는 이미 주어진 구원을 온전히 소유하는 방법을 그들에게 보여주기 원했다. 아른트는 기독교인의 미덕을 갖추도록 하기 위해서 신비주의의 개념들과 사상들을 사용하였다. 그것은 자기 부인, 자기의지의 죽음, 세상을 사랑하는 것으로부터 마음의 정화, 겸손, 방념, 은혜의 단 맛, 하나님과 영혼의 연합 등이다. 아른트는 성화의 경건을 최고의 것으로 여겼지만, 하나님을 아는 지식에 이르는 신비적인 방법은 칭의의 믿음을 전제로 했다.

아른트의 『진정한 기독교』 '전4권'은 이중적으로 구성되었다. 첫 세 권은 인간학적인 입장을 다루고 있다. 초점은 인간의 영혼 안에 하나님의 형상을 재확립하는데 있다. 그러나 제4권은 우주론적인 입장이다. 여기에서 "자연의 책"에 대한 해석이 그 초점이다. 아른트가 사용한 신플라톤주의와 파라켈수스의 소우주와 대우주 이론에 의하면 이 둘은 같은 축에 속한다. 아른트는 제4권에서 자연신학을 발전시켰다. 즉 '영혼 안에 있는 하나님의 지식'에 유추하여 이제는 '자연 속에 있는 하나님의 지식'을 가르친다. 6일간의 천지창조에 대한 아른트의 해석은 이런 목적을 뒷받침하며, 이는 그가 자연에 관한 한 파라켈수스 이론에 의해 매우 강하게 영향을 받았음을 보여준다. 후기 경건주의는 근대 자연과학에 보다 더 개방적이었으므로 제4권은 비본질적인 것으로 여겨 제외하였다. 하지만 아른트에게 있어서 그것은 전체 작품에 필수적인 것이었다. 아른트를 신비주의자로 의심하는 까닭은 그가 제4권에서 자연계를 취급하면서도 여전히 자신의 (영적)경험을 분명하게 말하고 있기 때문이다. 아른트의 사무실 옆에는 화학 실험실이 있었다. 아른트의 특징은 눈에 보이는 세계를 눈에 보이는 않는 세계로 투명하게 만드는 것, 즉 창조의 비밀의 흔적을 찾아내는 것이었다. 많은 사람들이 이같이 그를 따랐는데, 그 한 예로 슈바벤의 신지학자(theosopher) 프리드리히 크리스토프 외팅어(Friedrich Christoph Oetinger)를 들 수 있다. 바로크의 영적인 시가(詩歌)는 아른트의 제4권으로부터 많은 자극을 받았다. 아른트로부터 배운 것은 어떻게 눈에 보이는 세상을 눈에 보이지 않는 세상으로 표현할 것인가의 방법이다. 파울 게르하르트(Paul Gerhardt)는 아른트로부터 영감을 받아 "내 마음에서 나아가 기쁨을 찾으라."(Geh aus mein Herz und suche Freud)와 그 외의 다수의 찬송가를 지었다.

결론적으로 아른트의 『진정한 기독교』는 기독교인들을 참된 경건(pietas)으로 인도하길 원했다고 말할 수 있다. 그는 기독교인들 가운데 '불경건'(impietas)이 만연되는 것을 막았다. 그는 자신의 시대에 존재하지도 않았던 이론적인 무신론에 대항한 것이 아니라, 단지 입술로만 그리스도를 고백하되 실제로는 마음에도 없으며 심지어는 예수를 부인하는 무신론에 반대하였다. 이로써 아른트는 그리스도가 기독교인들을 구속하신 목적을 보여주었다. 그러므로 죄로 인하여 상실된 하나님의 형상은 인간의 영혼 안에 재확립될 것이다. 아른트는 잘츠베들러(Salzwedeler)의 설교자인 슈테판 프레토리우스(Stephan Praetorius)가 쓴 『기쁨의 기독교』(*Freudenchristentum*)를 죽기 바로 직전에 출판하였는데, 그와 비교해보면 아른트를 따르는 자들의 경건형태가 갖는 특징을 분명히 알 수 있다. 그것은 회개로부터 시작하여 개인에게 지속적으로 임하는 흔적과 인상이다. 즉 아른트의 경건유형은 엄숙성과 금욕적인 고행생활이라는 것이 분명하다. 자기 부인과 겸손은 경건한 사람의 주된 미덕이다. 신비주의자들에게 호소하는 까닭은 보다 강력한 내면성을 추구하고 또한 자기 성찰을 위함이다. 구원에 대한 성례전적인 명상은 개인적인 경험의 배후로 물러났다. 아른트에 의해 각인된 경건주의적인 신심은 교회의 직분자들(직책이라는 명분으로 신앙생활을 하는)과 연관지어 볼 때 보다 탁월한 독립성을 제공해주었던 것이다. 아른트는 근대의 주관주의(개인주의)로 나아가도록 통로를 만든 결정적인 개척자이다.

5. 아른트의 영향

아른트의 영향에 대해 묻는다면, 교회의 정통주의로부터 교회에 비판적인 신령주의에 이르기까지 광범위한 영역과 접하게 된다. 우리는 그의 제자들과 추종자들을 대충 우파와 좌파로 구별해야 한다. 우파들 가운데에는 아른트의 강조점을 교리로부터 교회 내의 개혁운동을 위한 열매있는 삶으로 옮기거나 또는 개인의 내적 경건을 강화하기 위하여 활용하는 사람들이라고 할 수 있을 것이다. 17세기에 개혁을 위한 루터교회의 노력은 경건주의가 준비하고 요한 아른트로부터 강력한 추진력을 받아들인 것이었음을 보여준다.[11] 요한 발렌틴 안드레에(Johann Valentin Andreae, 1586-1654)가 여기에 속하는데, 그는 17세기에 가장 심오하고 상상력이 풍부한 독일의 저술가면서 동시에 경건주의 이전 시기에 가장 중요한 교회개혁자이다. 안드레에는 "활동적인 기독교 안에서 참된 실천"(true praxis)을 각성시키려는 사실을 아른트로부터 깨달았으며, 『진정한 기독교』에서 발췌한 내용을 『순수한 기독교』(*Christianismus genuinus*, 1615, 1643, 1644)라는 제목으로 출판하였다. 그는 자신의 저서

---

11) Hans Leube, *Die Reformideen in der deutschen lutherischen Kirche zur Zeit der Orthodoxie* (Leipzig: Dörffling & Francke, 1924).

『테오필루스』(*Theophilus*, 1622, 출판은 1649)에서 아른트의 정통성을 의심하는 튀빙엔 교수들을 비난하였다. 그는 (초기에) 다수의 비판적이고 윤리적이며 유토피아적인 논문들에서 아른트파의 내면성을 색다르게, 주로 풍자적인 논조로 공격하였다. 그러나 안드레에는 정통주의로부터 떠나 "참된 실천"을 선택하면서 경건주의의 선구자로 남았다. 그의 작품들은 슈페너와 아우구스트 헤르만 프랑케(August Hermann Francke)에 의해 높게 평가되었다.

다른 사람들은 『진정한 기독교』를 통하여 개인적인 신앙생활을 갱신하는데 많은 자극을 받았지만 교회개혁을 위해서는 자극을 덜 받았다. 홀슈타인(Holstein)의 목회자인 파울 에가르트(Paul Egard, 대략 1580-1655)는 칼빈주의자들과 신령주의자들에 대해 적극적으로 반대했던 인물로 안드레에처럼 루터파 정통주의의 기초를 튼튼히 놓았다. 루카스 오시안더(Lucas Osiander)가 튀빙엔 교수들을 비난하는 것에 맞서 자신의 정통주의를 변호했던『요한 아른트를 옹호함』(*Ehrenrettung Johannis Arndt*, 1624)에 이어 에가르트는 "세상의 거짓된 기독교"에 반대하고, "진실한 내적 기독교"를 위해 소책자들을 계속 발행하였다. 요한 발렌틴 안드레에에 대한 아른트의 영향이 다른 것들과 섞여 있었던 반면에 진정한 아른트주의는 에가르트에게서 찾아볼 수 있다. 그의 소책자 중 하나는 『진정한 기독교』의 줄거리를 요약한 것처럼 읽혀진다. "인류 안에 있는 하나님 나라의 비밀. 그것은 / 가장 숭고하며 / 감미롭고 가장 위안이 되는 하나님 나라의 교리이다 / 그것이 무엇이며 / 어떻게 임하게 되며 / 어디에서 찾을 수 있으며 / 어떻게 발견될 수 있는지, 인식되고 맛 볼 수 있고 / 얼마만큼 절묘하며 / 왜 인류 안에 있어야 하는지…이 종말의 시대에 모든 경건하고 하나님을 경외하는 자들에게 / 축복된 지시로 인하여 주어진 / 빛 안에 있는 위로와 기쁨"(Lueneburg, 1625). 또 다른 제목은 다음과 같다.『구원하는 신앙의 실천: 성령의 열매를 통하여 속사람을 새롭게 하고 축복주시는 신앙의 훈련』(*Praxis Fidei Salvificae. That is: The*

Exercise of Beatifying Faith and Renewal of the Inner Person through the Fruit of the Spirit, Lüneburg, 1627) 경건주의에서 에가르트의 작품들은 높이 평가되었고, 슈페너는 이를 수집하여 세 권의 책으로 출판하였다(1679-83). 아른트는 찬송 작가들에게도 강력한 정도로 영감을 주었다. 루터파 정통주의에서 가장 유명한 찬송가 중에서 아른트에게 가장 근사한 것은 요한 크뤼거(Johann Crueger)가 작곡한 "경건의 실천 시가"(Praxis pietatis melica)가 있다.

정통주의를 위한 아른트의 의도가 무시되고, 정통적인 루터교 교회론에 더욱 적절한 토대를 마련해 주기 위하여 신비주의와 신령주의 전통을 제공한 것이 그의 의도였다는 점이 더 이상 언급되지 않는다면 아른트학파의 좌파에 대해 말하게 될 것이다. 아른트를 따랐던 좌파는 당시에 교회를 초월한(탈교회) 영성주의(extra-ecclesial Spiritualism) 진영으로 건너가 교회를 비판하는 영성주의자들이 되는 경향을 띠었다.

아른트학파의 좌파를 대표하는 가장 중요한 인물은 크리스티안 호부르크(Christian Hoburg, 1607-75)로서 그는 루터교 목회자로서 북부 독일과 네덜란드 여러 곳에서 활동적으로 목회를 하였으며, 중요한 논쟁에 참여한 후에는 거의 예외 없이 목회한 곳에서 쫓겨났다. 그는 알토나(Altona)에서 메노파 공동체의 설교자로 목회하다가 죽었다. 그의 작품 가운데 일부는 경건에 관한 것이며, 일부는 교회를 비판하는 글인데, 후자의 경우 엘리아스 프레토리우스(Elias Praetorius) 또는 베른하르트 바우만(Bernhard Baumann)과 같은 가명으로 출판되었다. 대다수 작품이 암스테르담(Amsterdam)에서 출판되었으며, 17세기에 널리 유포되었음을 알 수 있다. 호부르크는 저작을 통해 아른트의 제자로 알려지게 되었는데, 대표적으로『프락시스 아른티아나』(*Praxis Arndtiana*): 즉 성 요한 아른트의 네 권으로 된 진정한 기독교를 마음으로 그리워함』(암스테르담, 1642년; 프랑크푸르트, 1662년)과 유작으로『아른트의 부활(*Arndus Redivivus*): 즉 천국에 이르는 아른트의 안내』(1677)가 있다. 그는 아른트 다음으로

카스파 폰 슈벵크펠트(Kaspar von Schwenckfeld)의 저작들로부터 종교적으로 결정적인 자극을 받았다. 중생에 대한 신비적이고 영적인 가르침에 찬성하면서 칭의론에 관한 루터파 정통주의의 교리를 비판한 것은 슈벵크펠트로부터 비롯되었는데, 마찬가지로 루터교회에서도 이 사상은 계속해서 소외당하고 있었다. 호부르크는 엘리아스 프레토리우스라는 익명으로 『설교직의 오용을 비춤』(*Mirror of the Abuses of the Preaching Office*, Amsterdam, 1644)이란 책을 저술했다. 그것은 루터교회와 신학을 날카롭게 비판한 것이다. 이 책에서 호부르크는 지역교회 정부, 목회직, 강단에서의 설교, 일치신조, 대학의 신학을 폐지할 것을 요구하였다. 『우쭐거리는 루터교 교구목사』(*Lutheran Parson's Preener*, 1648)라는 책에서도 그는 루터교 설교자들을 향해 날카로운 공격을 가하였다.

호부르크의 친구요 영적 후계자는 프리드리히 브레클링(*Friedrich Breckling*, 1629-1711)이었다. 한데비트/홀슈타인(Handewitt/Holstein)에서 목회자의 아들로 태어난 브레클링은 가정에서부터 아른트의 경건을 배웠다. 이미 할아버지 프리드리히 다메(Friedrich Dame)[12]와 아버지 요한 브레클링(Johann Breckling)[13]은 문헌을 통해 아른트를 지지하였다. 학창시절 파라켈수스와 야곱 뵈메(Jakob Boehme)에 심취하였던 브레클링은 함부르크에서 브란덴부르크(Brandenburg)의 목회자인 요아힘 베트케(Joachim Betke, 1601-163)가 지도하는 영성 모임에 빠져들었다. 베트케는 세속화된 루터파 정통주의 신학과 교회를 날카롭게 비판한 자이며 동시에 영성을 갖춘 평신도에 의한 기독교를 옹호한 자였다. 1656년 이후 브레클링은 홀슈타인(Holstein) 지역의 여러 교구에서 활동하다가 베트케를 "영적인 아버지"로 만났다. 1660년 그는 목회직을 일시 정지당하였는데, 그 이유는 목회자들이 믿음도 없고 부정직하며, 이런 죄는 이 땅 전역에서 하나님의 징계사유가 된다고 고발하였기 때문이다. 그는 1672년부터 암스테르담에서 처사(處士, 독자적인 학자)로 살았고,

---

12) Friedrich Dame, *Vier Bücher vom Alten und Neuen Menschen* (Lübeck: 1632).
13) J. Breckling, *Paradisus reseratus* (Rostock: 1641).

1690년부터 죽을 때까지는 헤이그(Den Haag)에서 지냈다. 브레클링은 네덜란드에서 상당한 수의 종교서적들을 출판하였다. 그의 저서는 참회문학, 천년왕국이라는 종말론적 관점들을 가진 고발문학에서부터 경건하고 교리문답과 같은 작품에 이르도록 다양하다.

요아힘 베트케, 크리스티안 호부르크, 프리드리히 브레클링은 모두 슈벵크펠트와 뵈메의 사상과 조화를 이루면서 요한 아른트에 의해 영향을 받아 신비적 영성주의라는 캠프에 참여한 삼총사이다. 아른트의 『진정한 기독교』는 그들로 하여금 개인적인 경건에로 이끌었고, 이로써 루터교회로부터 빠져 나오게 만들었다. 만일 루터교회에서 아른트의 견해가 조금이라도 해롭다고 인식되었다면, 아른트를 비롯하여 그들은 광신적이고 악명 높은 영성주의자들로 불렸을 것이다.

6. 아른트는 경건주의 신학자인가?

아른트는 "경건주의의 아버지"이며 경건주의 운동은 슈페너가 아니라 아른트로부터 시작되었다는 논쟁은[14] 아른트의 추종자들이 루터파 정통주의로부터 교회에 비판적인 영성주의자들에 이르기까지 광범위한 스펙트럼을 가지고 있다는 사실에 비추어 볼 때 문제시된다. 그러므로 계급을 떠나 전체 교회에서 지속적으로 회자되었던 아른트의 작품을 가지고 질문해 볼만 하다. 17세기 후반기에 발생한 경건주의 갱신운동은 진정으로 살아있는 신앙이 다급하다며 주장한 아른트를 언급할 수 있으며 또한 그를 따라 칭의에서 성화로 강조점이 전이되었다고 할 수 있다. 젊은 시절에 아른트의 저서 『진정한 기독교』를 통해 경건의 영향을 받았던

---

14) F. Ernest Stoeffler, *The Rise of Evangelical Pietism* (Leiden: Brill, 1965, 1971), 202-3: "루터파 경건주의의 아버지는 슈페너가 아니라 요한 아른트이다… 17세기에 루터파 경건주의는 아른트와 함께 부상하였고, 슈페너와 함께 마감하였다. 그리고 이 사실은 발전과정에 정통한 자라면 누구에게나 당연한 것이다."

슈페너는 경건주의의 프로그램 서적인 『경건한 소원』을 아른트의 『복음서 설교집』(Evangelienpostille) 신판의 서문으로 출판하였다. 슈페너는 이 책에서 아른트와 더불어 "전체 기독교는 내적인 사람이나 새로운 피조물 안에 존재한다. 그들의 영혼은 믿음으로 넘치며, 그들의 행위는 삶에 열매가 있다."는 말에 동의한다고 선언하였다. 성경 다음으로 높게 평가받은 책은 『진정한 기독교』 외에는 없다.

그럼에도 불구하고 경건주의를 구성하는 본질적인 특성들이 몇 가지가 있다. 이것은 아른트에게 소급되지 않는 것이므로 다소간 아른트가 경건주의의 아버지라는 입장에 반대하는 것들이다. 경건한 자들의 친밀한 연합에 대해서 아른트는 어디에서도 주장한 바가 없다. 경건주의에 본질적인 '공동체 개념'(교회 안의 작은 교회, ecclesiola in ecclesia)은 아른트에게 낯선 것이었다. 그는 공적인 예배 외에 사적인 집회에 관해서는 아무것도 몰랐는데, 이는 슈페너 이래로 경건주의를 외적으로 특징짓게 하는 표지가 되었다. 신자들의 보편적인 사제직과 평신도의 성경읽기는 경건주의에서는 가장 본질적인 개념이지만 아른트에게는 중요한 것이 아니었다. 신자는 '성경 전체'(tota scriptura)를 알아야 하며, 또 하나님께서 종말 전에 좋은 날을 허락해주신다고 한 약속의 비밀들을 추적하는 것은 모든 면에서 경건주의의 본질적인 특성에 속한다. 그러나 이것들이 아른트로부터 시작된 것은 아니다. 아른트는 종말이 가까이 오고 있다는 믿음으로 가득 차 있다. 일반적으로 경건주의는 유대인들이 회심하리라는 점을 들어 장래의 희망을 말하였는데, 이런 방식의 희망은 이교도들에게 선교하는 것만큼이나 아른트에게는 생소한 것이었다. 만약 아른트가 경건주의의 아버지라면, 그는 루터 정통주의가 경건주의의 교회론적인 권한을 두고 10년간이나 지속해 온 논쟁 속으로 끌려들어 왔어야 했다. 하여간 아른트는 정통주의이든 경건주의이든 논쟁의 전면에 등장하지 않는 인물이다. 경건주의자들의 종말론과 더 나은 미래에 대한 슈페너의 희망에 관한 논쟁에서 정통주의는 경건주의에 맞서 아른트의 권위에 호소하였다.

경건주의 시대에 성경 다음으로 『진정한 기독교』보다 더 애독되었던 책은 없다. 그럼에도 불구하고 『진정한 기독교』는 루터교회에서 소수였던 경건주의자들뿐만 아니라 루터파 정통주의 신자들을 포함하여 광범위한 교회의 성도들에 의해 읽혀졌다. 아른트의 『진정한 기독교』는 라이프치히 토마스 교회(Thomas Church)의 합창지휘자이며, 경건주의와는 거리가 멀었던 반면에 후기 정통주의에 가까운 요한 세바스티안 바흐(Johann Sebastian Bach)의 유산에서도 발견되었다. 만약 아른트가 경건주의의 아버지였다면 스칸디나비아반도 나라들 중에서 아른트의 작품이 가장 널리 유포되었고, 경건 서적인 『진정한 기독교』가 가정에서 가장 애독된 스웨덴은 아마 주변 국가들보다 더 강력하게 경건주의가 자리를 잡았어야 했을 것이다. 그러나 스웨덴은 의외로 덴마크와 노르웨이보다 심지어는 핀란드보다 경건주의에 의한 영향이 적다. 이곳에서 아른트의 글들은 경건주의의 기원을 위해 그다지 중요하지 않았다.

그러므로 아른트를 광의의 개념에서 경건주의 신학자라고는 할 수 있으나 경건주의의 아버지는 아닌 것이다. 아른트로부터 시작된 경건주의의 특징들은 다음과 같다: 교리보다는 경건한 삶을 우선하는 것, 진실하고 살아 있으며 실천적인 신앙의 강조, 영혼 안에 심겨진 하나님의 형상을 재확립하기 위하여 성화를 강조하는 것 등이다. "아른트의 시대 이후로 한 중요한 시기가 시작되었다. 그는 슈페너를 위해 길을 닦아놓았다." 이는 뷰르템베르크 경건주의의 중심적인 신학자인 요한 알브레히트 벵엘(Johann Albrecht Bengel)의 평가이다.[15] 벵엘에게 아른트는 경건주의의 개척자였다. 이러한 의미에서 경건주의 성경주석의 대가인 벵엘은 요한계시록 14:6에 대한 주해에서 모든 나라와 부족과 언어와 민족들에게 영원한 복음을 선포하는 천사를 아른트와 동일시하였다. 『진정한 기독교』가 전 세계적으로 영향을 끼친 것에 대해 그 역사를 고찰하고, 교회 내 갱신운동으로서 경건주의만이 아니라 외부에서도 경건이라는 특징을 발견할 수 있다는

---

15) Johann Christian Friedrich Buck, *Dr. Johann Albrecht Bengels Leben und Wirken* (Stuttgart: Steinkopf, 1832), 167.

점을 감안할 때, 벵엘의 해석은 충분히 이해될 수 있다. 또한 요한 아른트는 "종교개혁 이후에 루터파 기독교에 가장 큰 영향을 끼친 인물"이라는 힐딩 플라이젤(Hilding Pleijel)의 말에 기꺼이 동의할 수 있을 것이다.

참고문헌

· 일차 자료

Arndt, Johann, *True Christianity*, translation of Book One and selections from the other books by Peter Erb (New York: Paulist Press, 1979).

Arndt, Johann, *Johann Arndt*, Die Klassiker der Religion, vol. 12 (Berlin: Protestantischer Schriftenvertrieb, 1912).

· 이차 자료

Anetsberger, Werner, *Tröstende Lehre. Die Theologie Johann Arndts in seinen Predigtwerken* (Munich: Utz, 2001).

Koepp, Wilhelm, *Johann Arndt. Eine Untersuchung über die Mystik im Luthertum* (Berlin: Trowitsch & Sohn, 1912, reprint, Aalen: Sceintia Verlag, 1973).

Pleijel, Hilding, "Die Bedeutung Johan Arndts für das schwedische Frömmigkeitsleben," in Heinrich Bornkamm et al. (eds), *Der Pietismus in Gestalten und Wirkungen. Festschrift für Martin Schmidt* (Bielefeld: Luther-Verlag, 1975), 383-94.

Schneider, Hans, "Johann Arndt und Martin Chemnitz. Zur Quellenkritik von Arndts 'Ikonographia'," in W.A. Jünke (ed.), *Der zweite Martin der lutherische Kirche. Festschrift zum 400. Todestag von Martin Chemnitz* (Braunschweig: St Ulrich Brüdern, 1986), 203-22.

Schneider, Hans, "Johann Arndts 'verschollene' Frühschriften," PuN 21 (1996), 29-68.

Sommer, Wolfgang, *Politik, Theologie und Frömmigkeit im Luthertum der Frühen Neuzeit. Ausgewählte Aufsätze* (Göttingen: Vandenhoeck & Ruprecht, 1999).

Stoeffler, F. Ernest, *The Rise of Evangelical Pietism* (Leiden: Brill, 1965).

Wallmann, Johannes, "Bucer und der Pietismus," in Ch, Krieger and Marc Lienhard (eds), *Martin Bucer and Sixteenth Century Europe*, 2 vols (Leiden: Brill, 1993), 2:715-32.

The Pietist Theologians

윌리엄 퍼킨스(1558-1602)

레이몬드 A. 블랙키터(Raymond A. Blacketer)

윌리엄 퍼킨스(William Perkins, 1558-1602)는 신학이란 "영원토록 살아있는 축복받은 학문"이라고 정의하였다.[1] 이 문장은 지적인 엄숙과 마음으로 느끼는 경건을 사로잡으며, 걸출한 영국의 신학자요 설교자요 영적 지도자의 저술 가운데 함께 나타난다. 종종 현대의 학자들이 간과하거나 평가절하 하지만 퍼킨스는 매우 중요한 인물이며 영향력 있는 스콜라 신학자요, 개신교 실천신학 분야에서는 개척자이다. 그의 저술들, 특별히 실천적인 경건이 라는 분야에서 영국 국경을 넘어 멀리까지 실질적인 영향력을 발휘하였다. 물론 17세기 후반부터 18세기에 이르는 경건주의자들에 해당하는 방식을 퍼킨스에게 적용한다면 그는 "경건주의자"가 아니었다. 그러나 퍼킨스는 실천적인 경건을 강조하였으며, 이 경건이 장르와 상관없이 그의 모든 작품에 스며들어 있으며, 사상의 대부분을 차지하는 것이 확실하다. 하인리히 헤페(Heinrich Heppe)는 만일 누군가 경건주의의 아버지에 대해 말하고자 한다면, 그는 분명히 윌리엄

---

1) *A Golden Chaine, in The Whole Works of...M. William Perkins*, 3 vols (London: John Legatt, 1631), I: 11. 퍼킨스의 작품들은 이 저작을 통해 인용된 것이다. 이후로 *Works*로 표기할 것이다. 퍼킨스 작품의 제목을 제외하고는 모든 활자가 현대적으로 고쳐졌다.

퍼킨스라고 주장하였다.[2]

1. 엘리자베스 여왕 시대의 퍼킨스의 삶과 사역

퍼킨스의 삶에 대해 현재 남아 있는 상세한 자료는 거의 없다. 그는 1558년 영국의 워윅셔(Warwickshire)의 마스턴 자벳(Marston Jabbett)이라는 마을에서 출생하였다. 그는 1577년 캠브리지 대학의 크라이스트 칼리지(Christ's College)의 기숙생이 되었다. 그의 개인교사는 당시 저명한 청교도 설교자인 로렌스 차더톤(Laurence Chaderton)이었다. 퍼킨스는 1581년에 학사학위를 받았고, 1584년에 석사학위를 취득하였으며, 그 해에 크라이스트 칼리지의 연구원으로 뽑혔을 뿐만 아니라 목사안수도 받았다. 퍼킨스는 교구 목회자가 되기보다는 명성이 높았던 성 앤드류(St. Andrew) 대학에서 강사직을 선택하였는데, 이 대학은 감독의 관리에 따른 불편함이나 「공동 기도서」(*Book of Common Prayer*)를 엄격하게 적용하지 않는 조건으로 그가 설교하도록 허락하였다. 1602년 이른 나이에 하늘의 부름을 받음으로써 일찌기 신학자요, 설교자이며, 영혼을 돌보는 목회자로서 그 경력을 인정받았던 그는 자신이 이룩한 풍부하며 영향력 있는 열매들을 더이상 지속시키지 못하였다.[3]

---

[2] Heinrich Heppe, *Geschichte des Pietismus und der Mystik in der reformierten Kirche, namentlich der Niederlande* (Leiden: Brill, 1879), 24.
[3] 퍼킨스의 생애에 관한 전기적인 세부적인 사항을 위해서 *Dictionary of National Biography*의 퍼킨스 항목이 여전히 유용하다. 왜냐하면 이것은 지난 세기에 출판된 것으로는 유일하게 퍼킨스의 사상을 개괄적으로 다루고 있기 때문이다. J. J. van Baarsel, *William Perkins: Eene bijdrage tot de kennis der religieuse ontwikkeling in Engeland, ten tijde van Koningin Elisabeth* (The Hague: H. P. de Swart, <1912>). *The Work of William Perkins* (Appleford: Sutton Courtenay Press, 1970)에 대해 이안 브레워드(Ian Breward)가 129 페이지에 걸쳐 쓴 서론은 퍼킨스의 예정론 교리에 대해 신학적인 편견을 가지고 있으며 잘못된 기술을 하고 있음에도 불구하고 실질적인 연구논문이며, 대단히 유용하다. 또한 출판되지 않은 그의 학위 논문을 보라. "The Life and Theology of William Perkins, 1558-1602" (University of Manchester, 1963), 이후로 LTWP로 표기할 것이다. 덧붙여 동일 저자의 논문을 참고하라. "The Significance

초기 학생시절 퍼킨스는 거칠고 무모하다는 평가를 받았다. 그에게는 일화가 있는데 그것은 마치 소설과 같다. 그의 공공연한 음주벽은 아주 전설적이었는데, 한번은 어떤 여인이 말을 잘 듣지 않는 아이를 향해 "술 취한 퍼킨스"에게 넘길 것이라고 협박하였다. 이일로 인해 퍼킨스는 부끄러움을 깨닫고 회심하였다.4) 퍼킨스 자신의 설명에 의하면 그는 젊은 시절 점성학에 몰두하였다.5) 몇몇 초기 작품들은 그가 일전에 심취하였던 점성학을 정면으로 반대하는 것들이다. 그러나 1580년대 초가 되어서 퍼킨스는 영적인 방향이 바뀌는 경험을 하였다. 그는 신학연구에 초점을 맞추었고 캠브리지 대학 내의 감옥에 있는 수감자들에게 설교하기 시작하였다. 그곳에서 그는 능력 있고 힘 있는 설교자라는 평판을 얻게 되었다.

하지만 기독교 사역에 자신의 삶을 헌신한다고 해서 퍼킨스가 문제로부터 벗어나 있다는 것을 의미하는 것은 아니었다. 크라이스트 대학은 청교도에 대해 호감을 가졌으며 또한 대학의 규정을 잘 어기는 대학으로 알려져 있었다. 퍼킨스 자신은 1587년 부총장이 되기 전에 채플 설교 시간에 예전적인 실천들을 묘사한 것들 가운데 어떤 것들을 비판한 적이 있었다. 이 사건의 기록은 퍼킨스의 인격과 성품을 보게 하는 몇 안 되는 창에 속한다. 그는 사회를 보는 목회자가 다른 목회자로부터 성찬을 받는 대신에 자신을 성찬 자체의 요소로 받아들이는 것은 "타락"이라고 주장하였고, 성찬을 받기 위해 무릎을 꿇는 행위는 "미신적이고" "적-그리스도적"이며, 예전의 다양한 행위 가운데 동쪽을 향해야 한다는 것도 역시 타락한 것이라고

---

of William Perkins," *Journal of Religious History* 4/2 (1966), 113-28.
4) 벤저민 브룩(Benjamin Brook)은 "술에 취한 퍼킨스" 이야기를 연관시킨다. Benjamin Brook, *The Lives of the Puritans*, 3 vols (Pittsburgh: Soli Deo Gloria, <1813> 1994), II: 129-36, 그러나 토마스 풀러(Thomas Fuller)의 경우에서 보듯 초기 자료 가운데 그다지 중요한 의미를 띠는 것은 아니다. Thomas Fuller, *Abel redevivus* (S. l.: 1652), 431-40, Thomas Fuller, *The Holy State* (4th edn, London: 1663), 80-84, Samuel Clark, *The Marrow of Ecclesiastical History* (London: 1654), 850-53.
5) 풀러는 점성술에 대한 퍼킨스의 초기 관심을 축소화하려고 시도하였다; cf. The Holy State, *The Holy State*, 81.

주장한 까닭에 고소를 당하였다.

이러한 비난에 대한 퍼킨스의 답변은 다소 불분명하다. 그는 목회자가 자신을 성찬의 요소로서 간주하는 행위는 불법적이거나 타락이라고 규정했던 것을 부인하였다. 대신에 그는 13명의 목사가 출석했고 그들에게 성찬을 배분한다면, 동료 목회자의 허락을 받아 함께, 또는 다른 목사로부터 성찬을 받는 편이 더 나을 것이라고 제안하였다. 다시 말해 퍼킨스의 제안은 상호간에 훈련과 견책을 위해 더욱 공헌하게 되었을 것이다. 그는 무릎을 꿇는 것을 우상숭배나 적-그리스도라고 불렀던 것도 부인하였다. 예수님은 앉았고 반면에 교황은 무릎을 꿇었다는 사실에서 그는 앉거나 꿇는 두 가지 실행방법 중의 하나로 앉는 것이 더 좋다고 단순하게 말한 것이었다고 주장하였다. 퍼킨스는 변명하기를, "서로 다른 것이 있다면 우리는 반드시 우상숭배로부터 할 수 있는 한 멀리 떨어져야 한다."는 격언을 인용하였으며, 또 자신의 입장을 보강하기 위해 칼빈과 부처(Bucer)도 언급하였다. 마지막으로 얼굴을 동쪽으로 향하는 문제에 대해서, 퍼킨스는 사실 대수롭지 않은 문제라고 생각하면서도, "십자가가 창문에 붙어있는데"도 불구하고 회중들이 신약성경 및 구약성경을 읽은 후에 예배당의 동쪽 끝을 향한다는 것은 도리어 이상하다고 생각하였다. 그는 회중들에게 갈등을 일으키려고 한 것이 아니며, 자신이 관심을 둔 것은 보다 "편리"한 때와 장소에 대해 관심을 둔 것이라고 말을 했어야 했다면서 그의 변명을 종결지었다.[6]

이 같은 에피소드와 교회의 정책과 예식에 관한 퍼킨스의 글들 속에 담긴 조심스러운 글들은 균형 있는 행동을 반영한 것으로서 그는 영국 엘리자베스 시대에 교회에서 개혁의 마음을 가진 신분으로서 갖추어야 할 것을 요청받았던 것이다.[7] 여왕 엘리자베스 1세는 1559년에 개신교를

---

6) 이에 관한 연구기록은 다음에 책에서 재현된다. van Baarsel, *William Perkins*, 313-16.
7) 영국 국교회 안에서 엘리자베스 여왕의 역할에 대한 간결하면서도 유용한 개관을 위해서, 다음의 책을 참고하라. Norman Jones, "Elizabeth I of England" and "Elizabethan Settlement," in *The Oxford Encyclopedia of the Reformation* (New York and Oxford: Oxford University Press, 1996), II: 33-8.

회복시켰다. 개혁의 마음을 가진 수많은 성직자들은 여왕이 영국교회의 교리와 실천을 철저하게 다시 활성화시켜주기를 원하였다. 그 대신 엘리자베스는 개혁에 있어서 어떤 형태의 시도도 철저하게 막았다. 즉 영국교회를 위하여 차라리 '중도적 입장'(via media)을 계획하는 것을 선택함으로써 교회의 문제에 관한 절대적인 왕실의 권위를 주장하였으며, 또한 개혁자라고 확신하는 많은 자들에게 로마 가톨릭의 입장을 상당히 채택하고 있는 영국교회를 그대로 내버려 두었다. 이러한 전개는 신학적인 방향이 개혁적인 입장에 가까운 사람들이나 대륙의 종교개혁의 한 지류인 칼빈주의에 속하는 자들에게 큰 실망을 안겨주었다. 이 같은 좌절로 인해 수많은 사람들이 감독정책을 취하는 성공회의 체계를 장로교 조직으로 대체하자고 주장하였고, 심지어는 영국교회로부터 분리를 주장하였다.

퍼킨스는 교회의 교리와 삶의 개혁이라는 입장을 분명히 함과 동시에 이러한 조건들을 찬동하지도 않았고 또한 그들을 저주하지도 않았다. 그를 대표하는 "청교도주의"는 온건주의자요 비-분리주의자로 분류되어야 한다. 그는 결코 성공회(영국국교회) 형식의 교리, 예배, 경건에 만족하지 않았다. 그렇다고 그가 영국교회는 신앙을 버렸다거나 개혁의 뒤안길에 있다고 결론을 내리지도 않았다. 그는 "분파주의자들"에게 거친 단어를 사용하였으며, 특히 규칙을 외치는 "분리주의와 지각없는 무리들"에 대해서 사용하였는데, 이는 개혁이 교회 내에서 인내하는 가운데 평화스럽게 이루어진다면 그들이야말로 자기훈련을 하지 않는 자들이기 때문이다. 그들은 교회로부터 분리하는 자들이며 공적인 예배에 참석을 거부하는 자들로서 퍼킨스는 교만으로 가득하고 하나님의 은혜를 경멸하는 자들이라고 비난하였다.[8] 퍼킨스는 '청교도'(Puritan)란 단어를 도덕적 완벽주의를 주장하는 자들로서 중세의 카타리파(Cathars) 이단을 묘사할 때 사용하였다.[9] 이같이 그는 정결한 마음과 선한 양심을 추구하는 자들이 "퓨리턴과 프레시안(Precisians: 16-17세기 청교도의 일종- 역주)이라는 나쁜

---

[8] *A Treatise Tending unto a Declaration...*, in *Works* I, 409.
[9] *An Exposition Upon the Lord's Prayer*, in *Works* I, 342.

용어로 낙인 찍혔을" 때 그것은 모욕적이라는 것을 알았다.[10]

퍼킨스는 분리주의자 헨리 바로우(Henry Barrow)와 존 그린우드(John Greenwood)가 「공동기도서」에 대해 공격하는 것을 비난하였다. 퍼킨스는 기도의 형식을 만드는 것은 "유익한 동시에 필요한" 것이라고 주장하였는데, 이는 예배에 통일성을 제공하며 무지한 목회자들이 목회기도의 의무를 게을리하는 것을 막을 수 있기 때문이다. 초대교회가 아직 원형적인 상태로 있을 때에는 기도의 형식을 가지고 있었다. 일관성에 대해서 의문을 제기하면서, 퍼킨스는 책을 통해 나온 설교는 예언의 은사를 억압하는 반면에 작성된 기도문은 영적인 은사가 약한 것을 도와주었다고 주장하였다. 퍼킨스는 일반적으로 예전에서 특별하게 작성된 기도문을 영국교회가 사용하는 것을 비판하지는 않았다.[11] 오히려 그는 교회의 업무를 치리하는 행정장관의 역할에 대해 보다 낙관적인 견해를 나타내었다. 그는 행정장관은 개혁하는 권리를 갖거나 책무를 다하지 못한 목회자를 면직하는 권한을 가지고 있다는 것을 확언한다.[12] 개혁을 바라는 자는 인내해야하며, 시 당국자들이 그들에게 적당한 시기에 행동을 취하도록 기다려야 한다. 만일 교회 안에 "교황적인 이미지"가 남아 있다면, 경건한 자들은 그들 스스로 이러한 이미지를 제거하려고 극단적인 행동을 해서는 안 된다. 오히려 행정장관에게 이것들을 제거해 줄 것을 요청해야 하며, 행정장관이 취한 결정이 무엇이든지 간에 기다려야 한다.[13] 퍼킨스에게 있어서 교회를 효과적으로 변화시키는 최상의 방법은 교회의 회원들이 영적인 삶을 개혁하는데 초점을 맞추는 것이지, 교회의 시설과 그 지도자를 공격하는 것은 아니다.

---

10) *An Exposition upon Christ's Sermon in the Mount*, in Works III, 15.
11) *An Exposition upon Christ's Sermon in the Mount*, in Works III, 119-20.
12) *An Exposition upon the Whole Epistle of Jude*, in Works III, 538.
13) *Cases of Conscience*, III. ii .1, in Works II, 116.

2. 퍼킨스: 대학의(Scholastic) 경건한 신학자

　신학자로서 윌리엄 퍼킨스의 중요성은 그의 신학 작품에서 실천적인 경건과 학문적인 엄격함이 조화를 이루며 구성되어 있다는 것이다. 퍼킨스는 테오도어 베자(Theodore Beza)나 제롬 장키(Jerome Zanchi)같은 대륙의 개혁주의 신학자들을 무조건 모방하지는 않지만 분명 그들의 신학적인 동맹자로 간주하였음에 확실하다. 그들과 더불어, 퍼킨스는 자신의 예정교리를 통해서 하나님의 주권이 효과적인 구원을 이룬다고 강조한다. 대륙에 있는 그의 동료와 자신을 구분하는 한, 퍼킨스의 신학의 내용은 그리 많지 않다. 오히려 그가 강조하는 것은 개혁주의 신학이 신자들의 내면의 영적인 삶과 기독교인의 도덕적인 삶에 보다 실천적으로 적용되어야 한다고 선언한 것이다. 퍼킨스는 신학적으로 엄격하게 분석하여 반영한 실천적인 경건의 지침서들과 함께, 경건과 도덕에 대해 실제적인 적용으로 가득한 세련되고 교리적인 논문들을 출판하였다.

　다른 영역에서도 퍼킨스는 자신을 베자와 구분한다. 한 예로 그가 사용하는 단순 논리적인 분석방법은 피터 라무스(Peter Ramus)가 발전시킨 것이다.[14] 특별히 라미즘(Ramism)은 영국의 개혁주의 경건의 교육적이며 실천적인 목표들에 적합하다. 면밀한 분석에 초점을 맞추는 가운데 이미 알려진 대로 라무스의 방법은 두 가지, 즉 신학의 훈련만이 아니라 자기 양심적인 실천이며 동시에 목표 지향적이다. 그러나 이런 방법의 사용이 퍼킨스 신학의 교리적인 내용과는 관련이 없다는 점이 반드시 강조되어야만 한다. 즉 라무스의 분석과 학문적인 방법의 사용을 만들었던 제임스 아르미니우스(James Arminius)는 예정과 인간의 자유의지 같은 핵심 문제에

---

14) 퍼킨스의 라무스(Ramus) 활용에 대해서 다음을 보라. Donald K. McKim, "The Function of Ramism in William Perkins' Theology," SCJ 16/4 (1985), 503-17, 동일한 저자, *Ramism in William Perkins' Theology* (New York: P. Lang, 1987). 라무스에 관해서는 다음을 보라. James Veazie Skalnik, *Ramus and Reform. University and Church at the End of the Renaissance* (Kirksville: Truman State University Press, 2002).

있어서 퍼킨스의 결론과는 다른 결론에 도달하였다.15)

　퍼킨스가 라미스트(Ramist)의 방법이 지닌 가치에 동의하는데 있어서 베자와는 다른 반면, 제네바의 신학자들과는 상당히 많은 부분에서 공통적인 것을 공유하고 있다. 즉 신학이란 순수하게 실천적인 훈련이란 관점과 신적인 명령에 대한 타락 전 예정설의 입장을 취한다는 점이다. 실제로 '구원의 순서와 원인 및 저주'에 대한 그의 논문 「황금사슬」(A Golden Chain)의 마지막 부분에서, 퍼킨스는 루터교도인 야콥 안드레에(Jacob Andreae)에 대한 베자의 반응을 발췌하여 첨부하였는데, 그 글에서 베자는 하나님 앞에서 자신들의 지위에 대해 관심을 가지고 있는 사람들에게 목회적인 위로를 주는 가이드라인을 제공해준다.16)

　퍼킨스는 엘리자베스 시대에 가장 중요한 영국의 신학자임이 분명하다. 그는 「개혁된 가톨릭」(A Reformed Catholicke)이라는 제목의 변증적이며 논쟁적인 중요한 논문을 발간하였는데, 여기에서 그는 개신교 교회가 로마의 교회보다 더 거룩한 보편적이고 사도적인 교회가 되어야 한다고 주장한다.17) 그는 최초로 영어로 된 교부연구서를 발행하였는데, 그 목적은 보다 많은 개신교의 논증을 보여주려는 시도로, 첫 수세기 동안에 나타난 사실을 보면 교황권은 불순물이 없는 기독교 종교와는 철저하게 동떨어져 있으며, 개신교회는 본래 형태의 신앙과 교리를 회복하였다는 것이다.18)

　「황금사슬」은 교리에 대해 완벽한 체계를 갖춘 것도 아니며 예정에 대해 가장 상세하게 다룬 것도 아니지만, 퍼킨스의 신학적인 방법을 논의할 때면 언제나 이 작품이 그 중심에 서 있다. 실제로 퍼킨스는 기독교 교리를 보다

---

15) 아르미니우스(Arminius)의 신학적 방법론에 관해서는 다음을 보라. Richard A. Muller, *God, Creation, and Providence in the Thought of Jacob Arminius* (Grand Rapids: Baker Book House, 1991).

16) 『예정목록』(*Tabula pradestinationis*)에 나타난 신적인 법령에 관한 베자(Beza)의 목록과 덧붙여 라미주의자들의 방법론을 도식화하는 성향은 퍼킨스의 「황금사슬」(*Golden Chaine*)에 영감을 주었다. 베자 인용문은 Works I, 114-16에서 발견된다. 설명적인 소견을 담은 베자의 도표는 그의 『신학논문』(*Tractationes theologicae*, Geneva: J. Crispin, 1570), I, 170-91에서 발견된다.

17) *A Rofromed Catholicke*..., in Works I, 555-624.

18) *The Problem of the Forged Catholicisme*..., in Works II, 485-602.

이해하기 쉽게 다룬 작품인 『상징 해설 또는 사도 신조』(*Exposition of the Symbole or Creed of the Apostles*)와 자신을 동일시한다.[19] 이 신조에는 '기독교 종교의 핵심과 본질'이 담겨 있으며, 따라서 퍼킨스에게 교리적인 주제들을 광범위하게 다루도록 하는 도약대를 제공한다. 이 논문에서 두드러진 것 한 가지는 퍼킨스가 예수 그리스도의 성품과 사역에 대해 전념한 것을 광범위하게 다루고 있다는 것이다. 주목할 점은 퍼킨스가 자신의 체계를 칼빈이 『기독교 강요』에서 한 것처럼 하나님에 관한 교리로부터 시작하지 않고, 인간의 신앙에서 시작한다는 점이다. 이러한 사실로부터 퍼킨스의 작품이 중요한 것을 내적이고 주관적인 것으로 바꾸었다고 결론을 내린다면 이는 잘못된 일일 것이다. 오히려 참된 설명은 신조 자체의 구조이다. 신조는 "나는 믿습니다…."로 시작한다.[20] 경건과 종교적인 감정에 대한 퍼킨스의 강조는 결코 비교할 것이 아니라, 도리어 그의 신학이 지닌 신 중심적이며 성경적인 토대를 보완해주는 것이다.

퍼킨스는 예정교리를 「황금사슬」에서 한 것같이 하나님에게 속한 교리와 관련짓거나 또는 『상징 해설』에서 한 것같이 교회론과 연관시킨다. 이 점에서 예정교리의 배치는 종종 근거로 제시되듯이 그 어떤 관념성이나 추상성 또는 완고성을 가지고 있지 않다. 실제로 예정은 교회의 '근거와 원인'이다. 예정은 "영원한 생명으로 예정된 사람들의 특별한 모임으로, 그리스도 안에서 하나가 되게 만든" 교회의 정의(定議) 자체를 통합한다. 퍼킨스는 클레르보의 베르나르(Bernard of Clairvaux)의 글을 인용하면서

---

19) 히브리서 11장에 대한 그의 주석을 보라. *A Cloude of Faithfull Witnesses: Leading to the Heavenly Canaan*, in *Work* III, 1 (3권에 있는 작품들의 일부는 그 자체로 독립적인 페이지 매김을 한다) Richard A. Muller, "Perkins' *A Golden Chaine: Predestinarian System or Schematized Ordo Salutis?*," SCJ 9/1 (1978), 69-81; 동일한 저자, *Christ and the Decree: Christology and Predestination in Reformed Theology from Calvin to Perkins* (Durham: Labyrinth Press, 1986), 132; 동일한 저자, "William Perkins and the Protestant Exegetical Tradition: Interpretation, Style, and Method," 현대의 복사판으로는 다음을 보라. John H. Augustine (ed.), *A Commentary on Hebrew* 11 (1609 Edition), The Pilgrim Classic Commentaries (New York: Pilgrim Press, 1991), 79.

20) *An Exposition of the Symbole* …,, in *Works* I, 121-8; 퍼킨스는 「황금사슬」에서 하나님에 관한 교리(신론)로부터 시작한다. A Golden Chaine, Works I, 11-16.

교회를 선택된 자들과 동일시하였다.[21] 또한 교회에 대한 퍼킨스의 정의를 종합하자면, "그리스도 안에서 하나로 만들어지는 것"이며, 이것은 그리스도와의 연합이라는 퍼킨스 신학의 핵심이며 반복되는 주제이다. 더 나아가 교회의 동인(動因)은 하나님의 예정인 반면에 그 형태는 그리스도와의 신비적인 연합이다.

대륙의 개혁파 지도자들이 교회의 표지가 둘인지 셋인지를 놓고 논쟁하는 동안에 퍼킨스는 참된 교회에는 오직 하나의 '무오한 표지'만 있다고 주장하였는데, 그것은 복음을 선포하는 것이다. 성례의 올바른 시행과 성경적인 훈련의 연습은 교회의 안녕을 위해서는 필요하지만, 참된 교회는 그것이 부족하여도 계속 존재할 수 있다. 교회의 '본질'은 복음을 선포하는 것이다. 이것은 교회의 실존을 위한 필요충분조건이다.[22] 퍼킨스의 주장은 이미 설립된 교회 내에서 설교에 기초를 둔 개혁의 실천과제와 일치한다. 성례전과 상대적으로 중요하지 않은(구속력이 없는) 훈련을 적절하게 사용함으로써, 국교회의 예배와 훈련에 내재하는 결점을 근거로 분리나 분열을 획책하려는 주장으로부터 벗어났을 뿐만 아니라, 동시에 그는 목회자들이 예배나 정책에 구조적인 변화를 주기 위해서 심하게 흔들어대기보다는 설교를 통하여 교구민들의 생활에 효과적인 개혁을 하도록 책임을 심어주었다.

다른 교회 조직(다른 교파)을 언급하면서, 퍼킨스는 교황이 제안한 방향을 따르거나 트렌트 공의회의 가르침에 동의하는 조직은 참된 교회가 아니라고 주장하였다. 그 이유는 칭의 과정에 인간의 공로를 포함시키고, 날마다 미사에서 그리스도를 매번 죽게 하고, 형상을 예배하며, 그들의 '빵조각화한 신'(화체설)으로 '종교의 근본'을 없애버렸기 때문이다. 로마교회는 유대교와 우상숭배를 혼합한 것과 더 이상 다를 바 없다. 그러므로 개신교도들은 스스로 이 같은 교회들로부터 분리하였고, 분리의 책임을 감당해야 할

---

21) *An Exposition of the Symbole*..., in *Works* I, 277.
22) *An Exposition of the Symbole*..., in *Works* I, 304.

의무가 전혀 없다.23)

　비록 아우구스부르크 신앙고백(Augsburg Confession)이 '다른 개혁주의 교회의 기대를 만족시키지는 못하였다'는 사실에도 불구하고, 루터파는 참된 교회다. 주의 만찬에 대한 루터교의 이해는 분명 결함이 있으며, 또한 그리스도 몸의 편재성에 대한 루터교의 교리는 실로 "저주받은 이단인 유티케스(Eutyches)와 네스토리우스"(Nestorius)가 다시 살아난 것이다. 그러나 퍼킨스가 정의한 "공재설"(consubstantiation)은 확실히 요한 브렌츠(Johann Brenz) 같은 자의 개인적인 견해일 뿐이다.24) 퍼킨스의 입장에서는 단순한 기대의 생각처럼 보이지만 마음에는 멜랑히톤(Melanchthon)의 성례전에 관한 가르침을 간직하고 있었음이 분명하다. 반면에 개혁주의 사상가들은 성례에 대한 자신들의 견해와 근본적으로 일치를 이루는 것을 선택했다. 어떠한 경우에도, 퍼킨스가 루터교도들과 함께 공동의 주장을 한 것은 교회의 표지들로부터 성례의 행정을 배제하고자 하는 또 다른 이유였다. 퍼킨스가 자신의 작품 속에 루터를 수없이 인용한 것은 그가 개혁자를 존경하고 경외한다는 것을 드러내는 것이다.

　정당한 근거로 퍼킨스는 경건과 예정 모두에 대해 잘 알고 있었다. 그러나 그는 이 두 가지가 분리된 주제라고 생각하지 않았다. 예정의 교리는 기독교인의 삶이 자신감을 가지고 살아가는데 요구되는 평안과 확신을 제공해준다는 점에서 필수적인 것이다. 이 교리에 대한 퍼킨스 자신의 견해는 타락전 예정론(supralapsarianism)의 다양성에 속하는 것이었다. 이 교리에서 선택과 영벌이라는 신적인 판결은 논리적으로 타락한 인간이 죄 속으로 들어가는 것을 허용하는 교리보다 우선한다.

　퍼킨스가 타락전 예정의 입장을 선호하는 것은 그가 더 사색적이거나 이성적이기 때문은 아니지만 종종 그렇게 대우를 받는다. 오히려 그의 관점은 보다 더 실제적이고 목표 지향적이다. 퍼킨스의 생각에 타락전

---

23) *An Exposition of the Symbole*..., in *Works* I, 305-6.
24) *An Exposition of the Symbole*..., in *Works* I, 306 (206로 숫자가 잘못 표시됨).

예정은 하나님께 가장 큰 영광을 돌리고 신자에게는 최고의 평안함을 주는 이점이 있다.25) 이 경우 "타락전 예정은 전통적인 스콜라주의의 형이상학으로부터 독립성을 제공하고 초기 종교개혁자들에게 신실함을 가능하도록" 만들어 줄 수 있다.26) 예정을 강조하는 개혁주의는 우주에 대해 단지 운명적이거나 기계적인 이해를 의미하지 않는다. 도리어 그것은 죄인들을 구원함에 있어 신적인 주권에 관한 성경의 주제들을 다루되, 죄인들의 처참한 유죄상태와 동시에 복음의 요청에 응답하는 책임성에 대해 조화를 이루려는 시도였다. 퍼킨스가 예정을 강조함으로써 하나님의 은혜를 보호하고 나아가 구원에 대한 신자들의 확신을 위한 기초를 제공하였다. 반면에 그가 기독교인의 덕을 계발하는데 확고한 과정을 만들어야 한다고 강조한 것은 예정에 대한 그의 이해가 인간의 책임을 손상시키지 않는다는 것을 증거한다.

퍼킨스는 반-칼빈주의자인 피터 바로(Peter Baro) 같은 인물들에 의해 예정론이 공격을 받는다고 보았다. 바로는 신학의 특별한 개념(예정론)을 협박하였을 뿐만 아니라 은혜와 칭의에 대한 개신교의 근본적인 교리에 대해서도 도전하였다.27) 더 나아가 예정교리는 신자들의 구원에 대한 확신과 삶에서 영적으로 도덕적으로 진보를 이룰 것을 요구하는 확신을 위해 유일한 기초가 된다. 구원에 있어서 하나님의 절대적 주권의 중요성에 대한 자신의 평가 때문에, 퍼킨스는 예정론의 실제적인 사용과 그에 대한 적절한 이해로부터 흘러나오는 위로를 제시하고자 노력하였다.

이 주제에 관한 최고의 명저「황금사슬」에서, 퍼킨스는 예정교리 자체에 대해서보다는 예정론이라는 신적인 명령이 어떻게 역사와 인생 속에서 활동하는지에 대해 더 많이 기술하고 있다. 이것은 분명 사도 바울이 로마서

---

25) Mark R. Shaw, "Drama in the Meeting House: The Concept of Conversion in the Theology of William Perkins," WTJ 45 (1983), 41-72, 특히 50.
26) Lynn Courter Boughton, "Supralapsarianism and the Role of Metaphysics in Sixteenth-Century Reformed Theology," WTJ 48/1 (1986), 63-96.
27) Mark R. Shaw, "William Perkins and the New Pelagians: Another Look at the Cambridge Predestination Controversy of the 1590's," WTJ 58/2 (1996), 267-301.

8:29-30에서 언급하였던 구원의 질서에 관한 논문이다. '구원의 질서'(ordo salutis)는 전통적으로 "구원의 황금사슬"이라고 언급되었다.[28] 표제를 담은 페이지는 이 작품이 실제로 성경에서 추출된 '구원과 저주의 근거의 순서'를 명료하게 보여준다. 다음번 인쇄 시에 사용된 "신학의 서술"(The Description of Theologie)이라는 대안적인 제목도 역시 이점을 보충해준다.

이 작품에서 퍼킨스는 가장 실천적이고 목표지향적인 신학의 정의를 "영원히 행복한 생활과학"(science of living blessedly forever)이라고 정의하였다. 칼빈이『기독교강요』서문에서 밝힌 말을 귀감으로 삼아, 그는 축복받은 삶이란 하나님을 아는 지식과 우리들을 아는 지식으로부터 나온다고 말하였는데, 이는 우리 역시 "우리 자신을 봄으로써" 하나님을 알 수 있기 때문이다.[29] 퍼킨스는 신학의 광범위한 영역을 다루려고 착수하였으므로 예정교리만으로 연관을 맺으려 해서는 안 된다. 그는 신론, 인간과 천사의 창조, 죄와 타락, 기독론 그리고 심지어는 성례전의 확장된 취급뿐만 아니라 십계명 주해와 율법의 사용에 대해서도 다루고 있다. 특별히 퍼킨스가 이 논문에서 다루고 있는 이 모든 주제들은 하나님이 역사와 신자들의 삶 속에서 선택의 교리를 수행하시는 외적인 수단들이다.

그는 회심의 과정도 충분하게 다루었다. 퍼킨스가 믿음을 하나님으로부터 온 선물인 동시에 인간이 진정으로 행해야 하는 것, 두 가지로 보았던 것이 분명하다. 믿음이란 무엇보다도 지식이지 감정이나 경험은 아니며, 하나님의 성령의 조명에 의해 만들어진다. 그러나 이 지식은 감정을 불러일으킨다. 이때의 감정이란 영적인 가난함과 그리스도를 필요로 함이라는 심오한 의미를 갖는다. 이 지식은 '완전하게 이해되는 확신'(골 2:2)으로 들어가게 하는 힘을 가지고 있다. 그러나 완전한 확신이 부족하다고 해서 참된 믿음이 없다는 것을 말하는 것은 아니다. 믿음은 인격적으로 복음의 약속들로 가득 차서 '성령에 의해 마음에 새겨진 특별한 확신'을 포함한다. 특별히 퍼킨스는 확신이란 "하나님의 자비하심에 대한 어떤 경험"을 하기

---

28) Muller, *Christ and the Decree*, 132; Muller, "Perkins' *A Golden Chaine*," passim.
29) *A Golden Chaine*, in *Works* I, 11.

위해 선행(先行)하는 것이며 앞서 요구되는 것이라고 논하였다. 철학은 관찰에 의한 경험에서 출발하여 동의에 이르는 과정인 반면에, 믿음은 하나님의 진리를 지적으로 수용하면서부터 진행된다. 그 후에 "의지와 경험 그리고 안정의 감정이 뒤따라온다." 결과적으로 "하나님의 성령에 속한 특별한 감정들을" 아직 느끼지 못하는 자들이 잘못하는 것은 이러한 느낌이 부족하다고 해서 구원을 의심한다는 것이다.[30] 여기에서 퍼킨스와 후기 경건주의자들 간의 차이가 매우 분명한데, 그것은 지식이 감정보다 선행한다는 것과 교리는 종교적인 감정들에 필수적이라는 점이다.

퍼킨스에게 있어서, 하나님은 구원과 구원의 확신을 모두 주시는 창조자이시다. 그러므로 종종 근거 없이 주장되어진 것 가운데 퍼킨스가 사람이 실제로 자신의 구원을 이룰 수 있다고 한 것은 사리에 맞지 않는다. 그것은 기독교인의 도덕적인 삶을 강조하거나 선택에 대한 외적인 표지가 신자들로 하여금 의로운 행위에 대해 책임있게 하려는 것 그 이상은 아닌 것이다. 오히려 신약성경의 가르침에 상응하여, 퍼킨스는 하나님의 은혜가 죄인을 의롭다고 칭할 뿐만 아니라 그들을 변화시킨다는 사상을 진지하게 받아들였다. 퍼킨스의 신학은 예외 없이 그리스도 안에서 그리고 성령을 통한 하나님의 활동에 초점을 두었다. 그럼에도 불구하고 신적인 사역은 경건과 기독교인의 덕 속에서 자신을 드러낸다. 퍼킨스는 가장 낮은 정도의 믿음이라 할지라도 그것은 구원하는 믿음이라는 것을 반복하는데 조금도 지치지 않았다. 즉 이것은 겨자씨만한 믿음이며, 그 자체가 죄인의 마음에서 하나님의 사역을 증거하므로 구원의 확증을 위한 충분한 근거가 된다.[31]

퍼킨스의 「황금사슬」은 많은 내용들을 포함하고 있는데, 그것은 교리적인 논문이라기보다는 경건을 위한 지침서를 읽는 것과 같다. 그는 신자들이 의심과 싸우는 것, 영적 전쟁, 중대한 죄로부터의 회복, 분노의 조절,

---

30) *A Golden Chaine*, in *Works* Ⅰ, 80. Mark R. Shaw, "Drama in the Meeting House: The Concept of Conversion in the Theology of William Perkins," WTJ 45/1 (1983), 41-72.
31) *A Golden Chaine*, in *Works* Ⅰ, 80; cf. *A Graine of Musterd-Seed...*, in *Works* Ⅰ, 635-44.

인내하며 십자가 짊어지는 것, 죽음의 직면에 있어서의 위로 등에 관하여 상세히 다루었다. 마지막 51장에서, 퍼킨스는 로마교회의 가르침을 비판하기 위하여 다시 예정교리를 다룬다. 그는 "모든 저주의 허물과 웅분의 벌"이 거절하는 자들에게 남아있다고 조심스럽게 강조하면서 영벌의 교리에 대해 말하기 시작하였다.32) 그리고 그는 보편적인 구속의 의미에서 모든 사람들의 우주적인 선택에 대해 가르친 어떤 "독일 신학자"가 고안한 대안적인 예정론에 대해 다룬다. 즉 인간의 타락은 하나님의 실제적인 허용 범위 밖에서 일어났으며, 영벌은 불신을 예견한 것에 근거하고 있으며, 하나님이 구원으로 부르신 것은 어떤 의미에서 우주적이므로 이로써 하나님은 모든 개개인을 구원하고자 하신다는 것이다.33)

퍼킨스는 「황금사슬」에서 확증에 대해 언급함으로써 구원의 교리를 종결짓는다 확신의 중요성으로 결론짓는다. 하나님의 자유하시며, 은혜로우시고, 절대적인 선택과 같은 교리는 고통스러운 양심에게는 향기이며, 의심하는 자들에게는 평안이다. 선택은 존재할 뿐만 아니라 실제로 그들의 구원이 확증되었다는 사실을 가르쳐준다. 성화의 효력은 영적인 필요성과 가난함을 느끼는 것, 죄를 회개하려고 노력하는 것, 하나님, 은혜 그리고 그리스도의 공로를 간절히 원하는 것 등을 포함해서 구원으로 선택되었다는 증거들이다. 이 같은 확신은 인간의 공로나 노력에 기초하지 않는다. 왜냐하면 "성령은 공로나 사람의 가치에서 그 근거를 찾지 않고 하나님의 자비와 사랑에서 찾기 때문이다."34)

토마스 풀러(Thomas Fuller)가 보고한 바에 의하면 영적 빈곤과 필요의 감정을 요청하면서 퍼킨스의 설교는 "불과 유황"에 대해 설명하였다고 한다. 그는 자세히 말하기를 퍼킨스가 "저주"라는 단어를 매우 불길하게 말함으로써 청중들은 그 후로 아주 오랫동안 "슬픔의 공명" 속에 빠져 있곤 했다는 것이다. 한편 그가 크라이스트 칼리지(Christ College)에서 십계명을

---

32) *A Golden Chaine*, in Works I, 105.
33) *A Golden Chaine*, in Works I, 107-11.
34) *A Golden Chaine*, in Works I, 113.

해설하는 교리교사로 있는 동안 그는 학생들의 머리가 쭈뼛해질 정도로 그들의 마음 속 깊이 죄의 자각을 심어주었고 그래서 그들은 자신들이 무가치하다는 생각에 거의 실신할 정도였다. 퍼킨스는 나이가 들어가면서 강단에서 언성을 부드럽게 하였는데, 이는 하나님의 자비에 대한 선포가 하나님의 말씀을 다루는 목회자의 직무라고 믿게 되었기 때문이라고 풀러는 자세히 기록하였다.[35] 그러나 사실 퍼킨스는 회심의 과정에서 필수적인 단계가 되는 인간 자신의 공로와 능력에 대한 실망에 주목하였던 것이다.

퍼킨스는 1598년 라틴어로 쓴 한 작품에서 오로지 예정교리에 대해서만 초점을 맞추어 다루었다. 「예정의 방법과 순서 그리고 하나님의 은총의 위대하심에 관한 한 기독교인의 평이한 논문」(*A Christian and Plaine Treatise of the Manner and Order of Predestination, and of the largeness of Gods Grace*)[36] 이 논문은 국제적으로 충격을 주었는데, 그 한 가지 이유는 제임스 아르미니우스(James Arminius)가 이것을 통해 개혁주의의 예정에 대한 이해를 반박하는 검으로 사용하였고, 구원에 대한 신인협동설적인 이해를 위해 자신의 제안으로 활용하였기 때문이다. 퍼킨스의 논문은 1618-19년 도르트 종교회의(Synod of Dordt)로 이끌었던 예정론에 관한 논쟁에서 매우 중요한 역할을 감당하였다. 이 대회에서 아르미니우스와 그의 동조자들의 견해는 개혁주의 신앙의 범주에서 벗어난 자들로 결정되었다. 신적 명령에 있어서 타락후예정(infralapsarianism)이라는 순서를 선호하는 것이 논증되는 동안에 도르트 종교회의의 '신조'(Canons)는 개혁주의와 아우구스티누스주의자들의 예정에 대한 이해가 퍼킨스와 대륙에 있는 그의 동료들에 의해 발전되었다고 주장한다.

한편 퍼킨스가 "청교도"인지 아니면 "경건주의자"인가에 대한 끝없는 논쟁이 있을 수 있지만 분명한 것은 그가 학자였다는 사실이다. 그는

---

35) Fuller, *The Holy State*, 82.
36) *De praedestinationis modo et ordine: et de amplitudine gratiae diuinae Christiana & perspicua disceptatio* (Cambridge: John Legatt, 1598); 번역 in *Works* II, 603-41.

성경을 해석하고 교리를 분석하는데 엄격한 학문적인 방법을 적용하였는데, 거기에는 정밀한 정의의 사용, 조심스러운 비교와 반대에 대한 답변도 포함되어 있다. 그러나 종교개혁 이후 시대에 대다수 스콜라적인 신학자들과 마찬가지로 신학의 목적은 언제나 실천에 있었다. 학구적인 신학자들은 설교자들과 교사들이 그들의 교구 성도들과 학생들에게 실제적인 영적지도를 제공하도록 그들을 준비시키고 실력을 갖추게 하고자 노력하였다. 퍼킨스의 설교조차도 학자적인 방법의 흔적을 가지고 있으며, 이것이 그의 설교의 한 단면으로 후대 사람들은 이를 기억하며 감사한다. 풀러는 "우리의 퍼킨스가 학교를 강단으로 가져왔다."고 말하였다. 그러나 교실에서 행하는 강의를 전달하는 것과 달리 퍼킨스는 설교라는 이름으로 학구적인 신학의 복잡성을 좌석에 앉아 있는 성도들에게 명쾌하고 실제적으로 가르칠 수 있는 능력을 갖추고 있었다. 풀러는 퍼킨스가 "어려운 학문적인 용어들"을 "사람들에게 평이하고도 건전한 내용"으로 바꾸었다고 말한다.37)

교회를 개혁하는데 있어서 회중석에 앉아있는 성도들의 회심과 영적갱신을 기본적인 개혁수단으로 보았기 때문에, 퍼킨스는 회중들에게 효과적인 경건의 양육을 시행할 수 있는 설교자들을 훈련하는데 특별한 관심을 가지고 있었다. 이 목적을 위해서 그는 설교의 타당한 방법을 다룬 탁월한 지침서를 기술하였는데, 그것이 바로『설교의 기술』(*The Arte of Propecying*)이다.38) 대륙에서 얻은 수많은 자료들을 열거하면서, 퍼킨스는 설교의 '평이한 스타일'을 개척하였고, 영국과 뉴잉글랜드에 있는 개혁주의 설교자들은 모두 이 스타일을 따랐다.39)

「황금사슬」이 예정에 관한 논문보다 더 많이 다루어졌듯이,『설교의 기술』역시 설교지침서보다 더 많이 다루어졌다. 이것은 신학과 성경연구를 위한

---

37) Fuller, *The Holy State*, 81-2.
38) *Prophetica sive de sacra et unica ratione Concionandi tractatus* (Cambridge: John Legatt, 1592); 번역 in Works II, 646-73.
39) 퍼킨스는 논문의 마지막 부분에서 자료를 열거하였다. Augustine, N. Hemmingsen, A. Hyperius, Erasmus, M. Flacius, J. Wigandus, J. Matthias, T. Beza, F. Junius.

입문서로서, 성경에 대한 논리적이고 수사학적인 분석법을 사용하도록 인도하기 위한 것이며, 또한 초대교부들의 연구를 추천하고 있다. 교부적인 요소는, 마치 '복음적인 교회들로부터 스스로 분리하는 종파들' 중에 역사를 통하여 다시 살아나기를 반복하는 고대 이단들의 정체성을 밝히고 거부하기 위해서 매우 중요한 것이다. 영국에 있는 분리주의자들에 반대하는 것을 겨냥하고 있다. 성경, 교부들 및 '정통적인 작품들(orthodoxall writings)이라는 광산에서 발견한 보석같은 길을 유지하기 위해서, 퍼킨스는 일상적인 용어를 사용할 것을 충고하였다. 즉 인용문들, 예문들, 주요주제에 관한 논증들 또는 총론이나 '개요(loci communes) 등을 노트에 기록하라고 하였다. 퍼킨스는 이런 화제거리를 색인화 하고, 기억하고자 노력하고 그리고 서로 대조할 것을 추천하였다.[40]

진부한 논쟁의 한 가운데에서, 퍼킨스는 문자적 해석, 풍유적 해석, 비유적 해석, 신비적 해석 등 성경 해석에 관한 네 가지 전통적인 방법들이 실제로는 문자적인 의미로 요약된다고 주장한다. 퍼킨스가 이 네 가지 도식들은 반드시 "타파하고 거부되어야"한다고 말하였던 반면에, 실제로 그는 문자적인 의미에 집중함으로써 이 네 가지를 보전하였으며, 또한 본문의 실제적인 적용을 하는 수단으로서 이 네 가지를 사용하는 것은 허용하였다.[41] 풍유적인 해석이 필요한 경우가 있는데, 이를 사용할 경우는 너무 자주도 아니며 온건한 한에서, 그리고 억지의 해석이나 부적절한 비유가 아니며, "너무나 급하게 처리하는" 것이 아닌 한에서 말이다. 풍유적인 해석은 교리의 어떤 측면을 구성하기 위해 사용되는 것이 아니고, 다만 신자에게 교훈을 주는 것이라면 적당한 도구가 된다.[42]

퍼킨스는 본문의 적용과 실제적인 사용을 어떻게 결정하는지에 지침을 제공한 것과 같이 계속해서 성경본문 분석의 논리적이고 수사학적인 분석방법을 위한 가이드를 자세히 다루고 있다. 그러나 설교자는 반드시

---

40) *The Arte of Prophecying*, IV, in *Works* II, 651-4.
41) *The Arte of Prophecying*, IV, in *Works* II, 651.
42) *The Arte of Prophecying*, VI, in *Works* II, 663-4.

성경본문의 의미와 적용을 얻기 위해 해석방법들을 사용하는 반면에, 그 방법들은 설교를 전달할 때 드러나지 않아야 한다. 그렇게 함으로써 드러나야 하는 것은 오직 하나님의 성령이지, 설교자의 웅변술이나 화려한 수사가 아니다. 그리스어나 라틴어는 설교 시에 사용되어서는 안 된다. 이같이 평이한 형태의 설교는 학문의 사용이 요구되지만, 결코 학문의 과시는 아니다. 퍼킨스는 "진정한 기술은 기술을 숨기는 것이다"(artis etiam celare artem)라는 격언을 인용하였다.[43]

설교자가 다른 이들에게 경건한 감정을 불붙이고자 한다면, 설교자 자신이 먼저 내적인 확신과 설교할 때 다루는 교리에 대한 '감정'(느낌)을 가져야 한다. 퍼킨스는 종종 목회자를 영혼의 의사며 치료자라고 하였다. 즉 목회자 자신은 영적으로 건강한 상태여야 하며, 또한 자신의 연약함은 성도들이 알지 못하게 숨겨야 한다. 다른 영적인 사람들 사이에서도 설교자는 성도들을 위한 사랑을 소유하여야 하며 또한 존경받을만한 가치를 가지고 있어야 한다.[44]

형식이 드러내는 것은 본문의 의미를 설명하는 것이며, 본문으로부터 도출한 교리의 설명을 따르며, 모든 중요한 실제적인 적용이나 인접한 문장을 '사용'하여 결론을 내린다. '평이함'이란 교리의 선명성과 수사학적인 과시의 회피로 구성된다. 퍼킨스는 다음과 같이 말했다. "그것은 우리 가운데 있는 속담이다. 즉 '그것이 바로 평이한 설교다.' 내가 다시 말하노니, '평이할수록 더 좋은 것이다.'"[45] 그렇다고 설교가 단순하거나 이지적으로 묽어진 것은 결코 아니다. 퍼킨스 자신의 설교에 대한 풀러의 보고서에서, 그는 '자신의 설교에 상당히 많은 학문을 걸러내고 한편으로는 학문 속에 잠기게 한다. 그럼에도 불구하고 학문적인 단어가 사용된다는 것을 (알아차릴 수 없을 정도로) 대단한 의미가 없는 것으로 다만 유사한 표현일 뿐이다. 한마디로 그의 교회는 대학과 도시로 구성되며, 학자는

---

43) *The Arte of Prophecying*, X, in *Works* II, 670-71.
44) *The Arte of Prophecying*, X, in *Works* II, 671-2.
45) *Commentary on Galatians*, in *Works* II, 222.

학문적인 것이 없이도 들을 수 있으며, 도시민들은 평이하게 들을 수 있는 설교들이다.46)

또 다른 실천신학의 작품으로, 퍼킨스의 작품 중에 가장 유명한 것은 『양심의 경우들』(Cases of Conscience)이다. 이 작품은 『양심의 강론』(A discourse of Conscious)과 함께 개신교의 도덕신학과 목회신학에 크게 공헌하였다.47) 퍼킨스의 도덕신학은 중세시대의 판례들을 개신교적으로 전유한 것으로, 프란체스코회나 예수회와 구별되는 특별히 도미니크회의 도덕적인 전통을 차용하였다. 아퀴나스와 같이 퍼킨스는 양심을 의지나 도덕적인 영향과 관계를 가지는 것보다는 실천적인 지성과 연관시켰다.48) 『양심의 강론』에서 퍼킨스는 양심이 무엇인가를 논하면서 말하기를 인간의 재능 속에 심겨진 거룩한 것으로, 이를 통해 사람들은 악으로부터 옳은 것을 분간하며, 사람의 행동을 판단할 때에 적용한다고 하였다. 퍼킨스의 『양심의 경우들』은 그가 죽을 때까지 미완성된 작품으로 도덕적으로 풀기 어려운 것들을 탐구한 것이다. 이처럼 문학적인 형태를 취한 목적은 특수한 경우에 일반적인 원리를 적용함으로써 도덕적인 지침과 영적인 위로를 제공하려는데 있다. 이 작품들은 목회자들이 자신의 교구에서 도덕적이고 영적인 딜레마를 진단하는데 지침이 되도록 제공되었다. 특별히 확신의 문제들에 관하여, 퍼킨스의 경건한 작품 가운데 하나의 제목인 『양심의 경우, 그 무엇보다 가장 큰 문제: 사람이 하나님의 자녀가 되었는지 아닌지를 어떻게 알 수 있는가 하는 방법』(A Case of Conscience, the greatest that ever was: How a Man may know wheather he be the child of God, or no.)이 이를 보여 준다.49)

---

46) Fuller, *Abel Redevivus*, 434.
47) *The Whole Treatise of Cases of Conscience*, in Works II, 1-152; *A Discourse of Conscience*, in Works I, 515-54.\
48) 퍼킨스의 결의론적인 작품에 대한 토마스 F. 메릴(Thomas F. Merrill)의 서론을 보라. Thomas F. Merrill, *William Perkins* 1558-1602 (Nieuwkoop: De Graaf, 1966), xiii; cf. Ian Breward, "William Perkins and the Origins of Reformed Casuistry," *Evangelical Quarterly* 40/1 (1968), 3-20.
49) In Works I, 421-38.

이와 유사하게 그의 작품 『병든 자를 위한 위안』(*Salve for a Sicke Man*)은 '죽음의 기술'(ars moriendi)이라는 전통에 대한 개신교측의 중요한 논문이다. 여기서 퍼킨스는 죽어가는 사람과 죽음의 순간에 목회적인 돌봄을 베푸는 목회자 모두에게 놀랍도록 예민하면서도 실제적인 조언을 하고 있다.50) 퍼킨스의 '실천적인' 논문들의 대다수는 그의 '신학적인' 작품 속에서 현저하게 이런 주제들을 취급하고 있다. 『겨자씨 알갱이』(*A Graine of Musterd-Seede*)와 같은 작품에서 퍼킨스는 믿음이 극도로 약한 자에게도 위로를 시도한다.51) 신자는 그리스도와 연합해야 한다는 그의 초점은 어떻게 그리스도에 대한 지식, 사랑, 친밀감을 획득하는지에 대한 그 자신의 날카로운 제시에 반영되어 있다.52)

퍼킨스의 성경주석들은 종종 독창성, 문법적이고 역사적인 세련됨 그리고 성경원어의 사용에 대한 부족함을 두고 비판을 받는다. 그러나 퍼킨스는 성경주석을 하면서 결코 독창성이나 참신한 사상을 염두에 두지 않았을 것이다. 그의 성경주석은 주석서로 저술된 것이 아니라 오히려 설교로 전달된 것이다. 그러면서 퍼킨스는 자신의 충고를 따라 종종 '감추어진 기술'(concealed the arts)을 해석의 배후에 두었던 것이다. 그의 주석은 신자의 삶을 위한 실천적인 적용을 길게 다루었고, 반면에 언어학적인 상세함은 짧게 다루었다. 그는 자신의 『상징해석』(*Exposition of the Symbole*)을 보완하고자 히브리서 11장에 대한 풍부한 주석을 계획하였다. 퍼킨스는 설명하기를, 신조에 대한 자신의 작품은 신앙의 가르침을 다루고 있으며, 반면에 히브리서 11장에 대한 주석은 신앙의 실천을 열거하였다고 한다.53)

---

50) *A Salve for a Sicke Man*..., in Works I, 487-513.
51) *A Graine of Musterd-Seede*..., in Works I, 637-44.
52) *A Declaration of the True Manner of Knowing Christ Crucified*, in Works I, 625-34.
53) *A Cloude of Faithfull Witness*, Works III, 1 (페이지가 따로 매겨졌으며, 퍼킨스의 산상수훈에 대한 주해 다음에 나타난다.) 퍼킨스의 해석이 지닌 중요성에 대해서 다음을 보라. Muller, "Perkins and the Protestant Exegetical Tradition," *passim*.

3. 영향력의 궤적

'역사는 윌리엄 퍼킨스에게 부당하다.'는 것이 확실하다.[54] 그의 신학은 종종 오해되었고 잘못 전해져 왔다. 즉 그는 대학의 신학자이며, 개신교 실천신학의 선구자로서 보유한 그의 노련함과 기술은 종종 간과되어졌다.

퍼킨스의 작품들은 그의 조국에서 베스트셀러였다. 어떤 근거를 놓고 보더라도 영국에서 출판된 판수로 볼 때 그는 칼빈과 베자를 능가하는 첫 번째 신학자였다.[55] 더구나 그의 작품들은 대륙에서도 동일하게 상당히 많은 독자들이 즐겼으며, 이것은 그를 "영국 밖에서 출판된 판수를 근거로 하여 국제적인 평판을 얻은" 최초의 영국 신학자가 되게 하였다. 당대의 리처드 후커(Richard Hooker)보다 그는 더 많은 영향을 끼쳤으며, 퍼킨스의 작품은 스위스에서 50판이나 인쇄되었고, 독일에서는 거의 60판을, 네덜란드에서는 100판을 넘겼고, 이보다는 적은 판이지만 프랑스, 헝가리, 보헤미아에서도 거듭 출판되었다.[56] 그의 작품들은 웨일스어, 아일랜드어, 네덜란드어, 독일어, 프랑스어, 스페인어와 헝가리어로 번역되었다.[57]

퍼킨스의 신학 작품들은 예정의 문제와 구속의 크기에 대한 개혁주의 사상의 발전에 매우 중요한 것으로서 도르트 종교회의에서 입증되었다. 은혜언약에 대한 그의 영향도 마찬가지로 계약신학(federal theology)의 발달에 중요한 단계를 보여준다. 그러나 실제로 퍼킨스의 보다 실천적인 작품들이 대륙과 뉴잉글랜드(미국)에서 크게 영향을 끼침으로 말미암아 그의 명성이 자자하게 되었다. 진실로 그는 영국의 실천신학 영역의 선구자였다.

모국에서 퍼킨스는 마음의 '가시적인 개혁'을 추구한 캠브리지 출신의 '원로'였으며, 이러한 내면적인 개혁이 영국교회에 광범위하게 영향을

---

54) Thomas F. Merrill, *William Perkins*, ix.
55) Muller, "Perkins and the Protestant Exegetical Tradition," 72.
56) Breward, *The Significance of William Perkins*, 113.
57) 다음을 보라. Breward, *LTWP*, 부록 1-2.

끼치기를 소망한 자였다. 이 "영적인 형제단"에 리처드 십스(Richard Sibbes)와 존 프레스톤(John Preston)과 마찬가지로 퍼킨스의 후계자인 성 앤드류(Great St Andrew) 교회의 폴 베인스(Paul Baynes)도 속하였다.[58] 퍼킨스는 영국을 넘어서 그의 유명한 제자인 윌리엄 에임스(William Ames)와 친하게 지냈으며, 특별히 네덜란드의 경건에 커다란 충격을 주었고, 이것은 기스베르트 포에티우스(Gisbert Voetius)와 같은 신학자들과 더불어 네덜란드의 제2차 종교개혁이 일어나도록 하는데 공헌하였다.[59] 퍼킨스의 명성은 17세기에 널리 퍼졌는데, 그의 능력은 학문적으로 엄격한 중세신학을 기독교신앙을 실천에 옮기려는 실제적인 조언과 일치를 이루도록 만듦으로 말미암은 것이다. 즉 그는 스콜라주의와 경건을 성공적으로 조화시킨 인물인 것이다.

---

58) 다음을 보라. Paul R. Schaefer, "The Spiritual Brotherhood on the Habits of the Heart: Cambridge Protestants and the Doctrine of Sanctification from William Perkins to Thomas Shepard," Ph.D. 학위논문, Keble College, University of Oxford, 1994.
59) 판 바쎌(van Baarsel)은 포에티우스(Voetius)의 작품에 나타난 퍼킨스의 인용문에 관한 부록 목록을 포함하고 있다. 또한 포에티우스 도서관에 있는 퍼킨스의 저작들도 포함된다. *William Perkins*, 317-21.

참고문헌

· **일차자료**

The Whole Works of ... M. William Perkins, 3 vols (London: John Legatt, 1631).

William Perkins, 1558-1602. English Puritanist. His Pioneer Works on Casuistry: "A Discourse on Conscience" and "The Whole Treatise of Cases of Conscience", ed. Thomas F. Merill (Nieukoop: De Graf, 1966).

The Work of William Perkins, introduced and edited by Ian Breward (Courtenary Library Reformation Classics, 3) (Appleford: Sutton Courtenay Press, 1970). Note: Because of arbitrary deletions of substantial portions of the works included, this edition should not be used for serious study of Perkins' thought.

A Commentary on Galatians, ed. Gerald T. Sheppard (Pilgrim Classics Commentaries) (New York: Pilgrim Press, 1989).

A Commentary on Hebrews 11 *(1609 Edition)*, ed. John H. Augustine (Pilgrim Classics Commentaries) (New York: Pilgrim Press, 1991).

· **이차자료**

Breward, Ian, "The Life and Theology of William Perkins, 1558-1602," PhD dissertation, University of Manchester 1963.

Breward, Ian, "The Significance of William Perkins," *Journal of Religious History* 4/2 (1966), 113-128.

Breward, Ian, "William Perkins and the Origins of Reformed Casuistry," *The Evangelical Quarterly* 40/1 (1968), 3-20.

Collinson, Patrick, *The Religion of Protestants* (Oxford Clarendon, 1982).

Heppe, Heinrich, *Geschichte des Pietsmus und der Mystik in der reformierten Kirche, namentlich der Niederlande* (Leiden: Brill, 1879).

Keddie, Gordon J., "'Unfallible Certenty of the Pardon of Sinne and Life Everlasting' The Doctrine of Assurance in the Theology of William Perkins (1558-1602)," *The Evangelical Quarterly* 48/4 (1976), 230-244.

Keenan, James F., "William Perkins (1558-1602) and the Birth of British Casuistry," in James F. Keenan and Thomas A. Shannon (eds), *The Context of Casuistry* (Washington, D.C.: Georgetown University Press, 1995), 105-310.

McGiffert, Michael, "The Perkinsian Moment of Federal Theology," *Calvin Theological Journal* 29/1 (1944), 117-148.

Mckim, Donald K., "The Function of Ramism in William Perkins' Theology," SCJ 16/4 (1985), 503-517.

Mckim, Donald K., "William Perkins and the Christian Life: The Place of the Moral Law and Sanctification in Perkins' Theology," *The Evangelical Quarterly* 59/2 (1987), 125-137.

Mckim, Donald K., *Ramism in William Perkins' Theology* (New York: P. Lang, 1987).

Muller, Richard A., "Perkins' A Golden Chaine: Predestinarian System or Schematized *Ordo Salutis*?," SCJ 9/1 (1978), 69-81.

Muller, Richard A., *Christ and the Decree: Christology and Predestination in Reformed Theology from Calvin to Perkins* (Durham: Labyrinth Press, 1986).

Muller, Richard A., "William Perkins and the Protestant Exegetical Tradition: Interpretation, Style, and Method," in John H. Augustine (ed.), *William Perkins, A Commentary on Hebrews* 11 *(*1609 *Edition)* (The Pilgrim Classic Commentaries) (New York: Pilgrims Press, 1991), 71-94.

Muller, Richard A., "Protestant 'Scholasticism' at Elizabethan Cambridge: William Perkins and a Reformed Theology of the Heart," in Carl R. Trueman and R. Scott Clark (eds), *Protestant Scholasticism: Essays in Reassessment* (Carlisle: Paternoster, 1999). 147-164.

Sceats, David, "'Precious in the Sight of the Lord …': The Theme of Death in Puritan Pastoral Theology," *Churchman* 95/4 (1981), 362-339.

Schaefer, Paul R., "The Spiritual Brotherhood on the Habits of the Heart: Cambridge Protestants and the Doctrine of Sanctification from William Perkins to Thomas Shepard," PhD dissertation, Keble College, University of Oxford, 1994.

Shaw, Mark R., "Drama in the Meeting House: The Concept of Conversion in the Theology of William Perkins," WTJ 45/1 (1983), 41-72.

Shaw, Mark R., "William Perkins and the New Pelagians: Another Look at the Cambridge Predestination Controversy of the 1590's," WTJ 58/2 (1996), 267-301.

Spinks, Bryan D., *Two Faces of Elizabethan Anglican Theology: Sacraments and Salvation in the Thought of William Perkins and Richard Hooker* (Lanham, MD: Scarecrow Press, 1999).

van Baarsel, Jan Jacobus, *William Perkins: Eene bijdrage tot de kennis der religieuse ontwikkeling in England, ten tijde van Koningin Elisabeth* (The Hague: H.P. de Swart, [1912]).

The Pietist Theologians

루이스 베일리(d. 1631)와
리처드 백스터(1615-1691)

칼 투르먼(Carl Trueman)

만일 17세기 영국 신학의 어떤 가닥에 사로잡혀서 경건의 실천에 깊은 관심을 갖게 되었다면, 이에 지대한 영향을 준 두 사람은 루이스 베일리(Lewis Bayly, d. 1631)와 리처드 백스터(Richard Baxter, 1615-1691)라는 두 인물임에 분명하다. 두 사람 중에서 백스터가 가장 많이 저술한 작가라면, 베일리는 자주 판을 거듭한 책인 『경건의 실천』(The Practice of Piety)을 통하여 주목할 만한 평가를 받았다. 두 사람의 업적은 개신교 정통주의의 가르침에 실천적인 경건을 연관시키기를 열망하였으며, 또한 단지 명목상으로나 표면상으로만 기독교 신앙에 헌신하는 사람들로부터 진실한 신앙인을 구별해내기 위하여 정통주의의 열매, 즉 올바른 실천(orthopraxis)을 강조한 것이었다.

1. 루이스 베일리

베일리의 정확한 출생일자는 확실하지 않은 반면에, 그가 옥스퍼드(Oxford, Exeter College) 대학에서 교육을 받았고,

1611년에 학사학위를, 1613년에 신학박사 학위를 받았음을 우리는 잘 알고 있다. 영국 성공회에서 행한 다양한 직책은 다음과 같다. 이브샴(Evesham)의 교구목사(vicar), 런던 프라이데이 스트리트(Freiday's Street)의 성 마태교회의 교구세를 받는 교구목사(Rector), 웨일즈의 왕자인 헨리(Henry)의 궁정 목사, 성 바울 교회의 회계담당 목사 등이다. 또한 우리가 알고 있듯이 1611년까지 그는 영국교회 안에 존재하는 보다 급진적인 회원들에게 호의를 베풀기 시작하였으며, 1612년에 그의 궁중 후원자가 죽었을 때에 행한 물의를 일으킨 설교에서 증명되듯이 로마 가톨릭에 호의적이었던 추밀 고문관 소속 회원들을 비난하였다. 이것은 그에게 몇 가지 일시적인 문제점을 불러 일으켰으나, 그는 계속해서 영국성공회의 위계질서를 통해 승진하였다. 그래서 리치필드(Richfield)의 수급성직자가 되었고(1613-1614), 성 알반(St Albans) 교회의 부감독(1616), 그 다음에 궁정사제가 되었다. 1616년 12월에 그는 뱅골(Bangor)의 감독으로 임명되었다. 베일리는 스페인에 대한 제임스의 우호정책과 그의 악명 높은 저서인 『스포츠 서적』(Book of Sports)에 반대하여 지속적으로 이 직책을 확고히 하였다. 이것은 아마 그가 1621년에 겪은 단기간의 수감생활에 배경을 두고 있을 것이다. 1626년 당시 성 다윗 교회(St David)의 감독인 윌리엄 로드(William Laud)가 그를 비난함으로써 그는 관계당국과 다시 한 번 마찰을 일으켰다. 그 후 1630년 그는 교회의 치리와 교리를 완전히 수용하지 않았다는 이유로 임명받은 성직자임에도 불구하고 고소당하였다. 그는 1631년 10월 26일 사망하여 뱅골에 묻혔다.

1) 경건의 실천

베일리는 전기에서 그 자신의 삶이 영국교회 종교개혁의 성격과 연관된 일련의 논쟁에 의해 형성되었음을 밝혀주며, 그를 유명하게 만든 것은 자신의 원리가 담긴 저서 『경건의 실천』(The Practice of Piety)이라고 지적한다. 이 책의 초판 날짜는 알려져 있지 않으나(아마 1612년경), 17세기 동안 수차례 출판되는 즐거움을 누렸고, 번연(John Bunyan)의 『천로역정』 이후 대중의 경건을 형성하는데 가장 영향력 있는 저서들 중에 하나였기 때문에 이 책이 인기가 있었다는 것은 분명하다. 실제로 이 책은 영국 밖에서도 주목할 만큼 영향력을 행사하였고, 출판되었다. 일례로 전혀 비판이 없었던 것은 아니지만 네덜란드에서도 그 책을 호의적으로 받아들였다.[1] 당시 웨일즈의 왕자 찰스(Charles)에게 헌정되면서, 그 책이 광범위하게 인기를 얻게 됨으로써 매우 분명하게 드러난 것은 그 당시 영국 국교회 안에서 종교적인 전통과 실천에 관한 다양한 흐름들이 얼마나 유동적이었는지를 보여주었고, 또한 그 어떤 필연적인 건실하고도 명명백백한 의미도 갖지 못한 상태에서 "청교도"와 "경건주의자"에 대해서 말한다는 것이 얼마나 오용될 수 있는지를 보여주었다.[2]

시작하는 첫 페이지부터 이 책의 전체는 어떤 사람들처럼 베일리를 "경건주의자"라고 단정하는 것이 얼마나 문제가 있는지를 보여준다. 왜냐하면 위의 용어(경건주의자)는 적어도 대중적인 수준에서 보더라도 신학과 교리에 대한 반대를 넘어서서 경험과 훈련에 관심을 가진다는 의미이기 때문이다. 사실 베일리는 그 논문에서 하나님의 본질과 속성을 비롯하여 인간의 타락과 예수 그리스도 안에서의 구속 그리고 선택받은 자들이 지상과 천국에서 누리는 즐거움에 대하여 신학적인 논의를 다루고 있다. 주목해야만 할 것은 보다 사변적인 교리에 대한 관심인데, 베일리는 삼위일체의 내적인 관계에 대한 본성, 아버지와 아들이 연관될 때 "낳다"(begetting)와 같은 용어들에 대한 정확한 의미, 그 곁에 기본적인 구속사가 나란히 서 있으며 또한 대다수 아우구스티누스주의자들의

---

1) 보라. Johannes van den Berg, "Die Frömmigkeitsbestrebungen in den Niederlanden," in Brecht 1, 58-112, 특히 75.
2) 가장 이용하기 쉬운 판본은 1842년 런던에서 출판된 것이다. 앞으로 언급하는 것은 이 판본을 뜻한다.

주제인 하나님의 향유3) 같은 주제들에 관심한다. 그 다음에 그는 일상생활에서의 경건의 실천에 대해 일련의 지침들을 다루고 있다. 하나님은 누구이시며 인간의 존재는 하나님과 창조에 대해 어떤 관계를 맺고 있는지, 또한 신자들의 일상생활에서 어떻게 이것이 이루어지는지에 대한 기본적인 토론이 논의되고 있다.4) 덧붙여서 베일리는 성경본문들을 가지고 명상을 돕도록 기술하였는데, 물론 이것은 기독교 경건의 토대와 외적 사항들에 대해 신자들을 교육하려고 계획된 것이다. 그러므로 우리가 소유하고 있는 것은 개혁주의 신학의 고전적인 일부로서 하나님에 관한 지식과 자신에 관한 지식이 조화를 이루며, 힘들이지 않고 하나님으로부터 인간에게로 향하는 신학적 토론을 위한 기초적이고 유기적인 원리로 사용되었다.5)

물론 하나의 운동으로서 종교개혁은 중세교회가 오랫동안 발전시켜온 목회를 지원하기 위한 전통적인 수단들로부터 멀리 떨어져 나갔다. 또한 개개인 신자들의 책임성을 강조하는 동시에 기독교인의 삶에 대한 인격적인 신앙의 중심성에 강세를 두었다. 이제 고해제도는 공식적인 조건이 아니었고 성례전은 '객관적 신앙'(ex opere operato- 역주: 행위사실 자체가 효력을 가지는)의 효과가 없으므로, 개신도교들은 이전 세대들에게는 없었던 방식으로 자신의 영적인 복지를 위해 책임을 져야만 했다. 이에 대한 반응 가운데 하나가 베일리가 제안한 것으로 그는 적절한 훈련을 위한 분명한 지침서를 제공함으로써 개신교 교의신학과 조화시키려 하였다. 따라서 작품 전체는 강력하게 명상적인 취지를 갖고 있으며, 보다 직접적으로 작품의 실천적인 부분들은 기도를 고취시키는 것, 기도를 훼방하는 것, 일 년에

---

3) *Practice*, 3-75.
4) *Practice*, 76-343.
5) "하나님에 대한 지식이 없이는 참된 경건이 있을 수 없기 때문이며, 인간 자신에 대한 지식이 없이는 그 어떤 착한 행실도 있을 수 없다. 그러므로 우리는 하나님의 전능하심과 인간의 비참함에 대한 지식을 주장해야 한다. 그것이야말로 경건의 실천을 위한 가장 우선적이고 중요한 토대가 된다." *Practice*, 2. 칼빈의 『기독교 강요』에 대한 반향을 위해 참고하라. Calvin, *Institutes*, 1.1.1.

성경을 일독하도록 안내하는 것, 개인 및 가족들의 기도시간에 대한 지침들, 생각과 행동을 조절하는 것에 관한 충고를 다루고 있다. 이에 덧붙여 질병, 주의 만찬에 참여하기, 예배 때에 시편찬송 부르기와 같은 것들과 연관해서 특별한 지침들도 제시되었으며, 마찬가지로 삶에 대한 포괄적이며 신학적인 지침들이 많이 포함되어 있다. 명상, 활동, 기도는 이 작품의 세 가지 지침 주제들이다. 더 나아가 베일리는 독자들이 하나님께 그들 자신의 기도문을 만드는 것을 돕기 위해서 여러 편의 대표적인 기도문들을 제공한다. 반면에 많은 청교도들은 전체적으로 규정된 기도문을 거부하였는데, 그렇다고 해서 그들이 즉흥적인 기도를 모든 점에서 단순히 성령의 자발적인 인도하심으로 인정해야 한다고 여기지는 않았다. 또한 기도문의 기본형태가 일반화되었으므로 누구든지 공적예배를 위한 웨스트민스터 지침서(Westminster Directory)에서 그 예를 찾아볼 수 있다.[6]

베일리의 작품은 목회의 필요 때문에 만들어진 고전처럼 보여질 수 있는데, 이는 개신교도들에 의해 형성된 변화로 말미암아 생긴 것이다. 이것은 개신교와 가톨릭의 경계를 짓는 것을 넘어서서 기독교 전통들과 장르들에 대해 긍정적인 관계를 맺고 있다. 예를 들어, 명상과 기독교인의 훈련 간의 관계를 주의 깊게 살펴보면, 토마스 아 켐피스(Thomas a Kempis)의 『그리스도를 본받아』(*Imitation of Christ*)처럼 중세의 경건활동에 관한 관심이 분명히 반영되어 있음을 알 수 있다. 더 나아가 에른스트 슈퇴플러(F. Ernest Stoeffler)가 지적했듯이, 이 작품은 그 자체로 고대의 형태인 두 가지 방식 또는 두 가지 상태로 정리되어 있다. 즉 인간성은 심판의 상태에 처하거나 지옥으로 향하는 길에 서 있거나, 아니면 은혜의 상태에 처하여 현재에 복 받고 하늘에 참예하는

---

6) *A Diretory for the Publique Worship of God*의 복사본은 『웨스트민스터 표준판』(*The Westminster Standards*)에서 찾아볼 수 있다. (Audubon: Old Paths Publications, 1997). 기도의 형식에 대한 반대는 「공동기도서」(*Book of Common Prayer*)에 대한 투쟁과 밀접하게 관련되어 있다. 이 투쟁은 궁극적으로 예전 자체에 대한 일반적인 투쟁으로 바뀌었다. William Ames, *A Fresh Suit Against Human Ceremonies in Gods Worship* (London: 1633); John Owen, *A discourse concerning liturgies* (London: 1662)를 보라.

것 가운데 하나를 학습하게 된다.7) 개인적인 명상으로부터 특별한 실천적인 행동으로 옮겨가는 과정을 그린 분명한 비교가 존재하는데, 우리는 이것을 예수회의 위대한 신학자들, 그 중에서도 이그나티우스 로욜라(Ignatius Loyola)의 작품에서 발견하게 된다. 베일리는 예수회를 긍정적인 사례로 인용하지는 않았다. - 어떻게 그가 이 같은 일을 할 수 있겠는가? - 그러나 그의 작품과 가톨릭 대적자들의 작품 간에는 형식과 내용에서 분명한 유사성이 나타난다. 베일리는 신비주의자가 아니다 - 그의 명상들의 내용이 가장 강조하는 바는 하나님과 신자들에 대한 하나님의 요구이지, 하나님과 신자의 존재방식은 아니다 - 이 세상에서 기독교인들의 행동을 위한 기본적인 배경을 제공해주는 특별히 성경적이거나 교리적인 주제에 관한 명상의 개념은 개신교가 보존하여 온 것이 아니라 중세적인 궤적의 일부로서 16세기와 17세기에는 예수회와 청교도 같은 명상적인 행동주의(meditative activism)에서 발견되었다.8)

명상과 행동의 관계를 제시하면서, 베일리가 작품에서 가장 두드러지게 묘사한 것은 이생과 내생 모두 회개하지 않은 자들의 (지상과 지옥에서의) 처참함을 생생하게 묘사하였고 이와 대조적으로 신자들이 받는 축복을 생생하게 표현하였다.9) 이 두 가지를 위해 사용한 사실적인 언어는 신자들의 영적 헌신을 향상시키기 위해 채찍과 당근이라는 소몰이 막대기로 고안된 것이다. 이를 손쉽게 하기 위해 베일리는 진정한 경건을 방해하는 일곱가지 리스트를 열거하였다. 즉 회개의 긴급성에 관한 성경의 가르침을 무시하는 것, 사람들의 사악한 예들, 이곳 지상에서의

---

7) F. Ernest Stoeffler, *The Rise of Evangelical Pietism* (Leiden: Brill, 1965), 71-2.
8) 보라. Ignatius Loyola, *Spiritual Exercises in Personal Writings*, trans. by Joseph A Munitiz and Philip Endean (London: Penguin, 1996), 279-358. 자신들의 신앙을 위해 죽은 로마 가톨릭 신자들의 죽음이 왜 참된 순교가 아닌지를 설명하기 위해 베일리(Bayly)가 자신의 책에서 한 항목을 추가할 필요가 있었다고 느낀 것은 무척 흥미롭다. 아마도 이는 실천적인 경건에 대한 베일리의 강조가 교리적인 차이를 상대화시키려는 것에서 잘못 취해진 것이 아니라는 사실을 분명히 하기 위해 필요한 제안이었던 것 같다. 보라. *Practice*, 328-9.
9) *Practice*, 28-75.

징벌을 겉으로만 도피하는 것, 하나님의 자비를 가정하는 것, 사악한 교제를 존속하는 것, 경건이란 기쁨이 없는 삶으로 이끌어 간다는 두려움, 장수(수명 연장)에 대한 염원 등이다.[10]

베일리의 작품이 특별히 영적인 경건의 행위에 관해 집중한다는 점에서 언급할 만한 가치가 있다. 그의 관심은 개별적이며 개인적인, 즉 가족의 일원으로서 그리고 교회의 회원으로서의 영적인 삶에 있다. 우리가 리처드 백스터의 작품을 살펴보면 경건에 관한 베일리의 위대한 작품에서는 사회적인 경건에 관한 논의가 분명하게 명시되어 있지 않다는 사실을 언급할 수 있을 것이다. 그 대신 베일리는 무엇이 본질적이고 특별히 영적인 훈련에 관한 것인지에 대한 규정을 조언하는데 모든 시간을 할애하였다. 독자는 이를 하루에 매 순간마다 기록해야만 하는 것으로, 즉 신자가 잠에서 깨어나는 순간부터 그가 어디를 가든지 경건한 명상과 기도를 하고 잠자리에 들어서는 바로 그 시간에도 죽음과 무덤과 최후의 심판에 관한 은유를 명상하는 것 등이다. 이는 흥미로운 접근이며, 생각해볼만한 것은 경건을 방해하는 것 가운데 하나는 경건이 무엇인가 우울한 일이라는 잘못된 생각이다.[11] 실제로 우울한 상황을 상당히 반영하고 있는 부분들이 책 전반에 걸쳐 있다. 한 예로 전적으로 질병과 죽음만을 다룬 특별한 장을 찾아볼 수 있다. 17세기의 신자들에게는 이 두 가지가 항상 현실로 존재하였으므로 그 당시 개신교도들이나 소설에만 있는 독특한 선입관이 아니었다. 마지막으로 이 작품은 확증과 그리스도와 신자들의 교제를 결론으로 그리고 있다. 이로써 신학적인 확신, 즉 신자들은 자신들이 실제로 하나님 아버지의 사랑을 받고 있다고 믿었는데, 바로 이런 대다수 개신교도들의 확신을 증진시키려고 계획된 것이었다.[12]

신학적인 내용의 관점에서 보자면, 베일리의 작품은 그 당시의 기준으로 독창적이라고 할 수 없다. 그러나 단일형식 속에서 그 자체는 신자들이

---

10) *Practice*, 73-101.
11) *Practice*, 142-3.
12) *Practice*, 306-43.

분명하면서도 간결한 방식으로 개인과 가족의 삶 모두를 조절할 수 있는 경건의 계획을 나열하였다. 이 점에서 17세기 영국의 개신교도들이 어떻게 기독교인의 삶을 인지하고 있는지를 보여주는 고전적인 작품으로는 아마 최고일 것이다. 천국이냐 지옥이냐 선택이 가능한 두 가지 조건으로 나열하는 선명한 방식을 통해 하나님의 절대주권을 양심적으로 인정하고 살아가는 삶에서 명상과 증거를 통해 뿌리내린 열정적이고 활동적인 경건을 매우 분명하게 보여주었다. 이는 천국을 최후의 보상으로 받을 사람들을 지옥을 그 몫으로 받을 사람들과 구별하는 방법이었다. 이 점에서 베일리가 번연의 은유적인 대작인 『천로역정』에 등장하는 정확하게 동일한 종류의 기독교에 베일리가 호소하고 있음은 의심할 나위다.

2. 리처드 백스터

만일 베일리의 저서를 17세기 초에 실천적인 개신교 경건의 고전적인 형식의 하나로 자리매김한다면, 리처드 백스터는 분명히 17세기 후반기에 이 분야에서 압도적인 영향을 끼친 것 가운데 하나임이 확실이다. 위대한 독립교회파 신학자인 존 오웬(John Owen)과 더불어 백스터는 1622년 영국의 대 추방 직후에 힘이 분산된 영국의 비국교도들을 이끌었다. 이때 영국 교회는 거의 2천명의 목사들에게 통일령(the Act of Uniformity)이란 이름아래 공동기도서(Common Prayer)를 온전히 따를 것을 요구하였다. 그러므로 그는 영국의 후기 비국교도 사상이 발전하는데 형성적인 영향을 끼친 사람 중의 한명이다.[13]

---

13) 백스터(Baxter)의 생애에 관해서는 다음을 보라. F. J. Powicke, *A Life of the Reverend Richard Baxter* (London: Houghton Mifflin, 1924); F. J. Powicke, *The Reverend Richard Baxter under the Cross* (1662-91) (London: Houghton Mifllin, 1927); G. F. Nuttal, *Richard Baxter* (London: Nelson, 1965); N. H. Keeble, *Richard Baxter: Puritan Man of Letters* (Oxford: Oxford University Press, 1982). 백스터 자신의 생애에 대한 기록은 그의 사후 유고집으로 출간되었다. *Reliquiae Baxterianae; or, Mr Richard Baxter's Narrative of The most Memorable Passages of his Life and Times,*

백스터는 1615년에 슈러스버리(Shrewsbury) 근교 이튼-콘스탄틴(Eaton-Constantine)에서 태어났으며, 실천적인 경건을 매우 진지하게 받아들이는 가정에서 성장하였다. 17세기에 그렇게 강력한 지적 능력을 구비한 자였지만 놀랍게도 백스터는 정상적인 대학교육을 받지 못하였다. 그의 후기 저작물들은 도서 목록들이 말해주듯이 고전과 교부들과 중세 및 문예부흥에 관한 지식이 심오하다는 것을 보여준다. 그러나 이 모든 광범위한 학습은 대학 강의실이 아니라 개인지도와 독학을 통하여 이루어진 것이다.[14]

1630년대 초에 러드로우 성(Ludlaw Castle)에서 개인지도를 받는 동안, 보다 생명력있는 기독교의 형태에 대해 백스터가 처음으로 개인적인 자극을 받은 것은 에드워드 버니(Edward Bunny)의 『결심』(Resolution)과 리처드 십스(Richard Sibbes)의 『상한 갈대』(A Bruised Reed)를 읽음으로써 촉진되었다.[15] 이러한 저서들을 통해 받은 영향은 1630년대 중반에 백스터가 두 명의 중요한 비국교도 신학자들인 요셉 시몬즈(Joseph Symonds)와 월터 크레독(Walter Cradock)과 만남으로 강화되었다. 이 사람들의 경건은 감독제도를 설립했다는 이유로 박해를 받았다는 사실과 결합되었고, 젊은 백스터에게는 엄청난 인상을 심어주었다.[16] 1638년에 백스터는 교장으로서 또한 더들리(Dudley) 마을에서 설교를 하였다. 이곳은 교회가 훈련을 소홀히 하였으며 그 결과 신앙을 고백하는 기독교인들의 행동수준이 빈약했는데, 이로 인해 그가 처음으로 혼란을 겪은 곳이다.

---

ed. M Sylvester (London, 1696).
14) 백스터의 도서목록은 복사되어 출판되었다. G. F. Nuttal, "A Transcript of Richard Baxter's Library Catalogue," JEH 2 (1951), 207-21, and 3 (1953), 74-100.
15) Edmund Bunny, *A booke of Christian exercise, appertaining to resolution by R. P. Perused and accompanied now with a Treatise tending to pacification* (London: 1584); Richard Sibbes, *The bruised reede, and smoking flax. Some sermons contracted out of the* 12. *of Matth.* 20 (London: 1630.) 특별히 버니(Bunny)의 논문은 RP라는 타이틀로 흥미를 끄는데, 이는 선도적인 예수회 교도인 로버트 파슨스(Robert Parsons)를 나타낸다. 버니가 자신의 논문 전반부에서 다룬 것은 예수회 교도인 파슨스의 작품을 효과적으로 개정하고 재발행한 것이다.
16) *Reliquiae Baxterianae*, I.i.13.

전형적인 청교도들의 윤리보다 영국 국교회의 예전적인 실상은 더 심하였다. 백스터는 이것을 그 전에는 전혀 알지 못했던 것으로 보이며, 분리주의에 대한 사회적인 영향을 매우 두려워한 것과 더불어 백스터에게 커다란 충격을 주었다.[17]

1640년까지 백스터는 슈롭셔(Shropshire)라는 지역의 브리지노스(Bridgenorth)에서 목회하였으나 "기타 등등"(et cetera) 서약에 관한 논쟁이 뒤따르면서, 1641년 그가 가장 유명한 목회를 수행한 곳인 키더민스터(Kidderminster)로 이사하였다.[18] 이곳에서 1660년까지 일하는 동안 백스터는 크롬웰(Cromwell) 군대에서 얼마간 군목으로 일하였다. 키더민스터에서의 목회직은 기독교인의 삶에 대한 그 자신의 이해를 발전시키기 위한 상황을 제공하여 주었으며, 그의 작품을 통해서 그가 이해한 것에 틀을 만들어주었다. 1660년 왕정복고가 되자, 그는 찰스 2세(Charles II)의 궁정 목사가 되었으나 1662년 통일령에 반대하여 주교직을 거절하고 대신에 청교도 신도들과 함께 하는 것을 택하였다. 이후 10년 동안 그는 비국교도 운동을 훌륭하게 이끌면서 저술과 설교에 전념하다가 두 번이나 감옥생활로 고통을 받았다. 그는 1688년 명예혁명과 1689년의 신교자유령(관용령)을 볼 수 있을 만큼 오래 살다가 1691년에 죽었다.

백스터는 일생동안 실천신학, 교회사와 논증신학의 저자로서 괄목할만한 업적을 남겼다. 그는 스스로 자신의 논쟁적인 저술들이 가장 중요하고 정확하다고 여겼다. 왜냐하면 이 저서들은 그가 위협 아래에서도 정통교리를 인식하였다는 점을 보여주며, 그것이 소위 실천적인 저서들이라고 불리기 때문이다. 일반적으로 이 책들은 자신의 교구와 동료 목회자들을 돕기 위해 집필되었다. 이 책들은 광범위한 지역에서 출판되는 즐거움을 누렸고, 또 국교에 반대하는 목회자들의 모임에 의해 1707년에

---

17) *Reliquiae Baxterianae*, I.i.14.
18) 이 서약은 국교회의 교회론을 유지하는데 있어서 완전한 실행을 선포할 것을 요청하며, 본질적으로는 보다 지속적인 종교개혁을 시도하려는 그 어떤 기도(企圖)조차 차단하려는 것이었다.

수집되고 편집되어 전 4권의 엄청난 분량으로 출판되기 시작했다.[19]

1) 백스터 실천신학의 사회적 맥락

백스터의 생애를 통해, 그의 많은 저서 배후에 담겨 있는 크나큰 두려움 가운데 하나는 사회적인 혼돈과 무정부상태가 갖는 파괴적인 본성에 관한 것이었다. 그가 본 것은 단지 찰스 I세와 의회 간의 내전에 따른 물리적인 폭력에서 나타나는 것만이 아니라 교파분열, 분리주의 및 기독교인의 삶에 과도하게 교리적으로 접근함으로써 발생하는 교리적인 논쟁들에 대한 신학적인 폭력과 교회적인 분열이었다. 아이러니하게도 이러한 근본적인 관심사는 백스터 자신이 관여한 여러 논쟁들 속에 나타났다. 즉 율법폐기주의와의 갈등에서 그는 믿음에 의한 칭의의 이해를 발전시켰다. 이 믿음은 다른 개혁파 신학자들의 저서에서 사례를 보았을 때보다 더욱 강력한 방식으로 선행의 중요성을 중진시키기 위해 특별히 의도한 것이었다. 백스터는 왕정복고기간을 통하여 키더민스터의 목회시 자신의 방식이 옳았다는 것으로부터 시작해서 목회자들의 조직이 발달함에 따라 목회자들 간에 공식적인 협력관계를 중진시키는 것에 이르기까지 끊임없이 시도하였다. 그리고 그는 지나치게 상세히 교리를 묘사하는 것과 크롬웰과 존 오웬 같은 독립교회파에 의해 중진된 급진적인 종교-사회적 정책들 모두를 반대하였다.[20] 그러므로 백스터가 군목시절을 기술할 때 반복되는

---

19) *The Practical Works*, 4 vols (London: 1707). 내가 언급하고자 하는 판본은 1838년에 4권으로 다시 인쇄해서 발행된 *The Practical Works* 로서, 다음의 출판사에서 간행되었다. North American publisher, Soli Deo Gloria, in 1990.
20) 칭의론과 반-율법주의에 대한 백스터의 관점을 다룬 탁월한 설명을 위해서 다음을 보라. Hans Boersma, *A Hot Peppercorm: Richard Baxter's Doctrine of Justification in Its Seventeenth-Century Context of Controversy* (Zoetermeer: Boekencentrum, 1993); C. F. Allison, *The Rise of Moralism: the Proclamation of the Gospel from Hooker to Baxter* (London: SPCK, 1966), 154-77. 크롬웰주의자들의 종교정책에 대한 그의 태도를 위해서는 다음을 보라. Carl R. Trueman, "Richard Baxter on Christian Unity: A Chapter in the Enlightening of English Reformed Orthodoxy," WTJ 61 (1999), 53-71. 종교적인 관용에 대한 크롬웰의 입장에 관해서는 다음을 보라. Blair Worden, "Toleration and the Cromwellian Protectorate," in W. J. Sheils (ed.), *Persecution and Toleration:*

주제 (실제로 어느 쪽이든 간에 『백스터의 유고집』<Reliquiae Baxterianae> 전체에 스며들어 있다) 가운데 하나는 종파주의(국교에 반대하는 신교도)의 위험과 그리고 종파주의와 무정부적인 율법폐기주의 간의 연관이었다.[21] 심지어 그는 5대 주요 종파들에 대해 간략하게 개관하면서 그들의 반-사회적인 행동에 대해 특별히 강조하였다.[22] 혼란에 대한 두려움으로 인해 백스터가 훌륭한 사회조직, 정치조직 및 교회의 위계조직을 기대했던 것은 당연한 결과이다. 물론 이것은 왜 그가 다른 많은 감독제 청교도들과 장로교도들의 동조를 얻어 1649년에 찰스 I세의 처형을 반대했는가에 대한 이유 가운데 하나임에 틀림없다.[23] 이는 그가 설교직과 연관해서 매우 놀라운 언급을 함으로써 주목할 만큼 분명한데, 그가 주장한 것은 다음과 같다. 목회자가 회중의 이해를 뛰어넘는 어떤 진술이나 사상을 포함시키는 것은 당시 목회자의 관례로서, 그렇게 함으로써 목회자의 특별한 권위와 지위가 유지될 수 있다고 보았기 때문이다. 즉 회중들이 분명하게 알아듣지 못하였다는 것은 신학적인 능력이라는 관점에서 볼 때 목회자보다 열등하다는 것을 보여주는 것이며, 그 결과 회중들은 성직자를 타도하고, 교회를 방해하고, 분열과 종파논쟁에 기름을 끼얹게 된다.[24]

그러므로 우리는 베일리에게서 보았듯이 백스터에게서도 기독교인의 삶에 대한 실제적인 관심을 볼 수 있다. 그러나 여기서 강조하고자 하는 것은 백스터가 활동하는 동안 사회적인 상황이 변화되었다는 것이다. 즉 1630년대부터 1650년대에 이르는 동안 군부 내에 다양한 갈등의 위기와 결합하여 17세기 중반에는 종파들의 증가가 인지되었기 때문이다. 조심스럽게 구축된 기독교 사역을 통해서 조직되고 발전한 기독교인의 삶에 대해 백스터가 실천적인 비전을 반복해서 가르친 주의 깊은 행동은

Studies in Church History 21 (1984), 199-33; J. C. Davis, "Cromwell's Religion," in John Morrill (ed.), *Oliver Cromwell and the English Revolution* (Harlow: Longman, 1990), 181-208.
21) *Reliquiae Baxterianae*, I.i.53-60.
22) *Reliquiae Baxterianae*, I.i.74-9.
23) *Reliquiae Baxterianae*, I.i.64-5.
24) *Reliquiae Baxterianae*, I.i.93.

바로 이 모든 것에 대한 배경을 제공해준다. 만일 베일리에게 참된 교리는 참된 실천으로부터 분리되지 않는 기독교인의 광범위한 삶의 발전이 문제되었다면, 백스터에게도 역시 동일하다는 사실이다. 비록 여기에서 신학적인 논쟁 그 자체가 혼란과 종파주의의 발전을 위해 강력한 힘이 될 수 있다는 지식은 자제되었음에도 불구하고, 보다 적절한 신학 교육과 도덕 교육을 통해 초기에 방지할 필요가 있다.[25]

2) 기독교인의 생활에 대하여

백스터의 저술들은 후세대들에 의해 두 개의 실질적인 '규범'(canons)으로 효과적으로 분리되었다. 즉 '실천적인 것'과 나머지로 분류되는데, 전자는 재발행이 자주 된 것으로 확실히 유용하다고 인정된 것이며, 후자는 주로 극단적이고 논쟁적인 것으로서 재발행이 부족하여 분명히 다소 구속력이 없거나 아니면 가까운 시일 내에 쟁점이 사라지게 되는 것들이나 또는 일반적으로 애매한 것들이다. 그럼에도 불구하고 전체적으로 보면 백스터의 전체 작품에는 근본적인 일관성이 있다. 이것은 신학적으로, 사회적으로, 실천적으로 기독교인의 삶에 대해 조심스러운 규정을 통해서 경건한 삶을 촉진하고자 하는 기대였다. 베일리가 바른 가르침(orthodoxy)과 바른 실천(orthopraxy) 사이에 밀접한 관계를 강조하였듯이, 이점에서 백스터는 개신교 기독교 사상이라는 전통에 서 있다. 그러나 이 같은 전통에서도 백스터는 두 가지 면에서 뛰어났다. 즉 기독교 신학에 접근하는 자는 백스터를 다소 뛰어난 자라고 보며, 마찬가지로 실천적인 측면을 반영하는 자는 아마도 다른 누구보다도 백스터를 더 뛰어난 자라고 할 것이다.

신학적인 측면에서 볼 때, 혼돈에 대한 백스터의 두려움은 그로 하여금 신학에 대한 이해를 발전시키도록 해 주었다. 적어도 의도적인 측면에서 볼 때 당대의 대부분의 논쟁들은 그것들이 잘못 놓여 있었고 방향이

---

[25] 상당히 심각하게 드러났던 (이단)분파에 대한 전형적인 17세기의 취급방식에 대해서는 다음에서 잘 인지된다. Thomas Edwards, *Gangraena: or a catalogue* (London: 1646).

잘못되었다는 이유로 쓸모없게 계획되었던 것이었다. 이렇게 함으로써 그가 주장한 바는, 수많은 교회의 논쟁들은, 도덕적으로는 주창자들의 교만에 뿌리를 두고 있으며, 논리적으로는 어떤 지시적인 단어들이 다소 외적인 실체를 나타낸다는 잘못된 추측에 근거를 두고 있으며, 이 실체는 단지 논리적인 설정에 근거할 때만 존재하는 것으로 결코 실체 자체는 없는 것이라고 주장하였다. 이런 방식으로 백스터는 수많은 신학논쟁들이 수년에 걸쳐 교회를 갈기갈기 찢어 놓았다는 잘못된 인식을 효과적으로 막았다.[26] 칼빈주의와 아르미니우스주의를 중재하기 위해 시도한 그의 위대한 작품 『가톨릭 신학』(*Catholick Theologie*)을 읽은 수많은 독자들은 비록 책의 부제가 주장하는 바에도 불구하고 얼마나 순수하고 평화로운지에 대해 분명히 감탄하였을 것이다. 백스터가 논쟁이란 목회자의 공적사역의 일부가 아니라고 강조하면서 기독교 사역과 교육에 대한 그의 이해를 토대로 이러한 반-논쟁적인 강조를 위해 노력했던 것이 분명하다. 그의 작품 『개혁된(참된) 목회자』(*Gildas Salvianus, the Reformed Pastor*, 1656-1657)에서 조심스럽게 강조한 것은 논쟁이란 강단에서 행해져서는 안 되는데, 그 이유는 논쟁이 교회의 일치와 평화를 손상시키는 외에는 아무 것도 아니기 때문이다.[27] 덧붙여 이미 출판한 저서에 대해 적절하고도 모범적인 균형을 유지하기 위하여, 만일 실천적인 작품이 (출판)허가를 받지 못하였다면 그는 이런 논쟁적인 작품을 출판하지 않았을 것이다.[28] 아이러니하게도 그의 생애의 상당 부분은 이런 저런 집단과 논쟁하는데 소비되었다. 그러나 전형적인 목회자로서 일반적인 대중목회가 백스터의 몫은 아니었다. 그는 널리 퍼져있는 그리스도의 교회를 방어하고자 필요악을 택한 것이었다.

---

[26] 언어와 신학에 대한 백스터의 관점을 위해서는 다음을 보라. Trueman, "Richard Baxter on Christian Unity," 61-8. 이 분야에 관한 백스터의 입장이 가장 잘 드러난 것은 다음의 책들이다. *Richard Baxter's Catholick Theologie: Plain, Pure, Peaceable* (London: 1681) 그리고 *Methodus Theologiae Christianae* (London: 1681). 이점에 대해 그는 신학적인 논쟁의 역사에 관한 자신의 이해로 적용시킨다. *Church History of the Government of Bishops and Their Councils Abbreviated* (London: 1680).

[27] *Practical Works*, IV, 410-11, 428-31.

[28] Keeble, *Richard Baxter*, 29.

더 나아가 그는 『백스터 유고집』(Reliquiae Baxterianae)에서 우리에게 그 자신은 시간이 지나면 차례로 논쟁전략을 바꾸었다고 말하였다. 그렇게 함으로서 그는 자신의 논쟁이 보다 많은 설득력을 얻기를 원했다. 그의 첫 작품 『칭의의 잠언』(Aphorismes of Justification, 런던, 1649)에서 주장했던 근본적인 실수 가운데 하나는 실수를 인격과 동일시한 것이었다. 이 책의 경우에는 존 오웬과 요한네스 맥코비우스(Johannes Maccovius)이다. 백스터는 개별자들을 너무 날카롭게 비판하였으며, 이로써 그의 목표는 견해 속에서 더욱 완강해지는 기술적인 문제를 낳았다.29)

이점은 우리를 백스터 작품의 실천적인 면으로 인도한다. 백스터의 칭의에 대한 이해는 기독교인의 삶에 대한 신학적 사유의 근저에 있으며, 이 교리를 바탕으로 백스터의 관점은 루터파와 개혁파의 종교개혁 신학에 의해 형성된 칭의에 대한 전형적인 노선을 어느 정도 변형하여 표현한다. 일반적으로 이러한 전통들은 그들의 단서를 루터와 루터가 강조한 믿음의 중심성 그리고 칭의에 기초를 둔 그리스도의 의(義)의 전가에서 취하였다. 이 경우 믿음의 결과인 행위는 논리적으로나 신학적으로 믿음과 동등하지 않다. 백스터는 행위에 의한 칭의를 말하는 가톨릭의 입장을 배격하였지만, 그에게 있어서 믿음과 행위는 칭의의 상태를 유지하는 절대적인 조건들이다. 그리고 그는 개신교 정통주의에서 말하는 믿음에 대한 행위들을 전형적이고 논리적으로 종속시켜 극적으로 약화시키는 방법으로 이 둘이 조정된다고 보았다.30) 어떤 수준에서 볼 때 그 결과는 베일리가 기독교인의 삶은 기독교인의 믿음에 의해 형성된 신실한 기도, 성경 읽기, 명상과 실천 등으로 구성된다고 말한 전통 속에 견고하게 서 있는 하나의 신학이다. 다른 수준에서 보면, 칭의 안에서 행위의 역할에 대한 백스터의 이해는

---

29) *Reliquiae Baxterianae*, I.i.107.
30) 백스터의 작품에서 칭의론은 정기적으로 되풀이되는 주제인데, 그의 입장을 보여주는 가장 의미심장한 두 개의 진술은 다음에서 발견할 수 있다. *Aphorismes* (1649) 그리고 *Of Justification: Four Disputations Clearing and amicably Defending the Truth...* (London: 1658). 이 주제에 관한 현대적인 연구를 위해서는 다음을 보라. Boersma, *A Hot Peppercorn; Boersma, Richard Baxter's Understanding of Infant Baptism*, Studies in Reformed Theology and History, New Series No. 7 (2002).

이런 강조점을 강화하는데 도움을 준다. 그 이유는 백스터 자신이 처한 17세기 중반의 상황에서 그의 마음을 가장 압박하고 있는 것을 근본적으로 회피하려고 시도하는 것은 가장 큰 잘못이기 때문이다. 이것을 각성시킨 것은 율법폐기주의와 도덕적이며 사회적인 실천의 혼란이었다. 이것이 1640년대에 제기된 이후부터 죽을 때까지 백스터의 경력을 논쟁적인 신학자로 몰아간 줄거리에 해당한다. 따라서 백스터는 자신의 실천적인 작품들을 통해서 지속적으로 삶의 모든 측면을 형성하였으며, 이론적이든 실천적이든 율법폐기주의(antinomianism)를 향하는 그 어떠한 성향도 막았던 엄격한 실천적 경건을 증진시키려 했다는 것은 놀랄만한 일이 아니다.31) 베일리처럼, 백스터는 신중하고 경건한 기도와 묵상 가운데 실천적인 기독교인의 삶을 기독교의 진리 위에 뿌리내리게 하였다. 가장 중요한 저작물 가운데 몇 개는 사실상 명상을 돕기 위한 것으로, 그 중에서 가장 대표적인 것은 당연히 『성도들의 영원한 안식』(The Saint's Everlasting Rest, 1649)이다. 여기서 백스터는 도래할 천국에 관해 신자가 자주 그리고 정규적으로 묵상할 것을 주장하였다. 그것은 신자를 위한 영원한 안식의 교리의 확실성으로부터 잃어버린 자의 고통에 대한 반성을 넘어, 경건한 삶의 증진, 자기 검증의 유용성, 마음의 행위를 위한 관심 같은 가르침에 대해 자주 그리고 조심스럽게 성찰함으로써 말미암아 유추한 일련의 적용에까지 이른다.32) 이 밖에도 백스터는 정확하게 동일한 목적을 위한 가르침을 사용해서 천국을 지향하는 명상과 더불어 그리스도의 십자가를 회고하는 명상도 강조하여 균형을 이루었다. 그 목적이란 이곳 지상에서 진지하게 자신을 제어하는 삶을 경작하는 것이다. 백스터는 동시대의 여러 사람들보다는 장황한 사람이며 분명한 저술가로서 상당히 많은 그의

---

31) 1690년 토비아스 크리습(Tobias Crisp)의 설교를 재간행하는 일로 혼란한 와중에 백스터는 다음의 책을 출판하였다. *The Scripture Doctrine Defended* (London: 1690). 크리습은 이미 1643년에 죽었는데, 그에 대한 답변이 이루어진 것으로 보아 영국신학에 대한 그의 영향력이 지속되고 있었음이 분명하며 적어도 백스터와 관련해서는 더욱 그러하다.

32) *Practical Works*, IV, 1-354.

작품들은 기본적으로 신학, 명상, 실천과 연관되어 있으며, 이 위에 그는 실천적인 신학적 궤도의 전형을 세웠고 그곳에 바로 그 자신이 서 있다. 결국 기독교적인 실천에 대한 동기로서 (다른 시대와 마찬가지로 백스터의 시대에도) 기독교인들이 반영하고 있는 독특한 주제들은 천국도 아니고 십자가도 아니었다.33) 이 작품에서 마지막으로 논하는 것은 『성도들의 영원한 안식』 제4부에 나타난다. 우리가 베일리에게서 볼 수 있는 종류의 명상을 넘어서서, 여기서 말하고자 하는 명상은 본질적으로 도덕적인 요청에 초점을 맞춘 것인데, 이는 클레르보의 베르나르(Bernard of Clairvaux)가 장려한 일종의 신비적으로 경건한 회상행위를 반영한 것이다. 플라톤 학파의 영향을 많이 받은 충격으로 인해 영국에서 다시 부흥하는 그 어떤 것, 즉 중세 신비주의와 평행을 이루는 것은 개별적으로 명상적인 경건이나 행위에 있어서 청교도에 대해 너무 광범위하게 일반화하는 위험성을 지적한다.34)

백스터가 중대한 공헌을 한 것은 오랜 동안 기대했던 결과들이 성취될 수 있도록 하기 위해 그가 교육적인 과정에 헌신한 것이다. 실제로 그는 자신의 교리적인 확신이 어떻게 실천으로 옮겨질 수 있는가를 성찰하는데 상당한 시간을 투자하였음이 저작들을 통해 분명해졌다. 이러한 근거는 교육에 대한 그의 확신이었다. 많은 개신교도들과 마찬가지로, 백스터는 읽고 쓰는 능력을 향상시키는데 힘을 쏟았다. 이는 개별적으로 읽을 수 있으며, 기독교인들 스스로 가르치는데 알맞은 수단이었다. 실제로 키블(Keeble)은 가족 내에서 적절한 신학 교육을 막는 세 가지 중요한 적들을 지적하였는데, 그것은 문맹, 시간부족 그리고 가난이라고 강조한다.35) 그래서 『가난한 사람의 가정서적』(The Poor Man's Family Book, 1672년) 서문에서 백스터는 부자들은 가난한 가족을 위하여 최소한 한 권의 좋은 기독교서적을

---

33) *The Crucifying of the World by the Cross of Christ* (1657), in Practical Works, IV, 478-572.
34) *Practical Works*, 248-352.
35) Keeble, *Richard Baxter*, 44-5.

구입하고, 지주들은 기독교 발전을 위해 그들의 소작농 가족들이 좋은 기독교 서적 독서모임에 참여하도록 하는 것을 확실히 해 줄 것을 요구하였다.36) 덧붙여 그는 다수의 작품 안에서 집 주인들은 자녀들이 읽을 수 있도록 확실히 해 달라고 권고하고 있다. 실로 백스터는 이러한 것을 증진시키는 것도 목회자의 임무에 속한다고 강조하였다.37)

백스터 자신은 기독교의 실천적인 (외적)보루 속에서 기독교에 대한 특별한 비전을 촉진하려는 의도로 기독교인의 삶의 모든 측면을 다루는 책을 많이 집필하였으며, 또 가능한 한 많은 독자들에게 도달되도록 확실히 하기 위하여, 또한 실천적인 작품들이 정상적인 가격보다 저가에 팔리거나 또는 그의 책값을 지불할 수 없는 자들에게는 (무료로) 주는 것을 허락하기 위해 출판사들과 특별히 조정하여 자신의 저작권료를 없애버렸다.38) 여기에서 글을 읽고 쓰는 것과 적절한 자료를 읽는 것에 대해 분명하게 강조한 것은 그것이 신학교육과 그에 따른 적합한 행동 간의 관계에 대한 백스터의 이해와 서로 밀접하게 결합되어 있기 때문이다. 아마도 교육을 더 많이 받은 사람은 그 주위를 둘러싸고 있는 사회적 혼란에 빠지는 것이 덜 할 것이다. 교육을 잘 받은 이들은 목회자들의 지식과 대중(평신도)들의 지식 간에 분명한 차이를 유지하는 것이 필수적이었다는 이전에 언급했던 신념에 비추어 어느 정도는 긴장을 유발하였을 것이다. 어떤 수준에서 볼 때 물론 이것은 개신교 자체의 심장부에 놓여 있는 긴장의 한 기능이다. 즉 모든 남자와 여자 및 어린이들이 인간적인 중개 수단을 사용하지 않고 성경에 접근해서, 하나님께 나아가게 하고자 하는 열망이다. 인간적인 중개수단이란, 곧 모든 남녀 및 아이들이 성경을 읽는 것과 성경이 말씀하는 것을 그들 스스로 해석하는 것을 막는 것이다. 백스터의 작품들, 그의 설교 및 목회 사역에 관한 그의 이론들은 모두 이 같은 어려움을 극복하기 위해 계획한 것이었다. 『기독교 예배지침서』(*A Christian Directory*)에서 백스터는

---

36) *Practical Works*, IV, 165.
37) *Practical Works*, IV, 385.
38) Keeble, *Richard Baxter*, 29, 45.

심지어 "보통가족"(a common family)의 도서관에 꼭 필요한 것을 구비하게 하기 위해 기본적인 참고문헌들을 제시하면서 반드시 읽어야 할 책과 받아들여져야 하는 교훈에 관한 책들을 다루는 방법도 조언하였다.[39]

백스터에게 기독교를 통해 사람들을 교육하는 가장 기초적인 두 가지 요소는 (설교, 성례와 정당하게 집행되는 치리로 구성하는) 교회에서의 공적인 예배 행위와 가족들을 교리문답식으로 가르치는 행위로서, 이를 집주인이 정기적으로 시행하는 동안 목회자 자신은 감독하는 것이 일반적인 의무였다. 전자 곧 설교에 대하여, 백스터는 그 시대의 목회실천에 관한 전형적인 규범 내에서 실행하였다. 후자에 관한 저술은 교리문답으로서 실천신학에 대한 그의 두드러진 공헌이 다양한 방식으로 표현되었다. 백스터의 교리문답에 대한 확신과 사용이 결코 유일한 것은 아니다. 17세기 중반까지 교리문답은 기독교의 모든 분파, 즉 예수회로부터 소시니파 같은 이단 집단에 이르기까지 보편적으로 실천되었다. 백스터의 공헌을 대단히 중요하게 만든 것은 그의 저서에 투자한 시간이다. 그 자신의 목회적인 사역과 기독교인의 삶에 대한 이해, 이 양자의 핵심을 어떻게 다양한 방법으로 표현하고 실천할 것인지를 반성하면서 많은 시간을 투여하였다.[40]

교리문답을 위한 근본적인 명령은 신학적이다. 그 내용은 여기 이 지상에서 믿음으로 영원한 진리를 붙잡는 수단이며, 천국에서 신자들이 실제로 그리스도를 보기만하여도 알게 될 것이나 현재 이곳 지상에서는 남녀 모든 사람들이 상징적인 매체인 말씀을 요구하며, 이를 통하여 하늘의 신비를 이해하고자 한다. 이것은 『가톨릭 신학』(Catholick Theologie)같은 책에서 체계적으로 만들어졌으며, 또한 『가족을 위한 교리문답』(The Catechising of Familes, 1682년)처럼 목회적으로 교리문답 소책자를 만들었다는 것이다.[41] 교리문답교육이라는 수단을 사용하여 이 지구상에

---

39) *Practical Works*, Ⅰ, 478-9.
40) 근대 초기 영국에서 교리문답의 사용에 관한 최상의 연구는 다음의 책을 보라. I. M. Green, *The Christian's ABC: catechisms and catechizing in England c.1530-1740* (Oxford: Clarendon Press, 1996).
41) 다음의 서론을 보라. *Catholick Theologie; Practical Works*, Ⅳ, 65.

있는 신자들에게 적절한 신학적인 용어들을 마음에 심어주게 되므로, 실천은 지극히 중요한 것이며, 목회자는 실천에 관한 것을 전반적으로 감독하며, 집안의 가장들은 가정식구들이 실천하도록 관심을 가지고 확실하게 수행하도록 해야 하는 직접적인 책임을 갖고 있으며, 반면에 어머니들도 그들의 자녀들에게 교리문답을 교육할 특별한 책임을 지고 있다.[42]

백스터가 『개혁된 목회자』에 기록한 교리문답의 유익에 관한 일련의 목록은 다음과 같다. 영혼들을 회심으로 향하게 하며, 기독교인의 삶에 적절한 질서를 증진시키며, 주일 설교를 더욱 이해하기 쉽게 하며, 목회자의 심방을 허락함으로 목회자와 교인 상호간에 친밀하게 되는 기회를 제공하며, 이로 인해 각 개인들의 영적인 상태에 대한 보다 나은 목회적 분석을 가능하게 하며, 성례전에 관한 준비를 알릴 수 있게 하며, 목회자가 특별한 유혹을 당한 성도들을 도울 수 있게 하며, (목회자가 단지 주일에만 사역하는 것이 아니라는 것을 보게 함으로써) 목회자의 업무에 대한 존경심을 증진시키게 될 것이며, 그들의 영적 감독자들에 대한 교인들의 의무들을 분명하게 하며, 기독교 목회사역이 얼마나 어려운 직무인가를 시 당국자들이 알게 되어 더 많은 지원을 하도록 그들을 격려하며, 아마도 사람들이 반역과 같은 것을 덜하게 됨으로써 안정된 미래를 건설하도록 도울 것이며, 사람들이 게으름을 피우지 않도록 할 것이며, 주일성수를 도울 것이며, 게으른 사제들이 게으름을 피우지 못하게 할 것이며, 목회직의 신성화를 도울 것이며, 마음을 사소한 문제나 논쟁이 아니라 중요한 문제들에 집중하게 할 것이며, 논쟁의 문제에 대하여 분명하게 신학적 사고를 촉진할 것이며, 보편적 복음이 촉진되게 도울 것이며, 지역을 넘어 복음을 전파하게 할 것이며, 어떤 교회개혁이든지 주요 부분을 형성할 것이다.[43]

---

42) 보라. *The Mother's Catechism, in Practical Works*, IV, 34-64; *The Catechising of Families, in Practical Works*, IV, 65-164.
43) *Practical Works*, IV, 433-41.

이 목록에서 두드러진 것은 두 가지로서 첫째로 백스터는 교리문답교육을 교회개혁을 위한 주요한 동력으로 여긴 것이다. 이러한 생각은 기독교를 국가의 기본적인 사회단위들과 가정 모두가 하나님의 통치를 받는 '신성한 국가'(godly commonwealth) 속에 적절하게 존재하는 것으로 보는 그의 시각에서 나온 것임이 분명하다. 둘째로 사회적 안정의 중요성이 여러 번 언급되었는바, 이것은 적절한 교육을 통하거나, 목회자들에 대한 존경심을 촉진하거나, 성직자들에게 있는 책임을 자상하게 깨우쳐 줌으로써 신학적 논쟁을 감소시켜 얻는 것이다. 현대적인 시각에서 볼 때, 사람들은 현실의 모든 것을 내포하는 어떤 특별한 종류의 이해를 제도적으로 촉진하는 것에 대해서 언제나 냉소주의로 바라보는 경향이 있으며, 어떤 이는 교리문답교육을 사회 속에 있는 남녀들이 제각각 독립된 이해를 형성하게 함으로써 교회가 가진 힘을 유지하려고 계획한 좋지 않은 실천으로 생각할 수 있다. 그러나 백스터에게 실천이란 교리문답을 교육받은 사람이 성경을 올바르게 읽는데 자유롭게 하도록 계획된 것이라고 할 수 있다. 비록 이것이 백스터에게는 기독교 시민이라는 지위에 반드시 필요한 본질적인 부분이며 또 두려워하지 말고 환영해야 하는 것이지만, 그도 마찬가지로 이 해방을 사회 안에서 그들의 존재가 개별적이라는 것을 가르친다고 보았다. 그에게 있어서 해방된 기독교인들의 생산은 경건의 생산, 곧 사회의 개신교도들이다. 따라서 교리문답교육을 통해 장려된 실천적인 기독교인의 삶은, 1640년대에 그가 목격했고 또한 역사의 한 페이지를 할당받기 원했던 광적인 논쟁과 사회의 무절제와 투쟁하기 위해 계획한 백스터의 프로그램에 본질적인 부분이다. 그러므로 경건은 단지 개인에게만 중요한 것이 결코 아니며, 공적이고 정치적인 중요성도 크게 가지는 것이다.[44)]

이런 관점에서 볼 때에 백스터의 실천에 관한 기독교 작품은 모든 기독교인들이 읽어야 하는 작품이다. 즉 경건하고 안정된 사회를 촉진하려는 시도는 개인이든, 가족이든, 또 다른 구성원이든지 간에 그

---

44) 백스터의 정치적인 견해에 관해서는 다음을 보라. *A Godly Commonwealth*, ed. William Lamont (Cambridge: Cambridge University Press, 1994).

구성요소인 근본적인 기독교 경건에 의존한다. 물론 궁극적인 목적은 천국이지만, 그 동안에 기독교의 증진은 필연적으로 기독교 사회의 안정을 촉진하는데 눈을 뜨게 하고 또 문명화된 사회도 만든다. 그러므로 그들이 증진시킨 신학의 기능, 즉 교리문답의 기능은 기독교와 시민 사회의 다양한 직책에 대한 상호 책임과 의무를 구분하고 강조하는 것을 수용하는 가운데 개인의 영적인 훈련이나 견해 등을 훨씬 넘어선다.

만일 교리문답이 건전한 가르침을 통하여 실제적인 경건을 증진시킬 필요가 있다고 믿는 백스터의 신앙을 표현하는 것 중 하나라고 한다면, 이러한 경향은 그의 중요한 저서인 『기독교인의 예배규칙서』(*A Christian Directory*, 1673년)에서 극에 달하고 있음을 볼 수 있다. 아마도 1660년대 중반에 저술된 이 책은 17세기 영국에서 시작하여 파급된 청교도의 결의문 중에서는 가장 정교하고 가장 많은 자들이 접한 대표적인 작품이다. 그 속에서 백스터는 소위 '양심의 경우'(cases of conscience)라고 부르는 도덕과 실천에 관한 것들을 소모적이라고 할 만큼 자세히 다룬다. 한편 결의론은 아마 도미니크 수도회와 근본적으로 관련이 있으며, 또한 예수회와는 더 관련이 있다고 보며, 청교도들 역시 이 부분에서 아주 중요한 공헌을 하였으며, 가장 중요한 것들로는 윌리엄 퍼킨스(William Perkins)의 『양심의 담화』(*A Discourse of Conscience*, 1596)와 유고작인 『양심의 경우에 관한 전체 종합』(*The Whole Sum of the Cases of Conscience*, 1606) 및 윌리엄 에임스(William Ames)의 저서 『양심과 그에 속한 경우』(*Of Conscience and Cases Thereof*, 1633)이다. 에임스의 작품은 1630년의 작품을 영역한 것이다. 한편, 도덕신학이 교회에서 분명히 오랜 계보를 가졌다면, 16세기 말과 17세기에 하나의 현상으로서 결의론이 놀라울 정도로 부상한 것은 개신교와 가톨릭의 후기 종교개혁에서 개별적인 종교 주제에 관한 것을 강조하는 것이 증가하는데 따른 반응의 한 부분이 분명하며, 이는 각 교단이 기독교의 보편적인 주장과 변화하는 사회의 본질의 관점에서 형태가

달라진 목회적 실천을 찾고 있을 때였기 때문이다.[45]

백스터의 방대한 저서는 네 부분으로 분류된다. 즉 기독교 윤리학, (국내문제들에 관한) 기독교 경제학, 기독교 목회학 그리고 기독교 정치학이다. 처음부터 끝까지 읽어보면, 토론은 일반적인 원리로부터 시작하여 기독교인 각자가 이러한 원리들을 가정과 교회와 사회에 보편적으로 연관시킬 수 있는 방법을 반드시 안내받아야 한다는 방향으로 전개되어 있다. 그러므로 경건에 대한 비전은 개인부터 국가까지라는 것을 이해할 수 있다. 이러한 구조 안에서 특별한 주제들을 세분화한 목록들이 기록되어 있다. 즉 그는 그 당시 특수한 상황에서 초안된 보편적인 원리를 특별한 사례에 적용하고자 할 때 마음에 떠오르는 특별한 실례들에 관한 여러 모양의 전형적인 답변들을 제시하거나 답하기 전에 분명한 방향을 제시하고자 하였다. 그러므로 이 책은 신자들의 삶에 대한 모든 면을 세세하게 지도해 주는 '매우 탁월한'(par excellence) 안내서이다.

다시 말하지만 무질서와 혼돈에 대한 백스터의 두려움은 이 책의 표면 아래로 들어가지 않더라도 분명히 알 수 있다. 만일 성례전적인 고해제도가 개인들에게 미치는 교회의 영향력을 강화하고 증진시키는 조건이 더 이상 아니라면, 백스터 같은 개신교도들은 결의론적인 저서를 통하여 충고나 지원을 제공할 것이다. 즉 과거시대와는 다른 방식으로 교회가 강요한 통제와 같은 것을 누군가가 부과하듯이 말이다. 기독교는 안정된 사회를 위한 근본이었고, 삶과 실천이라는 모든 영역에 영향을 주었다는 그들의 신념은 『기독교 예배 규칙서』(*A Christian Directory*)의 가르침을 위해서 기름진 토양을 제공하였다. 한 예로, 첫 부분인 기독교 윤리학에서는, 회심에서부터 시작하여 개인기도와 열정, 혀와 몸에 대한 자기 통제에 이르는 것까지 - 죄악된 꿈들을 피하는 방법에 대한

---

45) 보라. Thomas Wood, *English Casuistical Divinity During the Seventeenth Century* (London: SPCK, 1952); Elliot Rose, *Cases of Conscience: Alternatives open to Recusants and Puritans under Elizabeth* Ⅰ *and James* Ⅰ (Cambridge: Cambridge University Press, 1975).

충고까지 포함하여 - 모든 것에 관하여 신자를 안내해 준다.46) 나머지 세 부분에서 논하는 것들 가운데 더 흥미로운 것은 아마도 공적인 삶의 핵심으로 귀착하는 것과 개인이 행하는 모든 것을 꽤나 많이 통제하는 기독교의 비전을 제공하는 부분일 것이다. 여기에서 우리가 발견하는 것은, 예를 들자면, 가정예배에 대한 구체적인 토론, 교리문답교육, 병자를 돌봄 그리고 시민사회를 위한 의무들을 기대할 수 있다는 것이다. 여러 부분에서, 남편들과 아내들의 상호 책무와 의무들을 다루는 것처럼, 17세기에 상당히 흥미로운 사회적 관습의 단편들이 제공된다.47)

이 책에서 너무나 분명하게 드러나는 것은 백스터가 기독교인의 경건을 삶의 모든 것을 포함하는 것으로 간주하고 있다는 사실이다. 또한 성경은, 종종 추론에 의하기도 하지만, 신자들이 반드시 찾아내야만 하는 모든 여러 상황 속에서 해답을 주는 책으로 여겨졌다. 베일리의 경건과 같은 이런 유형의 경건은 하나님의 주권적인 통제와 인도 아래 놓여 있는 모든 삶과 같은 것이다. 그러나 백스터가 심취하고 있는 것을 자세히 살펴보면, 그가 제시한 경건은 우리가 베일리에게서 발견하는 것보다 개인적인 상황에 대한 특별한 적용이 보다 구체적이다. 백스터가 목회적인 이론과 실천이라는 관점에서 위대한 혁신가는 아닐 수 있으나, 포괄적인 방식에서 볼 때 그가 경건의 촉진자로서 목회자의 과제를 분석하고, 구체적으로는 기독교인의 삶에 대한 것을 제공하는 자로 이해한다는 입장에서 보면, 그는 이 두 영역에서 가장 대표적인 청교도 저술가임이 분명하다.

---

46) *Practical Works*, I, 341. 논의를 통해 보건대 백스터는 그 시대의 전형으로서 토론을 통해서 심리학과의 고전적인 분류를 다루었다. 그의 결의론과 동시대의 가톨릭인 신자들 사이에는 다른 접촉점이 있었다.
47) *Practical Works*, I, 440-49. 어쩌면 놀라울 수도 있긴 하겠지만 아내에 대한 남편의 의무는 본문에서 고작해야 두 칸 정도에 불과한 반면에 남편에 대한 아내의 의무는 거의 일곱 배에 해당하는 것은 흥미롭다.

3. 결 론

　베일리의 『경건의 실천』과 리처드 백스터의 실천적인 저작물들이 자주 인쇄되고 출판이 빈번했다는 것은 경건한 기독교인들의 후속 세대들에게 분명히 심금을 울렸다는 것을 말한다.[48] 이는 특별히 1662년의 대추방(The Great Ejection)으로부터 제기된 영국의 비국교도의 전통에서 볼 때 더욱 그렇다. 여기에는 몇 가지 분명한 이유들이 있다. 첫째, 둘 다 모두 참되고 생명력 있는 기독교 신앙과 그렇지 않은 것에 대한 설명이 솔직하고 명쾌하다. 분명한 것을 찾는 자들에게, 즉 영적인 문제들에 대해 권위 있는 답변을 원하는 자들에게, 베일리와 백스터는 믿음과 행동에 관련해서 실제적인 안내를 제공하였다. 18, 19세기에 종교의 사유화가 증가함에 따라, 시민에 대한 공적인 종교생활이 점진적으로 감소하는 상황에서 종교는 거의 의식적인 역할만 감당하게 되었다. 따라서 베일리와 백스터가 강력한 기독교에 대해 정당성을 부르짖고 긍정적인 면을 재확인 한 것은 세계가 근대화되고 지나간 방식은 급속도로 버려지는 방식에 반대하여 일종의 저항을 한 것이라고 아주 그럴듯하게 해석될 수 있을 것이다. 분명 이에 못지 않은 더 많은 이유들이 있다. 17, 18세기 영국의 반-형이상학적인 지적 문화는 제국주의와 과학주의 및 산업화에 의해 가속화되었고, 영국의 복음적인 비국교도들의 주변(장외) 문화에서 놀라운 상대를 발견한다. 1662년 이후부터 비국교도 신학자들은 좋은 토양을 형성했던 배움의 길에서 탈락하였는데, 17세기에 고도로 정교한 개혁신학은 바로 이 토양에서 발생하였다. 따라서 그들은 문학적이고 신학적이며 교육학적인 문화들과 격리되어 있는 환경에서 쓰인, 이를테면 베일리나 백스터의 작품들을 읽었다. 게다가 계몽주의의 반-형이상학적인 궤적은 비국교도들 자신들의 신학과 교육적인 실천에 분명히 충격을 주었다. 그 증거로 18세기에 이 운동의 상당수가 극적인 붕괴에 의해 결국

---

　48) 둘 다 지난 20년 안에 다시 인쇄되었다.

유니테리언교도가 된 것이다. 특히 신학적으로 보다 전통적인 것들은 충격에 익숙하지 않았으며, 이 모든 것들은 도덕신학이 일어나도록 편의를 제공함으로써 베일리와 백스터의 실천적인 취지가 적용하기에 매력적이고 비교적 쉽다는 것을 말해주었다.[49] 후세대에 의해 기독교 경건의 실천에 대한 위대한 저자들로 알려지게 된 베일리와 그보다 더 백스터는, 이 두 사람 모두 자신들의 실천신학이 당시에는 중요한 것이었지만 그들의 후기 추종자들에 의해 신속하게 폐기되고 망각되어버린 고도로 정교한 교리적인 토론에 뿌리를 두었다.[50] 그리하여 19세기 말까지, 특별히 백스터의 신학은 몇몇 분야에서 율법주의와 도덕주의와 거의 동일한 의미로 인식되었다. 아마도, 경건주의자로서 백스터에 대한 글을 종결지으면서 19세기 고전문학 작품을 잠깐 살펴보는 것보다 더 적합한 것이 없을 것 같다. 즉 『플로스 강의 물방앗간』(The Mill on the Floss)에서 우리는 조지 엘리엇(George Eliot)이 엄격한 그렉 여사(Mrs Glegg)가 "비 오는 주일 오후에 - 또는 가족 중에 사망 소식을 들었을 때 - 또는 그녀가 남편 그렉과 언쟁할 때 평상시보다 한 옥타브 더 높였을 때", 그녀가 백스터의 『성도들의 영원한 안식』을 어떻게 읽는가를 묘사함으로 그녀의 율법적인 위선행위를 두드러지게 묘사한 것을 볼 수 있다. 엘리엇의 청중들에게 있어 문화적인 평판에서 분명한 것은 백스터가 분명히 널리 알려져 있다는 것과 그 반대로 엘리엇이 조소한 비국교도들의 집단 바깥에서는 공적인 이미지가 얼마나 빈약한지를 알 수 있다. 여기서 우리가 반드시 첨언할 것은 그렉 여사는 『성도들의 영원한 안식』보다는 『기독교 예배 규칙서』의 충고를 들었더라면 더 좋았을 것이라는 사실이다. 이유는 그녀가 『성인들의 영원한 안식』에서는 충고를 찾기가 매우 어려웠을 것이지만, 『기독교 예배 규칙서』에서는 적당하고, 경건하며,

---

49) 근대성과 연관해서 복음적인 신앙과 실천에 관한 탁월한 해설을 위해서 다음을 보라. David W. Bebbington, *Evangelicalism in Modern Britain. A History from the 1730 to the 1980s* (London: 1989).
50) 백스터의 경우 문자적으로 완전히 버림을 받았다. 즉 그의 사후에 교리적인 작품들은 온전한 형태로 다시 간행되지 못하였다.

거룩한 방법으로 남편 그렉과 교제하는 방법에 관하여 거기에 알맞은 조언을 분명히 찾을 수 있었을 것이기 때문이다.[51]

---

51) George Eliot, *The Mill on the Floss* (London: Penguin, 1979), 193.

참고문헌

· 일차 자료

Baxter, Richard, *The Practical Works*, 4 vols (London, 1707) (reprint Morgan, PA: Soli Deo Gloria, 1990).

Baxter, Richard, *A Godly Commonwealth*, ed. William Lamont (Cambridge: Cambridge University Press, 1994).

Bayly, Lewis, *The Practice of Piety* (London, 1842)

Bayly, Lewis, *A Dictionary for the Publique Worship of God*, in *The Westminster Standards* (Audubon: Old Paths Publications, 1997).

Sylvester, M. (ed.), *Reliquiae Baxterianae; or, Mr. Richard Baxter's Narrative of The Most Memorable Passages of his Life and Times* (London: Parkhurst, 1696)

· 이차 자료

Allison, C. F., *The Rise of Moralism: The Proclamation of the Gospel from Hooker To Baxter* (London: SPCK, 1966).

Berg, Joannes van den, "Die Frömmigkeitsbestrebungen in den Niederlanden," in Brecht, 1, 58-112.

Boersma, Hans, *A Hot Peppercorn: Richard Baxter's Doctrine of Justification in Its Seventeenth Century Context of Controversy* (Zoetermeer: Boekencentrum, 1993).

Boersma, Hans, *Richard Baxter's Understanding of Infant Baptism* (Princeton: Princeton Theological Seminary, 2002).

Green, I. M., *The Christian's ABC: Catechismus and Catechizing in England c. 1530-1740* (Oxford: Clarendon Press, 1996).

Keeble, N. H., *Richard Baxter: Puritan Man of Letters* (Oxford: Oxford University Press, 1982).

Nuttall, G. F., *Richard Baxter* (London: Nelson, 1965).

Nuttall, G. F., "A Transcript of Richard Baxter's Library Catalogue," JEH 2 (1951), 207-21 and 3 (1953), 74-100.

Rose, Elliot, Cases of Conscience: Alternatives open to Recusants and Puritans under Elizabeth 1 and James 1 (Cambridge: Cambridge University Press, 1975).

Stoeffler, F. Ernest, *The Rise of Evangelical Pietism* (Leiden: Brill, 1965).

Trueman, Carl R., "Richard Baxter on Christian Unity: A Chapter in the Enlightening of English Reformed Orthodoxy," WTJ 61 (1999), 53-71.

Wood, Thomas, *English Casuistical Divinity During the Seventeenth Century* (London: SPCK, 1952).

The Pietist Theologians

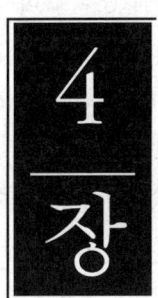

파울 게르하르트(1607-1676)
크리스티안 분너스(Christian Bunners)

파울 게르하르트(Paul Gerhardt 1607-1676)는 찬송가 역사상 가장 중요한 시인들 중 한 명이다. 수 세기가 지난 오늘날까지 전 세계에서 그의 찬송가는 생동적이며 지속적으로 불리고 있다. 독일에서 게르하르트의 찬송가는 '그림(Grimm)형제의 동화 다음으로 가장 잘 알려진 것이며, 루터의 성경과 시가 번역되기 전에 먼저 가장 잘 알려진 시 본문에 속한다.'[1] 1993년부터 사용되고 있는 복음적인 독일 루터교회의 『복음적인 찬송집』(Evangelischen Gesangbuch)에는 게르하르트가 작사한 작품이 26개로서 루터 다음으로 많이 등장하는 대표적인 작가이다. 이미 17-18세기에 게르하르트의 찬송가는 스웨덴어, 폴란드어, 불어와 덴마크어를 포함하여 여러 언어들로 번역되었다. 최초의 영어 번역은 감리교의 창시자인 존 웨슬리(John Wesley, 1703-96)와 모라비아 교회의 영국 감독인 존 갬볼드(John Gambold, 1711-71)가 하였다. 캐서린 윙크워스(Cartherine Winkworth)는 『독일 서정시집』(Lyra Germanica, 런던, 1855)안에 있는

---

1) Hans-Georg Kemper, *Deutsche Lyrik der frühen Neuzeit*, vol. 2: *Konfessionalismus* (Tübingen: Niemeyer, 1987), 266

게르하르트의 찬송을 영어로 번역하였으며 그 영향력이 매우 강하였다. 모두 50명이 넘는 영국과 미국의 작가들이 중복됨이 없이 90개의 게르하르트의 찬송시를 번역했다. 이들 중 가장 사랑받는 것은 "당신의 길을 명하소서."(Befiehl du deine Wege)와 "오, 피와 상처로 가득한 머리여"(O Haupt voll Blut und Wunden)이다. 북미 루터교회의 『루터교 예배서』(The Lutheran Book of Worship, 1978)에는 게르하르트의 찬송시 11개가 포함되어 있다. 아주 일찍부터 그의 찬송은 교파적인 노선을 뛰어 넘어섬으로써, 그는 보편교회적인(에큐메니칼한) 시인이 되었다. 18세기와 19세기에는 여러 종류의 아프리카어와 아시아 언어로 번역되었다. 예를 들어, 『일본 복음교회의 찬송가집』(Hymnbook of the Japanese Evangelical Church, 1977)에는 그의 찬송시가 열 개나 들어 있다. 그렇다고 해서 그의 찬송시가 단지 세계의 기독교권에서만 사용되는 것은 아니다. 도리어 많은 사람들이 교회 밖에서도 그의 시를 사용하여 작곡한 곡을 통해 게르하르트를 만난다. 특히 요한 세바스티안 바흐(1685-1750)의 작품 속에 나타난 여러 절(節)을 예로 들 수 있다. 예컨대 바흐의 "성 마태수난곡"(St. Matthew's Passion)에서 복음 전도자는 십자가상의 예수의 죽음을 노래한다. "예수님은 다시 소리를 지르시고 숨을 거두었다." 바로 그 뒤에 바흐는 게르하르트의 기도 구절을 배치했다. "내가 언젠가 떠나게 된다는 것은, 나로부터 떠나는 것이 아니다!" 이 장면은 전체 음악이야기의 절정이다.

'경건주의' 신학자들에 대한 책에서 파울 게르하르트에 대한 장(章)이 들어있다는 것이 놀라울 수도 있다. 그는 순수한 루터정통주의의 교리를 지키기 위해 싸우지 않았던가? 확실히 게르하르트는 필립 야콥 슈페너와 아우구스트 헤르만 프랑케의 입장에서 볼 때 경건주의자가 아니다. 그러나 넓은 의미의 경건주의 개념과 요한 아른트의 자극으로 시작된 17세기의 경건주의 운동을 포함한다면, 파울 게르하르트는 분명히 경건주의자이다. 게르하르트는 아른트의 작품의 일부를 찬송시로 재구성하였다. 게르하르트의 아들 파울 프리드리히(Paul Friedrich)는 기록하기를, 그의 아버지는 언제나 1612년에 첫 출간된 아른트의 기도서인 『천상의 작은 정원』(*Paradiesgärtlein*)을 지니고 다녔다고 했다. 특히 그의 찬송시들은 게르하르트가 개신교 정통주의자인 동시에 경건주의 운동의 대변자이었음을 말해주며, 넓은 의미에서 경건주의의 대표자임을 입증한다.

그렇다면 게르하르트가 지금도 경건주의 '신학자들' 가운데 속하는가? 그는 시인이며 작사자가 아니었는가? 이것은 신학을 단지 하나님에 대해 별 의미 없이 생각하고, 이야기하는 것같이 협소하게 이해하려는 것이다. 신학은 또한 여러 상징과 예술적 형식 속에서도 나타난다. 개신교 정통주의와 경건주의자들 모두 하나님에 '대해' 말하는 것이 하나님'께' 말하는 것으로 바뀔 경우, 하나님을 이야기하는 가장 적합한 방법이 기도와 찬송이라는 사실을 알고 있었다. 그러므로 하나님의 말씀을 삶과 예술의 실천으로 표현하는 것이 하나님을 최고로 찬양하는 것이다

1. 생애

파울 게르하르트는 1607년 3월 12일에 비텐베르크 근처의 작은 도시이며 당시 작센 선제후의 영토인 그래팬하이니헨(Gräfenhainichen)에서 태어났다. 그의 아버지 크리스티안(Christian)은 농장과 선술집을 운영했으며, 또한 시장으로도 활동했다. 그의 어머니 도로테아(Dorothea)는 신학자 가문의 출신으로 슈타르케(Starke)에서 태어났다. 파울 게르하르트에게는 세 명의 형제자매들이 있었다. 그의 부모는 이른 나이인 1619년과 1621년에 세상을 떠났다. 고향에서 초등교육을 받은 후 게르하르트는 1622년에 라이프치히 근처 그림마(Grimma)에 있는 작센 "왕자들의 학교들" 중에 가장 중요한 학교인 김나지움(Gymnagium)에 입학했다. 여기서 그는 종교개혁과 인문주의의 정신을 광범위하게 배웠다. 교육 프로그램에는 예배와 경건의 실습과 훈련 그리고 시와 음악에서의 실습과 훈련이

포함되어 있었다. 게르하르트는 이 프로그램을 통해 문화적, 정신적으로 성장하였는데, 이 프로그램은 루터파의 틀이었다. 한 예로, 그림마 학교의 교과서 중에 레온하르트 후터(Leonhart Hutter 1563-1616)의 신학적 『개요』(Compendium)가 있었다.

게르하르트는 1628년 비텐베르크에서 신학공부를 시작했다. 우리는 그의 자서전을 통해 그가 살았던 많은 지역에 대한 상세한 정보를 얻을 수 없다. 그러나 비텐베르크 시절 그가 한 때는 가정교사로 활동한 사실을 알고 있다. 비텐베르크에서는 개신교 정통주의가 교회실천의 범위를 지배하는 신학이었다. 비텐베르크에서는 신비주의적 색채가 가득찬 경건을 말하는 요한 아른트의 『진정한 기독교에 대한 4권의 책』(Vier Bücher vom wahren Christentum, 1605-10)을 거부하지 않았지만, 단지 종교적인 의미로 받아들였다. 게르하르트가 공부하던 시기에 비텐베르크에는 요한 마르틴 교수(Johann Martin, 재직기간 1627-49), 파울 뢰버 교수(Paul Röber, 재직기간 1627-51), 빌헬름 라이저 교수(Wilhelm Leyser, 재직기간 1627-49), 요한 휠제만 교수(Johann Hülsemann, 재직기간 1629-46) 등이 활동하고 있었다. 뢰버는 가르침에 있어 매우 강하게 성경지향적인 교수였으며, 매우 사랑을 받는 설교자였다. 그는 또한 찬송 설교(hymn preaching)라는 장르를 추구했으며, 작곡도 하였고 찬양과 음악을 장려했다. 루터파 정통주의의 호전적인 옹호자인 아브라함 칼로프(Abraham Calov, 1612-86)는 1650년에 처음으로 비텐베르크로 왔다. 후일 게르하르트는 베를린에 살면서 칼로프와 교제했다. 게르하르트가 비텐베르크에 살았을 때, 아우구스트 부흐너(August Buchner, 1591-1661)는 그곳에서 시문학 교수로 일했다. 부흐너는 독일 바로크 시문학에 지대한 영향을 끼쳤다. 확실한 것은 게르하르트가 그의 영향을 받았으며, 그를 통해 독일 시문학의 가장 최근의 예술적인 의미들에 친숙하게 되었다는 점이다.

우리는 게르하르트가 1643년부터 베를린에 있었음을 알고 있다. 그는 계속해서 자기 자신을 신학생이라고 묘사했으며, 가정교사 또는 궁정 법률가인 안드레아스 베르톨트(Andreas Berthold)의 비서로 일했다. 베르톨트의 막내딸 안나 마리아(Anna Maria, 1622-68)는 나중에 게르하르트의 부인이 되었다. 그가 베를린에서 요한 크뤼거(Johann Crüger, 1598-1662)를 만난 것은 커다란 의미를 지닌다. 크뤼거는 베를린의 니콜라이(Nikolai) 교회의 성가 지휘자이며 음악 지도자였다. 그는 또한 새로운 경건주의 운동에 감동되었으며, 음악가로서 범 유럽적인 시각을 지녔다. 크뤼거는 게르하르트의 "발견자"이자 최초의 작곡가이었다. 1647년에 편집된 크뤼거의 찬송가집『경건한 실천의 서정시. 그것은 기독교적이고 위안이 되는 노래에서 하나님의 축복을 연습하는 것』(*Praxis pietatis melica. Das ist Übung der Gottseligkeit in christlichen und trostreichen Gesängen*)에는 게르하르트의 찬송 중에서 18개가 처음으로 출간되었다. 1653년 판에는 이미 82곡이 포함되었다. 크뤼거의 후계자인 요한 게오르크 에벨링(Johann Georg Ebeling, 1637-76)은 1666-67년에 게르하르트의 120개 가사가 담긴 최초의 완결판을 편집했으며, 그는 그 가사에 스스로 곡조를 붙였다. 크뤼거와 에벨링이 게르하르트의 찬송시를 작곡한 것은 교회만이 아니라 학교와 가정에서도 사용될 수 있었다. 이는 회중에 의해 독창이나 합창으로 부를 수 있었으며, 악기를 사용하는 것도 가능하였다.

1651년에 게르하르트는 베를린 남부지역의 작은 도시인 미텐발데(Mittenwalde)에서 목사와 감독관(Propst)의 직분을 받았다. 그는 이웃하는 몇몇 교회들을 돌보는 감독직이었다. 안수를 받기 전에 그는 "일치신조서"(Formula of Concord)를 비롯하여 루터교 신앙고백서에 서명해야 했다. 그는 1655년에 결혼했다. 그의 다섯 자녀 중, 아들 파울 프리드리히(Paul Friedrich)만이 부모보다 오래 살았다. 그도 자녀를 두었는지 여부는 알려져 있지 않다. 게르하르트는 1657년에 베를린에 있는 니콜라이 교회의 목사로 청빙을 받았으며, 그는 그곳 사회의 상류층 사람과 하류층 사람들 모두로부터 인정과 사랑을 많이 받았다. 찬송시를 제외하고 목회자로서의 활동으로 남아 있는 것이라고는 네 개의 인쇄된 장례식 설교, 한 편의 기도문 해설 그리고 약간의 기록이 남아 있을 뿐이다. 또한 우리에게 전해지는 그의 사생활에 관한 것도 조금 밖에 없다. 몇몇의 편지와 아래에서 다루어질 그의 '유언' 정도이다.

　게르하르트는 삼십년 전쟁(1618-48)의 시기와 그 이후 동안 살며 활동하였다. 게르하르트가 사는 지역을 포함해 많은 도시는 인구의 열 명 중에 한 명 꼴로 죽었으며, 수많은 건물이 파괴되었다. 사람들은 테러, 질병 및 기아로 많이 죽었으며, 때때로 아무런 희망조차도 없었다. 전쟁기간 동안과 그 이후에 교회와 목사들에게 주어진 절대적인 명령은 인간적, 물질적 재건에 참여하는 것이었다. 게르하르트 자신은 그의 찬송을 통해 공동체의 영적 부흥을 일으키는 것이 자신의 임무라고 판단하였다.

　베를린은 브란덴부르크(Brandenburg) 선제후령(領)의 수도이었다. 브란덴부르크는 1539년에 루터주의를 수용했다. 그러나 1613년에 선제후 가문은 개혁주의로 바꾸었다. 그럼에도 불구하고 주민의 대다수는 루터교인으로 남았다. 선제후 프리드리히 빌헬름(Friedrich Wilhelm, 통치기간 1640-88)은 특히 정치적, 경제적 이해관계 때문에 루터파 교인들과 개혁파 교인들의 평화로운 공존에 관심을 가졌다. 그러나 이 목표를 추구하기 위해 그는 절대주의적 권력을 가지고 교회의 내정에 간섭했다. 루터교도들의 전통적인 권리는 침해당했다. 목회자들은 그들의 신학적 입장을 부드럽게 하라는 강요를 당했다. 선제후는 루터교 예배의식, 목회 사역과 설교에 대한 지침을 주었다. 베를린의 몇몇 목사들은 저항했는데, 그들 가운데 파울 게르하르트가 주도적인 위치에 있었다. 그는 양심이 루터교를 지지한다는 것을 느꼈다. 갈등은 날로 더해갔다. 이는 역사 속에서 계속적으로 나타나는 군주의 권력과 영적자유 사이의 대결장면을 보여주는 대표적인 사례이다. 선제후는 마침내 목사들이 강요된 관용에 서명할 것을 요구했다. 누구든지 거절하면 직책을 잃게 되었다. 게르하르트는 1666년 2월에 목사직에서 해고되었다. 게르하르트가 해임당한 직후 에벨링(Ebeling)이 곧바로 게르하르트의 찬송을 간행한 것으로 보아 면직된 목사를 공적으로

지지하였다는 것이 분명하다. 게르하르트는 브란덴부르크 귀족사회와 베를린 시민들의 청원에 힘입어 1667년에 목회직에 재임명되어 몇 주 동안 시무하였다. 그러나 선제후의 강경한 교회정책 노선은 지속되었다. 이 때문에 게르하르트는 압박감을 느꼈고, 그는 선제후에게 양보하기를 거절했으므로 사임했다. 이 모든 불행에 훨씬 더 큰 불행이 덮쳤으니 곧 1668년 봄, 아내의 죽음이었다. 같은 해 가을 그는 슈프레발트(Spreewald)의 뤼벤(Lübben)에서 목회직을 승낙하고 1669년에 그곳으로 갔다. 그 도시는 작센에 속했기 때문에 그곳에서는 브란덴부르크 선제후의 칙령이 유효하지 않았다.

게르하르트의 말년은 육체적 허약으로 인해 점점 어두워졌다. 마침내 그는 모든 목회직 책무를 수행하기 어렵게 되었다. 그러나 내적으로는 꺾이지 않았다. 게르하르트는 죽음이 임박했음을 알고 1676년 봄에 아직 젊은 아들인 파울 프리드리히를 위해 삶의 규칙을 썼는데, 이것이 그의 내적인 확신을 증거한다. 그 규칙을 게르하르트의 "유언"이라 부른다. 여기서 그는 자신에 대해 다음과 같이 말했다.

내가 칠십 살이 되었기 때문에, 나는 또한 나의 사랑하는 하나님이 곧 이 세상으로부터 구원하셔서 내가 현세에서 산 삶보다 더 좋은 삶으로 데려가시리라는 기쁨에 넘치는 희망을 갖는다. 그러므로 나는 어머니의 자궁으로부터 마지막 시간에 이르기까지 그분이 나의 육신과 영혼 안에서 보여준 모든 것 앞에서 그분의 모든 선하심과 신실하심에 대해 감사드린다. 이와 더불어 (죽음의) 순간이 오면 나의 영혼을 그분의 자애로운 손으로 받아주시며, 나의 육신은 최후의 심판의 날까지 이 세상에서 평화로운 안식을 주심으로 내가 기쁨으로 떠나게 해 주실 것을 나는 마음 속 깊은 곳에서부터 그분에게 간청한다. 그리고 나 이전에 존재한 나의 모든 사람들과 나의 뒤에 남을 모든 미래의 사람들이 다시 깨어나서 내가 믿었지만 아직 보지 못했던 사랑하는 주 예수 그리스도를 마주보기를 간구한다. 홀로 남는 아들에게 내가 이 세상의 재물은 남기지 못하지만 그가 특별히 부끄러워할 것이 전혀

없는 영예로운 이름은 남긴다.[2]

게르하르트는 1676년 5월 27일에 세상을 떠났다. 기록된 전승에 의하면 그는 죽음 직전에 작사한 "왜 나는 슬퍼해야 하는가?"(Warum sollt ich mich denn grämen)라는 찬송시 한 연(聯)으로 기도했다. 이 찬송은 없앨 수 없는 죽음에 대해 이야기한다. 죽음은 삶의 고통을 뒤에 두고 닫아버리는 문과 같다. 또한 죽음은 기쁨의 천국으로 이르는 길을 열어준다.[3]

게르하르트는 뤼벤에 있는 교회에 매장되었다. 매장 장소는 알져져 있지 않다. 교회에는 그의 죽음 직후에 완성된 것으로 추측되는 게르하르트의 대형 전신 초상화가 걸려 있다. 그 옆에는 1717년경에 만들어진 구리 조각품이 있는데, 이것은 어느 정도 게르하르트와 닮았다고 인정받는 유일한 작품이다. 뤼벤의 초상화 위에는 다음과 같은 라틴어 문구가 적혀 있다. "신학자 파울 게르하르트, 사탄으로부터 체질당하는 시험을 받았으며, 그 후에 1676년 칠십의 나이로 뤼벤에서 경건한 죽음을 맞이하다."

2. 게르하르트의 작품

게르하르트의 현존하는 창작물 가운데에는 139개의 독일어 찬송과 시 이외에도 15개의 라틴어 시가 있다. 독일어 시의 내용은 그 당시의 공적, 사적 생활 및 교회생활의 주요한 항목에 관하여 그 범위가 넓다. 교회력의 축제를 위한 찬송가에는 강림절(2), 신년(2), 부활절(3), 오순절(3), 삼위일체의 축일(1), 성탄절(7) 그리고 성주간(14)이 있다. 교회생활은 회개(4), 세례(1) 및 성찬(1)과 관련된 찬송가 등이 비교적 대표적인 것들이다. 일상적 삶에

---

2) Christian Bunners, *Paul Gerhardt. Weg-Werk-Wirkung* (2nd edn, Munich and Berlin: Buchverlag Union, 1994), 359.
3) 보라. Paul Gerhardt, *Dichtungen und Schriften*, ed. Eberhard von Cranach-Sichart (Munich: Müller, 1957), 83, 연(聯) 8. 이후로는 CS 찬송가 숫자, 연으로 표기한다.

연관된 찬송가로는 아침(3)과 저녁(2) 찬송가, 우정(2), 결혼(4), 전쟁과 평화(3), 여름과 날씨(3), 여행(1) 그리고 일반적인 문제(10) 등이 있다. 특별히 찬양과 감사(17), 필요와 위안(27) 등은 죽음과 영원(19)들을 다룬 것만큼이나 많다. 다른 작품들은 사람들이나 그들의 저서들에 대해 긍정적인 헌정사와 관련이 있다(10).

게르하르트가 쓴 시 중에는 성경적 모델, 특히 시편의 모델을 따른 찬송가는 50편이 넘는다. 성경에 대한 게르하르트의 신앙심은 루터파 정통주의와 경건주의에 상응하였다. 게르하르트의 찬송은 마치 안내자와 같이 성경으로 가득 찼다. 언젠가 그는 세속적 시는 정말로 읽기에 좋지만, 단지 고통을 받지 않는 경우에만 그렇다고 썼다. "불행, 고난 그리고 해악에 처하면, 성경보다 좋은 것이 없다."[4]

게르하르트의 찬송은 루터파 정통주의의 교리적인 표현들로 가득 차 있다. 그의 많은 찬송은 내용뿐만 아니라 심지어 레온하르트 후터(Leonhart Hutter)나 요한 게르하르트(Johann Gerhard, 1582-1637) 같은 사람들의 신학 서적에 있는 개념적인 조직과 문자적인 형식들을 따르고 있다.

또한 게르하르트는 신비주의의 전통에서 유래한 본문들을 모델로 삼기도 했다. 그는 중세의 라틴 시를 각색하여 일곱 개의 사순절 찬송을 작사했다. 이것들은 대부분 로이벤의 아르눌프(Arnulf von Leuven, 대략 1195-1250)로 거슬러 올라가며, 클레르보의 베르나르(Bernhard of Clairvaux, 1090-1153)의 그리스도 신비주의의의 영향을 받았다. 그의 모델들과 마찬가지로 게르하르트가 자유로이 개작한 작품들은 불타오르는 듯한 명상으로 가득 차 있다. 고통 받는 그리스도께 경배하는 이 작품들을 그는 에로틱한 색조로 온전하게 표현하였다. 게르하르트 시대 사람들의 특징은 전쟁과 그 여파, 고통스러운 폭력, 기아와 전염병 등으로 고통을 받는 것이다. 게르하르트는 그들에게 하나님은 저 먼 곳에 계신 초월적인 주님이 아니라 오히려 그들의 친구이며 '피로 맺은 신랑'(Blutsbraeutigam)임을 알리기

---

4) CS 57, 1.

원하였다. 19세기와 20세기의 흑인 송가는 유사한 방식으로 가난한 자들 중에서 가장 가난한 사람들과 연합하는 하나님을 찬송했다.

게르하르트는 요한 아른트의 『천상의 작은 정원』(*Paradiesgärtlein*)의 모델을 택하여 여섯 개의 찬송 가사를 작사하였다. 그리고 다른 찬송가에도 계속해서 아른트의 작품을 반영하였다. 게르하르트의 뛰어난 업적은 성경 및 루터파의 가르침 그리고 신비주의의 전통으로부터 받은 감격들을 종합해서 하나로 만드는 것이었다.

게르하르트의 '자유로운' 시 역시 동일한 구성요소로 되어 있다. 게르하르트는 삶의 실재를 찬송시에 관련시켰다. 그는 당시의 특수 상황을 드러내는 방식으로 작시하였다. 그의 찬송은 사랑의 행복과 결혼의 위기를 표현하듯이 기아와 삶의 풍요로움, 전쟁과 평화, 혜성에 대한 불안과 봄철의 기쁨에 대해 이야기한다. 또 고통과 보호, 질병과 치료를 표현하듯이 포도주, 사과술 및 맥주에 대해 이야기하며, 그의 시는 잘 짜인 삶의 계획과 더불어 인간적 실패에 대해 이야기한다. 게르하르트는 신앙의 체험을 구체성과 보편적 타당성으로 노래하였다. 그러므로 그의 찬송가는 심지어 후대에도 귀하게 여김을 받았으며, 또 삶의 조건 곧 명상, 기도 및 위안의 매체가 바뀌었음에도 존경의 대상으로 남아있다. 목회적인 돌봄에서 위안을 주는 그의 지침들은 하나님의 은총을 찬양하는 것과 바울과 루터파의 칭의론, 하나님의 인도하심에 대한 확신 그리고 영생의 희망이다.

게르하르트는 시적 형식으로 영적 효과를 증진시키기를 열망했다. 그는 이 목적을 위해 바로크 수사학과 시문학의 원칙을 따랐다. 독일 서정시는 중세가 그 절정기였다. 그 다음 몇 세기에는 신 라틴어가 시문학의 언어로 선호되었다. 특기할만할 국민문학의 발전은 17세기에 처음 출현되었다. 지도자적인 시문학 이론가는 아우구스트 부흐너와 마르틴 오피츠(Martin Opitz 1597-1639)이었다. 그들은 독일어에 상응하는 시문학의 규칙들을 발전시켰다. 게르하르트는 문장과 문법의 구성을 위해, 그리고 연, 시구 및 리듬의 형식을 위해 당시에는 가장 현대적인 규칙을 수용하였다. 그 결과 그는 당대의 찬송가학에서 주도적인 위치를 차지했을 뿐만 아니라 독일 서정시 역사에서도 중요한 인물이 되었다. 게르하르트에게는 '예술'과 '헌신'이 밀접하게 연관되어 있었다.[5] 그에게 예술이란 하나님을 찬양하고 인류에게 복음으로 영향을 끼치는 수단이었다. 그와 동시에 시와 음악의 형식 그 자체는 게르하르트에게 높은 가치를 지닌 것이었다. 그들의 아름다움은 영원한 완성을 위한 희망과 위기로 가득한 시기에 위안을 상징했다.

게르하르트의 예술적 창의성은 그가 사용한 연(聯)의 형식의 다양성에서 분명하게 나타난다. 139개에 달하는 그의 독일어 찬송과 시 중에 상이한 연의 형식이 사용된 것만도 50개가 넘는다. 즉 작고 단순한 형식에서부터 광범위하게 분화된 형식까지 아주 다양하다. 그는 열 개의 새로운 연의 형식을 창조했다. 연과 시구 안에서 그는 풍부한 수사학적-시적 형태를 사용했다. 외우기 쉬운 동의어와 쌍구(雙句), 말의 집적과 비교, 은유와 알레고리, 비교와 놀람의 형태가 바로 그것이다. 게르하르트의 시는 고도의 음악성을 갖고 있다. 그의 시는 언어의 자연적인 흐름을 따르고, 리듬과 음악적인 아름다운 소리가 있으며, 또한 거장다운 기법으로 '모음연속'(Vokalfolgen)과 자음들을 사용한다.

그 시대의 지침은 설교하기에 좋은 스타일을 요구하는 것이었으므로, 게르하르트 역시 주로 '중간적' 형식을 택했다. 이런 방식은 교회에서 교육을 많이 받지 못한 사람까지도 그의 가사들을 이해할 수 있었다. 이를 위한 한 가지 수단은 한 음절 단어를 능숙하게 많이 사용하는 것이었다. 게르하르트는 최고의 예술적 기교를 대중과 결합시켰다. 바로 이것이 그의 찬송가가 오늘날에도 여전히 지속적으로 광범위한 호소력을 지니는 이유 중 하나이다.

---

5) CS 48, 2.

3. 게르하르트의 찬송에 나타난 경건주의적인 요소

그의 시문학에서 게르하르트는 루터파 정통주의의 신학을 아른트에 의해 영향을 받은 새로운 경건주의 운동과 단단히 융합시켰다. 그렇게 함으로써 게르하르트는 초기 경건주의 운동과 이후의 주류 경건주의 사이를 연결시키는 중요한 교량 역할을 수행했다.

이것은 무엇보다도 찬양 그 자체에 적용된다. 개신교 정통주의에는 찬양에 대한 철저한 전통주의적인 개념을 옹호하는 자들이 있었다. 아브라함 칼로프와 콘라트 티부르티우스 랑고(Conrad Tiburtius Rango, 1639-1700)는 적어도 공적 예배에서는 오래된 주요 찬송가만 부르기를 원했다. 게르하르트 자신뿐만 아니라 크뤼거와 에벨링은 다른 견해를 가졌다. 그들의 찬송들이 개인적인 헌신을 노래하는 찬송시에 근원적으로 기여했지만, 그들은 회중들이 더 많이 찬양하는 것과 새로운 찬송가들을 통해 공적 예배에 생명력을 불어넣기를 원했다. 그렇게 함으로써 그들은 개혁적인 마음을 지닌 정통주의와 경건주의 운동을 유지하고 있었다.

크뤼거와 에벨링이 게르하르트를 위해 작곡한 멜로디 역시 경건주의적 관심을 반영하고 있다. 크뤼거의 멜로디는 보다 오래된 복음주의적 찬송가와 종종 아리아 유형을 띠는 주류 경건주의의 멜로디를 연결하는 형식이다. 크뤼거는 그의 모든 예술적 기량을 회중들에게 적합한 멜로디로 만드는데 집중하였다. 에벨링의 멜로디에서는 보다 섬세한 특징을 자주 볼 수 있다. 그들은 영적인 내면화에 음악적으로 차별화된 표현을 하고자 노력하였다. 발터 블랑켄부르크(Walter Blankenburg)는 에벨링의 아리아 유형의 멜로디에는 17세기의 경건주의 운동이 문체적으로 형성되어 있다고 판단하였다.[6] 크뤼거와 에벨링은 게르하르트와 함께 경건주의 찬송문화의 두 흐름을 대표하는 주자들이다. 즉 회중적인 근접성과 개인적인 차별성의

---

[6] Friedhelm Kemp, (ed.), *Paul Gehardt: Geistliche Andachten (1667). Samt den übrigen Liedern und den lateinischen Gedichten,* with an article by Walter Blankenburg (Bern and Munich: Francke, 1975), 부록 8.

대표자들이다.

　요한 아른트는 게르하르트와 그의 합창 지휘자들을 통해 기도와 찬양을 이해하도록 영향을 주었다. 아른트는 그의 기도서 『천상의 작은 정원』의 서문에서, 기도를 "모든 기독교의 미덕을 날마다 연습하는 것"이며, 또한 "경건한 실천"이라고 하였다. 아른트에 의하면, 생명력 있는 신앙이 되려면, 훈련받으며 또 "실천해야" 한다. 신자는 지속적으로 묵상과 기도를 실천해야하며, 하나님의 존재를 기뻐해야 한다. 크뤼거의 찬송가집 제목에는 '실천'과 '경건'이 주도적인 개념으로 제시되어 있다. 에벨링이 편찬한 게르하르트 찬송가집의 제목에는 "경건한 묵상"(Andacht)이 주도적인 개념이며, 이 개념은 아른트와 게르하르트에게도 역시 중요한 역할을 하는 개념이다.

　또 아른트와 경쟁하듯이 게르하르트 찬송가에는 대화체 구조가 많이 나타나고 있는 것을 많이 볼 수 있다. 『천상의 작은 정원』의 서문에서 아른트는 하나님과 인간의 관계를 상호대화를 통해 완성되는 사랑의 공동체로 기술했다. "하나님은 인간을 무엇보다도 당신과 이야기하도록 창조하셨으며, 처음에 한 것처럼 은혜로운 대화 속으로 들어가기를 열망하신다. 그 증거로써 인간이 하나님과 이야기하고 그에게 묻고, 그에게 요구하고 그를 칭송하고 찬양한다. 하나님은 인간에게 말씀하심으로써 그의 모든 마음을 보여주시며, 인간도 응답으로 그와 똑같이 하기를 원하신다." 이런 의미에서 게르하르트의 많은 찬송가는 하나님께 기도드리는 찬송가이다. 다른 찬송가에서는 하나님과 인간의 대화가 아침 찬송가인 "나의 마음이여 깨어나 노래하라"에서 예증되듯이 근본적인 구조를 형성한다. 또 다른 찬송가들은 명상적 또는 선언적 발전구조로서 대화는 그 안에 담겨있다. 이를테면 크리스마스 찬송가인 "나는 여기 당신의 구유 앞에 서 있습니다."(Ich steh an deiner Krippen hier)가 그렇다. 게르하르트는 종종 고통과 근심, 걱정의 치료제로 하나님께 드리는 기도의 언어를 추천했다. 그는 언젠가 그리스도를 신자의 "대화

파트너"(Sprachgesell\<en\>)7)라고 불렸다. 아른트와 마찬가지로 게르하르트는 기도, 찬양 및 하나님과의 관계를 포옹에 비교하였다.8)

게르하르트의 찬송가 가운데 많은 것들이 매우 길이가 긴 것은 요한 아른트의 글로 설명할 수 있을 것이다. 아른트가『천상의 작은 정원』의 서문에서 말하듯이, 긴 기도가 마치 "위선적이고 나불나불 수다를 떠는 작품"인양 거부하는 것은 "하여간 (그것은) 마음으로 느낀 묵상과 성령으로부터 흘러나오는 말씀이 아니다. (다만) 이와 같은 말들은 우리의 마음을 일깨우고, 하나님께로 향하게 하는 경향을 갖게 하고, 묵상에 불을 붙이고, 신앙과 희망을 강화하며, 또한 지속적으로 기도하기를 열망하는 사람들에게 유용하기 때문이다."라고 표현하는 것이다.

게르하르트는 하나님이 개인에게 말씀하시는 것이 분명하며, 또 남녀를 막론하고 체험으로 인도하시는 것이 분명하다는 점을 들어 그것이 대부분 하나님의 역사하심이라고 말하였다. 이점에서도 역시 게르하르트는 경건주의 운동의 관심사들을 따랐다. "누구에게 공기와 물을 주었는가?"9) 그것은 나와 내 삶에 기여하지 않는가?" 게르하르트는 봄과 여름의 자연을 하나님의 자비가 인간 각자에게 주시는 하나님의 메시지로 해석했다. 예를 들자면, "나의 마음이여, 나가서 기쁨을 찾으라."(Geh aus, mein Herz, und suche Freud) 밤의 무서운 어둠이 지나고 떠오르는 아침 해는 그가 보기에 하나님이 개인에게 주시고자 하는 '사랑의 빛'이었다. 그것은 '황금의 태양이다.'(Die gueldne Sonne) 하나님의 사랑은 모든 사람을 위해 몸소 의도하신 예수 그리스도의 수난 가운데에서 깨닫게 된다. 하나님은 가장 극심한 수난과 죽음을 당하는데 까지 자신을 포기하였다. 그러한 예는 "어린 양이 가서 죄책을 담당하신다."(Ein Laemmlein geht und traegt die Schuld)에 잘 나타나 있다. 신앙의 개별화(individualizing) 및 감각화(sensualizing)와 함께 게르하르트는 17세기 루터주의 경건의

---

7) CS 12, 8.
8) CS 1, 5; 83, 12.
9) CS 81, 8.

일반적인 경향을 따랐다.[10] 그러나 게르하르트가 이러한 경향을 강도 높게 표현하였으므로, 그를 동시에 신비주의와 요한 아른트의 언어전통의 계승자로 보게 한다. 체험의 근본적인 역할은 특히 근대초기에 나타난 존재위기에 대한 성찰이었다. 체험은 이제 본질적으로 신자들에게 내적 확증이 되었다. 그러므로 찬송가학의 역사라는 관점에서, 게르하르트는 주류 경건주의의 중심인물이 되었다. 또 그의 찬송가가 다음 세기에도 계속해서 설득력을 지닐 수 있었던 것은 분명히 개인적인 색조에 있었다.

게르하르트는 신앙의 영성화, 개인화 그리고 감각화를 이를 더욱 강하게 하는 감정화와 결합시켰다. 클레르보의 베르나르와 마찬가지로 그에게 있어서 중심적 은유는 '마음'이었다. 게르하르트에 의하면 기도와 찬양은 '마음의 내적 깊이로부터' 오는 경우에만 하나님 앞에서 할 수 있다.[11] 하나님의 행위는 마음의 '깊은 곳'에서 받아들여진다.[12] 죄 많은 인간의 존재 역시 '마음의 깊이'에서 발견된다.[13] '어떻게 올바르게 기도하는가를 가르치는' 것은 하나님의 영이다. 오직 마음에서 영이 노래를 지도할 때만 하나님은 귀로 즐겁게 들으신다.[14] 성령의 역사로서 찬미한다는 것이 성경에 확실히 기록되어 있다(엡 5:18-20). 성령의 역사하심에 대해 보다 개인화되고 감정화된 해석은 찬양에 대한 경건주의 찬송 신학의 주요 부분이다. 요한 아른트가 이미 찬양의 영적 특성을 강조했다. 물론 그는 이것만이 성경과 일치하는 근거라고 보지 않았다. 찬양에 심취하여 찬양하는 자들도 신앙의 개인적 체험을 동일한 결정 요소로 보았다. 아른트와 게르하르트는 성령의 신성한 권능의 체험을 위해 "맛보기"라는 개념을 즐겨 사용했다.[15] 게르하르트는 확실히 내적 체험을 영적으로 해석하는 것을 피했다. 그에게 내적 체험이란 성경의 외부 세계와 연관된

---

10) Ernst Koch, *Das konfessionelle Zeitalter-Katholizismus, Luthertum, Calvinismus, 1563-1675* (Leipzig: Evangelische Verlagsanstalt, 2000), 275f.
11) CS 52, 1.
12) CS 79, 2.
13) CS 50, 1.
14) CS 29, 5.
15) 예를 들면 CS 29, 2.

것으로 존재하는 것이었다.

게르하르트는 감정의 기쁨을 강조했다. '기쁨'이라는 단어가 자주 등장하는 것은 이미 이러한 강조를 뒷받침한다. 이를테면 "나의 가슴은 기쁨으로 뛰어 오를지어다"와 "나의 마음이여, 기쁨으로 일어날지어다"가 예증하듯이, 기쁨은 전체 찬송가의 주제이다. 다른 찬송가들은 "그대 슬픈 영혼이여, 하나님께로 비상하라"가 보여주듯이 근심걱정과 슬픔의 감정을 주제로 택해서 하나님과의 연합과 기쁨을 새롭게 체험하는데 도움이 되기를 열망한다. 기쁨과 신뢰는 게르하르트를 하나님의 활동 속에 안주하게 하였다. 만약에 고통과 비탄에 의해, 그리고 '이 세상적인' 유희들과 외형성에 의해 하나님의 현존이 숨겨진다면, 인간에 대한 결과는 불확실성, 회의 그리고 슬픔이다. 만약에 하나님의 사랑이 새롭게 느껴진다면, 그 결과는 위안과 기쁨이다.

게르하르트는 신앙의 진리를 상당한 정도로 감정을 통해 드러낸다. 이 점에서 그는 무엇보다도 당시의 수사학적-시문학적 견해를 따랐다. 이야기와 시는 단순히 가르치고 즐겁게 해서는 안 되고, 그와 동시에 듣는 사람과 읽는 사람의 감정을 움직여야 한다. 그러나 게르하르트는 이러한 견해를 넘어섰다. 그는 당시에 통용되었던 것보다 신앙생활에 있어서 감정에게 더 중요한 역할을 부여했다. 그 이전 루터파의 인간학에서는 지식과 의지를 지배적인 영적-정신적 힘으로 인정하였다. 감정은 지식과 의지에 예속되었으며, 이것들에 의해 통제되어야 했다. 게르하르트에게 영혼의 운동은 그 자신의 독립적인 기능을 지녔다. 스펜 그로세(Sven Grosse)는 이것이 어떻게 게르하르트의 찬송가에서 고통과 연관하여 나타나는가를 보여주었다. 감성은 '결정적인 순간에는 논리적으로 작동하는 이해보다 더 강력한 힘을'[16] 가진다. 게르하르트가 보기에 고통을 경험하였다 하더라도 하나님에 대한 신뢰는 결국 고통의 문제를 이론적으로 해명하는 것이나 또는 이성적인 논의를 통해서는 얻을 수 없다. 오히려 감정은 아주 강력하게

---

16) Sven Grosse, *Gott und das Leid in den Liedern Paul Gerhardts* (Göttingen: Vandenhoeck & Ruprecht, 2001), 192.

움직이는 것이기에 하나님에 대한 소망이 아픔과 두려움보다 더 강해진다. "하나님의 사랑이라는 '비이성적인' 감정은 고통 받는 인간을 신뢰한다는 '비이성적인' 감정을 일깨운다."[17] 게르하르트는 그의 찬송이 고통 받는 사람들에게 봉사하기를 열망했다.

게르하르트는 감정의 중요성과 더불어 아우구스티누스와 클레르보의 베르나르 때부터 제시된 "마음의 신학"이라는 전통 위에 서 있다. 게르하르트의 시대에는 블레즈 파스칼(Blaise Pascal, 1623-62)에 의해 제시된 것이었다. 그밖에 게르하르트는 요한 아른트로부터 그의 개념을 위한 중요한 자극을 받았을 것이다. 아른트는 자신이 보기에 기도와 음악이 영혼의 운동에 두드러진 역할을 한다고 하였다. 아른트와 게르하르트는 주류 경건주의의 찬송에서 자신의 신봉자들을 얻었다.

아른트에게 기도와 찬송은 기독교의 삶을 연습하는 것이다. 아른트는 『천상의 작은 정원』 서문에서 "성령 속에서 기도하는 것"은 "육체나 낡은 육체적 삶 속에서가 아니라 신앙과 새로운 영적 삶 속에서 기도하는 것을 의미한다."고 하였다. 그러므로 아른트의 기도서의 첫 부분은 "기독교적 미덕 = 십계명에 따른 기도"라는 등식을 제시한다. 게르하르트는 요한 아른트를 따라 찬양과 일상의 관계를 밀접하게 결합시켰다. 신앙이란 참된 기독교에 속하는 것만이 아니라 하나님을 기쁘게 하는 삶도 신앙이다. 선제후와 논쟁하는 동안에 게르하르트는 무엇이 진정한 기독교인을 만드는지 정의를 내린 적이 있다. 기독교인이란 "청결하고 다른 것들이 섞여있지 않은 참된 구원의 신앙을 가진 자이며, 나아가 그의 삶과 행위를 통해 구원신앙의 열매를 보여주는 사람"이다.[18]

이러한 관점을 보여주는 한 예는 "오 세상이여, 여기에서 그대의 삶을 보라"(O Welt, sieh hier dein Leben)는 수난 찬송가이다. 찬송가의 전반부에서 게르하르트는 인류를 구속한 행위로서 예수의 고통과 죽음을 묵상한다. 그리고 그는 후반부에서 어떻게 예수의 삶과 고통이 신자의 행위 속에서

---

17) Grosse, *Gott und der Leid*, 193.
18) 1633년도의 투표. Bunners, *Paul Gerhardt*, 88.

지속되어야 하는가를 보여준다. 그 예는 겸손과 원수에 대한 사랑이다. 잠언 30:7-9을 다룬 "나는 당신 앞에서 두 가지를 기원하나이다."(Zweierlei bitt ich von dir)라는 찬송가는 중용의 삶을 기도한다. 가난과 사치 사이의 삶은 추구할만한 가치가 있는 것이다. 게르하르트는 "나의 하나님, 저는 저의 모든 행위를 아나이다."(Ich weiss, mein Gott, dass all mein Tun)에서 올바른 삶을 살게 하는 지혜에 대해 묵상한다. "귀를 기울일지어다, 그대 민족들이여"(Hört an, ihr Völker)에서 적대적인 민족들과의 관계에 묵상하며, "예수, 가장 사랑스러운 형제"(Jesu, allerliebster Bruder)에서는 우정에 대해 묵상한다. 또한 "그토록 슬프지 않도다."(Nicht, so traurig, nicht so sehr)에서 고통을 주는 차별대우에 대처하는 방법을 묵상한다. 몇몇 찬송가는 올바른 결혼 행위를 위한 것이다. 또 다른 찬송가들은 전쟁과 평화를 숙고하거나 건강과 질병을 다루고 있다. 삶에 대한 수많은 언급들은 필립 야곱 슈페너로 하여금 게르하르트의 찬송 내용에 대해 새로운 명성을 제공하게 하였다.

사회적 약자들에 대한 게르하르트의 지지는 특별하다. 많은 경건주의자들은 당시 사회계급 사이에 존재하는 장벽을 극복하거나 개선하려고 노력했다. 그들은 구빈원과 고아원의 설립을 통해 사회적 결핍을 경감시키고자 시도했다. 게르하르트는 자신의 성직을 실천하면서 눈에 띠는 방식으로 사회적 약자들에게 헌신했었을 것이라고 짐작할 수 있다. 이는 게르하르트가 목회직에 복직되어야 한다고 하층계급들이 청원한 것을 통해 분명히 알 수 있다. 선제후는 이 청원을 "반란"이라고 했다.

신년 찬송가에서 게르하르트는 하나님께 고아들과 과부들, 가난한 자들과 병약한 자들을 위해 기도했다. "무엇에 반항하는가, 그대 교만한 폭군이여"(Was trotzest du stolzer Tyrann)에서 그는 통치권의 부당한 행사를 비판했다. "그대 사랑스러운 순결"(Du liebe Unschuld du)에서 그는 다른 사람들의 착취를 통해 부유해진 사람들을 탄핵했다. 게르하르트가 가난한 자들에게로 향한 것은 궁극적으로 기독론에 기초한 것이었다. 하나님 자신이 그리스도 안에서 가난해졌다. 요한 아른트는 신자들이 기꺼이 가난한 자들과 연합해야 한다고 요구했다. 게르하르트는 "가난한 자들의 고난을 가슴에 안고 사랑으로 선을 행하는 자에게 복 있을진저."(Wohl dem, der die Not der Armen sich zu Herzen gehen lässt und mit Liebe Gutes tut)를 작사했다.[19]

창조와 관련해 자신의 신앙이 루터파에 의해 영향을 받았음에도 불구하고 게르하르트는 '세상'이라는 개념을 부정적인 의미에서 사용했다. 그는 예컨대 "나의 마음은 차갑고 무정하고 이 세상에 속하는 것에 의해 더럽혀졌으며, 단지 허영에 찬 것만을 묻는다."(Mein Herz ist kalt, hart und betört von allem, was zur Welt gehört, fragt nur nach eitlen Sachen)에서 '세상'의 공허함과 덧없음으로부터 떠날 것을 요구했다.[20] 이와 같은 진술의 배후에는 성경적 주제 다음으로 신비주의적인 전통이 있다. 외적인 사물로부터 물러남은 하나님과 더 밀접한 연합을 위한 열망을 돕는다. 이러한 경향은 많은 경건주의 찬송가에서 지배적인 역할을 수행했으며, 게르하르트에게서도 찾아 볼 수 있다.

게르하르트는 그리스도와 신자 간의 사랑에 의한 연합을 위해 종종 에로틱한 은유를 사용했다. 이러한 은유들은 그의 시와 주류 경건주의의 상징들이 공통된다는 것을 보여주는 목록이다. 이것은 마찬가지로 예수의 피와 상처에 대한 강조에도 적용된다. 또한 게르하르트는 경건주의에서 볼 수 있는 경건한 황홀경과 찬송의 결합을 보다 온건한 방식으로 했음을 발견할 수 있다. "나의 마음은 뛰어오르고 슬플 수 없으며, 기쁨으로 가득해 노래하며, 청명한 햇빛을 본다."(Mein Herz geht in Springen und kann nicht traurig sein, ist voller Freud und Singen, sieht lauter Sonnenschein).[21]

---

19) CS 63, 4.
20) CS 23, 3.
21) CS 82, 15.

4. 경건주의에서 게르하르트의 수용

게르하르트의 찬송은 초기에 두 방향으로 수용되었다. 한편으로 그의 찬송은 정통적인 경건과 전례적(典禮的)으로 제도화된 예배용으로 사용하기 위해 찬송가집에 포함시켰다. 다른 한편으로 그의 찬송은 경건 운동과 경건주의의 주류 대표자들에게 커다란 반향을 불러일으키며 수용되었다. 이 같은 이중적 수용은 찬송 그 자체가 근거가 되었다. 즉 게르하르트의 찬송은 신앙과 심오한 체험적 관계를 보여줄 뿐만 아니라 교리를 생동적으로 나타내는 경향을 보여준다.

경건주의적인 찬송가 문화의 선구자들 가운데 목회자이며 교수요 시인이자 교훈적 문학의 박식한 저자인 하인리히 뮬러(Heinrich Müller, 1632-75)가 있다. 뮬러는 아우구스티누스, 클레르보의 베르나르 및 요한 아른트를 따라 찬송가에서 하나님의 사랑을 느끼고 '맛 볼 수 있는 중요한 수단을 보았다. 뮬러는 자신의 관점에서 공적 예배의식의 형식주의를 비판하고 가정에서의 찬양을 강조했다. 찬양의 기능은 그에게 신학적 교리의 조정기능이라기 보다 오히려 마음을 움직여 영적 "충만"이 정점에 달하게 하는 것이었다. 뮬러는 파울 게르하르트의 최초 개척자들 가운데 한 사람이었다. 뮬러는 게르하르트의 찬송이 그 자신의 의도와 가장 가깝다는 것을 느꼈음에 틀림없다. 찬송가집 서문에서 뮬러가 새로운 찬송가에 대해 내린 판단은 게르하르트의 찬송과 연관이 있을 것이다. 즉 게르하르트의 찬송은 "그 풍부한 영성과 강력하게 가슴을 터지게 하는 언어를 통해 조용히 있는 영혼을 충동하여 불타오르게" 할 수 있다.

필립 슈페너에게 찬송가는 중생한 사람들에게 명상과 헌신을 촉구한다. "만인 제사장직"과 회중 구성원의 상호교화는 같이 찬송함으로써 실현될 수 있다. 슈페너는 조건부로 예배에서 전문적인 '콘서트 음악'(Kunstmusik) 연주자에 대해 반대하는 입장을 표명했다. 더욱이, 그는 찬송가집과 새로운 찬송가의 보급을 지지했다. 슈페너는 요한 크뤼거의 찬송가집 가운데서 후기에 편집한 두 개의 찬송가집에 서문을 썼다. 최근의 시인들 가운데 슈페너는 게르하르트를 가장 소중히 여겼다. 이유는 그가 찬송가에서 신학적 깊이와 영적 능력의 탁월성을 나타내었기 때문이다. 또한 표현이 간단했기 때문에 교육수준이 낮은 회중 구성원들에게 효과적이었다. "나는 이보다 더 영성과 능력으로 가득한 것을 발견하지 못했다. 게르하르트의 찬송은 기독교인들에게 아직 알려지지 않은 자료에 대해 묵상하는 기회를 주며, 그 단순성으로 볼 때 우리 기독교의 심장이다."22) 슈페너에게 돌려지기 원하는 위대한 권위는 의심할 것 없이 게르하르트의 찬송을 경건주의자들 가운데에 높이 평가받게 한 것이다.

요한 필립 트로이너(Johann Philipp Treuner)는 시문학을 경건주의적으로 해석하는 것을 통해 자극을 받았다. 1708년 아욱스부르크(Augsburg)에서 그는 게르하르트 찬송가의 편집을 정리하였다. 트로이너는 신학적 내용보다 찬송의 내면 과정을 강조했다. 트로이너는 자신이 편집한 책의 서문에서 이들 찬송가는 단호하게 '마음의 음악'이라고 했다. 게르하르트의 찬송가는 '신앙을 노래하고 영혼으로 기뻐하게' 하는 능력이 있었다. 그의 찬송가는 '두뇌의 시학'이 아니라 '마음의 시학'이다. 이유는 '그의 찬송가는 마음으로부터 와서 마음으로 돌아가며 영혼에 불을 지필 능력이 있기 때문이다.'

가장 중요한 경건주의 찬송가집 가운데 요한 아나스타시우스 프라이링하우젠(Johann Anastasius Freylinghausen, 1670-1739)의 『성령으로 가득한 찬양집』(Geist=reiches Gesang=Buch)이 있다. 이것은 1704년과 1714년에 두 부분으로 출판되었으며, 1718년에는 '요약판'이 나왔다. 프라이링하우젠은 아우구스트 헤르만 프랑케의 협력자였으며, 나중에는 그의 계승자가 되었다. 할레 경건주의는 그의 찬송 개념에 영향을 끼쳤다. 그의 찬송학 작업은 프랑케 연구소의 교육학적-영적인 작업과 관련이 있다. 프라이링하우젠의 찬송가집은 여러 판으로 간행되어 할레지역보다

---
22) Philipp Spener, *Consilia et Judicia Theologica latina*, part 1 (Frankfurt a. M.: Heinscheitii, 1709), 438.

훨씬 먼 곳에서도 중요하게 여겼다. 곧 북미와 인도까지 영향을 끼쳤다. 그의 찬송집에는 신구 찬송가 1,600곡 이상이 수록되었는데, 그 중 족히 5퍼센트에 해당하는 84곡이 파울 게르하르트로부터 유래한 것이다. 실로 게르하르트는 프라이링하우젠의 찬송가집에 가장 많이 등장하는 시인이다. 서문에서 프라이링하우젠은 그의 시를 "장엄한 영적 노래"라고 언급했다.

독일 경건주의 찬송집 중에 영향력 있는 또 다른 찬송집은 요한 포르스트(Johann Porst, 1668-1728)가 편찬한 것이다. 베를린의 목사이자 감독인 포르스트는 슈페너와 프랑케의 영향을 받았다. 그의 찬송집은 처음에는 1709년에 익명으로 출판되었으나, 1713년에는 그의 이름으로 출판되었다. 제목 자체가 이미 게르하르트에 대한 그의 높은 존경심을 나타낸다. 『마르틴 루터, 요한네스 헤르만, 파울 게르하르트 그리고 그 외의 하나님의 일꾼들이 과거와 현재에 신앙의 정신으로 작곡한 영적이고 사랑스러운 노래들』(*Geistliche und Liebliche Lieder / Welch der Geist des Glaubens durch D. Martin Luther / Johannes Hermann / Paul Gerhardt / und andere seine Werckzeuge in den vorigen und jetzigen Zeiten dedichtet*). 프로스트의 찬송집에 실린 921곡 전체 중 8퍼센트에 해당하는 71곡이 게르하르트의 것이다. 프로스트의 찬송집은 20세기에 이르기까지 여러 개의 중요한 판으로 출판되었으며, 그 결과 게르하르트가 광범위하게 수용되는데 지속적으로 공헌했다.

게르하르트를 광범위하게 수용하되, 교회내의 경건주의 찬송집에서만 수용한 것은 아니다. 그는 급진적이며 분리주의적인 경건주의 찬송집에서도 등장하였다. 크리스토프 슈츠(Christoph Schütz, 1693-1750)가 편찬된 『영적 조미료=풀=그리고 화원 또는 우주=찬양집』(*Geitlicher Würtz = Kräuter = unter Blumengarten oder Universal = Gesanbuch*)을 예로 들 수 있는데, 이는 1739-44년 사이에 다섯 부분으로 출간되었다.

찬송집의 역사를 통해 볼 때, 경건주의가 게르하르트를 수용한 것에 대해 전기(biography)에 보충하여야 한다. 찬송가가 사람들에게 끼친 영향의 역사는 대개 보이지 않는 방식으로 일어난다. 그러나 때때로 이에 대한 공적인 증언도 존재한다. 경건주의의 일대기에서 관찰되는 이러한 실례는 게르하르트 찬송가의 영향력이 대단하였음을 예증한다.

1735년에 존 웨슬리(John Wesley, 1703-91)는 당시 영국 식민지이던 조지아에서 선교에 종사하기 위해 대서양을 횡단하였다. 웨슬리는 긴 여행을 하는 동안, 동행하는 모라비안 교도들이 부르는 찬송가에 아주 강한 영향을 받아 즉시 독일어를 배우기 시작하였다. 웨슬리는 영국 국교회로부터 배운 시편으로 찬송하는 것만 알았다. 곧 웨슬리는 찬송가 모음집을 편집하였다. 웨슬리는 1739년에 출간된 그의『찬송가와 성시』(Hymns and Sacred Poems)에서 그가 번역한 게르하르트의 찬송가 두 곡을 삽입하였다. 1766년에 웨슬리는 그의 개인적 발전과 감리교의 발흥을 방어해야 했는데, (그때) 그는 번역한 게르하르트의 기도 시구를 생각해냈다.

 오, 나의 영혼에서 그 아무 것도 허락지 마시고
 오직 그대의 순수한 사랑만이 깃들이소서!
 오, 그대의 사랑이 나의 전체를 소유하소서,
 나의 기쁨, 나의 보배요 나의 면류관!
 모든 차가움을 나의 마음에서 제거하시고,
 나의 모든 행위, 말, 생각이 사랑이 될지어다!

그 누가 이 가운데 어느 것이라도 반대할 수 있겠는가?라고 웨슬리는 물었다. 그는 이러한 원칙으로부터 벗어나는 그 어떤 것도 쓰지 않았고 가르치지 않았다. 그의 관심사는 이러한 시적 언어에 의해서 가장 잘 표현되었다. 그리하여 그는 감리교가 추구하는 성화에 대한 증인으로 등장하였다.

프로이센의 국왕 프리드리히 빌헬름 1세(Friedrich Wilhelm I, 1688-1740)는 프로이센 경건주의의 후원자인 동시에 아우구스트 헤르만 프랑케의 후원자였다. 그는 임종이 가까워지자, 게르하르트의 찬송가 "왜 나는 슬퍼해야 하는가."(Warum sollt ich mich denn grämen)를 부르기를 선택했다. 그는 자신의 장례식을 위해 게르하르트의 "오, 피와 상처로 가득한 머리여"(O Haupt voll Blut und Wunden)를 악기로 연주할 것을 지시했다.

뷰르템베르크 경건주의의 대표적인 지도자인 프리드리히 크리스토프 외팅어(Friedrich Christoph Oetinger, 1702-82)는 그의 자서전에서 게르하르트가 체험한 것을 기록하였다. 외팅어의 가정교사는 일곱 살 난 어린이인 그에게 게르하르트의 찬송가 "그대 슬픈 영혼이여, 하나님께로 비상하라"(Schwing dich auf zu deinem Gott, du betrübte Seele)를 기도하라고 강요하였다. "고통이 무엇인가를 전혀 모르면서, 나는 하나님께 비상하는 것이 무엇인가를 이해하도록 강요당하였다. 그러므로 나는 하나님 앞에서 내면으로 힘을 쏟았다. 그리고 하나님 안에 받아들여진 나 자신을 체험했다. 나는 찬송가 전체로 기도했다. 나의 영혼에 명료한 빛을 남기지 못한 단어가 없었다. 나는 나의 삶에서 그보다 더 기쁜 것을 결코 체험하지 못했다. (…) 이 체험은 나의 삶 전체에 영향을 미쳤다."[23]

칼 하인리히 폰 보가츠키(Carl Heinrich von Bogatzky, 1690-1774)는 그 자신이 잘 알려진 찬송 시인이었다. 25살이었을 때, 그는 게르하르트의 찬송가 "나의 가슴은 기쁨으로 뛰어 오를지어다"(Fröhlich soll mein Herze springen)에 의해 칭의의 메시지를 확신했으며, 신앙으로 인도받았다. 저명한 법률가이자 종교적 시인이며 찬송가학자인 요한 야콥 모저(Johann Jakob Moser, 1701-85)는 그의 군주에 저항해 백성들의 권리를 옹호했으며, 그 결과 5년 동안 감옥 수감의 실형을 받았다. 재판을 받기 위해 군주의 성에 왔을 때, 그는 서기에게 다음과 같은 게르하르트의 말을 했다. "겁내지도 않고 두려워하지도 않는 기독교인은, 그가 어디 있든지, 언제나 자기 자신이 알려지게 하라." 이와 같이 모저(Moser)는 죽는 날에도 게르하르트의 말로 자신을 위로했다. "그대여 어린아이 같이 되어 그대를 그대 아버지의 팔에

---

23) Eduard Emil Koch, *Geschichte des Kirchenlieds und Kirchengesangs der christlichen, insbesondere der deutschen evangelischen Kirche*, 8 vols. (3rd edn, Stuttgart: Belser, 1866-76), 8: 480.

안기게 하라."

독일 성서영감주의 교단의 지도적 인물인 요한 프리드리히 로크(Johann Friedrich Rock, 1678-1749)는 게르하르트의 찬송가가 언젠가 그를 몽환과 유사한 상태로 만들었고 강력한 영적 운동을 시작하게 했다고 보고하였다. 찬송가는 요한 아른트에 의해 기도의 변형이 되었다. 내적인 운동은 로크에게 심신중적(psychosomatic) 반응을 일으켰다.

> (회중에서) 찬송가 "오 예수 그리스도, 나의 가장 아름다운 빛이여!"가 막 불렸을 때, 내 마음의 평정은 교란되지 않고 오히려 증가했다. 그리고 어떻게 모든 규칙들 (즉 연과 절)이 나의 가슴 속에 그토록 생동하는가가 주님께 알려졌다. 우리 모두는 무릎을 꿇었다. 그리고 곧바로 나의 가슴은 기쁨으로 뛰었으며 그리하여 나의 몸은 떨렸다. 나 자신은 기도를 한 것이 아니라 그저 그리스도의 온화한 사랑을 기뻐했다. 내가 그러한 것을 쓰기에 앞서 나는 그분에게 잘 알려졌다. (그분은 이미 나를 알고 계셨다) 실로 성도들이 더 많이 기도하면 할수록, 나의 가슴은 더욱 더 타올라 더욱 더 맹렬하게 움직였다. 아니, 나는 가능하다면 그렇게 하지 않으려고 바닥에 쓰러졌다. 그러나 그것은 나를 바닥으로부터 일으켜 세웠으며, 아주 강력한 숨결이 가슴으로부터 코를 통해 왔기 때문에 나 자신은 더 이상 놀랄 수 없었다. 그리고 기쁜 웃음이 뒤따랐다.24)

펜실베이니아의 루터파 경건주의자이며 교회 조직자인 헨리 멜키오르 뮬렌베르크(Henry Melchior Mühlenberg, 1711-97)는 종종 서신에서 게르하르트의 찬송가를 언급했다. 그는 특히 하나님의 섭리에 대한 신뢰를 표현한 시구를 선택했다. 이와 유사하게 뷰르템베르크의 목사이자 경건주의자인 필립 마테우스 한(Philipp Matthäus Hahn, 1739-90)은 그의 일기에서 신뢰를 노래하는 게르하르트의 찬송가를 인용했다.

---

24) Ulf-Michael Schneider (ed.), *Johann Friedrich Rock, Wie ihn Gott geführt und auf die Wege der Inspiration gebracht habe. Autobiographisch Schriften*, KTP 1 (Leipzig: Evangelische Verlagsanstalt, 1999), 7f.

게르하르트와 그의 찬송가는 또한 루트비히 호파커(Ludwig Hofacker, 1798-1828), 프리드리히 빌헬름 크룸마허(Friedrich Wilhelm Krummacher, 1796-1868) 그리고 엠마누엘 고트립 랑비처(Emmanuel Gottlieb Langbecker, 1792-1843) 등과 같은 19세기 신경건주의의 대변자들에 의해서도 높이 평가되었다. 게르하르트 전기와 작품을 최초로 포괄적으로 제시하고 기록한 사람은 랑비처이다. 베를린 선교회의 회장인 헤르만 테오도르 방에만(Hermann Theodor Wangemann, 1818-94)은 "각성과 신성 운동"(the Awakening and Holiness movement)에 속하는 인물이다. 방에만은 다음과 같이 게르하르트와 17세기의 다른 시인들에게서 개신교 정통주의와 경건주의가 결합된 것을 날카롭게 규명했다. "요한 아른트와 같이 그들은 앞선 세대의 루터교에 견고하게 뿌리를 내리고 있었기 때문에 그를 위해 기꺼이 직책과 수입을 포기할 준비가 되어 있었다. 그러나 그들은 성령이 왕성한 신앙고백을 통해 기독교의 더 생동적인 형식을 그리고 기독교인의 더 내적인 삶을 지향하는 새로운 견인력에 저항할 수 없었다. 그러므로 그들은 자신들의 찬송가에서 우리를 '위한' 그리스도와 더불어 우리 '안의' 그리스도를 노래했다."[25] 방에만이 보기에 게르하르트는 "복음주의 시인들 가운데 가장 위대한 그리고 또한 가장 겸손한 시인"이었다.[26]

5. 그 밖의 영향사

게르하르트의 가냘픈 작품집이 지속적으로 영향을 미친다는 사실은 놀라운 일이다. 그의 성경적-신학적 깊이, 개인적-목회적 색조 그리고 시적 형식의 힘은 그의 호소력을 위한 근본적인 요소들이지만, 궁극에는 미스터리로 남는다. 게르하르트는 찬송 연구와 찬송가집의 이후 역사에 권위적인 존재가 되었다. 작곡가들은 게르하르트의 노래와

---

25) Hermann Theodor Wangemann, *Kurze Geschichte des evangelischen Kirchenliedes* (Treptow a.d. Rega: Bockramm, 1855), 266.
26) Wangemann, *Kurze Geschichte*, 268.

시구를 음악으로 만들어 그들의 작품에 통합시켰다. 게르하르트를 인용한 사람들로는 다음과 같은 사람들이 포함된다. 디트리히 북스테후데(Dietrich Buxtehude, 1637-1707), 요한 세바스티안 바흐와 칼 필립 에마누엘 바흐(Carl Philipp Emanuel Bach, 1714-88), 게오르그 필립 텔레만(Georg Philipp Telemann, 1681-1767), 펠릭스 멘델스존 바르톨디(Felix Mendelssohn Bartholdy, 1809-47), 막스 레거(Max Reger, 1873-1916) 그리고 에른스트 페핑(Ernst Pepping, 1901-81) 등이다. 게르하르트를 인용하거나 기술한 작가로는 마티아스 클라우디우스(Matthias Claudius, 1740-1815), 테오도어 폰타네(Theodor Fontane, 1819-1898), 토마스 만(Thomas Mann, 1875-1955), 베르톨트 브레히트(Bertold Brecht, 1898-1956) 그리고 귄터 그라스(Günter Grass, 1929-)가 포함된다. 게르하르트는 의심의 여지없이 목회적 조언자로서 가장 커다란 영향을 미쳤고 지금도 미치고 있다. 그는 전 세계 기독교에 목회적 조언자로 불릴 수 있을 것이다. 이러한 영향은 특히 시가 지닌 경건주의적 요소에 대한 광범위한 이해에 근거한다. 신학자이면서 나치정권에 대항한 투쟁에서 순교한 디트리히 본회퍼(Dietrich Bonhoeffer, 1906-45)는 감옥에서 게르하르트의 크리스마스 찬송가인 "나는 여기 당신의 구유 앞에 서 있네."에 대해 묵상하면서 다음을 발견하였다. 1943년 강림절의 네 번째 일요일, 본회퍼는 후일 『저항과 복종』(*Widerstand und Ergebung*)이라는 제목으로 출간된 편지에서 이렇게 썼다.

> 나는 최근에 처음으로 찬송가 "나는 여기. 당신의 구유 앞에 서 있네"를 감상하는 것을 배웠다. 지금까지 나는 그것을 중요시하지 않았다. 내가 생각하기에 누구든 오랜 시간 홀로 있으면서 그것에 대해 묵상하면 그것을 적절히 평가할 수 있다. 모든 말이 주목할 만하게 의미와 아름다움으로 가득 차 있다. 거기에는 수도원과 신비주의의 가벼운 정취가 있지만, 모두 정당하다. 결국 그것은 '나'와 '그리스도'

그리고 '우리'에 대해 이야기할 권리이며, 또한 그것이 의미하는 것은 이 찬송가에서 가장 잘 표현될 수 있다.27)

---

27) Dietrich Bonhoeffer, *Letters and Papers from Prison*, ed. Eberhard Bethge, tr. Reginald Fuller et al. (New York: Macmillan, 1972), 170.

참고문헌

· 일차 자료

Gerhardt, Paul, *Dichtungen und Schriften*. Critical edition by Eberhard von Cranach-Sichart (Munich: Müller, 1957). Cited as CS hymn number, stanza.

Gerhardt, Paul, *Ich bin ein Gast auf Erden. Poems*, edited with an afterword by Heimo Reinitzer (Zurich: Diogenes, 1998).

Kemp, Friedhelm (ed.), with an article by Walter Blankenburg, *Paul Gerhardt: Geistliche Andachten (1667). Samt den übrigen Liedern und den lateinischen Gedichten* (Bern and Munich: Francke, 1975), (reprint of the edition by Johann Georg Ebelign, 1666-67).

· 이차 자료

Axmacher, Elke, *Johann Arndt und Paul Gerhardt. Studien zur Theologie, Frömmigkeit und geistlichen Dichtung des 17. Jahrhunderts* (Tübingen and Basel: Francke, 2001).

Brecht, Martin (ed.), *Geschichte des Pietismus* 1 (Göttingen: Vandenhoeck & Ruprecht, 1993).

Bunners, Christian, "'Now there is no death to harm us...' Paul Gerhardt's final words," *The Hymnology Annual*, 1 (1991), 278-94.

Bunners, Christian, *Paul Gerhardt. Weg-Werk-Wirkung* (2nd edn,

Munich and Berlin: Buchverlag Union, 1994).

Bunners, Christian, "Lieder Paul Gerhardt im Freylinghausenchen Gesangbuch," in Gudrun Busch and Wolfgang Miersemann (eds), *"Geist=reicher" Gesang. Halle und das pietistische Lied* (Tübingen: Niemeyer, 1997), 211-40.

Hewitt, T. Brown, *Paul Gerhardt as a Hymn Writer and his Influence on English Hymnology* (New Haven: Yale University Press, 1918).

Kemper, Hans-Georg, *Deutsche Lyrik der frühen Neuzeit*, vol 2, *Konfessionalismus* (Tübingen: Niemeyer, 1987).

Koch, Eduard Emil, *Geschichte des Kirchenlieds und Kirchengesangs der Christlichen, insbesondere der deutschen evangelischen Kirche*, 8 vols (3rd edn, Stuttgart: Belser, 1866-76; reprint Hildesheim: Olms, 1973).

Leaver, Robin, "The Hymns of Paul Gerhardt in English Use," *Bulletinder Internationalen Arbeitsgemeinschaft für Hymnology* 9 (1981), 80-84.

Marshall, Traute Maass, "Gerhardt, Paul," in *The New Grove Dictionary of Music And Musicians*, vol. 9 (2nd edn, Washington, D.C.: Grove Dictionaries of Music, 2001), 697f.

Petrich, Hermann, *Paul Gerhardt. Ein Beitrag zur Geschichte des deutschen Geistes* (Gütersloh: Bertelsmann, 1914).

Wallmann, Johannes, *Der Pietismus* (Göttingen: Vandenhoeck & Ruprecht, 1990).

필립 야콥 슈페너(1635-1705)

K. 제임스 슈타인(K. James Stein)

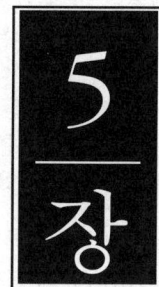

1664년 6월 23일은 필립 야콥 슈페너(Philipp Jakob Spener, 1635-1705)의 생애에서 매우 중요한 날이었다. 그날 오전 그는 슈트라스부르크 상인 가문의 딸인 수잔나 에어하르트(Suzanna Ehrhardt)와 결혼했다. 오후에는 슈트라스부르크(Strasbourg) 대학에서 신학 박사학위를 받았다. 이 두 사건은 향후 슈페너의 생애와 사역에서 일어날 긍정적인 징조를 보여주는 것이었다.

슈페너는 1635년 1월 13일, 라인 강 유역의 조그마한 도시인 라폴츠바일러(Rappoltsweiler)에서 태어났다. 오늘날 이곳은 프랑스의 리보빌르(Ribbeauville)에 해당한다. 그의 아버지와 외할아버지는 라폴트슈타인(Rappoltstein) 백작을 위해 일했다. 슈페너와 그의 동생들은 경건하고 평화로운 루터교 집안에서 성장했다.

초등교육과 개인교습을 받은 후, 슈페너는 슈트라스부르크 대학에 입학해서 1653년에 졸업했다. 그리고 1654-59년 기간에는 요한 슈미트(Johann Schmidt, 1594-1658), 요한 콘라트 단하우어(Johann Conrad Dannhauer, 1603-66) 그리고 세바스티안 슈미트(Sebastian Schmidt, 1617-1696)와 같은 슈트라스부르크 대학의 신학과 교수들에게서 배웠다.

슈페너는 이들이 가진 학식과 경건을 통해 깊은 감명을 받았다. 그는 이 시절에 역사학과 계보학(genealogy)에 대해 깊은 관심을 갖게 되었으며, 이것이 계기가 되어 후일 문장학(heraldry)에 대한 저명한 책을 출간하였다.

슈페너 부부는 슬하에 열한 자녀를 두었는데, 그 가운데 세 명은 아주 어릴 적에 세상을 떠났다. 자녀를 잃은 슬픔에도 불구하고, 슈페너와 그의 아내 수잔나는 돈독한 결혼생활을 한 것 같다. 수잔나가 꼼꼼한 재정관리와 자녀양육을 해 줌으로써 슈페너가 자유롭게 성직의 책임을 다할 수 있었다.

1666년에 슈페너는 프랑크푸르트에 있는 루터교회들을 관장하는 감리사로 초빙되었다. 이는 다수의 회중과 열 한명의 동료 목회자들을 관리하는 책임자이자 대변인의 지위에 해당한다. 붙임성 있는 성격의 슈페너가 전국적으로 저명한 인사로 발돋움하게 한 곳은 바로 프랑크푸르트였다.

슈페너는 열정적인 교리문답식 교육과 1670년에 그가 결성한 '경건한 소모임'(collegia pietatis, 경건한 자들의 모임)으로 인해 알려지게 되었는데, 이 소그룹의 목적은 기독교의 삶을 보다 효과적으로 장려하려는 것이었다. 1675년 슈페너는 교회개혁을 위한 자신의 진심어린 바램이 담겨있는 저 유명한 책 『경건한 소원』을 출간했다. 슈페너는 단순히 그가 속한 교회의 타락한 부분들만을 뽑아 비난만 하지 않고, 다음과 같이 여섯 가지의 구체적인 개혁안을 제시했다. (1) 목회자와 평신도 모두 보다 광범위하게 성경을 사용할 것 (2) 영적인 평신도 사제직의 설치와 운영 (3) 공의로운 기독인의 삶을 강조할 것 (4) 종교적 논쟁에 참여하는 자들의 보다 나은 행동 (5) 신학교육의 경건한 개혁 (6) 신앙과 그 열매를 생산할 수 있는 예배와 설교 등이다. 슈페너의 『경건한 소원』은 널리 수용되었다.

1686년부터 1691년까지 슈페너는 드레스덴(Dresden)에서 작센 공작의 궁정 설교자가 되었다. 그러나 이곳에서 그는 가장 불행한 목회생활을 경험해야 했다. 작센공의 과음에 대한 질책과 확산되고 있는 경건주의 운동을 지지하는 책의 출판에 대해 궁정을 비롯하여 비텐베르크(Wittenberg)와 라이프치히(Leipzig) 대학의 신학과 교수들이 크게 반발하고 나선 까닭이다.

다행히 슈페너는 1691년에 베를린으로 옮겨가 루터교 목사들의 감독관인 동시에 성 니콜라스 교회(St Nicholas Church)의 담임목회자가 되었다. 그의 영향을 받은 프러시아 궁정에 힘입어 그는 1694년에 경건주의의 아성이 된 할레(Halle) 대학 봉헌식을 준비했다. 아우구스트 헤르만 프랑케(August Hermann Francke, 1663-1727)는 슈페너의 가장 헌신적인 추종자였다. 그의 강력한 지도력 아래 수많은 사회기관들이 만들어졌고, 이 기관들은 할레를 신학교육, 사회개조, 루터교 경건주의를 표방하는 해외선교 등의 개혁 중심지로 삼았다. 슈페너는 1705년 2월 5일에 평화롭게 하나님의 부름을 받았다. 그의 부인도 같은 해에 세상을 떠났다. 그들은 모두 성 니콜라스 교회에 묻혔는데, 이 건물은 오늘날까지 남아있다.[1]

1. 슈페너의 신학

비록 슈페너가 자연신학을 주제로 석사학위 논문을 썼지만, 철학적 질문에 어느 정도 깊은 관심을 가졌다는 증거는 없다. 그리고 덧붙여 1666년 이후 신학교수가 아니라 목회자가 될 것이 분명해지면서, 그는 조직신학보다는 더욱 더 실천신학으로 기울어지게 되었다. 이것이 그가 "신학적 실용주의자"라고 불리게 된 이유가 되었다.[2]

---

1) 표준 독일어로 된 슈페너의 전기는 다음을 보라. Paul Grünberg, *Philipp Jakob Spener: Sein Leben und Werken*, 3 vols (Göttingen: Vandenhoeck & Ruprecht, 1893-1906). Martin Brecht, "Philipp Jakob Spener, sein Programm und dessen Auswirkungen," in Brecht 1, 278-389. 영문판 전기로는 다음을 보라. Marie Richard, *Philipp Jakob Spener, August Hermann Francke* (Philadelphia: Lutheran Publication Society, 1897), K. James Stein, *Philipp Jakob Spener: Pietist Patriarch* (Chicago: Covenant Press, 1986).

2) Werner Jentsch, "Einleitung", "Einfältige Erklärung der christlichen Lehr nach

그렇다고 해서 슈페너가 신학을 중요하지 않다고 여긴 것은 아니다. 그는 로마 가톨릭과 소시니안들(Socinians)에 대항해 글을 발표했으며, 당시 점차 확대되는 무신론에 대해 경고했다. 그는 개혁주의(칼빈파) 신학에 대항해서 자기 자신이 몸담고 있는 루터파 교리를 분명하게 밝혔는데, 특히 예정론, 기독론 및 성찬에 관한 문제들 등이었다. 그는 사람들이 믿는 바가 자신이 밝힌 것과는 커다란 차이가 있음을 알게 되었다. 그는 목회자로서 올바른 교리를 신중하게 가르쳤다. 곧 그에게 있어서 올바른 교리는 루터교였다.[3]

슈페너는 마르틴 루터의 그늘에서 신학을 했다. 그는 루터에 대해 여러 가지로 긍정적인 말을 했는데, 심지어 성경 다음으로 가장 많이 자신의 신학을 형성케 한 것은 종교개혁자 루터였다고 말하기도 했다.[4] 그럼에도 불구하고 슈페너는 몇몇 그의 동시대인들이 종교 개혁자를 "13번째 사도"로 간주함으로써 루터를 우상화하는 것에 대해서 반대했다. 강렬하고 거친 언어를 사용하는 루터의 경향에 당황한 슈페너는 루터를 성인으로 추앙할 수 없었다. 그러나 사마귀가 있다고 해서 몸 전체의 품위가 떨어지는 것은 아니다.[5] 슈페너는 루터와 그 자신이 매우 상이한 신학의 무대에서 활동한다는 사실을 깨달았다. 즉 종교개혁자들이 활동한 시기는 사람들이 은총에 갈급해 하고 선행에 의해 공덕을 쌓는 것이 보편적인 시기였다. 이에 반해 슈페너는 선행을 행하도록 용기를 북돋우는 것이 필요한 시대에 활동했다.

슈페너의 신학을 평가하는 한 가지 방식은 정통주의와 독일 경건파

---

der Ordnung des kleinen catechismi des teuern Manns Gottes Lutheri," in Erich Beyreuther (ed.), *Philipp Jakob Spener Schriften*, Band II, 1 (Hildesheim: Olms, 1982), 25.
3) *Herrn D. Philipp Jacob Speners Theologische Bedencken* (Halle: Verlegung des Waysen-Hauses, 1712), IV, 53. 이는 슈페너의 편지와 논문을 수록한 중요한 첫 작품으로 이후로는 *T. Bed.*로 표기한다.
4) 인용. Martin Schmidt, "Philipp Jakob Spener und die Bibel," in Kurt Aland (ed.), *Pietismus und Bibel* (Witten-Ruhr: Luther Verlag, 1980), 56-7.
5) *Herrn D. Philipp Jakob Speners Letzte Theologische Bedencken und andere Brieffliche Antworten...* (Halle: Verlegung des Waysen-Hauses, 1711), III, 419. 이후로는 *L. T. Bed.*로 표기한다.

루터주의자들 사이에 벌어진 17세기 '집안싸움'(family fight)의 관점에서 바라보는 것이다. 교회 내의 수많은 성직자들의 갈등에서 볼 수 있는 것같이, 말과 글로 하는 논쟁에서도 찬성과 반대가 뒤엉켜 위기에 처한 정도가 심하였다는 것을 잘 보여준다. 양 진영에 대해 진지하고 그 본질을 잘 아는 신학자들은 권위, 구원, 선행 및 사도성에 관한 주제들에 대해 격론을 벌였다. 정통주의 신학자들은 슈페너가 기독교적 경건을 조장하는 것이 오직 은총에 의한 구원이라는 역사적으로 중요한 루터의 교리를 전복시키지 않을까 진정으로 두려워했다. 그들은 슈페너가 성령이 사람들의 삶에 역사하는 것을 강조하는 것은 성경과 신조의 권위를 고수하는 것에 대한 위협으로 보았다. 또한 기독교인의 체험에 대한 슈페너의 주관적인 강조는 그들이 보다 성례전을 객관화하려는 것과는 조화를 이룰 수 없었다. 경건주의 지도자로 인정받는 슈페너는 그가 목회자로서 기울인 노력, 그의 설교 및 출판물 등으로 인해 여러 다양한 신학적 논쟁의 소용돌이에 휘말려들었다.

2. 교회개혁

첫 번째 신학적인 논쟁은 교회개혁과 관련된 주제이다. 슈페너는 루터교인으로 태어나 성장한 것에 대해 하나님께 감사했으므로, 그의 교단에 대한 충성을 쉽게 확언하였다. 슈페너는 (오직 하나님만 알고 있는 진정한 신자들로 구성된) 보이지 않는 불가시적 교회와 (말씀을 따르고 성례전에 참여하는 사람들로 구성된) 보이는 가시적 교회를 구분하면서, 루터교회를 순수한 가시적인 교회라고 했다.[6]

그렇지만 가시적인 교회에는 문제가 있었다. 지배계급은 교회를 자신들의

---

6) *Die Evangelische Glaubenslehre. In einem jahrgang der Predigten Bey der Sonn- und-Fest-täglichen ordentlichen Evangelien. In der Chur-Fürstlichen Sachsischen schlosscapell zu Dresden Anno* 1687 (Frankfurt: Johann David Zunner, 1688), 1267. 이후로는 *Die Evangelische Glaubenslehre*로 표기한다.

정치적 이익을 위해 이용했다. 목회자들은 종종 차갑고 야심에 찬 '전문가'가 되려는 죄를 범했다. 취태(醉態)와 소송에 평신도들이 심할 정도로 자주 관련되었다는 것은 그들이 근본적으로 세속적임을 여실히 드러냈다. 슈페너는 모든 사회계층들이 복음을 보다 깊이 자신의 것으로 삼을 수 있기를 갈망했다. 그는 "비록 우리 복음적인 루터교가 진정한 교회이고, 그 가르침이 순수하지만, 불행하게도 슬픈 눈으로 그 외면적인 형식만을 바라보는 처지에 있다."고 썼다.7) 슈페너는 대적자들인 비텐베르크 대학의 루터파 정통주의 신학자들에게 대담하게 말하기를, 비록 루터교가 진정한 가시적 교회이지만, 구원이 있는 유일한 교회는 아니다.8) 사람들은 로마 가톨릭, 개혁주의 그리고 다른 공동체들에서도 구원을 받을 수 있다. 그는 비록 교리와 신앙고백에서 복음적인 루터교회보다 더 순수한 교회는 알지 못했지만, 만약에 그리스도의 왕국에서 오로지 루터교인들만 은총을 받는다면 그리스도는 가난한 왕이 될 것임을 믿어 의심치 않았다.9)

불가시적인 교회의 구성원들은 살아있는 신앙에 의해 구원을 보증받는다는 사실에도 불구하고, 슈페너는 여전히 그의 보이는 교회를 개혁하기를 열망했다. 물론 순수한 교리가 아니라 불순한 삶을 개혁하기를 갈망했다. 그는 당시의 교회가 옛날 교회의 모델에서 이탈했다고 자주 한탄했다. 물론 그는 초대교회의 결점을 인정하면서도 이러한 주장을 유지하였다.

슈페너가 루터와 그의 종교개혁을 칭송하지만, 종교개혁은 지속되어야 한다고 역설했다. 루터 자신도 개혁에 만족하지 않았다. 그러므로 루터교인들은 루터의 족적을 따라야 하며, 루터가 할 수 없었던 것들은 그들이 개혁을 하여야 한다. 슈페너의 흥미로운 특성 가운데 하나가 바로

---

7) Theodore Tappert (tr. and ed.), *Pia Desideria* (Philadelphia: Fortress Press, 1964), 67.

8) D. Philipp Jacob Speners *Auffrichtige Übereinstimmung mit der Augsp. Confession, zu nöthiger vertheidung seiner reinen lehr/von ihm selbs entgegen gesetzt der sogennanten Christ-Lutherischen Vorstellung* (Frankfurt: Johann David Zunner, 1965), 223. 이후로는 *Auffrichtige Übereinstimmung*으로 표기한다.

9) *T. Bed.*, I, 254.

이점에서 드러난다. 대다수 개혁성향은 성공하거나, 만일 성공하지 못하면 자체적인 폭력이나 비타협적 다수의 거부에 의해 모체를 떠나 새로운 종교공동체를 구성하는데 비해, 슈페너는 교회에서 물러나는 것을 결코 고려하지 않았다. 구약의 예언자들은 타락에 대해 질타했지만 신앙공동체를 떠나지 않았으며, 신자들에게 신앙공동체를 떠나라고 충고하지도 않았다. 오히려 공동체에 남기를 노력하고 더 경건하기를 노력하라고 하였다.10) 슈페너는 이렇게 털어놓았다: "나는 (교회가) 분리되는 것에 대해 공포가 있으며, 심지어 전혀 아무 곳에 거하지 않는 것보다 타락한 교회에 거하는 편이 더 좋다고 생각한다는 것을 진심으로 정직하게 고백한다."11)

루터파 정통주의자들은 슈페너의 진술에 분개했다. 그들은 누군가가 '(종교)개혁(Reformation)을 개혁(reform)하려는' 것에 대해 이해할 수 없었다. 비텐베르크 대학의 루터파 신학자들은 슈페너가 하나님과 교회를 개혁한 종교개혁에 만족할 수 없는 이유를 알기 원했다. 하나님이 오랜 숙원이던 종교개혁을 시작하셔서 완성하셨는데, 도대체 무슨 이유로 슈페너는 또 다른 개혁을 추구한단 말인가?12) 슈페너의 가장 신랄한 적대자들 가운데 한 사람인 요한 마이어(Johann Mayer)는 슈페너가 루터교의 오류 없음을 믿지 않은 것에 대해 분개했다.13)

슈페너의 답변은 단지 정통주의 루터주의자들의 불안감을 부분적으로만 누그러뜨렸다. 그는 또 다른 하나의 개혁을 원한 것이 아니라 첫 번째 개혁의 결실을 유지하고 지속하기를 원한다고 반복적으로 주장하였다. 하여간 종교개혁이 끝난 곳에서 멈추어 있을 수는 없다. 그것은 지속적으로

---

10) *Der Klagen über das verdorbene Christenthum* (Frankfurt a.M.: Johann David Zunner, 1696), 105.
11) *T. Bed.*, III, 293.
12) Johann Deutschmann, *Christ-Lutherische Vorstellung in deutlichen Auffrichtigen Lehr-Sätzen nach Gottes Wort und den Symbolischen Kirchen-Büchern, sonderlich der Augspurgischen Confession und Unrichtigen Gegen-Sätzen aus Herrn D. Philippi Jacobi Speners Schriften* (Wittenberg: Johann Ludolph Quenstedt, 1695), 74. 이후로는 *Christ-Lutherische Vorstellung*으로 표기한다.
13) Dale Brown, *Understanding Pietism* (Grand Rapids: Eerdmans, 1978), 38.

개선되어야 한다. 그는 로버트 맥아피 브라운(Robert McAfee Brown)이 "개신교의 정신"(spirit of Protestantism)이라고 명시한 것을 "하나님의 손에 의한 지속적인 갱신"(continual renewal at the hand of God)으로 이해한 듯하다.14)

3. 권 위

슈페너와 루터파 정통주의 신학자들 사이의 또 다른 차이점은 권위에 대한 생각의 차이이다. 이것은 슈페너와 그의 경건주의 동맹자들이 루터교 내에서 성경과 신조서들(Symbolical Books)을 생각하는 다양한 견해에서 자연스럽게 나타난다.

슈페너는 정통주의 진영과 마찬가지로 성경의 권위를 높이 존중했다. 1675년에 출간된 『경건한 소원』에서 제시된 그의 첫 번째 개혁안은 '우리들 사이에서 하나님의 말씀을 보다 광범위하게 사용하도록' 강력히 권고하는 것이었다. 슈페너는 한때 하나님의 말씀과 성경을 구별했다. 예컨대 그는 선언하기를, 최상의 선, 즉 하나님과 하나됨은 하나님의 계시된 거룩한 말씀을 통해 실현되는데, 이는 오로지 구약과 신약의 신성한 글에서 발견된다.15) 여기에서 "하나님의 말씀"은 예수 그리스도를 통해 세상에 전해진 하나님의 구원의 메시지를 가리키는 듯하다. 다른 경우에 슈페너는 성경은 하나님의 말씀이기에, 하나님이 성경의 간접적 저자임을 암시함으로써 다르게 말하였다. 하나님은 그가 선택한 예언자들과 사도들이 설교하고 기록하도록 모든 것에 영감을 주셨다.

슈페너는 평신도들이 그들의 위안, '개선'(Besserung), 가르침, 권고

---

14) Robert McAfee Brown, *The Spirit of Protestantism* (New York: Oxford University Press, 1961), 41.
15) "Einfältige Erklärung," in Erich Beyreuther (ed.), *Philipp Jakob Spener Schriften*, Band II. 1, 1-2.

등 모든 것들이 담겨 있는 성경을 공부하기를 원했다. 성경이라는 '약국'(Apotheke)에서 사람들은 틀림없이 그들의 영적인 상태에 필요한 약을 발견하게 된다.[16] 성경은 다양한 수준의 사람들에게 도전이 될 수 있다. 성경이란 코끼리가 헤엄칠 수도 있고 새끼양이 걸어서 건널 수도 있는 물과도 같은 것이다.[17] 성경이란 경건한 노력을 통해 점점 더 많이 거룩한 광석을 채굴하는 광산과도 같은 것이다.[18]

슈페너와 루터파 정통주의 신학자들 사이의 논쟁은 몇 차례 전환점이 있었다. 후자는 성경을 성령에 의해 쓰인 하나님의 말씀으로 묘사했다. 성경의 양식(樣式)과 특성은 하나님 자신으로부터 온 것이다. 하나님은 성경의 저자들이 사용한 말로 받아쓰게 하셨다. 성경의 말씀은 고유한 의미를 지니며 그 자체로 이해된다. 그러므로 성경의 말씀은 독자를 위해 외부로부터 성령을 통해 해석되어질 필요가 없다.[19]

슈페너는 그와 같은 축자영감설(dictation theory)을 거부했다. 그는 확언하기를, 성령이 성경에 영감을 주었지만, 저자들의 선천적 재능을 고려하면서 쓰도록 했다. 바로 이러한 이유로 성령이 때로는 수준 높은 헬라어를 말했고, 때로는 그렇게 수준 높지 못한 헬라어를 말했던 것이다.[20] 슈트라스부르크 대학의 성서학 교수이며 은사인 세바스티안 슈미트의 영향 아래 슈페너가 있었다는 것은 그가 축자영감설을 강조하는 루터파 정통주의 신학자들의 관점, 즉 성서에 대한 도그마적이고 형이상학적 접근과는 거리를 두었으며, 이를 슈페너가 유기영감설로 대체하였다는 논쟁을 다루는데 상당한 의미가 있다. 즉 루터파 정통주의자들이 강조하는 축자영감은 개인적인 영감으로 대체되었다.[21] 실제로 엠마누엘 히르쉬(Emmanuel Hirsch)는 성경의 조명에 대한 슈페너의 가르침이

---

16) 인용: Schmidt, "Philipp Jakob Spener und die Bibel," 28.
17) *Die Evangelische Glaubenslehre*, 496.
18) *T. Bed.*, III, 953.
19) *Christ-Lutherischen Vorstellung*, 35-37.
20) *Aufrichtige Übereinstimmung*, 48-51.
21) Johannes Wallmann, *Philipp Jakob Spener und die Anfänge des Pietismus* (Tübingen: Mohr, 1970), 92-6.

경건주의와 정통주의 사이에 가장 격렬한 논쟁을 불러일으켰다고 주장했다.[22]

또한 슈페너와 루터파 정통주의 학자들 사이에는 성경해석에 대해 의견을 달리했다. 후자는 공언하기를, 성령이 성경에 영감을 주었기 때문에 성경의 내용은 모두가 알 수 있을 정도로 명백하다. 이는 특히 대학에서 훈련받은 목사들에게 해당하는 진리이다. 이러한 주장에 대해 슈페너는 성경이 충분히 명백하다며 반박했다. 그렇지만 인간적 본성 때문에 사람들에게는 성경을 이해할 수 있도록 해주는 성령의 빛과 은총이 필요하다. 마치 누가복음 24장에 기록된 바대로, 예수님이 엠마오로 가는 길에서 사도들에게 예수님 자신에 관해 성경을 해석해 주신 것과 같다. 사람들은 성경을 이해할 때 하나님의 빛이 필요하다. 즉 그들은 성령의 도움이 필요한 것이다.

이들 논쟁 당사자들에게 성경에 대한 이 같은 입장으로부터 안수를 받은 성직자들의 삶과 역할로 옮겨가는 것은 단 몇 발자국만 옮기면 되는 간단한 것이었다. 정통주의 옹호자들은 안수를 받은 성직자들이 그들의 부족과 상관없이 그리스도를 대신해 말씀을 전하고 성례전을 베푼다는 주장을 폈다. 그들은 성직의 재능을 지녔다는 것이다.[23] 슈페너는 안수 받은 성직자가 거룩한 삶을 살지 않는다면, 허약한 그들이 하는 일은 무가치하다고 하는 도나투스주의 이단자들을 피했다. 그렇지만 그는 오로지 '거듭난' 설교자들만이 성령의 역사로써 성경을 완전히 이해하게 되거나 그리스도의 사랑을 가질 수 있으며, 신앙심이 깊고 결실이 풍부한 사역을 할 수 있다고 주장하였다.

슈페너와 정통주의 신학자들이 성경에 대해 논쟁을 벌였다면, 그들도 그와 마찬가지로 루터교의 신조서(Symbolical Books)가 행하는 권위에

---

22) *Emmanuel Hirsch, Geschichte der neuen Evangelische Theologie in Zusammenhang mit den allgemeinen Bewegung des Europäischen Denkens* (Gütersloh: Bertelsmann, 1951) II, 114.
23) *Christ-Lutherischen Vorstellung*, 115-16.

대해서도 의견을 달리했을 것이다. 신조서들은 신앙고백들인데, 이는 『일치서』(또는 협정서, *Book of Concord*)에 잘 나타나있다. 이것은 세계교회에서 사용하는 사도신경으로부터 시작해서, 니케아 신조 및 아타나시우스 신조, 특별히 루터교의 아우구스부르크 신앙고백과 일치신조(Formula of Concord)도 들어있다.

루터파 정통주의는 신조서의 중요성을 강조했다. 비록 성경만큼 절대적이지는 않지만, 단순히 인간이 쓴 책으로 생각하지 않았다. 왜냐하면 신조서는 구원하는 말씀의 모범이기 때문이다. 성경에서 끄집어내었기 때문에 오류가 있을 수 없다. 그 안에 들어 있는 그 어떤 것도 성경과 모순되지 않는다. 하나님이 가정의 아버지로 간주된 반면에, 신조서를 소유한 루터교회는 그의 자녀들을 쉼 없이 인도하는 가정의 어머니이었다. 슈페너는 고백의 권위보다 성경의 권위를 선호한다고 증언했기 때문에, 그의 정통주의 동료들은 루터파의 신학자와 목회자로서의 그의 충성심을 의문시했다.[24]

슈페너는 신조서에 완전히 반대하거나 심지어 무관심하지 않았다. 그는 그것이 유용하다고 생각했지만 다른 기독교 작품과 마찬가지로 성경에 의해 판단을 받아야 한다고 생각하였다. 그는 신조서가 그에게 도움이 되면 설교에 인용하였다. 그럼에도 불구하고 그는 "나는 신조서에 반대하지 않고 입과 가슴으로 철저하게 믿는다. 그렇지만 나의 신앙은 니케아 신조나 아우구스부르크 신앙고백이 아니라 모든 신조들이 바로 신성한 말씀으로부터 권위를 얻은 것과 같이, 신성한 말씀 그 자체에 근거한다."고 역설하였다.[25] 정통주의의 비유를 사용해 슈페너는 하나님은 가정의 아버지이고 교회는 가정의 어머니라는 주장에 동의하였다. 그렇지만 기독교인들은 교회를 믿는 것이 아니라 하나님을 믿는 것이다. 교회는 신도들에게 그들이 받은 은총의 정도에 따라 성실하게 그리고 최대한 명료하게 설명하면서 하나님의 말씀을 가르친다. 그러나 교회는 언제나

---

24) *Christ-Lutherischen Vorstellung*, 44-78.
25) *Auffrichtige Übereinstimmung*, 71.

신앙을 교회 자체가 아니라 오직 하나님께 향하게 한다.[26)]
  비텐베르크의 신학자들은 슈페너가 거룩한 진리의 지식을 인도하는 것이 교회가 아니라 성경이라고 말하는 것을 비난했을 때, 슈페너는 성경은 교회로부터가 아니라 하나님 자신으로부터 권위를 획득한다고 대응했다. 성경은 왕이 그의 백성들에게 주는 기록 문서와도 같은 것이다. 교회는 우리에게 하나님의 서한을 전달하는 사신이다. 만약에 사자가 옥새가 찍힌 왕의 서한보다 그 자신의 권위를 우선시한다면, 이는 잘못된 일일 것이다. 교회가 성경에 권위를 부여한다고 말하는 것은 또한 오로지 교회만이 성경을 가르칠 수 있다고 단언하는 것이다. 바로 이것이 로마 가톨릭의 결정적인 오류이다.[27)] 우리는 이 부분에서 마르틴 루터가 보름스에서 그 자신이 속한 로마 가톨릭 교회에 대항하였던 입장과 유사하게, 슈페너 역시 부드럽지만 단호하게 그 자신이 속한 루터교회에 대항해서 자신의 입장을 취하고 있다는 점을 분명히 추정할 수 있다.

4. 하나님의 구원의 은총을 입음

  정통주의는 칭의를 강조했고, 슈페너는 갱신을 강조했다고 주장하는 것은 구원은총과 관련해서 정통적인 루터교 스콜라주의와 슈페너의 경건주의적인 강조점 사이에 존재하는 작은 견해차이로 보이는 듯하다. 정통주의는 보다 객관주의적인 '우리를 위한 그리스도'(Christus pro nobis)를 옹호했고, 경건주의자들은 보다 주관주의적인 '우리 안의 그리스도'(Christus in nobis)를 장려했다. 이와 유사하게 마르틴 슈미트(Martin Schmidt)는 칭의를 법률적 이미지로, 갱신을 생물학적 이미지라고 의미있는 관찰법을 제시하였다.[28)]

---

26) *Auffrichtige Übereinstimmung*, 74.
27) *Die Evangelische Glaubenslehre*, 489-90.
28) "Spener und Luther," in *Luther Jahrbuch* 24 (1957), 122.

(우리는) 근본적으로 참되고 적절한 이 같은 구분방법들을 수용해야 한다. 그리고 슈페너의 구원관의 신학적 뿌리는 보다 더 복잡하다는 사실도 인정되어야 한다. 몇몇 학자들이 확신하듯이, 만약에 슈페너의 근본적인 신학적 입장이 신비적 영성주의(Spiritualism)보다는 루터파 정통주의에 의해 더 많이 형성되었다면, 17세기에 경쟁관계에 있었던 루터교 내의 두 부류들이 칭의를 강조하거나 아니면 갱신을 강조하는 차이점을 날카롭게 묘사할 필요가 없었을 것이다. 결과적으로 칭의에 대한 항목은 복음적인 (루터교) 종교의 핵심이고, 대학에 있는 모든 성직 후보자들은 이러한 것들을 통해 감명을 받아야 한다고 슈페너가 발표한 것은 그리 놀랄 만한 일이 아니다.29)

거듭남(New Birth)에 대한 66편의 설교 가운데 하나에서 슈페너는 빌립보서 3:9을 인용했다. 거기서 바울은 율법에 기반을 두고 있는 그 자신의 공의를 거부하고, 그리스도를 믿는 믿음에 의지하는 하나님의 공의를 열망했다. 슈페너는 바울이 "우리가 의로워(righteous)진다"는 대신에 "우리는 의(righteousness)가 된다"라고 쓰는 것이 헛되지 않다고 선언했다. 그리스도는 그에게 부과된 인간의 죄를 하나님의 심판 앞에서 반드시 지니고 있어야 했기 때문에, 그가 죄인이 되었다고 선언한 것이다. 이와 대조적으로 그의 죽음과 부활 덕분에, 그의 의의 힘은 신자들에게 귀속된다. 믿음을 통해 그들은 그리스도 안에서 의인이 된다.

여기서 슈페너의 말은 하나님께서 그리스도 안에서 거룩한 언약을 믿는 사람들에게 부어주신 '외적인 의'에 대해 이야기하는 루터파 정통주의자들의 말처럼 들린다. 그렇지만 슈페너는 이 같은 완전함은 의로 인한 것이라는 확신을 뛰어넘어 성령께서 내주하심으로 우리 안에 불완전한 의의 활동도 수용한다는 것을 강조하였다. 여기에서 경건주의 지도자인 슈페너는 중생을 강조했으므로 신학의 주관적인 측면을 더 많이 언급하였다.30)

---

29) *T. Bed.*, II, 759.
30) *Der Hochwichtige Articul von der Wiedergeburt* (Frankfurt: Johann David Zunner, 1696), 180-81.

거듭남에 대한 그의 66개의 설교 중 첫 번째 설교 첫 문단은 위에서 언급한 칭의 교리에 대한 그의 주장과 상반되는 것으로 볼 필요는 없다. 슈페너는 다음과 같이 말하였다.

> 만약 우리 기독교에 한 가지 주제가 필요하다면, 그것은 확실히 거듭남이라는 주제이다. 거듭남에서 '우리의 회심'(Bekehrung), '칭의'(Rechtfertigung), '성화'(Heiligung)의 시작이 똑같이 우리에게 온다. 거듭남은 모두 성화의 상태로 남는 근거이거나, 우리의 모든 삶에서 선한 것이나, 우리에게 관한 것이거나, 우리에게 발생하는 것 등 모든 것이 필연적으로 흘러나오는 샘이다.31)

경건주의 지도자에게 거듭남은 구원을 위해 필요한 것이었다. 죄로 가득한 인간의 상태는 타락이다. 개선하는 것으로는 불충분하다. 그것은 '조각을 대어 수선할' 수 없다. 극적인 변화가 필요하다. 각자는 다른 어떤 것으로 개조될 필요가 있다.

슈페너가 보기에 거듭남에 이르는 길은 세 가지 차원이 있는데, 이 세 가지 모두 동시에 일어난다. 첫 번째는 마음에 믿음이 생기는 것이다. 인간들은 죄에 사로잡혀 믿음을 만드는 본성적 능력이 없다. 하나님이 그의 말씀을 통해 인간의 마음에 믿음을 심어주어야 한다. 개인들은 이렇게 하는데 도움이 되지 않는다. 그들이 할 수 있는 최상의 것은 저항할 수 있지만 하나님의 은혜를 방해하지 않는 것이다. 슈페너는 구원에서의 자유의지와 결정론의 문제를 현명하게 설명했다. 즉 사람들은 하나님의 은총을 거부할 자유가 있지만 하나님의 은총을 불러일으킬 자유는 없다고 주장했다. 그러므로 믿음은 하나님의 선물이다. 이점에서 슈페너는 믿음이 말씀과 성례전을 통해 주어진 성령의 선물이라고 강조하는 루터파의 신조서(Symbolical Books)와 일치했다.32)

---

31) *Hochwichtige Articul*, 1.
32) *Christ-Lutherische Vorstellung*, 103, 121; Theodore Tappert (ed.), *The Book of*

거듭남의 두 번째 차원은 용서와 칭의 그리고 신자들에게 입양이 주어진다는 것이다. 슈페너는 재차 칭의론이 갖는 중심성을 강조했다. 그는 때때로 '칭의'라는 단순한 표현으로 거듭남의 이러한 측면을 간략히 표현하기도 했다. 칭의를 주장함으로, 슈페너는 신자들에게 부여되거나 귀속된 그리스도의 의(義) 개념을 자주 사용했다. 언젠가 그는 선언하기를 예수 그리스도의 의를 강조하는 것이야말로 기독교인들이 공포해야 할 가장 중요한 교리 가운데 하나이다. 이것이야말로 복음의 핵심이요 구원의 토대이다. 구원하는 믿음은 언제나 그리스도의 의에 근거해야 한다.33)

죄의 용서와 하나님의 자녀로의 입양은 칭의로부터 파생된 것들이다. 이 모든 것이 기독교인들을 향한 하나님의 자비로부터 생긴 결과로써, 그들에게 어린이가 느끼는 것과 같은 자유와 기쁨을 제공한다. 기독교인들은 자신들이야말로 이 세상에서 가장 풍족한 아버지께 속한다는 매우 기분 좋은 인식을 즐긴다. 그들은 유한한 세상과 무한한 세상에서 하나님의 축복을 받는 상속자들이다.34)

거듭남의 세 번째 차원은 신자들에게 완전히 다른 새로운 본성이 생기는 것이다. 슈페너는 구원에 대한 복고적인 이해를 생각하면서, 창조자는 단순히 변덕스러운 인간이 죄를 용서받을 수 있도록 해주었을 뿐만 아니라, 인간이 잃어버린 인간의 이미지로 복구되게 해주었다고 믿었다. 창조하신 하나님은 재창조하실 것이다. 첫 번째 창조에서 활동한 삼위일체는 두 번째 창조에도 영향을 미칠 것이다. 그러므로 거듭남은 '하나님 형상'(Imago Dei)의 회복을 제공한다.

슈페너는 다시 태어난 사람들은 거룩한 심성을 지니게 되고, 경건한 삶을 살게 될 것이며, 또한 새로운 본성이 그들의 존재에 고루 미치게 될 것이라고 믿었다. 그들은 죄에 대한 봉사로부터 자유를 체험할 것이며, 하나님에 대한 그들의 사랑이 커질수록 점점 더 죄를 증오하게 될 것이다. 새로

Concord (Philadelphia: Fortress Press, 1978), 30, 39-40.
33) *Hochwichtige Articul*, 808.
34) *Hochwichtige Articul*, 198, 201-2.

태어난 자들은 자신들의 죄를 용서해 준 그리스도를 그들의 대제사장으로 믿어야 하며, 또한 그들에게 어떤 것을 요구하는 왕이자 예언자로 믿어야 한다. 만약에 그들이 죄의 용서를 구하면서 자신들에게 요구하는 순종을 피한다면, 그들은 진정한 그리스도를 소유한 것이 아니라, 단지 '절반의 그리스도'를 소유한 것이다.[35]

슈페너의 거듭남의 교리는 몇 가지로 정리된다. 첫째, 거듭남은 오로지 은총에 의해서만 일어난다.[36] 그것은 '불순물이 없는 순수한 은총'으로부터 와서 아무 것도 기여할 것이 없는 신자들에게 임한다. 거듭남은 신생아가 아무 것도 준비할 수 없는 것과 같은 육체적 수태(受胎)와 유사하다. 수태는 남자와 여자를 통해 역사하시는 하나님으로부터 기인한다. 이와 마찬가지로 개인은 하나님의 역사하심이 일어나도록 허락하는 것 이외에는 거듭남을 창조하기 위해 아무 것도 할 수 없다. 슈페너는 또한 인간의 도움이나 관찰 또는 어떻게 만들어지는가에 대한 지식이 없이 하나님으로부터 유래하는 아침 이슬에서 거듭남과 유사하다는 것을 발견했다. 이는 예수님이 요한복음 3:8에서 바람의 기원과 운명에 대해 말씀하신 것과 비슷하다.[37] 거듭남은 성령이 이미 언급된 말씀과 세례를 통해 역사함으로써 일어난다.

둘째, 거듭남은 일차로 세례를 통하여 주어진다. 슈페너는 루터의 세례를 통한 갱신교리를 온전히 수용하였다. 세례란 거듭나게 하는 실질적인 도구이다. 세례의 능력은 물에 있지 않지만, 세례를 행하는 말씀 속에 있다. 세례에서 믿음은 세례 받는 영혼을 작열한다. 마찬가지로 수세자는 세례를 받음으로 죄의 용서를 받으며 새로운 피조물이 된다.

그러나 세례를 통하여 부여받은 거듭남도 영구적이지는 않다. 어린 아이들은 하나님의 은총을 유지할 능력이 부족하기 때문에 세례를 통해 다시 태어난다. 불행하게도 많은 사람들이 나중에 세례에서 받은 은총을

---

35) *T. Bed.*, I, 693.
36) *Hochwichtige Articul*, 54.
37) *Hochwichtige Articul*, 63.

잃어버린다.[38] 예를 들어 슈페너는 그의 베를린 회중에게 만약에 그들이 낡은 본성에 따라 산다면, 즉 삶의 모든 영역에서 하나님께 복종하지 않고 명예와 부와 쾌락을 추구한다면, 설령 백번씩이나 세례를 받았다고 할지라도 그들은 더 이상 거듭남으로 살지 않는 것이다[39]라고 경고했다.

다행히도 슈페너는, 비록 세례는 반복될 수 없지만 거듭남은 반복될 수 있다고 했다. 하나님은 세례의 은총으로부터 떨어져나간 사람들에게 하나님의 말씀을 들으면서 뉘우칠 두 번째 기회를 주시고자 한다. 그는 사실상 세례 받은 모든 사람들이 '다시, 또 다시 태어날' 필요가 있다고 믿었다.

그러므로 슈페너는 사람들이 어린 시절에 물세례로 다시 태어나는 것은 구원을 위해 불충분하다고 보았다. 문제는 그들이 물세례 이후에 말씀을 통해 다시 태어나느냐 아니냐 하는 것이며, 그보다 더 중요한 것은 그들이 "믿음의 삶"에 의해 아직 거듭남의 상태에 있느냐 아니냐 하는 것이다. 슈페너는 그 자신이 회심체험을 한 시간을 공언하지도 않았을 뿐 아니라 다른 사람들에게 이를 강조하지도 않았다. 그는 거듭남이란 단어를 피동적으로 사용하는 것을 훨씬 더 선호하였는데, 이는 하나님과의 올바른 관계를 표현하기 위함이었다.

셋째, 슈페너는 거듭남(Wiedergeburt)은 갱신(Erneuerung)에 의해 보완되어야 한다고 가르쳤다. 슈페너는 세례와 거듭남에 대해 철저하게 의지하는 디도서 3:5에 대해 언급하기를, 구원은 신자들의 의로운 행위를 통해 주어지는 것이 아니라 하나님의 자비에 따라 "거듭남과 갱신의 물을 통해 성령에 의해" 주어지는 것이다. 갱신은 거듭남을 뒤따라온다. 갱신은 성령이 말씀과 성례전을 통해 역사함으로써 신자들을 새로운 본성에 확고부동하게 거하게 하는 것이다.[40] 에베소서 4:22-24 말씀과 같이

---

[38] *Hochwichtige Articul*, 121.
[39] *Hochwichtige Articul*, 122-3.
[40] *Hochwichtige Articul*, 142-9. 슈페너에게 다윗은 어떻게 한 사람이 성례전적인 은총을 상실할 수 있으며, 다시금 말씀을 통해서 거듭날 수 있는지를 보여주는 고전적인 사례이다. 할례를 통해 다시 태어난다 했을지라도 다윗은 밧세바와 추잡한

갱신은 낡은 본성을 벗어던지고 새로운 본성을 입는 것을 포함한다. 실제로 슈페너는 갱신을 성화와 동일시했다.[41]

슈페너는 거듭남과 갱신의 차이점을 상세히 논했다. 거듭남은 육체적 수태와 유사하나, 갱신은 임신 기간과 유사하다. 거듭남은 즉시 일어나지만, 갱신은 태아의 성장과 같아서, 서서히 그리고 순차적으로 진행된다. 실제로 슈페너는 기독교인들의 물리적 죽음을 지상에서의 은총의 왕국(거듭남이 일시적이고 불완전하다)으로부터 영원무궁한 영광의 왕국(기독교인들은 영생을 보장받으며, 모든 끈덕진 죄를 내다버리며 하나님을 만나는 왕국)으로 전환된 '바로 그' 거듭남이라고 언급했다.[42]

거듭남과 갱신의 사이에는 그 이상의 차이점이 존재한다. 그 중 하나는 정도의 크기이다. 거듭남이 죽은 자를 깨우는 것이라면, 갱신은 병든 자를 치료하는 것이다. 또 다른 차이점은 인간이 연루되었는가 하는 점이다. 거듭남에서 개인들은 사실상 수동적이다. 하나님의 은총이 이 모든 것을 행한다. 그러나 갱신에서는 개인들이 그들의 남은 삶을 위해 하나님의 은총과 협력할 필요가 있다.4[43]

슈페너는 복음이 신자들을 그리스도 안에서 새로운 사람으로 만들어야 한다고 믿었기 때문에 거듭남과 갱신을 강조했다. 흥미롭게도 그는 자신의 저서 『경건한 소원』에서 거듭남을 단지 세 번 밖에 언급하지 않았고, 또한 이를 특별히 교회개혁의 일차적인 수단으로 삼지도 않았다. 그렇지만 귀족, 성직자 그리고 평신도 모두에게 보다 헌신적이고 생명력 넘치는 제자도의 의미야말로 교회가 필요로 하는 것이라는 사실에 대해 그는 의심의 여지를

짓을 벌이고 그 남편 우리야를 살해함으로써 신생(New Birth)을 상실했다. 시 51:10에 따르면 다윗이 선지자 나단의 입술을 통해 하나님의 심판하시는 말씀을 듣고 난 후에 정직한 영과 새 마음을 달라고 갈망하였다. 슈페너는 탄원이 갱신(renewal)이 아니라 거듭남(rebirth)이라고 주장한다. 왜냐하면 그의 죄의 가증스러움과 그가 오랫동안 회개하지 않았기 때문이다.

41) Hirsch, Geschichte, II, 141. 저자의 논문, "Renewal: Philipp Jakob Spener's Parallel Word for Sanctification," *The Asbury Theological Journal* 51/2 (1996), 5-13.
42) *Hochwichtige Articul*, 1041-2.
43) Johannes Wallmann, "Wiedergeburt und Erneuerung bei Philipp Jakob Spener," in PuN 3 (1977), 27.

거의 남기지 않았다. 갈라디아서 6:15이 언급하듯이, 사람들은 그리스도 안에서 새로운 피조물이 될 필요가 있다:

> 이것은 먼저 거듭남에서 성취되어야 하고 나중에 갱신에서 유지되고 지속되어야 하며, 두 가지 모두 그렇게 되어야 한다. 한편으로 사람은 오직 믿음으로 그의 구세주에게 소속되어야 하며 구세주의 공의로움에서 자기 자신의 믿음을 찾아야 한다. 다른 한편 모든 기독교적 미덕이 부지런히 성장하는 곳에 공의로움과 거룩함이 존재한다. 온전한 기독교적 신앙의 실천이 관련되어 있는 한, 우리의 온전한 기독교 전체가 이 두 차원 속에 존재한다.44)

그렇지만 아직도 '얼마나 많은 공의로움과 거룩함을?'이라는 질문이 남는다. 슈페너는 하나님의 은총에 의해 사람들이 얼마나 많이 변화하기를 기대했는가? 그는 사람들이 "하나님의 본성에 참여할 수 있도록" 언약을 받는다고 하는 베드로후서 1:4에 많은 관심을 갖게 되었다. 슈페너는 이 언약을 의심하는 것은 기독교 삶에 대한 열정을 상실하는 것이라고 주장했다. 그는 루터파 정통주의의 형식주의와 스콜라주의가 당시의 평민들이 원하는 영적 욕구를 충족시키지 못하는 것에 싫증을 느꼈다. 그는 일찌기 무시하면서도 귀에 거슬리는 어조로, 만일 교회의 구성원들이 모든 교황주의자들, 개혁주의 또는 소시니안들의 오류로부터 자유롭다면 얼마나 존귀할까?라는 질문을 한 적이 있었다. 그러나 그들은 여전히 죽은 신앙을 갖고 있었다.45) 슈페너는 그리스도가 거룩하기 때문에 교회가 거룩하다는 사실을 인정했으나, 또한 그는 교회 구성원들의 거룩함으로 인해 마찬가지로 (교회가) 거룩해지기를 원했다.

정통주의는 슈페너가 올바르게 사용한 거룩함과 기독교적 완전함에 대해 부정적으로 반응했다. 특히 슈페너가 완전함을 '불가능한 가능성'으로

---

44) *Hochwichtige Articul*, 988.
45) *T. Bed.*, III, 294.

만든 것으로 여기게 한 것에도 부정적으로 반응하였다. 그들은 부당하게도 슈페너와 그의 추종자들이 그리스도가 구세주라는 사실은 제쳐놓고 자신들의 공의로움을 격찬하면서 도리어 우상숭배를 장려했다고 덮어씌웠다.[46] 라이프치히 대학의 발렌틴 알베르티(Valentin Alberti) 교수는 경건주의의 첫 번째 오류는 완전함의 교리라고 선언했다.[47] 이것은 분명히 그럴듯하다. 슈페너는 '사악함의 죄'와 '허약함의 죄'를 구별했다. 전자는 죄 많은 인간의 본성으로부터 유래하는 고의적인 죄이다. 이러한 죄는 죽음을 면할 수 없는 그리고 지옥에 떨어지는 죄이다. 후자는 다시 태어난 자들에 의해 범해지는 죄이다. 이 경미한 죄는 무지나 경솔함의 결과이다. 이러한 죄는 죄를 범한 사람들의 마음에 존재하지만 지배하지는 않는다. 이것은 슈페너가 '죄를 소유하는 것'과 '죄를 행하는 것'으로 구분할 수 있게 하였다. '죄를 소유하는 것'은 자기 자신의 내부에 원죄를 보유하고, 그것의 사악한 경향을 느끼며, 또한 때로 그에 굴복하는 것을 의미한다. 이로부터 유래하는 것이 '허약함의 죄'이다. 허약함의 죄는 다시 태어난 자들이 범하는 것이다. 이에 반해 '죄를 행하는 것'은 사악한 격정을 느낄 뿐만 아니라 말과 행위로 실제 표현하는 것을 의미한다. 슈페너는 새로 태어난 자들이 성장해 그리스도를 닮게 되기를 기대했다. 죄는 여전히 그들의 삶에 들러붙을 것이다. 그들은 여전히 '죄를 소유할' 것이다. 바라건대 하나님의 은총에 의해 죄가 이제 더 이상 그들을 지배하지 않게 되어 그들이 의도적으로 또는 지속적으로 '죄를 행하지' 않기를 바란다.

이처럼 인간의 죄악성에 대한 애매성은 슈페너의 선한 의도에도 불구하고 많은 비판을 불러일으켰다. 절대적인 완전함은 없다거나 다시 태어난 자들은 끊임없이 회개해야 한다고 여러 번 양보했음에도 불구하고 비난은 좀처럼 가라앉지 않았다. '완전함'(Vollkommenheit) 이라는 단어는 그것이 어떠한 성질의 것이든 상관없이 많은 적대감을 불러일으켰다. 슈페너는

---

46) *Christ-Lutherischen Vorstellung*, 202-3.
47) Albrecht Ritschl, *Geschichte des Pietismus in der lutherischen Kirche des 17. und 18. Jahrhundert* (Bonn: Adolf Marcus, 1884), II, 213.

기회가 있을 때마다 현명하게 다음과 같이 이중적인 경고를 반복했다. 한편으로는 복음적으로 자유롭기 때문에 완전함을 추구하지 않고 함부로 계속 죄를 지을 수 있다고 생각하는 사람들에 대해 경고했다. 그리고 다른 한편으로는 다시 태어난 사람들로서의 영적 허약함을 망각한 채, 확실하고 충분한 영적 고지에 도달했다고 상상하는 사람들에 대해 경고했다. 슈페너는 후자가 가장 위험하다고 보았다.[48]

5. 성례전

슈페너는 루터교회의 성례전적 입장을 포용했다. 거듭남에 대한 설교에서와 마찬가지로 그는 성례전에 대해 호의적으로 말했다. 그는 말씀과 성례전 사이의 밀접한 관계에 주목했다. 말씀은 하늘에 계신 아버지가 우리에게 구원을 주시려는 그의 의지를 알리는 신성한 은총의 편지이며, 성례전은 이 편지에 찍힌 봉인으로서 은총을 확증한다. 세례는 거듭남의 실제적인 수단이며, 성찬식은 갱신의 수단이다. 하나님은 비천하고 멸시받는 수단을 통해 위대한 일을 하심으로써 그의 권능과 지혜를 계시하신다.[49]

슈페너에게 성례전은 신앙을 강화시키는 수단일 뿐만 아니라 사람들이 그리스도를 본받아 그리스도의 사람이 되게 하는 수단이기도 했다. 그는 베드로후서 1:4에 대해 신성한 본성은 세례에서 시작되고 성찬식에서 더욱 더 강화되고 증가한다고 까지 말했다.[50]

슈페너가 세례를 통한 갱신에 대해 루터교의 가르침을 수용했다는 사실은 이미 언급했다. 그는 또한 성찬식의 빵과 포도주에 그리스도의 몸과 피가 실재한다고 믿었다. 신자들은 주님의 식탁에서 그리스도의 몸과 피를

---

48) *T. Bed.*, II, 801.
49) *Hochwichtige Articul*, 107-8.
50) *Auffrichtige Übereinstimmung*, 245.

성례전적으로 받는다. 믿음 안에서 그리스도를 영적으로 먹는 것이며, 동시에 신자들이 실제로 그리스도의 몸과 피는 새롭게 하는 약효가 있는 것으로 믿고 성찬을 받는다.51)

그렇지만 슈페너의 성례전에 대한 신앙에는 문제점들이 있었다. 정통주의 신학자들은 그가 말씀과 성례전에 생명력을 부여하는 성령의 권능을 강조한 나머지 말씀과 성례전의 효험을 최소화했다고 비난했다.52) 슈페너 자신은 많은 사람들이 성례전에는 '객관적 행위'(opus operatum) 또는 '자동적 효험'이 있다고 하는 것에 대해 자주 불평했다.53) 때로 그는 날카롭게 주장하기를 그리스도에 속하지 않는 사람들은 구원받을 수 없다고 했다. 이유는 그리스도 밖에는 구원이 없기 때문이다. 그리스도에 속하지 않는 사람들이 천 번이나 세례를 받거나, 만 번의 설교를 듣거나, 사면을 받거나 성찬을 받았는가는 중요치 않다.54) 슈페너는 말하기를, 그들이 세례를 통해 다시 태어났다는 사실에도 불구하고 사실상 모든 사람들이 구원을 상실했으며, 말씀을 믿음으로 얻는 제2의 거듭남으로 전자의 거듭남을 대체할 필요가 있다. 이 입장은 세례를 통해 갱신한다는 교리를 최소화한다. 마르틴 슈미트는 경건주의 지도자가 성례전을 없어도 좋은 것으로 만들어버렸다고 비난했다.55) 이 같은 판단은 다소 거칠어 보이지만, 슈페너 시대의 정통주의 신학자들은 이 주장에 동의했을 것이다.

기억할 점은 슈페너가 유럽의 30년 전쟁 직후에 국가교회가 처한 상황에서 봉사했다는 사실이다. 특히 독일의 도시인들은 한 명의 목사 또는 몇 명의 목사들이 시무하는 대규모 회중에 속했는데,『경건한 소원』에 의하면, 목회자들은 신자들을 알지 못했거나 그들의 영적 욕구를 위해 부지런히 봉사하지 않은 듯하다. 슈페너는 내적 경건에 관심을 가지고

---

51) *Die Evangelische Glaubenslehre*, 423-31.
52) *Christ-Lutherischen Vorstellung*, 119.
53) Brown, *Understanding Pietism*, 108.
54) *Dess thätigen Christenthums: Nothwendigkeit und Möglichkeit* (Frankfurt a. M.: Johann David Zunners, 1687), 368.
55) Schmidt, "Spener und Luther," 116.

있던 로스토크(Rostock) 대학의 교수인 하인리히 뮬러(Heinrich Müller)의
『영적인 사랑의 불꽃』(Geistliche Liebesflamme)을 알았어야 했다. 뮬러는
루터교회의 '네 가지 어리석은 교회우상', 곧 세례반(洗禮盤), 설교단,
고백의자(confessional chair) 그리고 제단에 대해 부정적으로 언급했다.56)
보다 깊은 신앙을 열망하고 그들의 삶에서 하나님의 은총을 보다 크고
내적으로 느끼기를 열망하는 사람들에게 이처럼 더욱 형식화되고
성직자들에 의해 관리되는 영성에 이르는 길은 차선책에 불과했을 것이다.
슈페너는 당대의 교회가 하나님의 백성들로 하여금 피상적으로 섬기게
하는 형식적인 목회를 개탄하면서 이러한 종류의 언어를 사용했든 안했든
상관없이, 그 같은 감정에 공감했을 것이다. 그는 은총이 성례전을 통해
사람들에게 전달됨을 인정했지만, 말씀도 똑같이 효과적으로 은총이
주어지는 통로로 간주했다.

6. 지상의 교회를 위해 더 좋은 미래를 소망함

필립 야콥 슈페너의 지속적이며 독특한 신학적 강조는 '지상교회의 더
좋은 미래를 희망'하는 것이었다. 그것은 종말론에 대한 관심사로부터 온
것이다. 슈페너의 최초의 전기 작가인 칼 힐데브란트 폰 칸슈타인(Carl
Hildebrant von Canstein) 남작은 슈페너가 요한계시록 9:13에 대해
박사학위 논문을 썼으며, 요한계시록의 주석을 쓰는데 엄청나게 많은
노력을 기울였다는 사실을 지적했다.57) 『경건한 소원』의 중간부분은
"교회의 더 나은 상태에 대한 가능성"(The Possible of Better Condition in
the Church)이라는 제목으로 되어 있다. 1693년에 슈페너는 그의 저서
『미래의 더 나은 시절을 소망하기를 주장함』(Behauptung der Hoffnung
kuenfftiger Besserer Zeiten)을 출간했다. 슈페너의 종말론적 소망이

---

56) F. Ernest Stoeffler, *The Rise of Evangelical Pietism* (Leiden: Brill, 1971), 221.
57) "Vorrede," L. T. Bed., 74.

형성되는데 도움을 준 두 곳의 성경 본문은 요한계시록 20:1과 누가복음 18:1-8이었다. 요한계시록의 구절은 사단이 결박되어 천년 동안 무저갱인 불지옥으로 내던져진다는 내용이다. 결과적으로 지상에 그리스도가 은총의 왕국을 다스릴 엄청난 기회라고 추론하는 것이 논리적이었다.[58] 이것이 곧 일어날 것이라는 징후들 또한 성경적이었다. 로마서 11:25-26은 유대인들이 그리스도께로 돌아설 것이라는 예언이었다. 요한계시록 18-19장은 로마 교황청의 엄청난 타락이 임박한 것을 예언한 것이다. 슈페너는 만약에 이 두 사건이 일어나면, 진정한 교회는 "지금보다 더 영광스럽고 축복받은 상태"가 될 것이라고 말하였다.[59]

누가복음 18:1-8은 끈질긴 과부에 의해 불의한 재판이 극복되었다는 예수님의 비유다. 예수님은 선택받은 자들이 기도하고 낙망치 말라고 용기를 북돋우기 위해 이 비유를 말씀하셨다. 하나님은 고난 받는 선택자들을 변호하실 것이다. 그렇지만 인자(人子)가 왔을 때에, 그가 지상에서 믿음이 있는 자를 발견할 것인가? 슈페너는 복음서에 여러 본문들을 열거했다. 예컨대 누가복음 12:37, 마태복음 24:30, 44, 50; 25:6 이하, 마가복음 14:26, 35-36 등으로, 이들 구절은 일반적으로 그리스도의 재림과 최후의 심판에 대한 언급으로 해석된 것들이다. 슈페너는 점차로 이러한 해석을 의심했으며, 심지어 이와 관련해 그가 해석하는 (방법의) 자세와 태도를 바꾼 날짜까지 기록했다! 이들 구절들과 누가복음 18:8에 나타난 신앙에 대한 언급은 구원하는 믿음에 대해서가 아니라, 하나님이 고통 받는 신자들을 위해 지상에 개입하실 것이라고 믿고 인내하는 신뢰에 대해 이야기하는 것이다.[60]

슈페너의 신학은 후 천년왕국설(post-millennial)이다. 전 천년왕국설(pre-

---

58) *Philipp Jakob Spener's Behauptung der Hoffnung künfftiger Besserer Zeiten*, reprinted in Erich Beyreuther (ed.), *Philipp Jakob Spener Schriften* (Hildesheim: Olms, 2001), VI., 1, 99-100. 이후로는 Behauptung이라 표기한다.
59) *Pia Desideria*, 77.
60) *Behauptung*, 150. 슈페너는 1687년 삼위일체일이 지난 24일 주일 이후의 수요일에 그에게 일어났던 성경해석의 변화에 대하여 상세히 열거하였다.

millennial)적인 접근은 세상의 상태가 기독교인들에게 점차로 나빠지게 된다고 가르쳤다. 결과적으로 그리스도가 물리적으로 되돌아와서 그의 성자들과 더불어 마지막 심판 이전에 지상에 천년 왕국을 세울 것이다. 이에 반해 슈페너의 후 천년왕국설 입장은 교회에 의한 말씀과 성례전의 관리를 통해 그리스도는 지상에 영적으로 임재하여 재림과 최후심판 이전의 천년 동안을 그의 성자들과 눈에 띄지 않게 통치할 것이다. 슈페너는 분명히 보다 긍정적이고 낙관론적인 종말론적 입장을 선택했다. 그는 루터교회에서 후 천년왕국설의 대변자로 언급되어왔다.61)

슈페너가 말한 "지상교회의 더 좋은 미래를 소망함"이라는 신학에는 몇 가지 한계가 있다. 첫째, 슈페너는 그것을 완전히 이해한다고 선언하지 않았다. 그는 천년이 문자적으로 아니면 상징적인 숫자로 간주되어야 하는가에 대한 확신이 없었다. 둘째, 그는 천년이 이미 시작되었다고 생각하지 않는다고 인정했다. 그렇지만 그는 천년이 도래하는 것의 징후들이 어떻게 나타나기 시작하는가에 대해 이야기하는 것을 즐겼다. 천년왕국의 징후들은 "잎이 나는 나무들"과 유사하며 언제든지 큰 불을 지필 수 있는 불똥과 유사하다. 셋째, 슈페너는 이 교리가 비록 수많은 사람들에게 격려와 위안 및 각성을 위해 유용하다고 할지라도, 성경에서 볼 때 구원을 위해 필요한 것이 아니며 또한 모든 사람에게 필요한 것도 아니라고 시인했다. 슈페너는 그의 교회가 분열될 것이 두려웠기 때문에 이 교리에 대해 어느 정도 삼가면서 관대하게 토론했다.62)

슈페너의 "지상교회의 더 좋은 미래를 위한 소망" 교리에 대한 루터파 정통주의자들의 공격은 예견될 수 있었다. 비텐베르크의 신학자들 역시 그리스도의 오심을 기다리지만 이 세상에서 외적으로 볼 수 있는 미래의 그리스도 왕국을 기대하지 않는다고 분명히 밝혔다. 그들은 슈페너의

---

61) Martin H. Jung, "In 1836 - Wiederkunft Christi oder Beginn des Tausendjärigen Reichs? Zur Eschatologie Johann Albrecht Bengels und seiner Schüler," PuN 23 (1997), 137.
62) *Behauptung*, 176; T. Bed., I, 213-14; III, 98:IV, 586, 627-8, 639; *L. T. Bed.*, III, 481, 516-17, 531.

예견, 곧 새로운 날의 징후로서 유대인들의 회심과 로마 교황권의 멸망을 거부했다. 그들은 하나님의 왕국은 틀림없이 재림 이전에 등장할 것이라는 슈페너의 견해에 동의하지 않았다.63) 그들은 개별적인 기독교인들에 대해 기독교인의 완전함을 강조한 슈페너의 가르침을 거부했으며, 도리어 그들은 세상에서 교회의 생활은 보다 비관론적이라는 루터의 관점을 유지하였다. 마르틴 그레샤트(Martin Greschat)는 정통주의자들도 무언가 변화가 필요하다는 점에서는 슈페너와 동의했지만, 그를 따라 변화의 가능성에 대해 낙관론을 받아들이지는 않았다는 점을 정확하게 보여 주었다.64) 슈페너의 "지상교회의 더 좋은 미래를 소망함"은 개혁에 대한 그의 믿음과 예견을 보여주는 확실한 연료였다. 자신의 낙관적인 전망에 충실하게, 슈페너는 이전의 관습과 전혀 달리 하얀 옷을 입고 검은 관이 아니라 하얀 관에 담겨 묻히기를 소원한다고 말했다. 그는 승리한 교회에 들어가기 위해서 뿐만이 아니라 또한 지상에서 갱신된 교회를 희망하면서 죽기를 원했던 것이다.65)

7. 결 론

슈페너의 방대한 저술은 근본적으로 신학적인 문제들을 다루었다. 그의 설교는 대부분 주석적이고 교훈적이었다. 그는 교리문답집을 출간했으며, 또한 성경지식과 신학지식들이 젊은 사람들의 머리와 가슴에 전달되면 그들의 영혼이 교화될 것이므로 그는 신앙고백에 따른 안수례를 매우 강조하였다. 영적 상담에 관한 그의 서한을 보면 슈페너가 평소에 사람들이 직면한 개인적 문제들에 대해 교리를 적용했음을 발견할 수 있다. 그가

---

63) *Christ-Lutherischen Vorstellung*, 175-6.
64) Martin Greschat, "Die 'Hoffnung besserer Zeiten für die Kirche'," in Martin Greschat (ed.), *Zur neueren Pietismus Forschung* (Darmstadt: Wissenschaftliche Buchgesellschaft, 1977), 229.
65) "Vorrede," *L. T. Bed.*, 38.

루터교회 내부와 외부에서 벌인 소논문 논쟁은 일반적으로 신학적 이슈와 관련되었다. 모든 글을 종합해 볼 때 그는 매우 신중하게 썼으며, 성경, 교부들과 루터에 근거를 두었다.[66] 슈페너는 루터의 종교개혁을 계속해서 발전시켰다고 말할 수 있다. 광범위하게 전파된 스콜라적 신학과 교회생활에서의 지배적인 형식주의에 대항해서, 그는 그리스도와 함께한 생명력 넘치는 믿음과 사랑의 봉사를 위해 수반되는 자유를 요구했다. 기독교인의 삶에 기독교 신학을 적용할 수 있는 그의 능력은 슈페너가 마르틴 루터 이후 독일 개신교의 역사에서 가장 중요한 지도자로 간주되는 근본적인 이유이다.[67]

---

[66] Schmidt, "Spener und Luther," 109-10.
[67] Schmidt, "Spener und Luther," 102; Brown, *Understanding Pietism*, 30.

참고문헌

A complete critical edition of Spener's works has not been achieved. See Lutz E. von Padberg, "Zur Edition der Schriften von Philipp Jakob Spener," *Jahrbuch für evangelische Theologie* 8 (1994), 85-117.

· 일차 자료

Beyreuther, Erich (ed.), *Philipp Jakob Spener Schriften*, 28 vols to date (Hildesheim: Olms, from 1979).

Köster, Beate and Kurt Aland (eds), *Die Werke Philipp Jakob Speners: Studienausgabe* (Gissen: Brunner Verlag, 1996).

Spener, Philipp Jakob, *Herrn D. Philipp Jakob Speners Theologische Bedenken* (Halle: In Verlegung des Waysen-Hauses, 1712).

Spener, Philipp Jakob, *Herrn D. Philipp Jakob Speners Letzte Theologische Bedenken und andere Bridffliche Antworthen...* (Halle: In Verlegung des Waysen-Hauses, 1711).

Spener, Philipp Jakob, *Die Evangelische Glaubenslehre. In einem jahrgang der Predigten Bey der Sonn-und-Fest-täglichen ordentlichen Evangelien. In der Chur-Fürstlichen Sachsischen schlosscapell zu Dresden Anno* 1687 (Frankfurt: Zunner, 1688).

Spener, Philipp Jakob, *Pia Desideria*, Theodore Tappert (tr. and ed.) (Philadelphia: Fortress Press, 1964).

Spener, Philipp Jakob, *Der Klagen über das verdorbene Christenthum*

(Frankfurt a.M.: Zunner, 1696).
Spener, Philipp Jakob, *Der Hochwichtige Articul von der Wiedergeburt* (Frankfurt a.M.: Zunner, 1696).
Spener, Philipp Jakob, *Dess thätigen Christenthums: Notwendigkeit und Möglichkeit* (Frankfurt a.M.: Zunner, 1687).
Wallmann, Johnnes, with Udo Sträter and Markus Matthias (eds), *Philipp Jakob Spener: Brief aus der Frankfurter Zeit* 1666-1686 (Tübingen: Mohr, 1992).

· 이차 자료

Brecht, Martin, "Philipp Jakob Spener, sein Programm und dessen Auswirkungen," in Brecht 1, 278-389.
Brown, Dale, *Understanding Pietism* (Grand Rapids: Erdmans, 1978).
Deutschmann, Johann, *Christ-Lutherische Vorstellung in deutlichen Auffrichtigen Lehre-Sätzen nach Gottes Wort und den Symbolischen Kirchen-Büchern, sonderlich der Augspurgischen Cofession und Unrichtigen Gegen-Sätzen aus Herrn D. Philipp Jakob Speners Schriften* (Wittenberg: Quenstedt, 1695). ,
Greschat, Martin, "Die 'Hoffnung besserer Zeiten für die Kirche'," in Martin Greschat, (ed.), *Zur neueren Pietismus Forschung* (Darmstadt: Wissenschaftliche Buchgesellschaft, 1977).
Grünberg, Paul, *Philipp Jakob Spener: Sein Leben und Werken*, 3 vols (Göttingen: Vandenhoeck & Ruprecht, 1893-1906).
Hirsch, Emmanuel, *Geschichte der neuen Evangelische Theologie in Zusammenhang mit dem allgemeinen Bewegung des Europäischen Denkens*, vol. 2 (Gütersloh: Bertelsmann, 1951).

Jung, Martin, "In 1836- Wiederkunft Christi oder Beginn des Tausendjährigen Reichs? Zur Eschatologie Johann Albrecht Bengels und seiner Schüler," PnN 23 (1997), 131-51.

Richard, Marie, *Philipp Jakob Spener, August Hermann Francke* (Philadelphia: Lutheran Publication Society, 1897).

Ritschl, Albrecht, *Geschichte des Pietismus in der lutherischen Kirche des 17. und 18. Jahrhunderts*, vol. 2 (Bonn: Marcus, 1884).

Schmidt, Martin, "Philipp Jakob Spener und die Bibel,"in Kurt Aland (ed.), *Pietismus und Bibel* (Witten: Luther Verlag, 1980, 9-58).

Schmidt, Martin, "Spener und Luther," *Lutherjahrbuch* 24 (1957), 102-29; reprinted in Martin Schmidt, *Der Pietismus als theologische Erscheinung* (Göttingen: Vandenhoeck & Ruprecht, 1984), 156-81.

Stein, K. James, *Philipp Jakob Spener: Pietist Patriarch* (Chicago: Covenant Press, 1986).

Stein, K. James, "Renewal: Philipp Jakob Spener's Parallel Word for Sanctification," *Asbury Theological Journal* 51/2 (Fall 1996), 5-13.

Stoeffler, F. Ernest, *The Rise of Evangelical Pietism* (Leiden: Brill, 1971).

Wallmann, Johannes, "Wiedergeburt und Erneuerung bei Philipp Jakob Spener," PnN 3 (1997), 7-31.

Wallmann, Johannes, *Philipp Jakob Spener und die Anfänge des Pietismus* (Tübingen: Mohr, 1970; 2nd revised edn, 1986).

아우구스트 헤르만 프랑케
(1663-1727)

마르쿠스 마티아스(Markus Matthias)

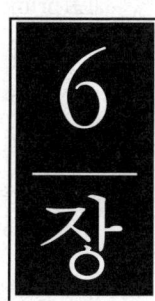

오늘날 할레(Halle, 잘레<Saale>)를 방문하는 자는 글라우하(Glaucha)의 작은 근교에 위치한, 도심부의 남쪽 변두리 주변을 거닐다보면 "프랑케 재단"(the Francke Institutions)이라는 인상적인 복합건물에 매료된다. 오늘날에도 그 복합건물은 여전히 주변의 '세상'보다는 더 거룩한 구역처럼 돋보인다. 당당하거나 위엄이 있지는 않지만 예술적으로 절제되어 있는 바로크 양식의 본관은 건물 전체 가운데 건물이 없는 부분뿐만 아니라 그 건물의 팀파눔(tympanum)은 건물 전체가 종교적인 인상을 풍기게 한다. 두 마리의 독수리는 태양을 향해 비상하고, 비문은 예언자 이사야 40:31의 말씀을 인용하고 있다. "오직 여호와를 앙망하는 자는 새 힘을 얻으리니 독수리의 날개 치며 올라감 같을 것이요 달음질하여도 곤비치 아니하겠고 걸어가도 피곤치 아니하리로다." 새겨진 글처럼 프랑케 재단은 믿음의 힘을 증언한다. 그리고 이것은 신적인 축복을 입증한다. 재단의 설립자 아우구스트 헤르만 프랑케(August Hermann Francke, 1663-1727))의 의도를 따라 이 건물에서 "살아계신 하나님의 발자취"를 경험하고 볼 수 있게 하였다.

프랑케 재단은 18세기 경건주의의 사회-교육개혁을 위한 근본세포(primordial cell)와 같은 것이다. 복합건물에 속한 각 건물들은 재단 전체의 사업에 완벽하게 방향이 맞추어진 책임 있는 기구들로 구성되어 있다. 중앙에는 아이들의 다양한 역량과 장래의 사회적 기능을 가늠하는 차별화된 학교 조직이 있다. 프랑케 개인의 주도로 시작된 재단은 기부금과 함께 한편으로는 재단의 풍부한 농산물에 의해 다른 한편으로는 규모가 더 큰 사회에 물건을 판매함으로써 얻은 막대한 수익으로 유지되고 있다.

따라서 프랑케는 교육적인 성향을 겸비한 신학자이면서 상업적 혜안을 소유한 합리적인 기업가였다. 그는 1663년 3월 12일 뤼벡(Lübeck)에서 일곱째 자녀로 태어났다. 그의 부친 요한네스 프랑케(Johannes Francke, 1625-1670)는 제빵업자의 아들로서 그 자신이 명망 있는 법률가가 되기 위해 열심히 일한 반면, 모친 안나 글록신(Anna Gloxin, 1635-1709)은 독일 북부 귀족가문 출생이었다. 그의 조부 데이비드 글록신(David Gloxin, 1597-1671)은 뤼벡과 함부르크 같은 한자동맹의 도시들을 대표해서 베스트팔리아 조약(Peace of Westphalia, 1645~1648)을 협상할 때 뤼벡의 개신교 감독직을 대변하였고, 나중에는 뤼벡의 시장이 되었다.

프랑케는 4살 때부터 고타(Gotha)에서 성장했으며, 이곳에서 그의 아버지는 신실한 군주 에른스트(Ernst the Pious, 1601-1675)의 법정 상담가이자 목회자로 활동했다. 이곳에서 아우구스트 헤르만 프랑케는 에른스트가 비록 루터교신자이긴 하지만 자신의 작은 공국의 지적이고 영적인 수준을 개선하기 위해 '삶에서의 두 번째 종교개혁'[1]을 주도해 나가는 방법을 목격할 수 있었다. 이러한 개혁 수단들을 구별 짓는 한 가지는 개혁주의나 청교도에게서만 볼 수 있는 성화의 중요성과 루터교 신앙을 연합하여 잘 조절하는 것이었다. 교파적인 신앙고백의 지속성은

---

1) Veronika Albrecht-Birkner, *Reofrmation des Lebens: Die Reformen Herzog Ernsts des Frommen von Sachsen-Gotha und ihre Auswirkungen auf Frömmigket, Schule und Alltag im ländichen Raum (1640-1675)* (Leipzig: Evangelische Verlagsanstalt, 2002).

17세기 중반까지 놀라울 정도로 강력했다. 그리고 고타에서 젊은 프랑케는 신실한 에른스트 공작과 그의 관료들이 때로는 소박하지만, 사회를 성공적으로 개혁하기 위해 고안한 계획을 관찰할 수 있었다.

그곳이 부모의 집인지 공작의 법정 근처인지 확실하지 않지만 역사적인 관점에서 볼 때, 프랑케가 영향을 받은 것은 자신의 평생의 사역을 특징짓는 합리적인 조직력과 성취욕으로 그에게 지속적이면서 전 세계적으로 미칠 영향을 끼쳤다.

프랑케는 에르푸르트(Erfurt, 1690-1691)에서 처음 목사가 될 때까지 에르푸르트(1679), 키일(Kiel, 1679-1682), 그리고 에스드라스 에드자르트(Esdras Edzard, 1629-1708)로부터 히브리어를 배웠던 함부르크(Hamburg, 1682), 라이프치히(Leipzig, 1683-1687, 1689-1690)와 뤼네부르크(Lüneburg, 1687-1688)에서 수학했다.

라이프치히에서 두 번째 머무는 동안, 프랑케는 성서해석에 관한 세미나의 성격을 가진 '성경을 사랑하는 모임'(Collegium Philobiblicum)을 만들었다. 이것은 1682년 프랑케와 파울 안톤(Paul Anton, 1661-1730)이 세운 것으로 성경공부에서부터 교화를 위한 대중 집회까지 하는 모임이었다. 이 모임은 경건주의를 다룬 라이프치히 논쟁을 이끌어 내었다.[2] 또한 에르푸르트에서 있었던 신학 논쟁은 프랑케와 에르푸르트의 선배 목사이며 프랑케를 지지했던 요아킴 유스투스 브라이트하우프트(Joachim Justus Breithaupt, 1658-1732)를 중심으로 타올랐고, 이로 인해 결국 프랑케는 에르푸르트 교회를 섬기지 못하고 떠나게 되었다.

1691년에서 1692년으로 넘어가는 시기에, 프랑케는 할레 근교에 위치한 글라우하(Glaucha)에서 목회자가 되었고, 1715년부터는 할레의 울리히(Ulrich) 교회에서 목회하였다. 동시에 1691년부터 원어성경을 가르치는 교수가 되었고, 1698년부터는 새로 설립된 할레대학교의 신학교수가 되었다.

---

2) Hans Leube, *Orthodoxie und Pietismus. Gesammelte Studien* (Bielefeld: Luther-Verlag, 1975), AGP 13, 153-267.

글라우하 목회자로서 프랑케는 자신의 교구에서 지적으로 영적으로 버림받은 아이들을 가르치기 위해, 1695년 가난한 자들을 위한 학교를 건립하였다. 얼마 지나지 않아 그는 고아들을 맡았고, 그 해 10월 이를 위해 자신의 집을 구입했다. 그는 경건한 후원자들의 도움으로 1698년 새로운 학교의 기초석을 놓을 수 있었으며, 1989년부터 현 프랑케 재단의 본관이 새롭게 단장되었다. 프랑케의 본질적인 관심사는 기독교인들의 교육과 인격 형성이었다. 그가 구축한 모든 시설들은 현재 지속적으로 증가하고 있는 이러한 모험(교육 사업)들을 위해 마련된 것들이다.

이 같은 사회-교육적 사업을 통해서 동시대에 '유행하는' 유토피아에 대한 사상들과 구별되는 보편적인 개혁 프로그램이 금방 형성되었다. 프랑케는 우연이 아니라 의도적으로 18세기 초 특히 영국의 보편주의자들과 사회철학자들의 '프로젝트'와 언어적으로 연계된 '프로젝트'를 통해 상업적인 사상을 제시하였다. 할레는 러시아, 시베리아, 발칸 반도의 국가들 그리고 유럽의 남동부, 중동뿐만 아니라 네덜란드, 영국, 북 아메리카와 연관된 선교와 문화-외교 활동의 중심지가 되었다.

프랑케의 프로그램의 주된 관심사는 전 세계의 기독교인들을 각성시켜 온전한 믿음의 소유자이자 능동적인 동역자가 되게 하는 동시에 비-기독교인들을 기독교로 개종하게 하는 것이었다. 이러한 노력들은 전 세계의 프로그램 활동과 연계된 다양한 사업상의 기획들(인쇄, 제약업, 장거리 교역)을 통해 이자가 발생하도록 '서명'한 자금 예치를 통하여 재정적으로 자급자족하였다. 그는 소위 위대한 논설(Grossen Aufsatz)이라는 글에서 자신의 프로젝트를 문화-정치적으로, 경제적으로 확고하게 하였다.[3]

---

3) Otto Podszeck (ed.), *August Hermann Franckes Schrift über eine Reform des Erziehungs -und Bildungswesens als Ausgangpunkt einer geistlichen und sozialen Neuordnung der Evangelischen Kirche des 18. Jahrhunderts. Der grosse Aufsatz* (Berlin: Akademie Verlag, 1962) (Abhandlungen der saechsischen Akademie der Wissenschaften zu Leipzig. Phil.-hist. Klasse 53, 3).

1. 역사적 개관

프랑케의 증언에 따르면, 그의 부모는 매우 일찍이 프랑케가 신학과 연관된 직업을 갖게 하고자 하였다. 철저한 사교육과 아른트주의와 청교도주의의 경건을 수용했던 점이 7살 때 부친을 잃은 어린 프랑케의 인격 형성을 결정지었다.

대학에서 수학하는 동안, 젊은 프랑케는 분명 목회직무에 대한 두려움을 가지고 있었지만 언어학과 문학사에 초점을 두고 기쁨으로 학문에 몰두하였다. 이후 그의 외삼촌 안톤 글록신(Anton Gloxin, 1645-1690)은 프랑케가 다시 신학공부를 계속하게 했으며, 의도적으로 프랑케가 성직을 수행하게 하였고, 나중에는 뤼네부르크에 있는 뛰어난 성경 해석자인 카스파 헤르만 잔트하겐(Kaspar Hermann Sandhagen, 1639-1690)에게 보냈다.

뤼네부르크에 머물렀던 시기는 목회자 혹은 설교자가 되기 전 프랑케의 마지막 수학 기간이었다. 그의 증언에 따르면 이곳에서 지금까지 두려워했던 목회직을 인생에서 확실하게 준비하는 전환점을 이루었다고 한다. 프랑케의 문제는 무한한 존재를 믿지 못한 것이며, 따라서 담대하게 하나님의 현재 활동에 의지할 수 없었다는 것이었다. 그는 자신이 전해야 하는 복음을 변호할 수 없었다. 프랑케는 자신의 부족한 결심과 모호한 믿음을 "무신론"이라고 불렀다. 구체적으로 말하자면, 그는 유대교의 경전 탈무드와 이슬람의 경전인 꾸란과 비교해서 성경이 분명히 하나님의 유일한 말씀이라는 것을 의심하였던 것이다. 따라서 그의 믿음의 확신이 흔들린 것은 양심의 가책이 아니라, 성경의 권위의 기초에 관해 언급한 계몽주의적인 의문으로 인해 흔들렸던 것이다.

뤼네부르크에서 프랑케의 의심은 직접적인 영적 체험에 의해 풀어졌다. 그는 자신의 경험을 다음과 같이 진술하였다.

상당한 두려움(Angst) 속에서, 정말로 하나님이 계시기를 바라면서, 나는 주일 저녁인 오늘 다시 한 번 더 무릎을 꿇고 비참한 상태에서 구원을 위해 여전히 알 수도 없고 믿을 수 없는 하나님께 간구했다. 그 후, 주님이신 살아계신 하나님은 내가 여전히 무릎을 꿇고 있는 가운데 보좌로부터 음성을 들려주셨다. 하나님 아버지의 사랑은 너무 컸기에 그분은 내 마음에서 일어나는 의심과 불안을 점차적으로 진정시키는 것보다(이것으로도 나에게는 충분한 것이었지만) 대신에 갑자기 내 기도에 응답하기로 하셨고 결과적으로 나는 더욱 마음을 돌이켰고, 내가 잘못하게 된 이유는 그분의 힘과 신실하심에 대적하지 않도록 되었어야 하는 것이었다. 그 후 나의 모든 의심은 손바닥을 뒤집듯이 순식간에 사라졌다. 마음속에서, 예수 그리스도 안에서 하나님의 은혜를 확신하였다. 그리고 나는 하나님을 하나님이자 나의 아버지로 부를 수 있었다. 마음의 모든 슬픔과 불안은 갑자기 사라졌고, 순간적으로 나는 기쁨의 물결에 휩싸였고 그토록 큰 은혜를 베풀어 주신 하나님께 온 마음을 다해 높이며 찬양 드렸다…그때부터 내가 믿는 기독교는 다함이 없었다.[4]

이 체험은 표현된 것이 아니라, 슬픔에서 기쁨으로의 감정의 강력한 변화와 그의 믿음의 지속적인 확신이라는 이름 아래 신앙체험을 말한다. 프랑케의 회심 체험은 정서적으로 결정되었다.

그는 계몽주의의 예리함으로 확실성의 문제를 인식하였고, 개인적으로 이 문제를 심각하게 받아들였다. 믿음의 문제에서 모든 이성을 거부했음에도 불구하고, 그는 자신의 회심 체험과 함께 확실성의 문제에 대해 합리적인 해결책을 제시하였다. 그의 회심체험은 논쟁에 근거한 것이 아니라 주관적으로 확실한 체험이었기 때문이었다.

이러한 주관적인 체험의 확실성으로 가는 길은 우회(迂廻)를 통해 확신하게 한다. 다시 말해서 회개에 대하여 의식적으로 받아들이는 몸부림('투쟁', Busskampf)을 통해 도달하고, 그 속에서 프랑케는 하나님의

---

4) Markus Matthias (ed.), *Lebensläufe August Hermann Franckes* (Leipzig: Evangelische Verlagsanstalt, 1999), 29, lines 4-21; 31, line 15f.

은혜에 이르는 죄의 양심을 발전시켰는데, 이는 성경의 여러 곳을 통해 질문에 대답할 수 있다고 선언한다. 이 은혜의 경험이야말로 효과적인 경험이나 성경의 진리를 위한 전달도구이다.

이러한 죄의식은 중산계급의 존경할만한 삶에 대한 엄정한 판단을 통하여 발생한다. 그 이유는 성령의 새로운 본질에 대한 체험은 프랑케가 성장한 중산계급 세계의 영으로부터 확실한 구별을 요구하기 때문이다. 할레 경건주의의 확고한 도덕성은 소위 아디아포라(adiaphora, 신앙에 결정적이지 않은 중립적인 성격의 기준을 뜻한다- 역주)나 춤과 오락 같은 것들에 대해서는 무관심 하는 태도에 반대하는 기본적인 입장을 가진다.

이러한 자서전의 보고서에 나타난 프랑케의 회심은 『고백록』(Confessions) 제8권에 나타난 저 유명한 정원의 장면에서 고뇌하는 아우구스티누스의 많은 모습들, 즉 하나님의 율법을 알고 행하고자 하는 마음과 현실에서 올바른 뜻을 실천하려는 의지의 효과적인 결정들을 담고 있다. 육신의 지배에 항거하는 아우구스티누스의 투쟁에 비교해서, 프랑케는 그가 믿고자 하는 갈망과 하나님으로 인해 그의 의지로는 믿을 수 없다는 갈등 사이에서 믿음의 결정에 도달하고자 노력하였다. 아우구스티누스와 프랑케 모두 결정 그 자체에는 하나님의 직접적이고 기적적인 개입이 있었다. 아우구스티누스의 경우는 성경의 본문에 대한 언급이었고, 프랑케의 경우는 보다 정확하게 기술할 수 없는 마음의 변화에 기인하였다. 두 사람에게 공통적인 사실은 이러한 결정이나 회심이 '영원성'을 지닌다는 것이며, 이러한 영원성은 그들의 의지를 결정할 때 지속적으로 영향을 끼쳤다는 것이다.

사실, 이런 점에서 볼 때, 기독교의 진리와 개인적으로 체험할 수 있는 하나님의 섭리에 대해 더 이상 프랑케를 의심할 수 없다. 목회 뿐 아니라 사회와 선교 영역에서 그의 전반적인 개혁 활동들은 이러한 체험 즉 이러한 마음의 결심에 근거하고 있다. 또는 그의 뤼네부르크에서의 체험은 거듭된 검증과 지속적인 증거라고 할 수 있다. 이러한 일련의 결과들은 신학자인 프랑케에게 어떻게 작용하였는가?

2. 프랑케의 신학 저술에 대한 개관

프랑케의 저서에 대한 서지학은 그 당시 외국어로 번역된 것을 포함하지 않고서도 대략 1,720개의 간행물에 850개의 텍스트로 구성된다. 그 중 가장 많은 수를 차지하는 것은 그의 설교이다. 독일어로 된 신학 본문은 크게 실제적인 덕성함양에 대한 작품이나, 교리문답 혹은 변증의 형태를 갖고 있다. 반면에 학문적인 라틴어 텍스트는 대부분 일시적인 것들로 학교행사에 대한 간략한 공식적인 초대장 혹은 연설문이고, 다음으로는 구약에 대한 철학적 작품과 성서 해석상의 작품 순이다. 이러한 방대한 신학 작품 중에서 상당수가 역사적으로는 시대에 뒤떨어진 작품들이지만, 방법론적으로 두 그룹의 저서가 현저하게 두드러진다. 첫 번째 그룹은 연구를 위한 지침서들인데, 여기에는 『디모데서』(*Timotheus*, 1965), 『신학연구 정해』(*Definitio studii theologici*, 1708), 『신학연구 방법론 정해』(*Definitio methodi studii theologici*, 1708), 『신학연구의 목적을 위한 간략한 개요』(*Institutio brevis de fine studii theologici*, 1708), 『올바른 연구와 해설을 위한 총론』(*Summa praelectionum aliquot de studiis recte et ordinate tractandis*, 1710), 『신학연구 원형』(*Idea studiosi theologiae*, 1712), 『신학연구 방법론』(M*ethodus studii theologici*, 1723) 등이 있으며, 두 번째 그룹은 성경 해석에 관한 작품들로 『성경강해 입문』(*Manuductio ad lectionem scripturae*, 1693), 『성경통독 입문』(*Einleitung zur Lesung Der H. Schrift*, 1694), 『평이한 수업』(*Einfältiger Unterricht*, 1694), 『성경의 핵심인 그리스도』(*Christus der Kern heiliger Schrift*, 1720), 『성경주해 방법론』(*Methodus exercitationum biblicarum*, 1706), 『성경해석학 입문』(*Prealectiones hermeneuticae*, 1717) 등이 있다. 그 밖에 공동체를 위한 프로그램을 담은 프랑케의 작품들과 고아원 프로젝트에 대한 보고서들은 추가적으로 강조해야 할 작품이다.

3. 성경 해석학

신학자 프랑케의 중심적인 질문은 성경의 말씀에 대한 확실성이다. 그것은 회심에 대한 그의 신학뿐만 아니라 - 학문적인 수준에서 - 방법론, 특히 그의 성서 해석학을 결정짓는 것이었다. 확실성의 문제는 문제 자체를 해석학적으로 나타내는 것으로서 단지 이론적인 모든 이해들을 초월하여 이해하는 특별한 형태이다. 즉 이것은 중생이라는 표지 아래에서의 성서 해석학이다. 이해는 확실성에 의해서 구별되기를 원하는데, 하나님의 지식이 삶을 결정짓는데 적합하게 사용되는 한에서이다. 프랑케는 일종의 '살아있는' 지식 같은 개념적인 정의의 문제를 해결하고자 다양한 방법들을 시도하였다.

첫 번째 성서 해석학 저서에서, 프랑케는 먼저 '단어의 의미'(문자적 의미, sensus litterae)와 '문학적 의미'(sensus literalis)를 구별하였고, 이 책에서 프랑케가 자신의 성서 해석학의 특성으로 수용한 해석학은 전반적으로 요한 콘라트 단하우어(Johann Conrad Dannhauer, 1603-1666)의 학문적인 해석학에서 발견할 수 있다. 그런 다음 프랑케는 루터교 전통 내에서 단하우어가 시작한 성서 해석학의 반영에 대해 반전을 계속했다. 성서 해석상의 문제는 더 이상 성경 본문에서 언급하는 인물의 변화에 대한 것이 아니라 성경을 읽는 자가 본문을 제대로 이해하는 논리적인 도구를 기술하는 것이다.

개념상의 한 쌍인 '문자적 의미'와 '문학적 의미'를 구분 짓는 것은 저자인 작가가 이러한 단어들이 들어있는 문장들을 연관시키는 지적인 개념으로부터 각각의 단어들에서 나오는 공통의 의미이다. 이는 어느 정도 본래의 문장을 뛰어넘는 의미와 동일하며 그것은 '해석'(interpretation, exegesis)에 의해서 제기된다.

성경에 대한 주석적인 독법은 성령 자신의 인도로 문학적 의미를 발견하고 설명하는 것이다. 우리는 이를 (1) '문학적 의미'(sensum literalem)라 부른다. 우리는 이를 문법적인 읽기의 원칙적인 대상으로써 적절하고 내포적인 상징 가운데 말(단어)의 의미를 나타내는 '문자적 의미'(sensus literae)와 구분한다.5)

'문자적 의미'와 '문학적 의미'를 구별할 때, 그 구별은 성경의 껍질과 핵심(내용)에 대한 프랑케의 이미지와 상응하기 때문에 포괄적으로 이해의 분석적인 과정을 축소하는 것을 허용한다. 껍질, 즉 성경 본문에 대한 모든 역사적인 결정들은 '역사적 읽기'(lectio historica), '문법적 읽기'(lectio grammatica), '논리적 읽기'(lectio logica)에 의해 인지될 수 있는데, 이는 엄밀하게 말하자면 성경에 대한 '문법적 읽기'는 '단어적 의미'(문자적 의미)를 제기한다는 것이다. 핵심, 즉 성경 본문에 대한 초역사적인 메시지는 '주석적 읽기'(lectio exegetica), '교리적 읽기'(lectio dogmatica), 다양한 적용을 위한 '체계적 읽기'(lectio porismatica) 그리고 '실천적 읽기'(lectio practica)로 알 수 있으며, 따라서 '주석적 읽기'는 '문학적 의미'를 장려한다.

그러나 '문자적 의미'와 '문학적 의미'에 대한 방법론상의 구별을 통해서 프랑케의 문제를 해결하지는 못한다. 그 이유는, 주석적인 읽기의 정확성은 아직은 진리에 대한 확신이 아니기 때문이다. 그래서 프랑케는 오직 중생이나 참된 경건성만이 참된 이해, 즉 효과적이고 실제적인 이해에 이르게 한다고 주장한다. 이러한 입장에서 확실성의 문제는 여전히 전통적인 수사학적 규칙으로 귀결된다. 왜냐하면 성경의 메시지는 메시지를 듣는 청중들로 하여금 진정한 기독교인으로 만들기 때문에 청중들의 의지에 영향을 줄 필요가 있다. 성경의 저자들에 의해서 성서가 형성되는

---

5) *Manuductio*, 66f. Cf. Erhard Peschke, *Studien zur Theologie August Hermann Franckes*, 2 vols (Berlin: Evangelische Verlagsanstalt, 1964-66), 2: 23 note 62.

과정에서 메시지는 성경 저자들의 의지에 영향을 주지 않고 결코 그대로 있는 것이 아니기 때문에, 현재 말씀을 듣는 청중들에게도 동일한 감명을 일깨워 주어야 한다. 따라서 이점에서 의지를 결정짓는 완전하고 확실한 이해는 오직 성경 저자의 정서에 동화되었을 때만 가능하다. 그러므로 이처럼 첫 번째 성경해석학적 작업은 정감의 교리(the doctrine of affects)에 개요를 제공하였다. "부록(Addimentum) I: 이해의 가르침(해석학)에 관련한 정감의 교리 기술".6)

또한, 여기에서 프랑케는 필립 야곱 슈페너(Philipp Jacob Spener, 1635-1705)를 통해서 분명하게 단하우어에게 의존하고 있다. 단하우어는 성경이 본문 배후에 존재하는 '영'을 통해서만 생생하게 다가온다고 보았다. 이는 성경해석자가 실제로 본문을 이해하기 위해 필요한 것으로 전통적인 루터교의 성경해석학과 '교의학'(verbum efficax)7)에 비추어 볼 때 문제가 되는 개념이다. 슈페너는 자신의 슈트라스부르크 대학 교사인 단하우어의 견해를 따라, 성숙한 성경공부를 위해 모인 프랑케와 그의 라이프치히 대학의 동기들에게 성경을 이해하기 위해서는 성경의 역사적 저자가 "죽은 자들 가운데서 부활하여 살아 존재해야 하며", 이는 "성경 저자를 (감정, 삶의 조건, 운명)을 가진 인간으로 상상했을 때에만" 가능하다고 지적해주었다.8)

프랑케가 다음으로 기울인 노력은 인간의 개인적인 계몽(교화, edification)을 조건으로, 본문의 객관적인 영역에서, 성경독자들의 주관적인 '영역'(scopus)을 모두가 수용하는 "진정한(authentic)" 이해라는 가정에서 '살아있는 이해'(living understanding)라는 개념을 해결하는 것이었다. 이러한 객관적인 '영역'(scopus)은 일반적으로 하나님에 대한 회심이라고

---

6) *Manuductio*, 149-92.
7) Cf. Volker Jung. *Das Ganze der Heiligen Schrift. Hermeneutik und Schriftauslegung bei Abraham Calov* (Stuttgart: Calwer Verlag, 1999), 100f.
8) *Consilia Et Judicia Theologia* (Frankfurt a.M.: 1709), 3:700. "Jugi ac assidua Lectione scriptor, quasi e mortuis excitandus atque ad vivum repraesentandus est, ut quod non possumus reapse, saltem animi conceptu...consequamur; atque ideo cum legimus sacras literas, simul indaganda sunt icon animi scribentis, quo animi affectu, quo statu vitae, qua sorte fuerit tunc, cum haec talia exararet."

특징지을 수 있다. 이와 관련하여, 프랑케는 회심의 과정 내에 있는 여러 단계들에 대한 다양한 목표들(genera)을 가르치면서, 디모데후서 3장 16절 "모든 성경은 하나님의 감동으로 된 것으로 교훈과 책망과 바르게 함과 의로 교육하기에 유익하니"라는 말씀의 전통적인 해석을 독특한 방법으로 변형시켰다.[9]

프랑케는 첫 번째 해석학적 개념을 확장시키면서, '문학적 의미'(sensus literalis)와 '신비적 의미'(sensus mysticus)를 구분했고, '문학적 인식'(cognitio literalis)으로부터 '영적 인식'(cognitio spiritualis)의 구별을 소개했다. 후자의 구분(문학적 인식과 영적 인식)은 '문학적 인식'의 원인을 '문학적 의미'에 두고 '영적 인식'의 원인을 '영적 의미'(sensus spiritualis)로 돌리는 경향이 있는 한 문제가 있다. 그러나 이는 프랑케의 생각과는 빗나간 것일 것이다.[10]

대략 1701-1702년부터 시작되어, 1709년 『성경해석학 입문』(Prealectiones hermeneuticae)에 확실히 반영되었으며, 최종적으로 1717년에 출간된 책에서 신비적인 의미라는 개념의 소개는 분명 살로몬 글라시우스(Salomon Glassius, 1593~1656)의 성경해석학으로 거슬러 올라가며, 이는 단어의 이차적 혹은 알레고리적 의미가 아니라 성령께서 성경의 기록된 내용에 부여한 (무엇보다 구약의 모형론) 숨겨진 의미를 뜻한다. 신비적인 의미

---

9) "그러므로 모든 성경은 다음과 같은 유용한 목적을 위해 주어졌다. (1) 가르침을 위하여 (가르침과 삶의 잘못만이 아니라 무지로부터 그리고 마음의 시련과 고뇌로부터 해방되기 위하여), (2) 책망을 위하여 (이를 통해 가르침의 확신을 누리기 위하여), (3) 교정을 위하여 (사람들이 올바른 길로 나아가도록 중요한 지도와 확신을 갖도록 하기 위하여), (4) 의의 연단을 위하여 (올바른 길에 서 있는 자는 어린아이 같이 지속적으로 그 길의 지도를 받는다)." *Oeffentliches Zeugniss vom Werck/ Wort und Dienst Gottes Halle*, 1702-03, II, 17f; Peschke, 2:36.

10) *Praelectiones Hermeneuticae*, 57: "Ad Propositionem primam notauimus, distingui etiam Sensum Scripturae in Sensum *Litteralem & Spiritualem*, diuersa quadam ab ea, quae in Scholis vrgetur, & quam ipsi antea exposuimus, acceptione; qua nimirum sensus omnis, siue alias Litterae, siue Litteralis, siue Mysticus appelletur, quatenus cognititione humana, naturali & externa apprehenditur, *Litteralis* & irregnitis competere dicitur; quatenus vero per Spiritum Sanctum, & ex lumine gratiae, intelligitur, *Spiritualis*, & non nisi regenitis competere dicitur. Hoc ad *considerationem Scopi*, de qua in praesentia agitur, transferendum est." Cf. Peschke, 2:50 note 50.

배후에는 순수한 '표적'(signa)뿐 아니라 표적들로 알려진 '사물들'(res)을 표적으로 보는 아우구스티누스의 표지에 관한 이론이 확실히 존재한다.[11] 따라서 문학적 의미를 '해석'할 때는 '문학적인 저자'(literalis)의 구체적인 의도와 '사실'(mysticus)에 대한 역사적 문제 속에 감추어진 하나님의 숨은 의도를 구분해야 한다. 한 예로, 민수기 21:8에서 놋 뱀은 '신비적으로' 십자가에 매달린 구세주를 가리킨다(요 3:14). 신비적인 의미는 중생한 자만 이해할 수 있다는 점에서 문학적 의미와 구분되지 않는다. 오히려, 중생하지 못한 자는 '문학적 의미'와 '신비적 의미' 모두를 인지할 수는 있으나, 이는 오직 '이론상'의 방식(cognitio literalis)에서만 그렇다.[12] 오직 중생한 자나 하나님의 영에 감동을 받은 자만이 이론적인 지식을 초월하여 "살아있는" 지식(cognitio spiritualis)을 획득할 수 있다. 오직 중생과 의지의 특별한 정감만이 해석자와 본문 사이에 놓인 장벽을 뛰어넘는다. 성경은 성경이 의도하는 정감에 의해 붙들린 '독자' 혹은 '해석자'(ratione subjecti)[13]에 의해서만 이해될 수 있는바, 이는 다시 말하자면 성경 본문의 저자에 의해 사로잡힌 자만이 성경을 이해할 수 있다는 것이다. 여기서도 프랑케는 확실하고 날카롭게 단하우어의 해석학적인 개념성을 따른다.[14] 동일한 방식으로, 중생한 자나 중생하지 못한 자가 소통하지 못하는 것은 정감뿐이다.[15]

---

11) Augustine, *De doctirna christiana* II, 10 in J. P. Migne (ed.), *Patrologiae Cursus Completus, Series Latina* (Paris: 1844-64), vol. 34; English translation, *On Christian Teaching*, in *The Works of Saint Augustine: A Translation for the 21s tCentury*, ed. J. E. Rotelle (New York: New City Press, 1996), I. 11.
12) 10번 각주를 참고하라.
13) "Id vero notandum est (IV) recte sic quidem & ex vero sensum Scripturae S. distingui in *Sensum Litterae, Litteralem & Mysticum s. Spiritualem*; attamen ipsam Scripturam Sacram suppeditare aliam sensus alicuius litteralis & spiritualis consideratoinem, non ratione *Obiecti*, sed ratione *Subiecti*" (*Praelectiones Hermeneuticae*, 22f.; Peschke 2:47.)
14) J. C. Dannhauer, *Idea boni interpretis et malitiosi calumniatoris* (Strassburg: 1642), 30, 83 (I, § 23 and 48). Cf. Jung, 80f.
15) "Regvla II. Specialis. Quantum homo naturalis distat a regenito, tantum etiam inter se different duo haec affectuum genera. Nimirum plane diuersa sunt, ratione prinicipii, obiecti, finis, subiecti, adiunctorum &c. Quae diuersitas ex certis, qui

이 물음은 교육적인 수단으로 젊은이들의 정서적인 감동을 어느 정도까지 다룰 수 있는가 하는 것이다. 또한 기독교인이 된다는 것은 참된 교육과 참된 (인간)형성의 과제이다. 이러한 것들은 젊은이의 감정을 자제하는데 확실히 도움이 되며, 무엇보다도 젊은이들을 세상만이 주는 기쁨으로부터 어느 정도 거리를 두게 해 준다. 다시금 분명한 것은 프랑케가 전형적으로 신학과 교육학을 베짜듯이 섞어 짜고 있다는 점이다.

4. 회심의 신학

성경해석학에서 정감의 가르침에 관한 의미는 실체가 있으며, 회심의 체험을 통해 기독교인은 영구적으로 하나님을 확신할 수 있다는 프랑케의 주장과 일치한다. 이 때문에 '세례만' 받은 기독교인을 '결단한' 기독교인으로 변화시키는 회심과 중생은 프랑케로 하여금 목회사역과 권고사역(paranetic work)에 최선을 다하도록 하였다. 필립 야곱 슈페너와는 달리, 그는 회심이나 중생이 영속적이고 어떤 새로운 상태를 시작하게 한다는 기대에 가치를 두었다. 루터와 루터파 정통주의와 달리, 프랑케는 기독교인의 존재에 대한 효율적인 새로운 해답을 주장하였고, 로마서 7장의 해석에서 주석적으로 이를 사용하였다. 로마서 7장에서 사도 바울은 아직 중생하지는 못했지만 회심의 과정 속에 있는 기독교인의 상태를 기술하고자 하였다.[16] 프랑케는 우선적으로 회심을 의지의 영속적인 변화로 이해했기 때문에, 이러한 새로운 상태로의 진입은 매우 큰 의미를 갖는다. 오직 회심을 인간의

---

de iis formari possunt, characteribus, si inter se bene conferantur, luculentissime dignoscitur." (*Praelectiones hermeneuticae*, 231. Peschke 2:102).

16) Cf. A. Francke, "Von der Verpflichtung auf die Bekenntnisschriften" (manuscript), in Adolf Sellschopp, *Neue Quellen zur Geschichte August Hermann Franckes* (Halle: Niemeyer, 1913), 142f. (and in NKZ 24 (1913), 276). 이 점에서 특별히 요한 빌헬름 페테르젠이 프랑케에 영향을 끼친 것이 가능하다. 다음을 보라. Markus Matthias, *Johann Wilhelm and Johanna Eleonora Petersen* (Göttingen: Vandenhoeck & Ruprecht, 1993) (AGP30), 169-82.

본성을 극복하는 사건으로 깊이 느꼈을 경우에만 회심의 순수성과 회심의 신령한 기원이 확실하게 보장된다. 회심의 체험이나 '획기적인'(breakthrough) 체험의 깊이는 확실히 구별 할 수 있고, 그것에 의해서 죄 아래의 삶과 은혜 아래의 삶을 체험한다.

프랑케가 경험상의 검증을 요구함으로써 의지에 대한 심리학에 강력한 관심을 가지게 되었고, 이 관심은 회심의 실체에 대한 의문을 전면에 두도록 하였다. 회심은 갑자기 또는 즉각적으로 일어나는 것이 아니라 시간, 장소, 상황에 따라 역사적인 확인을 요구한다.

회심의 실체에 대한 체험은 먼저 회개의 깊이와 연관되어있다. 이런 관점에서, 프랑케는 '절망적인 회개'(통회, contritio)를 강조하면서 루터교의 신앙고백 문헌을 언급한다. 참회에 관한 전통적인 성례전을 유추해 보자면 절망적인 회개는 죄를 사하는 복음을 접하기 위한 전제조건임이 분명하다.

그러므로 프랑케에게 있어서 '참회의 투쟁'(Busskampf)에 대한 주장은 중요하다. 이유는 그가 1695년부터 참회의 설교에서 "그 가운데 통회하는 죄인의 투쟁이 소개되고 있다."는 실례를 들었기 때문이다.[17] 이 설교에서 프랑케는 진정한 기독교로 들어서는 것으로서 투쟁하는 회개와 날마다 새롭게 되기 위해 중생한 자의 필연적인 투쟁을 정확하게 구분 지었다. 시편 51편의 다윗의 예를 들면서, 프랑케는 "회개하는 죄인"이 겪는 여러 갈등단계들을 분석했다. 왜냐하면 참회시편에서 '다윗의 회개 과정은 우리를 향해 기록되었다고 볼 수 있기 때문이다.'

마음의 참회로서 회개는 외적인 고백, 회개의 날을 준수하는 것이나, 형벌의 날 또는 외적인 거친 공격에 대한 징계의 날을 준수하는 외적인 고백만이 아니라 모든 것에 대해 회개하는 것이다. 회개는 마음의 바탕이 진정으로 하나님께 향하였는가를 볼 수 있는가에 달려있다. 그러므로 내면의 갈등과 두렵고 패배한 마음은 회개에 속한다. 회개를 위한 투쟁의

---

17) A. H. Francke, "Busz=Predigt uber Ps. LI, v. 11, 12, 13. darinnen Der Kampf eines Bussfertigen Sunders vorgestellt worden. Den 5 Jun. M.DC.XCV. In der St. Georgen Kirche zu Glauche an Halle" (Halle: Christoph Salfelden <1695>).

진위를 가리는 기준은 주님이 행한 치병적인 싸움을 그 사람 안에서 반복적으로 치르느냐에 있다. 또한 여기에서 조차 감정의 동화가 존재한다. 기독교인은 참회의 시편이 자신에게도 '사실'인지를 살펴보아야 한다. 그리고 시편에 따르면 다윗은 자신의 죄로 인한 갈등에 대해 6단계로 분석하였고, 이것을 모방하라고 추천하였다. 이것은 모든 것을 보시는 하나님의 면전에서 양심의 각서에 해당하며, 진노로 가득한 재판장 앞에서 '절망'과 '두려움'(Angst)의 몸부림과 다름이 없다. 여기서 본질적인 것은 진리 안에서 고통을 겪는다는 것과 변명을 찾아볼 수 없다는 것이다. 자신의 죄에 대한 지식에 직면한 자가 하나님의 자비를 신뢰할 수 없다고 생각하면, 그는 자신의 잘못을 도말하기 위해 하나님께 달려가서 간구해야 한다. 이는 새롭게 되거나 정한 마음(시 51:10)을 위해서 간구할 때에 분명히 일어난다. 이것이 회개를 위한 전적인 투쟁의 중심이요, 의지를 근본적으로 새롭게 결정하도록 허용하는 준비이다.

여기서 인내하는 자는 누구든지 획기적인 체험, 중생의 체험을 한다. 매일 새로워지는 것, 자신의 구원의 상태를 확인하는 것 그리고 성령의 간구는 의지의 변화가 따르게 된다(시 51:12).

프랑케가 시편에 기록된 참회의 투쟁이라고 한 여러 단계 중에서 (네 번째) 참회단계에 도달하였을 때, 물론 이것은 참회나 회심의 도식에 해당되는 것은 아니다. 왜냐하면 프랑케는 성경의 다른 본문에서 또 다른 방식으로 참회의 과정들을 정리할 수 있었기 때문이다.[18] 그에게는 상황의 성격이나 '하나님의 규례'로부터 회개를 위한 투쟁의 근본적인 요소들만이 중요하기 때문이다.

물론 프랑케는 원칙적으로 회개와 참회의 두려움을 위한 투쟁을 체험하는 것을 진정한 기독교인이 되는 조건으로 만들지 않았다. 그의 평가를 통해 볼 때, 비록 대부분의 사람들이 세례 언약에서 타락했을지라도, 그는 참회의

---

[18] 보라. A. H. Francke, "Vom Rechtschaffenen Wachstum des Glaubens/Oder: Von der wahren Glaubens-Grundung/Kraftigung/Starkung un Vollbereitung" (Predigt vom 21. Sonntag n. Trinitatis in Halberstadt), in A. H. Francke, *Predigten* I, ed. Erhard Peschke (Berlin and New York: de Gruyter, 1987) (TGP II, 9), <5f.>, 7-34.

투쟁을 통한 회심은 대부분의 사람들에게 없어서는 안 될 것이라고 믿었다. 그러나 사람들 역시 세례를 받은 이후 세례의 중생과 어린아이 같은 믿음 안에 있는 자를 상상할 수 있다.

프랑케의 '심리적-교육적' 공식화는 회심이 지속적인 상태로 나아간다는 개념 속에서 볼 때 무엇보다도 규범적인 효과를 나타내었다. 그러나 프랑케가 회심을 강조한 효과가 자신의 환경에 어떤 영향을 미쳤는지는 여전히 평가되지 못하고 있다. 그가 권위와 모범으로 봉사했다는 것은 의심할 여지가 없다. 말하자면 프랑케가 참회의 투쟁으로 종교적인 기강을 세웠다고 보는 확대된 해석의 출처는 분명하지 않다는 것이다.

프랑케가 회심의 깊이와 유일성에 대해 강조한 것은 분명 블레즈 파스칼(Blaise Pascal)[19]과 마찬가지로 프랑케는 자신의 회심이 일어난 날짜를 정확하게 말할 수 있으며,[20] '모든 사람들이 자신들의 기독교에 대한 증거로서 잠정적이지만 회심의 경험에 대한 정확한 날짜'를 기대할 수 있다고 보는 현재의 관점에 대해 원인을 제공한다.[21] 그러나 프랑케는 뤼네부르크에서 경험한 자신의 회심 체험에 대한 정확한 날짜를 매길 수 없었기 때문에 이러한 생각에[22] 분명 거듭해서 반대했다는 주장이 계속되고 있다.

5. 신학연구를 위한 지도

신학 연구 방법에 대한 프랑케의 진술에서 이론상의 지식과 살아있는

---

19) Blaise Pascal, *Pensées sur la religion*, vols 1-3 (Paris: Hachette,1904), I: 3ff.
20) 날짜에 대한 문제는 다음을 참고하라. Matthias, *Lebenslaufe August Hermann Franckes* (Leipzig: Evangelische Verlagsanstalt, 1999), 136-8.
21) Paul Althaus, "Die Bekehrung in reformatorischer und pietistischer Sicht," NZSTh 1 (1959), 3-25. 동일한 저자에 의한 재 간행, *Um die Wahrheit des Evangeliums. Aufsätze und Vorträge* (Stuttgart: Calwer Verlag, 1962), 224-47.
22) 보라. Peschke, 1:61f., *Peschke, Bekehrung und Reform. Ansatz and Wurzeln der Theologie August Hermann Franckes* (Bielefeld: Luther-Verlag, 1977) (AGP15), 143.

믿음의 구별은 학문적인 지식과 '경건'의 구별로 반복되어 나타난다.

무엇보다도 이러한 진술이 탁월한 것은 목표를 명확하게 정의하는데 있어서 합리적인 사고를 통해 그 방법과 수단이 기술되고, 목표들을 성취하기 위해 사용할 수 있는 시간 역시 합리적인 사고 안에 포함되었다는 점이다. 이런 의미에서, 프랑케는 할레 대학에서 위대한 공로를 끼쳤으며, 또한 그곳에서 신학생들을 위한 학문적인 조언 프로그램과 일기 혹은 매일의 일정을 통해서 학업을 주도해 나갈 것을 요구하는 제도를 대단히 일찍부터 도입했다. 그의 이러한 '권고적인 강의'(Lectiones paraeneticae)는 1693년부터는 매주마다 열렸고, 부분적으로 강의 내용이 인쇄되었으며, 신학연구의 올바른 방법과 본질적인 목표를 학생들에게 알려주기 위해 몇 번이고 되풀이해서 강의되었다.[23]

또한 신학연구의 방법에서 프랑케는 외형적인 학문의 '껍질'과 본질적인 '알맹이'인 그리스도의 유익한 지식을 구분 지었고, '지식'(scientia)과 '양심'(conscientia), 단어와 능력 혹은 역사적인 것과 영적인 것을 구분했다.

처음부터 루터교에서는 신학을 '실천'(praxis)하는 가운데 그 가치를 입증해야 하는 학문적인 훈련으로 이해하여 왔으며, 장래의 신학자와 목회자는 경건한 삶을 살아야 한다는 분명한 기대를 가지고 있었다. 프랑케의 연구 방향에 있어서 독특성은 학생들의 종교적인 인격형성이 신학연구 과정에서 다른 모든 학식보다 우선한다는 것이었다.

결과적으로 프랑케에게 있어서, 진정한 회개는 역시 신학 교과과정의 중심이다. 물론 진정한 회개가 학업을 시작하는 조건은 아니지만, 기실 학생들을 하나님의 참된 신학자이자 학자, 따라서 하나님께 가르침을 받은(요 6:45) 인물로 만드는 성공적인 결론을 얻게 하는 신학 교과과정을 위해 필수적인 전제조건이 된다. 진정한 회개를 경험하지 못한 자들은 누구든지 스스로 참된 회개를 묵상할 수 없고, 세상을 바꾸는데 아무런 도움을 줄 수 없다. 따라서 기도(성경읽기, oratio), 명상(성경연구, meditatio),

---

23) Cf. Friedrich de Boor, "A. H. Franckes paränetische Vorlesungen und seine Schriften zur Methode des theologischen Studiums," ZRGG 20 (1968), 300-20.

영적 시련(실천, tentatio)이라는 전통적인 세 요소는 프랑케에게 매우 큰 의미를 지녔다.

프랑케가 회심에 대한 개인적인 지식을 신학자를 위한 준거로 제시하였을 때, 이 준거는 경건한 가르침과 거룩한 삶에 상응하는 초기 신학자들의 끈질긴 요구 같은 단순한 것이 아니었고, 자신의 체험으로부터 그리고 자신만의 증거를 갖고 하나님에 대해 선포할 수 있는 역량과 관련이 있었기에 거룩한 삶에 대한 체험으로 거룩한 가르침을 할 수 있었다.

신학공부는 영혼의 돌봄(cultura animi)이다. 이것은 경건한 기도자의 간구를 통하여 성령의 은혜로운 인도하심 속에서 생긴다. 따라서 성령은 성경으로부터 거룩한 진리에 대한 정확하고도 살아있는 지식으로 신뢰를 창조하시며, 이 신뢰는 당신 안에서 지속적인 사역으로서 끝까지 확증해 줄 것이다. 즉 자신의 역량을 연구에 바쳐 무엇보다 자기 계발, 그리스도에게로의 참된 회심, 매일의 갱신을 위해 이를 올바르게 사용한 자로서 순수한 삶, 순수한 교리, 지혜의 은사 등을(순서에 유의하라) 사용하여 모범을 보임으로써 사단의 횡포를 멸하고 그리고 꾸준한 신실함을 통해 사람들 가운데서 하나님의 나라가 발전하고 확장되게 하기 위해서 다른 사람들 앞에서 빛을 낼 것이다. 이를 통하여 하나님의 은혜를 입은 모든 사람들은 말씀을 따라 일한다. 그리고 그들은 성령이 가시는 길에 장애물을 놓지 않으며, 예수 그리스도 안에 있는 믿음을 통하여 구원으로 돌아가도록 하며 원한 생명을 갈망하게 한다.[24]

---

24) Methodus 1f.: "STudium Theologicum est cultura animi, qua is sub gratioso Spiritus S. ductu, piis precibus impetrando, accurata viuaque veritatis diuinae e scripturis sacris agnitione imbuitur, assiduaque eius praxi in ea confirmatur; eum in finem, vt, qui huic studio peram dederit, eoque ad sui ipsius emendationem, veramque ad Christum conuersionem, & renouationem quotidianam primum recte vsus sit, deinde vitae inculpatae exemplo, doctrinae puritate, & sapentiae dono aliis praeluceat, ad tyrannidem Satanae destruendam, Dei vero regnum onmi fidelitate inter homines promouendem & ampliandum, quo omnes, quotquot gratiae diuinae per verbum peranti & Spiritui Sancto non posuerint malitiose obicem, sapientes reddantur ad salutem, vitamque aeternam consequantur per fidem in Christum

이에 따라, 1729년부터 브란덴부르크-프러시아(Brandenburg-Prussia)에서는 목회 후보생들이 자신의 회심 체험을 진술해야 한다는 것을 알고 있어야 한다는 것이 요구되었다.25)

6. 숙 고

무엇보다 프랑케 자신의 회심에 대한 보고서에 대해 학문적으로 폭넓은 관심이 있어 왔는데, 이유는 그 보고서가 그의 신학과 사역에 대한 중요한 텍스트이자 경건주의자이면서 중산계급의 시민으로서의 간증적인 자서전 역할을 하기 때문이다. 사실 텍스트는 흥미로운 관점의 전체적인 색깔을 보여준다. 그러나 지금까지는 결정적으로 뤼네부르크의 체험이 일어난 날을 기록하는 노력도 없고, 그 기원에 대한 그럴듯한 역사적인 이유도 제시하지 못하고 있다. 아마도, 경험 그 자체와 그것을 설명한 글을 방법론적으로 보다 정확하게 구분해야 할 것이다. 그러나 전기와 연관된 많은 질문들은 여전히 "할레 고아원"이 열려있는 것처럼, 보고서 역시 보다 세밀한 연구를 기다리고 있다.

얼핏 보기에 회심의 체험은 신학적으로 약간의 문제가 있는 것처럼 보인다. 그러나 지금까지 프랑케의 신학에는 이렇다 할 관심이 없었다. 예를 들어, 프랑케는 신학 작품을 다룬 새로운 백과사전에서는 언급되지 않았고,26) 오직 에르하르트 페쉬케(Erhard Peschke)만이 프랑케의 신학을 광범위하게 연구하였다. 이 연구는 어느 정도는 프랑케의 성경해석학에 대한 문제를 다루고 있지만 그것이 충분치 않은 이유는 페쉬케가 역사적인 상황이나 동시대적 논의에서 프랑케 신학을 분석하지 않았기 때문이다.

Iesum." Cf. Peschke, 2:130f.
25) 이점에 관해서는 다음을 보라. Markus Matthias, "Bekehrung und Wiedergeburt," in Hartmut Lehmann (ed.), *Geschichte des Pietismus*, 4 (Göttingen: Vandenhoeck & Ruprecht, 2003), 49-79.
26) *Lexikon der theologischen Werke* (Stuttgart: Kröner Verlag, 2003).

그의 신학을 뤼네부르크에서 일어난 개인적인 회심 체험의 발전으로 생각하기에는 무리가 있다. 그와 반대로 이 체험을 프랑케의 신학적인 기원의 산물로 보는 자들이 있다. 예나의 요한네스 뮤제우스(Johannes Muesaus)가 다소 이쪽에 해당한다.

따라서 일반적으로 프랑케의 회심신학은 일반적으로 요약된 형태로 존재하고 있다.[27] 프러시아 정신에 대한 할레 경건주의의 중요성 역시 보다 심층적인 논의가 필요하다.

7. 과 제

프랑케는 초기 근대 개신교와 경건주의적인 성경해석학에서 가장 중요한 인물들 가운데 한 사람으로 남아 있으며, 적어도 독일 자유교회(국가교회의 틀에서 벗어난- 역주)의 신학에 관한 한 프랑케를 대신할 자가 없다. 그가 성경의 외적인 껍질과 내면의 핵심을 해석학적으로 명확하게 구분지은 것은, 한 편으로는 역사적-비평적 해석을 하고 다른 한편으로는 비역사적-교훈적 해석을 따르는 신학을 도모했다고 볼 수 있다. 결국 이러한 구분이 만족스러운 상태로 지속될 것인지에 대한 질문은 여전히 남겨진 상태이다.

전 세계적인 종교개혁을 위한 프랑케의 개입은 동시대 교회들을 보다 강하게 연합시키는 자극제가 될 수 있었고, 또한 기독교정신으로부터 보다 나은 사회를 옹호하도록 연합하게 하였다. 이로 인해 인간형성에 대한 종교의 중요성이라는 문제가 제기되었다.

---

27) 보라. Matthias, "Bekehrung und Wiedergeburt."

참고문헌

Peschke, Erhard in conjunction with Friedrich de Boor, *Katalog der in der Universitäts- und Landesbibliothek Sachsen-Anhalt zu Halle (Saale) vorhandenen handschriftlichen und gedruckten Predigten August Hermann Franckes*. Schriften zum Bibliotheks- und Büchereiwesen in Sachsen-Anhalt, 36 (Halle <Saale>: Universitäts- und Landesbibliothek Sachsen-Anhalt, 1972).

Raabe, Paul and Almut Pfeiffer (eds), *August Hermann Francke 1663-1727. Bibliographie seiner Schriften*, Hallesche Quellenpublikationen und Reportorien, 5 (Tübingen: Niemeyer Verlag, 2001).

· 일차 자료

프랑케의 저작에 대한 총서는 아직 존재하지 않으며, 다만 개별적인 작품들을 수록해 놓았을 뿐이다.

Francke, August Hermann, *Christus der Kern Heiliger Schrifft Oder Einfältige Anweisung/ Wie man Christum/ als den Kern der gantzen heil. Schrifft/ recht suchen/ finden/ schmäken/ und damit seine Seele nähren/ sättigen und zum ewigen Leben erhalten solle/ Worinnen vornemlich der Anfang des Evangelii Johannis durch neun unterschiedene Betrachtungen erläutert/ und die wahre wesentliche Gottheit unsers HErrn JEsu Christi mit klaren Gründen erweisen* wird (Halle: 1702)

Francke, August Hermann, *Definitio methodi stvdii theologicii, vna cvm aliqnali demonstratione, Quam necesse sit a publicis magistris praescribi methodum verbo Dei consonam ad qvam Theologiae cvltores omnem rationem tractandi sanctissimam hanc disciplinam tuto componere & conformare possint. S. Theol. In Academia Halensi STVDIOSIS proposita (...)* (Halle: Waisenhaus, 1708).

Francke, August Hermann, *Definitio stvdii theologici, vna cvm adhortatione ad capessendam & constanter observandam genuinam illius METHODUM* (Halle: Waisenhaus, 1708 and London: Downing, 1708).

Francke, August Hermann, *Einfältiger Unterricht, Wie man die H. Schrifft zu seiner wahren Erbauung lesen sole/ Für diejenigen/ welche begierig sind/ ihr gantzes Christenthum auff das theure Wort GOTTes zu gründen* (Halle: <1694>; reprint Halle: Niemeyer Verlag, 1995) (Kleine Texte der Franckeschen Stiftungen, 2); reprinted in *Oeffentliches Zeugniss Vom Werk/Wort und Dienst GOttes*, 3 parts, Halle: Waisenhaus, 1702-03).

Francke, August Hermann, *Einleitung Zur Lesung der H. Schrifft/ Insonderheit Des Neuen Tsetaments. Ⅰ. Für Ungelehrte u. Einfältige. Ⅱ. Für Studiosos Theologiae. Ⅲ. Für Catechesirende. Darinnen Der Zweck und Inhalt der gantzen H. Schrifft/ Fürnemlich aller und jeden Bücher Neues Testaments (...) deutlich gezeigt wird* (Halle: Salfeld, 1694).

Francke, August Hermann, *Die Fusstapffen Des noch lebenden und waltenden liebreichen und getreuen GOTTES/ Zur Beschämung des Unglaubens/ und Stärckung des Glaubens/ Durch den ausführlichen*

Bericht vom Wäysen=Hause/ Armen=Schulen/ und überiger Armen=Verpflegung Zu Glaucha an Halle/ Wie selbige fortgesetzet biss Ostern Anno 1701 (Halle: Waisenhaus, 1701).

Francke, August Hermann, *IDEA STUDIOSI THEOLOGIAE, oder Abbildung eines der Theologie beflissenen/ wie derselbe sich zum Gebrauch und Dienst des HErrn zu allem guten Werck gehöriger Maassen bereitet. Benebst einem Anhang/ bestehend in einer Ansprache an die Studiosos Theologiae zu Halle: zur Handleitung für alle/ so Theologiam studiren ...* (Halle: Waisenhaus, 1712).

Francke, August Hermann, *LECTIONES PARAENETICAE, Odor Oeffentliche Ansprachen/ An die Studiosos Theologiae auf der Vniversität zu Halle: In dem so genannten Collegio Paraenetico. [part 1] In welchen dieselben zur gründlichen Hertzens-Bekehrung, und zum Christlichen und exemplarischen Wandel, auch zu einer ordentlichen und weislichen Art zu studiren angewiesen, erwecket, ermahnet und aufgemuntert sind* (Halle: Waisenhaus, 1716 <part 7> 1736).

Francke, August Hermann, *MANUDUCTIO AD LECTIONEM SCRIPTURAE SACRAE HISTORICAM, GRAMMATICAM, LOGICAM, EXEGETICAM, DOGMATICAM, PORISMATICAM ET PRACTICAM, una cum Additamentis regulas Hermeneuticas de affectibus, & enarrationes ac introductions in aliqvot Epistolas Paulinas complectentibus* (Halle: Zeitler, 1693).

Francke, August Hermann, *METHODUS EXERCITATIONUM BIBLICARUM, QUAE CONSILIO ET AUCTORITATE ORDINIS THEOLOGICI IN ACADEMIA HALLENSI, inter THEOLOGIAE STUDIOSOS, vt ea quae discunt, ad praxin viuam & futurum etiam in vsum ministerialem perpetuo referant, et adhuc institutae & imposterum instituendae sunt, Praemissa ad Studiosos paraenesi, delineata...* (Halle: Waisenhaus, 1706).

Francke, August Hermann, *METHODUS STVDII THEOLOGICI, PVBLICIS PRAELECTIONIBVS IN ACADEMIA HALENSI IAM OLIM TRADITA NVNC DEMVM AVTEM REVISA ET EDITA CVM PRAEFATIONE ATQVE INDICIBVS NECESSARIIS. ACCEDIT METHODUS EXERCITATIONVM BIBLICARVM ANTEA SEORSUM EXCVSA* (Halle: Waisenhaus, 1723).

Francke, August Hermann, *PRAELECTIONES HERMENEUTICAE, AD VIAM DEXTRE INDAGANDI ET EXPONENDI SENSVM SCRIPTURAE S. THEOLOGIAE STVDIOSIS OSTENENDAM (...) ADIECTA EST IN FINE BREVIS ET LVCVLENTA SCRIPTVRAM S. CVM FRVTV LEGENDI INSTITVTIO* (Halle: Waisenhaus, 1710).

Francke, August Hermann, *SVMMA PRAELECTIONVM ALIQVOT DE STVDIIS RECTE ET ORDINATE TRACTANDIS, IN GRATIAM STVDIOSORVM THEOLOGIAE HABITARVM ANNO MDCCX* (Halle: Waisenhaus, 1717).

Francke, August Hermann, Timotheus Zum Fürbilde Allen Theologiae Studiosis fürgestellet (Halle: Salfed, 1695).

· 학문적으로 새롭게 편집된 작품들

Beyreuther, Erich (ed.), *Selbstzeugnisse August Hermann Franckes. Geboren* 1663 *Aus Verkündigung und Lebensberichten ausgew. und eingel* (Marburg: Francke-Buchhandlung, 1963).

Geissendörfer, Theodor (ed.), *Briefe an August Hermann Francke*

(Urbana: University of Illinois Press, 1939).

Kramer, Gustav (ed.), *A. H. Francke's Pädagogische Schriften. Nebst der Darstellung seines Lebens und seiner Stiftungen* (Langensalza: 1876, 2nd edn, 1885; reprint Osnabrück: Biblio-Verlag, 1966 <Bibliothek Pädagogischer Klassiker, 11>)

Kramer, Gustav (ed.), *Beiträge zur Geschichte August Hermann Francke's enthaltend den Briefwechsel Francke's und Spener's* (Halle: Verlag der Buchhandlung des Waisenhauses, 1861).

Matthias, Markus (ed.), *Lebensläufe August Hermann Franckes* (Leipzig: Evangelische Verlagsanstalt, 1999).

Nebe, August (ed.), *Neue Quellen zu August Hermann Francke* (Gütersloh: Bertelsmann, 1927).

Peschke, Erhard (ed.), *Predigten*, vol. 1 (Berlin and New York: de Gruyter, 1987), TGP II, 9.

Peschke, Erhard, *Streitschriften* (Berlin and New York: de Gruyter, 1981), TGP II, 1.

Peschke, Erhard, *Werke in Auswahl* (Witten-Ruhr: Luther-Verlag, 1969).

Podszeck, Otto (ed.), *August Hermann Franckes Schrift über eine Reform des Erziehungs-und Bildungswesens als Ausgangspunkt einer geistlichen und Sozialen Neuordnung der Evangelischen Kirche des 18. Jahrhunderts. Der Grosse Aufsatz* (Berlin: Akademic Verlag, 1962) (Abhandlungen der sächsischen Akademie der Wissenschaften zu Leipzig. Phil.-hist. Klasse, 53, 3).

Richter, Karl (ed.), *Schriften über Erziehung und Unterricht* (Leipzig: Hesse, 1871).

Schicketanz, Peter (ed.), *Der Briefwechsel Carl Hildebrand von Cansteins mit August Hermann Francke* (Berlin and New York: de

Gruyter, 1972), TGP III, 1.

Welte, Michael (ed.), *Segensvolle Fussstapfen* (Giessen: Brunnen, 1994).

· 이차 자료

Barth, Ulrich, "Hallesche Hermeneutik im 18. Jahrhundert. Stationen des Übergangs zwischen Pietismus und Aufklärung," in Manfred Beetz and Giuseppe Cac (eds), *Die Hermeneutik im Zeitalter der Aufklärung* (Cologne: Böhlau, 2000 <Collegium Hermeneuticum, 3>), 69-98.

Beyreuther, Erich, *August Hermann Francke. Zeuge des lebendigen Gottes* (Marburg: Verlag der Francke-Buchhandlung, 1956; 4th edn, 1987).

De Boor, Friedrich, "Erfahrung gegen Vernunft, Das Bekehrungserlebnis A. H. Franckes als Grundlage für den Kampf des Hallischen Pietismus gegen die Aufklärung," in *Der Pietismus in Gestalten und Wirkungen* (Bielefeld: Luther-Verlag, 1975), AGP 14, 120-38.

De Boor, Friedrich, "Francke, August Hermann," TRE 11 (1983), 312-20.

Herzog, Gustav, "August Hermann Francke. Francke's Conversation," *Midstream* 8 (1969), 41-9.

Kramer, Gustav, *August Hermann Francke. Ein Lebensbild*, 2 vols (Halle: Verlag der Buchhandlung des Waisenhauses, 1880-1882).

Kramer, Gustav, *Neue Beiträge zur Geschichte August Hermann Francke's* (Halle: Verlag der Buchhandlung des Waisenhauses, 1875).

Peschke, Erhard, *Bekehrung und Reform. Ansatz und Wurzeln der Theologie August Hermann Franckes* (Bielfeld: Luther-Verlag, 1977), AGP 15.

Peschke, Erhard, *Die frühen Katechismuspredigten August Hermann*

Franckes 1693-1695 (Göttingen: Vandenhoeck & Ruprecht, 1992), AGP 28.

Peschke, Erhard, *Studien zur Theologie August Hermann Franckes*, 2 vols (Berlin: Evangelische Verlagsanstalt, <1964>-66).

Sattler, Gary R., *Nobler than the Angels, Lower than a Worm. The Pietist View of the Individual in the Writing of Heinrich Müller and August Hermann Francke* (Lanham: University Press of America, 1989).

Sellschopp, Adolf, *Neue Quellen zur Geschichte August Hermann Franckes* (Halle: Niemyer, 1913)

Stahl, Herbert, *August Hermann Francke. Der Einfluss Luthers und Molinos auf Ihn* (Stuttgart: Kohlhammer, 1939).

Widén, Bill, *Bekehrung und Erziehung bei August Hermann Francke* (Abo: Akademi, 1967 <Acta Academiae Aboensis, A, 33, 3>).

코튼 마더(1663-1728)

리처드 러브레이스(Richard F. Lovelace)

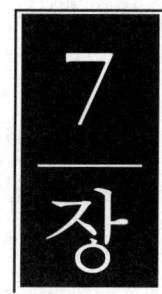

    경건주의자들에 관한 책에서 코튼 마더(Cotton Mather, 1663-1728)는 무슨 일을 한 사람으로 기록될까? 그는 경건주의자라기보다는 항상 청교도로 분류된다. 그는 조나단 에드워드(Jonathan Edwards, 1703-58) 이전의 미국 청교도로서는 가장 저명한 인물일 것이다. 그의 생애와 활동은 중요한 두 명의 청교도 지도자의 직계로서 철저하게 회중적인 청교도주의(Congregational Puritanism)에 깊이 새겨져있다. 그는 저술가요, 보스턴에 위치한 제일교회(First Church)의 설립자이며 목회자였던 존 코튼(John Cotton, 1584-1652)의 손자였다. 또한 뉴잉글랜드에서 회중정책(Congregational policy) 문서로 불린 캠브리지 플랫폼(Cambridge Platform)의 주요 저자인 리처드 마더(Richard Mather, 1596-1669)의 손자이기도 하다. 그의 아버지 잉크리스 마더(Increase Mather, 1639-1723)는 보스턴 북부교회(North Church)의 목회자로서 1664년부터 임종 시까지 목회하였으며, 1685-1701년까지는 하버드 대학의 총장을 역임하였다.
    코튼 마더는 1675년 11살의 나이에 하버드 대학에 입학하였고 3년 후에 졸업하였다. 1685년에는 북부교회에서 부목사로서 아버지의 목회를 도왔다. 부자(父子) 마더는 뉴잉글랜드 주민 2-3세들이 영적으로 쇠퇴해지는 것에

대해 깊은 관심을 가졌다. 코튼은 1680년대에 이미 설교집을 간행하였다. 당시에 그는 가난한 자들과 감옥에 갇힌 자들에게 복음을 전하는 일을 하였고, 젊은 청년들을 중심으로 기독교 모임을 형성하는 일에 관여하였다.

잉크리스와 코튼 마더는 1690년대 초에 두 가지 위험한 사건, 곧 새로운 매사추세츠만 식민지를 위한 헌장(1691년, Charter for Massachusetts Bay Colony)을 공고히 하는 사건과 1692년의 주술 스캔들에 휘말렸다. 주민들 중에는 서부 인디안(West Indian) 주술사를 두려워하여 채찍에 맞는 것 같은 히스테리 반응을 하였다. 또한 매사추세츠 주 정부는 의심되는 마술사들에 대항하여 법적인 과정들을 제도화하였다.

마술사들로 인한 위기의 시기에 청교도 사역자들의 역할에 대한 인식이 광범위하게 오해되어 있었다. 영국 청교도의 신학을 세운 위대한 신학자 윌리엄 퍼킨스(William Perkins)는 마술사의 실체를 알게 하고자 마술사에 대한 논문을 썼지만, 증거의 범주라고 해봐야 마술사들이 행하고 있는 것들을 기록한 것들이었다.[1] 그가 내린 판단기준 중 하나는 '유령의 증거'(spectral evidence)의 사용에 대한 금지가 있다. 즉 사람의 허상을 보도록 요구하는 사람에 대해 책임을 묻는 것이었다. 코튼과 잉크리스 마더는 즉각 결론짓기를 정부는 유령의 증거 및 퍼킨스가 제시한 범위를 위반한 다른 증거들도 채택해야하며, 마술사들에 대한 재판에 반대한다고 연설하였다. 1692년 잉크리스 마더는 한 명의 무죄한 자를 정죄하기보다는 10명의 마술사들이 도망하게 하는 것이 낫다는 글을 썼다.

1700년대까지 반(反) 청교도 이성주의자들은 마술사 사건이 자세히 기록된 초상화를 불태우며 목회자들을 공격하였다. 특별히 히스테리를 일으킨 장본인으로 코튼 마더를 지목하고 그를 공격하였다. 코튼 자신은 이 위기를 다루고 있는 주 정부에 대해 많은 말을 하지 않을 수도 있었다고 고백하였다. 그러나 그가 이 문제를 추진한 것으로 인해 반-청교도 작가들이 계속 공격하였지만 그에 대한 존경심이 손상을 입지는 않았다.

---

[1] William Perkins, *A Discourse on the damned art of witchcraft...* (Cambridge: 1610).

(이는) 그와 그의 아버지가 이런 광적인 일을 시작한 자들이 아니었기 때문이며, 오히려 그들은 이러한 광적인 것이 중지되도록 도운 자들이었다.

이 같은 비판에도 불구하고 코튼 마더는 평생 선한 삶, 좋은 목회자, 당대의 인격적인 최고의 청교도라는 인정을 받았다. 그는 열정적인 집필가였다. 그는 450권이 넘는 작품을 썼다. 그 가운데는 방대한 작품인 『뉴잉글랜드 교회사』(Magnalia Christi Americana), 『보니파키우스: 선을 행함에 관한 에세이』(Bonifacius: Essays to Do Goods), 『목회를 준비하는 자들을 위한 안내서』(Manuductio ad Ministerium) 등이 있으며 이것들은 신학생들에게 교재로 널리 사용되었다. 마더의 학문적 표현들은 개혁신학에 확고히 서 있으며, 그 폭은 놀라우리만큼 광범위하여 교부들의 영성과 랍비에 관한 지식과 심지어 반-종교개혁운동(가톨릭)의 경건까지 망라한다.

그러나 다시금 왜 마더가 경건주의자들에 관한 책에 해당하는가 하는 질문을 한다. 그는 '칼빈주의' 신학자이다. 그는 예정에 대해 말하면서, "뱀은 언제나 풀 속에 산다. (이) 경건의 교리는…쉿 하고 소리를 낸다."[2]고 하였다. 이것은 루터교도와 급진적인 경건주의자들이 내는 쉿 소리와는 다른 범주에 그가 존재하는 것으로 보인다. 그러나 1709년 마더는 자신의 작품을 "진정한 미국의 경건주의"라고 표현하였다.[3]

마더는 1700년경 할레 경건주의자들과 접촉하였다. 그는 1702년에 아우구스트 헤르만 프랑케에게 『교회사』(Magnalia) 복사본을 한 권 보내었으며, 그 후로 죽을 때까지 그와 교제하였다. 그는 할레에서 있었던 일에 대해 매우 즐거워하였다. '세상은 하나님의 불로 포근함을 느끼기 시작하였고…그 불은 독일 전역에 불붙었다.'[4]

> 프랑케 박사는 학문으로 가득찬 정말 놀라운 분이다. 그러나 그보다 그의 경건은 세월이 갈수록 더욱 빛난다. 또한 그의 부지런함은 비할 데가 없다.

---

2) Cotton Mather, *Free-Grace Maintained* (Boston: 1706), 2.
3) Cotton Mather, *Diary* (New York: Unger, 1957), II: 23.
4) Cotton Mather, *Nuncia Bona e Terra Longinque* (Boston: 1715), 9.

무엇보다도…하나님의 놀라우신 축복은 세상에 하나님의 나라를 확장하려는 그의 사업 위에 임재한다.…이 훌륭한 자가 계획하고 있는 밑바닥에는 참되고, 현실적이고, 생동감 있는 경건이 있다. 즉 영광스러운 그리스도에 관한 지식, 하나님의 사랑, 이웃에 대한 사랑 등 복음이 요구하는 것들이 있다…우리들의 구세주 하나님의 축복이 담긴 이 글들은…그저 놀라울 뿐이다. 수많은 영혼들을 하나님의 본향으로 인도하였고, 그들을 신실한 경건의 본이 되게 하였다. 이제 곧 모든 유럽인들은…프랑케방식의 교육이 갖는 값진 효과를 느끼게 될 것이다…믿기 어려울 만큼 놀라운 경건의 효과가 기술되어 있는 네 번째 책을 인쇄기들이 찍었다. 심지어는 아주 먼 나라에서 조차…보라, 경건의 씨앗과 순수한 기독교의 씨는 참된 본질 속에 있는 하나님의 나라이며 하나님 나라의 영광이다.5)

이 같은 기록들은 마더의 칼빈주의가 꽃피우기 시작한 1700년대에 찾아볼 수 있다. 그가 경건주의에 대해 경탄한 것은 신학적인 용매제였다. 그것은 그를 아르미니우스주의자가 되게 하였고, 심지어 (항상 그를 공격하는 종류이거나 아니면 잘못된 이유로 그를 존경하는 부류의) 솔직한 이성주의자가 되게 하였다.

마더는 모든 경건한 사람들에게 신학적으로 관대한 사람이었음이 분명한데, 이는 그가 보수적인 아르미니우스주의자에게 보낸 편지를 보아서 알 수 있다.

내가 칼빈주의자이기에 나는 분명히…아르미니우스주의자라고 자처하는 분들과는 다릅니다. 그러나 나는 생각하기를…(그) 경건의 격언들은… 아르미니우스주의자들의 독특한 위치를 유지하게 하도록 그들을 격려합니다…(하나님은) 분명히…죄를 짓도록 몰아가는 분은 아닙니다. 자비하신 우리 아버지는 흠이 없으십니다. 하나님은 마치 사람을 환상과 같은 방법으로 대하시는 분이 아닙니다. 그분의 자비와 은총의 자리로 초청하셨을

---

5) Cotton Mather, *Nuncia Bona*, 2, 7-8, 11.

때, 첫 번째 아담에 속한 타락한 인류 가운데는 경건한 자들이 없었습니다. 두 번째 아담이 죽음에 처했을 때 삶의 희망을 가진 자는 아무도 없었습니다…그리고 사람들은 자신들의 구원을 위하여 열심히 노력하여야 했습니다…모든 사람들은 자신들의 의지와 관심에만 매달려 있는 것과 같습니다…이제는 모든 경건한 칼빈주의자 대부분이 경건한 격언에 진심으로 동의합니다. 만일 내가 경건의 격언을 반복해야 한다면 나 자신을 칼빈주의자들의 무리 속으로 들어가게 할 것입니다…나는 확신하기를 (당신은) 진심으로 그것들에 서명할 것입니다. 그리고 우리들 모두는 우리가 이해하지 못하였던 것들을 서로 가지고 있었다고 겸손하게 고백할 것입니다. 왜 (우리는) 하나 되게 하는 경건을 논쟁의 목표로 제안하지 못하였을까요? 그리고 그들의 검들을 쳐서 쟁기로 만들고, 그들의 창을 가지치기의 도구로 만들지 못하나요?[6)]

마더의 관용은 이 같은 사실로 인해 커질 수 있었다. 마치 영웅 리처드 백스터(Richard Baxter)와 같이 그는 도르트 공의회의 3번째 신조, 즉 선택된 자들을 위한 그리스도의 제한된 구속을 믿지 않았을 것이다. 그는 어떤 주제에 대하여 성경에는 양면성이 있다는 것을 알고 있었던 신학적으로 겸손한 자다. 또한 그는 불화를 일으키고 논쟁적인 주제들에 대해서는 선호하지 않는 최상의 경건을 실천하는 자였다.

그의 포용력은 칼빈이 한 말, 곧 종교개혁자들을 하나가 되게 하기 위해서라면 10개의 바다를 건널 것이라는 말에 감동을 받아 된 것이다. 또한 이것은 백스터로 하여금 영국의 분파주의자들에게 '획일성이 아닌 일치'(unity without uniformity)를 요구하게 하였다. 이것은 대각성운동에 대한 복음적인 일치를 주창한 선구적인 것이었다. 미국 내의 칼빈주의 경건주의자들과 영국의 웨슬리안 아르미니우스주의 경건주의자들, 또한 루터교단의 모라비안 경건주의자들은 그들이 지닌 차이에서 비롯하는 모든 신학적인 흐름들을 통해서도 성령은 새롭게 하시고 각성케 하신다는

---

6) Cotton Mather, *Letter to F. de la Pilloniere* (Boston: 1717), 3-4.

결론을 얻었다. 시드니 미드(Sidney Mead)는 마더를 각성운동의 선구자로 묘사하였으며, 나아가 신학과 교파를 넘어서 미국의 복음주의 네트워크를 만든 자라고 하였다.7)

마더는 하나 되게 하는 자세에서 좋은 인상을 남겼다.

> 꿀벌들의 군집들은 다양하다. 맹렬한 싸움이 종종 생기기도 한다…(그들의) 소리는 똑같다. 그들의 생김새도 똑같다…단지 그들은 냄새를 따라서 아군과 다른 벌들을 구분한다. 만일 누군가가 그들 속에 향기나는 액체를 던져 넣는다면, 그 액체는 같은 향내를 모든 경쟁자들에게 전달하여, 현실적으로 싸움은 끝나게 된다.8)

마더와 백스터는 향수를 신학의 본질을 이루는 작은 목록으로 해석하였다. 진젠도르프는 모든 근본적인 가르침은 한 면에 필적으로 크게 쓸 수 있다고 하였지만, 그는 향기가 어린양에게 예배하는 것이며 성령의 사역일 뿐이라며 즉 진젠도르프는 복음적인 경건을 주장하였던 것이다.

마더는 자신의 책 『축복된 연합』(Blessed Unions)에서 영국 장로교도들과 회중교회주의자들이 하나가 될 것을 설득력있게 요구하였다.

> 우리들은 병(甁)과 같다. 만일 우리가 한 개의 병을 들어 흔들면 세상의 더러운 것들이 밑바닥으로부터 올라와 혼탁하게 될 것이다…우리들은 반드시 먼저 서로에게 억제할 무엇인가를 놓아야 한다. 하지만 사람 안에 사람의 영(Spirit)을 형성하신 분인 하나님 외에 누군가 이것을 할 수 있는 분은 없다. 하나님은 사람 안에 기독교의 모든 교리를 이해할 수 있도록 간략하게 만드셨다. 만일 우리가 난폭하게 억지로 우리들에 관한 모든 것을 우리들의 생각 속으로 끄집어 넣는다면 우리들은 침대의 크기에 정확하게 사람을

---

7) Sydney E. Mead, "The Rise of the Evangelical Conception of the Ministry in America (1607-1850)," in H. Richard Niebuhr and Daniel D. Williams (eds), *The Ministry in Historical Perspective* (New York: Harper & Brothers, 1956), 238.

8) Cotton Mather, *The Stone Cut Out of the Mountain* (Boston: 1716), 6.

맞추고자 투숙객의 다리를 자르거나 억지로 늘이는 거인과 같이 잔인한 사람이 될 것이다…우리들은 모든 행동을 온당하게 행하는 자가 되어야 한다. 또한 애정을 가지고 모든 것을 가장 다루기 쉽게 만들어야 한다. 만일 우리가 이해가 어려운 논리들과 부딪힌다면, 우리들은…부드럽게 대답하여야 한다…사마리아인의 심술궂음, 무뚝뚝함, 재빠름, 모든 방향으로 나아가는 것 들은 방금 우리와 함께 뛰어 들어온 모든 것에 있는 것이 아니다…그것은 복음의 영이 아니다…우리는 작은 부분에조차 모든 경건을 다 독점하려는 것을 경계하여야 한다…우리가 그리스도의 어떤 것(Aliquid Christi)을 볼 때마다 그것이 우리에게 친밀하게 하라.9)

이 문장은 마더가 1700년대 초에 프랑케와 만나기 전에 쓴 것이다. 그러므로 마더가 에리히 바이로이터(Erich Beyreuther)가 말하는 할레에서의 비밀스러운 초교파주의(secret ecumenism)에 의해 경건주의적인 아량을 가진 자로 바뀌었다고 주장할 수는 없다.10) 할레는 교회의 모든 지류들 안에서 일어난 영적인 각성이 그들을 하나 되게 하는 것에 영향을 줄 것이라는 것을 믿었지만, 그리스도에게 헌신한다는 공통점 때문에 루터파, 개혁파, 메노나이트파와 심지어 바클레이안 퀘이커파들까지도 결국에는 하나가 된다는 슈페너의 방어적인 결론을 반영하였다.

물론 내적인 영성, 그것만이 마더의 청교도주의와 유럽의 경건주의 사이의 연결고리를 만든 것은 아니다. 에른스트 벤츠(Ernst Benz)는 이 두 운동 모두 "신비적인 공동의 뿌리"를 공유하였다고 기록하였다.11) 클라우스 데퍼만(Klaus Deppermann)은 공유방식에 대해 몇 가지를 지적하기를, 조직적이고 다소 논리적인 개인의 성결, 구원을 확신하게 하는 하나의 요소로서 선행, 섭리와 믿음을 지키고자 하는 도전정신, 최상의 금욕적인

---

9) Cotton Mather, *Blessed Unions* (Boston: 1692), 52, 72-9.
10) Erich Beyreuther, *August Hermann Francke und die Anfäage der ökumenischen Bewegung* (Hamburg: Reich Evangelische Verlag, 1957), 82.
11) Ernst Benz, "Pietist and Puritan Sources of Early Protestant World Missions," CH 20 (1951), 50.

수단으로 활용된 개인의 소명에 대한 노력 그리고 영적 성장을 돕기 위해 일기를 사용한 것 등이라고 하였다.[12] 제임스 해스팅스 니콜스(James Hastings Nichols)는 소그룹이 공통적으로 활용되었고, 영적인 성장을 위해 기도모임을 가진 것이라고 지적하였다.[13]

이 두 운동은 기독교인들의 삶에 대한 경건문학의 융성기를 가져다주었고, 또한 이 둘은 서로의 작품들을 좋아하게 하였다. 슈페너와 프랑케는 청교도 작품에 의해 강한 영향을 받았다. 이 운동들 간에 상호수분작용(cross-pollination)은 무시할 수 없을 만큼 많았다. 따라서 슈퇴플러(F. E. Stoeffler)는 경건주의 역사에 대해 포괄적으로 쓴 역사서에서 제3장까지는 영국의 청도교주의를 기술하는데 힘을 쏟았다. 그는 청도교주의를 칼빈주의자들의 의형제에 속하는 하나의 운동이라고 하였다. 이는 그들이 중생, 성화, 프로테스탄트의 신비주의와 실제적인 기독교인의 삶을 서로 나란히 강조하였기 때문이다.[14]

청교도들과 경건주의자들은 믿음으로 의롭게 된다는 종교개혁의 가르침 직후에 나타난, 본회퍼가 말한 "값싼 은혜"(Cheap Grace)에 대해 반발하였다.[15] 하인리히 하이네(Heinrich Heine)는 "모든 것은 감탄할 만큼 잘 정리되었다. 나는 죄짓기를 좋아한다. 그리고 하나님은 용서하기를 좋아한다."라고 하여 값싼 은혜를 잘 표현하였다.

평신도들 가운데 이같이 반응하여 청교도와 경건주의자 모두를 격분하게 만들었다. 청교도들은 '가시적인 성인'(Visible Saints)이 되기를 원했지 교회에 출석만 하는 생기가 없는 자가 되기를 원한 것이 아니었다. 그들을 종종 16세기의 '절반의 개혁자'로 부르는 것에 대해 칼빈주의 청교도들과 루터파 경건주의자들이 불만을 토로하였고 마더는 이를 공감했던 것이다.

---

12) Klaus Deppermann, *Der hallesche Pietismus und der preussiche Staat unter Friedrich* Ⅲ (Göttingen: Vandenhoeck & Ruprecht, 1961), 177.

13) James Hastings Nichols, *History of Christianity*, 1650-1950 (NewYork: Ronald Press, 1956), 81-2.

14) 보라. F. Ernst Stoeffler. The Rise of Evangelical Pietism (Leiden: Brill, 1965)

15) Dietrich Bonhoeffer, *The Cost of Discipleship* (New York: Macmillan, 1955), ch. 1.

'신실한 개혁자들은 종종 프로테스탄트들이 자신들의 교리 외에는 아무 것도 개혁하지 않았다고 불평했다.'16) "루터는 그 자신의 시대에 불평하기를…마치 그들은 교황의 노예로 존재하는 것같이, 사람들의 현재의 삶은 부도덕하다."고 했다.17)

이러한 상태를 치료할 수 있는 처방은 무엇인가? 무엇보다도 청교도와 경건주의자들은 단지 도덕적인 개혁에 관심을 두지 않았다. 왜냐하면 그들이 율법 아래에서 생활하는 속박으로 쉽게 되돌아갈 수 있기 때문이다. 두 운동은 '중생'(Wiedergeburt, regeneration), 즉 '거듭난' 존재를 강조하였다. 그들은 빌리 그래함(Billy Graham) 같은 현대 '부흥운동가들'의 선조들이며, 역사적으로는 웨슬리 형제, 존 뉴턴(John Newton), 윌리엄 윌버포스(William Wilberforce), 라이먼 비처(Lyman Beecher) 및 드와이트 무디(D. L. Moody)를 들 수 있다.

청교도 시대의 가까이에 서서, 마더의 중생이 뜻하는 바를 살펴보면 그것은 완전히 궤변이었다. 그는 자신이 기독교인이 아니었던 때를 기억할 수 없다. (이점이 칼빈을 놀라게 하지는 않을 것이다. 칼빈은 세례요한이 그의 어머니 뱃속에서 중생했을 것이라고 생각했기 때문이다). 조나단 에드워즈(J. Edwards)와 같이 마더는 회심의 방법에는 매우 많은 방식이 있다고 느꼈다. 그는 '마음을 준비함'을 지나치게 강조하는 것에 대해 경고하였다. "이것은 공로의 언약을 은혜의 언약으로 가져오는 것이다."18) "이런 책들은 우리 안에 일련의 고도의 통회의 긴장에 도달하기 전에, 우리를 신실한 회심으로 인도하는 것이 아니라 다만 슬픔으로 가득찬 좌절로 인도하는 것인데, 이는 마치 우리가 믿는 것처럼 가장한다는 것을 우리에게 말한다."19)

아직도 그는 회심이란 '과정' 가운데 하나이며 단독으로 행해지는 행동이 아니라고 생각한다. (그는 여전히 오순절에 수천 명이 회개하고 세례를 받았다는

---

16) Cotton Mather, *An Advice to the Churches* (Boston: 1702), 9.
17) Cotton Mather, *Suspira Vinctorum* (Boston: 1726), 18.
18) Cotton Mather, *The Christian Cynick* (Boston:1716), 33.
19) Cotton Mather, *Batteries upon the Kingdom of the Devil* (London: 1695), 112-14.

사실을 망각하고 있다). 그는 십자가상의 강도가 그리스도와 대화를 하기 전에 먼저 자신의 마음을 준비하였음이 분명하다고 생각한다. "어느 누구도 '도약'(Per Saltum)이 없이 이 경지에 이를 수 없다."[20]

이것은 수많은 사람을 얻는 것보다 진지한 개종자들을 얻는데 보다 유리하였다. 그러나 이것은 철저한 과정을 완수한 마더의 많은 회중들을 확신 없는 자들로 만들었다. 그리고 그들이 기독교인이라고 확신하지 못하였기 때문에 그들은 성찬에 참여하지도 못하게 되었다.

마더는 "중생하지(거듭나지)" 못한 교인들은 자연적으로 그리스도에게 나아올 수 없다는 공개적인 가르침을 도입함으로써 중풍병자를 둘러싼 문제와 씨름하였다. (칼빈과 루터의 경건주의자들은 청교도적 칼빈주의의 모습을 결코 설교하지 않았다). 그는 후기 부흥주의자들이 교과서처럼 애용하는 요한계시록 3:20에 근거하여 "당신들의 마음의 문을 열어라"라고 말하며 회심이 가능한 자들을 초청하였다. "당신은 스스로 회개할 수 없습니다. 당신은 믿을 수 없습니다. 이제 가장 높으신 자의 긍휼이 당신을 인도할 것이라는 희망을 가지고 회개를 시도하십시오."[21] "당신은 시도할 수 있습니다. 당신이 회개하고 살 수 있든지 아니든지 시도하는데 아무런 아픔도 없습니다. 이를 알고 있는 자가 있기나 합니까? 당신을 위해 구원을 말할 수 있는 자가 누구입니까?"[22] 이것은 종종 아르미니우스 도덕주의자들이 행하는 형태라고 말한다. 하지만 이는 보다 목회적인 차원의 자비처럼 보인다. 마더 역시 "믿음이란 진심으로 믿기를 원하는 영혼 속에서 실제로 시작된다."고 행복하게 말하였다.[23] 이 말은 영적인 거듭남은 하나님께서 시작하심으로 나타나며, 양심의 회심으로 진행된다는 고전적인 개혁주의의 가르침에서 암시된 것이다.

할레의 경건주의 역시 '참회의 투쟁'(Busskampf, conversion-

---

20) Cotton Mather, *Grace Defended* (Boston: 1712), 32.
21) Mather, *Batteries*, 36-7.
22) Mather, *Batteries*, 108.
23) Mather, *Free-Grace Maintained*, 66.

struggle)을 강조했고, 이것은 때때로 성자(聖人)들에게는 그렇게 '볼만한 것'은 아니었지만, 적어도 성자들을 위협할 수는 있었던 것이다. 이것은 프랑케가 임종 시에 주목했던 말을 찾은 것에서 위안을 얻는다. 즉 "당신은 회심하였습니까?, 언제 회심했습니까?라고 질문해서는 안 된다. 그것보다는 당신에게 그리스도가 의미하는 것은 무엇입니까? 당신은 개인적으로 그리스도와 어떤 경험을 했습니까? 당신의 일상의 삶에서 그리스도는 중요하신 분입니까?라는 질문이 보다 낫다."[24]

그러므로 청교도와 할레 경건주의자 가운데는 '값싼 은혜'를 양심적인 회심에 대한 요구로 고쳤지만, 이것은 혼합된 축복이 될 수 있다. 이 복음적인 그물로는 큰 물고기를 잡을 수 있지만, 작은 것들은 겁을 먹고 빠져나갈 것이다. 영적 성장을 하는 동안, 많은 기독교인들의 경험은 초기 회심(initial conversion)과 연관을 짓는다. 언제든지 논의하고자 하는 바는, 19세기와 20세기에 중생에 대한 해석들은 오래 진행된 갈등이라기보다는 즉흥적으로 생긴 것으로서, 중생에 대한 '부담을 없애 버림으로써' 보다 성경적일 수 있는가 하는 점이다. 그러나 그같이 하면 또 다른 형태의 '값싼 은혜'의 형태를 갖는 위험을 가지게 된다. 즉 하나님께서 인정하신 칭의가 거룩의 과정인 성화를 거의 강조하지 않는다.[25]

마더는 성화를 철저하게 다룬다. 즉 존 오웬의 전통과 다른 영국 청교도들의 전통에 서 있는 것이며, 또한 프랑케가 강조한 것과 일치한다.[26] 마더는 진리가 거룩함을 위해 존재한다는 개혁주의 입장을 가지고 시작하였다. 마음이 뜨거워지려면 정신은 반드시 성화되어야 한다. '

여하간, 진리에 대한 '관념적인' 동의만으로는 충분하지 않다. 즉 '불꽃이 없는 빛은 종교개혁의 불명예이다.'[27] 과정도 정신의 환상을 극복해야 한다.

---

24) Erich Beyreuther, *August Hermann Francke, 1663-1727: Zeuge des lebendigen Gottes* (2nd edn, Marburg: Francke, 1961), 51.
25) Richard F. Lovelace, "The Sanctification Gap," in R. F. Lovelace, *Dynamics of Spiritual Life* (Downers Grove: Inter-Varsity Press, 1978).
26) Erhard Peschke, *Studien zur Theologie August Hermann Franckes*, 2 vols (Berlin: Evangelische Verlagsanstalt, 1964, 1966), I, 16, 150.
27) Cotton Mather, *Man of God Furnished* (Boston: 1708), 52-3.

즉 '우리가 이해하는 정도의 빛을 비추는 것으로는 충분하지 않다. 우리의 의지도 똑 같이 고쳐야 한다.'28) 아직도 청교도들과 경건주의자들에게 있어서는 성경적인 진리만이 우리를 자유하게 한다는 것이다.

그러나 마더는 신자의 삶 속에 죄와 은혜가 혼합되어 있다는 것을 현실로 받아들인다. '우리는 할 수 있는 최선을 다하자. 어떤 죄들은 그것을 분열시킬 것이다.'29) "하나님의 은혜로 새로워진 영혼은 엄청난 압박을 받으며 죄 가운데 살아갈 수 있다…이보다 더 나은 원리를 구별해내기는 힘들 것이다."30) "오호라, 우리가 일반적으로 도달할 수 있는 높은 곳은… 우리가 (도달하기를) 갈망하는 그 곳일 뿐이다. 진실로 아우구스티누스가 관찰한 것은 기독교인의 삶이란 거룩한 갈망을 향하는 과정과 다를 바가 없다."31)

> 너희들이 가증한 타락으로부터 구원 받기를 (원하는) 그 타락 속에서…너희들 중에 일부는 애곡할 것이다. 강퍅한 마음은 너희들에게 아픔을 줄 것이며, 너희들을 괴롭힐 것이며, 두렵게 할 것이다! 세속적인 마음은 너희들을 괴롭히는 사슬들이다. 불결함은 너희들의 영혼을 괴롭게 할 것이며, 너희들의 삶을 어렵게 할 것이다. 너희들의 나태, 너희들의 교만, 너희들의 완고한 분노, 곁눈질하는 악한 시기의 눈은 너희들을 삼킬 것이다. 이것들은 잔혹한 짐들이다.32)

그러나 하나님이 죄의 분출을 허용하시는 것은 우리들을 보다 정결한 과정 속으로 인도하기 위함이라고 마더는 느꼈다. 여기에서 교만과 같은 심각한 죄들은 죽거나 제거되며 새로운 활력이 생긴다. 고전적인 과정인 죄

---

28) Cotton Mather, *The Spirit of Life Entering into the Spiritually Dead* (Boston: 1707), 16.
29) Cotton Mather, *Good Character* (Boston: 1719), 26.
30) Cotton Mather, *Utilia* (Boston: 1716).
31) Cotton Mather, *Desideria* (Boston: 1719), 26.
32) Cotton Mather, *Pastoral Desires* (Boston: 1712), 100.

죽임(mortification)과 생명력(vivification)은 칼빈이 묘사하였으며, 이는 사도 바울로부터 유래한 것이다.33)

마더는 대다수 경건주의자들보다 금욕적인 교부들의 금욕적인 자기훈련을 위한 열광주의를 보여준다. 그러므로 그는 고난은 성화하게 하는 데 효력이 있다는 것을 철저하게 믿는 루터교인이었다.

> 루터는 고난을 거룩을 향한 '기독교인의 배움'(theologium Christianorum, 기독교인을 만드는 신학)이라고 하였다. 그리고 그것은 루터의 덕스러운 아내의 훌륭한 덕담이었다. 즉 '성경에는 아주 달콤한 시가 많이 있다. 그러나 만일 하나님이 나에게 고통을 맛보게 하지 않았다면, 시의 달콤한 의미를 전혀 알지 못하였을 것이다.' 우리들이 마치 서리가 내리는 차디찬 고통의 밤에 있을 때에, 진실로 하늘의 별들은 다른 때보다 더 밝게 우리에게 비춘다.34)

마더는 더 나아가 고난은 죄를 죽이는 중심도구라고 하였다. "…우리는 그리스도와 함께 죽게 될 그 죽음 속에 있다. 또 우리 안에는 그리스도 외에는 다른 것이 살아있지 않는데, 그것은 우리의 영혼 안에 있는 아주 강력한 향이다…신실한 우리들의 구세주는 죽이는 어떤 것을 우리에게 보내 주신다. 아마도 그것들은 어떤 암시나 은유도 없이 그같이 할 것이다. 구주가 우리를 죽일 때에는, 그가 우리를 사랑하시는 것이다."35) 이것은 본훼퍼의 생각을 반영한 것으로 마더가 이미 도덕적 이성주의로 낙인찍힌 것과는 아주 동떨어진 것이다.

로마 가톨릭의 정적주의는 몰리노스(Molinos)의 영향을 받았으며, 프랑케와 할레 경건주의에 아주 강하게 영향을 끼쳤다. 마더는 이

---

33) Cotton Mather, *The Curbed Sinner* (Boston: 1713), 36. cf. John Calvin, *Institutes* III: 3.
34) Cotton Mather, *Triumphs over Troubles* (Boston: 1701) 21. cf. Johann Arndt, *True Christianity*, II: 38; III: 23.
35) Cotton Mather, *Silentarius* (Boston: 1721), 223.

점에 공감하였다. "하나님의 뜻으로 향하는 포기는 아주 독특한 성인됨(sainthood)의 표지다."36) "내가 말하고자 하는 바는, 모든 슬픔을 치료하는 하나님의 영혼 속에 놓여 있는 정적주의로, 주님 앞에서 퍼부어지는 것이며, 가장 탁월한 기독교를 나타낸다."37)

그러나 존 오웬과 영국의 다른 청교도들 같이, 마더는 아직도 죄에 대항하여 죄가 죽음에 이르도록 내부에서 강력하게 전투를 하여야 한다고 주장한다. "하나님의 율법 속에 영성이 있으며, 영성은 사람의 생각 바로 그곳에 명령을 놓아두었다. 즉, 영성은 생각 속에서 죄가 제일 먼저 행동하는 것…곧 생각들 중에 가장 최초로 행하는 인식을 억제한다."38) 칭의와 마찬가지로 성화는 그리스도 안에서 많은 과실을 맺는 것과 같다는 존 웨슬리의 확신에 앞서서 슈페너와 프랑케는 죄를 정복하는 믿음의 역할에 대해 아주 예리한 감각을 가지고 있었다.

할레 경건주의와 접촉한 이후, 마더는 내적인 영성을 강조하는 것에 대해 약화시키지 않으면서도, 외적인 활동에 대한 관심이 더욱 많아졌다.

> (하나님과의) 동행은 그 안에 활동을 가지고 있다. 경건의 삶 속에는 우리의 행동으로 가득차야 한다. 선한 사람은 절대로 가만히 서 있지 않는다. 그는 굳건히 서 있는다는 의미를 안다. 도리어 가만히 서 있는 것에 대한 의미는 모른다…걷는다는 것은 운동이다. 경건의 생활을 아스케시스(askesis)라고 부르거나 아니면 (초대) 기독교의 언어로는 연습(훈련)이라고 부른다. 이것이 금욕생활이다…이것은 좋은 행동을 지속적으로 하려는 인내다.39)

마더는 뉴잉글랜드가 세속화되는 것을 막기 위해서 기독교가 필요로 했던 것처럼, 1690년대 초기에 문화적으로 활동적인 기독교가

---

36) Cotton Mather, *The High Attainment* (Boston: 1703), 27.
37) Cotton Mather, *Cure of Sorrow* (Boston: 1704), 32.
38) Cotton Mather, *Sincere Piety Described* (Boston: 1719), 8.
39) Cotton Mather, *Good Character*, 3.

필요하다고 언급했었다. 물론 이점은 『보니파키우스: 선을 행함에 관한 에세이』(*Bonifacius: Essay to Do Good*, 1710)에서 다루어졌고, 그의 후기 작품에서 강조점이 충분하게 표현되기 시작하였다.

19세기 이래로 이 작품은 모든 방면에 불을 지폈다. '그것은 도덕주의를 삼켰다.' '이것은 아주 매력 있는 두 짝 신발이다.' '그것은 이성주의자다.' '이것은 뉴잉글랜드를 이성주의자들로부터 건져내는 책략이다.' 실은 에드워즈(Edwards)와 '진노하시는 하나님의 손에 있는 죄인'에 대해 페리 밀러(Perry Miller)가 쉽게 바꿔 쓴 것으로, 이것은 마더의 꼬리에 따라 다니는 두 개의 얇은 깡통 중 하나로서, 역사를 통해 울려 퍼졌고, 그가 고소당한 다른 하나는 마술가들의 추문과 연관된 것이었다.

그러나 『보니파키우스』는 강도 높게 사회적인 활동의 행태를 반영한 프랑케 경건주의자들의 주요한 문서다. 다시 말해 이것은 요한 아른트가 강조한 '이웃 사랑'(Nachbarliebe)으로부터 온 것이다. 이것은 뉴잉글랜드에서 청교도들의 정치적인 지배(통제)를 직접 포기하게 하거나, 아니면 적어도 포기하는 것이 정착되도록 주장하였다. 그 대신 신실한 평신도들의 영향과 증거를 통해서 사회구조를 기독교화 할 것을 제안하였다. 이것은 식민지에 대해 어느 정도 하나님 중심적인 통치형태로부터 감화력있는 경건의 효력인 신약성경을 보다 더 반영하는 것으로의 전환이었다. 이것은 19세기 미국에서 사회와 문화를 개혁하는 운동, 즉 "자비의 제국"(Benevolent Empire) 운동에 동참하게 하는 행태를 가져왔다.

마더의 행동주의는 원래 도덕주의가 아니다. 그것은 신학에 근거를 두었다. 신자들은 "위대하신 하나님과 그리스도가 세상에서 더 많이 알게 되며 섬기게" 하기 위하여 선을 행해야 하는데, 이는 구원받은 성도들의 본성이 선을 사랑하기 때문이다. 우리가 첫 번째로 해야 하는 선한 행동은 그리스도께로 회심하는 것이다. 우리 가족의 첫 번째 목표는 그리스도 안에서 거듭나는 것이다. 우리 이웃을 섬기는데 있어서 첫 관심은 그들의 영적인 행복이어야 한다. 슈페너의 소그룹(collegia pietatis, '경건한 자들의 모임') 형태를 본받아 미더가 열정적으로 발전시킨 종교적인 소그룹은 논쟁거리가 되지 않도록 조심해야 한다. "…정부의 일이나 또는…그런 것들은 소그룹의 대화에서 거룩한 것에 관심을 갖거나 봉사하도록 하지 않는다. 그러나 종교전반에 관한 것에 대해서는 논의하게 하고,…논쟁이 되거나 적대적인 것들은 안 되며, 다만 실천적인 경건에 관한 것만 토론하게 한다."40)

마지막으로 다루는 것은 사회적인 혁명을 계획한 라이먼 비처(Lyman Beecher)와 찰스 피니(Charles Finney)의 것보다 더 조심스럽다. 그러나 마더는 프랑케와 같이 복음적인 사회 행동주의(activism)를 위해 훌륭한 기록물들을 남겨두었다. 한 가지 예외는 노예제도에 대한 것이다. 윌리엄 퍼킨스와 백스터를 따라, 마더는 노예제도를 폐기하기보다는 개선하기를 원하였다. 그는 우선적으로 노예의 복음화에 관심을 가졌으며 그리고 자비로운 돌봄에 관심을 두었다. 그는 몇 사람을 개종시켰으며, 그의 회중 가운데 아프리칸-아메리칸(흑인) 종교사회를 형성하였다. 1716년에 그는 흑인을 위한 학교를 설립하였고, 죽을 때까지 혼자서 이 학교를 후원하였다. 그러나 그는 웨슬리가 이후에 행한 것처럼, 노예들을 위한 조직들에 대한 비판에는 귀를 기울이지 않았다.

1711년부터 1728년 그가 죽을 때까지 마더는 할레에 있는 프랑케의 고아원에 후원금을 보냈으며, 수차례에 걸쳐 자신의 집에 고아들이 일정기간 기거하게 하였다. 프랑케의 활동을 배우기도 전에, 그는 고아를 위한 학교와 가난한 아이들을 위한 자선학교 설립을 도왔다.41)

그러나 마더가 행한 대부분의 사회봉사에 대한 관심은 할레와의 만남에서 이루어진 것이라기 보다는 그 자신의 청교도 전통에서 받은 것이다. 칼 브라이든바우(Carl Bridenbaugh)는 미국 청교도들 가운데서 시행하는 사회복지와 보스턴에서 볼 수 있는 과부들, 고아들과 가난한 자들을 돌보는 것 등에 대한 광범위한 관심을 개괄적으로 언급하였다. 브라이든바우는

---

40) Cotton Mather, *Religious Societies* (Boston: 1724), 7.
41) Cotton Mather, *Diary*, II, 24, 27, 214, 341, 344, 370.

관찰하기를 "식민지 시대에 마더의 가정보다 더 필요한 가정, 즉 더 가치가 있다고 여김을 받는 가정이나 존중을 받는 가정은 없었다. 종교적, 정치적 그리고 공적인 관심사에서 그들은 막대한 영향력을 행사하였는데… (마더로부터) 영감을 많이 받은 벤저민 프랭클린(Benjamin Franklin)에 앞서 공적으로 식민지에 가장 많은 정신적 영향을 준 자는 코튼 마더라는 점에 문제를 삼을 자는 없다."42)

마더의 작품들은 이점을 끝까지 증명한다. "모든 기독교인들이 하나님의 백성을 위해 위험도 감수하여야 한다는 것은 공공정신의 의무이다."43) "선한 사람은 말할 수 없는 기쁨일 것이며, 그에 관하여 이야기하는 모든 이웃을 보는 것은 행복일 것이다. 만일 그가 보고 싶은 모든 것을 볼 수 없다면, 어떻게 해서든지 그것을 가능하게 하려고 그가 할 수 있는 모든 것을 행할 것이다. 사역자들은 바나바(Barnabas)가 되는 방법을 연구해야 한다. 그리고 구원을 받는 만큼이나 기뻐하는 것을 배워야 한다. 그러면 그들의 영혼들은 그 사역자의 말을 들을 것이다."44) "기독교인들이여, 영적이며…일시적으로 어려움에 처한 다른 사람들을 보거든 당신들의 마음을 불쌍히 여기는 마음으로 함께 아파하라."45) "우리는 당신이 스스로를 덥게 하고 배를 채우라는 말만으로는 우리 자신들을 위로할 수 없다."46)

물론 마더는 구조적인 경제가 지닌 악에 대해서는 잘 알지 못하였으므로, 이에 대한 비판은 하지 않았다. 그러나 모든 미국의 청교도들처럼 그는 지나친 부를 경계하였고, 마찬가지로 가난의 경감을 제안하였다. 그같이 한 근본적인 이유는 영적인 것에 있었다. 부는 교만하게 하고 하나님으로부터 독립하게 한다. 한편 가난은 절망이라는 시험을 받게 한다. 그러므로 중간적인 삶이 가장 좋다. 그리고 시민 대부분이 보편적인 부를 통해 모든

---

42) Carl Bridenbaugh, *Cities in the Wilderness* (New York: Capricorn, 1964), 233-4, 252.
43) Cotton Mather, *The Present State of New England* (Boston: 1690), 16ff.
44) Cotton Mather, *Mare Pacificum* (Boston: 1700), 2.
45) Cotton Mather, *Christianity to the Life* (Boston: 1702), 50-51.
46) Cotton Mather, *Seasonable Advice to the Poor* (Boston: 1726), 1-2.

것을 누릴 수 있도록 실행할 수 있는 것이어야 한다.

그러나 마더는 진심으로 그 시대의 백성들이 행복한 존재가 되는 것에 대해 관심을 기울였다. 그는 부자를 믿지 않았다. "엄청난 재산은 마치 거대한 강과 같아서, 종종 진흙탕 물에 의해 넘쳐서 강물 속으로 들어가 버린다. 어떤 부자들은 병든 부자들이다. 정직하지 않게 번 것은 병을 키운다. 공평하지 못한 것과 정직하지 않는 것은 나쁜 재물의 축적 속에서 만들어져 온 것이다."47) 마더는 해방신학자처럼 들리는 말을 하였다.

은혜로우신 우리 하나님은 인간 사회에 놀라울 정도로 부드러우신 분이다. 사람이 대단한 분노를 나타낼 때도…인간사회가 이러한 분노로 인해 지탱하기 힘들만큼 손상을 입는 고통을 당해 절규가 하늘을 향해 올라간다. 이제 주님이 일할 때다. 그리고 하나님은 이 땅에 오셔서 그 문제에 개입하시고, 인간사회를 동정하시는 하나님은 그의 부요의 풍성함을 믿는 사람들에게 (그의) 말씀을 성취하신다.48)

마더는 부정직한 보스턴의 상인들과 노골적으로 거듭나지 못한 자들을 정죄하는데 주저하지 않았다.49) 그렇다고 마더가 공격한 고용주들 가운데는 반드시 부정직한 행동만을 한 자들이 있는 것은 아니었다. 그러나 노동자 계급을 억압하는 모든 행위나 노동자를 방치하여 그들이 비운에 처하도록 내버려두는 태도와 같은 냉정한 사업적인 태도에 대해서는 공격하였다. 그는 글로체스터(Gloucester)의 어부들을 감독자들로부터 변호하였다.

그들을 대하는 당신의 태도에서, 선함으로 가득찬 당신의 모습을 보여줍니다. 곧 매우 부드러운 마음과 동정심, 황금률의 양심으로 볼 때 불공정한 것은 대단히 하기 싫어하는 것 입니다… 만일 그들이 그들에게만 맡겨져 있고,

---

47) Cotton Mather, *Agricola* (Boston: 1727), 63.
48) Cotton Mather, *Instructions to the Living* (Boston: 1717), 58-9.
49) 보라. Cotton Mather, *Lex Mercatoria* (Boston: 1705); *Theopolis Americana* (Boston: 1710).

또 그들 자신들의 불행한 행동에만 내버려져 있다면, 당신은 그들에게 바로 그런 아버지, 즉 그들을 위해 예측하고, 그들은 위해 보다 나은 것을 제공하며, 또한 그들이 자기 자신들을 위해 할 수 있는 것보다 더 행하는 분일 것입니다. 가난한 어부들에게 잔인한 방식으로 땅값을 올린다면, 그들에게 하나님으로부터 폭풍이 임한다는 것을 관찰할 수 있을 만큼 감지할 수 있을 것이며 또한 경험해 왔을 것입니다.[50]

마더는 가난한 기독교인들에게 하나님의 섭리의 손길이 계속해서 역사하신다고 격려하였고 그리고 영적으로 진보가 나타나도록 격려하였다. 그러나 드와이트 무디 이후의 복음주의자들이 생각한 것과 같이, 그들의 게으름이 그들 자신들에게 가난을 가져다준다는 것을 믿지는 않았다. 그 대신 그는 냉혹한 엘리트(the Marblehead elite)에 대해 논하기를 "경건은 번영을 낳았고, 그 딸은 어머니(The Mother, 경건)를 게걸스럽게 먹어치운다." "참으로…우리 구주는 어디에서도 경건한 삶에 일시적인 번영이 있다고 약속한 곳은 없다. 도리어 십자가의 도를 찾도록 우리에게 명하신다."[51]

마더는 재산을 가진 자들이 자선을 베푸는 것은 의무라고 하였고, 그들은 스스로 힘에 겹도록 기부하였다. 그들은 기부를 가난한 자들의 품위를 떨어뜨리는 것으로 보지 않았다. 이유는 하나님이 기부를 명했기 때문이다. "당신의 구주 하나님께서 너의 필요를 아시고 그리고 너에게 은혜 베풀 사람들의 마음을 감동시키신다…하나님이 그의 생각 속에…다른 사람보다도 바로 너를 생각하도록 인도하신다. 당신, 은혜를 베푸는 자는 다만 하늘의 도구이며, 하늘에서 행한 것은 당신을 위해 행한 것이다."[52]

마더는 무디 이후의 복음주의자들과 같이, 복음과 개인의 중생에 우선적으로 관심을 두었다. 그러나 다른 사람들과의 차이는 그가

---

50) Cotton Mather, *Fisher-Man's Calling* (Boston: 1712), ii-iii.
51) Cotton Mather, *Parentator* (Boston: 1724), 83.
52) Cotton Mather, *Seasonable Testimony* (Boston: 1702), 3.

에드워즈의 제자 사무엘 홉킨스나 라이먼 비처 및 찰스 피니와 같이 사회에 관심을 가졌다는데 있다. 그는 복음과 사회적인 변혁의 진행이 함께 한다고 보았다.

> 오! 만일, 만군의 여호와의 백성들에게 불을 붙이기 위하여 열정을 가지고, 기도가 하나님을 영화롭게 하는 복음전파에 한 부분을 차지한다면…그러면 우리는 더 이상 흑인들을 단순히 잔인한 미국인의 재배농장에 있는 짐을 짊어진 짐승같이 대하지 않을 것이다. 흑인들을 기독교인이 되게 하는 크나큰 소득이 아직 남아 있다…우리는 잃어버린 세계를 구하기 위해 교역이 일어나는 곳까지 (복음을) 실어날아야 할 것이며, 이제 사람들을 바다와 육지를 통해서 나아가게 하되 인도까지도 나아가게 해야 한다는 고상한 글들을 보아야 할 것이다.[53]

그의 친구 프랑케가 행한 것처럼, 마더에게는 복음전도가 최우선 순위에 속하였다. 먼저 그는 교구민들에게 회심을 요구하였는데, 이는 19-20세기 복음전도의 "새로운 방식"(New Methods)인 예배 후에 강단으로 초청하는 방법을 사용한 것이 아니다. 그는 솔로몬 스토다드(Solomon Stoddard)가 사용한 회심을 위한 의식으로서의 성찬식을 거부하였다. 그럼에도 불구하고 그는 기독교인이라는 확신이 없는 자들을 성례에 초청하였다. 이는 구원을 받지 못했다고 믿는 자들도 거듭날 수 있기 때문이다. "이 같은 두려움은 엉겅퀴와 같이 나쁜 잡초다. 그러나 좋은 토양에서 자란다…착한(좋은) 마음은 너무나 많은 양분을 공급하고 그것들을 만족하게 한다."[54]

1696년 마더는 자기중심으로부터 전 세계에 퍼져있는 비기독교인들과 소수 민족들을 향하여 중보 기도함으로써 자신의 기도 생활에 일대 혁명이 일어난 경험을 하였다. 그가 할레 경건주의자들과 교제를 한 이후에 인도의 말라바(Malabar)에 있는 동인도(East India)로 경건주의자들이 선교하고

---

53) Cotton Mather, *India Christiana* (Boston: 1721), 47.
54) Cotton Mather, *A Companion for Communicants* (Boston: 1690), 129.

있는 것에 흥분하였다. 그러나 선교적인 관심의 대부분은 청교도에 뿌리를 두었다. 특히 미국 원주민 가운데서 활동하는 존 엘리엇(John Eliot)의 활동에 그 뿌리를 두었다. 엘리엇은 자신의 생애 전체를 특별히 전 세계에 흩어진 "인디언"들에게 관심을 가졌다. 1699년 마더는 이로쿼이(Iroquois, 북아메리카 원주민) 부족의 언어를 배웠으며, 이는 그들의 언어로 된 복음전도지를 만들기 위함이었다. 그는 미국 원주민교회에 영국이 압박하는 것에 대해서도 관심을 가졌다. 나중에 그는 라틴 미국인을 위한 전도지를 발행하고자 두 주 동안 기초 스페인어를 배웠다. 또 유대인들을 위해서 히브리어를 구사하기도 하였다.55)

마더의 선교 활동사상은 무엇보다도 그의 아버지가 가졌던 전천년왕국설적인 종말론(Premillennial eschatology) 신학 속에서 이루어졌다. 1696년부터 그는 그리스도께서 이 땅에 천년동안 그의 왕국을 세우시고자 멀지 않은 시기에 이 땅에 재림하실 것이라는 것, 즉 최후의 반란이 있기 전에 새 하늘과 새 땅인 하나님의 왕국이 세워질 것을 기대하며 흥분되어 있었다. 19세기에 전천년왕국설적인 종말론은 그리스도의 재림 이전에 교회를 비롯하여 모든 다른 기관들도 파괴된다고 예견하였으므로 비관적이었다. 그러나 마더의 종말론은 마르틴 부처(Martin Bucer)가 『그리스도의 왕국에 대하여』(De Regno Christi)라는 책에서 미래를 정의한 낙관적인 견해보다 더 낙관적이었다. 대부분의 청교도들과 경건주의자들도 이 책의 주장을 선호하였다. 즉 그리스도 왕국의 확장은 지속적으로 이루어져 교회가 신학적으로나 도덕적으로 개혁되며 영적으로 새로워져서, 복음은 유대인들이 이방교회라고 부르는 교회를 통하여 회심하기까지 전 세계로 퍼져나갈 것이라고 믿었다.

마더가 가진 교회의 미래에 대한 기대는 이같이 두 가지 면을 가지고 있다. 그는 그리스도께서 재림하기 전에 영적으로 신학적으로 심한 타락이 있을 것이라고 예견하였다. 그러나 그는 하나님의 백성에게 성령이

---

55) 보라. Sidney Root, *The Theology of Missions in the Puritan Tradition* (Grand Rapids: Eerdmans, 1965.)

새롭게 넉넉하게 임하실 것이고, 또한 복음이 확장될 것이라고 믿었다. 마더는 특별히 영국에서 일어난 사회개혁 활동에 의해 고무되었다. 더구나 할레에서 프랑케에 의한 개혁에도 자극을 받았다. 그래서 이 두 가지는 부흥의 전조로 해석되었다.

에드워즈로부터 찰스 피니에 이르기까지, 미국의 영적갱신운동은 대부분 후천년왕국설주의자들의 몫이었다. 그들은 오랜 기간 동안의 영적인 번영 후에 하나님의 왕국의 시작이 당장 임한다는 학설을 따라, 성령의 지속적인 부어주심은 교회와 세계로 하여금 예수의 재림을 위해 준비하게 한다고 믿었다. 마더는 약간 다른 종말론의 시간표를 믿었다. 그는 천년왕국 시작과 일반 역사의 종말까지 교회가 영적인 부흥에 관여한다고 보았다. 다만 에드워즈와 함께 그리스도의 왕국의 근거는 기도라고 보았다. 마더는 일생동안 개인적으로 밤낮 390일 동안을 기도로 보낸 자였으며, 기도의 대부분은 전 세계의 영적인 각성을 위한 것이었다.

에드워즈와 같이 마더는 성령의 사역이 없는 생활의 갱신에 대해서는, 심지어 자신의 회중들이라고 할지라도 비관적이었다. "그리스도의 신비를 수 년 동안 백성들에게 가르쳐왔다. 그럼에도 아직…백성들은 매우 적은 것만을 줄 수 있거나 다만 그것을 설명할 수 있을 정도다. 백성들은…큰 빛을 보았다. 그러나 아직…설명할 수 없는 어둠 속에 거하고 있다."[56] 이같이 마더는 에드워즈와 같이 영적인 깨달음과 회심을 위한 열쇠로서 기도를 강조하였다.

> 영혼을 위한 기도는 영혼을 얻게 하는 주요한 공격도구이다…성인들의 기도가 어디까지 영향을 미치는가를 말한다면…천국에서 주님을 섬기는 모든 백성과 왕국을 차지하는 은혜를 얻는 데까지 나아갈 것이라고 말할 것이다…그것은 이 땅의 모든 민족으로 이방의 우상들과 모하메드의 사기와 협잡으로부터 신속하게 승리하게 될 것이며, 만일 기도의 영이라면 그것은

---

56) Cotton Mather, *Ambassadors Tears* (Boston: 1721), 13.

하나님의 백성 가운데서 역사할 것이다.57)

마더는 1716년 8월, '일기' 서두에 전 세계 기독교인에게 관심이 있다고 기록하였다. 저녁 기도문은 다음과 같다.

> 우리가 할 수 있는 것은 매우 적습니다. 우리의 장애물을 극복할 수 없습니다. 우리의 어려움은 무한합니다. 만일 하나님이 기뻐하신다면, 고대 예언의 성취를 위해, 모든 육체에 성령을 부어주심을 위해 그리고 특별한 것과 초자연적인 효력들을 회복시켜 이것으로 초대 기독교 시대에 하나님의 도를 심으시는 것, 또한 그의 거룩한 천사들에게 명하사 하나님의 사역자들 속으로 들어가 그들을 품으라고 하심과 천사의 힘을 통하여 사역자들이 입을 열어 말하도록 하였고, 전 세계로 하나님의 영원하신 복음이 모든 나라에 지속적으로 전파되게 하였으며, 놀라운 것은 곧장 이루어지게 될 것입니다. 우리의 현실과 열매 없는 노력 속에서도, 하나님의 나라는 하루 만에 이런 것을 이룰 것이며, 한 시대를 두렵게 만듭니다…(하나님께 기도한다면) 세상을 놀랍게 진동시켜 주옵소서. 그리고 당신의 나라의 사역자들을 붙잡아 주옵소서. 그리하여 그들의 사역에 저항할 수 없는 효력이 나타나게 하옵소서. 나는 내 마음에 강한 감명과 함께 기도를 마칩니다. 그들은 올 것입니다! '그것은 이루어지고 있습니다! 그것은 이루어지고 있습니다! 그들은 우리에게 속히 임할 것입니다. 그리고 모든 세계는 놀랍게 진동할 것입니다.'58)

마더의 '일기'에는, 특별히 요엘서 2:28-29의 모든 사람들에게 성령을 부어주심에 근거하여, 이 같은 확신에 찬 글이 계속된다. 그는 계속 수 년 동안 이러한 소망에 자양분을 공급하였다. 특별히 "비교할 수 없는 특출한 프랑케와 그의 동료들, 곧 그 같은 고귀한 전도자로 살아온 경건주의자들의"

---

57) Cotton Mather, *Nets of Salvation* (Boston: 1704), 40-2.
58) Cotton Mather, *Diary*, 365-6.

진보를 통해 용기를 북돋우었다.59)

마더는 프랑케와 같은 해인 1663년에 출생하였고, 프랑케가 죽은 날과 매우 가까운 시기인 1728년에 죽었다. 1720년대에 마더의 기대는 매우 조심스러웠다. 청교도들은 그 터전을 잃어가고 있었다. 그 바람은 유럽 프로테스탄트의 항해에서도 나타났다. 마더 자신도 천연두의 예방을 장려하는 일로 공격을 받았다.

그가 죽기 전(前) 해는 모라비안 공동체의 "성령세례"의 해로서, 개신교 역사상 특별히 해외선교 확장이 최고조로 일어났던 시기였다. 마더가 웨슬리 형제들에게서 이러한 놀라운 보고를 듣고 힘을 얻었을 것이다. 이처럼 보스턴에서 행해진 "마더 축제"(The Mather party)는 1739년과 이듬해까지 진행된 "대각성운동"을 위한 지지자들의 모판이었음이 확인되었다. 사람들은 마더를 대각성운동의 기초를 놓은 자이며, 청교도와 경건주의자들까지 아우르는 국제적인 영적인 생태조직가로, 또한 칼빈주의자들과 루터교도들 및 웨슬리안 계열을 연결하여 미래의 갱신운동 속에서 세계기독교 공동체의 형태를 이룬 자로 간주한다.60)

---

59) Cotton Mather, Utilia, 저자의 서문.
60) 보라. George Harper, *Changing Patterns of Pastoral Ministry in the Congregational Churches of Mid-Eighteenth-Century Boston*, Ph.D. dissertation, Boston University, 1992.

참고문헌

· 일차 자료

Mather, Cotton, *Bonifacius: An Essay upon the Good*, ed. David Levi (Cambridge, MA: Belknap Press, 1966).

Mather, Cotton, *The Christian Philosopher*, ed. Winton U. Solberg (Urbana: University of Illinois Press, 1994).

Mather, Cotton, *Diary*, 2 vols (New York: Ungar, 1957).

Mather, Cotton, *The Great Works of Christ in America=Magnalia Christi Americana* (Carlisle, PA: Banner of Truth Trust, 1979).

Mather, Cotton, *Historical Writings (Memorable Providences; The Present State of New England; The Short History of New England)* (New York: AMS Press, 1991).

Mather, Cotton, *Manducatio ad Ministerium: Directions for a Candidate for the Ministry*, with a bibliographical note by T. J. Holmes and K. B. Murdock (New York: AMS Press, 1978).

Mather, Cotton, *Paterna: The Autobiography of Cotton Mather*, ed. Ronald A. Bosco (Delmar, NY: Scholars' Facsimiles & Reprints, 1976).

Mather, Cotton, *Selected Letters of Cotton Mather*, ed. Kenneth Silverman (Baton Rouge: Louisiana State University Press, 1971).

· 이차 자료

Holmes, Thomas James, *Cotton Mather: A Bibliography of His Works* (Cambridge, MA: Harvard University Press, 1940).

Levin, David, *Cotton Mather: The Young Life of the Lord's Remembrancer,* 1663-1703 (Cambridge, MA: Harvard University Press, 1978).

Levy, Babette May, *Cotton Mather* (Boston: Twayne Publishers, 1979).

Levelace, Richard F., *The American Pietism of Cotton Mather: Origins of American Evangelicalism* (Grand Rapids: Christian University Press, 1979).

Silverman, Kenneth, *The Life and Times of Cotton Mather* (New York: Harper & Row, 1984).

# 제인 와드 레데(1624-1704)와 필라델피아 공동체

도널드 F. 던바(Donald F. Durnbaugh)

　신비 환상가이며 다작가인 제인 와드 레데(Jane Ward Leade, 1624-1704)는 17세기 후반에 가장 선동적인 여성 가운데 한 명이었다. 잠시만 인터넷을 검색해도 알 수 있듯이, 20세기에도 그녀는 지속적으로 관심과 흥미를 자아내고 있다. 수백 개의 사이트들은 그녀의 작품들과 간략한 전기들 그리고 광범위한 자서전들을 소개하고 있으며, 여성학에 관한 대학 강좌의 과정에서 그녀의 이름을 듣는 것은 그리 놀랄 만한 일이 아니다. 보다 흥미로운 웹사이트들은 레데가 본 환상 가운데 하나인 미확인비행물체(UFO)의 실제(facticity)에 관한 초기 증거를 주장한다.[1]

　비록 측근 100명의 추종자들보다 더 관심을 끌 수는 없겠지만, 레데가 한창 주가를 올리던 시기에 최측근에서 그녀를 도울 자로 옥스퍼드대학 출신의 학식 있는 2명의 학자를 얻었다. 옥스퍼

---

[1] "내가 갑자기 보았던 것은…매우 빛나는 무엇인가가 모두 새겨졌다…그것은 날개가 달린 커다란 배의 형태를 띠고 있었다. 그것이 네 개 이상이었는지는 말할 수 없다,…그것은 상상할 수 있는 것보다 대단히 빠르게 일어났다…그러나 내가 그것에 도달했을 때 갑자기 다시 사라져버렸다. 모든 시야에서 벗어나서 본래의 높은 천체로 날아가 버렸다." Jane Lead, *A Fountain of Gardens Watered by the Rivers of Divine Pleasure...* (London: 1697-1701), III: 66-7; Jesse Glass, "The Incredible Journey of Jane Lead – 17th Century Abductee?," at 〈www.100MegsWebHosting〉.

대학은 그녀의 방대한 사본들을 출판하였다. 그들은 능력 있는 자들로, 프란시스 리(Dr Francis Lee, 1661-1719) 박사와 시인이며 목회자인 리처드 로치(Rev. Mr Richard Roach, 1662-1730)로서 그녀의 환상과 천년왕국설 및 만인구원설주의자(restorationist)의 견해가 영국과 네덜란드, 특히 독일에서도 공공연하게 널리 읽히게 하는데 수고한 자들이다.

그들은 "경건과 기독교 철학의 발전을 위한 필라델피아 공동체"(Philadelphian Society for the Advancement of Pious and Divine Philosophy)를 만든 주역들이었다. 비록 이 단체가 이단 분파와 같지 않다고 끊임없이 주장하였지만, 1660년의 만인구원설과 1688년의 혁명 시기에 영국을 소용돌이 속으로 넣은 수많은 영국 국교회 반대자들 가운데 하나가 되었다. 란터파(Ranters)와 제5군주론주의자들(the Fifth Monarchists) 같은 다른 여러 단체들과 달리 필라델피아 공동체(the Philadelphians)는 세련되었고, 우호적이었으며, 관용적이었다. 필라델피아라는 이름은 요한계시록(3:7-13)에서 비롯된 것이다. 이 책에서 신실한 성도들의 모임에 "필라델피아에 있는 교회"라는 명칭을 주었다.

한스 슈나이더(Hans Schneider)는 설명하기를,

주제어인 '필라델피아 공동체'는 종말론적인 관점과 오랜 전통에 의해 형성된 역사적인 신학의 기초가 함께 엮어진 것이다. 요한 계시록에서 일곱 개의 증거들을 은유적으로 해석한 것은 기독교 역사를 똑같이 일곱 시기로 파악한 것으로 그 중심적인 역할이 있었다. 후기 종교개혁시대에 속하는 "사데"(이름은 살았다고 하나 실상은 죽은, 계 3:1 이하) 기독교 시대 이후에 필라델피아(계 3:7 이하) 시대가 도래한다. 이 시대에는 어린 양의 신부들의 모임으로서 하나님의 진실된 자녀들이 모인다. "종파들"(국가 교회들)은 바벨의 부분으로서 타락한다. 그리고 천년기간(계 20장)은 이 세상에 곧 시작될 것이다. 구원의 역사의 마지막에 '만물의 회복'이 있다. 동시에 '필라델피아'는 모든 신앙고백과 교리의 견해를 뛰어넘은 '치우치지 않는' 형제의 사랑으로 이해되고 있으며, 모든 진실한 기독교인의 태도를

나타낸다.2)

제인 와드 레데의 광범위한 영향력을 정확하게 표현하는 것은 쉽지 않다. 그러나 분명한 것은 윌리엄 로(William Law)로부터 웨슬리의 감리교 운동에 이르기까지, 독일의 급진적인 경건주의자들에 이르기까지, 갱신된 모라비아 교회의 시대까지, 북미에서 있었던 수많은 공산주의 실험들에 이르기까지 그리고 기괴한 운동으로 보이는 최근 활동의 주체들에 이르기까지 여러 종교단체들에게 영향을 주고 있다.3) 나아가 현대에 이르러서는 레데와 필라델피아 공동체가 독일 작센주 브란덴부르크의 오버라우지츠(Oberlausitz, Upper Lusatia)의 신발 제조공이며 철학자였던 야곱 뵈메(Jakob Böhme, 1575-1624)의 독창적인 사상과 환상으로부터 파생된 비밀고리(esoteric chain)와 중요한 관련이 있다고 본다.4)

---

2) Hans Schneider, "Der radikale Pietismus im 17. Jahrhundert," in Brecht 1, 405.
3) 하나의 사례는 미시간의 벤튼 하버(Benton Harbor, MI)에 있었던 다윗의 자치적인 이스라엘 공동체이다. 이들은 특별히 1930년대부터 메리 퍼넬(Mary Purnell)의 지도를 받았던 분파였다. 이 모임은 레데를 예언자적인 선구자로 주목하면서 그녀의 작품 상당수를 재 간행하였다. 특별히 모임의 인도자에 의해 비전이 고무되었는데, 그들은 레데의 본문을 문자적으로 추종하였다. 보라. Robert S. Fogarty, *Righteous Remnant: The House of David* (Kent, OH: Kent State University Press, 1981).
4) Andrew Weeks, *Böhme: An Intellectual Biography of the Seventeenth-Century Philosopher and Mystic* (Albany, NY: State University of New York Press, 1991), 뵈메의 사상은 자기 시대와 장소라는 정황에서 파악된다. 뵈메와 필라델피아 공동체의 연관성에 대한 가장 유용한 작품은 다음을 보라. Arthur Versluis, *Wisdom's Children: A Christian Esoteric Tradition* (Albany, NY: State University of New York Press, 1999), 그리고 B. J. Gibbons, *Gender in Mystical and Occult Thought: Behmenism and Its Development in England* (Cambridge: Cambridge University Press, 1996). 대표적인 연구서로 다음을 참고하라. Nils Thune, *The Behmenists and the Philadelphians: A Contribution to the Study of English Mysticism in the 17th and 18th Centuries* (Uppsala: Almqvist and Wiksells, 1948), 비록 지금은 신학적이고 심리학적인 논의가 필요 없게 되었음에도 불구하고 이 책은 여전히 가장 광범위하면서도 사실적인 기초를 제공해준다. 뵈메의 이름은 영국에서 오랫동안 Behmen으로 기록되었고, 따라서 Behmenism이란 용어는 뵈메주의 운동을 뜻한다.

1. 제인 와드 레데의 생애

제인 와드 레데의 생애는 정확하게 파악하기가 어렵다. 심지어 기초사항조차도 분명하지 않다. 결혼한 후의 그녀 이름은 '리드'(Lead), '레데'(Leade) 혹은 심지어 '리들리'(Leadley)로 기록되었다. 편의를 위해 본 장에서는 단 한 가지 이름인 '레데'만을 사용하고자 한다. 그 이유는 그녀의 첫 작품이며 가장 많은 판을 찍은 책, 『하늘의 구름이 이제 걷히다』(The Heavenly Cloud Now Breaking, 1681)에서 이 이름을 사용하였고 계속해서 그 시대에 네덜란드와 독일에서 출판된 책에도 동일한 이름을 사용하였기 때문이다. 그녀의 출생은 1623년이거나 1624년이라고 책에 기록되었다. 권위있는 자서전의 개요를 보여주는 『국제 자서전 사전』(Dictionary of National Biography)에서는 1623년이라고 언급되어 있다. 그러나 레데 자신이 발행한 내재적(자체) 증거로는 1624년이 더욱 타당성 있다고 지적한다.5) 성년시기의 의미심장한 문장인 '죄의 확신'아래 있었다는 표현은 그녀의 나이 15세와 16세 둘 다라고 기록하였다. 그리고 그녀가 윌리엄 레데와 결혼하게 된 사건들은 여러 모양으로 묘사되고 있다. 당대의 몇 개의 전기와 동시대와 가까운 시대의 전기들이 견지해 온 설명은 전기가 갖는 상세하고 정밀한 것이라기보다는 그녀의 예언의 권위에 더 많은 관심을 두었다.6)

---

5) C. Fell Smith, "Lead or Leade, Mrs. Jane." *Dictionary of National Biography* (London: Smith, Elder, 1909), 11, 753-4; 이후로 DNB로 인용한다. 보라. Joanne Magnani Sperle, "God's Healing Angel: A Biography of Jane Ward Lead," 미간행 박사학위 논문, Kent State University, 1985; Paula McDowell, *The Women of Grub Street: Press, Politics and Gender in the London Literary Marketplace, 1678-1730* (Oxford: Clarendon Press, 1997); Desirée Hirst, *Hidden Riches: Traditional Symbolism from the Renaissance to Blake* (New York: Barnes and Noble, 1964); Phyllis Mack, *Visionary Women: Ecstatic Prophecy in Seventeenth-Century England* (Berkeley: University of California Press, 1992; Myra Reynolds, *The Learned Lady in England, 1650-1760* (Boston: Houghton Mifflin, 1920).

6) 필리델피아 공동체 운동이 발생했던 기간 동안에 가장 급진적인 경건주의자 고트프리드 아르놀트(Gottfried Arnold, 1666-1714)는 그의 기념비적인 교회사를 기술하면서 레데와 그녀의 필라델피아 운동에 대한 이야기를 수록하였다. *Unpartheiische Kirchen-und*

제인 와드는 노폴크 주(Norfolk County)의 명문가로 넉넉한 재산에 존경받는 가문이었던 와드 집안의 12형제 가운데 막내로 알려져 있다. 그녀의 아버지는 부요한 담배 도매상이었다. 그녀는 당대 여자들이 일반적으로 교육받는 만큼만 제한된 교육을 받았고, 결혼은 그의 범위인 중류층과 하는 것이 만족된 결혼을 하는 것으로 운명지어진 것처럼 보였다. 하여간 그녀가 10대 중반이 된 어느 크리스마스 즈음에, 한 젊은 녀석과 가족과 가족의 친구들이 즐겁게 모인 한 가운데서, 그녀는 갑자기 자신이 근본적으로 죄로 가득 차있는 자며 자신의 본성의 기본이 악하다는 것을 확신하였다. 그녀는 나중에 보고하기를 "이것을 그만두라, 내가 다른 춤을 추도록 너를 인도할 것이다. 그 이유는 이것이 허무하기 때문이다."라고 말하는 음성을 들었다고 하였다. 무의미한 거짓말의 기억은 이 믿음의 위기에서 큰 역할을 하였다. 그녀의 설명에 의하면, 이 같은 우울한 시기는 그녀가 용서와 그 용서 위에 인치는 것을 환상으로 봄으로써 가치와 용서의 의미를 회복하기까지 만 3년간 지속되었다. 이 시기에 그녀는 오랜 기간 동안 '거룩한 철학'(신학, Divine Philosophy)를 추구하는데 전력을 다하였다.

1642년 그녀는 런던으로 갔는데, 구체적으로 남동생을 방문하는 여행을 아버지가 허락해 주시도록 설득하였으며, 그 곳에서 그녀는 성령의 회복 가능성을 예감하였다. 런던에서 그녀는 토비아스 크리습(Dr Tobias Crisp, 1600-43) 박사의 설교를 들었다. 크리습 박사는 1642년 다른 고발들과 함께 율법폐기론 신학(antinominian theology)을 주장했다는 이유로 윌트서(Wiltshire)의 브링크워스(Brinkworth) 교구목사직으로부터 추방당하였다. 자유 은총(free grace)에 대한 강조는 제인 와드에게 희망이 되었고, 크리습이 구원을 위해서는 선행을 해야 한다는 짐을 지는 것보다 은혜를 받아야 한다고 강조한 것으로 인해 그녀는 자신의 병적인 느낌으로부터 자유하게 되었다.[7])

Ketzerhistorie von Anfang des Neuen Testaments biβ auf das Jahr Christi 1688 (2nd edn, Frankfurt a.M.: Thomas Fritschen, 1729), 2: 1157; 3: 208-11, 310.
7) A. C. Bickley, "Crisp, Tobias, D. D.," DNB 5:99-100.

그 때에 그녀는 런던에서 그녀가 결혼하고 싶은 대상의 한 남자를 만났다. 그러나 부모는 이 진지하며 어느 정도 충동적인 과정에 반대하였는데, 이는 놀라운 일이 아니었다. 부모는 그녀를 노폴크로 불러들였고 그곳에서 부모의 생각에 더욱 적합하다고 여기는 결혼 가능한 청혼자들을 소개해주었다. 이번에는 제인 와드가 이들을 거절하였다. 그녀의 보고에 의하면, 그들은 자신의 영혼의 아름다움은 보지 않고 육체의 아름다움을 더 보았다고 하였다. 결국 1644년에 부모는 그녀가 먼 친척이며 런던에 사는 상인 윌리엄 레데와 결혼할 것을 강요하였다. 그가 비록 나이는 들었지만 네 딸이 있었다는 것을 볼 때, 그녀의 결혼 생활은 행복했다는 것을 증명해준다. 그러나 딸 중에 2명은 어릴 때에 죽었고, 살아남은 두 딸은 모두 결혼하였다. 비록 삶의 후반기에, 그녀가 죽은 남편에 대하여 거의 언급하고 있지는 않지만, 레데는 자신의 초기 결혼이 하늘의 지혜(the Heavenly Sophia)와 영혼의 진정한 결혼을 늦추게 하였다고 하였다. 윌리엄 레데는 1670년에 죽었다. 불행하게도 그의 재산을 신탁 받은 자가 모든 재산을 다 속여 빼앗았으므로 가족들은 무일푼이 되었다.[8]

2. 존 포르다지 박사(Dr John Pordage)와의 만남

이 중대한 시기에, 존 포르다지(1607-81) 박사가 등장하였다. 제인 레데는 7년 전인 1663년부터 포르다지 박사와 교제해 왔다. 그는 재능있는 국교회 성직자로서 수년 동안 브라드필드(Bradfield) 국교회 교구에서 편안한 삶을 살았다. 하여간, 1649년에 극적인 환상을 받은 이후 포르다지는 신비적인 하나님의 뜻을 추구하였고, 그의 아내는 남편보다 먼저 이미 황홀한 환상을 본 자로 그를 격려하였다. 머지않아 포르다지는 "아버지 아브라함"으로,

---

8) Catherine Smith, "Jane Lead: The Feminist Mind and Art of a Seventeenth-Century Protestant Mystic," in R. R. Ruether and E. McLaughlin (eds), *Women of the Spirit: Female Leadership in the Jewish and Christian Traditions* (New York: Simon & Schuster, 1979), 184-203, 특히 191.

그의 아내는 "드보라"로 알려졌으며, 이들은 몇 명의 활동적인 사람들을 모아 반(半)-공동체 모임을 만들었다. 이 공동체에 대해 청교도인 리처드 백스터(Richard Baxter)는 "천사와 교감할 수 있고 볼 수 있는 것처럼 여기며 더불어 살아가는 공동체"라고 하였다. 그가 말하기를 포르다지는 "부를 반대하고, 행정직 지도자들, 국민들, 남편들, 아내들, 주인들, 종들과 같은 계급을 반대하는" 자라고 하였다. 그의 판단에 엄했을 백스터는 이들을 마음의(내면의) 빛을 추구하는 "다른 누구보다도 더욱 온순하며 열정을 지닌 뵈메주의자"(Behmenist)로 간주하였다.9)

포르다지의 상급자는 1649년과 1654년에 교회법정에서 그를 끌어내렸다. 비록 그가 첫 번째 변론에서 자신을 변호하는데 성공하였지만, 두 번째 변론에서는 브라드필드 교구목사직으로부터 축출 당하였다. 후기 브라드필드 시기에, 포르다지는 특별히 야콥 뵈메의 신지학(theosophy)에 대한 연구와 해설에 전력하였다. 이 과정에서 그는 유럽, 특히 영국과 독일에서 뵈메사상을 전하는 주요 통로로 알려지게 되었다. 그는 종종 불투명하고 잘못 형성된 독일 신비주의의 통찰력을 분명하고 잘 정리된 형태로 만든 자라는 명성을 얻었다. '포르다지의 활동은 뵈메주의자들의 환상적인 경험을 보여주지만, 다만 자연과학적인 질서의 표현과 형상의 명확이라는 점에서 그렇다.' 뵈메주의자들의 사상의 영향에 대한 최근의 뛰어난 연구에 의하면, "영국에서 뵈메주의의 수용"이라는 특별제목 하에 한 장 전체를 포르다지에 할애하고 있다.10)

제인 레데는 런던에서 처음으로 포르다지와 만났다. 그러나 앞서 언급한대로, 레데 가족이 가난하게 되어 그들이 견고한 연관을 맺게 된 것은 1670년 이후였다. 포르다지의 첫 부인은 1668년에 죽었다. 레데가 포르다지에게 애정을 가지자, 그녀의 가족은 맹렬하게 반대하였다. 가족들은

---

9) 백스터의 인용은 다음을 보라. Versluis, *Wisdom's Children* (1999), 39. 포르다지에 대해서는 다음을 보라. Alexander Gordon, "Pordage, John," DNB (1909), 16: 150.
10) Versluis, *Wisdom's Childern* 49; 최근의 연구로 다음을 참고하라. Gibbons, *Gender in Mystical and Occult Thought*, 103-19.

남동생이 그녀를 감시하게 하고자 남동생과 함께 살도록 강요하였고, 한편으로는 모든 후원을 다 끊고자 하였다.

그럼에도 불구하고 그녀가 포르다지와의 교제를 고집하였던 것은 포르다지가 그녀의 많은 환상을 강렬하게 수용하였으므로 그에게 관심을 가졌던 것이다. 사별한 두 사람은 1673년, 평범한 가정 안에서 "함께 기도하며 순결한 헌신"을 기다리기로 결정하였다. 1681년 포르다지가 죽었을 때, 이 조그마한 공동체의 지도권은 레데에게 주어졌다. 그녀의 뵈메주의에 대한 배경과 기초는 대부분 포르다지의 지도로부터 온 것이었다. 다음은 이를 잘 보여준다.

> 내가 그를 처음 알게 된 것은 1663년인데, 그 기억은 나에게 아주 귀중하게 남아 있습니다. 왜냐하면 그는 신학에 대한 나름의 깊고 중대한 나의 관점에 대해 탁월한 영적인 유익을 가져다주었기 때문입니다. 그것은 내가 만난 그 누구도 대답하지 못했던 것이었고, 그 누구도 이 거룩한 기름부음을 받은 심오한 깊이를 가진 이 사람처럼 나의 갈구하는 마음을 채울 수 없던 것이었습니다.[11]

무서운 가난을 포함해서 엄청난 어려움에도 불구하고 그녀는 1681년에 『하늘의 구름이 이제 걷히다』(*The Heavenly Cloud Now Breaking*)라는 제목으로 40쪽 분량의 첫 번째 책을 출판하였다. 이 책은 1701년에 영문판으로 재판된 것이 발견되었다. 1681년에 레데는 포르다지의 논문 「신비신학」(*Theologia Mystica*)을 출판하면서 서문에서 상세한 전기를

---

[11] 포르다지(Pordage)의 *Theologia Mystica* (1683)에 대한 레데의 서론, in Thune, *The Behmenists*, 71-2. 루퍼스 존스(Rufus M. Jones)는 포르다지에 대해 매우 다른 인상을 가지고 있다. 그의 중심 저서를 보라. Rufus M. Jones, *Theologia Mystica*, 존스는 다음과 같이 기술하였다. "이것은 혼란스러운 정신의 작품이며 영적인 통찰력을 지닌 작품이다. 또한 영어에 능통한 작품이며 낮은 계급의 작품이기도 하다. 뵈메의 영향을 보여주는 표지들은 이 작품의 도처에서 발견되는데, 포르다지는 뵈메의 철학에 대해 보다 심오하고 확고한 특징을 파악하는데 매우 무기력해 보인다." *Spriritual Reformers of the 16th and 17th Centuries* (London: Macmillan, 1914), 229.

서한체로 기록하였다. 이 책은 영국에서 포르다지 작품이 출판되어 읽혀진 것보다 독일에서 수많은 사람들이 수용하였다는 것이 나중에 밝혀졌다. 이는 포르다지의 지대한 신비적인 공헌이 단지 오늘날에는 독일어 번역에서만 입수가능하다는 이례적인 사실을 설명해 준다. 역시 1683년 레데는 계속해서 영향력을 가진 두 번째 책을 발간하였는데, 이 책은 『계시들의 계시』(The Revelation of Revelations)로서 요한계시록을 다루었다.

마지막 출판 사업은 레데를 중심으로 생활고와 싸우는 공동체의 생활을 그럭저럭 꾸려나가게 하였다. 한 자애로운 과부가 그들을 위해 런던 가까운 곳에 집을 제공하였기 때문이다. 이 일로 그들은 확실히 새로운 행복을 맛보았다. 그러나 불행하게도 그 과부는 몇 년 후에 죽었고, 지원하던 외부의 회원들마저 다 떠나버렸다. 다만 레데, 포르다지의 형제 프란시스(Francis) 및 그의 아내만 남았다. 레데 미망인은 사설 구빈원에서 은신처를 구하지 않으면 안 되었다.

1694년에 사건들이 난무하였다. 레데의 작품 필사본들이 네덜란드어와 독일어로 번역되었고, 네덜란드와 독일 전역에 퍼졌다. 이 책들은 프러시아의 최고 관리인 도도 폰 크니프하우젠 남작(Baron Dodo von Knyphausen)의 주목을 받았다. 당시 그는 우트레히트(Utrecht)에 거주하면서 레데의 작품에 매료되었고, 이 작품들을 독일어로 번역하여 암스테르담에서 출판하고자 로트 피셔(Loth Fisher)를 채용하였다. 이 같은 방법으로 레데의 중요한 초기 두 작품, 즉 『하늘의 구름이 이제 걷히다』와 『계시들의 계시』는 1694년과 1695년에 각각 독일에서 인기있는 판형으로 출판되었으며, 넓은 대륙에 독자들이 퍼져 있음을 알 수 있었다.

덧붙여 남작은 직접 레데와 서신을 주고받기 시작하였으며, 그의 재정적인 지원은 가족들을 런던에 있는 보다 살기 좋은 집으로 이사할 수 있도록 하였다. 미망인인 레데도 사설 구빈원에서 나올 수 있게 되었다. 그의 도움은 레데가 출판 계획을 활발하게 시작할 수 있게 하였으며, 중요한 작품으로 인정받은 것은 다음과 같다. 『하나님과 동행한 에녹인: 영적인 여행자의 발견; 그의 얼굴은 시온 산을 향하고 있다. 그곳에서 알았고, 보았고, 만났던 것에 대한 경험적인 설명』(*The Enochian Walks with God: Found Out by a Spiritual Traveller, Whose Face Towards Mount-Sion Above Was Set; With an Experimental Account of What Was Known, Seen, and Met Withal There*, 1694)

매우 중요한 동기는 당시 리(Lee)와 로치(Roach)가 이미 언급한 레데의 주장과 밀접하게 연관되어 있다. 리는 지금까지 학문적인 책을 수권을 발행한 동양학자로서 명성을 확고하게 이루었다. 그는 (충성 서약)선서 거부자(1688년 윌리엄 3세<William III>가 권좌 즉위 때 충성 서약을 요구하자 이에 대해 신하로서의 서약을 거부한 국교(國敎)의 성직자)와 같은 위치였다. 그는 옥스퍼드에서의 종신 재직권을 상실하였고, 또한 대학의 경력에 대한 보장도 상실되었다. 리는 대륙에서 몇 년을 지낸 후에, 그곳에서 의사가 되어 영국으로 돌아왔으며 이때에 레데의 글을 접하게 되었다. 그는 그 글에 큰 감명을 받았고, 집에 돌아오자마자 곧 바로 그녀를 찾았으며 또 그녀의 소그룹 운동모임에 즉시 가입하였다.[12]

그 이후로 대학시절부터 친구이며, 성 아우구스티누스 교단에 소속된 하크니(Hackney) 교구의 목사인 리처드 로치(Mr Richard Roach) 목사에게 도와줄 것을 간청하였다. 로치는 성공회에서 죽을 때까지 자신의 신분을 유지하였다. 그의 초기 경향은 신비주의로 향하였고, 리가 레데를 중심으로 한 모임에 가입하도록 한 권유에는 개방적이었다. 로치는 시인적인 경향이 있었으므로, 많은 시를 써서 레데가 출판한 책의 중간 중간에 많은 시를 삽입하였다. 로치는 리와 함께 필라델피아 협회를 만드는데 큰 역할을 하였고, 공적으로 이를 변호하는 자들의 지도자가 되었다. "그가 죽기 전까지 다음 10년간은 옥스퍼드에서 교육받은 두 명으로 하여금 그녀의 비전을 답습하게 하고, 그녀에게 오는 점점 많아지는 편지들에 답변하게

---

12) R. B. Prosser, "Lee Francis, M. D.," DNB 11, 792-3. 덧붙여 다음을 보라. W. H. G. Armytage, *Heavens Below: Utopian Experiments in England,* 1560-1860 (London: Routledge & Kegan Paul, 1961), 32-8; 계속해서 그의 논문을 참고하라. Armytage, "The Behmenists," *The Church Quartely Review* 160 (1959), 200-9.

하고, 또 그녀가 풍부하게 내어놓는 비전들을 출판하도록 하였다."[13] 그들의 노력으로 인해 이 운동은 헌장과 규율 및 심지어 신조를 가진 보다 체계화된 형태를 갖추었다. 그들은 1697년에 창간된(그리고 중단된), 새로운 잡지인 「필라델피아 협회의 신지학 회보」(Theosophical Transactions of the Philadelphian Society)에 대한 편집 책임을 서로 분담하였다.

이 같은 수고는 필라델피아 운동이 영국에서 대중에게 더 잘 알려지는 도구가 되었으며, 그 결과 좋아하는 무리와 싫어하는 무리로 나뉘게 되었다. 대중화는 때로는 새로운 동료들을 끌어당기게 하였지만 한편으로는 분노를 일으키기도 하였다. 이 당시 영국 교회법은 모든 종교의 예배는 공개적이어야 한다는 것을 요구하였으므로, 종교법은 필라델피아의 사적인 모임도 변화할 것을 요구하였다. 무질서하고 소란한 폭도들, 특별히 여인이 지도하는 종교행사 광경에 화가 났던 이들로 인해, 종종 대중적인 모임은 좌절되었다. 더욱 차분히 대응하였지만 시간이 흐를수록 더 해롭게 하였고, 그들이 "열광주의자"로 불리는 것을 참지 못하는 성공회 신학자들은 사적으로나 공적으로 필라델피아 공동체의 지도자들을 공격하였다.[14]

이러한 부정적인 평판(악명)에 대한 반응으로, 분명히 필라델피아 공동체는 자신을 변호하기 위해 "이 공동체의 설립 이념과 주장, 모든 기독교인들에게 경의를 표하며"라는 「회보」(Transactions)를 발간하게 되었을 것이다. 이 회보는 「잘못을 예방 내지 수정을 위해 이제 발표함」(Now Publish'd for the Preventing or Rectifying of Mistakes)이라는 별도의 소책자로 이후에 잠시 발행되었다. 공동체 회원들은 "보편적인 사랑"(Universal Love)이라는 메시지를 발표하였고 또 기독교인은 "모든 국가와 언어와 혈통"에서 하나라고 주장하면서, 그들은 분리하는 종파를 만들려는 의도가 없으며 도리어 "기독교인 가운데 나뉨을 극복하고 사람들 사이에 새로운 사랑의 불을 붙이고자 한다."고 하였다. 1697년 후반에 예배 모임을 위한 행동을 통제하고자 조직을 만들었다. 초기에는 불규칙하였고 또 이제 막

---

13) McDowell, *The Women of Grub Street*, 171.
14) Thune, *The Behmenists*, 87-91.

시작한 모임은 성령의 인도 하에 이끌렸던 것들이 규칙적으로 자리를 잡는 효과를 얻었다.15)

이 모임은 일반적으로 최근에 갑자기 떠오른 퀘이커교도(Quakers)들의 모임인 "종교 친우회"(Religious Society of Friends)의 예배형태를 생각나게 하였으므로 필라델피아 공동체의 회원들은 종종 혼란에 빠졌다. 이러한 연유로, 필라델피아 공동체는 퀘이커교의 언행과 옷차림에 대한 제한을 공공연히 비판하였고, "친우회"와 달리 자신들은 분리주의자처럼 영국 국교회로부터 떨어져 나와 스스로 예배하기를 원치 않는다고 강조하였다. 그 증거로서 자신들의 공적인 모임은 성공회의 정규 예배와 갈등을 일으키지 않으려고 시간을 정하였다는 점을 지적하였다.

이 점은 1697년에 출간된 다른 책, 곧 리가 저술한 『필라델피아 공동체의 형편 또는 그들이 추구하는 생각의 근거』(The State of the Philadelphian Society, or The Grounds of their Proceedings Consider'd)에서도 역시 분명하게 강조하였다. 이 책에서 저자는 그들의 "독특한 원리 또는 예배의식"에 관한 질문에 답하였다. 리는 그들에게는 어떠한 실제적인 독특성이 없는 것으로 안다고 말하면서, "그리스도의 재림이 가까왔으므로, 그들의 책임은 세상에 대해 경고하고 이를 세상이 깨닫게 하는 것이라고 여기며, 그들은 가장 위대하고 엄숙한 이 시간을 선한 삶과 보편적인 자비 그리고 개신교 교회들을 연합하게 함으로서 바르게 준비할 수 있다"고 생각하였다. 저자는 필라델피아의 신념이 다른 나라의 여러 지역에서 받아들이고 있음을 강조하였고, 영국에서도 이 작은 모임을 제한하지 않는 정책을 고수한다는 것을 지적하였다. 이러한 언급은 종종 필라델피아 기록물 속에 포함된 안내 자료와 관련이 있다.16)

1695년 레데는 거의 시력을 잃은 상태가 되었으므로, 리는 그녀의 말을 받아쓰기 위한 비서로서 없어서는 안 되는 위치에 있었다. 그는 서신들

---

15) Thune, *The Behmenists*, 90-91.
16) Thune, *The Behmenists*, 93. 필라델피아 공동체와 퀘이커교도에 대한 초기의 비교를 위해서 다음을 보라. Jones, *Spiritual Reformers*, 226-34.

가운데 중대한 문제를 대처하도록 그녀를 도왔다. 그녀의 환상 가운데 하나에 의해 제안된 것으로 과부가 된 레데의 딸 바바라 월턴 부인(Mrs. Barbara Walton)과 리가 결혼한 것이다. 이 같은 방법으로 리는 자신을 그녀의 영적인 아들인 동시에 실제적인 아들이라고 생각하였다. 몇 가지 증거가 있는데 레데는 그들의 관계가 성스럽고 종말적인 의미 둘 다를 가지고 있다고 생각한 것이다.[17)]

3. 출판물 파동

리와 로치의 도움을 통해, 레데는 1695년 이후에 다시 한 번 여러 책을 출판할 수 있었다. 1704년 그녀가 죽기 전까지 16종의 영문판 책을 출판하였다. 이같이 무더기로 출판할 수 있었던 것은 1695년에 제정된 면허조항이 소멸된 것과 영국에서 출판 전 인쇄물에 대한 검열을 포기한 덕분이었다. 퀘이커 교도들과 마찬가지로 필라델피아 공동체도 이 기간 동안에 인쇄물들을 폭발적으로 출판하였다.[18)]

이 기간에, 레데의 모든 책들이 독일어로 번역되어 거의 즉각적으로 재출판되었다. 『하늘의 구름이 이제 걷히다』의 제2판(1701)에서 주목할 것은 초판은 '북부 독일어'(High Dutch)로 번역되었고, 곧이어 '남부 독일어'(Low Dutch)로 번역되었는데, 이미 '네덜란드'(Holland)에서는 그 책이 3쇄나 찍혔다고 보고한 점이다. 실제로 레데의 작품 중에 어떤 것은 초판이 독일어로 번역되어 출판되었고, 어떤 경우에는 그 작품들에 관한 유일한 지식의 원천이 되기도 하였다. 기록될만한 사건은 1696년에 레데의 6권짜리

---

17) Thune, *The Behmenists*, 85-6. 또한 다음을 보라. Willi Temme, *Krise der Leiblichkeit: Die Sozietät der Mutter Eva (Buttlarsche Rotte) und der radikale Pietismus um* 1700 (Göttingen: Vandenhoeck & Ruprecht, 1998), 343-8.
18) McDowell, *Grub Street*, 28-30, 173-9 그리고 동일한 저자, "Enlightenment Enthusiasms and the Spectacular Failure of the Philadelphian Society," *Eighteenth-Century Studies* 35/4 (2002), 515-33.

전집 중 한 권인 『신의 계시와 명령에 따라 빛을 보게 된 6권의 귀중한 신비적인 소책자들』(Sechs unschätzbare durch göttliche Offenbahrung und Befehl ans Licht gebrachte mystische Tractätlein)이 암스테르담에서 출판된 것이다.[19)]

제인 레데의 영적 일기인 『정원의 샘, 거룩한 평원의 강가에서 물을 긷고, 모든 다양한 영적 식물이 개화함』(A Fountain of Gardens, Watered by the Rivers of Divine Pleasure and Springing Up in All the Variety of Spiritual Plants)은 1697년에 출판하기 시작하여 1701년까지 4권을 출판하였고, 그 중 3권은 두 부분으로 나뉘어 출판되었다. 남편이 죽은 해인 1670년 이후로 그 일기는 지속되었으며 2000쪽이 넘는 분량으로 출판되었다. 처음에 출판된 『하늘의 구름이 이제 걷히다』와 『계시들 중의 계시』에 추가하여 이 4권의 책이 공급됨으로 필라델피아 운동과 뵈메주의 운동에 대한 레데의 공헌을 이해하는데 가장 근본적인 기초를 제공하였다.

1694년 이후 5년 동안의 활발한 출판활동은 1699년 둘로 나뉘어졌다고 발표됨으로서 공식적인 모임이 축소되고 감소되었고 잠잠한 상태가 되어 잠정적으로 끝났다. 그 당시 로치가 계속해서 모임의 충실한 일꾼으로 있었지만, 리는 공동체로부터 물러나기 시작했다는 점이 중요하다.

또 다른 주력 활동은 1702-1703년에 있었다. 필라델피아 공동체는 1702년에 운영 강령, 자금 조달 그리고 조직에 관계된 44개의 조항을 담은 성명서를 출판하였다. 최고위직에 2명의 조사관을, 아래로 조사위원과 장로와 회원과 참여자로 구성된 공적인 조직을 정성들여 만들었다. 이에 대한 반응은 성공회 신학자들과 이신론 철학자들이 끊임없는 비판뿐만 아니라 회원을 해외로 확장하려는 공동체의 노력에 선구적인 계기가 되었다.

---

19) 보라. Hans-Jürgen Schrader, *Literaturproduktion und Buechermarkt des radikalen Pietismus* (Göttingen: Vandenhoeck & Ruprecht, 1989), 376-8.

4. 대륙에서의 모험

1702년 독일 잘쭝엔(Saltzungen) 태생의 요한 디트마르(Johann Dithmar, 일명 Dittmar)는 영국에 있는 회원들과 교제하기 시작하였고, 또 공동체 모임에 참석하고자 영국을 방문하도록 격려를 받았다. 몇 가지 환상은 그가 영국을 방문하는 것이 매우 중요하다는 믿음을 그들에게 주었다. 1703년 공동체의 지도자들은 디트마르를 네덜란드와 독일로 보내어 그 지역의 대표가 되게 하였다. 공동체의 지도자들은 필라델피아의 이상을 이미 알고 있는 사람과 호감을 가지고 있는 사람의 목록을 포함해서 그가 접촉할 사람들에 대한 자세한 성향을 제공하였다. 그 목록에는 70여명의 이름이 기록되어 있는데, 비록 이와는 상관이 없는 필립 야콥 슈페너(Philip Jakob Spener)도 있고 또한 더 이상 이 모임과 교제하기를 원치 않은 고트프리드 아르놀트(Gottfried Arnold)와 같은 자들도 포함되어 있었지만, 다음 세기에 필라델피아 이상향을 독일에서 이끌어 갈 가장 완벽한 사람들을 제시하고 있다.[20]

디트마르는 불행하게도 신중하게 진행해야 할 지침들에서 벗어난 행동을 하였다. 한 예로 그는 급진적인 경건주의자인 요한 게오르크 기히텔(Johann George Gichtel, 1638-1710)과 격렬하게 언쟁을 하였으며 문서로도 논쟁을 하였다. 기히텔과 논쟁에서 얻은 성과는 야콥 뵈메의 작품들을 처음으로 완간한 것이다. 디트마르는 자신에게 주어진 명령에 대해 아주 강하게 반발하면서, 독일에서 접촉한 모든 사람들은, 그가 여행을 하기 전인 짧은 기간 안에 아직 미완성의 필라델피아 신조에 반드시 서명하는 것을 마쳐야 한다고 주장하였다. 그는 이 운동에 참여한 친구들에게 그들이 가진 정보들을 제출하라는 것과 발전을 위한 제안을 이끌어내라는 말을

---

20) W. H. Hochhuth, "Geschichte und Entwicklung der Philadelphischen Gemeinden," *Zeitschrift für die historische Theologie* 29 (1865), 171-290; Thune, *The Behmenists and the Philadelphians*, 114-35. 보라. Theodor Wotschke, "Der Philadelphier Johann Dithmar in Neuwied," *Monatshefte für rheinische Kirchengeschichte* 28 (1934), 33-57.

들어 왔었다. 그 결과는 예상할 수 있었다. 공동체가 영국에서 획득한 노선에 연합하는 대신에 독일에서는 급진적인 경건주의자들이 본질적으로 자신들의 분리경향을 강화시켰다.

이러한 실망스러운 과정이 있은 직후인 1704년 9월 19일에 레데가 죽었다. 그녀는 자신의 육체를 번힐필드(Bunhill Field) 공동묘지에 묻어 줄 것을 요청하였다. 그곳에는 많은 비국교도들이 안식을 취하는 곳이었다. 그녀의 충성스러운 동역자인 리는 레데의 죽음에 대해 에세이에서 밝혔는데, 「눈과 귀로 증거하는 제인 레데의 최후」(The Last Hours of Jane Lead, by an Eye and Ear Witness)라는 이 글은 즉각 독일어로 번역되어 대륙으로 퍼져나갔다. 그녀의 마지막 출판물 가운데 1702년의 작품 『살아있는 장례의 언약; 또는 죽음을 이김 그리고 그리스도의 생명 속에 잠김』(A living Funeral Testimony; or Death Overcome, and Drown'd, in the Life of Christ)이 있으며, 이 작품 속에서 그녀는 자신의 장례식 설교를 삽입하였다. 그녀의 마지막 출판물인 『생명의 부활; 또는 그리스도와 함께 일어선 자들이 보여주는 왕 같은 특징과 표지』(Die Auferstehung des Lebens; order das Koenigliche Merck- und Kennzeichen, so denen aufgetruckt ist, die mit Christo auferstanden sind, 1705)가 독일에서 유고작품으로 발견되었다.[21]

레데가 죽기 전인 1703년에 이미 필라델피아 공동체는 공적인 활동의 중단을 선언하였다. 그리고 1704년에 분명히 안식의 시기가 있을 것이라는 "예언적인 발표"가 있었다. 비록 모임은 사적으로 계속되었지만, "하나님 나라를 향한 공식적인 증언"은 끝났다. 맹렬히 비난하는 유행가 "필라델피아 공동체에 대한 비가(悲歌): 그들의 잘못된 예언, 마지막 연설 및 고백"(An Elegy, Upon the Philadelphian Society: With Their False Oracles, Last Speech, and Confession, 1703)은 이 모임이 짧게 끝난 것에 대해 즐거워하며 축하하고 있다.

---

21) Thune, *The Behmenists*, 135.

영국의 선량한 백성들은 웃으며, 머리를 흔들며 나아오고 있다:
모두가 불쌍한 허풍쟁이 *필라델피아*의 죽음을 애도하기 위해.
누가 이 나라에서 그토록 무서운 소동을 일으켰는가
백성들은 그들이 일상적으로 먹는 착색된 물은 먹지도 마실 수도 없었다,
놀이도, 다툼도 없고 평온하게 교회에 가는 일도 없다네.
그들의 생각은 하늘의 별들의 무도회로 높이 날았다,
어둠을 지나 밝게 보이는 눈의 무도회.
이카루스처럼 너무 태양 가까이 날아갔네,
그녀의 날개는 녹아내리고, 그녀는 왔던 곳으로 되돌아갔네.

필라델피아 회원들은 같은 해 "필라델피아 공동체에 대한 비가를 반박하며: 냉소자들을 향한 답변"(Counterpart of the Elegy on the Philadelphian Society: In Answer to the Scoffers, 1703)에서 다음과 같이 주장하였다.

'사랑의 여 대사'(Love's Embassadress)가 사랑을 위해 '*죽었나요.*'
그녀가 못 박혔지만 그녀의 주인이 피 흘리는 옆에서.
그 때에 당신네 승리의 소리는 잠잠해졌네, 비난으로 가득찬 원수들아,
당신들은 엎드러지기 위해 일어나지만, 그녀는 '*일어나려고 엎드렸네.*'[22]

흔히 '*프랑스 예언자들*'(French Prophets)이라고 불리는 이들이 영국 해변에 극적으로 도착함으로 1706-07년 짧은 기간 동안이나마 필라델피아 공동체의 활동이 약진하였다. 이들은 17세기 후반에 비-가톨릭교도들에 대한 황실의 추방정책에 의한 희생자들로서 프랑스에서 핍박을 받은 개신교들 중 카미자르(Camisard, 프랑스 남부 지방에 근거지를 둔 호전적인 프로테스탄트교도. 이들은 루이 14세의 프로테스탄트 박해에 맞서 18세기 초 무장반란을 일으켰다. 카미자르라는 이름은 이들이 야간전투에서 서로를 식별하기

---

22) McDowell, "Enlightenment Enthusiasm," 515, 525.

위해 입었던 흰색 셔츠(랑그도크어로 camisa, 프랑스어로 chemise>에서 유래한 것으로 보인다.) 운동 때문에 피난 온 자들이었다. 위그노(Huguenots, 프랑스 개신교도)들은 초자연적인 메시지로 이해되는 "영감된"이란 말의 소동을 경험하였다. 이 운동을 곧장 지속하게 한 것은 독일에서 영감운동의 부흥이었다. 이 모임은 오늘날에도 여전히 아이오와에서 오랫동안 공동생활을 하고 있는 아마나 공동체(Amana Society, 아가서 4:8 또는 참된 영감 공동체<Community of True Inspiration>)로 알려져 있다. 프랑스 예언자들의 간접적인 출현은 18세기 후반에 갑자기 나타났다. 처음엔 영국에서 나타났고 다음에 미국에서 나타났는데 '그리스도 재림을 믿는 신자들의 연합 공동체'(United Society of Believers in Christ's Second Appearing)의 지도자인 앤 리(Ann Lee)는 '셰이커교'(Shaker, 천년 왕국설을 믿는 독신주의자들의 단체)로 더 잘 알려져 있다.[23]

한 동안 필라델피아 공동체는 영국에서 프랑스 예언자들과 협력하였으므로 함께 모이기도 하였지만 예언자회의 무절제로 인해 곧 서로 갈라섰다. 사실 프랑스 망명자들에 대해 가장 날카롭게 비판한 자는 리로서, 그는 초대 기독교의 몬타누스주의자들에 대한 학문적인 논문에서 『새로운 예언자들』(New Prophets)에 대한 비판을 첨가하였다. 이 논문은 성령운동을 그릇된 길로 이끈 이단에 관한 최초의 사례로 이해하였던 작품이다. 리의 연구인 『몬타누스주의의 역사』(The History of Montanism)는 조지 힉스(Gorge Hicks)가 『열광적으로 축사하는 성령…영감과 기적에 대해 새 예언자들 인양 가장하는 이유』(The Spirit of Enthusiasm Exorcised... Occasioned by the New Prophets Pretensions to Inspiration and Miracles)라는 제목으로 논쟁의 글 속에 포함시켰다. 몬타누스주의자들에 대한 연구는

---

23) 보라. Hillel Schwartz, *The French Prophets: The History of a Millenarian Group in Eighteenth-Century England* (Berkeley: University of California Press. 1980), 45-51; Clarke Garrett, *Spirit Possession and Popular Religion: From the Camisards to the Shakers* (Baltimore: Johns Hopkins University Press, 1987), 13-15, 47-8, 56-7; D. P. Walker, *The Decline of Hell: Seventeenth-Century Discussions of Eternal Torment* (Chicago: University of Chicago Press, 1964), 245-63; Armytage, *Heavens Below*, 39-46.

나다니엘 스핀크스(Nathaniel Spinckes)가 만든 책에서 3번째 논문 「새로운 위선자들을 조사함」(The New Pretenders Examined...)이라는 제목으로 수록되었다.24)

레데의 죽음과 리가 떠남으로 인해 필라델피아 공동체의 역동성은 많이 사라졌다. 로치가 1728년에 출판한 『아버지의 능력과 왕국 속에서 그의 성도들과 함께 이 땅에서 통치하시려고 이제 오시는 승리자 메시야의 장엄한 모범』(The Imperial Standard of Messiah Triumphant, Coming Now in the Power and Kingdom of His Father, to Reign with His Saints on Earth)에서 책의 제목이 말하듯이 공동체의 천년왕국설과 만인구원주의자들의 신앙을 다루었다. 이 글에서 로치는 자신의 시를 제인 레데의 작품에서 발췌한 내용과 함께 여러 곳에 실었다. 1730년 그가 죽음으로써 제인 레데에 의해 광범위하게 고무되었던 필라델피아 운동은 결국 영국에서 막을 내렸다.25)

5. 제인 레데의 공헌이 지닌 특징

제인 레데는 자신이 한갓 예언자로 비쳐지기를 원하지 않았다. 그녀는 자신을 "하늘의 스파이"로 인식하였으며, 그녀가 하늘로부터 받은 사명은 "내가 깊은 사랑 속에서, 또 측량할 수 없는 영원한 공간 속에서 보고 발견한 것들인 풍성하고 고귀하며 가치 있는 것들"(those substantial, high, and worthy precious things, which I have seen and found in the Love-Deep and unmeasurable space of Eternity)에 관하여 보고하는 것이었다. 그녀는 타고난 재능은 전혀 없었지만 자신에게 주어진 영감 받은 환상에 대해 지위의 고하를 막론하고 가르침을 갈구하는 자들에게 선포하는 사명에

---

24) 조지 힉스(George Hickes), 프란시스 리(Francis Lee), 나다나엘 스핑크스(Nathaniel Spinckes)에 의한 삼부작으로 된 작품은 530여 페이지에 이른다. (London: Richard Sare, 1709). 보라. Thune, *The Behmenists*, 143-4.
25) Thune, *The Behmenists*, 136-51.

순종하는 것으로 보았다. 포르다지와 함께 이러한 환상은 의식이 없을 때와 혼수상태와 같은 이완된 상태가 지속되는 동안 종종 나타났다. 그녀는 자신이 단지 하나님께서 거룩한 진리를 보여주시고자 사용하신 도구였다고 주장하였다. 1695년에 그녀가 놀랐던 사건을 보고하였는데, 그것은 자신이 나이 들었을 때에도 여전히 신적인 교제를 위한 매개체로 머물 것이라는 점이다. "그러나 나의 주님은 새로운 계시와 내 속에서 화염의 강처럼 흘러내리는 그 분의 무한히 깊은 곳으로부터 나오는 화염들과 함께 아직도 나를 따르고 계시므로, 나는 이같이 인도하시는 능력을 거부할 어떤 것도 찾을 수 없었다. 이로써 감추어진 미지의 세계가 이 마지막 세대에 반드시 드러나야만 한다."26)

레데는 남편이 죽은 지 두 달이 지난 1670년 4월, 최초로 신적인 만남이 일어났다고 기록하였다. 그녀가 친구의 집 정원을 거닐고 있으면서 영적인 세계를 깊이 묵상하고 있었다. 갑자기 밝은 구름이 덮쳤으며 그 구름 속에서 그녀는 매우 엄하게 생긴 여인의 형상을 보았는데, 그 여인은 "보라, 나는 하나님의 영원한 지혜의 동정녀이며 너는 나에게 지금까지 안부를 묻고 있다." 이후로 그녀의 친구는 레데가 변하였다는 것을 깨달았으나 그녀는 레데의 경험을 대수롭게 생각하지 않았다. 다만 그녀는 혼자 산보하는 것을 계속하였다. 그리고 "3일 후에 내가 나무 아래 (있을 때에) 똑 같은 형상이 그 머리에 면류관을 쓰고 완전한 위엄을 가지고 장엄한 영광 속에서 나타났다…" 레데는 런던으로 돌아와 영적인 은사가 있다는 평판이 있는 자를 제외하고는 모든 친구들과 교제를 끊었다. 분명 포르다지는 그녀에게 또 다른 방문을 가만히 기다리라고 조언했다. 그녀는 그렇게 하였다.

며칠 후에 세 번째 환상인 동시에 결정적인 환상이 나타났다. 레데는 이것을 선지자적인 소명으로 이해하였다. "그 때에 연속적으로 나타난 동정녀가 말하기를, 나는 이제부터 너에게 보이는 환상으로 나타나지는 않을 것이다. 그러나 너의 마음에 내 자신이 보이는 것은 계속될 것이다.

---

26) *The Heavenly Cloud Now Breaking* (1681), 39, and *Wonders of God's Creation* (1695), 7-8. 인용. McDowell, *Grub Street*, 170, 197.

그리고 네 마음에 지혜와 이해의 샘이 열릴 것이다." 레데는 후기의 작품에서, 특별히 그녀의 일기에서 소피아가 그녀에게 유효하게 남아있는지 또 그 지혜의 영향이 확실히 깊은지를 시험하였다고 기록하였다. "나는 그녀의 시간과 계절을 관찰하려고 연구해왔다. 나는 그녀가 순식간에, 순진하게 맑고, 명민하고, 재빠른 성령이며, 활동하며 이동하고, 주위는 불로 되어 있으며, 기름을 통과하는 것처럼 시작하는 것을 보았다." 레데는 소피아에 대해 계속해서 "…그녀의 발 아래에 세계인 지구가 있고,…왕관은 별들로 둘러싸이고,…태양으로 옷 입은 한 여인이 나오는 것은 놀라운 광경이었다. 이 여인이 분명하게 선포하기를 지휘권과 능력을 받았고…그녀 자신과 닮은 것을 나타내는 것 속에서 영들을 창조하고 생성하며…"라고 기록하였다. 사람들이 뵈메주의자들의 신지학 속에 깊이 빠져 있었기 때문에 이러한 경험들은 다만 하늘의 소피아나 거룩한 지혜, 즉 삼위일체의 대리자를 만난 것으로 이해할 수 있다.[27]

제인 레데와 그녀의 멘토인 포르다지 그리고 다른 필라델피아 회원들 모두는 야콥 뵈메가 선언한 소피아에 대한 기본적인 바탕 위에서 그림을 그린다. 뵈메에게 소피아는 그녀 자신을 하나님의 여성적인 측면으로 나타낸다. 소피아는 하나님과 영원히 함께 존재하지만 동질적인 존재는 아니다. 그녀의 본성(존재근거)은 남성적인 삼위 하나님(창조적인 요소)께 반응하는 수동적인 속성을 가진다. 이 같은 변형은 전통적으로 절대적인 남성상으로 묘사된 삼위일체를 뵈메주의자들의 신지학으로 고대와 중세시대의 몇몇 신학자들이 하나님의 속성은 남성/여성이 결합한 것이라고 이미 묘사한 것을 재발견한 것이었다. 특별히 뵈메의 사상은 소피아를 아담의 신부로 여긴다. 하여간 구원론에서 아담이 소피아를 거절하고 다른 배우자 곧 하와를 원하였을 때 타락이 발생하였다.

이런 이해에서 볼 때, 아담은 남성과 여성의 속성을 모두 지닌 남녀양성이었고, 내부적으로는 자손을 만들 수 있었다. 뵈메의 추종자

---

[27] *A Fountain of Gardens* (1697), 1: 17-21; 환상에 대한 논의는 다음을 보라. Thune, *The Behmenists*, 174-7.

가운데 어떤 이들은 타락은 단호하게 아담의 불순종이라고 하며, 어떤 이들은 아담과 하와가 관련된 성교 속에 타락이 있다고 하였다. 구원은 소피아와 두 번째 아담이며 십자가에 죽으신 예수와 하나됨으로써 가능하게 된다. 인간들이 영적으로 다시 태어나는 것은 이러한 하나됨으로 가능하다. 뵈메의 사상에는 소피아의 역할이 첨가되었으며, 소피아의 역할을 "모든 존재의 어머니인 일곱 왕국", 즉 하나님의 일곱 속성 또는 영들의 원천 속으로 편입시킨다. 이 같은 개념을 포르다지나 레데에게서 볼 수 있다.

레데의 해석에 따르면 소피아 또는 지혜는 신성의 필수적인 부분이다. 그녀는 "삼위-일체-신성(Tri-une-Deity) 안에는 동정-지혜가 내포되어 있다"고 기록하였다. 십계명에 대한 그녀의 언급은 "당신은 당신의 영원하신 아버지에게 영광 받기를 원하고 당신의 참되신 본성적인 어머니의 지혜는 영광을 받기를 원합니다. 이것은 십계명을 만들게 하였고 또 가르치게 하셨으며, 당신은 십계명과 법도 속에 지금 거하십니다." 지혜는 "하나님의 배우자며 동료요, 그로부터 가장 높으신 자가 출생하셨으니 곧 영원한 지혜의 말씀이 나셨다." 그녀에게 소피아는 혼인관계이며 모성적인 속성을 의미한다. 레데는 소피아의 본성과 역할을 보다 정통적인 사상인 동정녀 마리아에 대한 전통적인 본성과 역할 묘사에 비유하였다.28)

비록 레데의 인식들이 뵈메주의에 근거를 두었다고 할지라도, 한 가지 면에서는 뵈메를 넘어선다. 그것은 만유 회복(apocatastasis), 즉 우주만물의 회복에 관한 가르침으로서 뵈메는 이를 다루지 않았으나 레데가 공표한 것이었다. 핵심 개념은 사랑의 하나님은 죄인을 영원히 벌하시지는 않으신다는 것이며, 문자적으로는 하나님의 사랑이 끝이 없다는 것이다. 레데는 그녀의 논문 「하나님과 동행한 에녹 사람들」(The Enochian Walks with God, 1694)의 후기(後記)에서 처음에는 고대의 교리(오리겐을 보라)를 믿었다고 하였다.

죄의 기원, 즉 악의 존재를 신의 섭리라고 주장하는 신정론(Theodicy)에

---

28) 보라. Gibbons, *Gender in Mystical and Occult Thought*, 144-8.

대한 응답으로 레데는 "위대하시고 전능하신 하나님, 창조자는 모든 원칙과 중심, 그분 안에는 빛과 어두움, 선함과 악함, 죽음과 생명을 가지고 있다. 그들의 위치와 장소에서 신성한 지혜는 모든 것을 가지고 있다."고 주장하였다. 그러나 하나님에 의해 창조된 천사들은 불순종하였다. "루시퍼의 영들은 창조자에 대항하였다." 그러므로 그들은 하늘에서 쫓겨났으며, 이로 인해 세상에 죄가 소개되었다. 이러한 악한 영들은 반드시 "그들을 심판하기 위한 숫자가 찰 때까지" 배교자로 남겨지게 된다.29)

여기에서 암시하는 바는 비록 타락한 천사라고 하여도 때가 되면 - 어떤 시간이라고 말할 수는 없지만 - 하나님과 화해하게 된다는 것이다. 레데는 우주적인 만물의 회복 교리에 대해 1697년에 그녀의 논문 「영원한 복음-메시지의 계시」(A Revelation of the Everlasting Gospel-Message)에서 직접 다루었다. 이 교리를 위한 성경적인 근거는 두 번째 아담, 즉 최후에는 모든 것을 회복하여 하나님께 드리는 그리스도에 대한 이해이다. "아담 안에서 모든 사람이 죽은 것같이 그리스도 안에서 모든 사람이 삶을 얻으리라"(고전 15:22). 이 논문에서 그녀는 "그리스도의 부활과 죽음에서 그리스도는 승리를 향하도록 빛의 법칙을 사용하시며, 또 아담의 타락으로 인해 다른 사람들과 갈등을 일으킨 영원한 본성의 세력들 간에 화해를 회복시킨다."30)

레데가 이 같은 설명을 제안한 것은, 타락한 천사는 결코 하나님과 화해할 수 없다는 뵈메의 신앙과 정반대라는 것을 분명히 알았기 때문이다. 그녀의 설명에 따르면, 그녀가 자신에게 직접 주어진 "타락한 모든 피조물들은 회복된다."는 환상을 경험하기 전에는 우주적인 회복을 수용하기를 망설였다. 그녀는 다음과 같이 기술하였다.

고도로 하나님의 조명을 받은 (사람)이라면, 야곱 뵈메의 작품들이 목적하는

---

29) *A Revelation of the Everlasting Gospel-Message* (1697), 21. 인용. Thune, *The Behmenists*, 72-3.
30) Thune, *The Behmenists*, 73-7. 레데의 계시에 대한 혐오에도 불구하고 워커(D. P. Walker)는 우주적인 회복에 대한 그녀의 가르침에 대해 유익함과 문제점이 무엇인지를 분명한 논의를 통해 제시하고 있다. *The Decline of Hell*, 222-30.

바에 대해 깊은 경외를 가져야 한다. 그는 자신의 원칙에서 놓고 볼 때 변절한 천사에 대해서 보편성과 모순되게 보인다. 내가 분명히 인정하는 것은, 야콥 뵈메는 영원한 원리들의 심오한 기초를 분명히 알고 있고, 또 그 기초는 그 시대에 가치있는 도구였다는 것이다. 그러나 이 심오한 (원리)가 그에게 주어지지도 않았을 뿐만 아니라 개방될 때가 아니었다. 보편성을 위해 시대와 시기가 성숙하게 하시고자, 하나님은 내어놓을 그의 비밀들과 은사들과 또 다른 것들을 가지고 계신다.[31]

레데는 뵈메에게는 이해되지 못하고 간과되었던 점에서 그녀 자신의 환상들을 이해하였다. 그녀의 믿음은 보수적인 노선이었다. 그 이유는 일종의 영혼의 정화라는 틀 안에서 죄인들의 종말을 뛰어넘는 필연적인 징계를 부정하지 않기 때문이다. 그녀의 논쟁은 "위대한 신비"로서 죄를 씻는 것이 그 시기를 알지는 못하지만 결국에는 있다는 것이었다.

모든 사람들이 우주적으로 회복된다는 것을 강조한 것과 연관지어 볼 때, 그리스도의 재림이 가까이 와 있다는 것이 그녀의 종말론에 대한 신앙이었다. 그녀는 1000년 동안 통치하신다는 것을 기대하는 천년왕국설을 강조하였다. 그녀의 이러한 가르침은 네덜란드와 독일에 있는 필라델피아 회원들 가운데 폭넓게 수용되었다. 그들은 이처럼 숙명적으로 예상되는 마지막 사건에 대한 자신들의 이론이 레데가 본 환상의 확신에 의해 강화되고 확증되고 있다는 것을 알았다. 새로운 세기의 도래는 이러한 생생한 기대를 매달 수 있는 편리한 갈고리를 제공하였다.[32]

---

[31] *A Revelation of the Everlasting Gospel Message* (1697), 25. 인용. Versluis, *Wisdom's Children*, 72.
[32] 보라. Hans Schneider, "Die unerfüllte Zukunft: Apokalyptische Erwartungen im radikalen Pietismus um 1700," in *Jahrhundertwenden: Endzeit und Zukunftsvorstellungen vom 15. bis zum 20. Jahrhundert*, eds Manfred Jakubowski-Tiessen et al. (Göttingen: Vandenhoeck & Ruprecht, 1999), 187-212, 특히 194.

6. 필라델피아 공동체의 영향

비록 필라델피아 운동이 1695년에서 1703년까지 가장 활동적으로 사역한 기간 동안에도 많은 신봉자들을 얻지 못하였지만, 그들의 사상과 영향은 이 운동과 관련된 저서들을 통하여 활발하게 퍼져나갔다. 물론 여기에는 포르다지와 레데도 포함되어 있다. 덧붙여 포르다지, 레데와 관련된 몇 명의 저자들도 언급할 수 있다. 그 중에 가장 두드러진 자는 토마스 브롬리(Thomas Bromley, 1629-81)로서, 자주 출판되었고 가장 잘 알려진 저서는 『평안한 안식일에 이르는 길 또는 거듭남의 사역에서 영혼의 진보』(*The Way to the Sabbath of Rest or The Soul's Progress in the Work of the New Birth*, 1655)이다. 고트프리드 아르놀트(Gottfried Arnold, 1666-1714)는 한때 대륙의 필라델피아의 공동체와 연관되어 있었고 직접적으로 그들의 사상에 의해 영향을 받은 자이며 이 책을 높이 평가하기를, "회심으로부터 온전함에 이르기까지 모든 과정을 가장 철저하고 가장 질서정연하며 가장 핵심적으로 가장 완벽하게 묘사한 책에 속한다"고 하였다. 두 종류의 영문판 외에 네덜란드(1682), 독일(1685), 스위스(1740) 판본도 발견되었다. 19세기 후반까지 브롬리의 작품에 대한 새로운 편집본이 대영제국에서 발견되기도 하였다.

영국에서 레데의 필라델피아 운동의 유산을 묘사한 자로 이 시대에 가장 중요한 인물은 작가이며 신학자인 윌리엄 로(William Law, 1686-1761)였다. 대영 제국에서 일어났던 복음적인 부흥운동(Evangelical Revival)의 선두주자로서 수많은 학자들이 인정하는 그는 자신의 독창적인 작품인 『헌신과 거룩한 삶을 향한 중대한 부르심』(*A Serious Call to a Devout and Holy Life*, 1728)을 통하여 잘 알려졌다. 로는 탁월한 논쟁가로서 이신론의 주장자들을 반박하였고, 포르다지와 레데 이후로 뵈메의 가르침을 해설하는 주도적인 인물이었다. 이는 뵈메의 방대한 작품들을 수집하였던 리의 도서관을 통해 로가 뵈메의 사상을 습득하였기에 가능한 일이었다. 그 당시

"다른 사람들이 성경을 읽는 것을…존경"하는 것처럼 이러한 책들을 읽는 로를 비난하였다.33) 로의 책들인 『기도의 성령』(The Holy Spirit of Prayer, 1750), 『사랑의 성령』(The Spirit of Love, 1754)은 뵈메의 사상을 묘사한 가장 중요한 전달매체이다.

특별히 로의 작품 중 『중대한 부르심』은 감리교 운동의 창시자인 존 웨슬리(John Wesley, 1703-91)의 생활과 활동에 가장 큰 영향을 끼쳤다. 웨슬리의 한 친구는 그에 대해 말하기를 "복음보다 로가 먼저 왔다"고 하였다. 웨슬리를 통하여 필라델피아라는 개념이 수많은 사람들에게 전달되고 확장되었다.34)

독일지역에서 필라델피아 운동의 지류는 (영국 제도에서 일어난 것보다 훨씬) 광범위하였고 많은 학자들의 태도는 보다 객관적이었다. 초기에 영향을 끼친 대표자는 19세기 중반 독일의 학자인 막스 괴벨(Max Goebel)이었다. 라인 지방의 개신교 교회의 생활에 관하여 저술한 그의 많은 역사 서적에서 필라델피아 운동에 관한 글들 가운데 특히 어떤 부분들은 아직도 많은 학자들이 연구하고 있다. 이는 그가 사용한 사료들이 20세기에 있었던 두 번에 걸친 세계 대전으로 인해 소실되었기 때문이다.

요한 빌헬름 페테르젠(Johann Wilhelm Petersen, 1649-1726)과 요한나 엘레아노라 메를라우 페테르젠(Johanna Eleanora Merlau Petersen, 1644-1724)은 우주적인 회복의 이유를 취한 부분에서 레데로부터 직접 영향을 받았다. 이 같은 통찰은 레데의 후원자인 바론 폰 크니프하우젠(Baron von Knyphausen)이 그들에게 논문들을 전달해 줌으로써 교감이 이루어졌다. 페트레젠은 적어도 한 번은 레데를 "가장 사랑스러운 어머니"라고 묘사하였다. 비록 루터파 정통주의 목회자로부터 거칠게 공격을 받았음에도 불구하고 17세기 후반과 18세기 초에 페트레젠은 개신교 내의 비국교도들의 중심에 서 있었다.35)

---

33) McDowell, "Enlightenment Enthusiasms," 517.
34) 인용. Armytage, *Heavens Below*, 38.
35) Max Goebel, *Geschichte des christlichen Lebens in der rheinisch-westphälischen*

레데의 필라델피아주의에 대한 충격이 가져다 준 확실한 사례는
대부분의 역사가들이 악명 높은 '부틀라 무리'(Buttlarsche Rotte)라고 부르는
에바 마르가레타 폰 부틀라(Eva Margaretha von Buttlar, 1670-1721)가
이끌었던 공동체이다. 빌리 테메(Willi Temme)의 문헌은 레데의 가르침이
카리스마적인 이 여인에게 끼친 영향에 대해 많은 쪽을 할애하였다. 그는
결론짓기를 부틀라 무리의 교리와 견해들은 기존에 "런던 공상가"(London
visionary)들이 출판한 것과 거의 일치하며, "내용은 (그것에) 의존했음"이
분명하다고 하였다. 에바 폰 부틀라는 독일 중심부의 조그마한 궤변적인
궁정 집단에서 율법 폐기론을 주장하는 그룹의 지도자로 변신하였다.
영국의 필라델피아 회원들이 추종자들로 이루어진 혼합된 집단의 순결성을
강조한 반면에 "마더 에바"(Mother Eva)에 의해 인도된 그룹은 제의적
의식으로서 난잡한 성행위를 실행하였다. 대부분 뵈메의 신지학 실천을
주장하는 자들은 하늘의 소피아와 하나되기 위해서는 독신생활을 해야
할 것을 요구하였지만, 이 집단의 회원들은 죄로부터 정화되기 위한
필요과정으로서 마더 에바와 성적인 교제를 받아들였다.36)

수많은 급진적인 경건주의 운동의 지도자들이 필라델피아 사상을
가르쳤다. 이들 가운데서 가장 뛰어난 몇몇 사람들의 이름을 거명하면,
매력있는 귀족이요 순회설교가인 호흐만 폰 호헤나우(E. C. Hochmann
von Hochenau, 1670-1721), 스위스의 분리주의자이며 교수인 사무엘
쾨니히(Samuel König, 1670-1750), 헤센지방 출신이며 성경학자인 요한
하인리히 호르헤(Johann Heinrich Horche, 1652-1729)가 있다.37)

---

evangelischen Kirche: Zweiter Band (Coblenz: Karl Bädeker, 1852), 681-855;
Schneider, "Der radikale Pietismus im 18. Jahrhendert," in Brecht 2, 107-97, 특히
112-45; Johannes Wallmann, *Der Pietismus* (Göttingen: Vandenhoeck & Ruprecht,
1990), 101-5. 인용. Temme, *Krise der Leiblichket*, 133.

36) Temme, *Krise der Leiblichket*, 343-503.
37) 간략하면서도 제대로 된 정보와 광범위한 참고문헌을 담고 있는 다음의 책을 보라.
Schneider, "Der radikale Pietismus im 18. Jahrhundert, in Brecht 2, 116-28. Heinz
Renkewitz, *Hochmann von Hochenau (1671-1721)* (2nd edn, Witten: Luther Verlag,
1969). 이 책은 레데에 대해 거듭 언급하고 있다.

1700년 이후로 독일에서 필라델피아 운동의 중심지는 비트겐슈타인(Wittgenstein)지역으로, 특별히 자인-비트겐슈타인-베를레부르크(Sayn-Wittgenstein-Berleburg)로 집중되었다. 통치자인 카시미르(Casimir, 1687-1741)는 경건주의 성향을 선택한 자로서, 베를레부르크의 작은 궁정에 그 당시 급진적인 개신교를 선도하고 있는 사람들을 모이게 하였다. 모인 사람들 중 일부는 런던에 있는 필라델피아 공동체를 방문할 수 있기를 희망하였다. 놀랍게도 비트겐슈타인 지역은 독일 필라델피아 회원들을 공고히 하고자 1703년 봄 순회전도자 디트마르가 기착한 중요한 지역이었다. 필라델피아 운동의 중요한 표지이며 이상적인 기념비는 1726년부터 1742년까지 2절지 크기에 8권으로 된 『베를레부르크 성경』(*Berleburg Bibel*)을 출판한 것이다. 구성을 보면 각 페이지마다 새로 번역을 하고 해설을 달았는데, 이 성경의 구조는 특별히 레데의 교재를 사용하여 매 행마다 필라델피아 운동의 프로그램들을 제시하는 것이다.[38]

이 프로젝트와 더불어「영적인 소문」(*Geistliche Fama*)이라는 잡지를 궁정 의사인 요한 사무엘 칼(Johann Samuel Carl, 1676-1757)과 몇 사람이 편집하였다. 이 잡지는 비록 베를레부르크에서 인쇄되지만 각 제호의 페이지마다 출판 장소를 "필라델피아"라고 기록하였다. 이 잡지의 꼭지들은 펜실베이니아와 그 수도 필라델피아로부터 온 상이한 의견들, 중요한 것들, 그 안에서 일어난 것들 등 흥미로운 소식들을 다루었다. 18세기 독일에 있는 필라델피아 공동체의 이념 중에서 매우 중요하게 표현된 것 가운데 1730년부터 1744년까지 30가지의 주제들이 제시되었다. "필라델피아 정신"과의 관계가 느슨해진 기관은 "은밀하고 자유롭고 비형식적인 공동체" 속에서 모든 "다양한 종류의 영혼이나 종교적인 믿음, 계급 및 소명"이 함께

---

38) Schneider, "Der radikale Pietismus im 18. Jahrhundert," 123-39 in Brecht 2, 슈나이더의 논문은 최근에 가장 탁월한 개관을 보여준다. 그러나 여전히 유용한 연구서인 다음의 책도 참고하라. Goebel, *Geschichte des christlichen Lebens*..., Vol. 3 (1860), 71-234. Geoffrey Rowell, "The Marquis de Marsay: A Quietist in 'Philadelphia,'" CH 41/3 (1972), 61-77, 이 책은 비트겐슈타인에게서 필라델피아 운동에 대한 유용한 정보를 제공해준다.

할 수 있도록 하기 위해 1730년에 칼을 초청하는 것에 찬성하였다.39)

니콜라스 폰 진젠도르프(Nicolas von Zinzendorf, 1700-60) 백작의 지도하에 새롭게 갱신된 모라비안 교회들조차도 레데의 필라델피아 이상향에 영향을 받았다. 진젠도르프가 1730년에 방문해서 비트겐슈타인 지방의 필라델피아 지지자들을 모라비안 경건주의 운동 속으로 합병시키고자 하는 크나큰 희망을 가졌지만, 이러한 모험은 성공하지 못하였다. 필라델피아 출판물들 특히 토마스 브롬리의 저서들은 스칸디나비아에서 인기가 있었는데, 그 증거로 이 출판물들이 스칸디나비아에서 에마뉴엘 스베덴보르그(Emanuel Swedenborg, 1688-1772)의 후기 작품을 위한 기초를 제공했다는 점이다. 핀란드의 형제인 야콥(Jacob)과 에릭 에릭슨(Erick Erikson)은 보다 직접적으로 영향을 받았는데, 이들은 1734년 핀란드 정부로부터 신지학 모임을 금지 당했으나 당분간 스톡홀름(Stockholm)에서 활동하였다.40)

북미에서의 레데와 필라델피아의 나쁜 영향력에 대해 간략하게 몇 마디 하고자한다. 초기 접촉 단계는 1693-94년에 펜실베이니아 식민령으로 이민한 독일인들 가운데서 경건주의 무리들을 통하여 이루어졌다. 보고에 따르면, 중요한 천문학자, 수학자 및 뵈메에 정통한 요한 야콥 침머만(Johann Jakob Zimmermann, 1644-93) 등 약 40명의 학자들이었다. 침머만의 지도 아래 이들은 당시의 천년왕국설에 고취되어 1700년이 되기 전, 곧 다가오는 미래에 재림을 기대하며 기다리고자 펜실베이니아 광야에 거처를 찾았다. 그러나 침머만은 1693년 로테르담(Rotterdam)에서 그 집단이 출항하기

---

39) 보라. Hans-Jürgen Schrader, "Carl, Johann Samuel," in Olaf Klose et al. (eds), *Holsteinsches Biographisches Lexikon* (Neumünster: Karl Wachholtz, 1979), 5: 60-64.

40) 페터 폭트(Peter Vogt)의 최근 논문은 필라델피아 운동에 대한 전반을 다루고 있는데, 그는 여기에서 진젠도르프 백작의 지도 아래 갱신된 모라비안 공동체에 끼친 영향까지도 포함하고 있다. "Philadelphia' – Inhalt, Verbreitung and Einflusz eines radikal-pietistischen Schlüssel-begriffs," (2002). 핀란드와 스웨덴에 대해서는 다음을 보라. Ingun Montgomery, "Der Pietismus in Schweden im 18. Jahrhundert," in Brecht 2, 512-13. 보라. Thune, *The Behmenists*, 150-51.

전에 죽었다. 침머만의 자리를 그의 부하이며 젊고 영리한 요한네스 켈피우스(Johannes Kelpius, 1673-1708)가 이어받았다.41)

간부들은 로우랜드에서 펜실베이니아로 가는 그들의 여행에서 6개월 간을 영국에 체류하도록 하였다. 그곳에서 그들은 런던에 있는 필리델피아 공동체를 방문하였다. 펜실베이니아에 도착한 이후 켈피우스는 런던의 지도자들과 열심히 서신왕래를 하였고, 특별히 필라델피아 모임의 비서인 하인리히 요한 다이히만(Henry John Deichmann, Heinrich Johann Deichmann)과 교제하였다.42) 켈피우스가 인도하는 모임은 필라델피아 정북방향에 있는 비샤히콘 샛강(Wissahickon Creek)을 따라 난 거친 지역에 정착지를 만들었다. 그들은 성경공부와 예배 형태를 정하였고 또 많은 시간을 그리스도의 재림의 징조를 연구하는데 쏟았다. 그들은 자신들의 모임에 이름을 붙이지는 않았지만 종종 이 모임을 하나님을 사랑하는 영혼의 찬성자들(the Contented of the God-Loving Soul), 또는 완전함의 총회(the Chapter of Perfection)라고 불렀다.

지역 사람들은 요한계시록 12장에 나오는 구절을 이용하여 이들 집단을 "광야에 있는 여인의 공동체"라고 하였다. 퀘이커 교도이며 시인인 존 그린리프 휘티어(John Greenleaf Whittier)는 그의 시 "펜실베이니아의 순례자"(The Pennsylvania Pilgrim)에서 켈피우스에게 불후의 이름을 주었다. 그는 집단주의 사회를 신봉하는 이 지도자를 "선한 사람에게 완전히 정신이 빠진 자"로서, 지혜의 반석을 통하여 다니엘서와 요한복음 및 뵈메의 "아침의 노을"(Aurora)을 연구하는데 모든 시간을 투자하고 시야를 오직 그 곳에만 고정하고 있는 자라며 불후의 극찬을 하였다.43)

---

41) 보라. Donald F. Durnbaugh, "Communitarian Societies in Colonial America," in Donald E. Pitzer (ed.), *America's Communal Utopias* (Chapel Hill: University of North Carolina Press, 1997), 14-36.
42) 1699년 5월 12일자 편지에서 켈피우스(Kelpius)는 다음과 같이 기록했다. "친애하는 프란시스 리(F. L.=Francis Lee)와 그의 동료들 및 그들의 작품들은 종종 나를 강하게 하고 일으켜 세워줍니다…" Julius F. Sachse (ed.), *The Diarium of Magister Johnnes Kelpius* (Lancaster, PA: Pennsylvania German Society, 1917), 35-6.
43) John Greenleaf Whittier, *The Pennsylvania Pilgrim and Other Poems* (Boston:

1699년 뉴잉글랜드에 보내는 서신에서, 켈피우스는 당시의 종교적인 혁명에 대한 자신의 이해를 묘사하기를 "로마 가톨릭교회에서는 정적주의라는 이름하에 진행되고 있고, 개신교에서는 경건주의, 천년왕국주의 및 필라델피아주의의 이름 아래 진행되고 있다"고 하였다. 혁명의 증거로서 사도시대 이후로 보기 힘든 것들인 "엑스타시, 계시들, 영감주의들, 환상들, 방언들, 예언들, 환상의 출현, 심령의 변화, 변형, 육체의 변형, 11, 14, 27, 37일 동안의 놀라운 금식, 천상적인 음성의 표현, 멜로디 및 회중들이 당장 느낄 수 있는 감각적인 것…"들이 있었다. 이 같은 문구들은 당시 최고조에 달한 필라델피아의 정신을 아주 잘 표현하였다.44)

비샤히콘 회원 중에 한 명인 하인리히 베른하르트 쾨스터(Heinrich Bernhard Köster, 1662-1749)는 그를 중심으로 하는 소그룹인 '평화'(Irenia) 또는 '참된 형제애의 교회'(The True Church of Brotherly Love)를 남겼다. 그는 종교적 성향에 어울리게 자신을 "일곱 봉인을 가진 필라델피아의 천사"라고 불렀다.45)

팔라틴 백작의 제빵사인 콘라트 바이셀(Conrad Beissel, 1691-1768)은 1720년 펜실베이니아로 이민 왔다. 알려진 바에 의하면, 켈피우스가 인도하는 모임에 합류하기 위함이었지만 어떤 활동도 하지 않은 것으로 알려졌다. 그럼에도 불구하고 그는 필라델피아의 성향을 가진 자신의 모임, 즉 종종 "수도원"(Cloister)이라고 불린 에프라타 공동체(Ephrata Society)를 만들고자 계속 노력하였다. 아르투어 페어스루이스(Arthur Versluis)에 의하면 뵈메주의자 전통에 관한 최근의 역사는 켈피우스 모임과 바이셀 모임에서 묘사한 특징을 다루고 있다.46) 급진적인 경건주의자들로부터

James B. Osgood, 1872), 33-4.
44) Sachse, *Diarium*, 48-9. 이 문장은 부분적으로 다음의 책에서 인용하였다. W. R. Ward, *The Protestant Evangelical Awakening* (Cambridge: Cambridge University Press, 1992), 49-52. 그리고 Garrett, *Spirit Possession*, 13.
45) 쾨스터(Köster)에 대해. Alfred J. Vagts, *Deutsch-Amerikanische Rückwanderung* (Heidelberg: Carl Winter, 1960), 60. 그리고 Sachse, *German Pietists*, 특히 74-82.
46) Versluis, *Wisdom's Children*, 89-111. 에프라타 공동체(the Ephrata Society)에 대한 묘사에서 몇 가지 오류가 발견된다. 에프라타에 대한 결정적인 작품은 다음을 보라.

시작된 또 다른 모임으로는 오하이오의 조아르(Zoar, 창 19:22)에 거처를 둔 분리주의자들의 공동체, 펜실베이니아와 인디아나의 요한 게오르크 랍(Johann Georg Rapp)이 지도하는 하모니스트(복음서의 일치를 주장하는 그룹), 뉴욕과 아이오와의 아마나의 참된 영감의 공동체 등으로서 분명히 뵈메주의의 뿌리를 가지고 있지만 필라델피아 운동과의 직접적인 연관성은 적다.47)

7. 결 론

1704년 제인 와드 레데가 죽은 이후로 일반적으로는 불분명한 모양을 보였지만, 그녀가 경험한 환상을 분명하게 설명하고 있기 때문에 아직도 독자들을 끌어당기고 있었으며, 학자들은 그녀와 그 이후 시대에 영국뿐만 아니라 대륙에 끼친 영향에 대해 저울질하고 있다. 그녀의 개인적인 결함과 그녀가 이해한 신적인 교제를 다른 이들에게 설명하기에는 나이가 들었음에도 불구하고 여전히 매력적인 특징을 가지고 있으며 또한 그것이 지속되고 있다. 리는 한 때 그녀에 대해 묘사하기를 비록 그녀가 "특출한 능력이나 학문에 능력이 없는 사람이며…단순하고 배우지 못한 사람"48)임에도 불구하고, 대학에서 훌륭하고도 완벽하게 교육을 받은 두 사람 리와 로치를 자신의 측근 협력자와 동료로 끌어들일 수 있었던 것은 그녀가 행사한 권리를 입증해주는 것이라고 보았다.

Jeffrey A. Bach, *Voices of the Turtledoves: The Mystical Language of the Ephrata Cloister* (University Park, PA: Pennsylvania State University Press, 2003), 이 책은 뵈메주의자 설립에 대한 광범위한 분석을 담고 있다. 또한 다음을 보라. Durnbaugh, "Communitarian Societies," 22-7.

47) 보라. Donald F. Durnbaugh, "Radical Pietism as the Foundation of German-American Communitarian Settlements," in Eberhard Reichmann et al. (eds), *Emigration and Settlement Patterns of German Communities in North America* (Indianapolis, IN: Max Kade German-American Center, 1995), 31-54.

48) *A Revelation of the Gospel-Message* (1697), 23. 인용. McDowell, *Grub Street*, 170, 178.

아마도 그녀의 삶 중에서 가장 중요한 측면은 뵈메주의의 사상을 17세기 후반과 18세기 초에 대중화시키고 널리 확장시킨 점일 것이다. 국가의 경계를 넘어 영향을 끼친 대표적인 사례로서 레데는 구두를 만드는 철학자 야곱 뵈메가 확립한 신지학을 그가 한 때 살았던 고국 독일의 기독교 구도자들에게 널리 퍼지게 한 것이다. 스위스의 가장 유명한 신학자인 칼 바르트(Karl Barth)는 "18세기 초반에는 비텐베르크에서도 제네바에서도 볼 수 없었다. 그러나 이제는 보이지 않는 것이 아니라 어느 곳에서나 '필라델피아 공동체'를 분명히 볼 수 있는데, …이들은 편한 마음으로 열정을 가진 진정한 기독교인이 되기 원하는 사람들이다."라고 말했다.[49] 이러저러한 방법으로, 이 여인은 나이에 걸맞지 않게 21세기에도 공헌을 하고 있는 것이다.

---

49) Karl Barth, *Die Protestantische Theologie im 19. Jahrhundert* (Zollikon/ Zürich: Evangelischer Verlag, 1947), 47.

참고문헌

· 일차 자료

Note: The most complete bibliographical listing for Leade is available in the *Bibliotheca Philosophical Hermetica*, Amsterdam, accessible at <bph@dial.pipex.com>.

· 이차 자료

Armytage, W. H. C., *Heavens Below: Utopian Experiments in England, 1560-1860* (London: Routledge & Kegan Paul, 1961).

Bach, Jeffrey A., *Voices of the Turtledoves: The Mystical Language of the Ephrata Cloister* (University Park: Pennsylvania State University Press, 2003).

Durnbaugh, Donald F., "Communitarian Societies in Colonial America," in Donald E. Pitzer (ed.), *America's Communal Utopias* (Chapel Hill: University of North Carolina Press, 1997, 14-36).

Durnbaugh, Donald F., "Radical Pietism as the Foundation of German-American Communitarian Settlements," in Eberhard Reichmann et al. (eds), *Emigration and Settlement Patterns of German Communities in North America* (Indianapolis: Max Kade German-American Center, 1995), 31-54.

Gibbons, B. J., *Gender in Mystical and Occult Thought: Behmenism and Its Development In England* (Cambridge: Cambridge University Press, 1996).

Mack, Phyllis, *Visionary Women: Ecstatic Prophecy in Seventeenth Century England* (Berkley: University of California Press, 1992).

McDowell, Paula, *The Women of Grub Street: Press, Politics and Gender in the London Literary Marketplace,* 1678-1730 (Oxford: Clarendon Press, 1997).

McDowell, Paula, "Enlightenment Enthusiasms and the Spectacular Failure of the Philadelphian Society," *Eighteenth Century Studies* 35/4 (2002), 515-33.

Schneider, Hans, "Der radikale Pietismus im 17. Jahrhundert," in Brecht 1, 391-437.

Schneider, Hans, "Der radikale Pietismus im 18. Jahrhundert," in Brecht 2, 107-97.

Schneider, Hans, "Der unerfüllte Zukunft: Apokalyptische Erwartungen im radikalen Pietismus um 1700," in Manfred Jakuvowski Tissen et al. (eds), *Jahrhundertwenden: Endzeit und Zukunftvorstellungen vom 15. bis 20. Jahrhundert* (Göttingen: Vandenhoeck & Ruprecht, 1999), 187-212.

Schrader, Jürgen, *Literaturproduktion und Büchermarkt des radikalen Pietismus* (Göttingen: Vandenhoeck & Ruprecht, 1989).

Smith, Catherine, "A Note on Jane Lead with Selections from her Writings," *Studia Mystica* 3/4 (1980), 70-82.

Smith, Catherine, "Jane Lead's Wisdom: Women and Prophecy in Seventeenth Century England," in Jan Wojcik and Raymond-Jean Frontain (eds), *Poetic Prophecy in Western Literature* (London, ON: Associated University Press, 1984).

Temme, Willi, *Krise der Leiblichkeit: Die Sozietät der Mutter Eva (Buttlarische Rotte) Und der radikale Pietismus um* 1700 (Göttingen: Vandenhoeck & Ruprecht, 1998).

Thune, Nils, *The Behmenists and the Philadelphians: A Contribution to the Study of English Mysticism in the 17th and 18th Centuries* (Uppsala: Almqvist & Wiksells, 1948).

Versluis, Arther, *Wisdom's Children: A Christian Esoteric Tradition* (Albany: State University of New York Press, 1999)

Walker, D. P., *The Decline of Hell: Seventeenth Century Discussions of Eternal Torment* (Chicago: University of Chicago Press, 1964).

요한나 엘레오노라 페테르젠
(1644-1724)

마르틴 H. 융(Martin H. Jung)

요한나 엘레오노라 페테르젠(Johanna Eleonora Petersen)은 초기 경건주의와 슈페너가 활동했던 시대에 속한다. 그녀는 급진적인 경건주의의 대표적인 인물이며, 독일 경건주의에서는 가장 중요한 여성에 속한다. 그녀는 16, 17세기의 신비적인 영성으로부터 자극을 받았으며, 제인 레데(Jane Leade)와 서신왕래를 하였다.

1. 생애와 배경

1644년 4월 25일에 태어난 페테르젠은 궁정 사무장인 게오르크 아돌프 폰 메를라우(Georg Adolf von und zu Merlau, 1618년 사망)와 그의 아내 마리아 사비나 간스 폰 우츠베르크(Maria Sabina Ganss von Utzberg, 1653년경 사망)의 딸이었다. 그녀는 기센(Giessen) 동쪽에 위치한 아버지의 사유지 메를라우(Merlau bei Grünberg)에서 유년시절을 보내었다. 12살 때에 백작부인 엘레오노라 바바라 마리아 폰 솔름스-뢰델하임(Eleonora

Barbara Maria von Solms-Rödelheim, 1629-1680)과 함께 살기 위해 떠났으며, 15세에 안나 마르가레타 폰 헤센-홈부르크(Anna Margaretha von Hessen-Homburg, 1629-1686)의 시녀가 되었다. 다음 10년간은 츠비카우(Zwikau) 인근지역인 작센의 비센베르크(Wiesenberg)에서 살았다. 1672년에 그녀는 우연히 프랑크푸르트에서 초기 경건주의 지도자 가운데 두 사람, 즉 슈페너와 요한 야곱 쉬츠(Jacob Schütz)와 사귀게 되었다. 1675년 봄, 그녀는 프랑크푸르트로 이사하여 그곳에서 경건주의자들의 모임에 가입하였다. 1680년 귀족계급은 아니지만 다섯 살 연하의 신학자인 요한 빌헬름 페테르젠(Johann Wilhelm Petersen, 1649-1727)과 결혼하였으며 함께 유틴(Eutin)으로 이사했다. 1688년부터 1692년까지 남편이 신학적 입장으로 인해 그의 감독관직에서 해고되어 브라운슈바이크-뤼네부르크(Branunschweig-Lüneburg) 공작령을 떠나도록 명령받을 때까지 함부르크 남부에 위치한 뤼네부르크에서 살았다. 그 후에 그들은 마그데부르크(Magdeburg) 근처 니더른도데레벤(Niederndodeleben) 영지에서 살았으며, 1708년부터 마그데부르크와 할레(Halle)사이에 위치한 체릅스트(Zerbst) 근교 티머(Thymer) 사유지에서 신학 작업과 저술에 헌신하였다. 그녀는 1724년 3월 19일 티머에서 하나님의 부름을 받았다.

페테르젠은 슈페너와 쉬츠 다음으로 프랑크푸르트 경건주의 운동을 수년간 후원한 자였다. 프랑크푸르트로 이사한 후, 경건주의 운동의 초기에 저 유명한 미망인 마리아 율리아나 바우르 폰 아이제넥(Maria Juliana Baur von Eyseneck, 1641-1684)이 거주하는 프랑크푸르트 도시 변두리에 있는 "자알호프"(Saalhof)라는 곳에서 대형 복합건물에 모임을 만들고 그 곳에 거주하였다. 페테르젠이 그녀와 교제하게 된 것은 1674년 12월 슈페너의 편지가 매개 역할을 하였다. 두 여인은 그들이 한 마음임을 알게 되었고, 가까운 친구가 되었다. 1676년 여름, 당시 31세에 의도적으로 결혼하지 않고 있었던 요한나 엘레오노라 메를라우는 자알호프에서 종교적인 토론 및 덕성 함양을 촉진하기 위해 작은 모임을 가졌다. 1670년 이래 이미 이러한 '사적 모임들'이 프랑크푸르트에서 열리고 있었다. 새로 시작한 "자알호프 경건주의자" 모임은 여성들만 참석할 수 있으며 성경해석에 관한 토론 모임이었다. 이 모임에서 기독교 신앙의 내용과 결과에 관하여 특별히 과격한 문제들을 제안하는 남녀들도 있었다. 이같이 새롭게 시작한 비밀집회는 곧 저항을 맞게 되었다. 어떤 이들은 시민당국이 시의 권한으로 메를라우를 '받아들일 수 없는 사람'(persona non grata)으로 선포해주기를 원하였다. 또 다른 비난사항 가운데는 그녀가 수상한 서적들을 배포한다는 것도 있었다. 그럼에도 불구하고 비난을 받은 그녀는 자신을 방어하는 법을 알았으며, 반-경건주의자들의 공격은 성공적이지 못하리라는 것도 알고 있었다. 덕성 함양을 위한 사적 모임은 메를라우의 지도하에 자알호프에서 5년간 지속되었다. 메를라우는 프랑크푸르트에 있는 동안 실질적으로 활동하였고, 여주인인 마리아 아이제넥의 자녀들을 양육하고 지도하는 일을 담당하였다.

2. 신학적인 중요성

페테르젠은 교리에 대한 분명한 신학체계를 구성하지는 못했으나, 몇 가지 현대적이며 특별히 어려운 논쟁의 질문들에 대한 자신의 입장을 가지고 있었다. 그 때문에 그녀는 남편과 더불어 신학사에 중요한 자극을 주었다. 페테르젠은 신학 작품에서 자신의 사상들을 교훈적이고 사실적인 방식으로 표현하지 않았고, 오히려 그녀의 독자들이 신학적인 인식의 과정에 참여하도록 하였다. 그녀가 선택하여 발표한 신학의 양식은 전기와 연관되었을 뿐만 아니라 기원과 발생에 관한 것이었다. 더욱이 전형적인 경건주의 방식으로, 그녀는 지식의 '유익'에 관하여 탐구하였다. 페테르젠의 신학은 실천과 직결되었으며, 이런 점에서 신학적 교리들은 실제적인 결론들과 그녀 자신의 삶에서 나타난 부분과 연관 지어 설명되었다.

3. 성경해석학

페테르젠의 영적이며 신학적인 저술은 성경과 그녀 자신의 종교적 경험 및 전통으로부터 발전했다. 이것 이상으로 그녀는 종종 환상과 환청의 경험 그리고 꿈을 통해서 어느 정도는 직접적으로, 어느 정도는 중재적으로 신적인 영감에 대해 언급하였다. 이러한 현상들은 반-경건주의 성향을 가진 신학자들에게는 마치 새로운 예언 운동과 카리스마 운동으로 나타났으며 따라서 그들은 비난하는 조로 "열광주의"라고 불렀다.

그럼에도 불구하고 페테르젠은 설교와 성례전이 열광주의의 책무로서 부과된 것이라고 비난하지는 않았다. 그녀는 제인 레데처럼 환상주의자는 아니었다. 페테르젠은 언제나 꿈이나 환상들보다 성경에 우선권을 두었다. 그녀는 "꿈속의 환상들을…신적인 진리의 기초"라고 생각하지 않았으며, 다만 성경의 진리를 위하여 탐구하기 위한 "안내"로 그것들을 사용함을 강조했다.[1] 절차는 그녀가 성경 공부에서 제기된 문제에 대해서 깊이 생각하면서 시작된다. 그러나 그녀는 문제를 해석학적으로 풀었다기보다는 도리어 직관적으로 획득된 지식을 사용하여 해결했다. 여기에서 성경과 성령의 직접적인 영감 사이에 연관성이 유지되고 있음을 보게 된다.

그러나 페테르젠의 성경해석과 관련해서 보면, 그녀가 성경을 보는 시각이 단지 한 가지 방법만이 아니라는 것을 인식해야 한다. 페테르젠은 종교개혁에 의해 본질적으로 거부되었던 성경의 다양한 의미에 대한 옛 가르침을 신봉하였는데, 개신교에서는 이것을 완전히 망각하였거나 전적으로 사용하지 않은 것은 아니었다. 페테르젠에게 성경의 말씀은 역사적 또는 문자적 의미 외에도 신비적이고 예언적인 의미를 가지고 있었다. 덧붙여 성경의 각 독자들은 성경해석에 관한 다른 은사를 받았으며, 따라서 해석을 할 때 또 다른 통찰력이 요구된다는 점을 인정하였다. 페테르젠에게 있어서 성경해석이란 살아있고, 대화가능하며, 기본적으로는

---

1) J. E. Petersen, *Leben Frauen Johanna Eleonora Peterson* (2nd edn, <Frankfurt a. M.>: 1719), 58f.

결코 폐쇄적이지 않은 과정을 의미한다.

4. 묵 시

페테르젠은 1685년에 처음으로 성경의 마지막 책인 요한계시록에 주목했다. 초기에는 계시록을 이해할 수 있는 것은 아무 것도 없다고 생각했기 때문에 아예 관심을 갖지 않았었다. 페테르젠이 요한계시록을 처음 대면하게 된 것은 그녀와 다른 많은 경건주의자들에게 "엄지손가락"(Däumelns), "엄지손가락 치켜 올리기"(Aufdäumelns) 또는 "성경을 찌르기"(Bibelstechens)로 알려진 경건주의의 독특한 실천 방식에 대해 숙고하면서부터이다. 옛 전통에 따르면 가정에서 개인적인 경건을 수행하기 위하여 누군가 자신의 방에 들어가서 성경에서 영감을 얻으려고 성경구절을 찾아보고자 할 때, 자기 마음대로 무작위로 성경을 펼쳐보곤 하였다. 이런 식으로 페테르젠은 요한계시록 1:3의 말씀, "그 예언의 말씀을 (크게) 읽는 자와 듣는 자들이 복이 있으며"를 우연히 보게 되었다. 그녀는 즉시 그 말씀에 몰입됨을 느꼈으며 깊이 감동되었다.

그 결과 페테르젠 자신은 이 책에 집중적으로 헌신했으며, 이 책 때문에 흥분하였다. 그녀는 계시록을 이미 잘 알고 있는 다른 성경본문들과 비교하여 보았고, 그 결과 그녀는 성경의 많은 장소들이 계시록의 장소들과 일치한다는 것을 알게 되었다. 1685년 해석과 신학 작업에 경험상의 약진과 연관해서 페테르젠은 18세였던 1662년에 꾸었던 꿈에 대해 말하였다. 그녀는 1685라는 수가 커다란 황금 숫자로 하늘에 펼쳐진 것을 보았었다. 날짜의 오른편에서 그녀는 한 사람을 보았는데, 그는 그녀에게 "보라, 이번에 위대한 일들이 일어나기 시작할 것이고, 어떤 것들은 너에게 계시될 것이다"라고 말하였다.[2]

---

2) Petersen, *Leben*, 57.

1662, 1685, 1698년은 긴 시기이며 서로 분리되었으나 요한계시록과 관련하여 페테르젠의 위상에 중대한 발자취를 남긴 해들이다. 요한계시록을 붙잡고 10년 이상 집중적으로 씨름한 결과, 1698년에 포괄적인 해석과 신학에 대한 주석서인 『거룩한 계시에 대한 근본적인 이해를 위한 안내서』(*Anleitung zu gründlicher Verständniss der Heiligen Offenbahnung*)를 출판하였다. 계시록을 주석한 대다수는 계시록이 오랜 과거의 사건들과 관련이 있다거나, 아니면 다른 이들은 계시록을 부분적으로는 역사적이며 부분적으로는 종말론적으로 해석했다. 페테르젠은 급진적인 미래에 대한 이해를 위한 책이라고 단정하였으며, 따라서 경건주의 안에 사유 학교를 만들게 되었다.

5. 천년왕국설

요한계시록에 관한 페테르젠의 일관된 교리 형성의 신학적 중심에는 이 지구상에 "축복받은 천년 왕국"이 도래한다고 가르치는 천년왕국설이 자리하고 있다.3) 그녀의 남편은 이런 가르침을 저술과 설교를 통해서 지지하였기 때문에 1692년 목회직을 상실하게 되었다. 슈페너가 애매하게 "보다 나은 시대를 향한 희망"을 언급하였기에 급진적인 경건주의 안에서 이를 폭넓게 토론하며 발전시켰다. 경건주의 초기에 페테르젠 계열은 천년통치 또는 천년왕국설에 관한 가르침을 대표하는 가장 걸출한 대표자들이었다. 후에 이 사상은 뷰르템베르크(Württemberg) 지역교회의 경건주의와 함께 등장했다. 특별히 '요한계시록', 특히 20장은 내면세계의 종말론적 견해에 성경적 교량을 형성하였다. 페테르젠의 기본개념은 천년왕국이 과거에 있는 것이 아니라, 오히려 여전히 미래에 존재한다는 것이었다.4)

---

3) Petersen, *Leben*, 57.
4) J. E. Petersen, *Anleitung zu gründlicher Verständniss der Heilgen Offenbarung*

페테르젠은 천년왕국의 특징을 "지상에서…정의가 번영하는 왕국", "영광스럽고 거룩한 시대"라고 하였다.[5] 천년왕국에서 "이스라엘의…재건된 왕국이…만개하게 (될 것이며)", 또 "심하게 황폐한 현재 예루살렘"은 "위대한 영광"을 경험하게 될 것이다.[6] "회복된 이스라엘의 집"은 "지상과 남은 모든 이방인들을 통치할 것이다."[7] 그녀를 추종한 외팅어(Oetinger) 같은 후기 경건주의자들은 천년왕국의 조건들을 구체적이고 자세하게 기술하였지만 페테르젠은 그렇게 하지 않았다. 근본적으로 이 시기에 그녀는 구약과 신약에 기술된 아직 성취되지 않은 약속들이 모두 성취되어질 것이라고 기대하였다. 페테르젠에게 천년왕국은 거룩한 영이 이 우주에 넘쳐흐르는 것으로, "이 지상에 하나님의 지식이 영광스럽고 풍부하게" 인도되는 것이었다. 실제로 "정의"와 "위대한 축복"이 도래하는 결과로서 다른 것들 사이에서도 "지상에 위대한 평화"가 널리 퍼질 것이다.[8]

요한계시록 20:4에 의하면, 천년왕국 통치 초기에 그리스도의 심판행위와 함께 첫 부활이 있을 것이다. 누가 첫 번째 부활에 참여하는 "처음 출생자"이며, 누가 천년왕국 기간에 그리스도와 함께 통치할 것인가? "안내서"(Anleitung)에 대한 부록의 첫 부분은 "부름 받은 선민과 충성스러운 승리자들의 영적 전쟁에 관하여"라는 제목 아래 이 문제를 분명히 다루고 있다. 페테르젠은 요한계시록 20:4에 근거하여 첫 출생자 중에서 그리스도의 종말론적인 통치에 참여하는 것으로 이해했다. 이같이 결정하게 한 기준은 제자됨에 관한 그녀의 견해로서, 즉 그리스도의 수난의 방식으로 제자가 되는 것을 말한다.

(Frankfurt a. M.: Müller, 1696), 281.
5) Petersen, *Anleitung*, 17.
6) Petersen, *Anleitung*, 290. 292.
7) Petersen, *Anleitung*, 17.
8) Petersen, *Anleitung*, 294f.

6. 친유대주의

천년왕국과 긴밀하게 연관된 것으로 경건주의에서 빈번하게 논의되는 기본적인 주제는 유대인들의 구원사와 그들의 미래에 대한 의미를 묻는 것이었다. 페테르젠은 이미 1664년에 그녀의 꿈을 통해서 장차 유대인들이 회심하게 된다는 '비밀'이 드러났다고 주장하였는데, 그것은 슈페너가 유사한 견해를 제안하기 10여 년 전이었다.[9] 페테르젠이 신적으로 해석한 꿈을 본 후, 그녀는 곧 성경에서 이 문제를 조사하였다.

천년왕국이 시작되는 시점에 페테르젠은 "이스라엘 백성들이 그들의 열조들의 땅으로 포로된 이스라엘 백성들과 흩어진 자들이 귀환"하여 "분열왕국이었던 유다 왕국과 이스라엘 왕국의 통일"을 기대하였다. "이방인들의 회심" 이후에 회심한 이방인들은 "자녀로서 이스라엘에게 주어질" 것이다. 그녀는 "새로 건설된 새 예루살렘"에서 위대한 "영광"을 예언하였다. "새로 건축된 예루살렘"에서 "하나님을 예배하는 것이 보다 영광스럽게" 거행될 것이다.[10]

따라서 유대인들은 17세기의 많은 개신교 정통주의 신학자들이 가르쳤듯이 영원한 저주를 받은 것은 아니며, 오히려 하나님은 지금도 그들을 위하여 위대한 계획들을 가지고 계신다. 이러한 결론으로부터 당시 유대인과의 관계가 설정되었으므로, 기독교인들은 그들을 멸시하고 비방하였다. 페테르젠은 유대인과의 관계에서 기독교인의 거만함을 보았고 이로 인해 우울하게 느꼈다. 새로운 종말론은 윤리에 대한 중요성을 가져야만 했다. 페테르젠은 다음의 방식으로 중대성을 공식화했다:

> 지금은 하나님께서 그의 버림받은 사람들에게 자비를 베푸시고, 다시 예루살렘을 선택하기를 바라시기 때문에, 스스로를 기독교인이라고 부르기를 바라는 우리는 불쌍한 유대인들에게 그 같이 적대적인 방법으로 표현해서는

---

9) Petersen, *Leben*, 51.
10) Petersen, *Anleitung*, 77-81 (두 번째 부분).

안 되며, 오히려 신성한 태도의 변화를 통해 그들의 회심이 촉진되도록 해야만 한다…. 스스로를 기독교인이라 부르는 사람들 가운데 여전히 유대인에게 고통을 주는 것이 하나님을 섬기는 것이라고 생각하면서 그와 같은 미움으로 유대인을 대항하는 마음이 가득 차는 것은 크나큰 퇴보라 할 수 있다.… 실제로, 유대인들은 육신을 따라 그리스도를 거부하고 십자가에 못 박았다… 그러나 대다수 기독교인들은 영혼을 따라 그리스도를 거부하고 십자가에 못 박으며, 여전히 그분의 모든 참된 제자 안에서도 날마다 그리스도를 십자가에 못 박고 있다.[11]

페테르젠에게 유대인들과 기독교인들은 그리스도에게 죄인들로서 똑같은 차원의 원수였다. 실제로 영적 차원에서 보면, 기독교인의 증오심은 심지어 유대인들의 증오심보다 더 악했다. 페테르젠은 반-유대주의에 대한 전통적인 기독교인들의 신학논쟁을 기독교인 자신들에 반대하는 방향으로 바꾸었다. 그녀는 반-유대주의에 관한 어떤 형태라도, 그것이 말이든지 행동이든지 모두 거부하였다. 유대인들에 대한 선교는 기독교인들의 삶이 모범적이고 거룩하게 변화하는 것을 전제로 하였다.

많은 경건주의자들이 유대인들에 관해 생각했을 뿐만 아니라, 유대인들과 접촉했고, 유대인 공동체들을 방문하는 것을 지속하였다. 페테르젠이 개인적으로 유대인이나 유대 공동체를 만나고 접촉하였는지의 여부에 관해서는 알려진 바가 아무 것도 없다.

7. 교회일치에 대한 시각

페테르젠이 매우 어렸을 때에, 그녀는 30년 전쟁을 생생하게 경험했다. 독자들은 그녀의 저작물 속에서 평화적인 특징을 발견하게 되는데, 이는 그녀가 평화를 갈망했기 때문이다. 1696년에 그녀는 "기독교인 되었다고

---
11) Petersen, *Anleitung*, 126.

자부하는 사람들과 평화의 사람들이 되기를 열망하는 사람들조차도 그들 안에서 적대적인 전쟁들을 한다."고 비판하였다.12) 이런 배경에 반대해서, 그녀는 내적인 기독교인의 교파적인 갈등들을 극복하고자 스스로 노력하였다.

페테르젠은 루터교도로 세례를 받았고, 그녀가 수차례 이사했음에도 루터교 환경에서 성장했다. 비록 그녀가 종교개혁자 루터 자체를 포함하여 루터교에 대해 무비판적으로 보았던 것이 아님에도 불구하고 그녀의 전 생애는 루터교와 관련이 있으며, 그녀 자신도 "루터교인"이라고 분명하게 표현하였다. 그러나 그녀는 로마 가톨릭을 비호의적으로 판단하였다. 이것은 그녀가 젊어서 한때 가톨릭 신자가 되고자 하는 "위험"에 빠졌었으며, 1661년 린츠(Linz)에서 결혼하던 당시 오스트리아 가톨릭에 대한 부정적인 인상과 관련되어 있다. 페테르젠은 늘 로마 가톨릭교회를 "교황주의자들"이라고 비난하였다.

페테르젠은 수차례 옮긴 끝에 1685년 자신이 선택한 브란덴부르크-프러시아(Brandenburg-Prussia)에 정착하였으며, 그 이후 복음적인 개혁주의에 더욱 큰 관심을 가졌다. 이미 1680년대부터 페테르젠은 - 그녀 자신의 용어로 표현하자면 - 하나님으로부터 "은총의 감지"를 받았으나, 양 개신교 교파는(루터교와 개혁주의 칼빈파) 그들의 교파적인 신조에서 성경말씀이 부족하였다.13) 그녀는 여전히 브란덴부르크-프러시아에 널리 퍼져있는 강단에서의 교파적인 논쟁 설교를 비판하였다. 1708년 실레시아(Silesia)에서 개혁파와 루터파 기독교인들의 관계에 대한 견해를 바꾸는 중대한 경험을 하였다. 그녀는 개혁파와 루터파 두 명의 학자들과 교제하면서 어떻게 두 부류가 논쟁하게 되었는지를 알게 되었다. 루터교 학자는 개혁파 기독교인들이 성례전을 올바르게 사용하지 못하게 만들었기 때문에 그들은 축복을 받을 수 없다고 생각했다. 반면에 개혁파

---

12) Petersen, *Anleitung*, 295.
13) J. E. Petersen, *Das Geheimniss des Erst-Gebornen* (Frankfurt a. M.: Heyl & Liebezeit, 1711), 서론.

학자는 예정교리에 모든 신뢰를 두는 것을 견지하고 있었다. 페테르젠은 그들 모두 '선한 영혼들'이었기 때문에 '근심하는 마음'으로 이 논쟁에 관여하였다.14)

페테르젠이 연속적으로 교파적인 문제에 관해 숙고할 때, 에스겔서에서 에스겔 선지자가 유다를 상징하는 막대기와 이스라엘을 상징하는 막대기를 하나로 연결하는 광경(겔 37:16 이하)이 그녀에게 나타났다. 페테르젠은 이것을 개신교 내의 분열에 적용했다. 그녀는 무릎을 꿇고 하나님께 기도하였다. 이유는 유대인들에 대한 성서적 약속의 성취가 도래하여야 하며, 그리하여 하나님은 그의 "영적 이스라엘", 즉 교회에 임하셔서, 두 교파를 "한 마음이 되게 하시고 또한 사랑의 조화로" 인도해야 하기 때문이었다.15)

얼마 후 1711년에, 페테르젠은 『첫 출생의 비밀』(Das Geheimniss des Erst-Gebornen)이라는 제목의 책을 저술했으며, 헌정하는 서문에서 적극적인 교회일치적인 동기를 지적했다. 그녀는 브란덴부르크-프루시아 왕 프리드리히 1세(Friedrich I, 1657-1713)에 대해 호의적으로 말했으며, 개신교의 신앙고백(교파)간의 갈등을 종식시킨 그의 수고를 칭찬하였다. 프리드리히 1세와 그의 조상들은 1613년 이후로, 개혁교회에 속하였지만 루터교도와 결혼하였다. 그의 조상들처럼 그는 개신교회들 간에 평화를 구축하는 일에 앞장섰다. 교파의 일치를 이루는 한 방법으로, 페테르젠은 서문에서 교리적 차이점들을 극복하려고 "제출하지"(give in) 말고, 도리어 성경을 기초로 하여 "진리"로 더 깊이 들어감으로써 문제들을 극복할 것을 추천하였다.16)

---

14) Petersen, *Leben*, 63; Petersen, *Geheimniss*, 서론.
15) Petersen, *Leben*, 64.
16) Petersen, *Geheimniss*, 서론.

8. 선재 기독론

페테르젠의 개념에 따르자면, 개혁파와 루터파 교회들 간의 화해를 이루고 교회일치를 하려는 의도를 현실화하는데 본질적으로 기여하는 것은 예수 그리스도의 천상적인 신-인(神人)의 교리여야만 한다. 1708년부터 그녀는 기독론의 영역에서 이 독창적이고도 주목할만한 특별한 가르침을 옹호해왔다. 그녀가 실레시아를 방문한 것과 관련하여, "천상의 신-인", "모든 피조물들 가운데 첫 출생자"라는 지식에 도달했다.[17] 예수는 양면적 성품, 즉 창조 전에 이미 하늘의 신-인성(Gottmenschheit)과 성육신 후에 보편적인 인성을 소유했다. 옛 신지학적인 개념을 바탕으로 페테르젠은 이미 16세기의 몇몇 신학자들이 제시한 것을 생각하였으며, 그녀는 창조의 중재자, 인성 안에 있는 하나님의 형상 및 주의 만찬의 요소들(피와 살)에서 그리스도의 인성의 임재라는 방식으로 성경에서 그리스도에 관하여 언급한 것들을 이해할 수 있도록 한다고 생각했다.

전통적인 삼위일체 교리는 초대교회시기에 확립되었고, 종교개혁 교회들에 의해 다시 확증된 것으로, 실제로 로고스 즉 성자가 성부와 함께 영원히 동등하게 선재하는 것을 언급하였다. 그러나 성자의 성육신은 출생 또는 보다 정확하게 말하자면 마리아의 몸에서 그리스도의 기적적인 잉태를 말한다. 이 교리에 따르면 삼위일체의 이위(二位)는 역사 속에서 인간이 되기 위하여 시간적인 결정 이전에 영원부터 하나님이 정하신 것이지만, 시작부터 인간은 아니었다. 페테르젠은 그리스도의 인성의 선재를 믿었고, 골로새서 1:18, 요한복음 1:1, 히브리서 13:8, 잠언 8:22, 미가 5:2과 에베소서 3:9 등과 같은 성경구절들을 인용하여 주장하였다. 이러한 구절들은 예수 그리스도가 "자신의 기원을 본질적인 에너지에 의하여 세상이 창조되기 전부터 선재적"으로 가지고 있었으며, "원형"이 되시어 "따라서 우리가 하나님의 형상과 모양으로 창조되었는바, 즉 순전히 신성만으로는 생길 수 없는

---

[17] Petersen, *Leben*, 65, 62.

창조"임을 확신하게 되었다. 예수 그리스도는 "세상이 형성되기" 전에 이미 "천상의 신-인"이었고, "참 하나님으로서 성부와 성령과 함께 영원히 존재해 오시는 분이다." 미가서 5:2-3을 따르면, 그분은 "당신의 기원을 시작에서 영원까지" 가지고 계시며, "말씀이신 하나님"으로서 "우리를 위하여 종의 형상을 입고 고통당하시고 그의 피로 우리를 구원하시기 위해서" "때가 차매 육신이 되셨다." 미가서 5:2에 근거하여 예수 그리스도의 기원은 시작부터 영원까지 존재해왔기 때문에, 그분은 이미 기원에서부터 스스로 존재해 오신 것이다. 이같이 볼 때, 하나님이 천지창조 때에 처음 자신을 나타내기 시작한 것이 아니며, 실제로는 영원으로부터, 장차 내세의 축복 가운데 "더욱 깊은 곳까지 드러날" 예수 그리스도를 통하여 많은 것들을 계시하여 보이셨다.[18] 그러므로 신적인 계시는 성경에서 읽혀지는 것보다 더 많은 것을 포함하고 있으며, 하나님의 계시에 관한 지식은 종말에 도달하게 되고, 그 후에 제일 먼저 그 결과와 성취를 발견하게 하는 하나의 과정이다.

9. 성만찬 논쟁의 극복

페테르젠은 인습에 얽매이지 않은 기독론의 형식 속에서 초기 종교개혁 이후로 개신교회를 나뉘게 한 주의 성찬에 대한 논쟁을 해결할 수 있는 기회를 보았으며, 따라서 이 문제를 자신의 방식으로 발전시켰다. 그녀는 자신의 기독론이 루터교의 개념인 성찬의 요소들(떡과 잔) 속에 그리스도의 인성이 실제적으로 임재한다는 것을 이해하게 할 수 있고 명백하게 할 수 있을 것이라고 생각하였다. 다시 말하자면, 그리스도는 "그분의 천상의 신-인"으로 주의 성찬에 인격적으로 나타나시고,[19] "공동체 속에 부어지고 수용되는" 그의 살과 피는[20] "그리스도가 마리아로부터 받았던" 것이

---

18) Petersen, *Leben*, 64-7.
19) Petersen, *Leben*, 65.
20) Petersen, *Geheimniss*, 21.

아니라,21) 도리어 요한복음 6:51-56에서 증거한대로 승천하여 하나님의 우편에 계셔서 최초의 (모습대로) 하늘에서 살과 피가 된 것이다. 루터교의 가르침대로 하늘의 살과 피에 참여함은 생명을 부여하며 또한 그리스도와 함께 친밀하게 교제하게 한다. 페테르젠은 실제적인 임재에 대한 그녀의 분명하고도 공식화된 교리에도 불구하고22) 하늘의 신-인에 대해 아무 것도 모르는 사람들은 루터교 교리를 수용하거나 이해할 수 없었으며, 또 개혁파들에게는 주의 성찬의 요소들(떡과 잔)을 "그들의 말투대로" 상징적으로 설명했어야 했다는 것을 시인했다.23)

10. 만물의 회복(Apokatastasis panton)

페테르젠이 씨름했던 신학 문제 중에 가장 어려운 문제는 하나님의 사랑을 믿는 것과 불신앙에 따른 징벌이 있다는 주장 간의 긴장이었다. 그녀는 말하기를 "초기 청년기" 이후로 "커다란 투쟁 가운데서" 살아왔는데, 그 이유는 "본질적으로 사랑이신 하나님이 (그 당시 사람들이 일반적으로 믿은 것처럼) 어떻게 많은 사람들을 영원한 저주로 벌하실 수 있는지 이해할 수 없었기" 때문이었다고 하였다.24) 그녀는 "사랑이신 하나님이 은혜를 보이시지 않고, 어떤 면에서는 전혀 다른 방법인 분노를 위해 그의 자비도 거두시면서 까지 영원히 분노하고 또 그 분노가 영원히 타오르도록 허락하실 수 있는 것"이 가능한지 여부를 질문하였다.25) 하나님을 알 수 있는 기회를 한 번도 가져보지 못한 이방인의 자녀들이 저주받고 지옥의 고통으로 영원히 넘겨질 것이라는 교리를 그녀는 전적으로

---

21) Petersen, *Leben*, 65.
22) Petersen, *Geheimniss*, 22.
23) Petersen, *Leben,* 65; Petersen, *Geheimniss*, 21f.
24) Petersen, *Leben*, 49.
25) (J.E. Petersen), "Das ewige Evangelium," in Johann Wilhelm Petersen, ΜΥΣΤΗΡΙΟΝ ΑΠΟΚΑΤΑΣΤΑΣΕΩΣ ΠΑΝΤΩΝ, Vol. 1 (Offenbach: 1700), 32.

인정하지 못하였다. "나는 그런 것이 본질적인 사랑으로부터 일어날 수 있다는 것을 이해할 수 없었다."26) 그러나 그녀는 성경말씀에서 "믿지 않는 사람은 정죄를 받을 것이라"(막 16:16)는 말씀을 읽었다. 그녀는 마음속에서 문자 그대로 하나님께 반발했으며, 말하기를 "이것은 실제로 사랑보다 더한 증오이다"라고 했다.27) 이와 함께 페테르젠은 예정론에 대한 개혁파의 교리를 반대하였으며, 뿐만 아니라 실제로 하나님의 우주적인 구원의지로부터 출발하였지만 그럼에도 불구하고 구원에 참여하는 자들을 극히 소수로 보았던 루터교 교리에도 반대하였다.

페테르젠은 하나님은 본질적으로 사랑이시라는 근본적인 개념으로부터 시작하여 구원론과 종말론적인 문제를 해결하려고 노력하였다. 무엇보다도 그녀는 먼저 자신을 사랑하고, 그 다음에 사랑을 반대하는 것으로 나타나는 것들, 곧 이성으로 설명하는 것, 그녀 자신이 "본질적인 사랑이신" 하나님을 예배하는 것과 사랑하는 것을 제한하는 것 등을 포기하였다.28) 그 문제를 해결하는 첫 단계는 베드로전서 3:18-22과 4:6을 반영하여 홍수시대의 인류들은 불신앙으로 인해 죽을 몸이었지만, 그들의 "영들"과 영혼들은 지옥과 가까우나 아직 지옥은 아닌 별도의 장소인 "감옥"에 와 있다고 말씀하는 것이었다. 그리스도는 "감옥 속의 영혼들"에게 복음을 전파하였다. 페테르젠은 이 사람들이 "감옥 속에서 그리스도의 설교를 통해 신앙인들이 될 수 있고, 그리스도의 화목제 희생에 의해 저주로부터 구원받을 수 있다"고 추론하였다.29) 그녀는 이러한 연결고리로 스가랴 9:11 이하를 참조하였다. 그러므로 페테르젠은 죽음 이후에도 구원을 받을 수 있다는 것도 믿었으며, 뿐만 아니라 마태복음 12:31에서 특별히 "성령"을 거스르는 모독은 이 세상이나 다음 세상에서도 용서받지 못할 것 이라고 명백히 주장했기 때문에 우주적인 구원은 아니라는 것도 믿었다.

우주적인 구원 교리 또는 만물이 회복한다는 교리에 대한 돌파구는

---

26) Petersen, *Leben*, 49.
27) Petersen, *Leben*, 49.
28) Peterson, *Leben*, 49.
29) Petersen, *Leben*, 50.

페테르젠이 영생의 개념을 차별된 방식으로 해석하는 것에서 배운 것처럼 발생되었다. 하나님은 자신이 주어일 때 그리스어 "아이온"(aion)은 단지 시작과 끝이 없는 어떤 것을 의미한다. 그러나 만일 인생, 행운, 또는 구원의 또 다른 종말론적 소유물이 그 주체라면, 그때 "영생"이란 끝은 없고 시작만 있는 어떤 것을 의미한다. 만일 주체가 그 자체를 제한하면, 그러면 "영생"은 시작과 끝이 있는 제한된 영생을 의미한다. 성경 연구에서 페테르젠은 "모든 피조물들은 하나님을 찬양해야 하며, 모든 것들이 그리스도에게 다시 종속될 때, 하나님은 모든 것이 되시며, 모든 것은 새롭게 하실 것이다."30)라는 것을 더욱 깊이 알게 되었다. 페테르젠이 만유회복의 교리를 충실하게 발전시키게 한 결정적인 추진력은 제인 레데의 저서 『여덟 개의 다양한 세계에 나타난 하나님의 창조의 기사들; 그것들이 저자에게 경험적으로 알려지게 된 것에 대하여』(The Wonders of God's Creation Manifested in the Variety of Eight Worlds; as They Were Made Known Experimentally to the Author, 런던, 1695년)를 통해서 형성된 것으로 영국에서 받았다. 이 책에서 레데는 처음으로 우주적인 구원에 대한 사상을 공식적으로 제시하였다.

  이 교리에 대해서 자주 등장하는 반론은 사람들이 죄를 피하고자 하는 일에 관심을 가지지 않고 오로지 태평스런 삶을 살도록 유혹한다는 것이었다. 페테르젠은 이 점에 동의하지 않았으며, "이런 유익한 학설이… 목표를 선언하지 않음으로써" 사람들이 "죄를 짓는데 자유로울 수 있다."고 강조하였다.31) 그러므로 오히려 그 무엇보다도 죽음 뒤에는 어떤 징벌이 따른다는 것을 사람들에게 인식시켜야 한다. 페테르젠은 행위에 따른 심판이 있음을 분명히 주장했으며, 사람이 저마다 행한 것에 상응하는 응분의 상과 벌이 있다고 보았다. 회복의 교리는 사람들을 "사악하거나 확신을 갖도록" 만들지 않으며, 그 반대로 사람들을 경건하도록 만든다. 또한 만물이 회복된다는 교리는 개신교의 은혜와 칭의 교리와 조화를 이룬다.

---

30) Petersen, *Leben*, 51.
31) Petersen, *Evangelium*, 3.

페테르젠은 회복 그리고 교리와 함께, 루터교와 개혁파의 예정론을 하나로 묶으려는 것이며 동시에 서로 주장하는 근거는 다르지만 "소수만이 축복받게 된다."는 양자의 교리적인 형식을 극복하고자 자신의 의도를 설명하였다.32)

11. 소우주와 대우주

페테르젠의 또 다른 독특한 학설은 보다 거대한 외부세계(대우주)와 보다 작은 인생의 내부세계(소우주) 사이에 상관관계가 있음을 강조하는 것이다. 이 개념은 이미 아리스토텔레스(Aristotle)가 말한 것으로, 초기 근대와 개신교 시대에 특별히 파라셀수스(Paracelsus)가 발전시킨 개념이다. 페테르젠은 하나님의 왕국에 대한 개념에서 더 작은 세계와 더 큰 세계의 "조화"라는 그녀의 학설을 구체화했는데, 이는 성경에서 하나님의 왕국을 외적인 왕국처럼 "내적"인 왕국이라고도 표현하였기 때문이었다(눅 17:21).

페테르젠은 "믿는 영적인 사람의 영혼"을 "내적"이라고 부르며, 거대한 세계와 온 인류를 "외적"이라고 의미를 부여하였으므로 하나님 왕국은 "내적인" 동시에 "외적인" 것이었다. 페테르젠에 의하면, 구약의 선지자들은 늘 두 왕국들에 대한 약속, 즉 하나님의 외적인 왕국을 향하는 "특유의 예언적 의미를 따르는" 약속들과 하나님의 내적인 왕국을 향하는 "숨겨진 영적 의미를 따르는" 그들의 약속들을 겨냥하였다. 페테르젠은 이런 연관성으로부터 성경해석학을 위한 몇 가지 결론들을 도출하였다. 즉 "외적인 하나님 왕국의 신비를 바르게 인식하는 자는 누구든지 그 가운데서 내적인 하나님의 왕국의 신비를 인식하기 위한 빛을 발견한다." 빛과 어두움, 선과 악은 서로가 거대한 세계(대우주)에서 투쟁하는 것처럼 더 작은 세계(소우주)에서도 다툰다. 이는 역사 속에서도 동일한데, 처음에는 악이

---

32) Petersen, *Evangelium*, 21.

통치하나 다음에는 선이 승리한다.[33]

페테르젠은 우주적인 구원역사를 인류의 구원의 길과 상호 관련이 있는 것으로 보았다. 인류의 탄생은 세계의 탄생과 일치하고, 그리스도를 통한 세상의 구속은 "그리스도 안에서 주어진 구원에 대한 개별적인 산 지식"과 일치하며, 마침내 "세계의 회복과 변모"는 인류의 "갱신"과 일치한다. 큰 세계(대우주)에는 신의 세 가지 심판들이 있는데, 먼저 노아의 대홍수, 요한계시록 14:19-20에 기록된 진노의 날에 있을 심판, 그리고 요한계시록 20:9에 따라 천년왕국이 마친 뒤의 최후의 심판이다. 작은 세계(소우주)에서도 이에 상응하는 세 가지 심판이 있는데, 물세례, 회심 그리고 죽음이다. 마찬가지로 두 세계에 그리스도의 계시가 나타나는데, 처음에는 겸손 가운데, 다음에는 영광 가운데 나타난다. 마침내 두 세계에서 율법과 복음의 관계 때문에 형성된 네 종류의 "조건들과 시대"가 존재한다. 즉 "율법 없는" 시대, "율법이 지배하는" 시대, "십자가의 복음이 지배하는" 시대 그리고 "왕국의 복음이 지배하는" 시대이다.[34]

소우주-대우주 개념은 페테르젠으로 하여금 창조와 역사 및 위대한 연합과 일치 안에서 인간 개인의 구원 방법을 깊이 생각할 수 있게 하였다. 성경의 은유적인 해석은 소우주-대우주 개념을 발전시킬 수 있도록 하는 하나의 전제였으며 동시에 이 개념의 결론이었다.

12. 천상의 지혜

말년에 페테르젠과 그녀의 남편은 천상의 지혜라는 자신들의 교리를 발전시켰다. 동시에 그들은 고트프리드 아르놀트(Gottfried Arnold, 1666-1714)의 신학과 연관을 지었는데, 아르놀트는 그의 책 『신적인 지혜의 비밀』(*Das Geheimnis der göttlichen Sophia*, 1700년)에서 처음으로 이

---

33) Petersen, *Anleitung*, 53 (두 번째 부분).
34) Petersen, *Anleitung*, 54f. (두 번째 부분).

교리에 대한 체계적인 종합을 제시하였다. 하늘의 소피아, 즉 천상의 지혜는 아르놀트가 타인의 도움 없이 신비하게 인식한 것으로써 완전한 삼위일체론적인 신성, 특히 신의 근본과 여성적 요소(아내, 처녀, 신부, 어머니, 간호사, 교사)로서의 신성이 결합한 것이다. 남편과 대조적으로 페테르젠은 자신의 출판된 저작물 속에서 이 교리를 분명하게 발전시키지는 않았다. 그러나 1685년 그녀가 수면 중에 받았던 환상을 회상하였다. 그 가운데 이미 여성의 인격이 내포된 삼위일체 하나님이 나타났었다. 그때 그녀는 대 저택의 한 방을 보았는데, 그 방에는 "어떤 위대한 신비"가 있었다. 그녀가 본 것은 한 명의 아버지, 한 명의 어머니, 한 명의 아들이었다. 하늘의 신-인간이 그녀에게서 사라지고 난 후에, 그녀는 성부, 성자, 성령이 존재한다는 것과 연관지어 이 신비를 "거룩한 삼위일체의 신비"로 해석하였고, 성령은 "히브리어에 의하면, 다산의 어머니와 알을 품은 비둘기로서의 여성상"으로 그 특성이 묘사되었다.[35]

페테르젠에게, 지혜의 교리는 세 번째 조항의 신학이었다. 일반적으로 하나님의 지혜와 그 지혜가 창조사역에 동참하였다는 것을 언급한 성경본문에 거의 관심을 두지 않았다는 점을 인정하였다. 그녀는 삼위일체의 세 번째 위(位)에 대해 일반적인 관심보다 더 많은 관심을 기울였다. 하나님에 대한 기독교인의 설교는 여성상을 강조하면서 어떤 새로운 분위기를 느꼈다. 더욱이 그 가르침은 유대인의 사유와 가까웠으며, 신비스런 해석들과 경험들에 대해서는 공개적이었다. 무엇보다도 당시에 역사신학은 천상의 소피아에 대한 효과적인 교리를 가지고 있지 못하였다. 그러므로 개신교의 토양에서 볼 때 이 교리는 당대에 가장 흥미롭고 가장 유망한 급진적 경건주의의 새로운 신학적 교리의 발전 가운데 하나였던 것이다.

---

35) Petersen, *Leben*, 69f.

13. 칭의와 성화

종교개혁의 중심적인 신학 교리는 오로지 은혜로만(sola gratia) 죄인이 의롭게 된다는 칭의론으로 이는 정통주의 시대에 "교회의 존폐"(articulus stantis et cadentis ecclesiae)를 결정하는 신학적인 교리로 자리매김하였다. 경건주의는 이 교리에 대해 문제를 삼지 않았으나, 그럼에도 불구하고 하나님으로부터 의롭다고 선언을 받은 사람이 선한 일을 행하는 자리에 어떻게 이르며, 하나님을 기쁘시게 하는 삶에 도달하고, 참으로 죄를 멀리할 수 있는가 하는 문제를 가장 최우선으로 두었다. 특별히 급진적인 경건주의는 "성화"에 그 가치를 두었다. 페테르젠은 야고보서 1:22의 "말씀을 실천하는 자"가 되라는 말씀으로 이 문제를 다루기를 좋아하였다. 그녀는 제일 먼저 슈페너와 쉬츠에게서 말씀의 선포자이며 동시에 실천가인 참된 기독교인임을 알게 되었다.

이 문제는 결혼하기 전부터 이미 페테르젠을 괴롭혔다. 다른 신학적 주제들처럼, 그녀는 이 문제에 대해서도 "환상"에 의해 결정적인 안내를 받았다. 꿈속에서 그녀는 손에 큰 등불을 들고 있는 사도 바울을 보았는데, 그녀는 이를 부지런히 바울의 작품들을 읽도록 권면하는 것으로 이해하였다. 그녀는 칭의와 성화를 오로지 하나님의 은혜로만 받을 수 있다고 이해하였으나, 그녀는 사람들이 칭의의 조항에 반대하여 이중적인 방법으로 죄를 지을 수 있다고 파악했다. 즉 선행을 통해 "성인을 그리스도께로 데려가기" 원하는 자들은 믿음으로 의롭게 된다는 것을 붙들기도 전에 신적인 진리를 놓쳐 버렸다. 더구나 사람이 "그의 옛 죄악된 생활에 의해 의로운 체 가장하고, 은혜 받기를 게을리 하며, 악마에게 끌려갈 때"도 칭의론의 조항을 모독하는 것이 된다. 페테르젠은 "그러므로 우리가 예수 그리스도 안에서 그의 은혜를 찾고 그분을 붙드는 것, 즉 죄인이었지만 더 이상 죄인이 아닌 모습으로 그리스도를 영접하는 것이다. 그러나 우리는 오히려 죄에 대해 죽고 의에 대해 살아야만 의로워지고

거룩해진다는 것을 알았다."고 결론지었다.36)

페테르젠은 성화의 교리를 위한 기독론적인 기초를 제공했다. 그리스도는 죄를 용서하고, 죄로 인한 징벌들로부터 해방시켰을 뿐만 아니라 그 죄로부터 자유하게 하신다. 그러나 페테르젠은 인과관계에 따라서 어떻게 그리스도를 통한 정화가 일어나는지에 대해서는 말하지 않았다. 그녀는 인간이 스스로 무엇을 해야만 하고, 하나님의 도움으로 무엇을 할 수 있는지에 관해 저술했다. "그리스도와 함께 하고…죄를 벗어버리기 위해서" 그리고 "성화"에 도달하기 위해서, 인간은 반드시 "자기부정이라는 좁은 길"을 따라 움직여야만 하고, 또한 "그리스도의 수난의 좁은 문을 통하여 영광으로 들어가야만 한다." 이를 행하기에 너무 연약하다고 생각하는 사람은 단지 시작해야 하며, 그러면 하나님이 어떻게 그를 돕고 그가 그것을 성취케 하시는가를 체험하게 될 것이다.37)

페테르젠은 자신의 삶을 회상하면서, 그녀가 기독교인이 된 첫 해에 경험한 어려움들을 기록하였다. 슈페너 및 쉬츠와 친해지게 된 후 비센부르크(Wiesenburg)에서 시녀일 때, 그녀가 궁정의 봉사명령을 면하게 해 달라고 요청한 것이 거절된 이후로 좋지 않은 환경에서 속세를 떠나는 실제적인 방법을 연구하였다. 비록 그녀가 공개적으로 심경을 밝혔다고 하여도, 궁정에서의 생활은 그녀의 양심을 괴롭혔다. 그녀에게는 괴로운 일이지만, 세상을 부정하는 입장에 대해 존경과 비난을 함께 받은 작센에서 그녀는 2년을 더 살아야 했다. 점차 그녀는 자신의 운명을 종교적으로 해석하고, 자신을 향한 독설도 향유하는 것을 배웠다. 그녀는 이것을 예수를 위한 고통으로 이해했기 때문이다.38)

페테르젠은 남편과 함께 제자도의 길로 나아갔으며, 성화 가운데 하늘의 행복이 분명히 그들 가운데 있다는 것을 조금도 의심하지 않았다.

---

36) Petersen, *Leben*, 54.
37) Petersen, *Anleitung*, 7f. (두 번째 부분).
38) Petersen, *Leben*, 30.

14. 수용과 영향

페테르젠은 자신의 생애 동안에 이미 논쟁적인 인물이었다. 그녀는 급진적인 경건주의와 초기 계몽주의 시대의 인물들과 교감을 나누었지만, 정통주의 신학자들로부터는 혐오감을 받았다. 그녀가 교회에 속한 경건주의자들로부터 직접적인 영향을 받은 것은 없지만 그들을 긍정적으로 받아들였다. 페테르젠의 작품이 여러 판을 거듭하였다는 사실로 미루어 보건대 많이 읽혀졌다는 것을 부분적으로나마 입증할 수 있다.

라이프치히의 계몽주의 법률가인 크리스티안 토마시우스(Christian Thomasius, 1655-1728)가 페테르젠의 첫 번째 문학작품인 『하나님과의 진실한 대화』(Gespräche des Hertzens mit GOTT)에 대해 1689년에 우호적인 비평을 썼으며, 이 작품을 "불타는 헌신과 분별력, 하나님과 성경에 대하여 쉽게 배우도록" 하는 책으로 간주하였으며, 정통주의 신학자들의 저작물과 달리 "그리스도의 본을 따라 전적으로 다른 정신이 담긴" 책으로 여겼다.[39]

반면에 요한 하인리히 포이스트킹(Johann Heinrich Feustking, 1672-1728)은 그녀에 반대하는 입장에 서 있었다. 그는 자신의 저서 『열광주의 이단들의 여인숙』(Gynaeceum haeretico fanaticum, 1704)에서 "거짓 여선지자를 묘사함…그리고 열광주의적인 여인"이라는 글로서 페테르젠의 영적인 교만과 주제넘음 및 무지를 비난하였으며, 그녀의 학설을 악마와 같은 것이라고 비난하였다.[40]

페테르젠의 천년왕국설적인 사고는 뷰르템베르크 경건주의자들인 벵엘과 외팅어에게 영향을 주었다. 페테르젠과 그녀의 남편을 통하여, 우주적인 구원 개념이 독일 경건주의자들에게 널리 퍼졌고, 그 영향은 19세기와 20세기에 슐라이어마허(Schleiermacher), 블름하르트(J. C.

---

39) C. Thomasius, *Freymüthiger Jedoch Vernunft und Gesetzmässiger Gedancken...*, Vol. 4 (Halle: Salfeld, 1689; 재간행, Frankfurt a. M.: Athenäum, 1972), 858.

40) J. H. Feustking, *Gynaeceum haeretico fanaticum* (재간행, Munich: Iudicum, 1998), 458-82.

Blumhardt), 바르트(Barth)까지 확장되었다. 페테르젠의 영향 하에, 바이에른 주 출신의 로마 가톨릭신자인 요한 페터 슈페트(Johann Peter Spaeth, 1645-1701)가 1697년에 유대교로 개종하여 할례를 받았으며, 프랑크푸르트 출신의 유대인 여성과 결혼하여 암스테르담에서 "모제스 게르마누스"(독일의 모세, Moses Germanus)로 살았다.

페테르젠의 작품들은 정통주의 신학자들에 의해 공격을 받았는데, 이는 그녀가 신학적 문제에 간섭하였기 때문이다. 어떤 이들은 그녀가 실제로 이러한 신학 작품들을 저술하였는지 문제 삼으며, 또 다른 이들은 여성이 하나님의 회중 속에서 가르친다는 것이 부당하다는 것을 지적하였으며, 또 그녀가 가정주부와 어머니로서의 의무를 소홀히 한 것을 비난하였지만, 그녀는 이 모든 것들을 적극적으로 거부하였다. 그녀는 이미 청소년기에 "여성들이 성경을 너무 많이 읽는 것이 적합하지 않다, 딴 방법으로는 그렇게 영악해 질 수가 없을 것이다."라는 비난을 받아왔다.[41]

이러한 비난에 대한 반응으로 페테르젠은 여러 곳에서 공개적으로 감화를 받아 가르치는 여성의 말로 자신의 작품들을 변호하였다. 이 점에서 그녀는 자기이해를 엿볼 수 있도록 하였다. 저작권에 대한 도전이 그녀를 방해하지는 못하였다. 그녀는 자신의 작품으로부터 명예를 얻고자 하지 않았기 때문이다. 도리어 그녀는 이 작품들을 하나님으로부터 받은 은사를 드러낸 것뿐이라고 하였다. 그녀는 여인들은 교회에서 잠잠하라는 사도 바울의 주장에 대해 반응하였는데, 이 구절들은(고전 14:34, 딤전 2:12) 실패한 교회에 한 것으로 보았다. 그녀는 회중 가운데서 가르칠 것을 요구하지 않았고, 또 그녀가 저술한 모든 것은 회중의 판단에 따랐기 때문이었다. 그녀는 바울의 또 다른 유사한 가르침에 해당하는 성경구절(갈 3:28)을 언급하면서, 은혜와 성령의 시여(施與)라는 용어에서 남성들과 여성들 사이에 어떠한 구분도 더 이상 존재하지 않음을 추론하였다. 페테르젠은 요엘서 2:28-29이 성령의 종말론적인 은사의 약속과 또 여성들에 의한

---

41) Petersen, *Leben*, 32f.

예언이 동반하는 것과 관련이 있다는 점을 이유로 제시하였다. 주님의 은사를 받은 자는 누구든지 그것을 주신 그리스도의 뜻을 따라 하나님을 영화롭게 하는 것과 이웃의 필요를 공급하는 의무가 있다. 그러므로 하나님은 약한 자들 중에서 택하신다는 것으로(고전 1:27) 페테르젠은 논쟁을 끝낼 수 있었다.

참고문헌

· 일차 자료

Petersen, Johanna Eleonora, *Anleitung zu gründlicher Verständniß der Heiligen Offenbahrung* (Frankfurt a.M.: Müller, 1696).

Petersen, Johanna Eleonora, *Das ewige Evangelium* (1699), reprinted in Johann Wilhelm Petersen, *ΜΥΣΤΗΡΙΟΝ ΑΠΟΚΑΤΑΣΤΑΣΕΩΣ ΠΑΝΤΩΝ*, vol. 1 (Offenbach: 1700).

Petersen, Johanna Eleonora, *Das Geheimniß des Erst-Gebornen* (Frankfurt a.M.: Heyl & Liebezeit, 1711).

Petersen, Johanna Eleonora, *Die Nothwendigkeit Der Neuen Creatur* (1699).

Petersen, Johanna Eleonora, *Die verklärte Offenbahrung* (1706).

Petersen, Johanna Eleonora, *Einige Send-Schreiben: Betreffende die Nothwendigkeit Verschiedener... in Verdacht gezogener Lehren* (<Büdingen>: 1714).

Petersen, Johanna Eleonora, *Gespräche des Hertzens mit GOTT* (Plön: Ripenau, 1689).

Petersen, Johanna Eleonora, *Glaubens-Gespräche Mit GOTT* (Frankfurt: Brodthag, 1691).

Petersen, Johanna Eleonora, *Kurtze Betrachtungen über die Sprüche Von der ... Person Jesu Christi* (1715).

Petersen, Johanna Eleonora, *Kurtze Betrachtungen von der Nutzbarkeit des lieben Creutzes* (Berleburg: Konert, 1717).

Petersen, Johanna Eleonora, *Leben Frauen Johannä Eleonora Petersen* (<Frankfurt a.M.>: 1719).

Petersen's letters to Spener are in Philipp Jakob Spener, *Briefe aus der Frankfurter Zeit 1666-1686*, Vol. 1: 1666-1674, ed. Johannes Wallmann with Udo Sträter und Markus Matthias (Tübingen: Mohr, 1992, 551-860).

· 이차 자료

Becker-Cantarino, Barbara, "Pietismus und Autobiographie: Das 'Leben' der Johanna Eleonora Petersen (1644-1724)," in James Hardin and Jörg Jungmayr (eds), *"Der Buchstab tödt - der Geist macht lebendig": Festschrift für Hans-Gert Roloff*, Vol. 2 (Bern: Lang, 1992), 917-36.

Grothh, Friedhelm, Die *"Wiederbringung aller Dinge" im württembergischen Pietismus: Theologiegeschichtliche Studien zum eschatologischen Heilsuniversalismus württembergischer Pietisten des 18. Jahrhunderts* (Göttingen: Vandenhoeck & Ruprecht, 1984).

Jungm Martin H., *Frauen des Pietismus: Zehn Porträts: Von Johanna Regina Bengell bis Erdmuthe Dorothea von Zinzendorf* (Gütersloh: Gütersloher Verlagshaus, 1998).

Luft, Stefan, *Leben und Schreiben für den Pietismus: Der Kampf des pietistischen Ehepaares Johanna Eleonora und Johanna Wilhelm Petersen gegen die lutherische Orthodoxie* (Herzberg: Bautz, 1994).

Lüthi, Kurt, "Die Erörterung der Allversöhnungslehre durch das pietistische Ehepaar Johann Wilhelm und Johanna Eleonora Petersen," *Theologische Zeitschrift* 12 (1956), 362-77.

Matthias, Markus, "'Enthusiastische' Hermeneutik des Pietismus, dargestellt an Johanna Eleonora Petersen 'Gespräche des Hertzens mit GOTT' (1689)," PuN 16 (1990), 36-61.

Matthias, Markus, *Johann Wilhelm und Johanna Eleonora Petersen: Eine Biographie bis zur Amtsenthebung Petersens im Jahre* 1692 (Göttingen: Vandenhoeck & Ruprecht, 1993).

Nordmann, Walter, "Die Eschatologie des Ehpaares Petersen, ihre Entwicking und Auflösung," *Zeitschrift des Vereins für Kirchegeschichte der Provinz Sachsen* 26 (1930), 83-108; 27 (1931), 1-19.

Nordmann, Walter, "Im Widerstreit von Mystik und Föderalismus: Geschichtliche Grundlagen der Eschatologie bei dem pietistichen Ehepaar Petersen," ZKG 50 (1931), 146-85.

Ritschl, Albrecht, *Geschichte des Pietismus*, Vol. 2, Part 1 (Bonn: Adolph Marcus, 1884; reprint, Berlin: Walter de Gruyter, 1966), 225-94.

Schering, Ernst A., "Johann William und Johanna Eleonora Petersen," in Martin Greschat (ed.), *Gestalten der Kirchengeschichte, Vol. 7: Orthodoxie und Pietismus* (Stuttgart: Kohlhammer, 1982, 225-39).

Schmidt, Martin, "Biblisch-apokalyptische Frömmigkeit im pietistischen Adel: Johanna Eleonora Petersens Auslegung der Johannesapokalypse," in Martin Brecht (ed.), *Text-Wort-Glaube: Studien zur Überlieferung, Interpretation und Autorisierung biblischer Texte: Festschrift für Kurt Aland* (Berlin: Walter de Gruyter, 1980), 344-58.

Trippenbach, Max, *Rosamnunde Juliane von der Asseburg: Die Prophetin und Heilige des Pietismus* (Sangerhausen: 1914).

Wallmann, Joohannes, *Philipp Jakob Spener und die Anfänge des Pietismus* (2nd revised edn, Tübingen: Mohr, 1986).

마담 귀용(1648-1717)
패트리시아 A. 와드(Patricia A. Ward)

쟌느-마리 귀용(Jeanne-Marie Bouvier de la Mothe Guyon, 1648-1717)의 생애는 프랑스에서 논쟁의 표적이었으나 결과적으로 그녀가 활동했던 문화 안에서 정치사와 종교사는 상대적으로 중요성이 약했다. 유럽과 북아메리카의 개신교 사회에서는 이야기가 아주 달라진다. 그 이유는 거의 3세기 동안 그녀의 작품이 독자들 가운데 헌신된 무리들의 관심을 끌었기 때문이다. 마담 귀용은 그녀가 지지한 내적인 영적 경험들이 루이 14세(Louis XIV)의 후반기 통치시기에 주류 문화의 가치와 종교적인 실천과 비교하건대 색다르다는 것을 예리하게 인식하였다.

신앙인이 믿음으로 인해 고난당할 때에 견고하게 서 있으라는 주제를 다루고 있는 빌립보서 1:28~30에 대한 주석에서 그녀는 내적인 영성과 외적인 헌신의 표지 사이에는 분명한 대조가 있음을 확실히 하였다. 바로 이 차이가 그녀의 사유의 출발점이며 또한 그녀의 개인적인 고난의 원인이다.

만약 기독교인들이 예수 그리스도의 복음을 안다면, 그들은 외적인 것과 내적인 것을 구분할 수 있었을 것이다. 그러나 만일 기독교인들이 그것에 대해서 가르침을 받지 않았거나, 그것에 대해 가르쳐야 하는 사람들이 그것을 무시했다면 그들은 어떻게 그것을 알 수 있을까? 기독교인들이 믿음과 가치에 있어서 위험한 책들은 읽어도 되면서, 내적이든 외적이든 간에 그들의 삶에 있어서 규칙이 되는 복음서를 읽지 못하게 하는 것은 통탄할 일이다.

오, 아이들에게 그들의 아버지가 읽은 성경, 즉 그들에게 명령하고 충고하는 성경에 대해 읽고 아는 것이 얼마나 필요한가? 모든 책들 중에서 복음서를 읽는 것만큼 유익한 것은 없다. 그러나 누군가 복음서에 대해서 가르치면 그에 반대하는 이들에 의해 핍박을 받는다.

복음서에서 두 가지 중요한 사실을 언급할 수 있다. 하나는 가장 외적인 것으로 회개이며, 다른 하나는 가장 내적인 것으로 성령의 기도인데, 이는 가장 완전한 권고이다. 회개에 대해서는 회개가 언급되는 것을 거부하는 자유주의자들에 의해 반대를 당한다. 내적인 것에 대해서는 마태복음 15장에서 설명하듯이 외적으로 헌신하는 자들에 의해 방해와 핍박을 받는다. 이 핍박과 방해는 죄인들이 결코 회개를 할 수 없으며, 외적으로 헌신하는 자들이 결코 자신들을 내적인 삶으로 넘겨줄 수 없음을 뜻한다. 비록 이 핍박이 죽음이 될 수 있으며 또한 회개를 행하는 자들을 파괴한다 할지라도, 그것을 감당하는 사람들에게는 구원과 행복이 된다.[1)]

기독교 신앙의 근본적인 구성요소로서 내적인 삶에 대한 강조는 마담 귀용의 사유에서 반-지성적인 요소와 함께 강력하게 어울려 나타난다. 따라서 이런 정황에서 그녀를 "신학자"로 분류하고 그녀의 가르침을

---

1) Madame Guyon, *La Passion de croire*, ed. Marie-Louise Gondal (Paris: Nouvelle Cité, 1990), 204-5. *La Passion de croire*는 마담 귀용의 작품들 가운데서 발췌한 것을 모아 엮은 선집으로 특별히 유용한 까닭은 이 책이 이전에 출판되지 않았을 뿐만 아니라 찾기가 어려웠던 자료들을 포함하고 있기 때문이다. 마담 귀용의 모든 인용구들은 순전히 나 자신의 번역이다. 신뢰할만한 영어번역이란 매우 어렵다. 대부분 이용할만한 책들은 초기 번역들을 상당히 축소해서 현대적으로 고친 것이며 어떤 것들은 토마스 업햄(Thomas Upham)의 번역 가운데서 발췌한 것들에 기초하고 있다. Thomas Upham, *Life and Religious Opinions and Experiences of Madame de la Mothe Guyon*, 2 vols (New York: Harper, 1847).

체계화하려는 것은 그녀를 왜곡하는 것이다. 그녀의 대부분의 저서에서, 신비적인 전통이나 내적인 영성 가운데 있는 그녀의 입장으로부터 도출해 낸 경험적인 지식과 이성에 기반을 둔 "사변적인" 지식 간에 이원적인 대립관계가 있음을 찾아볼 수 있다.

이성으로부터 도출한 진리는 영혼이나 마음의 진리를 특징짓는 "본질"이나 근거 있는 자질을 가지고 있지 않다. 이에 대한 대조는 직관적이고 영적인 진리라고 말해야 할 것이다. 페넬롱(Fénelon)에게 보낸 편지에는 마담 귀용이 이성의 한계에 대해서 솔직하게 말하고 있으며, 페넬롱은 마담 귀용의 영향을 받기 전까지 자신의 믿음이 "메말랐다"는 것을 발견했다.

> 당신이 조사하고 싶은 만큼 조사해 보시오. 당신은 어느 곳에서나 이성으로부터 풍부한 진리를 발견할 수 있습니다. 그러나 내가 고백하는 바는, 당신은 당신의 이성으로 결코 동의하지 않는 본질적인 진리만을 발견할 것입니다. 진리는 당신 영혼의 본질에서 울려나오는 것이며 또한 당신의 영혼과 조화를 이룹니다. 당신의 이성이 이 진리와 싸우면 싸울수록, 진리는 더욱 당신 영혼의 본질과 조화를 이룰 수 있는 본질적인 진리가 될 것입니다. 그곳에는 평화, 순수한 사랑 그리고 하나님의 지고한 의지가 있는 진리가 있습니다.[2]

마담 귀용의 가장 유명한 작품인 『짧고 쉬운 기도방법』(*A Short and Easy Method of Prayer, Le Moyen Court et très facile de faire oraison*)에서 그녀는 모든 사람이 내적인 기도에 초청을 받았으며, "단순"하거나 글자는 없어도 특별한 장점을 갖는다고 강조한다.

> 완전하지 못한 존재들에게는, 단순한 것이 더욱 적격이다. 이는 그들은 온순하고 더 겸손하며 더 순수하고, 이성적이지 않으며, 또한 그들은 그들

---

[2] *La Passion de croire*, 163.

자신의 지식에 꽉 붙잡혀 있지 않기 때문이다. 그렇기에 지식이 없다면, 그들은 그들 자신을 하나님의 마음이 있는 곳으로 더욱 쉽게 나아가게 한다. 반면에 다른 무리들, 즉 자기 자신의 충족함으로 인해 방해를 받고 소경된 자들은 신적인 감화를 거부한다.3)

믿음의 단순성에 대한 이 주제는 마담 귀용이 시편과 잠언을 인용하여 형성한 것이지만, 가장 중요한 것은 예수님께서 천국은 어린아이들에게 속한다고 하신 마태복음 19:14의 말씀이다.

그러므로『짧고 쉬운 기도방법』의 첫 부분은 '머리'로 하는 기도가 아니라 모두가 '마음의 기도'를 하도록 부름을 받았다는 선언으로 이루어져 있다. 마담 귀용은 굶주린 마음, 가난으로 고민하는 자, 병든 자, 어린 아이들, 양을 잃은 불쌍한 자, 무식하고 어리석은 자들을 특별히 불러 기도를 통해 하나님의 임재 속으로 들어오라고 한다. 침묵과 휴식 안에서 영혼은 "하나님의 임재를 경험하는 맛"에 익숙하게 될 것이다.4)

이러한 내면성과 단순성의 주제로 인해 마담 귀용은 17세기 프랑스의 종교적 갈등의 중심에 서게 되었다. 그녀는 당대에 상승하고 있는 데카르트주의, 우세한 상황의 이그나티우스 영성, 성직에 종사하는 자들을 위해 신비주의의 실행을 보류한 가톨릭교회의 전통과는 불편한 관계였다. 마담 귀용의 생각과 영성은 여러 종류의 신비적인 전통 안에 자리 잡았으며, 특히 무심적(apophatic)이거나 추론적이지 않았다. 가장 언급할만한 것은, 그녀가 스페인의 성 십자가의 요한(St John of the Cross), 영국에 기원을 둔 베노이트 드 캔필드(Benoit de Canfield) 그리고 프랑스의 성 프랑스와 드 살레(St François de Sales)와 성 쟌느 드 샹탈(St Jeanne de Chantal)과 연관될 수 있다는 것이다.

그러나 쟌느 귀용은 위대한 신비주의 시대의 끝자락에 살았으며

---

3) Madame Guyon, *Le Moyen court et autres ecrits spirituals*, ed. Marie-Louis Gondal (Grenoble: J. Millon, 1995), 115.
4) *Le Moyen court*, 70.

평신도였다. 그녀의 생활환경과 저술의 신속한 번역 및 사상의 전달은 일반적으로 18세기 독일의 경건주의와 퀘이커파와 같이 상당부분 비제도적이며, 대중적인 종교운동과 공유한다. 실제로 종교적인 소명의 초기에 마담 귀용은 제네바의 주교 관구에서 섬기고 싶은 쟌느 드 샹탈(Jeanne de Chantal)의 삶을 모방하려는 것처럼 보였다. 후에 그녀는 자신의 영적인 가르침 속에서 "사도적인 선교"의 의식을 가졌고, 말년에는 개신교도에 대한 소명의식도 가졌다. 비록 그녀는 로마 가톨릭 교회가 언제나 진정한 교회라고 느꼈지만, 개신교도들에 대해 강제적인 회심을 유도한 루이 14세 통치방식에 대해서는 믿지 않았다. 깊은 영성의 개신교도들도 구원을 얻을 수 있으며, 예수께 속한 사람들을 아기 예수(Child-Jesus)같이 특별히 헌신한 자들로서 로마 가톨릭과 개신교를 그들의 믿음 안에서 연합한다는 그녀의 생각은 당대를 앞선 것이었다.

그녀의 삶의 환경은 쟌느 귀용의 논쟁 소재를 교회사, 신학사 그리고 정치사로 분류시킨다. 루이 14세의 통치 말기에 종교정책은 그녀의 운명과 초기의 영향력 둘 다를 결정하였다. 그녀의 신비적인 영성과 '신학', 무엇보다도 경험적인 신학을 이해하기 위해서 그녀의 생애를 살펴보는 것은 중요하다. 17세기 후반 정적주의 논쟁으로부터 다양한 요소들이 함께 형성되었다. 그녀가 자서전을 썼으며 그것이 유작으로 출판되었다는 사실은 이야기 형태로 구성된 그녀 자신의 내면성과 그녀의 평범하지 않은 생활형편에 대한 개인적인 인식을 보여준다. 그녀는 과부, 평신도 교사, 최고의 귀족에 이르기까지 믿기 어려울 정도로 복잡한 정치-종교적인 흐름의 시대를 살았다.[5]

1648년에 파리의 남쪽과 오를레앙 동부지역에 위치한 몽따르지(Montargis)에서 태어난 쟌느 귀용의 가족은 중요한 귀족 관계를 맺고 있었다. 그녀의 가족은 종교적인 수도회와 연결되어 있었는데, 그녀의 의붓 형제인 도미니크(Dominique)는 바나바회(Barmabite)로서

---

[5] 그녀의 생애에 대한 상세한 정보를 위해서 다음을 보라. Louis Cognet, "Mme. Guyon," in *Dictionnaire de spiritualité* (Paris: Beauchesne, 1967), 6: 1306-36.

후에 그녀에게 적대적으로 되었으며, 우르술라회(Ursulines)의 수녀였던 두 명의 의붓 여형제 가운데 한 명은 그녀의 교육에 동참하여 중요한 역할을 담당하였다. 그녀의 부모님은 헌신적이었으나, 어머니의 사랑을 받지는 못했다. 그녀는 두 살 반 즈음부터 기숙학교에 있었는데, 허약한 건강으로 고통을 받다가 1659년에 가정으로 돌아왔다. 대략 이 시기에 그녀는 프랑스와 드 살레(Francois de Sales)의 『경건생활의 입문서』(Introduction à la vie dévote, Introduction to the Devout Life)와 쟌느 드 샹탈(Jeanne de Chantal)의 전기를 읽었다. 이같이 어린 나이에 쟌느 드 라 모트(Jeanne de la Mothe)는 순수하거나 공평한 사랑에 대한 교리를 접하게 되었고, 또한 드 살레와 더불어 (성모) 방문회(The Order of Visitation)를 설립한 쟌느 드 샹탈의 삶의 모델을 접하였다. 젊은 쟌느 드 라 모트는 곧 몽따르지에 있는 이 수녀회에 들어가고 싶어 했으나 그녀의 부모는 반대하였다.

제대로 교육을 받지 못한 쟌느는 거의 독학을 하였는데, 실제로 그녀는 후에 아들의 가정교사의 도움으로 라틴어를 배웠다. 그녀의 작품의 스타일은 생기가 넘치지만 잘 다듬어지지는 않았다. 생애 전체를 통하여, 그녀는 당대의 전 영역에 걸쳐 영적이고 종교적인 전통과 파벌을 대표하는 중심 인물들과 알게 되었다. 그녀의 작품은 기독교 전통의 영적 문학으로 널리 읽혀졌다. 현명한 영적 교사이며 지도자였던 그녀는 그러나 지나치게 권위적인 성격으로 인해 영적 갈증, 심리적 우울, 몸에 분명하게 나타나는 조증 현상 등 질병에 시달렸다. 애정에 대한 갈망도 역시 그녀의 삶에 계속적으로 영향을 주었다. 따라서 복잡한 여러 요인들이 쟌느의 내적인 영성을 형성하였다.

1664년 그녀는 상류층 가문 출신으로 부유하고, 까다로우며 그녀보다 훨씬 나이가 많은 쟈끄 귀용(Jacques Guyon)과 결혼하였다. 남편은 12년 후에 죽었다. 쟌느의 감정적인 열망은 채워지지 않았고 시어머니로부터 부당한 대우를 받아 고통을 겪었다. 쟌느는 5명의 자녀를 두었으나 세 명만이 살아남았다. 후에 천연두로 인해 얼굴에 자국이 났으나 외모가 아름다웠으므로 그녀는 파리에서 방문을 통하여 알게 된 세속적인 삶의 유혹을 받았다. 그녀의 결혼 초기는 질병뿐만 아니라 신비적인 경향을 깨우치는 것으로 특징지어진다.

쟌느 귀용의 영적인 체험에 있어서 세 가지 중요한 사건이 있는데, 그 가운데 첫 번째는 한 프란체스코회 수도사가 몽따르지를 방문하였을 때 일어난 것으로 그 수사는 그녀에게 내면의 갈등에 대해 말하면서 자신은 내면에 있는 것을 외적인 모습에서 찾고 있다고 대답하였다. "당신의 마음속에 있는 하나님을 찾으려는 습관을 만드시오. 그러면 당신은 그곳에서 하나님을 발견할 것이오." 그 다음 날인 1668년 7월 22일 쟌느 자신이 깊은 상처라고 부른 경험을 하였는데, "사랑처럼 너무 달콤한 것이었으므로 나는 치료되지 않았으면 하였다."고 말하였다. 그녀는 불행 가운데 그녀 안에 있는 행복을 발견한 것이었다. "오 주님, 당신은 내 마음에 계셔서 내가 당신의 임재를 깨달을 수 있도록 단순한 상태로 되돌아가도록 요구하셨습니다!"[6)]

어떤 의미에서 내적인 삶은 거룩한 자아 속에서 잃어버렸던 자아이지만 각자의 본모습으로 되돌아가는 것이며 자아를 다시 통합하는 것이다. 쟌느는 개념적이지 않은 기도의 선물을 받았으며, 어떤 의미에서 정에 이끌리지 않는 사랑 속에 잠긴 기도로서, 하나님만이 그를 움직이실 수 있는 직관을 가지게 되었다. 전통적인 무심적(apophatic) 신비주의처럼, 자기포기의 상태는 예수를 지각하는 것을 포함하여 모든 구별이 사라지는 신적 임재의 경험에로 이끌었다. 이 점에서 후에 보쉬에(Bossuet)는 마담 귀용이 이단이라는 것을 시인하도록 강제하였다. '현실이라는' 시간은 사라졌고 그녀는 오직 사랑 속에만 있었다. 그녀는 강력한 묵상기도를 발견한 것에 대하여 다음과 같이 기술하였는데, 마담 귀용은 의지, 기억 그리고 이해, 이 세 가지의 능력 또는 기능과 대조하여 프랑스어로 이성도 포함하는 "빛"(les lumieres)이란 단어를 사용하고 있다.

---

6) Madame Guyon, *La Vie de Madame Guyon écrite par elle-meme*, ed. Benjamin Sahler (Paris: Dervy-Livres, 1983), 73.

그때부터 나의 기도는 모든 형태나 종류 및 이미지에서 벗어났으며, 어떠한 나의 기도도 머리에서 나오는 것이 아니었으며, 의지에서 우러나오는 기쁨과 소유였다. 이 기도에서 하나님은 참으로 위대하시며, 청결하시며, 꾸밈이 없으시므로 어떤 행위나 장황한 연설이 없이 깊은 묵상(recueillement)으로 영혼의 두 가지 기능 모두를 이끄시고 잠기게 하신다…그것은 믿음의 기도로서 모든 구별을 차단한다. 그 이유는 내가 예수 그리스도의 모습이나 신적인 속성들을 보지 못했기 때문이다. 모든 것은 감미로운 믿음에 잠겨있고, 사랑을 해야 하는 동기나 이유 때문이 아니라, 사랑 때문에 사랑하는, 풍성한 사랑을 하는 방법을 제공하기 위해 모든 구별들은 사라졌다. (하나님의) 주권적인 능력, 의지는 다른 두 가지, 즉 능력, 기억력과 이해력을 삼켜버렸고, 그녀 안에 있는 것들을 보다 나은 상태로 통합하는 목적을 가진 모든 차별화하는 대상들을 없애버렸다…이것은 수동적이라거나 이를 움직이게 하는 것이 무엇인지를 모른다는 것을 의미하는 것이 아니라, 오히려 믿음의 빛이며 태양과 같이 유사하고 일반적인 빛으로 모든 구별을 다 삼켜버리며, 우리의 입장에서 보자면 그것들을 모호하게 만든다. 그 빛은 모든 것을 극복하기에 충분하기 때문이다.[7]

그 이듬해부터, 마담 귀용은 몽따르지에 있는 베네딕트회 공동체의 부원장인 주네비브 그랑어(Genevieve Granger)로부터 많은 영향을 받았고, 후에 그녀의 친구 중에 한 사람인 쟈끄 베르토(Jacques Bertot)는 쟌느의 영적인 안내자가 되었다. 파리에 살고 있던 베르토는 존경받는 지도자로서 몽마르트르(Montmartre)의 베네딕트회와 관련을 맺고 있었으며, 마담 귀용이 자주 가던 귀족 계층과도 어울렸다. 쟌느의 영적인 삶은 금욕과 육체적인 고행이었으므로 - 이후에 개신교 해석자들은 그녀의 이러한 실천에 대해 감추었다 - 그녀의 개인적인 삶은 질병과 허약이었다. 이 시기는 대부분 외부의 환경에 대한 반응이었으며, 영적인 강도가 세어지는 시기의 서막이었다.

---

7) *Vie*, 75.

1672년 7월 마담 귀용은 그녀의 아버지와 그녀가 매우 사랑했던 첫째 딸의 죽음을 겪었다. 금식과 고행의 기간이 지난 후 막달라 마리아의 축일 때에 그녀는 아기 예수와의 영적인 결혼을 축하하였다. 그녀는 이 신비적인 연합의 지참금을 "십자가 고난, 멸시, 혼란, 반대 그리고 치욕"으로 보았다. 이때부터 그녀는 예수를 자신의 거룩한 남편으로 여기게 되었다. "그분은 너의 '피 남편'이라는 말씀(출 4:25)이 내 가슴의 첫 자리를 차지하였습니다. 그때부터 그분은 아주 강하게 나를 그분의 소유로 삼으셨고, 십자가를 통해 나의 몸과 나의 마음을 그분께 완전히 바칠 수 있게 하셨습니다."[8] 그녀의 자서전에서 마담 귀용은 이 거룩한 배우자를 일컬으면서 다음과 같이 묘사를 하였다. 그분 안에서 그녀를 "살아있는 성전"으로 헌신하게 한 십자가는 요한계시록에서 교회를 바치는 것과 같은 종류라고 기록하였다. 그 후의 삶을 되돌아보면, 그녀가 비록 소용돌이 속에 처하거나 버려지는 최악의 상황을 경험하는 가운데서도 위로를 받는 시기였지만, 일반적으로 그녀의 음식은 '위로 없는 고독'이었다.[9] 십자가의 길에 대한 이러한 극한 표현을 심리적인 환원주의(reductionism)라고 치부할 수 있지만, 부정의 방식(via negativa)이라는 전통에서 볼 때 마담 귀용의 내적 신학의 한 부분이었음이 분명하다.

1676년에 그녀의 남편이 죽기 전까지 마담 귀용의 삶은 여러 문제들, 수동적인 정화 그리고 영적인 무의미 상태로 점철되었다. 그녀는 부유한 젊은 과부가 되었고, 복잡한 재산을 지혜롭게 재빨리 해결하였으며, 그녀의 시어머니로부터 떨어져 몽따르지에서 조용히 살게 되었다. 1679년 상황이 바뀌자 그녀는 바나바회의 일원인 프랑스와 라 꽁브(François La Combe)와 다시 연락하게 되었다. 그녀는 마담 귀용이 초기에 만난 여성으로 사보이(Savoy)의 또농(Thonon)에 있는 바나바회 수도원의 책임자였다. 쟌느의 오빠도 라 꽁브를 알고 있었다. 그녀는 라 꽁브와 동일한 영적 공감대를 가지고 있었으며, 후에 페넬롱(Fénelon)을 알게 되었다. 라 꽁브와

---
8) Vie, 151.
9) *Vie*, 152.

마담 귀용은 서신 교환을 하였고, 소명과 영성에 대한 새로운 단계가 마담 귀용의 삶에서 시작되었으며, 그 중 하나는 라 꽁브와 관련이 있는 것으로 보인다. 마담 귀용은 의사소통을 하게 될 어떤 특정한 영혼들과 언어를 사용함이 없이 영적인 공감을 할 수 있는 무언의 의사소통 은사를 받았다고 느꼈다.

1680년 7월 막달라 마리아의 축일에 다시 한 번 쟌느 귀용의 세 번째 영적 전환이 발생하였다. 자서전에서 그녀는 이 경험을 하나님과 "하나됨의 연합"이라고 하였고, 이는 십자가 고난의 표지가 아니라, 충만함과 기쁨과 자유라고 기록하였다. "이 행복한 하루는 수년의 고통을 보상할 것입니다. 비록 이 행복은 단지 그때에 나타나기 시작한 것이지만, 내가 그것을 제대로 설명할 수 없습니다. 모든 선의 능력이 나의 마음을 넓혀주었기에, 곤혹스러움으로부터 자유롭고 부담이 없으므로 행복은 자연스러운 것이 되었습니다."[10] 신적인 의지와 연합함으로써 흘러나오는 자연스럽고 자발적인 것이 무엇인지에 대한 강조는 반복되는 주제이지만, 자신들 안에서 이 주제를 발견할 수 없는 사람들에게는 도리어 갈등을 일으킨다. 마담 귀용은 1680년의 경험을 묘사하면서 동기와 욕망의 정화라는 용어를 사용한다. "나는 내 안에서 날마다 팔복의 한 종류가 늘어가는 것을 느꼈습니다. 나는 죄악을 향해 있었다고 믿었던 모든 고난과 모든 기질로부터 온전히 구원받았습니다. 나는 소유권이나 유익이 전혀 없는 모든 종류의 선을 행한 것 같으며, 만약 보상이 존재한다면 그 선은 가장 먼저 없어졌을 것입니다. 그것은 마치 코튼이 보상에 대한 생각을 가로 막고 있어 더 이상 존재하지 않는 것 같았습니다…나는 내 정신이 깨끗하다는 것과 내 마음이 청결하다는 것에 놀랐습니다."[11]

이러한 연합의 결과는 매일의 삶에서 만족한 상태가 되고, 무슨 일이 발생하든지 받아들이게 한다. 여기에서 우리는 신적인 의지와 더불어 연합한다는 신학은 일상생활의 심리학처럼 활동한다는 것을 알 수 있다.

---
10) *Vie*, 209.
11) *Vie*, 210-11.

"나는 더 이상 의지에 종속되지 않습니다. 마치 그것이 사라진 것과 같았고, 아니면 다른 의지로 바뀐 것 같습니다. 힘 있고 강력한 이 의지는 그것이 원하는 대로 하는 것처럼 보입니다. 나는 (신적인 의지가) 이전에 양치기의 막대기라는 의미에서 최고의 사랑으로 이끌었던 것처럼 더 이상 영혼을 인도하지 않는다는 것을 알았습니다. 그것은 마치 (나의) 영혼이 자신의 자리를 다른 의지에게 양보한 것 같았고, 나의 영혼은 오로지 신적인 의지와 함께 동일한 것을 하려고만 하는 듯 했습니다."[12] 귀용의 글은 덜 과학적이지만 내면성의 신학을 보여주는 자연스러운 이미지들로 가득차 있다. 이것은 마담 귀용 자신이 알고 있는 신비한 문학으로부터 차용한 것이며, 그녀 자신만의 무의식적인 스타일과 대중화된 과학적인 이미지의 깨달음을 추가한 것이다. 여기에서 개인의 의지가 신적인 의지와 연합한다는 이미지는 바다에로 떨어진 물 한 방울이 바다의 양을 계속하여 점점 더 많게 하는 것과 같다.

마담 귀용은 제네바에서 소명을 수행하려는 강한 경향을 느끼기 시작하였다. 그녀는 제네바의 주교이자, 프랑스와 드 살레(François de Sales)의 후계자인 장 아렌톤 알렉스(Jean d'Arenthon d'Alex)와 접촉하였다. 마담 귀용의 부유함은 그녀를 매력있는 평신도 헌신자가 되게 하였고, 아렌톤의 계획은 사보이에 있는 젝스(Gex)에서 '새로운 가톨릭'을 위한 수도원을 세우는 것이었다. 루이 14세의 정책은 평화적으로나 혹은 강제로 개신교를 개종시켜 개신교 세력을 감소시키고, 하나의 종교로 국가를 단일화하려는 것이며, 그래서 군주제와 밀접하게 연관되어 있다. 쟌느 귀용은 몰래 몽따르지를 떠날 계획을 세웠고, 1682년 7월 사보이에서 자신의 소명을 시작하고자 어린 딸과 함께 떠났다.

마담 귀용은 거의 처음부터 자신이 실수했다고 느끼기 시작했다. 그녀는 젝스에 있는 수도원을 책임지면서 신앙의 전파를 담당하고 있었던 수녀들과의 사이에 어려움이 있었다. 그때 주교는 중재하기 위해서 라

---

12) *Vie*, 213-14.

꽁브 신부를 사보이에 보냈다. 그들의 영적인 협력은 이 시기부터이며, 라 꽁브에게 내면성의 신비주의를 알려준 자는 사실은 마담 귀용이었다. 그녀의 딸이 또농에 있는 우르술라회 수녀원의 기숙생으로 있는 동안, 쟌느 귀용은 그녀의 가족의 반대와 더불어 질병으로 큰 고난을 겪으면서 젝스에 계속 남아있었다. 그녀는 시어머니에게 두 아들에 대한 후견인 자격을 주었고, 그녀 자신을 위해 필요한 만큼의 연금을 가지는 것 외에 그녀의 개인 재산을 포기하였다.

1682년 2월에 마담 귀용은 또농의 우르술라회 수녀원에 있는 자신의 딸을 만나기 위해 젝스를 떠났다. 1683년 10월 전까지의 기간은 질병과 절망으로 점철되었으나, 진정한 소명이란 어떻게 되어야 하는지에 대해 놀라울 정도로 깨닫는 기간이기도 하였다. 라 꽁브는 베르토가 죽은 후에 그녀의 영적인 안내자가 되었다. 1683년 여름에 그녀는 라 꽁브의 지도하에 피정(묵상)기간을 마쳤다. 그리고 그녀가 겪고 있었던 심각한 고민으로부터의 해방은 언어를 쏟아부음으로서 이루어진 것 같다. 그녀는 자동적인 저술의 현상을 경험하였는데, 이는 그녀의 첫 번째 작품인 『급류』(Les Torrents)를 태동시킨 것으로 피정이 끝난 직후에 쓰인 것이었다. 이 작품은 필사본 형태로 가필(加筆)되었고, 사본이 넓게 유포되었으나, 그녀의 생애 동안에는 출판되지 않았다.

급류가 암시하는 것은 지금 흐르고 있는 물의 힘을 모으는 것으로, 급류 그 자체인 영혼이 완전한 포기(무의 상태로 하강하는 것)의 상태로 들어가는 내면의 여행으로서 하나님과 연합하는 것이다. 영혼은 기도를 통해 내면으로 들어가며 묵상의 다양한 단계로 들어가게 되면 이것은 마치 그 자체가 하나님의 것이 되는 것처럼 영혼소멸의 상태에 이른다. 『급류』를 기록한 행위는 자아의 역설적인 상태를 보여주는 한 사례로서, 이는 개인적인 의지와 능력으로서 존재하지만, 포기의 상태로 흡수된다. 마담 귀용이 주장한 바에 의하면 이는 지속될 수 있거나 또는 연합된 상태로 진행된다. 그녀는 자신을 "이 영혼"이라고 부르면서 다음과 같이 말한다.

그러한 영혼이 글을 쓸 때에, 비록 그녀 자신이 글을 써내려가는 동안 그것을 알고 있다는 것을 의심하지 않을 수 없지만, 자신이 안다고 하는 것을 생각하지 못한다는 것에 놀란다. 이것은 다른 사람들에게도 같은 것이 아니다. 그들은 자신들이 가지지 못한 것을 멀리서 보는 사람들과 같은 자들이므로 이성이 그들의 표현보다 앞선다. 사람은 그가 보고, 알고, 들은 것에 대해서 표현한다. 그러나 이 영혼(하나님의 뜻에 자신의 의지를 포기한 영혼)은 보물을 소유한 자와 같은 자로서, 먼저 보물을 설명한 다음에 보물을 본다… 하나님은 이 영혼 안에 계시거나 혹은 이 영혼은 더 이상 존재하지 않는다. 영혼이 더 이상 행동하지 않지만, 하나님께서 행동하시고 그 영혼은 도구가 된다.[13]

어떤 이는 마담 귀용의 자발적인이라는 표현법이 이미 신학적인 문제를 가지고 있다고 보았다. 후에 마담 귀용을 조사하게 되는 보쉬에 같은 반-신비주의자들은 그녀가 말한 영속적인 연합의 상태와 그 혹은 그녀 자신의 행동에 대한 책임은 언급하지 않으면서 개인이 기독교인의 덕과 훈련을 수행하는데 어느 정도로 책임적인지를 질문하였다.

심각한 질병이 여러 번 있었던 시기에도, 마담 귀용은 또농에서 "영적인 모성"의 특별한 소명을 받아 사람들에게 내적인 삶을 살 수 있도록 가르치고, 지도하고, 인도하였다. 한편으로 이를 종교적인 공동체에서 분리시키는 것으로 본 주교는 강력하게 반대하였지만, 그녀는 이 같은 영성을 가지고 개종의 사역을 시작하였다. 이러한 형태의 사역은 어렵지 않게 그녀를 지지하는 자들의 모임을 형성하면서 남은 전 생애에 걸쳐서 이루어졌으나, 다만 종교적 세력과 정치적 세력이라는 두 세력으로부터 반대가 형성되었다.

라 꽁브 신부가 어떤 임무를 띠고 삐에드몽(Piedmont)에 있는 베르첼리(Vercelli)로 갔을 때, 마담 귀용도 떠날 수 있는 기회가 생겨, 이

---

13) Madame Guyon, *Les Torrents et Commentaire au Cantique des cantiques de Salomon*, ed. Claude Morali (Grenoble: J. Millon, 1992), 156.

시기에 순회하면서 가르치고 영적인 지도를 시작하였다. 라 꽁브는 사건에 휘말려들었다. 그는 마담 귀용과 투린(Turin)으로 동행하였고, 그러면서 자신의 임무를 수행하였다. 그녀는 투린에서 저항에 봉착하였으며, 1684년에 그르노블(Grenoble)로 갔다. 그곳에서 그녀는 지방의 유명인이 되었고, 이 성공을 "사도적인 상태"(apostlic state)를 확립시킨 것으로 보았다. 그녀는 종교적인 공동체에 중요한 영향력을 끼쳤으며, 바로 이 곳 그르노블에서 『짧고 쉬운 기도방법』(A Short And Easy Method of Prayer)을 출판하였다. 많은 이들이 읽은 이 책은 1686년에 리용(Lyon)과 파리에서 재출판 되었다. 다시금 얀센주의자였던 주교는 이 문제에 관심을 가지게 되었다. 얀센주의자들도 마담 귀용을 반대하였다. 그녀에 반대하는 풍자 캠페인이 시작되었고 몇몇 사람들은 그녀와 라 꽁브의 관계에 대해 관심을 표명했다.

이 캠페인에도 불구하고 아무런 근거는 발견된 것이 없었다. 자연히 끓어오르는 마담 귀용의 글쓰기는 다시 계속되었고, 믿기 어렵지만 1684년 7월부터 12월까지 그녀는 신비주의에 입각한 성경주석을 썼다. 그녀의 생애 기간에 『아가서 주석』(Commentaire au Cantique des cantiques de Salomon)만 1688년 프랑스 리용에서 출판되었다.

1685년 3월 마담 귀용은 그르노블을 떠나서 마르세유(Marseille)로 여행을 떠나 그곳에서 4월까지 지냈다. 그녀는 주목할만한 신비주의자 프랑스와 말라발(Francois Malaval)을 만났는데, 그의 묵상기도에 관한 논문은 정적주의 논쟁에서 정죄를 받았다. 무엇을 해야 할지 모르는 채 마담 귀용은 투린으로 돌아가고자 시도하였으나 가지 못하게 되자, 그녀는 라 꽁브가 계속 섬기고 있었던 베르첼리로 갔다. 그 곳에서 그녀는 자신의 소명을 끝까지 수행할 수 있을 것이라고 생각하였지만 제네바의 주교는 그녀가 여행하는 것을 거절하였다. 1686년 라 꽁브가 일전에 자신을 초청했던 파리로 함께 가자고 하였지만 파리여행을 포기하였다.

마담 귀용의 생애에서 가장 놀라운 드라마는 파리에서 펼쳐졌다. 그녀는 최상의 귀족모임에 자주 갔었는데, 특히 공작 보빌리에(Beauvillier)와 슈브르즈(Chevreuse)가 주도하는 모임으로 그들의 아내들은 루이 14세의 재무장관인 콜베르(Colbert)의 딸들이었다. 그녀는 은밀하게 신비적인 가르침을 전하였다. 그럼에도 불구하고 정치적이고 종교적인 상황은 냉혹하여 그녀를 위험한 상황 속에 빠뜨리기도 하였고, 한편으로 그녀의 가르침을 해외로 확산시키는 촉진제 역할도 했다. 마담 귀용이 파리에 도착하기 바로 직전에, 루이 14세가 낭트칙령(the Edict of Nantes)을 철회함으로써 모든 개신교도들이 자유롭게 예배를 드릴 수 있는 권리를 근본적으로 빼앗아버렸다. 이러한 행동은 아우구스부르크(Augsburg, 1688-95) 동맹관계에 있던 개신교를 전쟁에 개입시켰다. 그녀에게 더욱 위험했던 것은 스페인 신비주의자 미구엘 드 몰리노스(Miguel de Molinos)의 가르침을 비방하는 반-신비적인 기류가 형성되고 있었다는 점이었다.

몰리노스는 17세기 후반 정적주의의 원천이었으며, 『영적 인도』(*Spiritual Guide*)의 저자였다. 정적주의는 신비주의 안에서 오랜 전통을 가지고 있었다. 정적주의의 평범함은 마담 귀용의 가르침의 핵심과 유사한 것으로 순수한 사랑 또는 편파적이지 않은 사랑, 하나님께 전적인 복종 그리고 지속적인 상태의 묵상 등이다. 특히 반-종교개혁 이후에 나타난 것으로, 정적주의의 가장 논쟁이 되는 부분은 외적인 행동이나 공적을 별로 중요시하지 않고 수동성을 강조하여 하나님의 뜻에 따른 통제만을 강조하여 무책임한 행동을 허용하게 된 부분이다. 몰리노스는 1686년 7월 로마에서 체포되었는데, 이것은 마담 귀용이 파리에 도착하기 바로 전이었다. 1687년 몰리노스는 유죄를 인정하고 자신의 가르침을 철회하였으며, 1696년 죽을 때까지 감옥에 처하는 종신형을 선고받았다.

마담 귀용의 저서와 가르침에는 신적인 의지에 복종하는 본질적인 경험을 질적으로 향상시키려는 시도가 계속해서 나타난다. 그러나 사람들은 기독교인의 삶과 실천을 훈련하는 것 자체에 대해 관심이 거의 없었다. 근본적인 이유는 그녀의 강조점이 묵상적인 기도와 사랑의 내적인 경험에 있었기 때문이었다. 아마도 그녀가 그리스도 및 십자가와 결혼하였다고 말할 수 있었던 것은 고난과 박해를 받아들일 때에 나타나는 결과이며, 그녀가 가르친 내적인 경험이 외적인 삶으로 나타난 결과들에 대한 논의와 가장 밀접하다. 자신의 저서에 대해 이단적이라고 비난하는 것에 대해 그녀는 다음과 같이 답변하였다.

> 나는 그저 나의 생각을 썼습니다. 나는 그것을 진지하게 따릅니다. 그것은 좋은 의미도 있고 나쁜 의미도 될 수 있습니다. 내가 알기로는 나는 좋은 의미로 썼으며 나쁜 의미는 분명히 무시했습니다… 만일 내가 비난을 받는다면, 나의 어머니인 교회와 결혼할 수 없을 것입니다. 교회가 나의 저서들을 정죄할 수 있다면 나 역시 그것들을 정죄할 것이기 때문입니다. 어떤 방법으로도 나는 내가 한 번도 생각하지 않았던 것을 받아들일 수 없으며, 내가 알지 못하는 죄를 지을 수 있다는 것을 받아들일 수 없습니다. 그렇게 한다는 것은 성령님을 속이는 것입니다. 내가 신앙과 교회의 결정에 따라 죽을 준비가 되어있는 것 같이, 내가 글을 쓰는 동안 내가 생각했어야 하는 것은 오로지 생각이 원했던 것이므로 그 밖에는 다른 생각이 전혀 없었다는 점이며, 내가 나를 고소한 죄를 지을 방법이 전혀 없었다는 것을 주장함으로써 죽을 준비가 되어 있습니다.[14]

마담 귀용의 딸인 쟌느-마리의 상당한 지참금은 어머니와 라 꽁브 신부의 뜻과는 반대로 원래는 초기의 정적주의자들이 지불한 것이었다. 파리의 대주교인 프랑스와 드 할리 드 샹발롱(Francois de Harlay de Champvallon)은 평판이 안 좋은 조카의 아들을 그녀의 딸과 결혼시키기를 원했다. 마담 귀용의 바나바회 형제인 라 모트(La Mothe) 신부는 이 제안을 받아들였지만 그녀는 거절했다. 쟌느-마리는 1689년에 베튠(Bethune)의 공작부인의 막내 동생인 보(Vaux)의 공작과 결혼하기로 되어 있었다. 마담 귀용이 정적주의자라는 비방은 처음에 비공식적으로 퍼졌으며, 그것은 그녀에게

---

14) *Vie*, 572-3.

상당한 압력을 주었다.

　라 꽁브 신부가 로마에 있었기 때문에 그가 몰리노스와 연계되어 있다는 혐의를 쉽게 받았다. 1687년 9월 그는 설교 후에 체포영장(a lettre de cachet)을 받았으며, 10월에 체포되었다. 사건 심리도 없이 여러 장소에 수감되었으므로 그는 점차 격해졌다. 결국 그는 죄의식에 사로잡히게 되었고, 받아들일 수 없는 행동을 수용한 것처럼 보이는 그의 편지는 후일에 마담 귀용을 대적하는데 사용되었다. 그러나 그들 사이에는 아무런 부도덕한 일도 발생하지 않았다.

　마담 귀용이 심한 병으로 고통 속에 있을 때에, 그녀에 대한 체포영장도 발부되었다. 1688년 1월에 그녀는 (성모) 방문회(Visitandines) 수녀원에 강제로 격리되었고 그녀의 딸은 어떤 기숙사로 보내졌다. 마담 귀용의 저서들은 조사를 받았고, 7월에는 그녀의 형제도 포함되어 있는 어떤 모임에 끌려가서 결혼에 동의하라는 압박을 또 다시 받았다. 이 구속기간 동안 마담 귀용은 자서전의 첫 부분을 끝냈다. 높은 자리에 있었던 그녀의 친구들은 마담 드 맹뜨농(Madame de Maintenon)의 호의를 통해 마담 귀용이 자유를 얻도록 노력하였다. 그녀는 개종한 가톨릭신자로 루이 14세의 두 번째 부인이자 막강한 권력을 가졌으며 경건했던 인물이다. 그녀 역시 할리 대주교를 좋아하지 않았다. 마담 귀용은 1688년에 그녀의 저서에 아무런 잘못이 없다는 공인서류를 받아 자유의 몸이 되었다.

　그녀는 모임으로 돌아왔으며 언제나 조용하게 지냈다. 1688년 10월 그녀는 슈브르즈와 보빌리에 공작의 친한 친구인 프랑스와 드 페넬롱(François de Fénelon)을 만났다. 페넬롱 역시 귀족이었고, 신교도를 개종시키기 위해 노력하는데 참여한 사람이었다. 복합적인 성격을 가진 성직자로서 그의 영적인 삶은 무미건조하며 지성주의자였다. 처음부터 마담 귀용에 대한 반응은 그들의 성격차이로 인해 부정적이었다. 그러나 곧 그는 그녀에 의해 내적인 삶으로 인도되었으며, 그녀는 라 꽁브에게서 느꼈던 것과 같은 무언의 의사소통의 종류와 같은 것을 느꼈다. 페넬롱과 예상하지 못했던 영적 조언자인 마담 귀용 사이에 많은 양의 편지와 영적인 시가 오고갔다. 두 사람의 관계의 결과는 페넬롱이 뛰어난 영적 지도자가 되는 것이며, 지도자로서 그의 편지가 가능한 한 빨리 번역되어 해외의 개신교 영역까지 전파되는 것이었다.

마담 드 맹뜨농은 사회의 모든 계층의 소녀들이 교육을 받을 수 있도록 생시르(Saint-Cyr)를 설립하였다. 1689년에 마담 귀용은 루이 14세의 손자인 부르고뉴(Bourgogne) 공작의 개인교사로 이미 잘 알려져 있던 페넬롱과 함께 학교에 소개되었다. 페넬롱은 위대한 교육자로서 지대한 영향을 끼쳤는데, 그는 『오디세이』(*Odyssey*)의 속편으로 어떻게 하면 좋은 통치자가 되는지에 대해 우화적인 서사시인 『텔레마쿠스』(*Telemachus, Telemaque*)에서 이것을 다루었다. 이 책이 1699년에 출판되었을 때, 루이 14세를 고발하는 것으로 널리 알려졌기 때문에 마담 귀용과 페넬롱은 정치적인 희생양이라는 평판이 더해졌다.

마담 귀용이 2년간 생시르에서 가르친 것은 지대한 영향을 끼쳤다. 기도에 대한 책과 다른 사본들이 유통되었다. 그러나 문제가 발생하였다. 특히 학교에 있는 종교적인 수련 수사들 사이에서 일어난 문제였지만, 마담 드 맹뜨농이 끼어들었다. 이것은 마담 귀용이 프랑스에서 공적인 활동을 하는 마지막 장면의 시작이었다. 마담 귀용의 글은 학교에서 회수되었고 그녀는 파문당했다. 마담 드 맹뜨농은 왕실가족이 의지하는 샤르트르(Chartres)의 주교에게 간청하였다. 마담 귀용의 지지자들은 페넬롱의 오랜 친구이자 루이 14세의 반-개신교도 정책의 지지자였으며 모(Meaux)의 주교인 유명한 설교자 자끄 베니느 보쉬에(Jacques Benigne Bossuet)에게 간청하였다. 페넬롱 자신은 캉브레(Cambrai)의 대주교가 되었다. 마담 귀용은 자신의 자서전의 첫 부분이 포함된 글을 보쉬에에게 보냈으며, 그의 첫 반응은 호의적이었다.

1693년에 마담 드 맹뜨농은 생시르로 보쉬에를 초대하였고, 그녀가 유죄선고를 받게 될 것이라고 암시하였다. 그 때에, 보쉬에는 수동적인 신비주의를 반대한다고 선언하였다. 1694년 초반에 마담 귀용과 보쉬에 사이에 있었던 면담은 마담 드 맹뜨농이 확신한 바 대로 유죄판결을 공식화하게 하였다. 마담 귀용은 공적인 심문에서 교묘한 환심을 중지하라고 요구하였다. 마담 드 맹뜨농은 페넬롱 역시 그 문제에 대해 책임 있는 보증자로 만들고자 책략을 썼다. 그와 보쉬에는 공식적으로 적이 되었다.

마담 귀용의 조사관들은 1694년 여름과 가을에 이씨(Issy)에서 일반 심리를 열었고, 12월에는 보쉬에가 이끈 배심원단과 마담 귀용이 마주하였다. 아마도 그녀의 친구들과 함께 두 달 동안 자신의 『정당성』(Justifications)을 준비하였는데, 그것은 신비주의 전통의 글에서 발췌한 개요와 그에 대한 주석을 바탕으로 한 것이었다. 1695년 2월 페넬롱은 생시르에서 물러났고, 캉브레에 있는 교구로 추방되었다. 3월에 34개의 글들이 이씨에서 조사를 받았고, 보쉬에는 마담 귀용을 모에 있는 (성모) 방문회 수녀원으로 옮기게 하였다. 4월에 보쉬에는 그리스도의 본질에 관해 이단이라는 사실을 수용한다는 문서에 서명하라고 마담 귀용에게 압력을 가했으나 그녀는 거절하였다. 7월에 마담 귀용은 복종명령문에 서명을 하였고 또 보쉬에로부터 정통주의의 인증을 받았는데, 후에 그는 이를 다시 되돌리려고(무효화하려고) 하였다. 그녀는 파리의 변두리로 돌아가서 은둔생활을 하였다. 그녀는 12월에 체포되어 경찰에 의해 심문을 받았는데, 이는 페넬롱과 타협시키기 위한 시도였다. 처음에 그녀는 종교 공동체 안에 있는 뱅센느(Vincennes) 감옥에 구금되었고, 결국 그곳에서 1698년 6월까지 있었으며, 바스티유(Bastille)에는 1703년까지 있었으며 그 해에 보쉬에가 죽었다.

한편, 신비주의에 대한 공식적인 대논쟁이 페넬롱과 보쉬에 사이에서 일어났다. 1696년에 페넬롱은 순수한 사랑 또는 편중되지 않은 사랑의 교리에 대한 전통을 방어하는 『내적인 삶에 대한 성인들의 격언 해설서』(Explanation of the Maxims of the Saints on the Interior Life)를 출판하였다. 그는 마담 귀용보다 더욱 더 깊이 이 주제와 연관을 갖게 되었다. 보쉬에는 그의 『신비주의와 기도의 상태에 대한 지침』(*Instruction on Mysticism and the States of Prayer*)에서 마음의 기도로 "모든 사람이 청함을 받았다"는 아이디어로 특이한 주장을 하였다. 그러므로 신비적인 상태를 위한 특권은 거의 존재하지 않는다.

두 주교 간에 신랄한 서신왕래가 있었으며, 1699년에는 루이 14세의 압력 때문에 페넬롱이 제안한 23개의 조항에 대해 이노센트 14세(Innocent XIV)가 세계 전체에 정죄를 하였으나 나중에는 수용하였다. 페넬롱은 1699년에 그의 감독 관구에 감금되었다.

마담 귀용은 바스티유에서 풀려날 때까지, 블루아(Blois) 근교에 있는 그녀의 아들의 보살핌 가운데 자택구금의 상태로 그 도시에서 죽을 때까지 살았다. 페넬롱과의 의사소통은 대부분 중재인에 의해 이루어졌고, 어떠한 서신교환도 모두 파기되었다. 두 사람의 저서는 매우 빠른 속도로 번역되었고, 개신교도들은 이들이 정치적, 종교적으로 핍박받은 자들이라고 인식하게 되었다.

비록 마담 귀용 자신은 가톨릭 전통에 든든하게 뿌리를 두었다고 보았으나, "영적인 어머니"로서의 그녀의 마지막 역할은 최후의 종착지였던 블루아에서 특히 개신교도들에게 나타났다. 그녀의 제자들 가운데 몇몇은 프랑스 출신이나, 대부분은 다른 나라에서 왔으며 그녀의 주변에서 모임을 형성하였고, 그녀를 "어머니"라고 불렀다. 이러한 열광주의자들 가운데 야곱파에 속하는 스코틀랜드 신비주의자를 포함하여, 네덜란드와 독일 그리고 스위스 경건주의의 신념을 가진 자들도 있었다. 마담 귀용의 내적인 삶에 대한 가르침을 전달하는 제자 중에는 페넬롱 밑에서 비서처럼 일했던 앤드류 마이클 램지(Andrew Michael Ramsay)도 있었다. 그의 『페넬롱의 생애』(*Life of Fénelon*)라는 책은 1723년에 불어와 영어로 출판되었고, 그 책은 두 사람을 신비적으로 묘사하였다. 가톨릭 평신도 여성인 마담 귀용의 가르침은 교리적이지 않으면서 대중적인 종교를 요구하는 시대의 요청에 따라 변형되었고 상황에 맞춰졌는데, 이런 그녀의 가르침을 수용하게 된 정치적이고 종교적인 복잡한 상황을 누구도 과소평가할 수 없다. 심지어 20세기가 시작될 무렵에도 그녀의 저서를 탐독하는 사람들을 - 종종 현대의 요약본에서 왜곡되기도 하지만 - 미국, 영국, 스위스, 독일을 비롯하여 카리스마적인 모임이 있는 곳에서는 어디서나 보게 된다.[15]

마담 귀용의 사상을 가장 강력하게 전달한 제자는 피에르 쁘아레(Pierre Poiret, 1646-1719)였다.[16] 프랑스의 개신교도(Huguenot)로 태어난 그는 바젤(Basel), 하나우(Hanau) 그리고 하이델베르크(Heidelberg)에서 교육을 받았다. 위그노 망명자들을 도우면서 목회자로 첫 발을 내 디딘 후에, 쁘아레는 비국교도 신비주의자이며 순수한 복음으로 돌아가자고 주장한 앙뜨와네트 부리뇽(Antoinette Bourignon)의 저서를 접하게 되었다. 그녀의 저서를 알게 된 프랑크푸르트에서 그는 최초의 경건주의자인 슈페너와 쉬츠를 방문했다. 목회직을 그만두면서 쁘아레는 부리뇽의 제자가 되어 그녀의 마지막 4년간을 섬겼다. 1680년부터 그는 네덜란드에서 살면서 자신의 글을 쓰고 부리뇽의 작품과 마담 귀용의 작품을 편집하였는데, 신학적, 신비주의적 그리고 자서전으로 분류하는 일에 몰두하였다. 쁘아레가 직접 쓴 책 중에서 가장 영향력이 있었던 것은 구원에 관한 방대한 논문인 「신적인 섭리」(*Divine Economy*)와 「자녀들을 위한 기독교 교육」(*The Christian Education of Children*)이 있다.

마담 귀용과 쁘아레의 첫 만남은 분명하지 않지만, 그녀가 감옥으로부터 풀려난 뒤부터인 것으로 보인다. 서신에서 그녀는 "나와 당신 영혼의 친밀한 연합"이라고 말했다. 마담 귀용의 전집은 대략 40권으로, 1704년에 암스테르담에서 첫 출판을 시작하여 1720년의 위조된 쾰른(Cologne)판까지 계속되었다. 이미 인용된 특정한 작품들뿐만 아니라, 특히 문장(紋章)을

---

15) 보라. Patricia A. Ward, "Madame Guyon and Exeriential Theology in America," CH 67/3 (September 1998), 484-98.
16) 보라. Marjolaine Chevallier, *Pierre Poiret (1646-1719): Du protestantisme a la mystique* (Geneva: Labor et Fides, 1994).

새겨놓은 세 편의 시집 시리즈와 함께 영성 시에 대한 마담 귀용의 작품에 주목해야한다. 이 중에서 세 번째 시집은 『거룩한 사랑과 세속적 사랑의 차이』(Les états différents de l'amour sacré et profane)이다. 독일의 급진적인 경건주의자인 게르하르트 테어슈테겐(Gerhard Tersteegen)은 이 작품을 독일어(제목은『하나님의 거룩한 사랑과 불경한 자연적인 사랑』)로 번역하였으며, 이 책은 펜실베이니아에서 1828년에 재출판 되었다. 테어슈테겐은 복음적인 경건주의와 신비주의를 잘 조화시켰으며, 이것은 18세기에 미국 식민지에 커다란 영향을 주었다.[17] 20세기 후반에 기독교선교연합회(CMA, Christian and Missionary Alliance)의 회원이었던 토저(A. W. Tozer)는 테어슈테겐의 깨달음과 복음적인 내면의 경건과 정적주의적인 복종과 유사한 복합적인 성향을 드러내었다.[18]

마담 귀용의 성경주석은 쁘아레가 1713-15년 어간에 20권으로 출판하였다. 이 작품은 십자가의 성 요한의 십자가(Saint John of the Cross)과 같은 작가들의 저술을 읽고 성경 본문에 대해 깊은 묵상을 했던 그녀의 경험에 바탕을 둔 내적인 삶에 대한 해석학이다. 그런데 특기할만한 것은 그 당시의 비판적인 논쟁에 휘말려들지 않았다는 점이다. 쟈끄 르 브룬(Jacques Le Brun)은 귀용의 영성지도 원리가 근원으로 돌아가는 것, 즉 자아를 재통합하는 운동이라고 언급하였고, 또한 이 주제는 그의

---

17) 보라. F. Ernst Stoeffler, German Pietism in the Eighteenth Century (Leiden: Brill, 1973), 197-202. 편집자의 각주. 또한 다음을 보라. J. Steven O'Malley, Early German-American Evangelicalism: Pietist Sources on Discipleship and Sanctification (Lantham, MD and London: Scarecrow Press, 1995), 143-65.

18) 정적주의자, 경건주의자, 웨슬리 영성으로부터 출현한 복합적인 전통의 사례는 토저(Tozer)에 의해 한 권의 선집으로 출판되었다. Tozer, *The Christian Book of Mystical Verse*. 이 책에서 토저는 신비주의자를 정의하길, 그들이 가톨릭교도이건 개신교도이건 오랜 복음적인 전통에 입각해서 영성의 깊이와 평온을 획득한 자들이라고 보았다. 토저가 소개하는 언어는 바로 마담 귀용과 테어슈테겐의 입장을 반영하는 것이다. 그들의 시는 다음과 같은 표제 아래 번역되었다. "완전의 길"(The Way of Perfection), "하나님의 임재의 기쁨"(Delighting in God's Presence), "신적인 사랑의 환희"(The Raptures of Divine Love), "신앙의 안식"(The Rest of Faith), "영적 전쟁"(The Spiritual Warfare), "침묵의 기도"(The Prayer of Quiet), "영적 교제의 축복"(The Bliss of Communion). 토저는 자신의 선집을 소개하면서 이 책은 찰스와 존 웨슬리의 시와 찬송을 포함하고 있는데, 이는 경건한 목적을 위해 매우 쓸모있기 때문이라고 밝혔다.

성경주석에서 해석학적인 원리임에 분명하다고 기술하였다. 마담 귀용이 볼 때에 이 같은 해석원리가 의미하는 바는, 학식 있는 주석자들은 본문의 문자적인 것만을 다루는 자이며, 반면에 신비적인 읽기는 본문의 문자를 기호로 여겨 해석하는 자이므로 그 내용의 가치와 평가를 달리 본다는 것이다. 따라서 성경은 본문을 읽으면서 자신의 경험을 하나하나씩 보는 독자 자신의 내적인 경험에 그 권위를 보장해주어야 한다.[19] 물론 이 같은 내적인 삶의 해석학은 순환적이다. 즉 모든 비평적이고 문화적인 문제점은 가다머(Gadamer)의 "이해의 지평"의 모든 경계를 회피한다. 독자는 말씀을 무한정 읽으면서, 내적인 공통의 경험을 공유함으로써 하나가 되는 것이다.

베를레부르크(Berleburg)의 백작 카시미르(Casimir)는 쁘아레가 편집한 귀용의 성경주석을 번역하였다. 1726년과 1742년 사이에 출판된 영향력 있는 『베를레부르크 성경』은 경건주의자들이 다룬 주제들의 개론을 주석한 것으로, 이 번역본은 귀용의 작품에 상당히 의존하고 있다. 다만 여기에서 『아가서』는 빠졌는데, 그 이유는 다른 독일어 본문이 사용되었기 때문이다. 그러나 독일의 기고자들은 원본에서 분명하게 드러난 가톨릭적인 것 같은 특별한 부분은 배제하고 결국은 마담 귀용의 주석을 받아들였다.[20]

한때 고국인 프랑스에서 버려졌던 쟌느 귀용의 신학을 지금 정의내리기는 어렵다. 그녀는 가톨릭과 개신교, 제도적인 것과 비제도적인 것, 이성적인 것과 직관적인 것, 신비적인 것과 무의식적인 것 사이에 모호한 공간을 남겨두었다. 그녀는 새로운 종교적 경험의 심리학인 경험적 신학의 길을 열어준 이론적 틀(패러다임)의 변형 그 자체였다. "심리학 소설"(A Psychological Novel)이라는 부제를 지닌 칼 필립 모리츠(Karl Philipp Moritz)의 소설 『안톤 라이저』(*Anton Reiser*)라는 작품보다 이것에 대해 더 잘 설명을 해 주는 것은 없다. 정적주의 논쟁이 일어난 지 약 1세기가 지난

---

19) Jacques Le Brun, "Présupposees théoriques de la lecture mystique de la Bible: L'example de *La Sainte Bible* de Mme Guyon," *Revue de theologie et de philosophie* 133 (2001), 291-2, 297, 302.

20) 보라. Jean-Marc Heuberger, "Les Commentaires bibliques de Madame Guyon dans la *Bible de Berleburg*," *Reuve de théologie et de philosophie* 133 (2001), 303-23.

후인 1785년에 출판된 그 소설은 마담 귀용의 가르침을 따르는 급진적 경건주의 공동체를 방문한 젊은 안톤의 여행을 묘사하고 있다. 이 공동체의 목적은 온전한 기쁨과 평안함이다.

마담 귀용은 다음과 같이 말했다. "만일 나의 사랑이 내게 돌아오지 않고 오직 하나님 안에 존재하고 하나님만을 위해 존재하는 것이라면, 나의 열정은 오직 하나님께만 있으며, 나 자신과는 아무런 관련이 없습니다. 하나님 안에 있고 하나님을 위한 이 열망은 더 이상 사랑하는 열망의 생기를 가지고 있지 않습니다. 사랑하는 열망은 사랑하는 대상을 즐기는 것이 아니라 완전히 만족할만한 열망의 평정과 안식을 가질 따름입니다."[21]

> 오! 내가 놓친 영광이여,
> 생각을 드리우기에는 너무도 깊구나!
> 신성의 바다 위에서 동요하는데
> 나를 삼키니, 나는 깊은 심연으로 사라지는도다.
> 비록 잃어버리고 사라진듯 하지만,
> 나는 나의 왕의 임재를 찬양하노니,
> 그것이 나를 휘감고 휘감을지라도
> 찬양할 때마다 나는 행복에 젖는다.[22]

---

21) *Vie*, 553.
22) 마담 귀용의 시구(詩句). A. W. Tozer (ed.), *The Christian Book of Mystical Verse* (Harrisburg, PA: Christian Publications, 1963), 102.

참고문헌

· 일차 자료

Guyon, Madame, *The Autobiography of Madame Guyon*, tr. Thomas Taylor Allen (London: Kegan, Paul, Trench, Trübner and St Louis: B. Herder, 1897).

Guyon, Madame, *Le Moyen court et autres écrits spirituals*, ed. Marie-Louis Gondal (Grenoble: J. Millon, 1995).

Guyon, Madame, *La Passion de croire*, ed. Marie-Louis Gondal (Paris: Nouvelle Cite, 1990).

Guyon, Madame, *Les Torrents et Commentaire au Cantique des cantiques de Salomon*, ed. Claude Morali (Grenoble: J. Millon, 1992).

Guyon, Madame, *La Vie de Madame Guyon écrite par elle-méme*, ed. Benjamin Sahler (Paris: Dervy-Livres, 1983).

· 이차 자료

Armogath, Jean-Robert, *Le Quiétisme* (Paris: Presse Universitaires de France, 1973).

Beaune, Joseph, et al., *Madame Guyon. Renconrtres autour de la vie et l'oeuvre* (Grenoble: J. Millon, 1997).

Bruneau, Marie-Florine, *Women Mystics Confront the Modern World. Marie de l'Incarnation (1599-1672) and Madame Guyon (1648-1717)*

(Albany: State University of New York Press, 1998).

Chevallier, Marjolaine, *Pierre Poiret (1646-1719): Du protestantisme à la mystique* (Geneva: Labor et Fides, 1994).

Cognet, Louis, "Madame Guyon," *Dictionnaire de spiritualité* (Paris: Beauchesne, 1967), 6:1306-36.

Gondal, Marie-Louis, *Madame Guyon (1648-1717): Un nouveau visage* (Paris: Beauchesne, 1989).

Heuberger, Jean-Marc, "Les Commentaires bibliques de Madame Guyon dans la *Bible de Berleburg*," *Revue de théologie et de philosophie* 133 (2001), 303-23.

Le Brun, Jacques, "Présupposées théoriques de la lecture mystique de la Bible: L'example de *La Sainte Bible* de Madame Guyon," *Revue de théologie et de philosophie* 133 (2001), 178-302.

Marquet, J.-F., "L'expérience religieuse de Jeanne Guyon (1648-1717)," in Denise Leduc-Fayette (ed.), *Fénelon: Philosophie et spiritualité* (Geneva: Dorz, 1966), 155-76.

Stoeffler, F. Ernst, *German Pietism During the Eighteenth Century* (Leiden: Brill, 1973).

Tozer, A. W. (ed.), *The Christian Book of Mystical Verse* (Harrsburg, PA: Christian Publications, 1963).

Upham, Thomas, *Life and Religious Opinions and Experiences of Madame de la Mothe Guyon*, 2 vols (New York: Harper, 1847).

Ward, Patricia A., "Madame Guyon in America: An Annotated Bibliography," *Bulletin of Bibliography* 52 (1995), 107-11.

Ward, Patricia A., "Madame Guyon and Experiential Theology in America," CH 67/3 (1998), 484-98.

고트프리드 아르놀트(1666-1714)
피터 어브(Peter C. Erb)

1715년 급진적인 경건주의자인 고트프리드 아르놀트[1](Gottfried Arnold, 1666-1714)가 라틴어로 쓴 유작인 『경험신학』(Theologia Experimentalis, 독일어 부제: '영적인 경험론' 또는 '회심의 시작부터 완성에 이르는 기독교의 중요한 부분들에 대한 지식과 경험')이 출판되면서 엄청난 반향을 일으켰다. 발전된 그의 사상을 첨가하여 이 책은 (사후) 20년 후인 1735년에

---

[1] 아르놀트의 배경을 위해서 특별히 다음을 보라. Hans Schneider, "Der radikale Pietismus im 17. Jahrhundert," in Brecht 1, 391-443, 그리고 Carter Lindberg, *Pietists, Protestants, and Mysticism* (Metuchen, NJ: Scarecrow Press, 1989). 전기적인 상세함을 찾아보려면 다음을 참고하라. Franz Dibelius, *Gottfried Arnold* (Berlin: Wilhelm Hertz, 1873). *Seel. Hn. Gottfried Arnolds/...Gedoppelter Lebens-Lauff/ Wovon der eine von Ihm selbst projectiret und aufgesetzt worden...* (Leipzig und Gardelegen: 1716) 재간행. *Gedächtnisz-Rede, bey Beerdigung Des Hoch-Ehrwürdigen und Hochgelaehrten Herrn, Herrn Gotfried Arnold...* (Perleberg und Gardelegen: Campen, 1719) 그리고 상당히 영향력있는 작품으로 Erich Seeberg, *Gottfried Arnold: Die Wissenschaft und die Mystik seiner Zeit* (Meerane, 1923; 재간행, Darmstadt: Wissenschaftliche Buchgesellschaft, 1964), Jürgen Büchsel, *Gottfried Arnold: Sein Verständnis von Kirche und Wiedergeburt* (Witten: Luther, 1970). 그리고 2001년까지의 모든 1차 자료와 2차 자료를 총망라한 전기로는 다음의 항목을 보라. "Arnold" in the *Biographisch-Bibliographisches Kirchen Lexikon* (Herzberg: Verlag Traugott Bautz), Band XX (2002), columns 46-70; Werner Raupp (Band I <1990>, columns 239-40, Friedrich Wilhelm Bautz), 지금은 인터넷으로 이용가능하다. www.bautz.de/bbkl

재판되었다. 19세기 중반 재편집되어 수차례 출판되었으며 미국에 흩어져 사는 독일 경건주의자들에게 인기가 많았다.[2] 비록 책의 제목만으로는 아르놀트가 역사가, 편집자, 시인, 목회자, 변증가, 신학자로서 생활한 것을 폭넓게 보여주지 못하지만 이 책은 아르놀트의 사상을 전반적으로 이해하는데 매우 유용하다. 라틴어 제목인『경험신학』은 두 가지 의미를 가지고 있다. 하나는 "경험적인 신학"(experiential theology)을 나타내는 것으로,[3] 각각의 기독교 신자들이 개인적으로 경험하고 알게 된 것으로서 하나님의 직접적인 말씀(directing words=theologia)을 의미하며, 또 다른 하나는 "경험의 신학"(theology of experience)을 의미하는 것으로 기독교 전통 전체를 드러내는데, 아르놀트는 이것을 대중화하기 위해 전 생애를 헌신하였고, 또 기독교 교회에 나타난『경험신학』의 역사를 기록하였으며, 초대 기독교, 중세와 바로크 가톨릭 사료(史料)에서 발견한 '경험상'의 전통적인 고전들을 편집하고 대중화하였다.[4]

라틴어 표제가 가지고 있는 뉘앙스는 이를 설명하는 부제에서 더 잘 나타난다. "즉 회심으로부터 완전에 이르는 생명력 있는 기독교의 뛰어난 점들에 관한 경험 또는 경험상의 지식(Erkäntnisz)에 대한 영적인 교리와 경험(Erfahrung)이다." 지식과 경험 양자는 종교개혁, 경건주의, 낭만주의 그리고 후기 낭만주의 시대에 광범위하게 사용된 용어다.[5] 그러나 아르놀트는『경험신학』서문에서 자신이 사용한 용어들을 이해하도록 독자들에게 한 단락을 제공한다.

---

[2] 미국 도서관의 개관은 루터파, 독일 개혁주의, 메노나이트파 그리고 급진적인 종교개혁과 경건주의 공동체의 서고를 갖추고 있는데, 이는 대중성을 입증하는 것이다.

[3] 경건주의 시대와 그리고 그 이후 어느 정도까지 "실험"(experiment)이라는 용어는 대부분의 유럽인들에게 "경험"(experience)을 뜻하는 것이었다.

[4] 알렉산더 슈메만(Alexander Schmeman)에게서 "예전적인 신학"(liturgical theology)과 "전례신학"(theology of the liturgy) 간의 어느 정도 유사성이 지닌 특성에 관해서는 다음을 보라. Thomas Fisch (ed.), *Liturgy and Tradition: Theological Reflections of Alexander Schmeman* (Crestwood, NY: St Vladimir's Seminary Press, 1990), 5ff. 그리고 그 밖의 여러 곳.

[5] 이에 대한 보다 충실한 논의를 위해서는 다음을 보라. Volker Keding, *Theologia experimentalis: Die Erfahrungstheologie beim späten Gottfried Arnold* (Münster: Lit, 2001).

실로 경험이 영적이라는 말은 무엇을 뜻하는가? 현세에서는 사람들이 이용하고 실천하여 도달할 수 있는 것을 경험상의 지식이라고 부른다… 그러나 영적으로 볼 때, 경험이란 우리의 외부에서 얻는 단순한 지식과는 분명하게 구별되는 것이다. 이것은 차라리 영적인 인식(Empfindung)이거나 또는 발견(Befindung)이다. 거듭난 사람은 참으로 영적인 것을 알고 함께 연합하고 즐기고 소유한다. 사람들은 하나님의 말씀을 따라 영적인 것들을 판단한다…그리고 거룩한 지식에 이른다…경험은 특별히 거룩한 것들에 관한 진정한 경험상의 지식이다. 사람들은 영적인 마음이나 인식을 통하여 그것(경험)을 얻으며, 이를 통해 맛을 보며, 하나님의 은혜로써 자신 안에 있는 진리와 지식을 인지하게 된다.6)

신비란 이해될 수 있는 것, 즉 경험상으로 알 수 있는 것으로 아르놀트에게는 알 수 없는 신비스러운 종교적 명제(proposition)가 아니다. 따라서 언어의 옷을 입은 교리를 단순하게 믿는 것이다. 그러므로 이것은 무한히 이해할 수 있는 진리이며, 그 차원은 인간의 이해의 지평을 더욱 더 확장시킬 수 있다.

그리스도의 가르침은 우리에게는 신비입니다.(골 1:27) 그러나 주님의 신비는 그를 경외하는 자들 가운데만 있습니다.(시 25:14) 예수님의 제자들은 하나님 나라의 신비를 이해하기 위해 권능을 받았습니다.(막 4:11)…그러나 신비라고 말하지 않는 까닭은 이를 개인적으로 깨우침을 받는다고 하여도 이해할 수 없기 때문이 아니라, 준비되지 않은 심령을 가진 자는 일반적인 방법으로 습득할 수 없기 때문입니다…저 유명한 영국인 모어(H. More)는 기술하기를,… 신비란 신적인 경험상의 지식으로 한편으로는 숨겨져 있습니다…(그러나 그것은) 참되고 분명한 결과를 가져다줍니다. 따라서 사람들에게 꼭 필요하고 능력이 됩니다. 그러므로 개개인의 영혼은 한때 타락했었던 것으로부터 초기 지복의 상태로 되돌아 갈 준비가 되어야 합니다.

---

6) *Theologia experimentalis*, "Einleitung," 11-12.

또 다른 곳에서 모이는…거룩한 삶의 기쁨은 신비를 경험한 자만이 이해할 수 있다고 하였습니다.

신비에 대한 이 같은 이해는 믿음을 소유한 자만이 가능한 것이며, 믿음 안에서 얻는 깨우침은 신자들로 하여금 성경의 진리뿐만 아니라 역사의 진리도 올바르게 이해하도록 한다. 아르놀트는 소용돌이가 휘몰아치고 매 순간마다 반대에 직면했었던 자신의 온 생애를 통해 이점을 주장하였다. 사람들은 일관성과 통전성을 가지고 그의 주요 관심사인 기독교인의 『경험신학』을 주목할 때에만 이를 이해할 수 있을 것이다.

1. 아르놀트의 초기 경력

1666년 10월 5일 작센의 안나베르크(Annaberg)에서 출생한 아르놀트는 비텐베르크(Wittenberg) 대학을 다녔고(1685-89) 졸업 이후 드레스덴(Drasden)에서 가정교사로 일하였다. 그는 비텐베르크에서 이미 슈페너(Spener)를 만났으며, 슈페너는 그가 목회자의 길을 가도록 격려하였다. 이러한 만남은 드레스덴에서도 계속되어 아르놀트는 1693년 크베들린부르크(Quedlinburg)에서 급진적인 영적 분위기에 빠져들기 전까지 슈페너가 인도하는 사적(私的)인 경건모임에 참석하였다. 그곳에서 그는 곧 장인이 될 요한 하인리히 슈프뢰겔(Johann Heinrich Sproegel)의 집을 종교적인 활동의 중심으로 삼았고, 프랑케와 할레 경건주의자들과 가까운 자들로부터 격려를 받았다.[7] 크베들린부르크에서 아르놀트는 초대 교회사를 주도면밀하게 연구하였다.[8] 그는 기념비적이며 최고의

---

7) Nolte, e. g., "Des Qvedlinburgischen Ertz=Schwermers und qvaker=Propheten/ Heinrich Kratzensteins Geschichte…," in *Der alten und neuen Schwärmer/ Wiedertäuffrischer Geister…* (Gedruckt im Jahr: 1702).
8) "Von dem Bruder- und Schwester-namen der ersten Christen," in Christian Thomas (ed.), *Historie der Weiszheit und Thorheit…1693…* (Halle: Christoph Salfelden), III,

인기를 얻은 『첫사랑』(Die Erste Liebe)이라는 책을 발표함으로 연구의 절정에 이르렀다. 책의 제목은 그 내용을 잘 나타낸다. '첫사랑: 즉, 맨 처음 기독교인들의 살아있는 믿음과 거룩한 삶에 대한 진정한 초상화.'[9)

눈에 띄는 것은 그가 초대 기독교인들의 자료에 기초를 두었으며, 이를 신학적인 문제에 따라 배열하였다는 점이다. 아르놀트는 먼저 하나님이 죄인을 부르신다는 초대 기독교인들의 이해 방식을 다루었고, 뒤를 이어 그가 이해한대로 그들의 가르침의 중심적인 측면을 서술하였다. 1세기 당시의 기독교인들은 그리스도 안에 있는 은혜의 말씀을 들음으로써 믿음을 가졌으며, 당시의 가르침은 곧 각자 자기 자신과 세상으로부터 떠나 하나님께로 향해야 한다는 것이다. 이때 성령의 조명이 뒤를 따른다. 성령의 조명은 죄에 대한 지식과 하나님의 법에 의해 징계가 뒤따른다는 지식을 제공한다. 그 결과 과거의 잘못을 인정하고, 그것들을 배격하며, 새롭게 중생한 생명은 의롭게 하시고 하나님의 자비하심과 지식으로 인도하는 그리스도 안에 있는 믿음에 의해 보호받는다. 이 모든 것은 아무런 공로가 없는 사람을 위해 주시는 오직 하나님의 선물이다. 삶의 갱신은 변화된 태도로 나타난다. 즉 죄를 미워하게 되고 거짓 없는 진리를 찾게 된다. 성령의 인도를 받는 기독교 공동체 속에 있는 남녀 기독교인들은 삶의 갱신을 경험한다. 이것은 그리스도와 함께 하는 신자들의 신비적인 연합으로 성장하며, 세례를 통해 그리스도의 몸인 교회 안에서 연합이라는 첫 단계로 이해된다.

아르놀트는 원시교회에서 구원의 일반적인 형태가 이같이 제시되고

114-202; *FRATRUM SORORUMQUE APPELATIO Inter Christianos...* (Francofurti ad Manum: JOHANN-CHRISTOPH: Konig, 1696) 그리고 *Des Heiligen Macarii Homilien. Oder Geistlich Reden...* (Leipzig: 1696). 증보된 재판은 1699년 다음과 같은 제목으로 출판되었다. *Ein Denckmahl des alten Christentums bestehend in des Heil. Marcarii und anderer hocherleuchteter Männer...Schriften.*

9) *Die Erste Liebe, Das ist: Wahre Abbildung Der Ersten Christen nach ihren Lebendigen Glauben und Heiligen Leben...: Worinnen zugleich Des Hn. WILLIAM CAVE Erstes Christentum nach Nothdurft erläutert wird...* (Gottlieb Friedeburgs Buchhandlung, 1696). 보라. Gottfried Arnold, *Die Erste Liebe*, ed. Hans Schneider (Leipzig: Evangelisches Verlagsanstalt, 2002).

설명된다고 믿었기 때문에, 그는 구속과정의 초기단계 곧 조명의 단계로 되돌아간다. 여기서 그는 신자 개개인의 삶에서 역사하는 구원의 서정을 연구하기 시작하였다. 아르놀트는 이 시기를 매우 자세하게 묘사하였다. 그의 작품 첫 장에서 연대기적으로 서술한 것으로 내적인 변화에 대한 외적인 표현보다는 보다 직접적으로 속사람에 대해 강조하고 있다. 조명이라는 주제아래, 그는 신자 안에서 죽을 때까지 계속되는 내면의 영적인 음성의 역할을 언급하면서 강조점의 변화에 주의를 불러일으켰다. 그는 외적인 죽은 문자에 반대하여 내적인 음성을 제시하였다. 루터파 형식에 적합하게 그는 성경의 외적인 말씀을 사용하는 것도 필요하다고 지적하였다. 신생(Wiedergeburt, 거듭남, 중생, 회심)에 대한 논쟁은, 예상한대로 (성령의) 조명이 뒤따른다. 신생이란 기독교인의 삶에 없어서는 안 되는(sine qua non) 것이고, 거룩한 삶을 증가시키고 개인에게서 하나님의 형상이 새롭게 되게 하기 위해 하나님이 홀로 하시는 초자연적인 행위이다. 기독교인은 몸과 혼과 영으로 이루어져 있다. 영은 믿음(칭의)으로 받은 하나님의 선물이요, 그분의 형상이며 닮음(likeness)이다. "신생의 힘은 성장하여 모든 인간의 본성과 이성을 통제하도록 성령께서 그들(초기 기독교인들)의 영혼에 주셨다."[10] 하나님의 형상은 성령을 통하여 회심 때에 갱신되며, 하나님 형상의 성취를 위하여 혼은 천국에서 최종적으로 완전한 갱신이 이루어진다. 마찬가지로 성령을 통하여 사람은 천사와 비슷하며 하나님과 연합하도록 만들어졌다. 그러므로 신자들은 이 같이 하나님의 본성 그 자체에 참예하게 되며, 아르놀트는 종종 믿음으로 참예한다고 주장한다.

(초기 기독교인이) 하나님과 연합하는 것은 높고 강력한 것으로 간주되나, 그들은 베드로후서 1:4에서 말하는 가장 순수한 의미의 신성화(神聖化)로서 신생을 규정한 것은 아니었다. 그들은 하나님의 형상으로 갱신될 때에 개인이

---

10) *Erste Liebe*, I, 1:5.

본성 안에서 하나님이 된다고 믿었던 것은 아니다…하나님께 매달리는 사람은 영으로 그와 함께 하는 자이다. 즉 이것은 믿음 안에서 삼켜진바 될 때에 일어난다…이곳과 및 유사한 구절에서 고대인(초기 기독교인)들은 자신들이 이해하고 있는 내용, 즉 신적인 존재로 변하는 것이 아니라 다만 신적인 조명을 받거나 깨닫게 된다는 생각을 설명하는데 사용하였다. 신적인 신비의 목표는 이를 통해 하나님께 가까이 나아가 거룩하게 되는 것이다.[11]

이러한 참여를 통하여 신자는 성령의 선물을 받는데, 그 중의 최고는 믿음이다. 아르놀트에게 믿음이란 행위로서, 사랑 안에서 경험적으로 발전하여 신생의 시기로부터 완전, 온전한 회복, 완전한 연합에 이르는 것이다.

『첫 사랑』(Die Erste Liebe)은 즉각적으로 유명해졌고, 어떤 이들은 이 책이 신비적인 경험을 강조하는 것에 주목하면서 악평을 가하였다. 특별히 헤센-다름슈타트(Hessen-Darmstadt)의 에른스트 루트비히(Ernst Ludwig) 공작은 이 책을 통해서 강한 인상을 받고, 1697년 5월 24일 경건주의자들이 자신이 다스리는 지역에서 비밀집회를 열 수 있도록 하였으며, 아르놀트에게 기센(Giessen) 대학교 역사학 교수직을 허락하였다. 기센대학교는 1696년에 정통주의자들을 추방하였기에 빈자리가 몇 개 있었다.[12] 기센 대학에서 제안한 지위로 인해 아르놀트는 비텐베르크(Wittenberg)에서 연구한 이래 그가 겪어온 직업에 대한 갈등이 더 심화되었다. 그가 당면한 문제는 대학의 교수직과 목회직 가운데 어느 것이 기독교인으로서의 소명을 더욱 성취하는 것인가 하는 것이었다. 당시의 교회는 그에게 만족을 주지 못하였고, 어떤 이는 그가 사생활을 좋아한다고 의심하고 있었으므로 교회기관(ecclesiastical institution)에서 요청하는 지도자직도 거절하였다. 마찬가지로 대학설립이 쉽

---

11) *Erste Liebe*, I. 4:12.
12) 대학에서 격변을 일으킨 일에 관해서는 다음을 보라. Dibelius, 77-80; 그 배경에 관해서는 다음을 참고하라. Universität Giessen (ed.), *Die Universität Giessen* (Giessen: Alfred Töpelmann, 1907), 48-81, 133-262.

다는 점에 대해서도 불편한 심기를 드러냈다. 만일 우리가 아르놀트의 작품을 제대로 이해하려면 그가 선택한 이력 중에서 그가 당한 어려움을 간과해서는 안 된다. 그는 언제나 학문적인 삶에 강한 매력을 가지고 있었지만, 그럼에도 불구하고 항상 이러한 성향은 극복해야 하는 시험으로 보았다. 그러므로 생애 후기에 그는 자신이 비텐베르크에서 실망에 빠져있었음을 되돌아보았다. 비텐베르크에 있는 동안 동료들이 괴롭힌 유혹을 극복했어야 했으나 그는 자만심에 빠졌다. 그는 역사적인 연구라는 도전에 심취하였고, 자신의 학문적인 능력을 하나님과 인류를 섬기는 도구로 이해하였다. 이러한 가운데 그는 자부심을 가졌다. 그러나 그의 사유구조 안에서 죄 가운데 첫째는 어떤 형태의 교만이었다. 총체적으로 볼 때 이는 하나님 안에 있다기보다는 자신 안에 존재하는 개인적인 표시였다.13) 그 결과 그의 경건은 연구와는 정반대로 변하였고, 젊은 학자들은 아르놀트의 첫 작품을 통째로 또는 일부를 익명으로 출판하였다. 결국 그는 학위를 위한 지식의 훈련을 포기하였으며, 이것이 기센 대학에서 직위를 제안 받았을 때에 심각하게 고민했던 이유였다.

그가 유보하였음에도 불구하고 아르놀트는 1697년 8월 24일 학위를 받았고, 얼마 지나지 않아 그는 "역사의 타락에 관한 연구"(De corrupto historiarum studio)라는 주제로 취임 후 첫 공개강의를 행하였다.14) 이 강의에서 그는 영적으로 거듭나야 할 것과 기독교인 학자들의 헌신과 그들에 의해 신중하게 과학적이고 역사적인 작품이 필요하다는 것을 다시금 강조하였다. 취임 강의를 한 직후 그는 일을 시작하였지만 대학에서의 지위는 초기 조건이 향상됨으로 그의 삶도 향상되었다. 외로우면서도 진지한 열성의 기독교인이었던 그는 자신의 시대가 다양한 요구들을 수용하는 시대임을 알았으며, 그 가운데는 학문적인 모임을 좋아하면서도 경건주의를 대단히 혐오하는 자들이 많음도 발견하였다. 동시에 그가 원시교회 시기에 대한 연구를 통하여 알게 된 초대교회의

---

13) 비교하라. *Gedoppelter Lebenslauf*, 2, 9.
14) 전문을 보려면 다음을 보라. Dibelius, 211-25.

이상은 기존교회들의 만족스럽지 못한 점을 돋보이게 하였다. 첨가하여 그는 비텐베르크에서 재앙을 당한 것같이 자신의 지위와 학문적인 솜씨가 뛰어나다는 교만한 시험에 또 다시 자신을 노출시켰음을 깨달았다. 1698년 초에 그가 (교수직을) 사임함으로, 이 같은 주제들을 효과적으로 연구하지 못하였다. 그가 사임한 날은 알려지지 않았지만 5월에는 그가 크베들린부르크로 돌아와서 변증서인 『솔직한 고백』(Offenhertziges Bekänntnüsz)을 저술하였다.[15] 아르놀트의 사임은 동료들에게 충격이었다. 어떤 이들은 그의 사임을 칭찬하였지만, 어떤 이들은 어리석은 완벽주의자의 표상이라고 공격하였다. 슈페너는 특별한 반응을 보였다. 슈페너는 아르놀트의 어려운 상황을 고려하면서, 그의 사임을 전체 교회에 대한 심판으로 보았다. 그렇다고 그가 아르놀트의 사임을 받아들일 수는 없었다. 슈페너의 견해는 진정한 기독교인은 다른 이들의 선을 위해서라면, 엄청난 어려움이라도 감당해야 하며, 심지어 죄를 짓는 위험이라고 할지라도 감당해야 한다는 것이었다.[16] 그 당시 아르놀트는 이런 전제를 수용할 수 없었던 것이며, 이 전제로 인해 아르놀트가 언젠가는 기성교회의 전통적인 형태로 되돌아 갈 수는 있으나, 학문 연구로는 되돌아가지는 않았을 것이다.

2. 급진적인 전환

크베들린부르크에서 아르놀트는 다방면에 걸쳐 자신을 최고로 기억할만한 작업을 하였다. 즉 『신약성경의 시대부터 1688년까지의 비당파적인 교회사와 이단사』(Unparteyische Kirchen-und Ketzer-Hiestorie, Vom Anfang des Neuen Testaments Bisz auf das Jahr Christi 1688)라는 책을

---

15) *Offenhertziges Bekäntnüsz Welche Bey unlängst geschehener Verlassung Seines Academischen Ampts abgelegt worden...* (1699). 서문의 날짜는 6월 10일자로 되어 있고, 구성되기 바로 직전에 그가 포기했다는 내용이 암시되어 있다.
16) 보라. Dibelius, 96. "Gottfried Arnolds Brief an den D. Spener/ die Niederlegung seiner Profession in Giessen betreffend," *Hessische Heb-Opfer* (1740), 473-6.

저술하였다.[17] 그는 이 책에서 초기 기독교 지도자들은 사악한 가르침을 발견하면 그것을 공격하였다고 가르쳤다. 시간이 흐른 후, 그들은 잘못된 가르침의 정의를 그들이 이해하지 못하는 표현까지로 확장시켜 그것을 이단이라 공격하였고, 또한 매우 잘못된 집단으로 몰아 박해하였다고 하였다. 아르놀트의 견해에 따르면, 박해가 심해지면서 박해를 받는 자들이 집단적으로 권력을 모음으로써 균형을 이루고자 하였다. 그 결과는 더 많은 권력과 신분을 차지하려는 분쟁이 일어났고, 성직자 가운데서도 독재적인 행동이 생겨났다. 오만함 가운데 이런 강력하고 위선적인 성직자들은 자신들만이 진리를 유지하고 있다고 믿게 되었다. 그러므로 누군가 그들에 대해 저항하거나 그들의 잘못을 드러낸다면 자동적으로 그를 이단으로 규정하였다. 그러나 이러한 정통주의는 모래 위에 세워진 것이었다. 즉 그들은 이교의 철학을 사용하여 자신들의 입장을 지지하는데 사용하였고, 그릇된 가정에 기초하여 역사를 기술했다. 이런 조직에 대해 저항하는 자들이 비록 이단으로 규정되었지만 그들은 그리스도의 복음의 단순성을 지지하는 자들이며, 진리와 진정한 교회에 대한 참된 증인들이다. 『첫 사랑』과 마찬가지로 『비당파적인 교회사와 이단사』의 역사편찬은 콘스탄티누스 황제로 인해 교회가 타락했다는 이론에 절대적으로 의존하고 있다. 이 이론은 4세기 초 콘스탄티누스 황제 치하에 교회와 국가의 일치로 인해 기독교 신앙이 불가피하게 내리막길을 걷게 되는 발단을 제공했다는 주장이다.

아르놀트의 『교회사와 이단사』에 나타난 이념이 논쟁의 여지가 전혀 없었던 것은 아니다. 특별히 그가 이 책은 "편파적이 아니다"(non-partisan)라고 주장했기 때문에 그렇다(여기에서 unparteyish는 비당파적이라는 뜻으로 적대자들은 신학의 중심사상에 관해서 무관심하다는 것으로 이해하였다). 더 나아가 그가 다른 신학 작품을 준비하고 있을 때 이 책이 출판되었으며, 이 책에 사용된 언어는 야곱 뵈메(Jacob Böhme)에게 큰 빚을 지고 있다.[18]

---

17) 2 vols (Franckfurt a. M.: Thomas Fritsch, 1699-1700).
18) *Das Geheimnisz der Göttlichen Sophia oder Weisheit* (Leipzig: Thomas Fritsch,

아르놀트는 진정한 기독교가 제도적인 교회로 변질되는 것을 지속적으로 반대하는 시를 수집하였으며,[19] 또한 스페인 정적주의자인 미구엘 데 몰리노스(Miguel de Molinos)의 『영적인 안내』(Spiritual Guide)를 편집하였고[20], 중세와 16세기 가톨릭, 급진주의자들, 정적주의자들의 선별된 작품도 편집하였다.[21] 1700년 7월 31일 크베들린부르크에서 모든 분리주의자들에 반대하는 칙령이 반포되었는데, 그것은 4주 안에 기존의 교회에서 시행되는 성찬에 출석하라는 명령이었다. 이 명령문은 다음 날 교회의 성단소(聖壇所)에서 낭독되었다. 아르놀트는 공식적인 저항에도 불구하고 한 달이 지나가도록 버텼으며, 결국 사흘 안에 도시를 떠나라는 명령을 받았다. 아르놀트 자신의 놀라운 행동이 이 난국을 깨뜨릴 때까지 그 해(1700)의 남은 기간과 1701년 전반기에 걸쳐 법률과 신학적인 논쟁들(wranglings)이 지속되었다.[22] 1701년 여름 즈음 그는 작센-아이제나흐(Sachsen-Eisenach)의 과부 공작부인 소피

1700). 아르놀트의 다음의 책과 함께 묶여 출판되었다. *Poetische Lob- und Liebes-Sprüche von der Ewigen Weiszheit and his Neue Göttliche Liebes-Funcken und Ausbrechende Liebes-Flammen.*

19) Gottfried Arnold, *Göttliche Liebes-Funcken/ Ausz dem Grossen Feuer Der Liebe Gottes in Christo JESU entsprungen* (1st end, 1698; Franckfurt a. M.: Zunnern, 1701). "Babels Grablied," 1:166-71.

20) *Die Geistliche Wegeweiser...Michael Molinos...* (Franckfurth: Koenig, 1704).

21) *VITAE PATRUM Oder: Das Leben Der Altväter und anderer Gottseliger Personen Auffs Neue erläutert und Vermehret* (Halle: Verlegung des Waysen-Hauses, 1700), *Auserlesene Send-Schreiben Derer Alten/ Zum gemeinen Zug gesammelt und verteutscht* (Franckfurt and Leipzig: Theod. Philippe Calvisio Buchhandl, 1700), *Erbauliche theosophische Sendschreiben eines in Gott getreuen Mitgliedes aus der Gemeinschaft Jesu Christi* (1700; Seeberg, 62), *Das Leben Der Gläubigen Oder: Beschreibung solcher Gottseligen Personen/ welche in denen Letzten 200. Jahren sonderlich bekandt worden* (Halle: Verlegung des Waysen-Hauses, 1701, 1732), Angelus Silesius의 *Cherubinischer Wandersmann*에 대한 서문, Johann Luyken의 논문, *Jesus und die Seele* 그리고 1701년 마담 귀용의 선별된 작품들, 무엇보다 다음의 서문을 보라. *D. JOHANNIS RUSBROCHII, Weiland Canonici Regularis Augustiner Ordens/ und Prioris des Klosters Grünthal/ DOCTOR ECSTATICUS...* (Offenback a. M.: Bonaventura de Haunog, Ysenburg und Budingischer Hof=Buchdr, 1701).

22) 아르놀트에 의한 중요한 신학논문의 목록을 위해서는 다음을 보라. *Unparteyische Kirchen- und Ketzer-Historie, Vom Anfang des Neuen Testaments Bisz auf das Jahr Chisti* 1688, 3 Bde (Schaffhausen: Emanuel and Benedict Hurter, 1740-42).

샤롯테(Sophie Charlotte)가 제안한 알슈테트(Allstedt)의 궁정목사 직위를 받아들였다. 9월 5일 그는 슈프뢰겔(Sproegel)의 딸과 결혼하였는데 그것은 아르놀트가 동정녀 소피아만을 사랑하는 정결한 뵈메주의자들의 사랑, 즉 독신주의자라는 이전의 추측들과는 반대되는 것이었다. 불행하게도 알슈테트 임명을 받는 것과 거의 동시에 여러 어려움이 연속적으로 발생하였다. 아르놀트는 그가 일치신조(Formula of Concord)에 공식적으로 서명하지 않고 직책을 받았기 때문이라고 생각했다. 그러나 공작은 기존의 관습을 깨뜨리는 것을 원치 않았다. 1701년 8월 아르놀트는 결혼하기 전에 베를린으로 여행하였고, 그곳에서 슈페너와 새롭게 친분관계를 가졌으며 프리드리히(Friedrich) 왕의 후원도 얻었다. 왕은 작센-아이제나흐의 젊은 공작에게 편지를 띄워 아르놀트의 정당성을 보증해주었다. 일의 진행은 그 해 12월이 되도록 여전히 결정되지 않은 상태였고, 1702년 초에 아르놀트가 알슈테트로 가서 공작부인의 주장대로 의무를 수행함으로써 해결되었다.

외견상으로 볼 때 아르놀트의 생애에서 이 기간은 자신도 알지 못하는 모순이 급박하게 돌아가는 시기였다. 1701년에 수집한 시를 모은 시집 『신적인 사랑의 불꽃』(Göttliche Liebes-Funcken)에 담겨있는 그의 긴 찬송시 "주여 당신은 주의 종을 올바른 지복의 길로 인도하십니다."(So führstu doch recht selig/ Herr/ die Deinen)가 그 이유를 잘 말해주고 있는 것 같다.[23] 빅토리아 시대의 번역자이며, 경건주의자들의 찬송을 대중화한 학자로 유명한 캐서린 윙크워즈(Catherine Winkworth)가 첫 연을 다음과 같이 전해준다.

> 당신을 따르는 자들에게 축복하소서, 주여, 그 길로
> 당신이 그들을 인도함이 얼마나 기이한지요!
> 그러나 당신은 그 속에서 우리를 위해 최고의 것을 찾으심이여,
> 당신이 변할 수 있다면, 진정한 진리는 더 이상 진실이 아니기 때문입니다.
> 비록 좁은 길이 굽어보여도 아직도 그들에게는 곧나니,

---

23) *Göttliche Liebes-Funcken*, cxxxviii.

당신은 당신의 자녀들을 당신께로 이끄소서,
그들이 볼 수 있게 그들 옆에 신비함을 보이소서,
이로서 당신을 소유함이 지혜요 승리임을 알게 하소서.

당신의 성령을 볼 수 없는 인간의 법이란 없나이다, 주여,
우리를 결박할 이성과 사상도 없나이다.
의심의 한 점에 당신의 검(劍)은 맹렬합니다,
당신이 그같이 하신다면 해결되옵니다.
강한 단합이라고 할지라도 주 앞에서는 연약합니다, 주여,
당신을 가로막은 모든 것들은 침몰하고 깨어질 것입니다.
당신이 약하게 말씀하나 적은 현저하게 두려워하며 듣나이다,
사막의 길이라도 당신의 발자국뿐입니다.

사람이 무엇을 묶으려고 애정을 다하여 노력하나이까,
당신의 지혜는 동에서 서로 멀리 퍼지나이다.
누가 사람의 멍에 아래서 한탄하기를 바라는가,
당신의 손길은 하늘 높은 곳에 미치며.
세상은 흩어졌으나 당신은 다시 하나 되게 하시고.
세상은 깨뜨렸으나 당신은 다시 세우시나이다. 세상이 만든 것들은
파괴의 언덕이 되게 하시고. 세상의 빛은 허무하여 어두움뿐이니.
당신의 영은 세상의 죽음을 향해 일어나 활동하라 부르십니다.[24]

3. 제도적 교회에서 신비신학을 옹호함

자신의 입장에 대해 신학적이며 법률적인 공격을 받는 소란함 가운데서

---

24) Catherine Winkworth (tr.), *Hymns for the Sundays and chief Festivals of the Christian year* (London: 1855), 175.

아르놀트는 극적인 전환을 이루었다. 이유는 자신의 종교생활과 사상을 방어하기 위해서는 폭넓은 변호활동이 필요하였기 때문이다. 1701년 아르놀트는 저서 『신비신학의 역사와 서술』(Historie und beschreibung der Mystischen Theologie)에서 기독교 신비주의 전통에 대한 묘사와 방어에 주의를 기울였다. 이 책은 일 년 후에 라틴어로 번역되었다.25) 그리고 1703년 신비신학에 대한 그의 변호를 담은 완전한 독일어판이 『신비신학의 역사와 기술, 또는 비밀스러운 하나님의 가르침』(Historie und beschreibung der Mystischen Theologie/ oder geheimen Gottes Gelehrheit/ wie auch derer alten und neuen MYSTIORVM)26) 이라는 제목으로 출판되었다. 많은 부분에서 '신비신학'이란 용어를 사용하였는데, 유작에서는 신비신학의 실재를 『경험신학』으로 기술하였다. 아르놀트의 많은 초기 작품에서와 같이 서문은 바울이 고린도전서 2:11-14에서 기독교인들을 정의한 것같이 비당파적인 독자들을 지향하고 있다. 아르놀트는 책의 마지막 페이지에서 자신의 주장을 정리하면서 이 단어를 사용하였다. 즉 사도 바울의 격언에 따르면 하나님의 영만이 하나님의 일을 설명할 수 있다. 그 결과 바울과 같은 (우리가 이해한 바로는 아르놀트 자신) 기독교인들이 글을 쓸 때, 그들은 "인간이 배운 지혜의 말로 하지 아니하고 성령님께서 그들에게 가르쳐 주신 말로 한 것이다…성령의 사람들은 모든 것을 판단하되 아무에게도 판단을 받지 아니한다."27) 사도 바울의 문장이 내포하고 있는 훈계의 의미는 당시 『역사』(Hiestorie)를 저술하고 있던 아르놀트에게는 특별한 의미가 있었다. 책의 일반적인 구조는 매우 분명하게 표현되었다. 이 책은 총 23장으로 구성되어 있고, 처음 7장은 신비신학의 본질에 대해, 8장은 수많은 공격에 대한 변호를, 9-12장까지는 시작부터 자기시대까지의 신비주의 역사를

---

25) *HISTORIA ET DESCRIPTIO THEOLOGIAE MYSTICAE, Seu THEOSOPHIAE ARCANAE ET RECONDITAE, item veterum & Novorum MYSTICORVM* (Frankfurt: Thomam Fritsch, MDCII), 다음의 부록과 함께 *Solida DEFENSIO THEOLOGIAE Mysticae.*

26) (Frankfurt: Thomas Fritschen, 1703). 이후로는 *Historie und beschreibung der Mystischen Theologie*를 MT로 표기한다.

27) MT, 272.

아르놀트의 시각으로 서술하고 있다. 13장에서 끝까지는 역사적인 순서를 따라, 즉 2세기로부터 16세기 말까지 대략 90명의 신비주의자들에 대한 간략한 전기와 참고문헌들을 소개하였다.

대부분의 작품처럼 신비신학에 대한 아르놀트의 연구는 경우에 따라서는 최고의 저술임에 분명하다. 즉, 자신이 살던 시대에 그가 발견한 상황에서 문제를 삼아 즉각적으로 문제방향으로 지향하고 있기 때문이다. 그의 의도는 언제나 실천적이었다. 목회적인 관심은 제한된 대학의 목적(학문성)을 뛰어넘었다. 그 결과 이 책은, 아르놀트가 서문에서 기술한 것처럼, 기독교 신비주의를 '묘사'하는 '단순한 역사'로서가 아니라, 독자들에게 문제와 주제 자체의 본질을 제공한다. 그리고 그 주제가 내포하고 있는 것에 대해 어떤 독자이든지 그 부분에 대해 이해하고 결정을 하도록 한다.[28] 그가 확신 가운데 우리에게 말하는 바는 역사적인 사건 그 자체만을 다루는데 더 이상 시간을 소모하지 않아야 한다는 점이다. "(역사를) 이해하는 독자는 본문 자체로부터 충분히 잘 알게 될 것이다. 연구라는 것은 단순히 역사적이며 과학적인 탐구라기보다는 보이지 않는 신성(Divinity; die wahre Erkäntnisz und Liebe der unsichtbahren Gottheit)에 대한 진리와 경험상의 지식으로 인도하는 것이다.[29]

아르놀트의 서문에서 주목할 만한 제안은 그의 중심적인 여러 사상을 보게 하는 것이다. 즉 학문적인 교수직보다 목회적인 소명을 더 우위에 두었으며, 믿는 자들의 신앙생활을 실제적인 측면을 입증하는 것이 기독교 전통 속에 나타난 신비적인 삶의 역사에 관한 다양한 사실들을 독자들에게 소개하는 것보다 낫다고 여겼다.

아르놀트는 신비신학의 역사를 기술한다는 것은 위험한 물속을 걷는 것이며, 책에서 단순히 이론적인 목적보다는 실천적인 것을 제안하는 것이 배나 낫다는 것을 잘 알고 있었다. 그래서 그는 어떤 방법으로든지 자신의 논점에 초점을 맞추었고, 비방자들은 즉각적으로 아르놀트의 관심이

---
28) MT, 1:1.
29) MT, a2r-v.

암묵적으로 "보편적인"(Catholic) 신비주의에 있고, 또한 개신교의 법정적인 칭의의 원리를 배격한다고 해석했다. 그러므로 그는 서문에서 이 문제를 제기하면서 자신의 접근방법을 개신교도들이 인정한다고 주장하였고, 자신이 "옹색하게 프로테스탄트 정신을 비난"하는 것으로 이해하고 있다는 것을 부인하였다.30) 자신의 개신교 정통주의를 강조하면서, 아르놀트는 비당파적인 그리스도의 제자들을 위하여 "그리스도의 본질적인 진리만이 남을 것이며, 무엇보다 이것만 사랑을 받아야 하며 그 밖의 다른 것은 있을 수도 있어서도 안 된다"는 신념을 주장하였다.31) 아르놀트는 형용사 "본질적(근본적)"이라는 단어를 매우 신중하게 사용하고 있음이 분명하며, "할 수 있고 그래야만 한다."(can and must be)는 믿음은 개신교의 의도를 분명히 보여준다.32)

아르놀트는 『신비신학의 역사와 기술』의 처음부터 교훈적인 이원론이 명백하여, 중생을 구분하며, 오로지 명목상의 기독교인들과 실천하는 기독교인을 구분한다. 신비신학은 중생한 자들에게 적합하다. 그들의 삶과 생각은 성령의 가르침과 인도를 받는다. 한편으로, 이성 자체는 세상적인 학자들에게 주요한 힘이다. 계몽된 독자들만이 신비신학의 깊이를 이해할 수 있는데, 다만 그들만이 자신들의 깊이에서 성령에 의해 인도되기 때문이다.33) 자신의 접근법을 유지하면서 하나님의 말씀인 '신학'(theologia)의 어원에 대해 목적 소유격과 주격 소유격을 활용함으로써 아르놀트는 신학이란 하나님에 '관한'(concerning) 진술이나 가르침도 될 수 있고, 하나님으로 '부터의'(from) 말씀이나 진술도 될 수 있다고 주장한다. 그러므로 참된 신학 (아마도 신비신학)은 하나님 자신의 능력으로 직접 영감을 받은 것이다. 모든 성경 기록자들이 그러했듯이, 한 예로, 성경의 모든 저자들에게 그랬듯이 사도 요한에게 하나님의 말씀이 거하였다. 그

---

30) MT, a3v-a4r.
31) MT, a4r-v.
32) Cf. 신비주의자들의 "의도"(intention)에 관한 그의 관심사는 다음에 나타난다. MT a3r.
33) MT, 1:1.

결과 그들은 자신들이 기록한 말이 하나님의 말씀이며, 또한 "초대교회에서 규정된 성경 그 자체가 하나님의 말씀(theologia) 또는 하나님의 가르침"이라고 주장할 수 있었다.34) "하나님과 함께 또는 하나님으로부터 말씀을 듣는 자," 즉 모든 기독교인들은 필연적으로 신학자이다.35) 어떠한 경우이든지 아르놀트는 자신이 말하는 신학이란 하나님의 능력이요, 성령의 선물이라고 가르쳤으며,36) 이것은 예수의 구속 사역과 온전히 연관되어 있다고 했다. 신지학(Theosophy) 역시 하나님의 지혜요 하나님으로부터 온 지혜로 규정되며, 성령의 조명에 의해 신자들에게 내적으로 임재하는 바, 신자들은 이것을 하나님에 의해 배운다(theodidakti). 아르놀트는 개혁파와 루터교 신학자들이 이 용어를 어떤 방식으로 사용하든지 싫어한다는 사실과37) 진실한 기독교인에게 주어진 은사의 본질과 그에 대한 주석적이고 선언적인 암시와 연관된 주제들로부터 다른 곳으로 관심을 돌림으로써 논쟁을 피하려고 노력한다는 사실도 받아들였다. 아르놀트는 당대의 학자(스콜라주의자)들에 반대하여 자신의 신학이 이교도로부터 비롯된 것이 아니라고 주장하였다. 대학에서 이루어지는 신학과 달리 신비신학은 비밀스럽게 숨겨진 신학이거나 하늘의 지혜이며, 그 원천은 하나님께 있다. 이것은 성령을 통하여 주어지며, 성경에 기초하고 있고 하나님과 신자를 하나로 연합하게 한다.

아르놀트는 주제를 두 개의 범주로 나누어, 독자들에게 신비적인 연합을 이해할 수 있는 두 가지 방법을 말하였다. 협의적이고 전통적인 의미에서 "하나님을 묵상하는 최고의 단계, 또는 하나님과 영혼의 가장 내적이며 본질적인 연합은 무엇보다도 바로 하나님 자신을 즐기고 보는 의미와 생각이다." 그러나 아르놀트는 말을 하기가 무섭게 이 경험을 "조명과 하나님의 지혜라고 부르는 또 다른 방식"과 연계하였다.38) 매우 흥미 있는

---

34) MT, 1:4-5.
35) MT, 1:6.
36) MT, 1:6, 8.
37) MT, 1:9.
38) MT, 2:5.

것은, 이러한 정의를 내리는 부분에서, 그가 개신교 저자들만 인용하였다는 점이다. 그러나 분명한 것은 그의 본래적인 관심은 이처럼 좁은 의미의 신비주의에 있지 않았다. 광의적인 의미에서 '신비적'이란 용어는 "우리가 거룩, 영적인 삶 또는 참된 실천에 속하는 모든 것을 나타내는데 익숙해 있다"고 하였다.[39] 그리고 이에 반대해서 자신의 전형적인 이원적 방식을 따라 외적이며, 감각적이고, 모든 세속적인 것을 제시하였다. 그러나 아르놀트는 이점에서 자신의 정의를 끝내지 않았다. 좁은 의미에서 신비주의를 정의한 것같이, 그는 병렬적으로 신비적이고 실천적인 삶이란 모든 참된 신자들의 헌신된 삶이요 성경을 이해하는 삶이라고 하였다.[40] 아르놀트가 신학을 이같이 정의한 목적은 다음 장에서 곧바로 명백해진다. 그는 독자들이 자신이 쓴 서문의 내용을 기억하기 원했다. 서문에서 그는 역사적인 본문의 자구(字句)에 대한 접근법을 묘사하고 있는데, 처음부터 주장하기를 어떻게 읽든지 간에 말씀에 대해 가능한 의미를 재치있게 설명하는 것보다는 삶 속에서 말씀의 정신을 어떻게 적용할 것인지가 중요하다고 하였다. 다시 한 번 참으로 목회적인 기독교인이 학문적이고 스콜라적인 "대학의 신학자들"보다 승리하는 삶을 산다는 사실을 입증하였다.[41]

다시금 참된 기독교인과 거짓된 기독교인, 신비적인 신학자들과 단지 학자들 사이의 이분법을 논한다면, 아르놀트는 자신의 『첫사랑』에서 한 것과 마찬가지로 『신비신학의 역사와 기술』에서도 그가 제시한 신학의 실천적인 차원을 제시하였다. 모든 신자들은 거듭나서 사랑과 진보 가운데 이것을 성취하는 방향으로 나아가야 하며 그렇지 않는 자들은 추방해야 한다.[42] 오로지 이성에만 기초한 신학에 반대해서, 신비신학은 사람들을 신적인 것에 대한 경험상의 지식 속에서 자라게 한다. 중생한 신자들은 어린아이로

---

39) MT, 2:6.
40) MT, 2:6.
41) MT, 2:9.
42) MT, 4:1.

시작하여 영적인 청년기를 거쳐 장성한 자가 되는 세 단계로 진행한다. 장황한 토론은 이 이론을 지지하는 발마의 위그(Hugh of Balma)의 작품 『시온의 길』(Viae Syon)에 거의 절대적으로 의존하여 이 주제를 다루었다.[43] 성장을 위해서는 정결한 마음, 가까이 함과 접붙임, 단순함, 청결함, 순결함, 순전한 복종, 겸손 그리고 지속적인 투쟁이 필요하다. 단지 극소수만이 마지막 목표에 도달한다.[44] 그곳에 온 자들은 모두 하나님의 인도를 받았으며, 그분만이 홀로 그들 가운데 일하셨다.[45]

아르놀트는 이러한 원리에서 신비주의를 변호하였다. 무엇이 신비적인 삶을 구성하는지에 대한 자신의 이해를 따라 그는 모든 신비적인 작품들을 재해석하였다. 그는 중세 저자들에 대한 루터파 경건주의자들의 해석이 신생(거듭남, 중생)의 교리를 분명히 언급은 했으나 충분히 다루지 못하였다고 명료하게 지적하였다. 초기의 신비적인 용어를 사용할 때에, 그는 그리스도와 믿음으로 연합하는 것과 그로부터 귀결되는 회심을 신생에 적용하였다.

> 어떤 이들은 신비주의자들이 '새롭게 태어남(신생)'에 대해 거의 가르치지 않든지 아예 가르치지 않는다고 말한다. 신생을 가르치는 것은 기독교의 핵심이며 필요한 요소이다. 그럼에도 이때에 그들은 단순히 문자적 의미로서 '신생'이라는 용어를 사용하였다. 다만 영적인 눈을 가진 자만이 신생 자체에 있는 것을 볼 것이며, 영적인 모든 것들은 신생과 연관되되 그 자체의 독특한 것과 충만함 가운데 연관된다. 특별히 영혼의 정결과 이것으로부터 나오는 것들, 즉 내적으로 알게 된 계시의 산통(産痛), 광채, 영적인 출생과 영혼 안에 예수 그리스도를 확립하는 것 또는 부부로서의 연합과 영화는 더욱 그러하다.[46]

---

43) MT, 6.
44) MT, 4:3-27.
45) MT, 5:1-2.
46) MT, 8:31.

아르놀트는 계속해서, 신비주의는 공로나 행위를 강조하지도 않고 개신교적인 의미에서 믿음에 대한 언급을 빠뜨리지 않는다고 하였다. 신비주의자들은 "진정한 복음의 핵심은 옛 사람의 죽음과 새 사람으로 깨어나 살아가는 것"이라는 사실 외에 어떠한 것도 가르치지 않는다.[47)]

4. 아르놀트의 마지막 생애

그러나 이러한 전개과정은 다만 정통주의와의 지속적인 갈등을 만들어낼 뿐이었고, 아르놀트는 논쟁의 중심부에 서 있으면서 『신비신학의 역사와 기술』의 초기 편집을 수행하였다. 제도적인 교회의 문제에 간섭하지 않겠다는 그의 약속에도 불구하고 교회당국은 필요에 따라 힘을 사용하면서 아르놀트의 이주를 요구하였다. 공작부인과 그녀의 경건주의 동료들이 왕에게 호소하여 아르놀트는 프러시아 국가의 첫 번째 왕실역사가로 임명되었다. 긴장관계는 1704년 내내 지속되었고, 1705년 이른 봄이 되어서야 아르놀트가 감독관에 임명되어 베르벤(알트마르크트, Werben, Altmark)으로 이사갈 수 있게 되자 잠잠해졌다. 2년 후에 그는 페를레베르크(Perleberg)로부터 청빙을 받아 감독관과 수석 목회자가 되었고, 죽을 때까지 그 곳에서 살았다.

아르놀트는 언제나 자신의 주변에 분노한 논쟁자들이 있었지만 확실하게 진정시키는 능력을 가지고 있었다. 그러므로 그가 알슈테트에 도착한 이후 몇 년 간 다른 이들에게는 골치 아픈 일이 있었으나 그에게는 어떤 일도 발생하지 않았다. 그는 자신의 시대와 이전 시대의 신비주의자들의 작품에 대해 칭찬을 멈춘 적이 없었다. 1702년 그는 변증서인 『증언과 사례를 통해서 본 초대 기독교인들의 결혼과 독신생활』(*Das Eheliche und Unverehelichte Leben der ersten Christen nach ihren eigenen zeugnissen*

[47)] MT, 8:32.

und exempeln)을 완성할 수 있었다.⁴⁸⁾ 이 책은 『신비신학의 역사와 기술』의 라틴어판과 독일어판에서 볼 수 있듯이 다른 많은 작품 중에서 게르트루드 모어(Gertrude More)의 『콘페시오 아만티스』(사랑하는 자들의 고백, Confessio Amantis)⁴⁹⁾와 페트루치(Petrucci)의 편지로 편집서문을 구성하였다. 더욱이 1703년, 그는 『교회사와 이단사』(*Kirchen-und Ketzer Historie*)에 대한 『보충』(*Supplementa*)을 발간하였고, 이듬해에(1704) 『참된 영적기도의 새로운 핵심』(*Neuer Kern wahrer Geistesgebete*)과 『복음적인 교사의 영적인 상태』(*Die Geistliche Gestalt eines evangelischen Lehrers*)를 출간하였다. 이 책은 아르놀트의 목회적인 돌봄에 대한 관심사를 지원하도록 초기 신비주의자들을 광범위하게 사용하였다. 그리고 설교들과 명상들을 묶어 인상적으로 "신비적인" 제목을 붙인 『영혼에서 그리스도의 변용』(*Die Verklärung Christi in der Seele*)이라는 책을 출판하였다.⁵⁰⁾ 이러한 형태는 그 이후로도 계속되었다. 아르놀트의 생애가 거의 끝나갈 무렵에도 계속해서 글을 썼는데, 그 가운데서 많은 책을 편집 완료하였고, 때로는 다른 이들의 책 서문을 써 주기도 하였다. 또한 설교들을 모은 설교집과 신학 에세이 그리고 기도서 『천상의 즐거운 정원』(*Paradiesissche Lustgärtlein*),⁵¹⁾ 등을 출판하였으며, 『경험신학』을 포함하여 신학적이고

---

48) (Franckfurt: Thomas Fritschen, 1702).
49) *Von Hrn. Petro Mattheo Petrucci, Weyland Bischoff zu Jesi und Cardinal geschrieben...* (Halle: Verlegung des Waysen-Hauses, MDCCV); *Confessio Amantis, Oder Heilige Liebes-Bekäntnisse/ in Englischer Sprache aus dem überflusz des hertzens geschrieben von Gertraut More* (Franckfurt: Thomas Fritschen, 1704).
50) *Supplementa, Illustrationes, und Emendationes Zur Verbesserung Der Kirchen-Historie* (Franckfurt: Thomas Fritschen, 1703); *Neuer Kern wahrer Geistes-Gebete, bestehend in denen herrlichsten Morgen- und Abend-, Stand- und Beruffs-, Busz- und Kommunion-, Creutz- und Anfechtung-, Sterbens- und Paszions-, wie auch Jesus-Andachten...* (Franckfurt: Thomas Fritschen, 1704); *Die Geistliche Gestalt Eines Evangelischen Lehrers Nach dem Sinn und Exempel der Alten Ans Licht gestellet...* (Halle: 1704; Franckfurt and Leipzig: Johann Georg Böhmen, 1723); *Die Verklärung Jesu Christi in der Seele, aus denen gewöhnlichen Sonn-und Fest-Tags-Episteln, auf dem Fürstlichen Schlosze zur Allstedt gezeiget* (Franckfurt: Thomas Fritschen, 1704).
51) *Paradiesischer Lust-Gartin, Erfüllet mit Andächtigen Gebehtern Bey allen Zeiten, Personen, Lebens-Arten und Umständen...* (O. o.: 1712).

역사적인 연구, 또한 변증서인 『역사적이고 신학적인 고찰』(Historische-Theologische Betrachtungen), 『선하고 경건한 사람들의 사도(邪道) 또는 오류와 시련』(Die Abwege oder Irrungen und Versuchungen gutwilliger und frommer Menschen)⁵²)) 등을 출판하였다. 더 나아가 토마스 아 켐피스(Thomas a Kempis)의 책을 편집하고⁵³), 무엇보다도 『첫사랑』에 동반된 책들도 편집하였다. 『첫 사랑』의 원제는 다음과 같다. 『내적인 기독교의 진정한 자화상, 기독교의 시작과 토대, 과정 또는 성장 그리고 살아있는 믿음과 축복된 삶의 결과 또는 목표를 따라, 축복된 옛 사람들의 증언과 사례로부터 처음 기독교인들의 자화상의 지속과 해설』(Wahre Abbildung Des Inwendigen Christenthumus, Nach desen Anfang und Grund, Fortgang oder Wachsthum und Ausgang oder Ziel in Lebendigen Glauben und Gottseligen Leben/ Aus den Zeugniszen und Exempeln der gottseligen Alten zur Fortsetzung und Erläuterung Der Abbildung der Ersten Christen dargestellet)⁵⁴)을 통해 초기 작품에서 제안한 주장들을 지지하였다.

『진정한 자화상』에서 아르놀트는 그의 신학과 자신의 전 생애를 총합하였다. 신중하게 선택한 연구의 제목은 그의 첫 번째 주요작품인 『첫 사랑 또는 처음 기독교인들의 진정한 자화상』(Die Erste Liebe, oder Wahre Abbildung der Ersten Christen)을 생각나게 하는 것이었다. 후기의 작품은 그의 의도의 변화를 즉각 알게 해 준다. 『첫 사랑』이 원칙적으로 역사적인

---

52) *Theologia Experimentalis, Das ist: Geistliche Erfahrungs-Lehre, Oder Erkaentnisz und Erfahrung Von denen vornehmsten Stücken Des Lebendigen Christenthums, Von Anfang der Bekehrung bisz zur Vollendung...* (Franckfurt, 1715; reprint, Franckfurt a. M.: Joh. Benjamin Andrea und Heinrich Hort, MDCCXXV); *Historisch-Theologische Betrachtungen merckwürdiger Wahrheiten/ Auf Veranlassung derer biszherigen Einwürffe Gegen G. Arnolds Schrifften...* (Franckfurt: Thomas Fritschen, 1709); *Die Abwege, Oder Irrungen und Versuchungen gutwilliger und frommer Menschen, aus Beystimmung des gottseligen Alterthums angemercket* (Franckfurt: Thomas Fritschen, 1708).
53) *Thomas von Kempis Geistliche Scriften, So wol die vier Bücher Von der Nachfolge Christi... Nebst einem historischen Vorbericht und Einleitung Gottfried Arnolds...* (Leipzig and Stendal: 1712; 2nd edn, Leipzig: Samuel Benjamin Walthern, 1733).
54) (Franckfurt, 1709; reprint, Leipzig: Benjamin Walthern, 1732).

오리엔테이션이며 초대 기독교와 관계하고 있는 반면에 『내적인 기독교의 진정한 자화상』은 신학적이며 후대의 자료들을 폭넓게 사용하였다. 그럼에도 불구하고 그의 후기작품에서 나타나는 영적인 역동성은 초기작품과 비교해볼 때 손색이 없다. 아르놀트는 자신의 모든 작품에서 그리스도와 내면의 영적인 연합("경험신학")에 대한 본질을 설명해야 할 필요성을 느끼고 있음을 여러 곳에서 언급하였으며, 또한 이 연합은 그를 다른 방면으로 이끌었다. 즉 완전한 정결, 조명, 덕성 함양 그리고 영적 정화는 기독교 전통 안에 있는 "경험의 신학"에 대한 풍성한 자료들에 주의를 기울이게 함으로써 그리스도와의 신비적인 연합을 경험할 수 있도록 한다. 한 예로, 1697년 1월에 쓴 『교회사와 이단사』의 서문에서 아르놀트는 자신의 연구가 진리와 내적으로 연합하고자 하는 것이며, 진리의 명령에 따르려는 내적인 강박 충동으로 이에 대한 본질을 설명하고자 시도한 결과라고 주장하였다. 그러므로 이는 인간의 재능에 의해 고안된 어떤 외적인 전통이 결코 아니며 오히려 자신과 타인의 실천과 경험이 작동하는 것을 설명해야 하는 소명으로 받아들인 결과이다.[55] 『진정한 자아상』의 서문과[56] 본문 전체에 흐르는 일반적으로 동일한 형태의 윤곽을 찾아볼 수 있다.

아르놀트는 『진정한 자아상』의 독자들, 즉 그리스도와의 신비적인 연합에 대한 근원적인 신비, 곧 구원의 신비를 이해하고자 추구하는 자들에게 새 사람의 신앙은 옛 사람의 이성과 다르다고 말한다. 구원을 이루는 연합의 신비는 즉시로 일어나거나 확실하게 발생하므로 구원의 모든 양상들도 더불어 이해하게 된다.

> 나는 분별력 있는 남녀독자들이 다음 내용들을 하나님 앞에서와 진정한 기독교의 교훈을 따라서 편견 없이 열심을 가지고 생각할 수 있도록 이 문제를 다루어 주기를 바란다. 어떤 토론은 성경과 초기 기독교인들의

---

55) *Kirchen und Ketzer-Historie*, "Vorrede," 8-9.
56) *Wahre Abbildung*, "Vorrede," 2.

증거에 비추어 볼 때, 덜 논쟁적인 것일 수 있다. 즉 이 토론은 불멸의 영혼이 신적인 형상의 최초의 정결함으로, 그리고 영혼의 타락의 깊이에로, 믿음으로 말미암아 예수 그리스도를 통한 순전한 구속에로, 복음으로 인해 가장 확실한 중재자에게로, 구세주의 조명, 연합, 그리고 영적인 친교에로, 또한 참으로 새로운 출생(신생)과 영원하신 선(善)이신 하나님과의 영원한 연합과 사랑으로 이끄는 성령의 열매로 인도한다. 그러므로 신실하며 이해하고자 하는 마음을 가지고 여기에 기록된 모든 진리들을 살펴보자. 이것을 살펴봄으로써 성령님께 신실하게 순종하는 자가 되도록 하자.[57]

믿음으로 얻는 계몽(교화)은 신자들이 성경의 진리뿐만 아니라 역사의 진리들을 올바르게 이해하도록 한다. 더욱이 계몽된 믿음은 그리스도와 신자들의 연합에 대한 경험적인 지식을 지탱해준다. 즉 이것은 하나님의 사랑과 그분의 의지에 대한 경험적인 지식이며, 경험의 신학에 의한 성경의 진리요 역사의 진리들이다. 이제 역사가, 시인, 변증가로서 목회적인 소명과 개인적인 추구는 서로 연관되어 있다.

아르놀트를 설명할 때, 그의 삶과 연관시키지 않으면 종종 위험에 빠진다. 그에 대해 말하자면 아르놀트는 '바로크'의 특성을 가진 자로서, 초기 경건주의 입장에서부터 뵈메주의자, 독신주의 급진주의자, 성 소피아에게 구애하는 자 그리고 다시 한 번 자신에게로 돌아서서 급진적으로 변화하는 자이며, 그 시대의 기성교회와 결혼하고 자신을 속박하는 자가 되었다.[58] 우리가 보아온 바대로 아르놀트 자신은 내부에서 지시하는 하나님의 말씀에 충실한 '경험신학'이라는 상황 속에서 자신의 행동 전체에 초점을 맞춤으로 책임을 인식했고 또한 그 책임을 수행하였다. 아르놀트의 설명은 자신의 글 "주여 당신은 주의 종을 올바른 지복의 길로 인도하십시오."(So führst doch recht selig/Herr/die Deinen)에서 제안한 것에 적절하다. 그러나 이것은

---

57) *Wahre Abbildung*, "Vorrede," 8.
58) 이러한 입장에 대한 가장 상세한 진술에 관해서는 1923년에 출판된 에리히 제베르크(Erich Seeberg)의 연구서를 보라.

그의 작품에서 아르놀트가 무시할 수 없었던 또 다른 단절을 지적해준다. 즉 신자 개개인의 내적인 경험과 가시적인 공동체의 외적인 구조에 대한 그의 구분이다. 풍성한 경험의 삶을 통해서 그는 '경험적인 신학'의 명령에 따라서 기독교 세계에 나타나는 '경험의 신학'과 진실한 기독교인과 거짓 기독교인, 즉 '교회'와 '이단', 문자와 영 그리고 다른 심령술사적인 이분법 사이에 관련된 이중적인 대립관계를 해석함으로써 문제를 해결하고자 노력하였다. 하여간 아르놀트가 문제인식을 많이 가지고 있었다는 것을 『진정한 자화상』의 여러 곳에서 분명히 볼 수 있다. 이것은 적어도 그가 성령의 내적인 음성과 기독교 세계에서 가시적으로 들리는 현상들 간에 상호균형을 찾고자 시도한 곳에서 예시한 것이 결코 아니다. 균형 있고, 추측할 수 있는 기독교 세계는 진정으로 편당적이지 않는 신자, 즉 내적인 기독론의 언어를 성령론의 주제와 더불어 구조를 만들어 가는 신자들에 의해 가장 효과적으로 도달할 수 있다. 그의 유작인 『경험신학』에서 그는 삼위일체주의자들이 제시한 문제를 풀기 위해 한 발자국 더 전진하였다. 그리스도와 연합한 신자의 믿음 그리고 이 연합에서 성령의 갱신 사역의 실현가능성은 그렇게 간단한 것이 아니다. 그러나 통전적인 삼위일체의 활동에 대한 아르놀트의 견해는 다음과 같다.

> 영원하신 하나님은 영혼의 구원을 위해 아들(성자)에게로 견고히 이끄시는 능력 있는 방법으로 사람들의 영혼 가운데 자신을 나타내 보이셨다. 하나님은 우리 안에서 악한 지식, 그 지식이 우리를 정죄하게 하여 소용돌이 속으로 밀어 넣어, 우리로 하여금 겸손하게 만들고 성령의 강력한 능력과 말씀으로 우리가 구원을 다룰 수 없음을 드러내 보이셨다.
> 영원한 아들이 그 속에서 믿는 모든 사람들을 위해 아버지의 사랑과 은혜로운 덕과 자유로운 은혜를 보여주신다. 그는 자신의 피로 우리를 완전한 구원으로 인도하시며 또 아버지의 보내신 자로서 우리로 하여금 그의 거저주시는 완전한 복음을 경험하게 하도록 하기 위해 우리를 회개로 인도하신다.

영원한 성령께서는 자신을 특별히 거룩한 믿음과 빛과 생명의 은혜와 영향 속에서 자신을 나타내신다. 그는 언제나 우리를 격려하시고 경고하시며 강건하게 하시고 구원 가운데 우리를 위로하신다. 그는 울며 기도하는 자를 부추기시며 힘을 주신다. 그는 신실하게 역사하시며 순종하시며 모든 필요한 은혜와 진정한 기독교와 거짓 기독교를 확실하게 구별하여 내신다.[59]

---

59) *Theologia experimentalis*, 48: 29-31.

참고문헌

철저한 목록을 위해서는 앞의 각주 1번을 참고하라.

· 일차 자료

Arnold, Gottfried, *Theologia experimentalis: das ist: geistliche Erfahrungslehre oder Erkäntnisz und Erfahrung von denen vornehmsten Stücken des lebendigen Christenthumus von Anfang der Bekehrung bisz zur Vollendung...* (Franckfurt a.M.: Zunners Erben u. A. Jung, 1715; reprint: Franckfurt a.M.: Andrea und Hort, 1735; US edition: Milford, Bucks County, PA: Oberholtzer, 1855).

Arnold, Gottfried, *Die Erste Liebe, Das ist: Wahre Abbildung Der Ersten Christen nach Ihren Lebendigen Glauben und Heiligen Leben* (Franckfurt a.M.: Friedeburgs Buchhandlung, 1696).

Arnold, Gottfried, *Die Erste Liebe*, ed. Hans Schneider (Leipzig: Evangelisches Verlaganstalt, 2002)

Arnold, Gottfried, *Unparteyische Kirchen- und Ketzer-Historie, Vom Anfang des Neuen Testaments Bisz auf das Jahr Christi* 1688, 2 vols (Franckfurt a.M.: Fritsch, 1699-1700; reprint, Hildesheim: 1967; with additional treatises, 3 vols, Schaffhausen: Hurter, 1740-42).

· 이차 자료

Büchsel, Jürgen, *Gottfried Arnold: Sein Verstädnis von Kirche und Wiedergeburt* (Witten: Luther, 1970).

Dibelius, Franz, *Gottfried Arnold: Sein Leben und seine Bedeutung für Kirche und Theologie* (Berlin: Wilhelm Hertz, 1873).

Erbb, Peter C., *Pietists, Protestants, and Mysticism: The Use of Late Medieval Spiritual Texts in the Work of Gottfried Arnold* (1666-1714) (Metuchen, NJ: Scarecrow Press, 1989).

Keding, Volker, *Theologia experimentalis: Die Erfahrungstheologie beim späten Gottfried Arnold* (Münster: Lit, 2001).

Schneider, Hans, "Der radikale Pietismus im 17. Jahrhundert," in Brecht 1, 391-443.

Seeberg, Erich, Gottfried Arnold: Die Wissenschaft und die Mystik seiner Zeit (Meerane: 1923; reprint, Darmstadt: Wissenschaftliche Buchgesellschaft, 1964).

게르하르트 테어슈테겐(1697-1769)
한스귄터 루데비히(Hansgünter Ludewig)

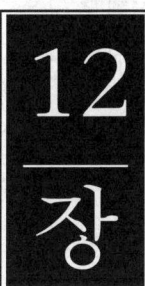

바흐(J. S. Bach)와 볼테르(Voltaire), 프리드리히 대제(Frederik the Great), 라이마루스(Reimarus)와 동시대 사람인 테어슈테겐(Gerhard Tersteegen, 1697-1769)은 "개신교의 성자"로 간주되었다.[1] 사실 괴테(Goethe)의 친구 융-스틸링(Jung-Stilling)은 말하기를, "그는 사도시대 이후 그 누구보다도 더 진실한 기독교인들을 낳았다. 암스테르담(Amsterdam)에서부터 베른(Bern)까지 일반 대중들 가운데 그의 수많은 제자들이 있음을 볼 수 있으며, 그들은 분명 모든 경건주의자들 중에서 최고이다."[2] 그가 죽은 후에도 테어슈테겐의 친구들은 그의 본질적인 것이 무엇인지 여전히 확신하지 못하였다. 그 이유는 수많은 탄원에도 불구하고 그는 자신의 삶에 대해 지극히 적은 분량만 털어놓았기 때문이다.

테어슈테겐이 가진 많은 천부적인 재능과 업적들은 전기 작가들을 기죽인다. 그는 『영적인 화원(花園)』(Geistliche Blumengärtlein)에 122곡의 찬송가와 약 1,200편에 달하는 시구와 운문을 기록하였다. 그가 남긴

---

1) Walter Nigg, *Grosse Heilige* (Zurich: Artemis, 1946), 310.
2) Johann Heinrich Jung-Stilling, *Sämtliche Schriften* (Stuttgart: Henne & Scheible, 1837), 6: 277-9.

재산에는 영적 상담자로서 활동한 것을 반영해주는 15,000여개의 단편들을 비롯하여 설교들과 교환된 서신들이 참으로 산더미같이 많이 있다. 그리고 인쇄된 다른 저작물과 번역들을 합하면 페이지로 약 6,000쪽에 이른다. 테어슈테겐은 시인, 설교자, 영적 지도자, 학식있는 신학자, 신비주의자로 나타난다. 독학한 그는 당대의 신학적, 신비주의적, 심지어 철학적 문헌들에 정통하였다. 그는 독일어, 네덜란드어, 프랑스어, 라틴어 문헌을 읽었지만 그의 관심은 학문보다는 "경건의 실천"에 있었다. 아시시의 프란시스(Francis of Assisi)와 같이 그가 끼친 영향은 자신이 표현한, "하나님의 임재 안에서의 삶"이라는 영성에 뿌리를 박고 있었다. 그의 기본적인 시야는 오직 "그리스도를 가르치는 것"만을 바라보는 것이었다.[3]

테어슈테겐이 경건의 실천에 집중적으로 초점을 맞춘 것은 믿음과 지식은 경험을 통하여 얻어진다는 당대의 견해를 반영한 것이다. 그는 100년이나 된 오래된 기도훈련을 스스로 경험하였고, 이로 인해 오늘날 많은 묵상훈련원의 선구자와 같이 되었다. 동방교회의 "마음의 기도"가 그를 통해서 처음으로 표현되었고, 복음적인 영역 안으로 놀랍게 확산되었다. 그는 또한 복음적인 공동체들의 "아버지"로 인식되며, 약리학사(藥理學史)에서는 자연요법에 대한 개척자의 위치를 차지하고 있다.

1. 가족과 학교에서의 초기시절

경건하며, 소규모 의류 상인인 하인리히 테어슈테겐(Heinrich Tersteegen)과 마리 코르넬리아 트리볼러(Marie Cornelia Triboler)의 6번째 자녀인 게르하르트(Gerhard)는 1697년 11월 27일에 라인강 하류에 위치한 뫼르스((Moers)의 작은 도시에서 태어났다. 특히 그는 허약하고 자주 질병에 걸리는 아이였다. 그의 가족에 대해서는 알려진 바가 없다. 게르하르트는

---

[3] 편집자의 주: 루터가 사용한 다음의 관용구 "was Christum treibet"를 위해서 다음을 보라 WADB 7:384, 26; LW 35: 396.

그가 6살 때 돌아가신 아버지에 대한 기억을 거의 가지고 있지 않았다. 그보다 14살이 많은 그의 형 유스트(Joost)는 목사가 되었지만, 그것이 게르하르트에게 특별한 영향을 준 것처럼 보이지는 않는다.

그의 가족은 네덜란드에 깊이 뿌리를 내리고 있었고, 두 언어를 사용하며 성장했고, 두 문화 사이를 오갔다. 6살 때에 그는 마을에 있는 라틴어 학교에 입학하였는데, 이 학교는 개혁주의 신앙을 보존하고 보급하기 위해서 1582년에 세워졌다. 이 학교는 그리스어와 히브리어로 성경을 읽었고, 하이델베르크 교리문답을 암송하도록 하였다. 주요 과목은 라틴어와 그리스어였고, 상급단계에는 히브리어와 프랑스어가 포함되어 있었다. 테어슈테겐은 문학적 성향으로 인해 언어에 다재다능하였고, 그가 자기 확신을 가지게 되었던 것은 이같이 철저하게 받은 일반교육 덕분이었다.

그의 정규교육은 15살에 끝났다. 어머니는 그를 뮐하임(Mülheim)에 있는 매형 마티아스 브링크(Matthias Brink)에게 상인 도제살이로 보냈다. 누나와 매형의 집에서 보낸 4년 동안의 도제살이는 양쪽 모두에게 부담이 되었다. 이 기간 동안 그는 자유시간을 종교적인 훈련들로 채우기 시작했다. 1717년 오순절이 지난 직후 그는 친구와 함께 두이스부르크(Duisburg)로 가는 길에 회심을 경험했다. 그는 죽을 것이라고 여길 정도로 심한 복통을 앓았다. 그래서 그는 내세를 준비하기 위하여 잠깐 기도를 드렸다. 그러자 즉시 고통이 사라졌고 그는 자신을 하나님께 바쳐야겠다는 강한 감동을 받았다.[4]

뮐하임에서 그는 분리적인 성향을 가진 신학생 후보 빌헬름 호프만(Wilhelm Hoffmann)이 이끄는 경건주의 그룹과 접촉했다. 그 지역의 갈등은 경건주의적인 성경연구들이며, 교회 규율의 쟁점은 그 지역의 교회 회의를 자극하여 비밀집회를 금지하도록 하였으나 호프만은 자체의 건물을 설립할 정도로 충분한 자금을 모았고, 그 지역의 목사는 비밀집회 금지명령을 수행하지 않았다. 여기에서 테어슈테겐은 다른 개종자들을

---

[4] "Lebensbeschreibung des seligen Gerhard Tersteegen," in *Geistliche und erbauliche Briefe...Tersteegen* (Solingen: 1775), 7. 이후로 BR III LE로 표기한다.

발견했고 기본적인 신학적 기초를 쌓았다.

도제살이가 끝나갈 무렵 그는 우연히 기도에 관한 마담 귀용(Madam Guyon)의 책을 접하였다. 이 책에서 테어슈테겐은 어느 때나 어느 직업에서든지 일어날 수 있는, 머리가 아니라 마음으로 드리는 "영원한 기도"에 대해서 배웠다. 단순한 기도는 마음의 내부인 숨겨진 장소로 향하게 하는데, 그곳은 하나님의 임재를 찾을 수 있는 곳이다. 그것은 햇살 속에서 쉬는 것과 같으며, 가만히 있어 자신을 따뜻하게 하는 것과 같다. 그러한 기도는 숨을 쉬는 것만큼이나 자연스럽다. 이같이 마음은 예수 그리스도가 들어오셔서 자신을 우리에게 나누어주시는 장소로 경험하는 곳이다. 내부의 신비한 장소로 방향을 전환하는 것과 산만하게 하는 생각들로부터 멀리하는 것은 분명히 효과가 있다. "이것은 마치 더 이상 장작을 넣지 않아도 화덕이 계속 열을 간직하는 것과 같다." 1744년 테어슈테겐은 다음과 같이 썼다. "27년 전, 친절한 하나님께서 나를 세상 밖으로 불러내어 나로 하여금 전적으로 그분의 말씀을 듣고 그분을 따라야 한다는 인식을 나에게 주셨다."[5] "세상 밖으로" 나오는 이 결정적인 한 걸음을 테어슈테겐은 혼자 감당하였다. 그는 가족과 관계를 끊고, 그 다음 7년 동안 이 고독의 실험에 전념하였다.

처음에 그는 일을 하는 중에도 묵상이 가능하다는 마담 귀용의 견해를 믿었다. 그는 자기사업을 시작하였지만 그것이 그를 산만하게 만들어 기도를 하지 못하게 한다는 것을 발견하였다. 그때 그는 "경건한 린네 직공"의 조언을 따라서 기도와 일을 더욱 쉽게 연결시키기 위해 혼자 일하였다. 그러나 수입이 적기 때문에 그는 아침부터 저녁 늦게까지 아마포를 짜야 했고, 그 일은 심한 두통과 기침을 일으켰다. 당시에 그는 노력이 적게 들고 더 조용한 일인 비단 리본을 짜는 법을 배웠다. 아주 잘 계획된 그의 하루는 새벽 5시에서 밤 9시까지 계속되었는데, 아침에, 한낮에, 밤에 각각 한 시간씩 "묵상시간"(quiet time)을 가졌다. 그의 하루 한

---

5) Tersteegen, *Geistliche und erbauliche Briefe* (2nd edn, Uiticon: Inneres Leben, 1799), 176f(58). 이후로 BR III-IV로 표기한다.

끼 식사는 빵과 물, 우유로만 이루어졌다. 저녁에는 한 시간 동안 성경을 공부했고, 한 시간 동안은 읽고 번역하였다. 너무 어두워서 읽을 수가 없게 되면 그는 가난한 사람들의 집을 찾아가 그가 나눌 수 있는 것을 나누어 주었다.

잠깐동안 그는 형 요한네스(Johannes)의 집에 기거하면서 그의 아이들을 가르쳤는데, 그들과 함께 하면서 가족의 정을 느꼈다. 다른 형제자매들은 그의 삶의 방식에 동의하지 않았다. 1721년 어머니가 죽었을 때, 그들은 그가 참석하는 것을 허락하지 않았다. 그는 돈을 다 써버렸기 때문에 모아둔 돈이 없었다. 그는 물려받은 유산의 대부분을 가난한 사람들에게 주었다. 그의 형제자매들은 격노하였고, 얼마 지나지 않아 그가 몇 주 동안이나 병으로 누워 있을 때에도 그들은 돕는 것을 거절하였다.

테어슈테겐은 『교부들의 생활』(The Lives of the Church Fathers)의 신판이 나온 이후, 사막교부들의 금욕적인 이상이 경건주의 사이에서 놀라울 정도로 퍼져 있었고, 그가 좋은 동료들과 사귀고 싶다는 것을 알게 되자 은둔자가 되었다. 고트프리드 아르놀트(Gottfried Arnold)의 작품을 통해서 그는 특히 이집트인 마카리우스(Macarius)를 알게 되었고, 호흐만 폰 호헤나우(Hochmann von Hochenau)를 통해서 베를레부르크(Berleburg) 지역의 복음적인 은둔생활에 대해 알게 되었다. 생애 내내 그는 펜실베이니아에 있는 이민자 은둔 공동체와 연락을 지속하였다. 이러한 생활양식은 타협이 없었던 "첫 사랑의 시대"로 되돌아가고자 하는 당대의 경건주의 세대의 마음을 표현하는 것이었다.6)

테어슈테겐은 예수님 자신이 그에게 이러한 삶을 갖게 하였다고 전했다. "예수님은 우리에게 진정으로 고독한 존재의 삶에 대한 사랑을 갖도록 하기 위하여 30년 동안 침묵하셨고 자신을 숨기셨다. 그리고 그가 공적으로 사신

---

6) 보라. Ernst Benz, *Die protestantische Thebais. Zur Nachwirkung Markarios des Ägypters im Protestantismus des 17. und 18. Jahrhunderts in Europa und Amerika* (Mainz: Akademie der Wissenschaften und der Literatur/ Wiesbaden: Steiner, 1963); Rudolf Mohr, "Gerhard Tersteegens Leben in Lichte seines Werkes," *Monatschrift für Evangelische Kirchengeschichte des Rheinlandes* 20-21 (1971-72), 197-244.

것도 채 4년이 안되었다. (나는 자주 생각하거니와) 우리가 유명해지는 것을 원하는 대신, 오, 우리가 깨달을 수만 있다면, 숙명적인 침묵과 기도 가운데 4년 동안의 시험기간을 견딜 수 있을텐데."7) 그에게 있어서 사회적으로 유명해지고자 하는 인간의 성향은 "필요한 단 하나의 것"으로부터 떠나도록 유혹하는 "은밀하지만 보편적인 사탄의 유혹이며 본성의 교활한 간사"로 보였다.

테어슈테겐의 은둔은 그를 친구들로부터 멀리하게 하였고 가족들과도 소원하게 하였다. 그러므로 그가 몹시 아팠을 때에도 그들은 알 수 없는 상황이 되었다. 그에게는 빵조차 없을 때가 자주 있었다. 심지어 친구들 가운데 그가 머물렀었고 하숙비를 받았던 친구들조차도, 그가 병중에 있을 때 그에게 물 한 모금을 가져다주는 것이 필요하다는 것을 알지 못하였다고 그는 말하였다. 어린아이 같은 신뢰 가운데 그는 이 모든 것을 교육으로 받아들였다. "하나님의 선하심"이 그를 돌보았으며, 부족함이 없었다는 표현에서 이를 알 수 있다. 그는 회상하면서 "혼자 살고 있을 때 내가 얼마나 기뻤는지 말로 표현할 수 없다. 나는 이 세상의 어떤 왕도 나만큼 만족스럽게 살 수는 없을 것이라고 자주 생각했다. 나는 내가 언제 먹는지, 내가 먹는 음식이 무엇인지, 어떤 맛이 나는지 알지 못했다. 나에게 음식을 가져다주는 여자아이 외에 8일 동안 단 한 사람도 보지 못하는 때도 종종 있었다."8) 7년 동안 그는 내적 기도에 전념하는 것에 완전히 빠져 있었다.

테어슈테겐의 동료들은 책들이었다. 마담 귀용의 작품들은 기도를 설명해 주었다. 그는 프랑스어로 쓰인 베르니에 드 루비니(Bernières de Louvigny)의 『하나님 안에서 그리스도와 함께 하는 숨겨진 삶』(The Hidden Life with Christ in God)을 읽었고, 이 책을 잠시 동안 예수회 수사였으며 분리주의자였던 장 드 라바디(Jean de Labadie)가 쓴 참된 축복에 관한 안내서와 함께 번역하였다. 그는 또한 켐피스(Kempis)의 『그리스도를

---

7) Tersteegen, *Briefe* (Uitikon: Inners Leben, nd), 414f (149). 이후로 BRI로 표기한다.
8) Tersteegen, *Blummengärtlein inniger Seelen* (Frankfurt and Leipzig, 1729; 1969 재판으로부터 인용), 11. 이후로 BL로 표기한다.

본받아』(Imitation of Christ)를 읽었고 나중에는 이 책을 편집하였다. 그는 독서를 통해 하나의 풍요로운 영적 전통을 보여주는데, 그가 읽은 것은 고대 교부들로부터 시작해서 프란체스코 수도회, 독일과 스페인의 신비주의자들에 이르기까지 광범위하다. 그는 기도훈련을 통하여 모든 시대와 모든 교파들에서 발견되는 "내적이며, 진정한 기독교 세계"와의 연합을 경험하였는데, 이것은 개정된 교의학을 발전시키도록 자극하였다. 1724년에 완성되었지만 1801년에야 비로소 처음 인쇄된 포괄적이며 신학적으로 독창적인 작품은 『기독교의 근본 진리에 대한 비당파적인 개관』(Unpartheiischer Abriss christlicher Grundwahrheiten)이다. 이 책은 평신도를 위한 일종의 교의학으로, 신앙과 경건에 초점을 맞추어 하이델베르크 교리문답서의 문답 형식을 활용했다.

2. 찾고 발견하기

테어슈테겐이 고독 속에서 보낸 마지막 5년은 조명을 기다리고 구했던 시기로 기술되었다. 그가 추구한 것은 자비로운 하나님이라기보다는 하나님의 임재였다. 그는 살아있는 경험을 통해서 하나님이 함께 하신다는 것을 알기 원했다. 이것은 고대의 기도훈련들의 약속이었다. 그는 당대의 의구심이 자신에게 이러한 실험을 부과하였다고 느꼈다.

26세에 테어슈테겐에게는 새로운 삶의 단계가 시작되었고, 그가 그토록 오랫동안 추구하였던 것을 발견했다. 그는 이것을 "영원," "진리," "아름다움"이라고 부르기도 했지만, 특별히 "하나님의 임재"라고 불렀다. 그는 "내면으로 향하는 미지의 변화"가 모든 의심을 극복했다고 생각했다. "마침내 하나님께서 내가 겪은 것은 미혹이었음을 권능으로 보여주셨다."[9] 갑작스런 "변화"와 "비밀스러운 감동"은 그로 하여금 하나님께서 가까이

---

9) Tersteegen, *Gottesfürchtige und erbauende Briefe über verschiedene Gegenstände...* (Essen, 1836), 233 (100). 이후로 BR holl로 표기한다.

계신다는 것을 알아차리도록 해 주었다.

  이 경험의 신적인 기원은 놀랍게도 다른 방식들로 확인되었다. 그는 애쓰지 않고도 계속해서 이 상태에 머무를 수 있다는 것을 발견하였다. 내적인 힘이 그를 지탱해 주었다. 더 이상 그는 자신의 정신집중을 통해 하나님께 가까이 하고자 하는 욕망이 필요 없었으며, 그 반대로 그것은 자유롭게 발생하였다. 하나님께로 향하는 것은 어떤 영구적인 노력도 더 이상 요구되지 않았다. 하나님의 임재는 언제나 있었다. 그가 "수도원의 거처"를 떠나거나 방문객을 만날 때도 그 연합은 파괴되지 않았다. 영적인 교리 대신에 하나님께로 직접 인도하는 길이 개방되었고, 이것은 생활양식의 거의 모든 영역에서 그의 금욕생활이 온건해졌음을 뜻하였다. 그가 귀중히 여기는 가난(청빈)을 바꾸는 것이 가장 어려운 것이었지만, 그는 마침내 네덜란드의 귀족인 아드리안 포브(Adrian Pauw)로부터 일종의 연금을 받았고, 나중에는 그의 부유한 친구인 엥겔베르트 에페르첸(Engelbert Evertsen)으로부터 보조금도 받았다.

  테어슈테겐의 첫 번째 반응은 하나님의 화해하심의 사역을 경험한 것을 노래하는 것이었다. 이렇게 해서 그의 첫 번째 찬송가 "나의 대제사장이신 당신은 얼마나 선하신지!"(Wie bist du mir so innig gut, meine Hohepriesters du!)가 탄생하였다. 가장 유명한 그의 찬송은 "가족 공동체"를 위해 작곡되었다. "하나님은 현재하시니 우리 모두 기도드리세…"(Gott ist gegenwartig, lasset uns anbeten…).[10] 이 순간부터 그가 가장 좋아하는 주제는 하나님의 임재였다. 초창기에 시로 읊어진 고백은 1729년 『화원』(Blumengärtlein)이라는 제목으로 발표되었다.[11] 첫 번째 모음집에는

---

10) 편집자 주: 셀 수 없을 정도로 많은 찬양들이 있다. 영어 번역은 다음과 같다. "하나님 자신이 현재하시니 이제 우리 모두 그분을 찬양하세."(God Himself is present, let us now adore Him).

11) Geistliches Blumengärtlein Inniger Seelen (Frankfurt and Leipzig, 1729). 보라. H.-J. Schrader, "Hortulus mystico-poeticus – Erbschaft der Formeln und Zauber der Form in Tersteegens Blumgärtlein," in Manfred Kock (ed.), *Gerhard Tersteegen – Evangelische Mystik in mitten der Aufklärung* (Cologne: Rheinland Verlag, 1997), 47-76.

이미 440편의 시와 28곡의 찬송가, 5편의 "성령의 교화"가 담겨 있었다.

1724년 세족 목요일 전야에, 테어슈테겐은 자신의 경험을 열정적으로 기술하였다.

> 당신의 절대적이고 영원한 소유물이 되기 위해서, 저의 유일한 구원자며 신랑이신 예수 그리스도께 제 자신을 바칩니다. 오늘 저녁부터 저는 마음으로부터 사탄이 저에게 그릇되게 주었다고 생각되는 모든 권리들과 권력들을 버리겠습니다. 나의 피의 신랑이신12) 당신을 위하여, 당신은 겟세마네 동산에서 목숨을 건 투쟁을 통해 사셨고, 지옥의 문들을 파괴하셨고, 넘치는 사랑을 지니신 아버지의 마음을 여셨습니다. 오늘 저녁부터 저의 마음과 영원을 향한 저의 모든 사랑은 감사함으로 당신께 순복하고 헌신할 것입니다. 당신의 도움과 지지를 힘입어, 지금부터 충만한 능력이 나를 지배하도록 당신께 드리며, 당신께 충실하지 않거나 복종하지 않기보다는 오히려 저의 마지막 피 한 방울까지 쏟을 것을 저는 약속합니다. 보십시오. 당신은 제 영혼의 사랑스러운 친구, 순결함, 당신께 매달리는 순진한 사랑 등 저의 모든 것을 가지고 계십니다! 저에게서 당신의 성령을 거두지 마시고, 당신의 목숨을 건 투쟁으로 저를 지지해 주십시오! 그렇게 해 주십시오. 아멘! 당신의 하찮은 소유물이 꾸밈없이 쓴 것을 당신의 성령이 보증합니다.13)

블레즈 파스칼(Blaise Pascal)의 "메모리얼"(또는 각서, Memorial)처럼, 이러한 헌신들이 바로크 시대에 드문 경우는 아니었다. 테어슈테겐은 마르크그라페 폰 렌티(Markgrave von Renty)와 마가레테 폰

---

12) 편집자 주. 출 4:25에 대한 언급.
13) 보라. W. Wienkoop, *Der Blutbrief von Gerhard Tersteegen und die Errinerungsstücke aus seinem Besitz*, 1969. 문헌적인 개관을 위해서는 다음을 보라. Dieter Hoffmann, "Der Weg der Reife, eine religionspsychologische Untersuchung der religiösen Entwicklung Gerhard Tersteegens," in *Studia psychologiae religionum Lundensia* 3 (1982), 177-80.

베아네(Margarete von Beaune)도 필적할만한 기록들을 남겼다고 하였다.[14] 예수께서 겟세마네에서 고통하며 기도한 것을 테어슈테겐은 그 자신의 기도훈련과 관련지었다. 그는 이것을 이미 마담 귀용에게서 발견하였었다. "마음으로 기도하는 법을 배워라. 나의 의지가 아니라 그 분이 행한 것으로."[15] 테어슈테겐은 약혼하는 날의 의미로 세족 목요일의 헌신을 계속해서 새롭게 하였다. 또한 다른 사람들에게 그들이 그리스도와 맺고 있는 관계를 실제적인 계약으로 체계화하라고 간청했다. 수도원의 서약들 역시 "땅 위의 평화"(Stillen im Lande)를 위해서도 효력이 있어야 한다. 예수 그리스도와의 약속은 그의 삶을 분명하게 하였고 그의 독신생활을 달성하였다. 그리스도가 그를 완전히 자신의 것으로 만들었다. 개신교 기독교인들 가운데서 이같이 베일에 가려진 수도자적인 자세를 찾아보기는 매우 힘들다.

3. 공동생활의 시작

테어슈테겐의 갱신이 가져온 결과는 곧 공적으로 분명해졌다. 그는 다시 정기적으로 "비밀집회"에 찾아갔고, 몇 달 후에 "천짜기를 가르쳐주기 위해서" 함께 지내고 싶다는 친구 하인리히 좀머(Heinrich Sommer)의 계속되는 요청을 받아들였다. 1725년 그들은 방 두 개를 임대하였고, 일과 연구, 기도로 이루어진 엄격한 공동생활을 하면서 44년 동안 함께 살았다.

테어슈테겐은 1725년 이후 루르(Ruhr) 강과 부퍼(Wupper) 강 주변의 도시들과 마을들을 휩쓴 각성운동의 설교자가 되었다. 빌헬름 호프만(Wilhelm Hoffmann)은 뮐하임에서 있었던 세족 목요일 예배에서 이를 경험하였고, 동시에 "베르크 지역에 있는 많은 영혼들이 각성되었다."

---

14) Tersteegen, *Ausserlesene Lebens-Beschriebungen Heiliger Seelen...*, 3 vols (Uitikon: Inners Leben, 1984), I, 255f (3). 이후로 AL I-III로 표기한다.
15) BR IV 62 (23); BR I 368 (129); III 275 (87); IV 127 (52); BL 94 (1,267).

뮐하임 지역에서 개혁주의(칼빈주의) 회중들과 경건주의자들 사이에 갈등이 생겼다. 테어슈테겐은 분리주의자로 받아들여지기를 원하지 않았기 때문에 긴장상태를 해소할 방법을 찾았다. 그에게 "이 세상에서 당파는 오직 두 개뿐인데", 하나는 "세상의 자녀들"이며 다른 하나는 "하나님의 자녀들"이다. 그는 개혁주의 설교자들의 방침은 "세상과 적그리스도의 무리"에 속하는 자들을 더 많아지게 하리라고 인식하였다. 그래서 그는 설교자의 자리를 택하였다. 1740년에 그는 네덜란드에서 다음과 같이 썼다: "12년 혹은 13년 전에 내가 모든 길들을 미리 볼 수 있었다면…나는 이것보다는 오히려 죽음을 택했을 것이다…그러나 하나님께 감사하는 것은, 나를 막으시고 원하지 않았던 곳으로 내가 이끌려왔다."16)

그러므로 그는 자신이 원하는 것과는 반대되는 "소명"을 따랐다. 청중들은 개인적으로 자신들의 죄를 고백하기를 원하였고 그리고 믿음 안에서 첫 걸음을 내딛기 위한 구체적인 안내를 원하였다. 그는 그들이 요구하는 정도를 알고 몹시 놀랐으며 또한 그가 조용히 지내고자 하는 자신의 성향이 위험하게 되었다는 것을 알게 되었지만 물러서지 않았다. 이처럼 목회적인 돌봄이라는 과제는 기도와 하나님의 임재 같은 자신의 경험을 많은 사람들에게 줄 수 있는 많은 기회를 제공한다는 의식을 가지고 있었다. 1730년대에 각성운동은 광범위하게 퍼져 나갔고, 테어슈테겐이 베르크와 클레베스(Cleves) 지역에서 모은 자들은 공동체의 핵심을 형성하였다.

또한 그의 광범위한 서신교환도 이런 상황에서 시작되었다. 그의 생활형편이 많은 방문객들을 받을 수 없었기 때문에, 편지들은 그를 따르는 추종자들에게 필수적인 영적 도구가 되었다. 편지들을 통하여 그는 하나님의 임재 안에서 살아가는 삶의 모델을 제시하였고, 앞에 놓인 길을 보여주었고, 어려움이나 오해에 대해 답변하였다. 그는 가족들의 갈등과 건강 문제들을 상담하는 것에도 마음의 문을 열었다. 병자들을 위로하였으며, 비록 그 자신이 병약하였고 목숨을 위협하는 질병에

---

16) BR holl 122 (52).

반복해서 걸렸지만 죽어가는 사람들을 돌보았다. 또 그는 "각성자들"을 지도하기 위해 서적들을 이용하였는데, 특히 자신이 직접 전개하거나 번역한 안내서를 활용하였다.

4. 첫 번째 출판물

테어슈테겐은 자신을 하나님의 임재의 삶으로 이끈 저작들이 유용하게 사용되기를 원했다. 그의 "마음의 기도"는 거의 전 유럽으로 퍼져나가고 있었던 종교적 운동의 징후와 같은 것이었고, 자신의 역할이란 이 같은 폭발적인 영적 경험 속에서 믿음을 구축하는 것이었다. 그에게 성경 다음으로 가장 귀중한 책은 고트프리드 아르놀트가 독일어로 번역한 마담 귀용의 『짧고 쉬운 기도방법』(Short and Simple Means for Praying)이었다. 마찬가지로 그는 장 드 라바디(Jean de Labadie)의 『경건입문서』(Manual of Piety)를 하나님의 임재 신학에 해당하며 전체 운동을 위한 근본적인 저술에 속하는 것이라고 인식하였다. 1727년 그는 우선 이 책의 번역본을 출판하였는데, 이것은 대담한 조치였다. 이유는 "라바디주의자"(Labadist)라는 당파적인 이름은 분리주의 운동과 연관되는 정치적 쟁점이 되었기 때문이었다.

출판을 위해서 개혁교회로부터 허가를 받아야 했는데, 승인이 되지 않았다. 이 당시 모든 출판물들은 검열을 받았다. 심지어 그의 『화원』도 검열 중에 있었고, 그래서 G. T. St.("Gottseligkeit Trachtende Seele", 즉 경건을 위해 애쓰는 영혼)라는 익명으로 출판되었다. 출판물은 원본의 출판 장소와 원본 인쇄업자에 관한 정보를 제공하지 않았고, 다만 책들이 알려질 수 있는 프랑크푸르트와 라이프치히에서 열리는 도서전시회에 관한 정보만 제공하였다. 친구이자 두이스부르크(Duisburg)에 있는 루터파 대학의 인쇄업자인 요한 게오르크 뵈티거(Johann Georg Böttiger)가 출판 작업을 하였다.

테어슈테겐의 두 번째 출판물인 『하나님 안에서 그리스도와 함께 하는 비밀스러운 삶』(The Hidden Life with Christ in God)은 장 드 베르니에-루비니(Jean de Bernieres-Louvigny)의 작품으로, 수많은 판본들이 "작은 예물처럼" 출판되었다. 이는 교파들 간에 발생하는 모든 "언쟁"들을 극복하고, "내적인 기독교의 삶"을 일깨우기 위한 것이었다. 그의 세 번째 출판물은 켐피스가 쓴 『그리스도를 본받아』의 새로운 판본으로, 1727년에 페터츠 게를라흐(Petersz Gerlach)의 『마음의 대화』(Dialogue of the Heart)와 함께 등장하였다. 테어슈테겐이 여러 해 동안 연구하고 번역한 이 작품들은 "첫 번째 기독교인들"의 행로에 대한 길잡이라는 자신의 견해에 정보를 제공해주었다. 이 해에 두 개의 작품들이 더 발표되었는데, 하나는 성경인용 모음집인 『하나님 아들에 관한 참된 신학』(The True Theology of the Son of God)이며, 또 다른 하나는 그가 직접 쓴 저작들 중의 하나로 『경건에 따른 진리의 증거』(Witness to the Truth according to Godliness)로서 계몽주의 정신에 반대하는 장편의 작품이다.

5. "순례자의 장막"(Pilgerhütte) 공동체[17]

테어슈테겐의 영적인 지도 아래 동료와 친구들은 공산사회(communitarian)의 생활을 추구했다. "순례자의 장막"(Pilgrim Tabernacle)의 첫 구성원들은 아마도 1727년에 이미 공동체 생활을 시작했을 것이다. 의원의 상속인들인 하인리히 오터베크(Heinrich Otterbeck)와 그의 여동생 엘스겐(Elsgen)은 독신으로 살며 자신들의 재산은 순례자들을 위한

---

17) 보라. Horst Neeb, *Gerhard Tersteegen und die Pilgerhütte Otterbeck in Heiligenhaus 1709-1969* (Dusseldorf: Archiv der Evangelischen Kirch im Rheinland, 1998); H. Ludewig, "Herzensgebet und Pilgerhütte. Gerhard Tersteegen und die Anfänge evangelischer Kommunitäten," *Monatshefte für Rheinische Kirchengeschichte* 40 (1991), 103-26.

피난처로서 다른 사람들에게 처분권한을 주기로 결정하였다. "순례자의 장막"이라는 이름은 고대 하나님의 백성들이 사막을 통과하여 가는 길에 제공된 임시적인 장소 "축제의 오두막집"(Feast of Booths)을 연상케 하였다. 그러므로 이 장막은 순례자들을 위한 거처가 아니라 순례자들이 '소유하는' 거처였다. 이 장막은 뮐하임과 엘버펠트(Elberfeld)의 중간 지점쯤에 위치해 있었다. 1731년 경 그곳은 테어슈테겐의 다른 친구들로 꽉 차게 되었고, 긴 통로를 따라 벌집-형태의 방으로 확장하였다. 우리가 알고 있는 한, 그 곳에 6명의 형제들과 2명의 자매들이 살고 있었고, 테어슈테겐 자신은 독방을 사용하였다. 그는 공동체를 철저하게 지도하였고, 거주자들을 위해 공동규칙을 정함으로써 그들의 생활을 조정하는 방법을 연구하였다. 두 가지 측면이 주목을 끈다. 첫째로, 그들의 소명은 공동생활이라기보다는 공동체 속에서 묵상하는 삶이며 은둔생활이었다. 둘째로 테어슈테겐은 마담 귀용이나 호흐만 폰 호헤나우(Hochmann von Hochenau)에게서 볼 수 있는 급진주의로부터 보호하기 위해서 이스라엘 자손과 레위 자손을 구별하였고, 교회와 수도원제도를 구별하였다. 비록 그가 이따금씩 분별을 지키고 주의를 하라고 조심시키기는 하였지만, 남자들과 여자들이 한 지붕 아래서 살고 있다는 사실이 아무렇지도 않게 여겨졌음이 분명하다. 오터베크에서의 공동생활은 약 75년 동안 지속되었다.

6. 여행, 동료서클, 저작들

여행의 압박과 허약함, 끊임없는 독서와 번역은 테어슈테겐으로 하여금 그가 좋아하는 비단짜기를 포기하게 했고, 책 판매로 얻는 적당한 수입에 의존하였다. 네덜란드와 프리슬란트로(Friesland) 떠난 그의 첫 번째 여행은 분명히 1730년이었다. 그 곳에서 그는 고인이 된 피에르 쁘와레(Pierre Poiret)와 장 라바디를 비롯하여 이들의 친구들로 평생의 친구가 된 두 사람 아드리안 포브(Adriaan Pauw)와 마리아 도르빌(Maria d'Orville)을 만났다. 그는 쁘와레가 수집하여 소장하고 있었던 신비주의자들의 작품들 중에서 중요한 도서들을 마음대로 사용할 수 있었고, 오터베크 형제회의 도움을 받아 그의 가장 뛰어난 출판물인『거룩한 영혼들의 선별된 전기』(Auserlesene Lebensbeschreibungen Heiliger Seelen)의 기초를 제공한 초고작업을 시작하였다. 그는 이 전기를 20년이 넘는 기간 동안 집필하였는데, 특히 로마 가톨릭교도들의 전기도 포함시켰으며 1733년에서 1754년 사이에 세 권의 책으로 출판하였다. 그의 목적은 "하나님의 내적인 인도"를 제시하는 것이었다. 성인들은 "교리보다" 더 고무적이다. 그들의 (영적) 투쟁은 마치 "환자들이 자신의 질병을 기술하되, 모든 증상들에 대해 그들이 겪었고 사용했던 것들을 반영하여" 표현하듯이 "경험이 부족한 사람들을 위한 처방전"과 같다.[18]

테어슈테겐은 모두 25명의 성인들을 소개하였다. 그는 그레고리 로페즈(Gregory Lopez)를 첫 장에 배치하였는데, 이는 그가 "마음의 기도"를 위한 좋은 예가 되기 때문이었다. 캉브레의 요안(Joan of Cambray)과 시에나의 카타리나(Catherine of Sienna)와 함께 그는 하나님의 임재 안에서의 비밀한 삶을 향한 열망을 나누고자 하였다. 아기 예수의 엘리자베스(Elisabeth of the Child Jesus), 성육신의 마리아(Mary of the Incarnation), 아빌라의 테레사(Theresa of Avila)와 더불어 그는 영혼으로부터 불결함을 제거하기 위해 고난이라는 긍정적인 의미를 공유하였다. 그는 마르크그라페 폰 렌티(Markgrave von Renty)와 처녀 아르멜(Armelle)과 함께 시민생활에서의 영적인 삶을 중재하였다. 그는 성 바르톨로뮤의 안네(Anne of St. Bartholomew)를 들어 진정한 겸손의 삶을 소개하였다. 어린아이 같은 의미에서 그는 아기 예수의 엘리자베스와 함께 연합하였다. 그는 로렌스 형제(Brother Lawrence), 캉브레의 요안, 성 요한의 십자가(John of the Cross)과 함께 자신의 목회적인 태도를 나누었다. 아시시의 프란체스코처럼

---

[18] AI I, 5.

그는 자연을 열렬히 사랑하였다. 자신의 길을 가는데 있어서 『거룩한 영혼들의 선별된 전기』만큼 끊임없이 그를 격려한 작품은 결코 없었다.

두 번째이면서 비범한 작품으로 『규칙』(Rule)이 있는데, 이는 "순례자의 장막"에서의 공동생활을 위해 테어슈테겐이 저술한 것이다. 이것은 복음적인 공동체 역사에서 최초에 속하는 것 중 하나이다. 그는 1732년 이후 『형제회의 공동생활을 위한 중요한 몇 가지 규정들』(Some Important Regulations for the Common Life of the Society of Brothers)이라는 제목으로 "수도원 형제"들을 위한 복음적인 규칙에 노력을 기울였다.[19]

7. 도처에서의 소요

한편으로 계몽주의, 자연신론(이신론), 정통주의가, 다른 한편으로는 신비주의, 주관주의, 분리주의가 존재한다는 것은 과학과 철학에서 코페르니쿠스적인 혁명에 의해 제기된 종교적이고 윤리적인 쟁점들을 대변하고자 하는 다양한 노력들이다. 점증하는 종교적 자유를 위한 추세도 가톨릭, 루터파, 개혁교회에만 종교적인 관용을 허용해 주었던 1648년의 베스트팔리아 평화조약의 제한적인 조건과 부딪쳤다. 이 혼란스러운 상황에서 테어슈테겐은 당대의 파괴적인 음모들 가운에서도 안정적인 영향력을 제공하였다.

각성된 이들은 교파적인 교회들이 용인하지 않고 비난하였던 유행어 "필라델피아"(Philadelphia)라는 이름으로 결집하였고, 이들은 교파적인 교회 대신에 "파벌" 없는 기독교를 발전시키는 것을 찾고자 했다. 고트프리드 아르놀트는 참된 교회는 언제나 '비당파적'(unparteiische)이며 숨겨져 있다고 주장하면서 이런 갈망을 교회사에 관한 작품에서 프로그램을

---

[19] 보라. Winfrid Zeller, "Die Kirchengeschichtliche Sicht des Mönchtums im Protestantismus, insbesondere bei Gerhard Tersteegen," in *Erbe und Auftrag* 49 (1973), 17-30.

제시하며 발전시켰다. 1720년경, 자인-비텐베르크(Sayn-Wittenberg)의 헤드비히 소피(Hedwig Sophie) 백작부인 및 그녀의 아들 카시미르(Casimir) 백작의 후원 아래 "유럽형 필라델피아"(European Philadelphia)가 베를레부르크(Berleburg)에 세워졌다. 20년 동안 이곳은 필라델피아 운동의 집합지였다. 이 시기에 세 개의 주요한 작품들이 기획되었다. 첫째는 『거듭난 사람들의 역사』(The History of the Reborn, Berleburg, 1724-25)로 요한 하인리히 라이츠(Johann Heinrich Reitz)가 편집했고, 그가 죽은 후 요한 사무엘 칼(Johann Samuel Carl)이 완성하였다. 둘째는 8권으로 구성된 『베를레부르크 성경』(Berleburg Bible, 1762-42)으로 신비주의적-영적인 주해서로서 상당히 많이 읽혀졌고 요한 하인리히 하우크(Johann Heinrich Hauck)가 출판하였다. 셋째는 『영적인 이야기』(Geistliche Fama)로 의사였던 요한 사무엘 칼이 편집한 필라델피아 운동의 정기간행물이었다. 테어슈테겐은 1736년 베를레부르크에서 헤드비히 소피 백작부인을 만났고, 그녀와 정기적으로 서신을 교환하기 시작하였다.

1714년부터 영감설에 관한 폭풍이 카리스마 운동의 모든 증상들과 함께 독일전역을 덮쳤다. 필라델피아 운동은 1730년대에 강한 충격을 받았는데, 이때는 진젠도르프 백작이 일부 카리스마적인 신도들과 "여러 공동체가 하나가 되어야 한다"며 형제단 언약을 결정지은 시기였다. 진젠도르프는 그의 공동체가 이러한 황홀 경험들에 대해 개방적이기를 기대했고, 이것은 비국교도들을 일깨웠다. 그러나 테어슈테겐은 이것을 결코 인정하지 않았고, 그래서 일시적으로 그들의 관계가 냉담해졌다. 모라비안 공동체는 테어슈테겐을 "그들의 편으로 만들기 위해" 모든 노력을 기울였다. 진젠도르프는 특사를 통해 "애정을 담은" 편지들을 보냈고, 마침내 1737년에 마르틴 도버(J. Martin Dober)가 그의 수하에 들어왔지만 테어슈테겐은 여전히 "동요하지 않는" 상태였다.

1741년 9월 진젠도르프와 테어슈테겐은 암스테르담에서 만나 칭의와 성화에 대해 논의하였으나 합의에 이르지 못하였다. 진젠도르프는 테어슈테겐이 성화를 강조하는 것은 단지 "그 자신이 의를 장려하려는 것"이라고 의심하였다. 테어슈테겐은 정화가 자기 자신의 의로부터 해방되는 유일한 길이었다고 대답하였다. "그러나 백작은 이것을 이해할 수 없었다. 그는 사람이 자기 자신의 의의 첫 순간부터 정결하게 되었으므로 남은 생애동안 더 이상 아무 것도 할 것이 없다고 생각하였다."[20] 그때부터 테어슈테겐은 진젠도르프가 무책임하게 성화 없는 칭의를 대변한다고 말하였다. 그는 이점을 경고하는 긴 논문을 1746년에 썼다.

초기에 테어슈테겐의 찬송가들과 출판물들이 범신론과 정적주의와 연관되었다고 여겨졌지만, 그는 이것들이 스피노자(Spinoza)와 관련이 있다고 보는 것을 명예훼손으로 간주하였다. 그는 정체를 알 수 없다고 생각했던 야콥 뵈메와 같은 신지학(Theosophy)으로부터도 관련을 거부하였다. 그는 초창기에 뵈메를 읽었으며 엘스겐 오터베크에게 보고하기를, 처음에는 열정을 가지고 읽었으나 "거의 아무것도" 이해할 수 없었다고 하였다. 그 다음에 불안이 그를 압도하였고, 그래서 하나님께 "빛과 조언"을 간청하였다. 불안과 의심이 여전히 남아 있었으므로, 그는 그 책들을 다시 가지고 왔고 그리고 나서야 "영혼의 평안"을 찾았다.

엘버펠트(Elberfeld) 모임에서 테어슈테겐은 분리주의의 모델 사례가 된 "엘러 분파"(Eller Sect)를 만났다. 각성된 무리들 가운데 한 모임은 저 유명한 프리드리히 슐라이어마허(Friedrich Schleiermacher)의 할아버지인 다니엘 슐라이어마허(Daniel Schleyermacher)의 회중 가운데 하나였던 제빵업자의 딸 안나 폰 뷔히젤(Anna von Büchsel)을 중심으로 형성되었다. 처음부터 그들은 무아경에 빠지고 예언적인 진동을 보였다. 다니엘 슐라이어마허를 따라서 엘리아스 엘러(Elias Eller)도 그들의 영향을 받았다. 비밀집회에서 그들은 하늘에 계신 신랑이 결혼식을 위해 오시는 것을 축하하였다.

---

20) 인용. Dietrich Meyer, "Cognitio Dei experimentalis oder 'Erfahrungstheologie' bei Arnold, Tersteegen und Zinzendorf," in Dietrich Meyer and Udo Sträter (eds), *Zur Rezeption mystischer Traditionen im Protestantismus des 16. bis 19. Jahrhunderts. Beiträge eines Symposiums zum Tersteegen-Jubiläum 1997* (Cologne: Rheinland Verlag, 2002), 223-40, 특히 235.

통속적인 말로 테어슈테겐을 지지하는 사람들은 "훌륭한 단식가들"로, 엘러를 지지하는 사람들은 "훌륭한 폭식가들"로 구분하였다. 회중들의 갈등은 점증되었고, 안나 폰 뷔히젤은 "바벨로부터의 탈출"이라고 불리는 계시를 받았다. 엘러와 슐라이어마허는 그녀를 추종하였다. 엘러는 론스도르프(Ronsdorf)에 부동산을 구입하였고, 4년 내에 그 집단은 교회와 (교구)목사관을 가지게 되었다. 엘러는 그의 아내를 버리고 "시온의 어머니"(the Mother of Zion)로 불리는 안나 폰 뷔히젤과 결혼하였다. 테어슈스테겐은 이에 강하게 반발하였고, 죽는 순간까지 그는 모든 종류의 분리주의를 반대한다고 선언하였다.

또 다른 운동이 교회를 경멸하는 사람들 속에서 학식 있는 사람들을 하나가 되도록 하였다. 그들은 자유 영성(Free Spirits, 비국교도) 주창자들로서 신학적 근거를 갖고 교회 예배와 성찬식을 거부하였다. 그들은 종교적으로 개인주의자들이며 신비주의의 개척자들로서 자신들의 방식으로 성경을 읽었고 교회를 비판하는 신비문헌의 영역에서 활동하였다. 그들 중 가장 뛰어난 해설자는 요한 콘라트 디펠(Johann Conrad Dippel)로서 그는 고트프리드 아르놀트에게서 자애 깊은 우정을 발견하였다. 그의 첫 번째 저서는 『개신교 교황주의자에 대한 질책』(*Papismus protestantium vapulans*)에서 새로운 "경건의 실천"(praxis pietatis) 뿐만 아니라 새로운 "경건의 이론"(theoria pietatis)도 요구했다. 그래서 그는 신학자의 지위를 얻을 가망성을 상실하였고, 의학연구로 전향하였다. 당대의 관행을 쫓아서 그는 치료용 황금 요오드(golden tincture)와 현자의 돌(philosopher's stone)을 얻고자 하였다. 신학적으로 그는 "우리를 위한 예수 그리스도"(the Christ for us)를 "우리 안에 있는 예수 그리스도"(the Christ in us)로 고쳐 쓸 것을 요구했는데, 이는 본질적으로 칭의나 성화가 아니라 오히려 육체적 치유라고 보았다.

테어슈테겐은 디펠에게 비판적으로 반응했다. 일반적으로 그는 이러한 형태의 지성주의가 혐오스럽다는 것을 알았다. 그에게 있어 이성은 더 심오한 경험을 획득하는데 부적당한 것이었다. 그것은 주제를 "조금씩 깎아 없애고" 일을 복잡하게 만든다. 그것은 우리가 어떻게 하면 고난과 경멸을 피할 수 있는가를 설명해주는 "기만적인 옹호자"에 속한다. 테어슈테겐은 이것을 디펠 뿐만 아니라 정통주의 반대자들에게도 적용하였다.

8. 개인적인 관계들 가운데서의 긴장

졸링겐(Solingen)지역에서 일어난 하나의 사건으로 인해 뒤셀도르프(Düsseldorf)의 선제후령 정부는 강력한 단속을 하게 되었다. 그래서 율리히(Jülich)와 베르크의 지역에 비밀집회 금지령이 내려졌다. 테어슈테겐은 집회와 연설 금지령에 복종했지만, 끊임없는 방문객들 때문에 그의 일상생활은 본질적으로 바뀌지 않았다. 그는 수많은 편지들을 썼고, 선별된 전기전집을 집필하였으며, 정기적으로 오터베크로 여행하였고, 1년에 한 번씩 네덜란드로 여행하였다. 그러나 이제 그 자신이 "작은 부가적인 연구"라고 부른 것을 시작하였는데, 이는 가난한 환자들이 직접 받거나 또는 편지로 보낼 수 있는 "간단한 약"을 준비하는 것이었다. 그는 의사들에게 치료를 받을 수 없거나 고가의 처방약들을 살 수 없는 사람들을 돕기 위하여 약들을 나누어주었다. 이 점에서 테어슈테겐은 그의 본보기였던 그레고리 로페즈와 마르그라페 폰 렌티, 마담 귀용과 비슷하였다. 이를 위해서는 특별한 지식이 필요하였기 때문에 초기에는 이런 일을 할 수 없었다. 1743년 편지에서 그는 베를레부르크에 사는 의사인 요한 사무엘 칼의 저서와 함께 할레(Halle) 고아원 약국의 의사 안내서에 따라서 약제들을 준비하였다고 언급하였다. 테어슈테겐은 당시 대학의 의학 계열에 있었으며, 디펠로 대표되는 신지학-연금술 전통을 비판하였는데, 이것은 값비싼 화학 의약품들, 특히 황금 요오드를 투여하기를 원하였다. 테어슈테겐은 질병들을 알아내는데 능숙하였다. 자연에 대한 그의 독특한 사랑은 약초들과 열매들을 이용하는데 도움이 되었다. 그는 이러한 수단들이 효력을 발휘하지 못한다면, 환자는 의사에게 가야한다고 언급하였다. 테어슈테겐의 약제연구는 점점 더 많은 시간을 필요로 하였고 그는 하인리히 좀머에게 자신을 도와달라고 요청해야만 했다. 테어슈테겐에게 새로운 의학세계 역시 고도로 상징적이었다는 사실은, 허브 정원에서 천상의 의사인 그리스도가 치유력이 있는 식물을 가지고 연약한 영혼을 강하게 묘사하고 있는 『화원』의 다섯 번째 판(1751)의 겉표지에서 찾아볼 수 있다.

9. 우 정

1745년 7월 테어슈테겐의 가까운 친구인 아드리안 포브(Adriaan Pauw)가 죽었다. 그는 테어슈테겐에게 쁘와레의 저서들과 네덜란드에 있는 각성된 자들의 모임들을 소개해 주었었다. 그는 테어슈테겐에게 생계를 제공한 사람 가운데 한 명으로 100,000플로린스(florins)의 재산을 그에게 상속하였다. 이에 감사하여, 테어슈테겐은 집 한 채를 구입할 수 있었다. 하인리히 좀머가 위층으로 이사를 왔고, 이름가르트 엠쉐르만(Irmgard Emschermann)은 아래층에 살면서 외지에서 찾아오는 수많은 방문객들을 위해 부엌과 객실들을 책임졌다.

1746년에 "자애로운 친구"인 빌헬름 호프만이 아팠을 때, 그는 이 "고난의 잔"으로 인해 소스라치게 놀랐다. 테어슈테겐은 죽는 순간까지 3개월간 그를 돌보았다. 호프만이 죽은 후에 테어슈테겐은 그를 찾아오는 수많은 방문객들을 위하여 자신의 집을 "순례자의 장막"으로 세로 놓았다.

1747년 마침내 테어슈테겐은 자신들을 방문해 달라고 거듭 요청하는 부유한 에페르첸 가족을 방문하려고 바르멘(Barmen)을 찾았다. 그곳에서 그는 25살 난 그들의 아들 요한 엥겔베르트 에페르첸(Johann Engelbelt

Evertsen)을 만났는데, 그는 3년 전에 테어슈테겐의 소논문 "믿음과 칭의에 관하여"를 읽고서 삶에 대한 태도를 바꾼 사람이었다. 요한 엥겔베르트는 우울증을 앓고 있었는데, 테어슈테겐은 그와 수많은 서신을 교환하였으며, 그의 서신은 강력함과 솔직함을 보여주었다. 한 번은 그에게 솔직하게 "하지만 그러한 은총을 인식하고서도…아직도 그렇게 게으르고 태평한 삶을 사는 것이 부끄러운 일입니다."라고 편지했다. 또한 그는 아무 이유도 없이 용서를 구하는 경우와 같은 양심의 가책에 대해 분명히 반대했다. 요한 엥겔베르트 에페르첸은 테어슈테겐을 충실하게 닮은 사람이 되었다. 그는 자신의 조언자처럼 자발적으로 은둔생활을 하였으며 미혼으로 지냈다. 그는 친구들의 모임을 만들었고 그들을 위해 자신의 집과 마음을 완전히 개방하였다.

테어슈테겐은 리본을 짜는 공장의 소유주로서 자신의 책임을 포기하지 않았다. 그의 사업은 높은 수입을 보장해 주었으며, 그 수입으로 많은 사람들을 도울 수 있었다. 그는 오터베크에 있는 순례자 장막을 지원할 수 있었고 또한 친구들이 쓴 저술들이 출판되도록 후원할 수 있었다.

10. 전방위(全方位) 축복

1750년 12월에 네덜란드 전역과 독일의 라인강 저지대 주변으로 각성운동이 일어났다. 뮐하임에서 발단은 네덜란드의 신학자 야콥 슈발리에(Jakob Chevalier)로부터 시작하였다. 그는 확실히 퉁명스럽고 경험이 없었을 뿐 아니라 정부 당국으로부터 환영을 받지 못했다. 그러나 그에 의해 자극된 각성운동은 이제 테어슈테겐 주위로 모여들었다. 그는 이것이 무엇을 의미하는지를 예상하였다. 그는 10년 전에 비밀집회 금지명령을 받았다. 게다가 "하나님 안에서 그리스도와 함께 하는 비밀스러운 삶"은 많은 친구들의 요청으로 인해 이미 위기에 처해 있었다.

그는 자신의 소명이 끊임없이 하나님의 임재 가운데 사는 것이라고 이해하였다. 그런데 설교자가 되기 위해서 이것을 포기해야 하는가? 이것은 그에게 피할 수 없는 어려운 갈등이었지만, 그는 여태까지 "나의 아버지여, 내 원대로 마옵시고 아비지의 원대로 되기를 원하나이다."라는 겟세마네의 말씀을 마음에 두고 살아왔다.

테어슈테겐은 대중들의 압박에 승복하였다. 그는 슈발리에의 모임을 방문하였고, 그 모임에서 진실한 사람들을 발견하였다. 그러나 또한 그는 슈발리에가 추방이나, 심지어 투옥의 위협을 받고 있다는 것도 알고 있었다. 따라서 그는 자연스럽게 다음 번 모임을 자신의 집에서 열 수 있도록 허락하였다. 슈발리에가 소개한 다음에 테어슈테겐은 설교를 하지 않을 수 없었다. 암스테르담의 친구들에게 전하는 보고서에서 그는 당시의 일을 다음과 같이 묘사하고 있다. "300-400명에 이르는 사람들이 모였다. 집은 문까지 사람들로 꽉 차서, 어떤 이들은 사다리를 타고서 창문으로 기어 올라갔다. 루터파 뿐만 아니라 3명의 개혁주의 설교자들이 우리 설교자에게 경고하였다. 3명의 개혁주의 설교자들 중 두 명이 당국에 가서 불평을 하였고 모임을 금하라고 요청하였다."

테어슈테겐은 결과들을 미리 예상하고서, 법정 관리에게 그 모임에 대해 설명하였고 집행관은 금지조치를 철회하였다. 테어슈테겐은 세 명의 목사들에게 편지를 써서 무슨 일이 일어났는지를 말해주어야겠다고 느꼈다. "불필요하거나 미풍을 해치는 일은 전혀 일어나지 않았습니다. 어떤 공적인 예배도 방해를 받지 않았습니다. 또한 거친 사람들이 유순해지고, 다정해지며 은총을 열망하게 된 것은 분명히 축복이 있음을 보여 주는 것입니다. 또한 이 좋은 것을 방해하는 것은 하나님에게 대항하여 싸우는 것으로 보입니다. 독설과 중상은 금지되어야 합니다. 나는 간곡한 조언으로 이 모임에 대해 부단히 경계하고 있습니다. 그렇지만 선한 양심으로, 내 자신은 이 일에 반대할 수 없습니다."[21] 마지막으로 그는 국가권력을

---

21) 인용. Max Goebel, *Geschichte des christlichen Lebens in der rheinisch-westphalischen evangelischen Kirche*, III (Koblenz: 1869, 재출판 1992), 405.

사용하는 것에 대해 경고하였다. 그것으로 인해 "선한 효력"이 설교자와 교회에게 완전히 반대로 될 수 있다. "나는 충심으로 최상의 신도모임을 추구하고 있습니다."

편지는 제대로 수용되지 않았다. 장로회에 속한 대다수의 사람들은 그 모임이 금지되기를 원하였고 판사가 그렇게 해주기를 바랐다. 따라서 테어슈테겐은 판사에게도 편지를 써서 오락과 술내기는 허가하면서 독실한 모임을 금지하는 것이 어떻게 가능하냐고 물었다. 판사와 당국은 소송을 양보하여 그 모임을 허용하였다.

각성운동은 계속되었다. 날마다 테어슈테겐의 집을 찾는 방문객이 떼를 이루었고, 이제 테어슈테겐은 행사의 한 가운데 혼자 서 있었다. 인파가 너무 많아서 그는 식사하기도 거의 어려웠다. "지난 목요일 아침 8시쯤 내가 간신히 일어나서 한 통의 답장을 쓰려고 할 때…한 무리의 농부들이 집으로 찾아와 나에게 말하기를 원한다는 말을 들었다." 테어슈테겐은 이들 농부들을 사로잡은 "강력한 운동"에 대하여 말하였다. 6주가 지난 후에 그는 "지난 번 만남 이후로 나는 휴식을 취할 기회를 거의 갖지 못하였다. 때로 나는 중단하려고 하였지만, 그것은 도움이 되지 않았다. 지난 일요일 내가 겨우 일어났는데 집에는 이미 60명도 넘는 사람들이 있었다…그리고 나는 저녁때까지 사람들을 상대해야 했다. 그리고 어제 밤새 열병으로 시달리고 난 다음인 수요일 일찍, 적어도 250명의 사람들이 저택 주변의 곡물 밭에 모여 있었다." 이런 혼란상태가 체계화되어야 한다는 것이 명백해졌다.

테어슈테겐은 2주일 동안 자신의 집에서 회합을 갖는 것을 허락하기로 결정하였다. 중간층에서 나는 소리를 위층과 아래층에서 모두 잘 알아들을 수 있도록 집의 모든 층들을 개방시켰다. 그 결과 사람들은 그가 언제 강연을 하는지를 알게 되었다. 그가 "당황할" 정도로 수많은 사람들이 몰려왔다. 비록 그가 "600명의 사람들에게 숙소를 제공할" 수 있었지만 공간은 여전히 충분하지 않았다. 다시 한 번 당국은 "싸울 준비를 했다." 그는 당국과 협상하여 그것이 하나님의 소명이 아니라고 확신하면 그만두기로 협상하였다.

모임에 참석한 장로들은 주일에는 어떤 "행사"도 갖지 말라고 그에게 공적으로 상기시켰다. 그래서 매주 월요일 오후에 600여명에 이르는 사람들을 만났고 또 2주 동안 머물렀다. 월요일 모임 때마다 테어슈테겐은 즉석 강연을 하였다. 많은 사람들이 단편적으로만 이해할 수 있었고, 어떤 사람들은 그의 말을 다른 사람들에게 전하기 원했기 때문에, 테어슈테겐은 원고를 썼고 출판되도록 하였다. 이 같은 요구로 인해 1753년부터는 "8명의 기록자들이 그 집의 특별한 곳에 자리를 잡고 앉아서" 그의 강연을 기록하도록 제정하였다. 이 기록들은 그의 강연들이 2시간 넘게 지속되었다는 것을 보여준다. 1753년에서 1756년 사이에 행한 강연들 중에서 30개는 『영적인 조각들』(Geitliche Brosamen)이라는 이름으로 출판되었다.

짧은 시기에, 테어슈테겐은 '한 사람이 많은 꽃을 본' 영적 대변동을 조정하였다. 그러나 이제 3년 이상이 지나갔다. "그렇습니다! 각성운동은 계속됩니다! 하나님을 찬양하십시오." 어떤 사람들은 "경건하게 죽었다." 다른 사람들은 더 이상 "동일한 믿음 가운데" 있지 않았고, 어떤 사람들은 그들의 "보물"을 땅에 묻었고, 일부는 "떠나갔다." 그러나 더 많은 사람들이 여전히 "새롭게 도착했다." 그 운동이 지속된 것은 테어슈테겐이 이 운동을 위해 제공한 깊이 때문이다. 초기의 사건들은 사람들의 주목을 끌기 위해서 하나님으로부터 온 참으로 "놀라운" 것들이었다. 그것은 정말로 "충격"이었지만, "기도와 자기부인"과 "하나님의 임재 안에서의 삶"을 요구하는 진정한 "회심"은 아직 아니었다.[22]

모임들은 대중의 소요를 피하기 위하여 처음에는 금지되었다. 이 위험은 지나갔지만 1740년에 내려진 비밀집회 금지령은 아직 효력이 남아 있었다. 따라서 그들을 해산시키려는 위협이 여전히 남아 있었다. 이를 피하기 위해서 테어슈테겐은 베를린 종교법원으로 눈을 돌렸고, 베를린

---

22) 보라. Gustav Adolf Benrath, "Tersteegens Predigten," in Meyer and Sträter, *Zur Rezeption mystischer Traditionen*, 283-304.

종교법원은 수석 변호사 요안 율리우스 헥커(Johann Julius Hecker)를 뮐하임으로 파송하였다. 그는 오랫동안 테어슈테겐을 알고 있었고 평가해 온 사람이었다. 8월 18일에 그는 테어슈테겐의 집에서 열린 주일(!) 모임을 방문하였고, 강연을 조사한 다음 아주 우호적인 글로 테어슈테겐과 그의 신도들을 보증해 주었다. 그때부터 테어슈테겐은 최고기관의 승인으로 집에서 모임을 개최할 수 있었고 또 주일마다 설교할 수 있었다.

집에 있는 모든 사람들이 들을 수 있도록 설교를 해야 한다는 긴장감 때문에 테어슈테겐은 서혜 헤르니아(사타구니 부분의 탈장, inguinal hernia)라는 병을 얻었다. 이로 인해 그는 규모가 큰 모임들을 부득이 그만두었다. 그는 시력도 약해졌고, 두통도 호소하였다. 그는 기력이 소진되었다. 따라서 그는 장거리 여행을 자제해야 했으며, 여행은 지역으로 한정되었다. 동시에 그가 가장 신뢰하는 친구 마리아 도르빌(Maria d'Orville)이 죽었다. 친구들은 그의 강연 기록물들을 출판하도록 허락해달라고 그에게 요청하였다. 그는 요청에 응하여 서문을 써주었지만 기력이 쇠하여 출판을 통해서 원고를 교정하고 읽는 것을 할 수 없었다.

테르스테겐과 함께 철학적 토론을 했었던 헥커가 논평을 해 달라는 호의적인 부탁과 함께 왕이 쓴 소책자인 『무관심한 철학자들의 작품들』(Oeuvers du philosophe de Sanssouci)을 분명히 그에게 전해 주었다. 테어슈테겐은 프리드리히 대제의 자연신론과 기독교에 대한 과소평가에 대해서 재치와 존경, 능력과 이해, 유머와 진지함으로 그리고 왕이 쓴 글을 논하는데 있어서는 참신한 냉담함으로 답하였다. 그는 계몽주의 문헌들과 정신을 광범위하게 잘 알고 있다는 것을 보여주었고,[23] 학문적인 수준에서 대답하였다. 그는 프리드리히 대제의 윤리에 관한 가르침은 '피상적'이고 '모래 위에 세운 것'으로 보았으며, 종교의 역사에 관한 그의 자연신론의 논의는 '너무 심하게 편파적'이라고 보았다. 그는 왕의 결론들은

---

[23] 보라. Benrath, "Gerhard Tersteegen in seiner Zeit," in *Gerhard Tersteegen – Evangelische Mystick inmitten der Aufklärung* (Cologne: Rheinland Verlag, 1997), 13ff.

"전반적으로 철학적이지 않다"고 비판하였다. 운명에 대한 왕의 믿음은 '모든 권위들을 제거하라.'라는 잠재적인 외침으로 이끌었다. 영혼의 불멸성에 대한 그의 비판은 불안정한 기초 위에 있다. 아마 그는 '오히려 회의론자로 남을 것이다.' 그는 "오, 당신은 무관심(Sans-Souci)의 철학자가 되고자 하며, 당신은 거대한 관심(Souci)을 가진 최초의 철학자가 되었습니다. 그렇지 않다면 당신은 비참하게 속임을 당한 자일 것입니다."라고 결론을 내렸다. 테어슈테겐의 논평은 1762년 이후 2년 내에 세 번 출판되었다. 베젤(Wesel)에 들렀을 때 왕이 테어슈테겐을 한 모임에 초대했다는 구전(口傳) 때문에, 왕도 그 논평을 읽었을 것이다. 그렇지만 테어슈테겐은 쇠약한 건강 때문에 그 영광스러운 초대에 응할 수 없었다.

11. 마지막 강요

7년 전쟁(1756-1763, 제3차 슐레지엔 전쟁)의 발발은 테어슈테겐의 집에서 열리던 모임을 종결시켰다. 테어슈테겐은 폭력과 침입, 강탈, 기근에 직면한 사람들의 두려움을 함께 나누었다. 그의 편지들은 전쟁의 참상을 생생하게 보여준다. 그는 그 지역에서 물러났을 수도 있었다. 그의 친구인 카타리나 폰 폴렌호펜(Catherina von Vollenhoven)이 네덜란드로 초청하였다. 그러나 그는 "모든 사람들이 도피할 수 없기 때문에, 떠난다면 다른 사람들을 몹시 슬프게 할 것입니다."라고 답하였다. 그는 프랑스어에 대한 지식으로 인해, 계속해서 그의 이웃들의 이익을 위하여 중재하였다.

테어슈테겐은 이러한 참상 가운데서 보다 깊은 의미를 보았다. 하나님은 인류가 그 잠에서 깨어나기를 바라신다. "외부적인 비참함은 내적인 비참함 때문에 일어나고, 그것은 우리를 개선시켜서 하나님에게로 인도하기 위한 것이다. 그러므로 오, 우리는 냉정해야 하고 또 서로를 격려하여야 한다.

이유는 여전히 우리가 함께 길을 가는 도중에 있기 때문이다."24) 심지어 하나님의 자녀들조차 위기의 시기를 통과해야 한다. 그들은 평온한 상태로 남아 있을 특권을 가지고 있지 않다. 그렇지만 하나님께서는 그들과 함께 하실 것이며, 그들로 하여금 불 속을 통과하게 하여 하나님의 영광에 이르게 하실 것이다.

생애의 마지막 몇 년 동안, 그는 자신에 대한 의심과 경멸과 비방을 끊임없이 들어야 했다. 그가 자신의 소속교회를 멀리했다는 소문들에 대응하기 위하여, 자신의 의지에 대한 '고백'을 추가로 기록하였다. 그는 삼위일체에 대한 자신의 믿음을 고백하였고, 성경과 사도신경 및 성경에 나오는 모든 진리에 동의한다고 고백하였다. 그는 살아있을 때나 죽었을 때나 하나님을 사랑하고, 하나님을 섬기며, 하나님께 영광을 돌리기를 원했다. 그는 자신이 오로지 예수 그리스도의 피로서만 구원을 받는 하찮은 죄인임을 알고 있다. 마지막으로 그는 모든 사람들에게 의도적으로나 혹은 모르는 사이에 자신이 실수한 죄를 용서해 주기를 간청하였다. 자신의 편에서도 그의 기분을 상하게 한 모든 사람을 마음으로부터 용서해 주기를 원하였다.

테어슈테겐은 마지막 방문객 중 한 사람에게 털어놓기를, 그가 더 이상 위대한 감정에 대해 말할 수 없다고 하였다. 그는 "내적 어두움"의 상태에 압도되었는데, 이 어두움은 더 이상 어두울 수는 없지만 더 오래 지속될 수 있는 것이었다. 그는 "빛도 확신도 은총도 하나님도 찾을 수 없다."고 썼다.25) 모든 것이 그에게는 닫힌 것처럼 보였다. 그는 자기 자신에게 의지할 수밖에 없었고, 오직 "어둠"과 "불행"만 보았다. 하나님과 함께 했던 이전 경험들은 날아가 버렸다. "나는 오래전에 내가 축복의 목적지에 도달해 있다고 생각했었고, 사랑하는 주님이 이미 나의 것이라고 생각했었지만, 지금 나는 난생 처음으로 내가 고통과 고난 속에 있다는 것을 정확히 알고

---

24) *Briefe aus dem Archiv der Mennonitengemeinde Krefeld*, January 23, 1761.
25) BR Ⅲ, 63 (19).

있다. 사랑이 조금은 속일 수 있는 것 같다."26)

마침내, 테어슈테겐은 이 시험의 의미를 깨달았다. 그는 자기반성 없이 오직 하나님만을 바라보는 것을 배워야만 했다. 보다 더 기쁜 일이 전혀 발생하지 않는다고 해도 하나님은 거기에 계셨을까? 기도 중에 하나님이 떠나버리시면 무슨 일이 일어날까? 그러면 하나님은 어떻게 사랑을 받으실 수 있을까? "무엇을 해야 하는가?" 테어슈테겐은 질문했다. "아무 것도 없다면 어떤 고통을 당해야 하는가? 많은 것들이 있지만, 구원의 희망이 없다면 그렇게 보일 것이다."27)

한편으로 테어슈테겐은 이 하나님-버리심(포기<God-abandonment>)을 표현하는 많은 편지들을 받았다. 여기에서 그는 오랜 삶을 통해 얻어진 감수성을 분명히 표현하였다. 그는 전적인 확신가운데 친구에게 다음과 같이 답하였다. "당신의 길은 힘들지만 안전합니다." "사람들은 그것이 무엇인지, 그것이 무슨 이유로 섬기게 하는지 알지 못합니다. 그러나 다행히도 레위의 자손들은 하나님께서 그들을 금과 은처럼 깨끗이 다듬고 정결케 하셨기 때문에 주를 위한 가치있는 존재가 되었습니다." 이것은 시편이 끝나는 방식의 일부분이다. "나의 하나님, 나의 하나님, 왜 나를 버리셨나이까?"

하나님과 함께하는 테어슈테겐의 여정은 새롭기도 하고 상상하기 어려운 십자가의 제자도 형태가 되었다. 지금까지 내면 안에서 확증된 것이 '모방'(imitatio)이었던 반면에, 새로운 경험은 그가 모든 것을 팔아 장만한 내적 보물을 분실한 것으로 나타났다는 것이었다. 이전에 하나님과 가까이 있기 위해서 모든 것을 버렸던 사람이 이제는 하나님이 그를 버리는 것을 경험한다. 그 사람은 가장 혹독하게 구체화된 방법으로 그리스도의 제자도를 경험한다. 그렇지만 그리스도가 지신 십자가의 길과 본질적으로

---

26) 테어슈테겐의 마담 귀용의 작품 번역은 다음을 보라. BL 294.
27) BR III, 68 (19).

구분되는 것은 그리스도의 십자가는 속죄를 의미하지만 기독교인의 십자가는 정화를 의미한다는 것이다.

남겨진 모든 것은 묵인하고, 순복하고, 만족하는 것이었다. 그의 기도는 이러한 자세였다. 자아와 관련된 모든 욕망은 이런 방식으로 소멸되었고, 모든 자기애(自己愛)는 초월하였고, 결국 마지막에 남은 모든 것은 '순수한' 사랑과 오직 하나님 안에서의 '신비한' 믿음이다. 이것은 '지옥까지의 방념'(放念, resignatio ad infernum)과 '모든 신비신학의 특별한 교리'라는 표현으로 거부되어질 수 있다.[28] 그러나 이해의 가능성을 폭로하였던 영적 어두움에 대한 테어슈테겐의 지식은 적어도 이 시기에 자신과 자신의 친구들을 믿음으로 설득하는데 도움을 주었다. 자기-의지를 완전히 포기할 때 그는 더 이상의 어떤 것도 꺾을 수 없는 평안을 발견했었다. 이 평온한 '방념'(Gelassenheit)은 그가 죽음을 맞이하는 힘든 기간 내내 더 확장되었다.

테어슈테겐이 마지막 시기에 겪은 육체적 고통에 대한 이야기들을 관통해서 흐르는 붉은 실은 그가 끊임없이 그리고 기꺼이 하나님의 뜻에 순복하였다는 것을 뜻한다. 1769년 3월 31일 그는 심한 발작을 일으켰다. 그들의 영적인 아버지에게 작별인사를 하기 위해 사방에서 친구들이 찾아왔다. 에페르첸은 서둘러 뮐하임으로 왔다. 그곳에서 그는 오래된 친구의 마지막 생애를 돌보아 주었다. 친구들은 하나님의 뜻에 대한 그의 인내와 완전한 헌신이 그들에게 크나큰 위안이었다고 공공연하게 말하였다. 그들은 그가 어린아이 같은 확신을 가지고 '고난 속에서 완전해'지기를 원했다고 증언하였다. "이러한 신뢰가 없었더라면, 그들이 매우 사랑하는 친구의 심한 고통을 증언하는 것이 가능하지 않았을 것이라고 그들은 증언하였다."

4월 2일 정오 무렵, 그의 주위에 있던 사람들은 상황이 급격히 악화되고

---

28) Jürgen Moltmann, "Grundzuege mystischer Theologie bei Gerhard Tersteegen," *Evangelische Theologie* 16 (1956), 205-24, 특히 216.

있다는 것을 알아차렸다. 그는 의식을 잃었고, 1769년 4월 3일 새벽 2시경에 하나님의 부르심을 받았다. 친구들은 조용히 경의를 표하면서 이 순간을 경험하였다. 그들은 한 무리의 천사들이 기뻐하면서 그를 높이 들어 올리는 것을 감지하였다고 믿었다.[29] 그 지역의 목사였던 부름(Wurm)은 성 페트리(St. Petri) 교회 바로 뒤쪽에 있는 교회 부속묘지에서 장례의식을 엄숙히 거행하였다. 1843-46년의 각성운동 이후 교회와의 평화는 테어슈테겐의 인정된 권위를 전제조건으로 라인지방 교회들 가운데 형성되었다.

---

29) BR III LE, 104-5.

참고문헌

· 일차 자료

Chisholm, Emily (tr.), *The Quiet Way: Selections from the Letters of Gerhard Tersteegen* (New York: Philosophical Library, 1950).
Jackson, Samuel, (tr.), *Spiritual Crumbs from the Master's Table* (London: J. F. Shaw, 1837).
Meyer, Dietrich (ed.), *Gerhard Tersteegen. Ich bete an die Macher der Liebe. Eine Auswahl aussseinen Schriften* (Gissen: 1979).

· 이차 자료

Andel, Cornelius Peter van, *Gerhard Tersteegen, Leben und Werk, sein Platz in der Kirchengeschichte* (Düsseldorf: Pressvervand der Evangelischen Kirche im Rheinland, 1973).
Kock, Manfred (ed.), *Gerhard Tersteegen - Evangelische Mystik inmitten der Aufklärung* (Schriftenreihe des Vereins für Rheinische Kirchengeschichte, vol. 126) (Cologne: Rheinland Verlag, 1997).
Ludwig, Hansgünter, *Gebet und Gotteserfahrung bei Gerhard Tersteegen* (Göttingen: Vandenhoeck & Ruprecht, 1986).
Ludwig, Hansgünter, "Herzensgebet und Pilgerhütte. Gerhard Tersteegen und die Anfänge evangelischer Kommunitäten," *Monatsheft für Rheinische Kirchengeschichte* 40 (1991), 103-26.

Meyer, Dietrich and Udo Sträter (eds), *Zur Rezeption mystischer Traditionen im Protestantismus des* 16. *bis* 19. *Jahrhunderts* (Cologne: Rheinland Verlag, 2002).

The Pietist Theologians

니콜라스 루트비히 폰 진젠도르프
(1700-1760)

페터 폭트(Peter Vogt)

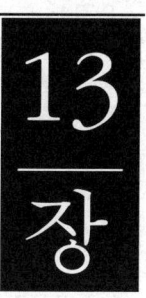

    1738년에 시인 아이작 와트(Isaac Watts)는 하버드 대학의 에드워드 홀리오크(Edward Holyoke) 총장에게 "그는 비범한 열정, 경건 및 복음적인 정신을 지닌 사람이며, 여러 대학에서 배움을 추구하였고, 마침내 거룩한 목회직을 선택했으며, 내가 통고받은 바대로, 그는 맡은 교회와 다른 교회들을 감독하는 감독자가 되었다."[1]라고 온정어린 한 통의 추천서를 썼다. 의문의 그 사람은 니콜라스 루트비히 폰 진젠도르프(Nicholas Ludwig von Zinzendorf, 1700-1760)로서 신성로마제국의 백작이며, 갱신된 모라비아 교회의 지도자이고, 18세기 경건주의의 가장 화려하고 흥미로운 인물 중의 한 사람이었다. 대표적인 것으로 그가 여행 중에 유명한 영국 찬송 작가와의 교제를 추구했고, 그 기회를 이용하여 북미에서 지적이며 신앙생활의 중심인물들과 관계를 설정하고자 하였다. 진젠도르프의 역사적 영향

---

1) 이 편지는 재 출판되었다. 보라. Henry H. Meyer, *Child Nature and Nurture according to Nicolaus Ludwig von Zinzendorf* (New York: Abingdon, 1928). 진젠도르프의 작품 대다수는 다음의 책에서 찾아볼 수 있다. Erich Beyreuther and Gerhard Meyer (eds), *Nikolaus Ludwig von Zinzendorf: Hauptschriften in sechs Bänden*, 6 vols (Hildesheim: Olms, 1962-63), 이후로 HS로 표기한다. 동일한 저자, *Ergänzungsbände zu den Hauptschriften*, 16 vols (Hildesheim: Olms, 1966-78), 이후로 EB로 표기한다.

가운데 대부분은 누가 예수의 진실한 추종자이며 그리스도의 왕국에서 동역자인가를 살피는데 까지 나아갔다. 그의 유산은 단지 두드러지고 독창적인 그의 신학적 메시지 정도가 아니라, 이 메시지를 중심으로 활동하는 공동체들의 집합과 조직 안에서 존재한다. 하나님의 자녀들은 모든 인종적이고 교파적인 영역을 가로질러서 그리스도 안에서 하나라는 신념은 그의 모든 활동을 위한 전제였다. 광대한 보편적 교회의 지평과 복음전파의 일편단심적 열정의 융합은 진젠도르프를 경건주의자들 중에서 독특한 자로 만들었다.

진젠도르프에게 있어서 신학은 결코 지적훈련이 아니라 영적 경험과 실천적인 참여의 사건이다. 그래서 그의 생애, 특히 모라비아 교인들의 지도자로서의 그의 역할이 자신의 신학과 밀접하게 서로 엉켜있다. 모라비아 교회의 삶, 보다 나은 표현으로, 모라비안 운동(헤른후트 형제회, Herrnhutter Brüdergemeine)은 그의 신학사상과 그들의 구체적인 표현과 적용의 결실에 따른 배경이었다. 그가 모라비안 운동을 시작하였을 때, 신앙 공동체 그 자체를 대표하는 것 외에 교회를 위한 그 어떤 교리체계는 전혀 필요가 없었다.[2] 따라서 진젠도르프의 신학에 대한 다음의 소개는 세 요소들 즉, 그의 생애에 대한 회고, 사상의 개관 그리고 모라비안 공동체의 삶과 경건 안에서 그의 신학이 어떻게 표현되었는가를 통합적으로 다룬다.

1. 진젠도르프의 생애

진젠도르프는 오스트리아 개신교 귀족의 후손으로서 작센(Saxony)의 드레스덴(Dresden)에서 탄생했다. 부친의 조기사망 이후, 그는 외조모 헨리에테 카타리나 게르스도르프(Henriette Catharina von Gersdorf, 1648-1726)에 의해 양육되었다. 그녀는 박식하였고 루터교 경건주의의

---

[2] *Einundzwanzig Discurse*, in HS 6, 86-7.

뛰어난 후원자였으며, 그 시대 최고로 유명한 여인 중 한 사람이었다. 진젠도르프는 그녀의 경건주의적인 영향 아래에서 성장하면서 종교적인 문제들에 관하여 적극적인 관심을 일찍부터 보였다. 1710년 그는 할레에 있는 아우구스트 헤르만 프랑케(August Herman Francke, 1663-1727)가 설립한 그 유명한 라틴어 학교(Paedagogium)에 입학하여, 그곳에서 엄격한 경건주의자의 원칙들을 섭렵했고, 프랑케의 선교적인 열정을 가까이서 관찰했다. 그러나 자신의 기대와는 달리, 공직생활을 위한 준비를 하기 위해 법률공부를 해야 했고, 이를 위해 1716년 루터파 정통주의의 중심지인 비텐베르크 대학에 입학하였다. 1719-1720년 사이에 행한 "위대한 여행"(Grand Tour), 곧 네덜란드와 프랑스 여행에서 그는 로마 가톨릭주의를 포함하여 다른 교파들의 단체들과 접촉하였다. 그는 파리에서 추기경 루이스 드 노알리스(Louis de Noailles, 1651-1729)와 교제했으며, 그와 마음의 경험을 나누면서 하나됨을 느꼈다. 돌아와서, 그는 드레스덴에 있는 작센의 선제후 궁정에서 사법위원직을 맡았다. 1722년 그는 로이스의 여(女)백작(Countess of Reuss) 에르트무트 도로테아(Erdmuth Dorothea, 1700-1756)와 결혼했으며, 북부 루사티아(Upper Lusatia)에 위치한 베르텔스도르프(Berthelsdorf)의 토지를 구입했다. 1727년까지 드레스덴에 거주하면서, 진젠도르프는 베르텔스도르프에서 다양한 문학 사업을 시행하였다. 즉 베르텔스도르프에서 자신의 과제인 루터교 교리문답을 포함하여 초기 계몽운동의 급증하는 이성주의에 직접적으로 반대하는 잡지 「드레스덴의 소크라테스」(Dresdner Socrates)를 발행하였다.

진젠도르프의 인생과 신학발전에 결정적인 사건은 1722년 여름 베르텔스도르프 사유지에 모라비아로부터 옛 형제회(old Unitas Fratrum)의 후손들인 개신교 난민들이 도착하였고 그래서 헤른후트(Herrnhut, 주님의 피난처) 공동체를 세운 것이었다. 진젠도르프는 난민 이주자들을 기꺼이 환영했고, 사도적인 교회를 본받은 형태의 영적 공동체를 형성하도록 그들을 격려하였다. 독일 전역으로부터 영적 구도자들을 끌어당기면서 헤른후트는 곧 경건주의의 거류지로 왕성하게 성장했다. 결국 교리적 차이가 이주자들 사이에 심각한 긴장을 조성하였고, 이 문제로 인해 진젠도르프는 1727년 봄 정부 관직을 사임하고 헤른후트 공동체에 전적으로 헌신하였다. 그는 공동체의 세속생활과 영적생활을 위한 서약을 개괄한 2개의 '법령'(Statutes)을 발표함으로써 갈등에 개입하였으며, 다양한 교파적인 배경을 가진 거듭난 신자들의 "필라델피아적인" 형제애를 헤른후트의 비전으로 고취시켰다.[3] 1727년 8월 13일, 지방의 한 루터교회에서 행한 성찬식(Holy Communion)을 통해 새로운 서약은 거부할 수 없는 영적 갱신을 경험함으로써 힘찬 출발을 하게 하였다. 이제 헤른후트 공동체의 회중은 새로운 일치감각과 목적을 가지게 되었고, 그때부터 진젠도르프는 범 교단적인 갱신운동과 선교하는 교회로 변화하는 일에 깊이 연루되는 경력을 갖게 되었다.

이후 수 년 동안 진젠도르프는 친구들 및 후원자들의 조직망을 구성하기 위해 독일과 유럽 등지를 폭넓게 여행했다. 1731년 처음으로 모라비안 「기도서」(Watchwords, Losungen)를 발간했는데, 이는 일 년 365일 매일 마다 짧은 성경구절과 경건한 기도를 기록해 놓음으로써 신자들이 개인적으로 묵상할 수 있도록 한 경건서적이다. 이듬해에 두 명의 모라비안 교도를 서인도 제도의 흑인 노예들을 위해 파송함으로써 모라비아의 선교사역이 시작되었다. 1734년에 진젠도르프는 슈트랄준트(Stralsund)에서 신학시험을 통과했으며, 루터교 신앙고백과 긴밀한 연합을 갈망하면서 튜빙엔에서 루터교 목사직을 맡았다. 동시에 그는 최초의 모라비아 피난민 가운데 한 명인 다비드 니취만(David Nitschmann)이 옛 형제회의 생존하는 마지막 주교 다니엘 에른스트 야블론스키(Daniel Ernst Jablonski, 1660-1741)로부터

---

3) "필라델피아"(Philadelphia)라는 용어는 형제애를 뜻할 뿐만 아니라 영국의 신비주의자 제인 레데(Jane Leade, 1623-1704)의 "필라델피아 공동체"(Philadelphian Society)의 지속적인 영향력을 의미하는 것이기도 하다. 비교하라. Nils Thune, *The Behmenists and the Philadelphians* (Uppsala: Almquist and Wiksells, 1948). 공동체의 규정(Statutes)을 위해서는 다음을 보라. Peter C. Erb (ed.), *Pietists: Selected Writings* (New York: Paulist Press, 1983), 325-30.

1735년에 감독서품을 받도록 준비할 수 있었다. 이것은 헤른후트 공동체가 제도적인 교회로부터 독립하는 몇 가지를 제공하였는데, 특히 독일 이외의 지역에서 사역하는 선교사들에게 안수할 수 있었다는 점이다.

대립이 점증하면서 전통적인 루터교도들과 할레 경건주의자 같은 사람들 사이에 불안이 가중되었고, 이는 1736년부터 1747년까지 진젠도르프를 작센으로부터 추방하도록 이끌었다. 진젠도르프의 관심은 이제 마인(Main) 강의 프랑크푸르트 인근 지역인 베터라비아(Wetteravia)와 네덜란드로 옮겨졌다. 1737년 그는 니취만과 야블론스키에 의해 모라비안 주교로 서품을 받았고, 다음 해에 그의 처음이면서 중요한 설교집을 발행하였는데, 이는 사도신경에 관한 루터의 주해를 베를린의 많은 관중에게 연속으로 설교한 것이다. 그는 서인도 제도(1739)와 펜실베이니아(1741-43)를 여행하였고, 펜실베이니아에서는 만 일 년 동안 머물면서 그곳의 독일인들에게 복음을 전하였고, 또한 그곳의 미국 원주민들에게 모라비안 선교를 조직하였다. 그가 계획한 펜실베이니아의 교회연합과 일치를 위한 회합은 실패했지만, 베들레헴 공동체의 성공적인 설립은 북미에서 모라비안 교도들이 지금까지 존재하게 하였다.[4]

미국으로 여행하기 직전에 진젠도르프가 설교한 "어린양의 신성에 대한 일곱 번의 설교들"(Seven Sermons on the Godhead of the Lamb)과 독일로 귀국하자 곧 출판된 「펜실베이니아 설교들」은 모라비안 공동체의 삶에 새로운 시대가 도래한 것을 표시하는 소위 "선별하는 시대"로 불린다.[5] 진젠도르프는 존 웨슬리의 감리교뿐만 아니라 할레 경건주의자들에 대해서도 반대하면서 예수 그리스도의 대속적인 죽음의 능력은 죄 많은 인류를 구원하는데 완전하며 충분하다는 것을 점차 강조하였다. 구세주의 보혈과 상처에 대해 고도로 극적이며 유희적인 언어로 표현하면서 즐겁게

---

4) 보라. Kenneth G. Hamilton (ed.), *The Bethlehem Diary,* 1742-1744 (Bethlehem, PA: Moravian Archives, 1971).

5) 보라. Paul Peucker, "'Blut auf unsre grünen Bändchen': Die Sichtungszeit in der Herrnhuter Brüdergemeine," UF 49/50 (2002), 41-94.

예배하는 것은 이제 모라비안 경건의 특징이 되었다. 계속 생겨나는 모든 모라비안 회중의 모범을 위해 새로 건설하는 헤른하그(Herrnhaag) 정착지로 진젠도르프 백작과 함께 자신들의 운명을 함께 하기를 열망하는 젊은이들이 쇄도하였다. 동시에 모라비안 공동체는 국제적인 운동으로 발전하여 선교활동이 강화되었고, 새로운 모라비안 공동체와 집회가 실레시아(Silesia), 영국, 네덜란드, 스위스, 발트 해 연안국가들 가운데 설립되었다. 진젠도르프의 수많은 설교모음집이 출판되었는데 그 중에는 「상처를 입으신 분의 탄원에 대한 설교」(Homilies on the Litany of the Wounds, 1747), 「종교에서 중요한 주제들」(Important Subjects in Religion, 1747)에 관한 연속된 아홉 편의 설교들, 21개 강좌로 구성된 아우구스부르크 신앙고백에 대한 주해(1748)가 포함되어 있다. 1735년에 발행된 모라비안 찬송가에 대한 여러 차례의 부록에는 이 당시의 독특한 시들이 수집되어 있다. 이 책들 가운데 가장 열광적이고 독창적이면서도 또한 가장 논쟁적인 표현을 담고 있는 진젠도르프의 신학을 찾아볼 수 있다. 1750년까지 진젠도르프와 모라비안 공동체에 대해 찬성하거나 반대하는 서적들과 소책자들이 200권 이상 출판되었다.

1749년, 진젠도르프는 영국 의회법령에 의해 모라비안 공동체가 "예로부터 온 것이며, 개신교에 속하는 감독교회"에 속한다는 승인을 획득했다. 비록 대영제국의 성공회 내에 모라비안 공동체의 사역을 확보하려는 본래의 목표에는 실패했지만, 대영제국과 영국 식민지들 안에서 모라비안 공동체를 정착시키고 선교사역을 위한 확실하고도 합법적인 기초를 마련했다는 점에서는 괄목할만한 승리였다. 1750년부터 1755년까지 진젠도르프는 런던을 세계적인 모라비아 공동체를 위한 조직의 본부로 만들었고, 자신은 모든 교파가 연합하여 광범위하게 사용하게 될 『런던 찬송가』(Londoner Gesangbuch, 1753-1754)를 만드는데 전념하였다. 또한 그는 모라비안 공동체의 호칭 기도서(사제나 성가대가 선창하고 신자들이 응답하는 형태의 기도서) 전집을 개정하였으며, 그것들을 별도의 기도서로 출판하였다. 진젠도르프가 런던에 체류하는 동안에 재정난, 아들의 죽음, 1752년 후계자로 지목된 크리스티안 레나투스(Christian Renatus)의 죽음, 1753년에는 공공연한 반대물결의 폭발 등으로 암울한 기간이었다. 진젠도르프는 1755년에 대륙으로 귀환하여 주로 헤른후트에서 말년을 보냈다. 1756년 부인 에르트무트 도로테아가 죽은 후에, 1757년에 안나 니취만(Anna Nitschmann, 1715-1760)과 결혼했는데, 그녀는 혼인하지 않은 모라비안 여성들의 여자 장로였다. 1760년 5월 9일 그는 헤른후트에서 하나님의 부름을 받았고, 모라비안 공동체의 "묘지"(God's Acre)에 묻혔다.

2. 진젠도르프의 신학

진젠도르프의 신학을 해석하는 데는 많은 어려움이 있다는 것에 주의하는 것이 중요하다. 진젠도르프는 훈련된 신학자가 아니었으며, 자신의 견해들을 조직적으로 설명하려고 글을 쓴 적이 없다. 그 대신에 그는 자신의 사상들을 찬송들, 설교들, 서신들, 때에 따라 발간한 소책자들과 행정적인 훈령들 속에서 표현했다. 그가 출판한 저작물들도 다수이지만, 출판되지 않은 자료들은 거의 헤아릴 수 없을 정도로 많다.[6] 그 결과 학자들이 직면하는 문제는 이미 인정된 진젠도르프의 원본에 근거하지 않고 (임의로) 선별된 진젠도르프의 작품들에 기초하여 그를 해석하려고 한다는 것이다. 첨언하자면 진젠도르프의 사상과 표현들은 놀라운 발전을 보여준다. 성인기의 매 십년 마다 주제의 강조와 문체의 변화가 있었으므로, 어느 때가 "진정한" 진젠도르프를 대표하는 시기인가 하는 문제가 제기된다. 마지막으로 진젠도르프에게는 표현의 정도 크기, 유동성 그리고 혁신 등으로 나타나는 독특한 언어사용 형태가 있다. 그에게는 이성적인 정확함이 아니라 종교적인 의견들과 경험들을 환기시키고 전달하는 능력이

---

[6] 독일 헤른후트에 있는 모라비안 공동체 문서보관소에 보존되어 있다. (the Moravian Unity Archives at Herrnhut, Germany).

있었다. 그러므로 그는 전통적인 신학 용어를 보다 자유롭게 사용하였으며, 동시에 "모리비안" 공동체의 용어들과 의미들을 그 자신의 용어로 발전시켰다.[7] 무수한 불일치와 모순들이 있음에도 이러한 특유성은 종종 진젠도르프 사상의 구조가 지닌 기초를 애매모호하게 하며, 따라서 그의 신학이 광범위하면서도 다양한 해석이 가능하도록 만들었다.

다음의 스케치는 그의 사상의 통일성을 전제로 한 것이다. 비록 진젠도르프의 신학을 종종 비조직적이라고 부르지만, 그럼에도 불구하고 그의 견해들은 고도의 내적인 일관성을 가지고 있다. 자기 시대의 지적이고 종교적인 사조, 언급하자면 루터파 정통주의, 계몽주의의 이성주의, 도덕적인 경건주의 그리고 신비적인 영성주의에 대한 비판적인 반응 가운데 진젠도르프는 그 자신만의 독특한 입장에 도달하였다. 그의 독창적인 정신 안에 이러한 전통들의 요소들이 분명히 남아있음을 감지할 수 있으며, 무엇인가 새로운 것 안으로 들어가 함께 엮어져서 두드러지고 생생하게 환기시키는 언어로 표현되고 있음을 볼 수 있다.

3. 그리스도 중심주의

진젠도르프 신학의 가장 두드러진 점은 그 초점을 죄 많은 인류들을 구원하기 위해 십자가에서 고통을 받으시고 죽으신 구원자 예수 그리스도에게 맞추고 있다는 점이다. 진젠도르프에 의하면, 성육신하신 그리스도의 인성과 대속의 죽음으로 인한 은택은 복음의 중심이며 진정한 신학의 핵심 주제이다. 예수 그리스도와 십자가에 달리신 그 분만을 아는 것(고전 2:2)이 기독교 신앙의 본질을 나타낸다. 진젠도르프에게서 기독론은 기독교에 관한 여러 교리들 가운데 단지 하나의 영역을 의미하는 것이 아니라, '모든' 신학의 출발점이며 마지막이다. 진젠도르프는 하나님에 대한

---

[7] 보라. Paul Puecker, *Herrnhuter Wörterbuch* (Herrnhut: Unitätsarchiv, 2000).

어떤 참된 지식도 십자가에 달리신 그리스도와 상관없이 인식하지 않았다. 성부 하나님은 오로지 성자 하나님을 통해서만 접근할 수 있다. 즉 "아들이 없는 자에게는 하나님도 없다."[8] 본성이나 이성에 기초한 거룩한 존재에 대한 어떤 일반적 개념들은 거짓이며 기만하는 것이다.

젊은 진젠도르프가 이같이 예수 그리스도에 초점을 맞춘 것은 초월해 계신 하나님 개념을 붙잡고자 투쟁한 결과였다. 진젠도르프는 하나님의 존재에 대한 의구심으로 인해 방해받으면서도, 그가 발견한 것은 이성적인 숙고는 하나님의 신성에 도달할 수 없다는 것이었다. 하나님은 당신의 주권 가운데 진젠도르프에게는 신비스럽고 이해할 수 없는 심연 속에 감추어진 하나님으로 남아 있었다. 이런 상황에서 예수가 주님이시요 구세주라는 즉각적이고 직관적인 확신은 진젠도르프로 하여금 인간의 이해로는 알 수 없고, 성육신하신 그리스도로만 숨겨진 하나님이 드러나신다는 근본적인 통찰 속으로 빠지게 하였다. 그는 이것을 초기의 시 가운데 한편에서 "여기와서 숨겨진 심연, 그 겸손하신 아기 예수 안에 감추어진 위엄을 보라!"[9]며 하나님은 거룩함을 찾는 인간들에게 응답하시고 또한 초청하신다고 표현했다.

1740년 이후 진젠도르프의 그리스도 중심주의는 더욱 급진적으로 바뀌었다. 이제 그리스도는 하나님이 인간으로 완전히 현현하신 것으로 보았다. 비록 삼위일체 교리를 거부하지 않았지만 진젠도르프는 사람들이 관심을 갖는 일반적인 하나님은 다름 아닌 성자이시라고 분명히 언급하였다. 즉 그분은 "온 세상을 위한 공적인 하나님"(Amtsgott)이며, 세상에서 공식적으로 직무를 수행하시는 유일하신 분이다.[10] 그리스도는 삼위일체의 모든 신성이 현존하는 "집중된 하나님", "개요" 그리고

---

8) *Berliner Reden an die Männer*, in EB 14, 257.
9) 인용. Arthur J. Freeman, *An Ecumenical Theology of the Heart: The Theology of Count Nicholas Ludwig von Zinzendorf* (Bethlehem, PA: Moravian Church in America, 1998), 82.
10) *Pennsylvanische Reden* I, in HS 2, 45.

"총합"이다.11) 더 나아가 성경에서 증거하고 있는 하나님은 어느 곳에서나 성자이시다.12) 따라서 진젠도르프는 그리스도는 창조주이며, 구약의 "여호와"이시며, 심지어 "성부"라는 호칭이 그에게는 적합한 것이라고 확신하였다.13) 그리스도의 인성과 더불어 하나님의 완전한 동일화는 진젠도르프로 하여금 오직 하나의 선택만이 있다는 것을 믿게 하였다. 즉 "예수를 믿든지 아니면 무신론자가 되든지" 말이다.14) 당대의 신학적인 경향을 고려하건대 그가 강조하며 언급한 것은 그리스도를 떼어놓고 하나님을 선포하는 것은 잘못된 것이며 해로운 것이라는 사실이다. 즉 "지금 온 세상을 채우는 것은 무미건조한 신학이며…사람들은 늘 성부에 관해서 말하지만 성자는 생략한다. 이 신학은 악마가 창안한 것이다."15)

4. 십자가 신학

일반적인 기독론 중심적인 방향에서 말하자면, 진젠도르프의 신학의 중심에는 구속론과 마음의 종교라는 두 가지 특별한 개념이 있다. 즉 그리스도의 공로적인 고난을 통한 인간구원의 달성이라는 구속 개념은 진젠도르프에게 있어서 기독교 신앙의 질료상의 본질로 대표된다. "다른 모든 개념들, 사회들 및 마음의 상태들로부터 기독교인을 구분하는 시금석은 우리를 죄에서 구원하시고자 우리를 위해 흘리신 창조주의 희생적인 보혈이다."16) 진젠도르프는 그 자신의 신학을 '십자가의

---

11) *Apologetische Schluß Schrift*, in EB 3, 22; *Gemeinreden* II, in HS 4, 80; *Darlegung richtiger Antworten*, in EB 5, 56.
12) *Sieben letzte Reden*, in HS 2, 34.
13) 보라. Freeman, *An Ecumenical Theology of the Heart*, 83-6.
14) *Apologetische Schluß Schrift*, in EB 3, 27.
15) *Pennsylvanische Reden* II, in HS 2, 265.
16) 인용. Samuel Eberhardt, *Kreuzestheologie: Das reformatorische Anliegen in Zinzendorfs Verkündigung* (Munich: Kaiser, 1937), 64, n. 108.

신학'(Creutzes-Theologie)이라고 분명히 언급하였다.[17] 그의 설교들과 찬송들은 예수 그리스도가 세상 죄를 위하여 십자가상에서 돌아가신 "구세주", 하나님의 백성을 구속하기 위해 죽임을 당하신 "어린 양" 그리고 인류의 죄와 불법을 위해 상하신 "고난의 사람"(고난 받는 종)이라는 강한 주장이 가득 차 있다. 성경의 풍부한 용어와 비유적 표현들을 사용하여, 그리스도의 고난에 관한 진젠도르프의 언어는 고전적인 구속의 교리들을 내포하고 있다. 즉 그분의 보혈은 죄악된 인간들을 어둠의 세력으로부터 구속하는 속전이 되고, 인간의 죄를 위한 대속의 희생으로서 그분의 무죄한 죽음은 신적인 정의의 요청을 만족시키며 인간을 하나님과 화해시키며, 잃어버린 자들을 대신하여 자신을 희생으로 내어주심은 그들의 냉담함을 깨뜨려주며 또 하나님을 향한 그들의 사랑이 작열하게 한다. 진젠도르프에게 문제가 된 것은 그리스도의 수난과 죽음이라는 한 가지 사상이었고, 오직 이 한 가지가 하나님과 인간 사이의 간극을 극복하게 한다.

루터교의 입장에서 볼 때, 진젠도르프는 구속을 하나님 앞에서 죄인들을 의롭다 하시는 객관적인 기초로 설명한다. 죄인의 입장에서 볼 때 그리스도께서 그들을 위해 다 행하셨다는 어린 아이와 같은 믿음 외에는 요구되는 것이 전혀 없다. 그러므로 진젠도르프에게 십자가는 하나님의 구원하시는 은혜의 표현인 동시에 인간의 공로에 의한 자기 의(義)에 대한 모든 형태의 거부를 나타낸다. 그리스도의 죽음 안에서 단지 거룩하고 경건한 생활로 이끄는 길을 계시하는 것으로만 파악한 모든 사람들에 반대하여 진젠도르프는 다음과 같이 말하였다.

…그가 육체로 고난을 당한 진정한 이유는 죄와 사탄의 노예로부터 사람들을 구속하는 것이었으며, 그가 십자가상에서 우리를 위해 유효하며 가치 있는 구속을 성취하였고…우리가 예수의 죽음과 십자가에 동참하고자 할 때, 우리는 경건하고 거룩한 자가 되는 것으로 시작하지 않고, 죄인들로서 그리고

---

17) *Homilien über die Wundenlitanei*, in HS 3, 178.

우리의 공로로부터 어떠한 도움도 없이 오직 그의 공로를 통해서만 의롭게 된다.[18]

십자가 신학에 대한 진젠도르프의 전유(專有)에는 특별히 그리스도의 성육신과 인성에 관한 강조도 포함되어 있다. 비천한 탄생에서부터 치욕스런 죽음에까지 인간으로서 그리스도의 모든 삶에는 가치가 있다. 그분의 모든 면이 신자들에게 영적인 중요성을 가지며, 특별한 위로와 축복도 내포되어 있다. 특히 두드러진 것은 그리스도의 상함에 대한 진젠도르프의 관심이다. 그에게 있어서 예수의 "상함", 특별히 "옆구리 찔림"은 그리스도의 구원사역의 가장 명백한 표현이며 신자들로 하여금 가장 접근하기 쉬운 구원의 장소로 대표된다. 아가서에서 차용한 비유적인 언어를 통해 진젠도르프는 그 상처를 피난처, 즉 인간의 영혼들이 보호받고 안식하고 양식을 공급받는 장소로 묘사한다.[19] 그리스도는 자신의 상처를 영원히 가지고 계실 것이며, 이 상처는 재림 시에 표지가 되어 그리스도임을 인식하게 할 것이라고 주장한다.[20]

5. 마음의 종교

만일 "십자가의 신학"이 진젠도르프 신학의 객관적인 기둥 또는 질료적인 규범이라고 여긴다면, 십자가 신학의 주관적인 기둥은 종교적 지식에 대한 경험적인 접근을 의미하는 "마음의 종교"(Herzensreligion)의 개념에서 발견된다. 아주 초기에 진젠도르프는 "종교의 본질은 하나의 견해를 갖는 것과는 아주 판이한 것이어야만" 하며, 종교는 "어떤 개념이 없이도 단지

---

18) *Berliner Reden*, in HS 1, 147-8.
19) 보라. Craig D. Atwood, "Zinzendorf's Litany of the Wounds," LQ 11 (1997), 189-214.
20) *Nine Public Lectures on Important Subjects in Religion*, ed. George W. Forell (Iowa City: University of Iowa Press, 1973), 28.

지각(Empfindung)에 의해 파악될 수 있는 것"이어야 하는데, 만일 그렇지 않으면 정신적으로 열등한 사람들은 구원받지 못할 것이기 때문이라고 확신하였다.21) 종교가 신학적인 반성을 내포하고 있으므로 종교는 교리의 독특성에 관한 개념적인 지식이 아니라 개인적이고 경험적이며, 영적인 실재를 선(先)-개념적으로 포착하는 것이다. 이 교리들은 신자의 삶 속에서 일어나는 사태를 영적인 실재로 말해 주는 것이다. 신앙은 그리스도의 구속의 객관적인 실재를 다소 그 자체로 표현하며, 신자의 주관적인 경험 속에 뿌리를 내린다는 것을 의미한다. 그리스도의 구속적인 죽음으로부터 은총이 발생하고 그리스도와의 인격적인 관계가 경험되는 신앙의 기관(器官)은 마음이다. 그러므로 "마음이 아니라 머리로 구세주를 모시는" 사람들은 진정한 기독교인이 되기가 어렵다.22)

진젠도르프에게 마음이란 전인격의 중심을 나타낸다. 마음은 지식(알고자 하는 것)과 의지(하고자 하는 것)의 형태를 가지므로 이성적인 의식과 이해의 범위를 넘어선다. 진젠도르프는 잠재의식 단계에서 사람들은 선천적이고 직감적이며, 비록 희미하기는 하나 신적인 감각을 느낄 수 있다고 믿는다. 진젠도르프는 루돌프 오토(Rudolf Otto)와 프리드리히 슐라이어마허(Friedrich Schleiermacher)를 예견하면서 인간이 누멘적 감각(sensus numinis: 누멘<Numen>이란 초월적이고 신비적인 대상으로서 신성한 것이면서 말로 명확하게 표현할 수는 없는 비합리적인 것이다. 루돌프 오토의 입장은 서구 그리스도교가 합리주의적 영향 속에 교리와 신학을 지나치게 강조했던 주지주의(主知主義)적 경향을 탈피하고, 종교체험이란 결코 다른 어떤 체험으로 환원될 수 없는 독특한 현상이라는 것을 강조하였다. 그리고 인간의 종교체험에는 '성스러운 것'<the Holy, the Sacred>의 자기 현현(顯現)을 감지하고 느낄 수 있는 '누멘적 감각', 선험적<a priori> 능력으로 인간 내면에 공통적으로 내재하고 있다고 함으로써 종교를 주관적이며 상대적인 것으로 전환시키고 있다-역주)을 가지고 있다고 말하였는데, 이는 피조된 존재의 인지가 "어떤 능력

---

21) *Der Teutsche Socrates*, in HS 1, 212, 289.
22) *Londoner Reden* II, in HS 5, 325.

있는 자를 의존한다."는 것을 나타낸다.23) 그러나 문제는 이런 초보적인 감정으로는 하나님을 올바르게 파악하기에는 충분하지 않다. 십자가에 달린 인간 예수가 하나님이시며 구세주시라는 것은 모든 자연적이며 이성적인 경향과 반대된다. 필요한 것은 사람들이 그들의 마음속에 예수가 그들을 위해서 무엇을 행하셨으며 어떻게 그들의 삶 속에 존재하시는가에 대해 생생한 감각을 경험하는 것이다.

진젠도르프는 그리스도와의 이 같은 만남을 내적 관점의 용어로 기술한다. 구세주는 인간의 영혼을 바라보며, 영혼은 구세주가 마치 육체적(물리적)으로 출현한 것처럼 보고 느낀다. 이것은 마음의 시야 앞에 상처 입은 예수의 형상을 가져오도록 요구한다. 즉 "구세주는 인간 영혼 앞에 출현해야만 하고, 인간의 영혼은 피로 물든 상처 가운데서 그를 알아보아야 하며, 구세주의 순교적인 인성은 영혼을 위해 내면의 시야 앞에 서야 하며, 영혼의 묵상은 그분으로 충만해야 한다."24) 그러므로 복음에 대한 설교에서 중요한 부분은 청중들 앞에서 십자가에 달리신 그리스도를 "그려내는" 것인데, 이로써 그리스도가 개방적이고 감수성이 예민한 심령에 의해 전심으로 받아들여지게 된다. 진젠도르프는 그 결과 생성되는 신앙을 즉각적이고 직관적인 확실성이라고 표현하였으며, 어떠한 개념적인 반성 없이 사람의 가장 깊은 곳에서 솟아나는 것이라고 묘사하였다. "왜 너는 믿느냐?"는 질문에 대해서 진젠도르프는 오직 한 가지 답변만을 말하였다. 즉 "나에게는 그것이 그렇기" 때문이며, "내 마음이 내게 그렇게 말"하기 때문이다.25)

그리스도의 즉각적인 임재에 관한 강조는 결국 진젠도르프로 하여금 구세주와 인격적으로 친밀한 "관계"라는 용어로써 종교적 생활에 대해 말하게 하였다.26) 신자들은 보이지 않는 친구로서 구세주와 함께 대화하고

---

23) 인용. Otto Uttendorfer, *Zinzendorfs religiöse Grundgedanken* (Herrnhut: Missionsbuchhandlung, 1935), 19.
24) *Londoner Reden* I, in HS 5, 352.
25) *Gemeinreden* I, in HS 4, 151 and 311.
26) *Londoner Reden* I, in HS 5, 109.

동행할 수 있다. 그들은 기도와 명상 가운데 그분의 임재를 개인적으로 날마다 확증해야 한다. 그리스도와의 인격적인 교제는 진젠도르프가 대표적으로 내세우는 모라비안 영성의 핵심이다.

6. 신학적으로 탁월한 주제들

진젠도르프는 그리스도 중심적인 접근방법을 기초로 하여 전통적인 여러 신학 주제들에 대해 고도로 독창적인 해석들에 도달하였다. 한 예로 그의 성경관은 성경의 증언이 원칙적으로 그리스도를 말한다는 사상과 더불어 성경은 하나님의 권위 있는 말씀이라는 확신을 함께 결합시킨다. "성경이 구상하는 것"은 "오직 그분에 관심을 두는 것"이며, 예언자들에 대해 언급된 것은 무엇이든지 성령에 의해서 "예수의 수난들과 그 뒤에 수반되는 영광스런 사건들"에 적용된다.[27] 그러므로 아브라함과 모세에게 나타나신 하나님은 바로 예수 그리스도시다. 성경 본문에는 불완전한 것들과 잘못들이 포함되어 있음을 진젠도르프는 이의 없이 인정한다. 마치 그리스도가 고통 받는 한 인간의 비천한 형태로 나타나신 것같이, 하나님 말씀이 외형적으로 나타나는 것도 십자가라는 표시를 지닌다. 본문의 명백한 결함들, 즉 잘못되고 모순되고 불분명한 구절들은 합리적인 이해의 눈으로는 십자가에 달리신 구세주의 진리를 보지 못하게 한다. 진젠도르프는 "종교의 적대자들이 성경에 있는 모든 것이 영감되었다는 문장을 창안했다"[28]며 성경의 문자적 무오류에 대한 개념을 강력하게 거부했다. 대신에 그는 성령이 대리자들을 통하여 역사하신다는 것을 견지했다. 기록물은 대리자들의 능력과 특별히 역사적인 환경에 의해 불가피하게 형성된 것이다. 그러므로 성경의 중심 메시지인 그리스도에 대한 증거는 우발적으로(의도하지는 않았지만) 다량의 역사적인 정보가 섞여있다.

---

27) *Neun Reden*, in HS 6, 21.
28) 인용. Eberhard, *Kreuzestheologie*, 7.

진젠도르프에게 성경은 하나의 "반사광학적인 이미지"(catoptric image), 즉 어떤 특정한 시각으로 이미지를 바라볼 때 부분적인 형태가 가(可)간접성의 전체로 응집되는 것을 반영하는 이미지이다. 이 시각이 바로 상처 입은 그리스도이다. "만일 구세주를 성경 본문 위에 놓지 않는다면 모든 것들은 서로 다른 소리를 낼 것이고(별개의 것이 되고), 사람들은 본문이 의미하는 것이 무엇인지를 알지 못할 것이다. 그러나 구세주의 시각으로 성경을 보자마자 모든 것들이 조화롭게 될 것이다."29) 성경을 바르게 해석하는 열쇠는 소위 진젠도르프가 말하는 "상처의 해석학"이며, 이것은 성령의 인도 아래 그리스도의 수난의 빛에서 각 구절에 주목하는 것이다.30) 흥미로운 것은 진젠도르프가 성경 안에 실수와 모순이 존재하는 것은 권위를 훼손하는 것이 아니라 오히려 성경의 신성에 대한 최상의 설득력있는 증거라고 믿었다는 것이다. 그 이유는 하나님이 원본을 수정하거나 개선하도록 후대의 세대들에게 허락하지 않았음을 보여주기 때문이다.31)

이와 같이 삼위일체론에 대한 진젠도르프의 해석도 통상적이지 않은 여러 형태를 포함하고 있다.32) 그의 신학이 기독론 중심적인 초점에도 불구하고 진젠도르프는 삼위일체 교리를 거부하지 않고 도리어 삼위일체 교리를 신자들에게 신비적으로 계시된 특별한 축복으로 생각했다. 철학적인 사변보다 교회의 살아있는 신앙이 적절하게 자리매김 되어야 한다고 여겼다. 신앙의 진리는 성경의 증거로부터 명백해지며 또한 신자들의 마음의 경험에 의해 확증된다. 삼위일체 개념을 이해시키기 위해서 진젠도르프는 가족의 이미지를 사용한다.

> 성경에 따르면 가족이라는 기본적인 형태에 의거하여 왜 우리는 우리에게 제공된 것보다는 그 어떤 다른 신적인 위격(신격)의 특성을 기대해야만

---

29) *Apologetische Schluss Schrift*, in EB 3, 643.
30) *Homilien über die Wundenlitanei*, in HS 3, 363.
31) *Pennsylvanische Reden* 1, in HS 2, 131-36.
32) 보라. Peter Zimmerling, *Gott in Gemeinschaft: Zinzendorfs Trinitätslehre* (Giessen: Brunnen, 1991).

하는가? 하나님(즉 그리스도)은 우리의 사랑하는 남편이고, 그의 아버지는 우리가 사랑하는 아버지이며, 성령은 우리가 사랑하는 어머니이며 이로써 우리 모두는 하나이다. 가족의 개념은 인간들이 제안한 모든 개념 중에서 가장 오래된 것이며 가장 간단한 것이며 가장 존경할만한 것이며 가장 매력적인 것이다. 참으로 성경적인 개념은 거룩한 삼위일체와 우리의 관계라는 견해 속에 정립되어 있다. 그 이유는 아무도 아버지, 어머니, 남편보다 더 친밀한 인격은 없기 때문이다.[33]

이러한 이해를 따라서, 진젠도르프는 각 신격에 특성을 부여한다. 인간성과 관련하여 삼위일체를 표현하는 위격은 당연히 성자(the Son)이다. 그는 창조주시며, 구속자시며, 교회의 신랑(미래의 남편)이시다. 구원의 모든 경륜은 인류의 구속과 최후 운명과 더불어 창조와 기독론적으로 결부되어 있다. "너를 만든 이는 또한 너의 남편이니."[34] 성부 하나님은 성자의 아버지로 신자들에게 잘 알려져 있다. 특징적으로, 진젠도르프는 아버지를 종종 시아버지 또는 할아버지라 언급하는데, 이는 하나님 아버지에 대한 신자들의 관계가 늘 성자에 의해 중재됨을 지적하기 때문이다. 진젠도르프는 그리스도의 승천과 재림 사이의 기간 동안 성부는 세계가 그리스도에게 복종하도록 하는 책임을 맡기셨으며, 말세에는 성자와 교회와의 혼인을 거룩하게 하실 것이라고 믿었다.[35] 마지막으로 진젠도르프는 성령이 신자들을 가르치고 양육한다는 점에서 "모성애 직책"(motherly office)이라 부른다.[36] 이것은 성령의 본질적인 성격에 대해 정확하게 진술한다는 의미는 아니지만, 신자들의 영적 생활에 관련하여 그 기능을 기술한다는 점에서는 의미를 지닌다. "성령은 참으로 영혼에게 출생,

---

33) *Gemeinreden* Ⅰ, in HS 4, Appendix, 3.
34) *Gemeinreden* Ⅰ, in HS 4, 123.
35) 보라. Hans Ruh, *Die christologische Begründung des ersten Artikels bei Zinzendorf* (Zurich: EVZ, 1967), 111, 114-26.
36) 보라. Craig D. Atwood, "The Mother of God's People: The Adoration of the Holy Spirit as Mother in the Eighteenth-Century Brüdergemeine," CH 68 (1999), 886-909.

양육, 교육 및 위로하는 어머니로 주어졌다."37) 진젠도르프는 요한복음 3: 5-6 그리고 이사야서 66:13과 연관시킨 요한복음 14:2을 통하여 자신의 견해가 지닌 정당성을 발견하였다.

교회에 대한 진젠도르프의 관점은 비록 신자가 그리스도와 인격적인 관계를 가지고 있다고 해도, 그리스도는 제자들을 혼자의 삶이 아니라, 교제와 형제애를 위한 공동체의 삶으로 부르셨다는 확신에 기초하고 있다. "그는 공동체를 위해서 우리를 창조했고 우리에게 동료들을 주셨다. 그는 우리가 서로 사랑할 때 그의 제자로 인식되기를 바라신다."38) "공동체가 없다면 기독교도 없다."39) 공동체를 향한 근본적인 방침은 거룩한 삼위일체의 거룩한 생활, 곧 "원시교회"(Urkirche)를 반영한다. 진젠도르프는 독일어로 표현된 세 단계의 교회공동체, 즉 '교회'(Kirche), '교파'(또는 '종파', Religionen), '공동체'(Gemeine)을 조심스럽게 구분한다.40) '교회'는 완전한 의미에서 교회(church)를 언급하는데, 모든 진실한 성도들의 불가시적인 공동체이며, 이 교회는 승리한 천상의 교회와 전투하는 지상의 교회로 구성되어 있다. 최초의 인간 아담 안에서 형성된 교회가 제시한 것은 불완전했으므로, 그리스도께서 지상에 오셔서 십자가 아래 새 교회를 세우셨다. 이 교회는 그리스도의 신부이다. 그리스도가 숨겨져 있는 한, 교회는 단지 감추어진 형태로 존재하나 그리스도가 재림하실 때 그 교회는 드러날 것이다. 비록 교회는 하나이지만, 교회의 구성원들은 눈에 보이는 제도적인 교회들 속에 흩어져 있다. 진젠도르프는 이런 제도적인 교회를 '교파'(Religionen, denominations)라고 부르며, 규정된 형태를 따라 기독교 신앙을 가르치고 훈련하는 조직된 공동체이다. 이런 공동체의 모든 회원들이 반드시 참된 하나님의 자녀들만은 아니며, 그들 가운데 실수나

---

37) *Darlegung richtiger Antworten*, in EB 5, 190.
38) *London Reden* 1, in HS 4, 182.
39) 인용. Hans Christoph Hahn and Hellmut Reichel (eds), *Zinzendorf und die Herrnhuter Brüder: Quellen zur Geschichte der Brüder-Unität von 1722 bis 1760* (Hamburg: Wittig, 1977), 265.
40) 보라. Theodor Wettach, *Kirche bei Zinzendorf* (Wuppertal: Brockhaus, 1971).

흠이 없는 공동체는 없다. '교파'는 사람들을 그리스도께로 인도하는 데에 여전히 필요하며, 다양성 가운데서도 그들은 신적인 진리의 풍성함을 유지하고 있다. 그들마다 다른 종파에 의해 견지될 수 없는 하나님에 관한 귀중하고 독특한 사상을 가지고 있다. 마지막으로 진젠도르프에게 '공동체'라는 용어는 모든 교파와 신앙고백을 뛰어넘어 모든 참된 신자들의 영적 형제애를 의미한다. 이런 불가시적인 조직은 참된 신자들이 교제 가운데 하나가 될 때 각 지역에 있는 '공동체'에서 부분적으로나마 가시적인 것이 될 수 있다. 진젠도르프는 그리스도에게 속한 모든 사람들은, 비록 그들이 다양한 교회들로부터 모여왔다 해도 이러한 (공동체) 친교를 열망한다는 것을 확신했다. 진젠도르프는 교회사를 통해 볼 때, 일정 기간 동안 가시적인 '공동체'를 구현했던 특별한 공동체들이 언제나 존재했었음을 믿었기 때문에, 그 당시 모라비안 '형제회'(Brüdergemeine)도 신자들의 진정한 교제를 구현한다고 생각하였다. 그러므로 그의 관점에서 볼 때, 모라비안 운동은 '교파'를 의미한다기보다는 오히려 제도적인 교회조직을 넘어서고 초교파적인 구성체를 지향한다고 보았다.

마지막으로 네 번째 관심분야는 죄와 성화에 대한 진젠도르프의 이해로 "죄인들의 성결함"에 대한 사상에 집중한다.[41] 하나님에 대한 불신의 결과인 타락을 통해 인간성은 죄에 종속되었다. 죄는 본래 도덕적 영역이 아니라, 신학의 한 영역이다. "다른 모든 죄를 파생시키는 것을 포함해서 가장 근본적인 의미에서 죄란 믿지 않는 것이다."[42] 그것은 구세주 그리스도에 대한 독선적인 배격이며, 자기 자신을 주인 삼고자 하는 교만한 욕망이다. 모든 도덕적 실패는 이 중요한 탈선으로부터 나온다. 한 개인의 죄를 완전하게 인지하는 것은 법에 의해서가 아니라 그리스도의 수난을 묵상함으로 발견된다. 십자가상에서 그의 죽음이 혹독했던 것은 인간의 죄와 타락의 깊이를 보여준다. 동시에 십자가는 죄에 대한 그리스도의

---

41) Helmut Railard, "Die Stellung der Moral im Leben des Christen nach Zinzendorf," ZThK 14 (1933), 236-56, at 255.
42) *Apologetische Schluss Schrift*, in EB 3, 544.

승리를 의미한다. 그의 대속의 죽음에 기초하여 신자들은 죄 용서를 받으며 노예 상태로부터 해방되어 자유를 누린다. 그리스도에 대한 믿음은 그들이 더 이상 죄를 짓지 않고 그의 성결함을 나누는 "특권"을 제공한다. 그러므로 기독교인의 거룩은 전가된 거룩함이며, 전적으로 은혜에 의존하되 자기 자신의 경건성이나 도덕성에 대한 어떠한 요청과도 결부되지 않았다. 존 웨슬리(John Wesley)에 의해 제시된 선천적인 완전에 대한 사상을 진젠도르프는 수용할 수 없었다. "우리의 모든 완전은 그리스도 안에 있으며, …우리 안에는 결코 완전하지 않다는 것만 있다."[43] 역설적으로 진정한 거룩의 표시는 가치 없는 죄인으로서 하나님 앞에 서있다는 것을 깨닫는 것이다. "은혜를 입은 죄인보다 더 거룩한 자는 없다."[44] "불쌍한 죄인"이 된다는 것은 독선으로부터 전적으로 은혜를 의지하는 쪽으로 이동하는 것이 필수적이라는 것을 의미하며, 또한 이것은 그리스도 안에서 새로운 삶을 시작한다는 표지이기도 하다. 비록 진젠도르프는 신자들이 그리스도의 형상을 점점 닮아간다는 것을 인식하였음에도 불구하고 그는 그리스도의 자비에 자기 자신을 던지는 것보다 더 나은 완전은 없다고 주장하였다. "우리의 거룩은 죄인으로 존재한다."[45]

7. 모라비안 공동체의 삶에 나타난 진젠도르프의 신학

진젠도르프의 신학의 직접적인 배경은 모라비안 운동에 대한 그의 지도력이다. 대학의 수많은 신학자들과 달리 진젠도르프는 단체의 집단적인 경험에서 반영되는 신학사상과 유익을 따라서 특정한 공동체의 삶과 틀을 형성해야 하는 위치에 있었다. 그러므로 그의 생각과 삶 그리고 모라비안 공동체의 조직적인 구조 사이에는 고도의 상관관계가 존재한다. 이러한

---

43) 인용. Freeman, *An Ecumenical Theology of the Heart*, 188.
44) 인용. Eberhard, *Kreuzesthoelogie*, 160-61.
45) 인용. Eberhard, Kreuzestheologie, 161.

상관관계는 특별히 다음과 같이 일곱 영역에서 두드러진다.

(1) 교회의 정체성: 진젠도르프는 언제나 자신을 루터파 신앙을 고백하는 회원으로 생각했으며, 어떤 새로운 교회설립을 원하지 않았다. 다비드 니취만의 주교 서품식(1735)과 영국이 모라비안 공동체를 고대 개신교 교회로서 인정한 것은(1749) 옛 형제회(old Unitas Fratrum)의 회복을 향한 발걸음이었던 반면에, 진젠도르프는 '형제회'가 교회라기보다는 상호고백적인 형제애를 형성한다고 주장했다. 특별한 목적은 교파적인 정체성을 포기하지 않고도 다양한 신앙고백의 배경을 가진 신자들을 모으기 위함이었다. '형제회' 내의 다양성을 유지하기 위해 진젠도르프는 별도의 회원명단과 성직자의 관리를 위한 특별한 고백 모임을 만들었다. 진젠도르프의 신념에 의거하여 이 모임은 "트로포이"(Tropoi, paths)라 불렀으며, 각 고백모임은 어떤 독특한 "교육의 길"(path of instruction, tropos paideis)을 의미한다.[46] 그러므로 모라비안 공동체는 광범위한 연합의 지평을 통해 활동하였고, 신자 자신들이 배타적이거나 독점적인 (전통을) 요구함이 없이 모든 전통 가운데서 서로에게 나아가고자 노력하였다.

(2) 신정정치: 구세주의 즉각적인 임재에 대해 강조하면서, 진젠도르프는 모라비안 교도들이 여전히 세속정부에게 속해 있지만, 직접적으로는 그리스도의 "신정정치"적인 지도력 아래 서 있다는 것을 믿었다.[47] 1741년 한 종교회의에서 그리스도를 '형제회'의 "수석장로"로 호칭하였고, 이는 모든 인간의 권위를 그리스도의 다스림 아래 종속시키는 것을 확보하고자 계획한 하나의 단계였다.[48] "신정정치"라는 사상의 실제적인 표현은 그리스도의

---

46) 보라. Lewis, *Ecumenical Pioneer*, 139-41.
47) 보라. Dietrich Meyer, "The Moravian Church as a Theocracy: The Resolution of the Synod of 1764," in Craig D. Atwood and Peter Vogt (eds), *The Distinctiveness of Moravian Culture: Essays and Documents in Moravian History* (Nazareth, PA: Moravian Historical Society, 2003), 255-62.
48) Freeman, *An Ecumenical Theology of the Heart*, 112-14.

뜻을 분별하기 위해 추첨(제비)을 사용한데서 발견된다. 통상적으로 추첨제도는 "예", "아니오", "더욱 기도"라고 기록된 세 가지 중 하나를 뽑아내는 것이었다. 추첨제도는 중요한 결정을 할 때, 특히 어떤 직책이나 업무를 위해 인물을 선출하는 것을 확정지을 때나, 결혼의 배우자를 선택하여 확정할 때 사용되었으며, 19세기까지도 모라비안 공동체에서 잘 유지되어 왔다.[49]

(3) 사회조직과 목회: 진젠도르프에게 있어서, '형제회'는 두 개의 명백한 목표를 가지고 섬겼다. 하나는 세계를 향한 그리스도의 선교를 심화하는 것이며, 다른 하나는 위탁받은 영혼들을 영적인 돌봄 가운데 보존하는 것이다. 사도적 교회의 모델을 기초로 하여 헤른후트 공동체는 목회에 관한 독특한 구조를 발전시켰으며 또한 이러한 목표를 위해 사회조직을 설치하였다. 폐쇄적인 이주 공동체(Gemeinorte)의 건립은 광대한 선교활동을 위한 "본부"를 제공하는 중추적인 역할을 하였다. 그들의 사회조직과 건축 디자인은 전적으로 하나님께 헌신된 공동생활의 이상을 따르도록 하였다.[50] 그리스도 안에서 형제 자매로 더불어 살아가는 것에 대한 강조는 틀에 박힌 가족 구조의 중요성을 감소시켰고, 이것은 부분적이지만, "합창단 제도"로 알려진 새로운 사회조직 형태로 대체되었다. "합창단들"은 전체 공동체내에서는 보다 작은 단위들이며, 각 구성원은 예를 들어 독신녀들, 기혼 형제들 또는 과부들처럼 동성과 삶의 환경이 유사한 사람들로 이루어졌다.[51] 이런 구분은 서로 다른 삶의 범위가 서로 다른 영적인

---

49) 보라. Elisabeth Sommer, "Gambling with God: The Use of the Lot among the Moravian Brethren in the Eighteenth Century," *Journal of the History of Ideas* 59 (1998), 267-86.
50) 보라. William J. Murtagh, *Moravian Architecture and Town Planning* (Chapel Hill: University of North Carolina Press, 1967).
51) 보라. Hans Joachim Wollstadt, *Geordnetes Dienen in der christlichen Gemeinde dargestellt an den Lebensformen der Herrnhuter Brüdergemeine in ihren Anfängen* (Göttingen: Vandenhoeck & Ruprecht, 1966), 104-20; Katherine M. Faull, *Moravian Women's Memoirs: Their Related Lives,* 1750-1820 (Syracuse University Press, 1997), xxiii-xxiv.

경험과 필요성을 포함한다는 진젠도르프의 통찰력을 실천에 옮긴 것이다. 많은 경우, 특수한 "합창단" 단원들, 특히 독신 형제들, 독신 자매들 및 과부들은 소위 "합창단" 주택이라 불리는 공동건물에서 함께 생활했다.

다양한 행정과 목회 담당자들은 회중들이 다양한 "합창단"에 소속하도록 보충하였다. 비록 진젠도르프와 모라비안 공동체가 안수받은 목사직 개념을 가졌다고 할지라도, 그들은 목회와 행정 기능에서 초기 기독교인들이 갖는 다양성을 회복하고자 연구했다. 공동체 내에서 각 그룹의 일시적이며 영적인 필요를 제공해주기 위하여, 장로, 교사, 훈계자, 간병인 및 물품 배분자(사회사업) 등이 포함된 정교한 평신도 직무제도를 만들었다. 덧붙여 각 합창단에는 행정담당자가 있었는데, 이는 "합창단 조력자"로서 합창단 내의 목회적 돌봄을 담당하는 자였다. 남녀구분을 확실하게 하기 위하여 직책들은 형제들과 자매들의 이중적으로 구성되었다. 그러므로 자매들은 모라비안 운동의 지도력에 보통 이상으로 참여하게 되는 기쁨을 누렸다. 자매들 가운데 목회적 돌봄에 대한 책임은 거의 독점적으로 여성 지도자들의 수중에 있었다.[52]

(4) 예배: 모라비안 공동체는 자신들의 모든 삶이 그리스도에게 경건한 헌신이기를 고려하였으며, 특별히 헌신적이고 예전적인 형식을 다양하게 계발했다. 다른 경건주의자 그룹처럼 그들은 초대 기독교인들의 "애찬식"(Agape-meal)을 재발견했고, "세족식"(Pedilavium)을 다시 소개하였으며, 예배가 오로지 찬송부르기(Singstunden)에 헌신하도록 했다. 공동생활이라는 맥락에서 이러저러한 형태의 예배는 열정적인 예전의 리듬에 맞추었는데, 예배의식은 매일, 주간, 월간 그리고 연간을 주기로

---

52) 보라. Peter Vogt, "A Voice fot Themselves: Women as Participants in Congregational Discourse in the Eighteenth Century Moravian Movement," in Beverly M. Kienzle und Pamela J. Walker (eds), *Women Preachers and Prophets through Two Millennia of Christianity* (Berkeley: University of California Press, 1998), 227-47.

포함하면서 거행되었다.53) 진젠도르프는 예배의 규칙적인 패턴이 회중의 영적 건강을 위해 본질적이라고 강조했다. 동시에 그는 공동예배에서 신자들이 단지 어슴푸레하게나마 그리스도의 천상의 보좌 앞에서 중단 없는 찬양을 통해 나눌 수 있다고 믿었다.54) 특히 음악과 노래는 복음을 전파하고 신자들의 영적 경험을 표현하기에 적합했다. 예배의 위엄이라는 관점에서 그는 부드러움, 느림, 단순함과 조화로 표시되는 미적 접근을 특별히 옹호했다. 그 결과 모라비안 공동체는 별도의 음악 형식을 개발했는데, 그 아름다움은 외부 방문객들에 의해 종종 언급되곤 했다.55)

(5) 결혼: 비록 모라비안 정착지의 성격이 "수도원"적으로 기술되었을지라도 모라비안 공동체가 독신주의를 시행하지는 않았다. 결혼생활은 독신상태처럼 바로 허용되었다. 진젠도르프는 결혼이란 단지 출산하기 위해서나 성적 충동을 통제하기 위해서가 아니라, 말세에 그리스도와 교회 사이에 신비적인 혼인의 이미지로서 하나님에 의해 주어진 특별히 거룩한 제도였다고 믿었다.56) 그는 모든 인간의 영혼들이 천국의 남편인 그리스도에게 연합되기 위하여 여성으로 창조되었다는 생각을 유지했다. 인간의 성적 욕구는 몇몇 급진적인 경건주의자들이 가르쳤듯이 선천적으로 사악한 것이 아니며 오히려 인간 영혼을 영원한 운명으로

---

53) 보라. Craig D. Atwood, "Theology in Song: Daily Litanies in the Eighteenth Century Moravian Church," in Atwood and Vogt (eds), *The Distinctiveness of Moravian Culture*, 47-79.
54) 보라. Anja Wehrend, *Musikanschauung, Musikpraxis, Kantatenkomposition in der Herrnhuter Brüdergemeine: Ihre musikalische Bedeutung für das Gemeinleben von 1722 bis 1760* (Frankfurt a. M.: Peter Lang, 1995).
55) 보라. Peter Vogt, "Listening to 'Festive Stillness': The Sound of Moravian Music According to Descriptions of Non-Moravian Visitors," *Moravian Music Journal* 44/1 (Spring 1999), 15-23.
56) 보라. Craig D. Atwood, "Sleeping in the Arms of Christ: Sanctyfying Sexuality in the Eighteenth Century Moravian Church," *Journal of the History of Sexuality* 8 (1997), 25-51; Peter Vogt, "*Ehereligion*: The Moravian Theory and Practice of Marriage as Point of Contention in the Conflict between Ephrata and Bethlehem," *Communal Societies* 21 (2001), 37-48.

향하게 한다. 모라비안 공동체는 남편과 아내간의 성적 결합을 포함해서 결혼을 그리스도와 교회 간에 종말론적인 결혼식을 축하하며, 준비하고, 예견하는 성스럽고 예전적인 실천으로 이해했다. 남편과 아내는 특별히 대표적인 직무를 수행하는 것으로 보였는데, 즉 그리스도를 대신하여 봉사하는 남편과 교회를 대신하여 봉사하는 아내를 나타낸다. 자녀들의 출산이 바람직한 것으로 간주되었던 반면에 비록 자녀 없는 커플의 혼인이 자녀 있는 결혼보다 덜 복되다거나 덜 거룩한 것은 아니라는 개념이 있을 리가 없다 할지라도 진젠도르프는 부부간의 친밀감은 정당하다고 강조하였다.

(6) 선교: 1732년 서인도제도(West Indies)에 대한 모라비안 선교는 다른 여러 지역들로 확산되었다. 그린란드(Greenland, 1733), 수리남(Surinam, 1735), 남아프리카(South Africa, 1737), 펜실베이니아(Pennsylvania, 1740), 래브라도(Labrador, 1752), 자메이카(Jamaica, 1754).[57] 이러한 선교는 열방에 그리스도를 전파하기 위한 진젠도르프의 열망을 표현하는 것이며, 구원의 섭리 안에서 선교의 지경을 파악하려는 것에 의해 안내되었다.[58] 온 세상의 주인이신 그리스도의 재림을 준비하는 가운데, 선교사들은 가장 멀고 소홀했던 곳으로 나아가서 복음의 씨앗을 뿌리도록 부름 받았다. 그들의 목표는 대중을 회심시키는 것이 아니다. 성령이 그 백성들(계 14:10)의 "첫 열매"로 준비했던 사람들 가운데서 시작하기 위함이었다. 선교사들은 그리스도의 메시지를 하나님에 대한 몇몇 추상적인 개념보다는 성육신하고 십자가를 지신 구세주에 초점을 맞추었고, 모든 형태의 강압이나 식민지주의를 피하였다. 1760년까지 226명이라는 상당한 숫자가 파송된 선교사들은 모라비안 공동체의 영적인 열정을 증거하는 것이며, 선교사역은

---

57) 보라. Hartmut Beck, *Brüder in vielen Völkern: 250 Jahre Mission der Brüdergemeine* (Erlangen: Verlag der Evangelisch-Lutherischen Mission, 1982).
58) 보라. Helmut Bintz (ed.), *Nikolaus Ludwig von Zinzendorf: Texte zur Mission* (Hamburg: Wittig, 1979).

몇몇 개인들의 사업이 아니라 전체 공동체의 필수불가결한 관심사임을 지적한다.

(7) 사업: 모라비안 운동을 발아시키기 위한 가장 큰 도전들 가운데 하나는 경제적인 기반에 대한 의문이었다.59) 더구나 그 자체를 지원하기 위한 분명한 필요 외에 위태로운 쟁점은 상업과 사업이 공동체의 종교적 이상들과 양립할 수 있느냐는 것이었다. 진젠도르프의 현명한 판단은 모라비안 공동체의 무수한 사업과 산업의 발전을 위한 기반을 세웠다. 그의 접근방식의 중심은, 기독교 신자들에게 있어서 인간 노동이라는 본분은 더 이상 타락에 의해 제정되는 것이 아니라 그리스도의 성육신의 축복 아래 존재한다는 확신이었다. 예수님이 장인(匠人)으로서 사역에 충실했듯이 그의 제자들도 직업에 충실하기 위해 부름을 받고, 자신의 사역을 하나님과 이웃에 대한 봉사로서 고려해야만 한다. 정직과 공정함이 특별히 상품의 생산과 교역에 포함된 사람들을 위해 필수적이다. 어떠한 이득도 공동선과 그리스도 왕국의 촉진을 제공하는데 봉사해야만 한다. 공동체 회원들은 자신들이 소유한 재산의 주인이라기보다는 청지기로 간주해야만 하며, 필요시에는 서로 지원해야 한다. 진젠도르프는 경제적 본분의 자율을 조심스럽게 존중하였듯이, 상품 공동체를 설립하는데도 비현실적인 요구를 억제하였다.60)

8. 평 가

진젠도르프는 이미 생전에 논쟁적인 인물이었고 그의 해석자들 간에

---

59) 보라. Peter Vogt, "Des Heilands Öekonomie: Wirtschaftsethik bei Zinzendorf," UF 49-50 (2002), 157-73.
60) 베들레헴(Bethlehem, PA)에서 1742년부터 1762년 사이에 단 하나의 예외는 공공의 경제 문제였다. 비교. Helmuth Erbe, *Bethlehem, Pa: Eine kommunistische Herrnhuter Kolonie des 18. Jahrhunderts* (Herrnhut: Winter, 1929).

생생한 논쟁거리를 제공하였다. 종종 그의 신학에서 유별나거나 심지어 충격적인 측면은 후계자인 아우구스트 고트리프 슈팡엔베르크(August Gottlieb Spangenberg)가 모라비안 교도들을 더 전통적인 영역으로 돌아가게 지도함으로써 그의 유산을 수용하도록 강요했다. 19세기에 루트비히 포이어바흐(Ludwig Feuerbach)는 진젠도르프를 미성숙한 "기독교 무신론자"로 묘사했으며, 반면에 알브레히트 리츨(Albrecht Ritschl))은 그의 경건이 신비적이고 정적주의적인 경향을 띤다고 비평했다.[61] 1910년에 지그문트 프로이트(Sigmund Freud)의 학생인 오스카 피스터(Oskar Pfister)는 진젠도르프의 "피와 상처의 신학"을 승화된 성욕의 사례로 설명하기 위해 탐구했다.[62] 현대의 여러 해석자들이 진젠도르프의 진정한 루터파 계보를 강조했고, 반면에 다른 사람들은 그를 아우구스티누스파의 가톨릭 영성주의 전통에 놓아두었다.[63] 칼 바르트(Karl Barth)는 후기의 작품에서 진젠도르프의 기독론 중심주의에 대한 주목할만한 평가를 내리면서 그를 "전체 교회를 위해 중요하며 열매가 많은 교부"[64]로 불렀다. 위르겐 몰트만(Juergen Moltmann)은 그리스도의 수난과 성령에 대한 자신의 해석을 위해 그로부터 중요한 통찰력을 수집하였다.[65]

역사적으로 말하자면 진젠도르프의 위대한 업적은 그의 신학적 사상의 생생한 구현인 모라비안 공동체의 기획이었다. 공동체의 경건, 관습, 전통 안에서 그의 신학적인 추진력은 오늘날까지도 생존하고 있다. 그러나 개신교 역사에서 진젠도르프의 중요성은 모라비안 공동체 가운데서의 지도력을

---

61) 보라. Matthias Meyer, *Feuerbach und Zinzendorf: Lutherus redivivus und die Selbstauflöesung der Religionskritk* (Hildesheim: Olms Verlag, 1992); Albrecht Ritschl, Geschichte des Pietismus, 3 (Bonn: Marcus, 1886).
62) Oskar Pfister, Die Frömmigkeit des Grafen Ludwig von Zinzendorf (Vienna: Deuticke, 1910).
63) 보라. F. Ernest Stoeffler, *German Pietism During the Eighteenth Century* (Leiden: Brill, 1973), 142.
64) 인용. Freeman, *An Ecumenical Theology of the Heart*, 1.
65) Jürgen Moltmann, *The Crucified God: The Cross of Christ as the Foundation and Criticism of Christian Theology* (New York: Harper & Row, 1974), 195-6; 250-51; *The Spirit of Life: A Universal Affirmation* (London: SCM, 1992), 159.

훨씬 뛰어넘는다. 기독교의 연합과 일치, 선교, 복음전도에 대한 그의 관심은 동시대인들 사이에서 폭 넓은 주의를 끌었다. 그는 한편으로 웨슬리의 영적인 각성에 있어서는 동반자로서, 다른 한편으로 웨슬리가 모라비안 공동체로부터 떨어져나가는 데는 논쟁을 통해서 존 웨슬리의 종교적인 발전에 결정적인 영향을 끼쳤다.[66] 또한 그는 프리드리히 슐라이어마허의 종교적 직관이라는 개념을 가능케 하였다. 비록 슐라이어마허가 모라비안 경건에 대한 교리적인 내용을 대부분 거부하였으나 모라비안 교회의 배경을 가지고서 그 경험적이고 공공적인 방향에 있어서는 동조하였다. 따라서 그는 결국 자기 자신을 "보다 고상한" 헤른후트주의자라고 간주하였다.[67]

신학자로서 진젠도르프는 고도로 독창적이고 자원이 풍부한 사상가로 돋보인다. 대학 신학의 비난에 구애받지 않고 당시에 지적이고 영적으로 유명한 사람들과 생생한 대화를 나눔으로써 그는 그리스도 안에서 구원의 메시지에 대한 자신만의 독특한 전달방식을 발전시켰다. 그의 기독론 중심적인 초점과 경험적인 접근방식은 자신이 믿는 것이 본질적이라는 급진적인 집중을 나타낸다. 즉 그것은 구세주로서 세상의 죄를 위해 십자가에서 돌아가신 그리스도, 성육신하신 창조주를 받아들이는 것이다. 그의 신학 전체는 바로 이런 기본적인 전제를 함축하며 세워진 확고한 시도로 간주된다. 분명히 이런 접근방식은 신학적인 주제들과 대화 상대자의 한계나 협소함을 포함할 수밖에 없다. 동시에 이런 방식은 신학적인 담화(談話)에 있어 새롭고 혁신적인 길을 열어주었다. 그의 사상들 가운데 어떤 것들은 이제 불확실하고 진부한 것으로 드러난 반면에 성령의 이미지를 "어머니"로 파악하거나 성경의 역사적인 성격에 대한 정당한 평가와 같은 다른 사상들은 현대 신학을 위해 재발견되었다. 결과적으로 진젠도르프의 신학은 어떠한 섣부른 분류에도 저항하면서 그의 사후 240년이 지난 지금까지도 열린 마음으로 대면하기를 원하는 모든 이들을 공격하고, 관심을 끌며, 놀라게 하는 일을 그치지 않고 있다.

---

66) 보라. Forell (ed.), *Nine Public Lectures*, ix-xix.
67) 보라. Forell (ed.), *Nine Public Lectures*, viii.

참고문헌

- **일차 자료**

Atwood, Craig D. (ed.), *A Collection of Sermons from Zinzendorf's Pennsylvania Journey* (Bethlehem, PA: Moravian Church in America, 2000).

Beyreuther, Erich and Gerhard Meyer (eds), *Nikolaus Ludwig von Zinzendorf: Hauptschriften*, 6 vols (Hildesheim: Olms, 1962-63).

Beyreuther, Erich and Gerhard Meyer (eds), *Nikolaus Ludwig von Zinzendorf: Ergänzungsbände zuu den Hauptschriften*, 16 VOLS (Hildesheim: Olms, 1966-78).

Beyreuther, Erich and Gerhard Meyer (eds), *Nikolaus Ludwig von Zinzendorf: Materialien und Dokumente*, 30+ vols (Hildesheim: Olms, from 1978).

Forell, George W. (ed.), *Nikolaus Ludwig Count von Zinzendorf, Nine Public Lectures on Important Subjects in Religion Preached in Fetter Lane Chapel in London in the Year* 1746 (Iowa City: University of Iowa Press, 1973).

Hahn, Hans-Christoph and Hellmut Reichel (eds), *Zinzendorf und die Herrnhuter Brüder: Quellen zurr Geschichte der Brüder-Unität von* 1722 *bis* 1760 (Hamburg: Wittig, 1977).

· 이차 자료

Beyreuther, Erich, *Die große Zinzendorf Trilogie* (Marburg: Francke, 1988).

Freeman, Arthur J., *An Ecumenical Theology of the Heart: The Theology of Count Nikolaus Ludwig von Zinzendorf* (Bethlehem, PA: Moravian Church in America, 1998).

Lewis, Arthur J., *Zinzendorf, the Ecumenical Pioneer: A Study in the Moravian Contribution to Christian Mission and Unity* (Philadelphia: Westminster Press, 1962).

Meyer, Dietrich, *Bibliographisches Handbuch zur Zinzendorf-Forschung* (Düsseldorf: Blech, 1987).

Meyer, Dietrich and Paul Peucker (eds), *Graf ohne Grenzen: Leben und Werk von Nikolaus Ludwig Graf von Zinzendorf* (Herrnhut: Comeniusbuchhandlung, 2000).

Podmore, Colin, *The Moravian Church in England, 1728-1760* (Oxford: Clarendon Press, 1998).

Weinlick, John R., *Count Zinzendorf: The Story of His Life and Leadership in the Renewed Moravian Church* (New York: Abingdon Press, 1956).

요한 알브레히트 벵엘(1687-1752)

헤르만 에머(Herman Ehmer)

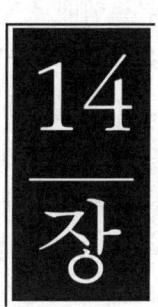

    요한 알브레히트 벵엘(Johann Albrecht Bengel, 1687-1752)은 역사적으로 도외시 받을 만큼 간단한 인물이 아니다. 독일 우편국에서 1987년 그의 탄생을 기념하여 특별 우표를 발행하였으며, 그의 사후 250주년을 맞은 2002년에 그가 출생한 뷰르템베르크(Würtemberg)에서 특별한 기념행사를 가졌다.

    벵엘은 1687년 6월 14일 뷰르템베르크에 있는 작은 도시 빈넨덴(Winnenden)에서 출생하였다.[1] 그의 아버지 알브레히트 벵엘(1650-93)은 빈넨덴 교회의 부목회자이며 집사였다. 아버지는 동료인 담임 목회자와 함께 약 2,200명의 회중을 섬겼다. 그가 빈넨덴으로 부임한 후에 알브레히트는 1681년 뷰르템베르크의 고위 성직자이며 종교법원의 회원의 딸인 바바라 소피 슈미틀린(Barbara Sophie Schmidlin)과 결혼하였다. 이 가정은 종교개혁자 요한네스 브렌츠(Johannes Brenz)의 후손이라는

---

1) 이따금씩 그의 출생일이 6월 24일로 표기되곤 하는데, 이는 당시에 율리안 달력(the Julian calendar)이 뷰르템베르크를 비롯하여 일반적으로 독일의 개신교권에서 여전히 사용되고 있었기 때문이다. 아버지의 손으로 직접 빈넨덴의 세례 장부에 기입한 날짜는 1687년 6월 14일로 벵엘이 이 날 세례를 받았다는 것을 나타낸다. 당시에는 출생한지 얼마 지나지 않아 세례를 받곤 했으며, 심지어는 출생일에 세례를 받은 이도 있었다.

것을 자랑스럽게 여겼다. 아직도 벵겔의 가문에서 소유하였던 브렌츠의 초상화가 남아있다. 그러므로 요한 알브레히트 벵겔은 어머니 집안이 뷰르템베르크에서 전형적인 학식 있는 가문이며, 아버지 집안도 마을의 목회자이며 공무원 가문이었다.

요한 알브레히트는 벵겔 집안의 네 번째 자녀였는데, 위로 형제자매들은 어린 나이에 죽었고 남동생 요셉(Joseph)은 공무원 직을 택하였다. 요한 알브레히트 자신의 유년기는 여러 재난으로 인해 1693년에 끝났다. 그의 아버지는 4월 19일에 별세하였다. 당시에는 사회 안전장치가 없었고, 과부인 아내는 그 해에 한해서 죽은 남편이 받던 수입 가운데 오직 3개월 치만 청구할 수 있었다. 따라서 이 기간 동안만 그들은 목사관에 머물 수 있었다. 장래를 위해 그들은 절약해야 했고 가족의 유대가 필요했다. 어머니는 가족들로부터 떠나야 했었고 몇 년이 지난 후에 재혼하였다. 의붓아버지가 죽은 후에 어머니는 벵겔을 뎅켄도르프(Denkendorf)로 데리고 갔으며, 어머니는 후에 그곳에서 죽었다. 1693년 6살이었던 벵겔은 의붓아버지의 학교 친구인 다비드 벤델린 슈핀들러(David Wendelin Spindler, 1650-1714)의 집에서 양자로 자라게 되었다. 슈핀들러는 신학자였으나 그 당시 관행을 따라 라틴학교의 선생으로 일하였다.

1693년에 있었던 두 번째 대재앙은 프랑스 군 2개 부대가 뷰르템베르크를 침공한 것이었다. 1688년에 시작된 이 전쟁을 소위 팔라틴(Palatine) 왕위계승전쟁이라 부르며, 지금은 유럽연합에 반대하는 루이 14세(Louis XIV)의 전쟁으로 알려지게 되었다. 1693년 루이 14세의 뷰르템베르크 원정은 그의 아들인 프랑스 왕세자와 2개의 부대에 의해 이루어진 것이다. 그러나 터키 전쟁에서의 역할로 인해 "터키의 루이"(Turkish Louis)로 알려진 바덴(Baden)의 마르그라페 루트비히 빌헬름(Margrave Ludwig Wilhelm)이 통솔한 제국의 군대는 수적인 열세에도 불구하고 계략에 빠지지 않고 제국의 도시인 하일브론(Heilbronn)을 잘 방어하였다. 루이 14세의 속임수 전략이 성공하지 못하자 결국 몇 주가 지난 후, 프랑스 군대는 철수하면서 광범위한 지역을 파괴하였다. 뷰르템베르크 지역이 약탈당했는데, 7개 도시와 37개의 마을이 잿더미로 변했고 곡물들이 수천 군마들의 먹이로 사용되었으므로 수확할 것이 없었다. 더구나 유럽의 권력판도에는 중요하지도 않은 공작령이었지만 강압적으로 재원상의 부당한 요구를 받았다.

어린 벵엘도 이러한 사건들을 통해서 영향을 받았다. 그의 고향인 빈넨덴은 완전히 불타버렸고, 아버지 소유의 도서관도 소실되었다. 또한 벵엘이 슈핀들러와 함께 살았던 마르바흐(Marbach)도 불길에 휩싸였다. 슈핀들러의 집은 화재는 면하였으나 약탈당했다. 1697년 슈핀들러는 쇼른도르프(Schorndorf)에서 교사가 되었으며, 2년 후에는 슈투트가르트(Stuttgart)에서 교사로 활동하였다. 벵엘은 슈핀들러로부터 극진한 보살핌을 받았다. 그러나 슈핀들러의 자녀들은 벵엘보다 나이가 많았다. 그러므로 벵엘은 그들에게 가까이 하지 못하였고 자연히 고독한 성향에서 자라났다. 벵엘은 사위인 로이스(Reuss)에게 자신에 대해 묘사하기를, "내 자신을 볼 때 나는 담벼락에 핀 외롭고 작은 한 송이 꽃에 비교된다. 반면에 다른 사람들은 정원에서 만개한 꽃과 같다…그래서 그들은 편안하게 사회에 적응한다."2)고 하였다.

그의 양부(養父)는 뷰르템베르크의 수도인 슈투트가르트로 이사하여, 벵엘이 그 지역에서 최고의 그리고 최신의 수준 높은 교육을 받을 수 있도록 슈투트가르트 김나지움(Stuttgart Gymnasium Illustre) 학생이 되도록 기회를 제공하였다. 그러나 그는 종교개혁 이후 그 지역의 대부분의 신학자들이 예비교육을 받았던 뷰르템베르크 수도원학교에 다니지 않았다.

슈핀들러가 슈투트가르트로 청빙을 받은 것은 교사로서 훌륭하였기 때문이다. 그러나 그가 이사하는 동시에 그에게 어려운 일이 발생했다. 그는

---

2) 1740년 2월 8일 벵엘(Bengel)이 알브레히트 라이하르트 로이스(Albrecht Reichart Reuss)에게 보낸 서신. Oscar Wächter, *Johann Albrecht Bengel. Lebensabriss, Character, Briefe und Aussprüche; nebst einem Anhang aus seinen Predigten und Erbauungsstunden* (Stuttgart: Liesching, 1865), 281. 이후로는 Lebensabriss로 표기한다.

경건주의자로서 뵈메와 아르놀트의 영향을 받았으며, 점차 분리주의 경향을 띠기 시작하였다. 그는 교회와 연관된 교사였기에 성찬식에 참여하지 않는다는 것은 매우 중요한 문제였다. 그는 이점에 대해 계속해서 경고를 받았으며, 1710년 분파주의자라는 명목으로 그의 지위를 박탈당하였다. 이러한 일이 벵엘에게 일어났으므로 더 이상 슈핀들러 집에 거할 수 없게 되었다. 그러나 그가 이 사건을 기억하고 있었다는 것은 추측임에 분명하다. 벵엘의 신학과 경건이 교회의 틀 안에 언제나 머물렀다는 것은 슈핀들러의 운명이 어느 정도 영향을 주었을 것이다. 언젠가 그는 "영적인 일에서 확실한 엄격함은 그것을(영적인 것을) 보호하는 좋은 수단이며, 이로써 적에게 쉽게 노출되지 않는다."고 기술하였다.3)

벵엘은 자신이 목회자의 아들로서 신학자와 같이 될 것이라는 것을 결코 의심하지 않았다. 슈투트가르트 김나지움을 졸업한 다음 튀빙엔 신학교(Tübingen Stift)에서 공부를 시작하였다. 교과과정은 철학의 기초과정을 전제로 했는데, 이미 벵엘은 1704년에 치룬 석사과정에서 최우등으로 과정을 마쳤다. 벵엘은 기초과정을 연구하는 동안 수학에도 상당히 열중하였다. 종종 질병 때문에 학업에 방해를 받았지만 그는 기초 신학과정을 1704-1706년에 다 마쳤다. 짧은 기간에 이러한 학업과정을 할 수 있었던 것은 당시에 제공된 예비교육이 언어학, 철학, 신학 과정에 상당히 반영되어 있었기 때문이었다.

벵엘은 정통주의에서부터 경건주의에 이르기까지 다양한 교사들을 통해 학습을 받았다. 경건주의에 경도된 교사들 가운데는 "뷰르템베르크의 슈페너"로 알려진 요한 안드레아스 호흐슈테터(Johann Andreas Hochstetter, 1637-1720)의 아들 안드레아스 아담 호흐슈테터(Andreas Adam Hochstetter, 1688-1717)가 있었다. 정통주의 교수로는 요한 볼프강 예거(Johann Wolfgang Jäger, 1647-1720)도 포함되어 있었는데, 그는 조직신학뿐만 아니라 교회사도 가르쳤다. 그러나 이런 다양한 영향들보다 벵엘에게 더욱 중요했던 것은

---

3) Wächter, *Lebensabriss*, 160.

그가 성경연구에 몰입한 것이었다. 많은 성경 사본목록이 기록된 신판 그리스어 신약성경은 그를 경각하게 하였다.

1706년 벵엘은 신학시험을 통과하고 난 후에도 신학교에 6년을 더 머물렀다. 그 중 4년은 개인교사(Repentent)로 있었다. 이 용어는 연구학자의 신분으로 가르치는 젊은 신학자를 일컫는다. 이 일을 마치고 벵엘은 여러 지역, 곧 메칭엔(Metzingen), 뉘르팅엔(Nürtingen), 튜빙엔(Tübingen) 및 슈투트가르트(Stuttgart)에서 교구목사로 활동하였다. 그는 종신적인 직책을 맡기 전까지 교육적인 목적으로 여행을 하였는데, 이는 당시에 여행이 제한적으로 가능했기 때문에 벵엘 뿐만 아니라 다른 사람들에게도 매우 중요한 것이었다. 사실 벵엘은 생애 후반기에는 뷰르템베르크를 떠난 적이 없었다. 벵엘의 여행지역은 누렘베르크(Nuremberg), 예나(Jena), 할레(Halle), 라이프치히(Leipzig), 기센(Gissen), 하이델베르크(Heidelberg) 등으로 그는 대학과 학교를 방문하였고, 그곳에서 그들의 교육과 교수법을 배웠다. 그의 학자적인 모습은 어디에서나 도서관을 찾았던 점에서 분명히 나타났다. 무엇보다 할레는 그에게 매우 중요하였는데, 그곳에는 아우구스트 헤르만 프랑케(Augustus Hermann Franke, 1663-1727)가 1695년 이후 설립한 고아원과 여러 기관들이 도시 할레와 연관되어 있었기 때문이다. 고아원에 있는 학교는 당시에는 초현대식 교육기관이었고, 벵엘은 특별한 관심을 가졌다. 벵엘은 프랑케와 잠시 동안 대화하였지만 그는 할레의 선교정신에 감동되었다.

벵엘이 교육여행을 하기 전에 받았던 지위는 뎅켄도르프에 있는 신학생을 위한 예비학교인 수도원학교의 지도교사였다. 뎅켄도르프 수도원학교는 도시에 속하였지만 비교적 중심지와는 떨어진 곳으로, 슈투트가르트로부터는 반나절이 걸리는 곳에 위치하였다. 그러나 넥카(Neckar) 강에 위치한 제국도시인 에스링엔(Esslingen)으로부터는 한 시간만 걸으면 되었다. 이미 16세기부터 뎅켄도르프 수도원 학교 안에 신학교가 있었다. 그러나 이 학교는 1584년 재정적인 이유로 문을 닫았다가

1713년에 다시 개교하였다. 사실 이 학교는 1692년 팔라틴 왕위계승 전쟁동안 파괴되었던 히르사우(Hirsau) 수도원학교를 대체하는 학교였다.

뷰르템베르크 수도원학교들은 1556년에 설립되었고, 당시에는 다소 옛 형태의 성격을 가졌으며 교과과정은 16세기 이래로 실제로 바뀐 것이 없었다. 작센의 공작(公爵)학교들과 달리 수도원학교들은 앞으로 신학생이 될 학생들을 위한 전문적인 예비학교의 성향을 가지고 있었다. 학교에서는 기초적인 철학과 신학과정을 가르쳤고 고전 언어들도 가르쳤다. 이 학교들은 학생들이 수도승의 복장을 하는 것이나 수도원에서 하루에 몇 차례 나누어 행하는 성단(聖壇)기도와 같은 수도원적인 풍속들을 유지하고 있었다.

수도원 학교의 교사들은 수석 사제(propst)와 두 명의 지도교사(preceptor)들로 구성되어 있었다. 수석 사제는 대외적으로 수도원을 대표하며, 수도원의 책임자(원장)였다. 그는 신학생들에게 신학을 가르쳤는데, 당시에는 지도서에 기초하여 교육을 시행하였다. 더 나아가 무엇보다도 언어를 지도할 때에는 두 명의 지도교사들이 책임을 감당했다. 뎅켄도르프에 있을 동안에 벵엘은 4명의 수석 사제와 3명의 지도교사들과 동료로 지내면서 깊이 교제했다. 네 명의 수석 사제들은 요한 프리드리히 호흐슈테터(Johann Friedrich Hochstetter, 1640-1720), 요한 에버하르트 크놀(Johann Eberhard Knoll, 1657-1727), 빌헬름 아담 드롬머(Wilhelm Adam Drommer, 1672-1749) 그리고 벵엘의 친구 필립 하인리히 바이센제(Philipp Heinrich Weissensee, 1673-1767)였다. 벵엘은 1713년 수도원의 수석 지도교사인 안드레아스 크리스토퍼 첼러(Andreas Christopher Zeller, 1684-1743)와 함께 지도교사가 되었다. 1729년 첼러가 사임하고 떠나자 벵엘이 수석 지도교사가 되었다. 그리고 차석 지도교사 자리는 요한 프리드리히 리싱(Johann Friedrich Liesching, 1689-1740)의 몫이 되었고, 그는 1729년부터 1734년까지 이 직무를 맡았다. 그 다음에 게오르크 프리드리히 슈타인벡(George Friedrich Steinweg, 1700-62)이 1741년 벵엘이 사임하자 이 수석 지도교사 자리로 승진하였다.

벵엘은 28년간 뎅켄도르프에 살면서 수도원학교에서 가르치는 활동이 그의 전문적인 삶이 되었다. 그는 대학에서 보다 진취적인 학문을 감당할 수 있었던 사람이라는 것을 누구나 알고 있었다. 1720년 그가 기센(Giessen) 대학으로부터 청빙을 받았지만 친구들과 가족의 권유로 그는 아버지의 고향인 뷰르템베르크에 남기를 원하였다. 튜빙엔 대학에서도 벵엘을 청빙하고자 수많은 노력을 기울였으나 그가 이러한 청빙에 소극적이었기에 실현된 것은 하나도 없었다.

직업을 정한지 얼마 지나지 않아 벵엘은 관습에 따라 슈투트가르트의 요한나 레기나 제거(Johanna Regina Seeger, 1693-1770)와 결혼 할 수 있었다. 그녀는 뷰르템베르크 의회의 세무담당 고위행정 담당관인 프리드리히 제거(Friedrich Seeger)의 유일한 딸이었다. 벵엘은 12명의 자녀를 두었는데, 6명만 성인으로 자랐고 나머지는 일찍 세상을 떠났다. 그 가운데 4명의 딸들은 다음과 같다. 소피아 엘리자베스(Sophia Elizabeth)는 술츠(Sulz)지역의 의사인 알브레히트 라이하르트 로이스(Albrecht Reichard Reuss)와 결혼하였고, 요한나 로시나(Johanna Rosina)는 에슬링엔(Esslingen)의 변호사인 크리스티안 빌고트리프 빌리아르츠(Christian Gottrlieb Williardts)와 결혼하였다. 마리아 바바라(Maria Barbara)는 목회자인 필립 다비드 부르크(Philipp David Burk)와 결혼하였고, 카타리나 마르그레테(Katharina Margrete) 역시 목회자인 에버하르트 프리드리히 헬바그(Eberhard Friedrich Hellwag)와 결혼하였다. 두 아들 중 막내인 빅토르(Viktor)는 의학을 공부하여 의사가 되었고, 다른 아들 에른스트(Ernst)는 신학을 공부하여 목회자가 되었다.

수도원학교의 지도교사로서 벵엘은 경건과 학문 간의 내적인 연결에 관심을 가진 교사로서 전심을 다 하였다. 이 연결고리를 교육학으로 발전시키지는 않았지만 자신의 개인적인 선함과 온유함과 인내로서 학생들에게 모범이 되었다. 벵엘 자신의 계산에 따르면[4] 재임기간 중

---

4) Wächter, *Lebensabriss*, 75.

300명 이상의 학생들이 그의 가르침을 받고 나갔다. 그는 학생들의 귀감이었으며, 많은 학생들과 평생 동안 교제하였으며 그들은 진정한 벵엘의 학생들이었다.

뎅켄도르프와 베르크하임(Berkheim)에 속한 약 1000여명의 교구민들이 소속된 지역교구 교회가 곧 수도원 교회였기 때문에 벵엘은 뎅켄도르프에 있을 동안에 그들을 가르치는 책임도 감당했다. 그가 25년 동안이나 가르쳤음에도 불구하고 가르치는 일이 그의 진정한 은사는 아니었다. 후에 그는 경건모임을 발족시켰다. 그러나 일반적으로 뎅켄도르프 수도원 학교가 비교적 한적한 곳에 있으므로 벵엘이 일상적인 학교생활에 빠질 수 있는 위험이 있었다고 말하였다. 그가 반드시 깨달았어야 했었던 이 위험에 대해 그는 학문에 대한 열정을 가지고 대면하였다. 또한 그는 바깥세상과 활동적으로 관계를 유지하였으며, 친척들과 학생들과 친구들의 방문도 받아들였다. 1717년 프랑케가 뎅켄도르프를 방문하였고, 1733년에는 진젠도르프가 외팅어(Oetinger)와 함께 그를 찾았다. 무엇보다도 벵엘은 편지를 통하여 외부세계와 교제를 하였는데, 벵엘의 전기 작가인 부르크(Burk)에 의하면 매년 약 1,200여 통의 편지를 주고받았다고 산정한다. 이것이 사실이라면, 남겨진 일부 서신만으로도 250명과 2,900통의 편지를 주고받았다는 것을 알 수 있다.[5]

벵엘과 서신을 교환한 대부분의 사람들은 목회적인 관심을 가지고 있었으므로, 이것이 벵엘의 사역에 중요한 요소였다고 말할 수 있다.[6] 친구들, 친척들 그리고 지인들은 신학적으로 철저한 사상을 바탕으로 복음적인 신앙의 입장에서 답변해주는 벵엘의 상담을 요청하였다. 심지어 새해 인사를 목회적인 덕담으로 한 것조차도 그것을 필요로 하는 자들을

---

5) 벵엘의 서신교환을 다룬 편집본은 슈투트가르트의 주(州)교회 문서보관소에 있는 디터 이징 박사(Dr Dieter Ising)에 의해 준비 중에 있다. 초기의 작품에 이어 예고된 편집본은 벵엘이 살았고 활동했던 지역의 동료들과 대학의 네트워크에 대한 선명한 자취를 제공해 줄 것으로 기대된다.

6) Martin Brecht, "Johann Albrecht Bengels theozentrische Seelsorge," BWKG 89 (1989).

위한 것이었음에 의심의 여지가 없다. 병자나 죽어가는 자들 그리고 슬픔을 당한 자들에게 행한 벵엘의 목회적인 돌봄은 특별히 감동적이었다. 이러한 메시지들은 분명하였는데, 이는 벵엘 자신이 가족의 아픔과 죽음을 경험했었기 때문이며 또 다른 사람들과 자신의 감정과 사상을 나누는 것을 부끄러워하지 않았기 때문이었다. 벵엘이 목회적인 관심과 상담을 다른 사람들과 서신을 통해 나누었던 것은 매우 중요한 사역이었고, 그 대상은 신학생들, 한때 자신의 학생들이었던 목회자들 그리고 벵엘을 깊이 신뢰하는 자들이었다.

벵엘의 목회적 돌봄이 갖는 근본적인 방향은 그리스도를 통하여 하나님이 사람들에게 주신 선물로서 화해, 곧 구원의 서정의 중요 부분이었다. 그는 당대의 다른 경건주의자들에게서 나타나는 것과 달리 회심과 성화를 강요하지 않았다. 그럼에도 불구하고 벵엘은 하나님의 일하심을 믿는 자는 사람을 새롭게 창조하시는 성경말씀을 진지하게 사용해야 한다는 것을 매우 심각하게 받아들였다. 다시 말하자면 벵엘의 상담은 언제나 사람이 과거 죄의 속박에 지배되는 것이 아니라 도리어 화해와 구원에 사로잡힌 자가 되어야 한다는 것이었다. 이처럼 재창조하시는 하나님의 은혜는 인간관계 및 세상과의 관계 이전에 그것이 먼저 선행되어야 하는 것이다. 질병, 죽음, 슬픔에 대한 벵엘의 처리방법은 현 세상적인 삶을 어느 정도 낮게 평가하고 내세로 향하고 있다는 것을 분명히 보여준다. 그러나 내세에 대한 벵엘의 소망은 의심의 여지없이 분명한 효력을 발생한다는 신앙의 확실성에 의하여 실행되는 것임을 확실히 알 수 있다.

벵엘의 활동에서 보다 더 중요한 것은 지적인 사역이었다. 이 일은 후세를 위한 그의 근본적인 중요성을 결정지었다. 그는 3가지 영역에서 연구하였다. 즉 헬라어 신약성경에 대한 본문비평, 신약성경에 대한 집중적인 성경주석 그리고 '구원의 역사'(Heilsgeschichte)에 대한 탐구 등이다. 세 가지 부분에 대한 벵엘의 학문적인 연구는 총체적으로 하나인 셈인데, 이는 한 가지 연구가 다른 요소로부터 연속적으로 발전된 것이기 때문이다. 그러므로 벵엘에게서 한 가지 업적만을 강조하는 것은 그의 전체 업적을 놓치게 한다. 이러한 개념이 벵엘에게서는 이미 초기에 나타났고, 그가 죽을 때까지 완성되었다.

　벵엘 자신은 신약성경 본문 비평에 대해 말하였다. 물론 이 말은 그가 현대적인 의미에서 본문비평주의자라는 뜻이 아니다. 오히려 다양한 사본들을 비판적인 시각으로 읽는 자라는 뜻이다. 학창시절 그가 수많은 다양한 사본들에 대해 관심을 가졌을 때 받았던 자극에 힘입어 이를 실천한 결과이다. 뎅켄도르프 수도원학교에서 그의 교육활동은 본문비평을 위한 예비훈련이었는데, 이는 수업 때 사용할 고전적인 본문들과 교부들의 문헌들을 준비하여야 했기 때문이다.[7] 키케로 편지[8] 그리고 그레고리 타우마투르고스(Gregory Thaumaturgos)[9] 및 크리소스토무스(Chrysostom)[10] 같은 교부들의 저작들에 대한 벵엘의 편집판을 통해 그가 최상의 본문구조 및 편집된 본문에 대한 주석을 위해 얼마나 노력하였는가를 볼 수 있다. 이러한 문헌들은 본문의 기원을 철저하게 조사할 수 있도록 하기 위하여 현존하는 모든 사본들과 구할 수 있는 필사본들을 검증하려 했던 벵엘의 노력을 보여준다. 벵엘이 뎅켄도르프 학생들의 독서를 위해 사본들을 준비하고 보여준 수고, 비용의 지불 그리고 수년 동안 노력을 기울인 것을 진정으로 주목한다면, 그리스어 신약성경의 본문비평을 위해 행한 그의 업적에 대해 감사하지 않을 수 없을 것이다.

---

7) 하이노 게제(Heino Gaese)에 의한 첫 편집본의 연구는 다음의 시리즈로 출간되었다. BWKG 103 (2002).

8) *M. Tullii Ciceronis epistolae ad diversos vulgo familiars* (Stuttgart: Metzler, 1719); Gottfried Mälzer (ed.), *Die Werke der württembergischen Pietisten des 17. und 18. Jahrhunderts. Verzeichnis der bis 1968 erschienen Literatur* (Berlin and New York: Wlater de Gruyter, 1972), No. 550; 비교. Eberhard Nestle, *Bengel als Gelehrter. Ein Bild für unsere Tage. Mit neuen Mitteilungen aus seinem handschriftlichen Nachlass* (Tübingen: Heckenhauer, 1893), 9-21.

9) *Gregorii Thaumaturgi Panegyricus ad Originem* (Stuttgart: Metzler, 1722); Mälzer, Werke, Np. 551; 비교. Nestle, *Bengel*, 21-26.

10) *Joannis Chrysostomi de sacerdotio libri sex* (Stuttgart: Metzler, 1725); Mälzer, Werke, No. 552; 비교. Nestle, *Bengel*, 26-38.

일반적으로 알려진 것처럼 그리스어 신약성경에 대한 작업은 에라스무스가 편집한 1516년 판으로 시작되었는데, 이는 1502년 추기경 히메네스(Ximenes)가 착수했던 콤폴텐시안 여러 말 대조성경(Compultensian Polyglot- 역주; 스페인 알칼라대학에서 편집한 성경책)을 시작할 때부터 예견된 것이었다. 1550년 로베르 에티엔느(Robert Estienne, 또는 Stephanus)가 편집한 파리 판과 1624년 엘제비어(Elzevier)가 에라스무스 본문을 편집한 네덜란드 판을 '공인본문'(textus receptus)이라고 불렀으며, 일반적으로 인정된 본문이 되었다. 벵엘은 학창시절 이 본문을 사용하였는데, 그 당시 사본들이 수없이 많음을 알고 그는 깜짝 놀랐다. 이 공인본문을 존 펠(John Fell)이 1675년 편집하여 처음 출판하였고, 이것을 옥스퍼드 판이라 하며 프랑케가 1702년 라이프치히에서 재인쇄하였다. 많은 사람들이 어떤 특정 신분과 상관없이 이 판을 읽었다. 하지만 이 판에는 분류 방법과 선택의 이유에 대한 설명이 없었다.[11] 후에 벵엘은 존 스튜어드 밀(John Steward Mill)이 편집한 1707년판 그리스어 신약성경과 30,000개의 다양한 사본을 소유하게 되었다.

벵엘은 뎅켄도르프에 도착하자마자, 해석들에 특별한 관심을 가지면서 신약성경에 대한 주석을 집필하기 시작하였다. 1725년에 발표한 『선구자』(*Prodromus*)[12]에서 벵엘은 신약성경 해석과 그리스어 원본에 입각해서 근본적으로 재구성한 판본을 바탕으로 작업계획을 밝혔다. 그는 이 판본을 가지고 수많은 사본들의 빽빽한 숲을 뚫고 나가기를 원한다고 하였다.

그런데 벵엘이 이 작업을 하기에는 상황이 다소 좋지는 않았다. 뎅켄도르프에는 벵엘에게 걸맞는 큰 도서관이 없었다. 그렇다고 다른 도서관으로 여행할 수 있는 수단이나 가능성도 없었다. 그러므로

---

11) 이를 위해 다음을 보라. Kurt Aland, "Bibel und Bibeltext bei August Hermann Francke und Johann Albrecht Bengel," in Kurt Aland (ed.), *Pietismus und Bibel* (Witten: Luther-Verlag, 1970), 121f.

12) Mälzer, *Werke*, No. 471; Nestle, *Bengel*, 39-49.

『선구자』는 자신의 계획을 지원해 달라는 호소문이며 또한 특별한 사본들과 역본들을 구하기 위한 바램의 표현이었다. 그래서 벵엘은 다른 학자들에게 동참과 협조를 위한 지침을 제공하였다. 그럼에도 불구하고 수많은 신약성경 판본들을 수집하는 것은 쉬운 일이 아니었다. 그 역시 이러한 사본들을 수집하는데 노력하였고, 그 결과 30개의 사본을 확보할 수 있었다. 벵엘은 할레에서 사귀었던 복음적인 목회자로 프레스부르크(Pressburg, 현재는 슬로바키아의 브라티스라바, Bratislava, Slovakia)에서 사역한 마티아스 마르티우스(Matthias Marthius)와 서신을 교환하면서 사본을 입수한다는 것이 얼마나 어려운가를 보여주었다. 노력을 기울인 몇 달 후에 결국 벵엘은 프레스부르크로부터 사복음서가 있는 사본 하나를 뎅켄도르프에서 받았으며, 그 사본은 1182년에 제작된 것이라는 정보를 친구에게 줄 수 있었다.[13] 첨언한다면 벵엘은 고대 번역본인 시리아 역본, 고딕(Gothic- 역주: 게르만 언어로 된 성경)역본, 그 외 역본들과 초대교회 교부들의 글에서 인용한 성경본문 등과 같은 것들도 비교하였다. 6년 후 벵엘은 『지식』(Nototia)이라는 저작에서 연구 성과에 관한 정보를 제공하였다.[14] 동시에 작품에 대한 구독 예약금도 요청하였다.

수년간의 노력 끝에 벵엘의 그리스어 신약성경은 1734년에 4절판 크기와 8절판 크기로 출판되었다.[15] 이 판에는 새로운 자료의 수집을 제시하기 보다는 오히려 벵엘의 신약성경 본문 연구의 발전상, 즉 벵엘이 그 당시 여러 다양한 본문들을 가지고 최근까지 연구한 것을 제시하는 동시에 비평 도구를 제공하였다. 이러한 자료들을 처리하기 위해서 벵엘이 처음 개발한 방법으로 전 시대에 걸쳐 시기를 측정하는 것이었다. 그 결과 이 방법의 핵심적인 측면들이 생생하게 남아있다. 벵엘의 신약성경 판은 '공인본문'과 함께 여러 사본들을 함께 실었으며, 사본들을 평가에 따라

---

13) Wächter, *Lebensabriss*, 231.
14) *Notitia Novi Testamenti Graeci recte cauteque adornati* (Stuttgart: Cotta, 1731); Mälzer, *Werke*, No. 452; 비교. Nestle, *Bengel*, 49.
15) Maelzer, *Werke*, No. 233, 235.

그리스어 a-ϵ의 5개로 분류해서 표시하였다. 구체적으로 살펴보자면 (α)는 원 본문, 즉 본문보다 우위의 것으로서 '공인본문'이다. (β)는 독본용이기는 하지만 가치를 알 수 없는 것들이다. (γ)는 동일한 가치를 가진 것, (δ)는 독본용으로서의 가치가 떨어지는 것, (ϵ)은 다른 사료를 가지고 재평가한 결과 받아들일 수 없는 자료들이다. 벵엘이 선언한 원리는 이러한 비평작업의 중요성을 잘 보여준다. "어려운 독본일수록 쉬운 것보다 우선적이다."(Proclivi scriptioni praestat ardua)[16]

벵엘의 작품에서 얻은 중요한 결과는 그가 사본들 간에 상호연관성 또는 독립성을 확립하고, 또 본문의 증거에 따라 계보를 만들고 이것을 계통도 형식으로 표현한 것이다. 벵엘은 본문의 증거를 두 개의 계통으로 구분하였는데, 아프리카 계보에는 중요한 알렉산드리아 사본(Codex Alexandrinus)이 포함되어 있고, 아시아 계보에는 후기의 그리스어 사본들이 이에 속한다. 따라서 그는 최초로 연대와 가치를 이용하여 본문의 증거들을 구분하는 확실한 원리를 발전시킨 자였다. 물론 연대와 가치는 그 중요성이 동일하지는 않았다.[17]

벵엘의 작품은 성경본문에 대한 집중적인 연구를 하겠다는 의지와 금은 아주 작은 파편이라고 할지라도 여전히 금이라는 확신에 의해 유발된 것이었다. 이것은 결코 자명성이 아니다. 고트힐프 아우구스트 프랑케(Gotthilf August Francke)는 벵엘의 본문연구를 "엄청난 시간의 소비"[18]라고 보았다. 그러나 벵엘에게 있어서 이런 노력의 결과는 여러 가지 사본들이 있다고 해도 자신의 믿음의 근본을 흔들지는 못한다는

---

16) *Novum Testamentum Graecum*, "Introductio," ∬ XXXIV, 433.
17) Frederic G. Kenyon, *Der Text der griechischen Bibel*, tr. Hans Bolewski (2nd edn, Göttingen: Vandenhoeck & Ruprecht, 1961), 125. Kurt Aland and Barbara Aland, *Der Text des Neuen Testaments. Einführung in die wissenschaftlichen Ausgaben sowie in Theorie und Praxis der modernen Textkritik* (Stuttgart: Deutsche Bibelgesellschaft, 1982), 19.
18) 1723년 10월 8일자 할레의 필립 하인리히 바이센제(Philipp Heinrich Weissensee)에게 보낸 편지. 출판은 다음을 보라. Johann Ch. Fr. Burk (ed.), *Dr. Joh. Albr. Bengels literarische Briefwechsel. Eine Zugabe zu dessen Leben und Wirken* (Stuttgart: Brodhag, 1836), 76f.

확신 때문이었다. 한 번은 벵엘이 결과를 요약해서 다음과 같이 말하였다. "엄청난 분량의 다양한 사본들이 존재함에도 불구하고 그 사본들 가운데 신앙의 기초를 흔들만한 것이 조금이라도 있다면 그것은 분명 의심할만한 일이다."[19]

당연히 벵엘의 신약성경 본문은 대학(학문) 세계에서 그의 명성을 높여주었다. 넓은 관점에서 볼 때 신약성경에 대한 현대의 본문연구는 벵엘로부터 시작했다고 분명히 말할 수 있다.[20] 또 한 명의 뷰르템베르크 출신인 에버하르트 네스틀레(Eberhard Nestle, 1851-1913)는 분명히 벵엘의 후계자로 보아야 한다. 벵엘에 대한 그의 광범위한 글들은 자신을 벵엘의 후계자로 확신하고 있음을 보여준다.[21] 뷰르템베르크 수도원 학교들은 19세기까지 신학교로 불렸으며, 네스틀레는 그 신학교의 교사였다. 그 후 네스틀레는 마울브론(Maulbronn) 신학교의 교장(Ephorus)이 되었다. 네스틀레의 『그리스어 신약성경』(*Novum Testamentum Graece*)은 1898년에 처음 출판되었는데, 벵엘의 좌우명 "너 자신을 본문에 온전히 적용하라. 그러면 본문의 모든 것이 너에게로 적용하리라"(Te totum applica ad textum; rem totam applica ad te)로 시작한다.

벵엘의 제2기의 활동은 신약성경에 대한 주석으로, 연속적인 주석이 딸린 그리스어 본문을 출판한다는 계획에 기초한 것이었다. 그러나 벵엘은 이 계획을 연기하였고, 1742년에 『그노몬』(*Gnomon*)이란 책을 출판하였다.[22] 그리스어로 "그노몬"은 해시계의 바늘을 의미하는데, 벵엘이 이 용어를 사용한 것은 본문을 연구하고자 하는 이들에게 벵엘이 원하는 지침 또는 실마리를 보여주고자 함이었다. 그가 라틴어로 작업했다는 것은 무엇보다도 목회자들을 포함하여 대학의 학문세계를 향한 의도였음을 보여준다. 『그노몬』으로 인해 학문연구와 덕성함양이 하나가 되었다. 이는 벵엘이

---

19) Wächter, *Lebensabriss*, 180.
20) Aland, *Bibel und Bibeltext*, 135-9.
21) Nestle, *Bengel*.
22) Mälzer, *Werke*, No. 396.

본문에 깊은 주의를 기울인 결과였다.

『그노몬』에서 벵엘은 다른 주석가들이나 대학의 논쟁자들의 글에 대해서 토론하지 않았다. 오히려 슈페너의 제안에 전적으로 동의하면서 그의 주석들은 기독교인의 삶에 초점을 맞추었다. 『그노몬』의 제2판은 1759년에 유작으로 출판되었고, 보다 더 후기의 것으로는 19세기 판이 있다. 『그노몬』을 독일어로 번역한 목회자 칼 프리드리히 베르너(Karl Friedrich Werner, 1804-72)는 원작의 직역에 대한 관심보다 덕성함양에 더욱 관심을 가지고 번역하였다. 벵엘의 작품은 어디에서나 그 가치를 인정받는다. 그래서 존 웨슬리가 신약성경을 주해할 때도 벵엘의 것을 사용하였다. 벵엘의 작품은 19세기에 영어와 스웨덴어로 번역되어 출판되었다.

신약성경 본문에 대한 벵엘의 철저한 작업으로 말미암아 번역본이라는 성과가 생겨났고, 이 번역본을 통해 필연적으로 본문에 대한 해석이 이루어졌다는 것을 이해할 수 있다. 당시 독일어로 번역된 모든 성경은 - 적어도 개신교회 내에서는 - 마르틴 루터가 해석한 것과 대화하는 것이었는데, 그것은 분명 규정상의 흐름이었다. 벵엘은 전 생애에 걸쳐 루터의 번역과 씨름하였다. 그래서 그는 1753년 초판이 발행된 신약성경 독일어판 서문에 다음과 같이 썼다. "나는 루터가 번역한 것보다 더 나은 것은 아니라 할지라도 차별된 번역본을 제공하기를 원합니다…그러나 (루터의 번역이) 아직까지는 유용하기에 먼저 감사하게 생각합니다. 그것(루터)과 함께 또 다른 번역본(벵엘 자신의 번역본)을 갖는다는 것은 좋은 일입니다. 이 번역본은 유창하지는 않지만 그리스어 원문에 기초하려고 힘들여 고심했습니다. 이 역본은 또 다른 역본에게 도움을 줄 것입니다. 이 두 권의 번역본을 가지면 한 가지 번역본의 부족을 다른 번역본을 통하여 도움을 받게 될 것입니다."[23] 벵엘은 아주 겸손하게 표현하기를, 우아한 면에서는 루터의 것에 떨어지지만 보다 정확한 번역을 제공함으로써 두개의 번역본이 서로를 보완하는 위치에 있다고 말하였다.

---

23) *Das Neue Testament*, 서론 §§ 9, Xf. 원문에 따른 강조. 비교. Aland, *Bibel und Bibeltext*, 140-47.

벵엘은 자신의 연구를 성경주해에서부터 '구속사' 연구로 발전시켰다. 구속사의 관점에서 볼 때, 성경은 하나님과 그의 백성과의 관계를 다루는 역사이다. 벵엘은 처음으로 복음서의 상호관계성을 다루었다. 1736년 그는 『사복음서의 올바른 조화』(Richtige Harmonie der vier Evangelisten)를 출판하였다.24) 제2판은 1747년에 출판되었다. 이렇게 복음서의 조화는 옛 전통, 즉 초대교회와 타티안(Tatian)의 『디아테사론』(Diatessaron)의 시대로 되돌아갔다. 『조화』를 "해결"하는 가운데 벵엘은 사복음서의 문제는 한 도시를 다른 각도에서 바라보는 것과 같은 방식으로 생각하였다. 그러므로 이 문제를 다룰 때 중요한 것으로 올바른 시야를 가지고 설명하는 것이다. 이러한 시도는 그로 하여금 예수님의 세례와 그의 수난 사이에 유월절이 3번 이상은 아니지만 3번 이하도 아닐 수 있다는 복잡한 계산속으로 빠져들게 하였다.

복음서의 조화에 대한 연구는 벵엘의 구속사에 대한 근본적인 연구의 서곡에 불과하였다. 이 연구의 한 가운데에 그리스도 안에서 계시된 것으로부터 세상의 종말까지 구속사의 실제적인 과정을 기술하는 것으로 인정된 요한계시록이 서 있다. 벵엘은 한때 요한계시록의 중요성을 다음과 같이 말하였다. "요한계시록은 주 예수 그리스도의 몸(교회)에 속한 책이다. 이 책은 옛 예루살렘부터 새 예루살렘까지 가장 특별하고 자세하게 언급되어 있는 고대 예언의 중심주제들을 담고 있다. 계시록의 모든 곳에 신성한 경륜이 놀랍도록 조명되어 있다. 그러므로 계시록은 가장 어려운 책이면서도 가장 쉬운 책이다."25) 그러므로 벵엘은 다른 무엇보다 계시록에 대한 3권의 주석에 더 열정을 쏟아 부었다. 그것은 1740년에 출판된 『요한계시록 주해 또는 예수 그리스도의 계시록 주해』(Die Erklärte Offenbarung Johannis oder vielmehr Jesu Christi),26) 1742년에 출판된 『그노몬』, 1747년에 출판된 『계시록에 관한 60편의 경건한 설교』(Sechzig erbauliche Reden über

---

24) Mälzer, *Werke*, No. 438.
25) Wächter, *Lebensabriss*, 238.
26) Mälzer, *Werke*, No. 455.

die Offenbarung)²⁷⁾ 등이다.

벵엘이 요한계시록에 대한 열쇠라고 믿은 것은 1724년 강림절 첫 번째 주일에 나타났다.²⁸⁾ 그는 짐승의 숫자 666(계 13:18)을 중세 교황권의 역사와 연관지어 1143년부터 1809년까지 년도수로서 이 의미를 분명하게 할 수 있다고 생각하였다. 그런데 루터도 이미 이와 유사하게 해석하였었다. 벵엘은 보다 더 계산하여 계시록의 정확한 날짜를 찾아 어떤 체계 속에 대입시켰다. 그 결과 예수님의 재림날짜는 1836년 6월 18일로 산출되었다.²⁹⁾ 유념해야 할 점은 이 날짜가 종종 사람들이 믿어온 이 세상의 종말의 날을 의미하는 것은 아니라는 것이다. 오히려 종말과 종말론적인 사건, 즉 천년왕국의 시작이다. 벵엘은 이 점에서 마지막 때는 짧은 막간을 사이에 두고 서로 분리된 두 개의 천년왕국 시기를 포함하는 것이라는 결론을 내렸다.

666년이라고 지정된 날은 마지막 때로서 중세 교황권의 사건이라기보다는 벵엘의 시대에 그 자신이 경험하는 것이라는 점에 기초를 둔 것이었다. 그는 종말의 사건들을 예리하게 관찰하였는바, 1744년 헤어브레히팅엔(Herbrechtingen)에서 멀지 않은 곳에서 발생한 오스트리아의 계승전쟁에 군대가 동원된 것뿐만 아니라 프러시아의 젊은 왕 프리드리히 2세의 발흥도 염두에 두었다. "짐승의 수가 지나가고 있다."며 당시에 그는 사위인 로이스에게 편지했다. "내가 전보다 더 분명하게 생각하는 것은, 언급된 대로 짐승이 아시아로부터 이 지상에 곧 임할 것인가 아닌가 하는 것을 생각해보아야 한다. 또 생각할만한 현상들이 유럽에 나타나고 있다."고 했다.³⁰⁾ 그러나 벵엘은 이러한 것들을 그 시대의 징조로 여기면서 짐승이

---

27) Mälzer, *Werke*, No. 478.
28) "Inveni numerum bestiae, domino dante. Sunt anni 666, ab anno 1143 usque ad 1809. ...Est haec apocalyptica clavis magna; es etiam solatium luctuum domesticorum; nam qui nunc nascuntur, tempora mira sunt visuri." 1724년 12월 22일자로 로이스(J. F. Reuss)에게 보낸 편지. Wächter, *Lebensabriss*, 337.
29) Peter C. Erb (ed.), *Pietists. Selected Writings* (New York: Paulist Press, 1983), 272-4.
30) 1744년 9월 14일자로 로이스(J. F. Reuss)에게 보낸 편지. Wächter, *Lebensabriss*, 302.

지상에 임한다고 계속 믿었다. 당시 많은 사람들이 1744년의 혜성을 징조로 생각했지만 벵엘은 그와는 무관하다고 생각하였다.[31] 당시 천문학의 연구를 믿는 사람들이 혜성에 가치를 두었으나 성경 신학자인 그는 혜성들에게 계시적 가치를 두지 않았다. 혜성의 출현이 정기적으로 천체에 나타난다는 것을 벵엘은 알고 있었다.

그러나 시간적인 계산이 벵엘의 요한계시록 연구에서 가장 중요한 요소는 아니었다. 도리어 계시록의 교훈적인 내용을 강조하는 것이 그의 주된 관심이었다. 벵엘은 자신의 날짜 계산에 주목할 만한 반대를 제시했던 프레스베르크의 친구 마르티우스에게 다음과 같이 썼다. "사람들은 성경 전체를 붙들어야 하지만 시대를 무시해서는 안 된다. 하나님 아버지의 권한에 속한 것을 알고자 하는 것이 우리의 소관은 아니다. 그러나 하나님이 성경에 기록해 놓으신 것을 논의하는 것이 우리의 관심사이다."[32]

마찬가지로 벵엘은 자신의 시스템을 세계사를 거슬러 세상의 처음으로 확장시켰다. 그는 1741년에 출판된 『시간의 질서』(Ordo Temporum)[33]에 이 도식을 적용하였다. 여기에서 벵엘은 창세로부터 세상의 종말까지 성경에 나타난 숫자의 형태들을 고대와 중세와 현대의 역사와 연관을 지었다. 더 나아가 그는 이 체계를 1745년에 출판한 책 『싸이클루스』('방사선 모양의 둥근', Cyclus)[34]에서 우주적 사건들에까지 확장하였다. 이 책에서 벵엘은 행성의 궤도주기를 다루었고, 또 그가 계산을 위해 두 가지 계산단위, 즉 크로누스(chronus)와 템푸스(tempus)를 소개하였다. 그는 1 크로누스는 1111년+1/9년이며, 1 템푸스는 222년+2/9년이라고 하였다. 벵엘의 계산에 따르면 창조는 252 크로누스 동안 지속되었으며, 이는 280,000년에 해당된다. 위대한 세상의 해, 싸이클루스는 별들이 궤도를 따라 창조 당시의 자리로 되돌아오는 긴 시간동안 계속된다. 벵엘의 연구는 가장 최근의

---

31) 1744년 3월 30일자로 로이스(J. F. Reuss)에게 보낸 편지. Wächter, *Lebensabriss*, 301.
32) 1725년 11월 2일자로 마르티우스(Marthius)에게 보낸 편지. Wächter, *Lebensabriss*, 225.
33) Mälzer, *Werke*, No. 467.
34) Mälzer, *Werke*, No. 385.

천문학 연구에 유용하며 또한 행성의 궤도와 다른 천체는 납득할만한 계산에 기초하여 통일된 체계에로 조화를 이룬다. 이와 연관지어 볼 때, 벵엘은 그 당시 동족이었던 요한네스 케플러(Johannes Kepler)와 같이 세상을 창조의 조화라는 관점에서 이해한 것이 분명하다.

『시간의 질서』와 『싸이클루스』두 작품을 라틴어로 쓴 것은 그것이 과학적인 작품이라는 것을 지적하며 또한 벵엘의 계산과 심사숙고는 다른 것들과 관련되어 있다는 것이다. 그러나 유사한 방법의 사용은 서로 다른 결과를 가져왔으므로 과학적인 논쟁을 불러일으켰다. 어쨌든 이러한 계산과 심사숙고는 동의하는 부류와 반대하는 부류로 나뉘었다. 벵엘의 체계에 대해 납득할 수 없었던 사람들 가운데 한 명은 진젠도르프 백작이었다. 1733년 진젠도르프는 뎅켄도르프를 방문하였고, 벵엘은 진젠도르프에게 그의 계산법을 가르쳐 주었다. 그러나 진젠도르프가 전혀 반응이 없었으므로 벵엘은 실망하였다. 후에 벵엘은 진젠도르프가 이 문제에 관심을 가졌어야만 했다고 생각하였다. "하나님의 나라를 받아들이는 우리 시대의 모든 사람들 중에서 훌륭한 백작(진젠도르프)보다 종말에 대해 근본적인 통찰이 더욱 필수적이라고 여기는 사람은 아무도 없다."[35]

진젠도르프 백작과의 부조화스런 만남은 벵엘이 모라비안 공동체에 대해 비판적인 견해를 가진 때문일 것이다. 벵엘은 진젠도르프와 모라비안 교도들에게 깊은 관심을 가지고 있었다. 그가 한때 이 주제를 가지고 연구한 글이 "헤어브레히팅엔에서의 귀중한 자유시간의 위대한 일부"였다.[36] 그가 모라비안 공동체를 비판한 것은 성경사용에 관한 문제 때문이었다. 언제나 성경전체의 통일성에 관심이 있었던 벵엘과 대조적으로 - 벵엘의 견해에 의하면 - 모라비안 교도들은 성경을 조그마한 보석상자로 여기고, 매 경우마다 적당한 성경구절만 가져와 사용한다. 어쨌든 벵엘이 보기에 모라비안 공동체는 성경보다 진젠도르프를 더 높이 찬양하는 것으로 평가하였다. 또한 벵엘은 모라비안 교도들이 자신들을 종말론적인

---

35) 1745년 2월 8일자로 로이스(A. R. Reuss)에게 보낸 편지. Wächter, *Lebensabriss*, 306.
36) 1750년 3월 24일자로 로이스(J. F. Reuss)에게 보낸 편지. Wächter, *Lebensabriss*, 351.

공동체라고 주장하는 것을 거부하였다.

벵엘이 모라비안 공동체에 대해 평가한 글을 1751년 『형제회에 대한 개관』(Abriss der Brüdergemeine)이라는 이름으로 출판하였다.37) 벵엘의 전문적인 견해는 뷰르템베르크 교회를 모라비안 공동체와 거리를 두게 하였으나 그것은 잠깐동안만 지속되었다. 이는 헤른후트 공동체가 그들의 감별기간(sifting time, 눅 22:31 참조) 동안 변화하고 있었기 때문이었다. 그 당시에 벵엘의 비판은 의심할 여지없이 유용하였는데, 이후로 그는 모라비안 교도들이 서로 사랑한다는 긍정적인 측면을 인정할 수 있었다. 진젠도르프에 대한 모든 유보조항을 붙여서 벵엘은 모라비안 공동체와 관계를 유지하였으며,38) 그는 진젠도르프로부터 독립하라고 모라비안 교도들을 격려하였다. 그의 사위 알브레히트 라이하르트 로이스도 모라비안 공동체에 관심이 있었다.

뎅켄도르프는 벵엘의 생활 중심지였다. 1741년 그는 헤어브레히팅엔의 수석 사제로 불렸다. 이 칭호는 어느 정도 은퇴하는 자에게 주는 것으로 그곳에서 이런 직함에 걸맞은 책임자는 소수였다. 지역 목회자와 한 명의 교구목사는 그 지역에 있는 대략 1,400명의 주민들을 위해 봉사하며, 그 지역의 교구교회는 수도원학교에 소속한 교회였다. 그래서 벵엘은 경건모임에 전념하였고, 그 열매로 1747년 『계시록에 관한 60편의 경건한 설교』가 출판되었다.39)

1749년 벵엘은 알피르스바흐(Alpirsbach)의 고위 성직자(prelature)로 부임했다. 이것은 일종의 명예직이었는데, 그는 이 직무에 취임하기 위해서 슈바르츠발트(Black Forest)에 있는 수도원을 방문하였다. 그는 감독법원(Consistory)의 회원으로 임명을 받았으므로 슈투트가르트에

---

37) Mälzer, *Werke*, No. 347.
38) 1745년 5월 24일자로 로이스(A. R. Reuss)에게 보낸 편지. Wächter, *Lebensabriss*, 306.
39) Mälzer, *Werke*, No. 478. 1745년 4월 19일자로 로이스(J. F. Reuss)에게 보낸 편지. 벵엘은 다음과 같이 썼다. "나는 경건한 모임에서 요한계시록에 관한 대중적인 해설을 제공하였다."

거주해야 했다. 벵엘이 교회의 감독관으로 뽑혔다는 것은 비록 그의 관심사가 구속사에 있었음에도 불구하고 어쨌든 그가 뷰르템베르크 교회의 교리적인 입장에서 벗어난 것은 아니라는 사실을 다시 한 번 입증해주는 것이다. 모든 뷰르템베르크 신학자들이 『일치신조서』(Book of Concord)에 서명할 것을 요구받았던 것을 생각하면 벵엘이 이점에서 실제로 독립적이었다는 것은 특기할만한 사항이다. 서명을 주저하는 동료에게 벵엘은 "누구나 자유로운 정신(영혼)을 가지고 선한 믿음에 서명한다. 따라서 누구나 양심을 위하여 자신의 직무에 종사한다. 만일 상급자들이 어떤 면에서 누군가와 부딪친다면 그들은 그것을 조사할 것이다. 그러나 모든 면에서 그것을 조사한다는 것은 큰 지역에서는 불가능하다."라고 편지하였다.[40]

헤어브레히팅엔과 알피르스바흐의 고위 성직자라는 명예직은 정치적인 공직, 즉 뷰르템베르크 의회의 자리와 연관되어 있다. 그러나 1699년부터 1737년까지 의회가 온전히 소집된 경우는 한 번도 없었는데, 단지 1737년의 경우만 예외였다. 의회의 권력은 1737년에서 1752년까지 강화되었는데, 이는 뷰르템베르크의 정치 내적인 무리들로 인한 것이다. 의회의 발전은 그 안에 있는 크고 작은 위원회를 잘 유지하는 것이었는데, 위원회가 의회를 위해서 회의를 운영하는 권한을 부여받았다. 위원회는 온전한 총회의 소집을 막았는데, 이는 1744년 16살의 나이로 통치를 시작한 칼 오이겐(Karl Eugen) 공작과 전적으로 일치를 이룬 것이었다. 그럼에도 불구하고 위원회는 그에게 슈투트가르트에 굉장한 궁전을 건설하도록 승인해주었다.

1747년 벵엘은 대위원회의 회원이었지만, 1748년에는 이보다 더 중요한 소위원회 회원이 되었다. 소위원회는 오직 8명만으로 구성되었는데, 2명은 고위성직자였고 6명은 시 대표자들이었다. 의외로 성경학자이며 구속사가인 벵엘은 권위있는 소리를 대변하는 정치인이 되었고, 특별한 경우에는 법정에서 의회를 대표하는 자가 되었다. 이점에 대해 벵엘 자신은

---

[40] 날짜도 기록되어 있지 않으며, 알려지지 않은 사람에게 보낸 편지에서. Wächter, *Lebensabriss*, 369.

다음과 같이 썼다. "헤어브레히팅엔에서 나는 세상의 끝에 있다고 믿었으며, 슈투트가르트에서는 내가 군중들의 수령 한 가운데 서 있다고 믿었다. 순수한 영적 연구에 헌신했었던 나는 나이가 많음에도 불구하고 여전히 세상의 일에서는 실습생으로 있다."[41]

벵엘은 생애동안 단 한번 의회에서 공작과 대면하였다. 1733년 이래로 로마 가톨릭 공작이 개신교도 지역인 뷰르템베르크를 통치하였다. 공작은 그 지역의 신앙고백을 존중하면서 의무조항을 수용하도록 했다. 1749년에는 성체축일(Corpus Christi, 삼위일체 주일 후 목요일) 의식이 루트빅스부르크(Ludwigsburg)의 궁정교회에서 행진과 함께 시작되었다. 비록 그 예배의식이 가톨릭 공작에게 수여되는 것이라고 하여도 공적인 의식은 어떤 것도 허용되지 않았다. 공작은 의회가 항의하는 면전에서 물러났다.

1751년 의회는 요한 야콥 모저(Johann Jakob Moser)를 의회의 자문관으로 선출하였다. 벵엘은 이 사람을 지명할 것을 강력하게 추천하였다. 그는 경건주의자로서 벵엘과 잘 아는 사이였으며, 의회와 위원회의 일들을 바르게 이끌어갔다. 1752년 11월에 공작 칼 오이겐은 프랑스와 보조금 협정을 마무리 지었고, 이로 인해 그는 몇 년 후 프러시아에 대항하여 싸우는 7년 전쟁(1756-63)에 나가게 되었다. 의회와 공작 간에 계속되는 논쟁으로 인해 모저는 공작에게 대항한 죄로 1759년부터 1764년까지 호헨트빌(Hohentwiel) 요새에 감금되는 형을 받아야 했다. 이때 벵엘은 더 이상 이 세상 사람이 아니었다.

감독법원의 회원으로서 그의 말년에 벵엘은 중요한 직위를 받았다. 감독직에 대한 통치자의 재판권을 가진 총괄주교직(Summepiskopat)으로, 일명 통치자격을 행사할 수 있었는데, 가톨릭 공작이 다스리던 시대에는 "비밀의회"와 더불어 통치조직의 일종이었다. 따라서 교회 행정은 그 지역의 개신교도의 권리를 유지하도록 하는 책임을 졌다. 감독법원의 회원으로서

---

41) 1750년 3월 31일자로 바이센제(Weissensee)에게 벵엘이 보낸 편지. Wächter, *Lebensabriss*, 131.

뱅엘은 친구인 로이스에게 보고하기를 "가톨릭의 섭정아래 있으나 많은 면에서 자유롭다"고 썼다.42) 따라서 감독법원에서 벵엘의 협력은 전보다 더 중요하게 되었다. 이는 그가 어떤 일에 많은 수고를 하였음이 분명하다. 당시 그는 계속해서 병치레를 앓고 있었고, 한쪽 눈만 온전히 볼 수 있었다. 그것은 단순히 육체적인 결함일 뿐만 아니라 심리적인 피곤이었으며 이것은 그에게 영향을 미쳤다. 1745년 그는 "내가 서류를 읽을 때 프랑스나 이태리 단어를 사전에서 찾아보는 것을 종종 내 마음이 허락하지 않는데, 아마도 생애 여행에서 더 이상 사전을 찾는 일이 필요하지 않기 때문일 것이다."라고 기록하였다.43)

1752년 11월 2일 벵엘은 슈투트가르트에서 하나님의 부름을 받았다. 그의 무덤이 어디에 있는지 알려지지 않았다. 그러나 그의 작품과 일생의 작업은 오래 지속되었다. 무엇보다도 그리스어 신약성경 본문에 대한 그의 작업은 오늘날까지도 신약성경 연구에 중요한 기초를 형성하였으며 그가 남긴 업적 가운데 하나이다. 다른 업적으로는 신약성경 주석가로서 벵엘의 위치인데, 특히 『그노몬』이 중요하다. 그러나 벵엘의 입장에서 구속사 연구는 우리에게 가장 낯선 것이다. 그럼에도 불구하고 그의 사유와 계산은 역사의 주인이신 하나님 안에서 자신의 믿음을 고백한 것이다.

뷰르템베르크에서 벵엘은 자신의 유산을 학생들이 계승하도록 하였다. 회고해 보건대, 무엇보다도 그의 성경주의와 성경주석은 그의 제자들과 관련되어 있다.44) 벵엘의 영향을 받아 그들은 평신도를 위한 종교적인 지평을 넓혔으며, 가정의 경건과 매일 성경읽기를 위해 저술하였다. 필립 다비드 부르크(Philipp David Burk, 1714-1770)는 벵엘의 성경적인 신학을 특별히 중요하게 생각했던 신학자들 가운데 단연 돋보인다. 그는 벵엘에게서 개인지도를 받은 자며, 그의 사위가 되었고, 벵엘의 유언에

---

42) 1750년 4월 24일자로 벵엘이 로이스(J. F. Reuss)에게 보낸 편지. Wächter, *Lebensabriss*, 350.
43) Wächter, *Lebensabriss*, 439.
44) Brecht, "Bengel und der schwabische Biblizismus," in Kurt Aland (ed.), *Pietismus und Bibel*, 202-9.

따라 『그노몬』을 재편집하였다. 성경을 높이 평가한 이들로 프리드리히 크리스토프 외팅어(Friedrich Christoph Oetinger, 1702-82)와 요한 크리스티안 슈토르(Johann Christian Storr, 1712-73)를 들 수 있는데, 의심할 바 없이 외팅어는 벵엘의 제자 중에 가장 독창적인 인물이다. 그는 계몽주의에 저항하면서 "자연의 책"(The Book of Nature)을 포함하는 우주적인 지식을 갈망하였다. 벵엘에게 보다 충실했던 학생인 필립 프리드리히 힐러(Philipp Friedrich Hiller, 1698-1769)는 목구멍의 질병으로 인해 더 이상 설교할 수는 없었지만 벵엘의 조언을 통해 영적인 시들을 비롯하여 오늘날에도 계속해서 부르는 성경에 바탕을 둔 찬양 등 수많은 작품들을 출판하였다.

뷰르템베르크 신학자들 다음으로, 라이프치히 신학자로는 크리스티안 아우구스트 크루시우스(Christian August Crusius, 1715-75)를 언급해야 할 것이다. 그는 자신의 권리로 수업 시간에 벵엘의 구속사 신학을 지나치리만큼 강조하였다. 벵엘의 영향은 어렵지 않게 발견할 수 있다. 안드레이 볼로토브(Andrej Bolotow, 1738-1833)는 러시아의 상류층 인사이면서 러시아 계몽주의의 중요한 인물 중 한 사람이다. 자서전에서 그는 7년 전쟁 동안에 쾨니스베르크(Königsberg)에서 벵엘이 쓴 책 한 권을 구입하였고, 그 후 몇 년이 지난 다음 프랑스 혁명과 러시아에서 있었던 푸가초프 혁명(Pugatschow Revolt)에 대한 해답을 그 책에서 발견하였다고 기록했다.[45] 매우 유사한 방법으로 마그누스 프리드리히 로스(Magnus Friedrich Roos, 1727-1803)는 벵엘의 뷰르템베르크 학생으로, 1794년 그 당시의 징조를 해석하였다. 그러나 특별히 요한 하인리히 융-스틸링(Johann Heinrich Jung-Stilling, 1740-1817)은 벵엘의 종말 예언을 취하였다. 그는 종말을 가리키는 세상시계의 바늘이 12시 5분 전을 나타내고 있다고 보았고, 이로 말미암아 사람들에게 실질적인 영향을 끼쳤다. 프랑스 혁명과 나폴레옹의 전쟁 같은 참담한 사건들에 직면함으로써 사람들은 세상의 종말이 다가오고 있다고 보았다.

---

45) Hermann Ehmer, "Bengel in Russland. Ein Beitrag zur Rezeptionsgeschichte von Johann Albrecht Bengels Geschichtstheologie," BWKG 94 (1994), 195-8.

분명히 당시의 정황들은 언제나 잠재되어 있었던 분리주의의 입지를 강화시켰다. 입팅엔(Iptingen)의 게오르크 랍(Georg Rapp)과 추종자들은 그들이 속했던 교회로부터 떨어져 나왔고 1804년에 700여명이 미국으로 이주하였다. 그가 설립한 공동체는 재산의 공유와 독신주의 원리를 따라 살아가는 공동체였다. 그들은 사도행전에 묘사된 초대 기독교인들의 상호 조화로운 공동체 생활을 분명하게 드러낸다는 의미로 그들이 처음에 정착한 두 곳의 공동체를 "하모니"(Harmony)라고 불렀다. 그들은 세 번째 정착한 공동체를 "경륜"(Economy)이라고 불렀다. 이것은 신적인 구원의 경륜이 "하모니-소사이어티"(Harmony-Society)에서 분명히 실현된다는 것을 의미했다. 구원에 대한 역사적인 확신은 종말의 날짜를 분명히 제시하였으며, 그 날은 바로 1829년이었다.[46]

1817년에 종말을 이유로 뷰르템베르크로부터 트랜스-코카서스(Trans-Caucasus, 오늘날의 조지아 주)로 수천 명이 이주하였다. 서쪽으로 이동하지 않고 동쪽으로 운동방향이 결정된 것은 이미 융-스틸링에 의해 언급되었다. 더구나 나폴레옹을 정복한 러시아 황제 차르 알렉산더 1세(Tsar Alexander I)는 많은 사람들에게 종말론적인 구원의 인물이 되었다.[47] 이러한 일이 있기 전에 거룩한 땅(성지)에 대한 열망이 일어났다. 1848년 후반에도 뷰르템베르크 기사단들이 팔레스타인으로 이주하였는데, 그곳은 - 미국과 트랜스-코카서스와 같이 - 개척자들의 일상생활의 시련에 대해 머지않아 종말적인 희망이 확실히 제공되는 곳이라고 믿었기 때문이다.[48] 벵엘과는 분명히 분리된 뷰르템베르크 교회의 경건주의는 1836년까지 정화될 필요가 있었다. 종말적인 징조가 이전과 같이 지속되는 것처럼 보였으나, 지금은 전처럼 날짜를 확정하지는 않았다.

---

46) Karl J. R. Arndt, *George Rapp's Harmony Society* 1785-1847 (Philadelphia: University of Pennsylvania Press, 1965).
47) Georg Leibbrandt, *Die Auswanderung aus Schwaben nach Russland* 1816-1823, Schriften des Deutschen Auslands-Instituts Stuttgart, Reihe A, Bd. 21 (Stuttgart: Ausland-u. Heimat-Verlag, 1928).
48) Paul Sauer, *Uns rief das Heilige Land. Die Tempelgesellschaft im Wandel der Zeit* (Stuttgart: Theiss, 1985).

누군가 벵엘의 구속사 신학이 예를 들어 헤겔(Hegel) 같은 독일의 관념론에 영향을 미쳤는지? 만일 그렇다면 어느 정도인지를 묻는다면, 분명한 증거가 부족하기 때문에 사람들은 당장 추측과 사색의 영역으로 빠져들 것이다.[49] 그럼에도 불구하고 헤겔의 역사 철학은 벵엘에 의해 영향을 받았을 수 있다. 그러나 다른 성향들도 그들에게 영향을 주었음이 분명하기 때문에, 헤겔의 관점이나 마르크스(Marx)와 엥겔스(Engels)에 의해 고안된 정형화된 역사과정이 벵엘에게로 명료하게 소급될 수는 없는 것이다.

---

49) Reiner Heinze, *Bengel und Oetinger als Vorläufer des deutschen Idealismus*, PhD dissertation (maschienschriftlich) University of Münster, 1969.

참고문헌

뱅엘 저작에 대한 총서는 출판되지 않았다. 다만 번역을 포함해서 그의 작품에 대한 완전한 목록은 아래에 잘 나타나 있다.

Mälzer, Gottfried (ed.), *Did Werke der württembergischen Pietisten des 17. und 18. Jahrhunderts. Verzeichnis der bis 1968 erschienen Literatur* (Bibliographie zur Geschichte des Pietismus, 1) (Berlin and New York: Walter de Gruyter, 1972).

· 일차 자료

Burk, Johann Christian Friedrich (ed.), *Dr. Johann Albrecht Bengels Leben und Wirken. Meist nach handschriftlichen Materialen bearbeitet* (Stuttgart: Steinkopf, 1831).

Burk, Johann Christian Friedrich (ed.), *Dr. Joh. Albr. Bengels literarischer Briefwechsel. Eine Zugabe zu dessen Leben und Wirken* (Stuttgart: Brodhag, 1836).

Η ΚΑΙΝΗ ΔΙΑΘΗΚΗ. Novum Testahmentum Graecum ...inserviente Io. Alberto Bengelio (Tübingen: Johann Georg Cotta, 1734).

Das Neue Testament zum Wachstum in der Gnade und Erkänntniss des Herrn Jesu Christi nach dem revidirten Grundtext übersetzt und mit dienlichen Anmerkungen begleitet von Johann Albrecht (Stuttgart: Metzler, 1753).

Wächter, Oscar, *Johann Albrecht Bengel. Lebensabriss, Character, Briefe und Aussprüche; nebst einem Anhang aus Predigten und Erbauungs-stunden* (Stuttgart: Liesching, 1865).

· 이차 자료

Aland, Kurt, "Bibel und Bibeltext bei August Hermann Francke und Johann Albrecht Bengel," in Kurt Aland (ed.), *Pietismus und Bibel* (AGP, 9) (Witten: Luther-Verlag, 1970), 89-147.

Baired, William, *History of New Testament Research from Deism to Tübingen* (Minneapolis: Fortess Press, 1992).

Brecht, Martin, "Johann Albrecht Bengel," in Martin Greschat (ed.), *Orthodoxie und Pietismus* (Gestalten der Kirchengeschichte 7) (Stuttgart: Kohlhammer, 1982, 317-29.

Brecht, Martin, "Johann Albrecht Bengels Theozentrische Seelsorge," BWKG 89 (1989), 152-87.

Brecht, Martin, "Der württembergische Pietismus," in Brecht 2, 225-95.

Hermann, Karl, *Johann Albrecht Bengel, der Klosterpräzeptor von Denkendorf. Sein Werden und Wirken nach handschriftlichen Quellen* (Stuttgart: Calwer Verlag, 1937).

Jung, Martin H., *"Ein Prophet bin ich niche…" Johann Albrecht Bengel, Theologie-Lehrer -Pietist* (Stuttgart: Calwer Verlag, 2002).

Jung, Martin H., "Johann Albrecht Bengel (1687-1752)," in Siegfried Hermle (ed.), *Kirchengeschichte württembergs in Porträts. Pietismus und Erweckungs-Bewegung* (Holzerlingen: Hännsler Verlag, 2001), 52-73.

Mälzer, Gottfried, *Johann Albrecht Bengel. Leben und Werk*

(Stuttgart: Calwer Verlag, 1970).

Nestle, Eberhard, *Bengel als Gelehrter. Ein Bild für unsere Tage. Mit neuen Mitteilungen aus seinem handschriftlichen Nachlass* (Tübingen: Heckenhauer, 1893).

The Pietist Theologians

프리드리히 크리스토프 외팅어
(1702-1782)

마르틴 바이어-멩크호프
(Martin Weyer-Menkhoff)

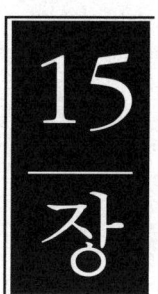

1. 말로 형언할 수 없었던 유년기와 청년기

예순이 된 외팅어(Friedrich Christoph Oetinger, 1702-1782)는 다음과 같이 회상하였다. "내가 6세에서 7세 사이였을 때를 돌아보면, 여느 때처럼 (삼촌과 가정교사) 옆에서 잠이 들곤 했다. 잠자리에 들기 전 입술로 로사리오 기도문 전체를 거침없이 외워야 했다. 결국 나는 마음이 좀 조급해졌고 다음과 같이 생각했다. '만일 내가 기도하는 것의 의미를 알았더라면', 나는 "가련한 영혼아, 하나님을 향해 일어서라"(Schwing dich auf zu deinem Gott, du betrübte Seele!)는 찬송을 했을 것이다. 고통이란 전혀 몰랐던 나는 하나님을 향해 일어선다는 것이 무엇인지를 알고자 강렬한 욕구가 일어났다. 하나님 앞에서 내적으로 이런 욕구와 싸우고 있었던 나는, 하나님 안에서 내 자신이 일어섰다는 것을 알았다. 나는 내 모든 찬송으로 기도했다. 내 영혼에 뚜렷한 빛을 남기지 않은 말씀은 한 마디도 없었다. 일평생 나는 이보다 더한 기쁨을 느낀 적이 없었다."[1] 외팅어는 이 체험을

---

1) Friedrich Christoph Oetinger, *Genalogie der reellen Gedanken eines Gottesgelehrten. Selbstbiographie* (3rd edn, Metzingen: Ernst Franz, 1990), 18.

파울 게르하르트(Paul Gerhardt)의 찬송으로 반복해서 언급하였는데, 그 찬송은 우울과 자연에 대한 18세기의 주제를 담고 있었다.

> 하나님을 향해 일어나라,
> 너, 가련한 영혼아.
> 하나님의 조소에 대해 왜 너는
> 우울이라는 웅덩이에서 쉬고 있느냐?
> 만일 하나님이 나의 원수이고 내게 불만이 있으시다면,
> 그분이 당신의 은사를 가지고 계시지 않고
> 도리어
> 그것들을 내게 주셨을까?
> 둥근 하늘에 있는 것
> 깊은 바다에 있는 것
> 이 세상의 선한 것은
> 내게는 좋지 않으리
> 별빛이 타오르도록 하신 이에게
> 무엇인가를 주신 이에게
> 공기와 물, 그들은 섬기지 않네.
> 나와 나의 생명을?
> 나는 하나님의 것, 하나님은 나의 것
> 누가 우리를 갈라놓으랴?

여기에서 외팅어는 자신의 핵심 경험을 자기 자신에게 적용한 것이 아닌가?

1694년 10월 16일 뷰르템베르크 공국에서, 괴핑엔(Göppingen) 도시의 서기관이었던 요한 크리스토프 외팅어(Johann Christoph Oetinger, 1668-1733)는 마리아 유스티나 하르프레히트(Maria Justina Harpprecht)와 결혼했다. 그녀는 이듬해인 1695년 8월에 세상을 떠났다. 1696년 5월 12일에

외팅어는 로지나 도로테아 뵐핑(Rosina Dorothea Wölfing, 1676-1727)과 재혼했다. 그들은 11명의 자녀를 낳았다. 첫째인 요한 프리드리히(Johann Friedrich)는 1698년에 일찍 세상을 떠났고, 둘째인 아우구스타 도로테아(Augusta Dorothea)는 1700년에 태어났다. 셋째 자녀를 기대했던 외팅어는 만일 아들이 태어나면 신학자로 만들겠다고 서원했다. 1702년 5월 2일 괴핑엔에서 태어나 5월 6일 프리드리히 크리스토프(Friedrich Christoph)라는 세례명을 받은 아들은 정말로 신학자가 되었을 뿐만 아니라 뷰르템베르크에서 가장 위대한 신학자 가운데 한 사람이 되었다.

그는 괴핑엔에서 약 20킬로미터 떨어진 쇼른도르프(Schorndorf)에서 대부모와 외가 친척들과 함께 유년기를 지냈다. 괴핑엔에서의 영적 체험은 앞에서 언급한 것과 같이 그 시기가 기껏해야 1709년 이전이었다. 이와 반대로 전혀 다른 경험도 하였는데, 그것은 학교에서는 선생님으로부터 집에서는 가정교사로부터 매를 맞는 지옥 같은 경험이었다.

외팅어는 독실하고 다소 경건한 분위기에서 엄격하게 자랐다. 그럼에도 불구하고, 이미 어린 나이에 그는 독립하기 위해 성공적으로 투쟁하였고 부모는 이를 존중했다. 부모는 허락만 하면 자신의 아들이 스스로 배우는 일에 얼마나 열심이고 그러한 배움에는 쉽게 만족하지 않는다는 것을 일찍부터 알고 있었다. 외팅어는 자서전과 설교문에서 자신의 성장모습을 반영해주고 있다. "고작 두 세 단어 때문에 암기하여 알지 못하면", 선생님은 "때리고, 매를 들었으며, 무분별한 벌을 주는 식으로" 반응했다.[2] 외팅어는 몹시 화가 났다. "분노와 격앙된 마음은 나로 매우 화가 나게 하였고 그 결과 나는 함부르크의 선주처럼 저주하였고, 그래서 나는 하나님에게서 떠난 삶을 살게 되었다." "나는 가정교사와 학교 선생님이 너무 미워서 할 수만 있다면 독약을 먹이고 싶었다. 나는 만일 선생님이 몇 단어들 때문에 다시 몽둥이질을 한다면, 차라리 팔과 다리를 잘라버리거나, 아니면 차라리 네덜란드로 달려가 미국으로 가는 배를 타겠다고 마음먹었다." 마침내

---

[2] 앞으로 다음과 같이 표기한다. Oetinger, *Genealogie*.

외팅어는 아버지한테 라틴어로 학교 선생을 비방하는 말을 하고 자신을 독재자의 학교에서 나오게 해 달라고 협박조로 요구했다. 결국 그는 학교를 떠나도 좋다는 허락을 받았다.

이제 청소년기의 외팅어는 자주 밤늦게까지 쉬지 않고 손에 잡히는 대로 여행기, 자연에 대한 연구, 역사 서적들을 읽었다. "나는 어디에서나 돈을 구했고 그래서 책을 살 수 있었다." 또한 외팅어는 틈날 때마다 많은 시를 지었지만 약간을 제외하고는 모두 잃어버렸다.

어머니의 중재로 그는 1717년 10월 블라우보이렌(Blaubeuren) 수도원 학교에 입학하여 3년을 보냈다. 1720년 10월, 그는 베벤하우젠(Bebenhausen)에 있는 상급 수도원 학교에 진학했다. 이 기간에 그는 유명 인사들과 사귀게 되었는데, 세계적으로 유명한 할레 고아원을 설립한 아우구스트 헤르만 프랑케가 뷰르템베르크를 방문하였을 때 알게 되었다. 그 외에도 베벤하우젠의 83세 된 고위성직자 요한 안드레아스 호흐슈테터(Johann Andreas Hochstetter)는 뷰르템베르크에서 슈페너의 메시지를 보급하기 시작한 인물이며, 볼프(Wolff)의 제자로 전도유망한 젊은 수학자 게오르크 베른하르트 빌핑거(George Bernhard Bilfinger)는 외팅어의 학업 계획을 조언해 준 인물이다. 베벤하우젠 수도원학교의 선생들 가운데는, 크리스티안 볼프의 제자로 후에 튜빙엔 대학의 신학교수가 된 이스라엘 고트리프 칸츠(Israel Gottlieb Canz)가 있었다.

1721년 베벤하우젠 수도원학교에 있는 동안, 외팅어는 스스로 신학을 공부하기로 결정하였다. 그는 부친과 관련해서 이런 결정을 내릴 수 밖에 없었는데, 정확히 말하자면 그는 "어머니 자궁"에 있을 때부터 신학을 공부하기로 결정되었기 때문이다. 그러나 어머니는 법률가와 정치인이 되기를 원했었기 때문에 어머니와 상의해서 결정을 할 수밖에 없었다. 그는 양쪽 모두를 원했기 때문에 자신의 명석함에 따라야 했다. "나는 내 자신이 아우구스티누스와 같이 두 가지 가능성 사이에 매달려 있다는 것을 알았다." 그는 자신의 결정에 따라 19살 때 다시 독립하기로 했다. 즉

"하나님을 섬기는 것이 더 좋습니다. 하나님을 섬기는 것은 자유입니다."(Deo servire libertas!) 후에 그는 신학자가 되려고 한 이 결정을 "회심"이라 불렀다. 이때부터 유년기 때 경험했던 신비로운 체험의 반대급부가 나타났다. 이제 그는 유년시절의 깨달음 속에서 체험했던 확실성을 신학에서 어떻게 획득할 수 있는지 고뇌했다. "이러한 고뇌에 찬 추구를 통해 나의 몸은 완전히 약해지고 소진되었으며…" 결과적으로 외팅어는 자신의 삶과 신학이라는 위치에서 확실성을 찾으면서 때로는 용의주도하고, 때로는 거의 충동적으로 철저한 모습을 보였다.

2. "섭리" - 연구

블라우보이렌과 베벤하우젠 수도원학교에서 수학한 후, 1722년 외팅어는 공작이 주는 장학금 대상자가 되어 튜빙엔 신학교에 머물며 대학에서 학업을 시작했다. 그는 두 종류의 영향 아래에서 형성된 학문을 시작하였다. 그 하나는 성경에 대한 확고한 지식과 고려로서 이는 정통주의와 경건주의의 배경에서 싹튼 것이었다. 다른 하나는 그가 유년기에 한 번 억눌렸었던 하나님의 확실성에 대한 경험으로 이는 흔들리지 않는 것인 동시에 여태까지 표현할 수 없었던 것이었다. 젊은 외팅어는 경험된 하나님을 이 세상의 창조주요 통치자로 자신의 영혼 안에 가지고 있었는데, 이는 그 자신에게 가까이 계시는 절대자와 같았다.

튜빙엔 대학에서 처음에 외팅어는 관습적으로 철학적이고 수학적인 교양학(studium generale)을 배웠고, 1725년에 석사논문으로 과정을 마쳤으며, 비로소 그때부터 신학을 공부하기 시작했다. 모든 좋은 교육을 받는 가운데 그는 자신의 믿음과 사상의 발전을 통해 너무나 많은 삶의 변화를 경험하였다. "그곳에서 나는 단자론(monads)에 관한 라이프니츠의 학설에 완전히 매료되었다." 외팅어는 볼프(Wolff) 철학과 성경을 융화시키려고 갖은 노력을 기울였다. 성경에 대한 외팅어의 높은 자존감은 성서 신학자요 본문비평 학자이며, 튜빙엔에서 북동쪽으로 약 48킬로미터 떨어진 뎅켄도르프 수도원학교의 교사였던 요한 알브레히트 벵엘(Johann Albrecht Bengel)과의 만남으로 한층 강화되었다. 그럼에도 불구하고 외팅어는 더 많은 의문을 품게 되었다. 오로지 "단자"이신 하나님을 향해서만 열려 있는 현대적인 영혼의 개념이 성경의 "기본적인 개념들", 즉 성경적인 "사유방식"과 잘 어울릴 수 있는가? 물질과 육체보다 마음과 이성을 더 주목하는 철학인 "관념론"(Idealism)이 이성과 마음뿐만 아니라 물질과 육체도 지으신 창조주에 대한 개념과 양립할 수 있는가? 최초의 단일한 단위(단자)에 대한 추상적인 개념이 성경적 하나님의 역동성과 생명에 일치하는가?

외팅어의 신학에 대한 결정적인 전환이요 섭리는 튜빙엔 대학을 거닐면서 일어났다. 외팅어는 "성경 다음으로 가장 탁월한 책"이라고 알려준 방앗간 주인과 대화를 나누었는데, 그 책은 당시 신학생들에게는 금지된 서적으로 야콥 뵈메의 작품이었다. 새로운 것을 읽을 준비가 되어 있었던 외팅어에게 미끼가 던져졌고 과녁에 꽂혔다. 후에 외팅어는 이 날의 산책을 "하나님의 섭리"라고 성격을 규정지었다. 여기에서 그는 "하나님과 세상"에 대해 철학하고 사고하는 전혀 다른 방법을 발견하였다. 이러한 사유방식 안에서 하나님과 세상은 어떤 상태로 존재하는 것으로는 이해될 수 없으며, 오히려 하나의 과정으로 파악된다. 그는 뵈메를 따라 이 과정의 궁극적인 "깊이" 속으로 들어갔다. 육체성의 가치, 창조주의 자유 그리고 뵈메가 볼프의 결정론에 반대해서 피조물에게 속하는 것으로 기술한 위대한 자유, 신의 성품과 인간의 성품을 엄격하게 구별하는 그리스도에 대한 가르침은 분명 외팅어의 눈에 특별한 것으로 비쳤을 것이다. 여기에서 그는 예수님 안에 있는 신성을 드러내는 은유적 사유방식이 볼프주의자들의 사고 패턴인 추상적 합리주의보다 더 많은 깨달음을 준다는 것을 즉각적으로 알게 되었다. 괴를리츠(Görlitz)의 구두수선공인 뵈메의 철학이 유대교와 초대교회의 성경과 더 많이 일치하지 않는가? "단순한 것"에 대한 개념은 그것이 생명으로부터 빗나가도록 하기 때문에 악마적이다! 오히려 모든 것은 역동적인 극성(極性)들로 혼합되어 있다. 요한복음에 등장하는 "빛과 어두움"과 야고보서 3:6에서 독립적으로 언급되는 "생명의 수레바퀴" 그리고 "신약성경의 중심 단어들인" "생명"과 "영광"은 그에게 "궁극적인" 개념들이었다.

일평생 벵엘과 생동적인 교제가 강화되었다. 그리스도의 재림에 대한 벵엘의 소망과 천 년 동안의 통치는 외팅어에게 깊은 인상을 주었다. 벵엘은 교회사와 세계사 기간 동안의 묵시적인 시나리오를 해석함으로써 자신의 시대에 가장 중요한 책들 가운데 하나인 요한계시록을 심도 있게 연구하였다. 후에 외팅어는 이러한 관점을 발전시켰고, 현대적인 단어로 언급하여 유토피아-선교적, 윤리적, 정치적 개념들과 지침으로 묵시적인 장면들을 완성시켰다.

정규학업 과정과 그 과정을 마친 후에, 외팅어는 교부들에 관한 연구와 더불어 랍비 문학과 신비 문학에도 몰두했다. 그가 자서전에서 분명하게 지적한 것은 올바른 배경 지식이 없이 읽는 것은 아무런 목표가 없는 것이라고 하였는데, 이점은 그가 설교에서 교부학이나 세속사로부터 자주 개념들과 사례들을 적절하게 언급한 것에서 명백하게 보여준다.

3. 시련 - 내, 외적인 교육여정

믿음이 독실한 자들의 정황에서 볼 때 "시련" 또는 "시험"이라는 말이 언급되면, 이런 단어들을 내신 분은 하나님이며, 하나님은 이 용어들을 통해서 당신의 사람들을 시험하시고 정결케 하신다. 그러나 외팅어의 경우 시험하는 자는 주로 자기 자신이었는데, 다시 말해서 자신을 시험하는 것은 자신의 판단, 기준, 결정이었다. 젊은 외팅어에게 커다란 주제는 확실성의 문제였다. 그가 한 때 어려서 체험했던 것처럼 확실성이란 더 이상 직관적으로 도달할 수 있는 문제가 아니었다. 그는 신비적인 관점에서 선물(은사)인 "중심 지식"(cognitio centralis)을 소유하지 않았다. 도리어 확실성은 추론적으로 획득해야 했다. 그러나 그는 자신이 살고 있는 모습을 보면서 "회의적"이고 당황케 하는 세상의 마지막 때에 이를 획득한다는 것은 매우 어려운 일이었다. 따라서 그는 모든 것을 재검토하고 확인하는 독특한 태도를 취했다. 회의론은 그 시대에 대표적인 것이었다. 사람들은 사회적 일치와 진리에 대한 상실로 우울하게 되었으며 자기 자신들의 삶은 차별화와 상대화에 빠지게 되었다. "범사에 헤아려 좋은 것을 취하고"(살전 5:21)라는 사도 바울의 말씀은 그에게 힘이 되었다. 따라서 외팅어는 교리적 가르침에만 전념할 수도 없었고 전념하지도 않았기 때문에 절충주의 방향으로 나아갔다.

무엇보다 고뇌는 외팅어를 한 쪽으로 치우치게 하거나 "선호하는 견해"를 따라 판단하도록 이끌어갔다. 그는 평생을 자신의 "편애"와 타인들의 편애를 경계하였고, 편견에 반대해서 계몽주의 방향에 일치하면서 자신을 돌아보았다. "출발부터 언제나 내 앞에 있었던 패러다임이란, 만일 어떤 것이 확실하다면 어떻게 그 개념이 분명해야만 했었는가의 문제였다. 그것이 바로 내가 나 자신의 이기주의(Eigenliebe)를 가장 크게 불신하는 이유이며, 나 자신의 검증받지 않은 판단이야말로 가장 큰 유혹자임을 나는 주장한다…" "선호하는 견해"에 대한 비평적인 경계는 그의 저술들을 통해 발견된다. 만일 지속적으로 "판단을 유보"할 필요가 있다면 그는 계속해서 신중하게 "판단"을 내릴 것을 권하였다. 자유와 긴장은 외팅어의 신학과 철학을 생기 있게 만들었으며, 정통주의 편에 서서 이러한 역동성을 파괴하려는 후기 경건주의로부터 자신을 구별하였다.

외팅어는 과연 그답게 어떤 판단을 내릴 때 자기만의 시간을 가졌다. 고향에 거주하면서 학생으로 있을 때, 그는 승마용품 제조업자인 프리드리히 로크(Friedrich Rock)의 주변에 있는 "은사적인" 예언 집단인

"영감을 받은 자들"(Inspired)에 반대하는 결정을 내리는데 9개월을 필요로 했다. 대학에서 학문적인 연구를 마친 후에 그는 대학의 강사직과 다양한 교육 여행으로부터 떠나 10년 동안이나 자유를 누렸다. 이는 그가 뷰르템베르크 주에 세워진 교회에서 진정으로 하나님을 섬길 수 있는지를 의심했었기 때문이다. 시험과 결정의 기간들은 그를 항상 힘들게 하였다. 1730년부터 11년 동안, 그는 진젠도르프 백작과 모라비안 공동체에 대한 자신의 견해를 형성했다. 1727년부터 1738년까지 그는 자신이 속한 제도적인 교회인 "바벨론의 음녀"의 의미를 검증했다. 또한 1738년까지 그는 어느 여성과 결혼하는 것이 가장 합당한지를 철저하게 고심했다. 마침내 1772년 숨을 거둘 때까지 거의 20년 동안 외팅어는 스웨덴의 신비주의자 임마누엘 스베덴보리(Emanuel Swedenborg)를 검증했다. 이를 통해서 그는 후자(스베덴보리)의 경우처럼 개인적으로 가장 큰 어려움을 견뎌낼 수 있었다. 그에게 중요한 것은 모든 사물과 모든 사람들을 검증하되 어떤 것이나 또는 누구든지 성급하게 판단하지 않는 것이었다. 물론 외팅어의 극단적인 신중함은 방대한 학습을 위한 것일 뿐만 아니라 자신 앞에 열려있는 고도로 개인적인 인식을 위한 기초이다. 내적이며 외적인 교육여정을 위한 본질적인 단계들과 인식들은 아래에서 추적될 것이다.

  1729년 가을, 외팅어는 사도 시대처럼 각성운동이 일어나고 있었던 예나(Jena)에 사는 친구 예레미아스 프리드리히 로이스(Jeremias Fredrich Reuss)로부터 편지를 받았다. 이것이 그의 첫 번째 여행을 위한 사례가 되었다. 먼저 그는 프랑크푸르트로 갔고 그곳에서 1690년에 세상을 떠나 고인이 된 요한 야콥 쉬츠(Johann Jacob Schütz)의 집에서 법률 상담가인 크리스티안 펜데(Christian Fende)를 방문했다. 외팅어는 이들이 카발라(유대 신비주의)에 친밀한 기독교인들임을 알았다. 이 방문은 외팅어에게 매우 운이 좋았다. 무엇보다 아직 미혼으로 유복하게 자란 쉬츠의 딸 카타리나 마리아(Katharina Maria)는 그에게 돈과 구하기 힘든 기독교-발라의 작품인 크리스티안 크노르 폰 로젠루트(Christian Knorr von Rosenroth)의 『카발라

데누다타』(*Cabbala denudata*)를 주었다.3) 그런 다음에 펜데는 유대인 학자 코펠 헤히트(Coppel Hecht)를 외팅어에게 소개했고, 외팅어는 그와 유대철학에 대한 자신의 문제를 상세하게 논의할 수 있었고, 유대교 축제인 초막절을 기념했다. 헤히트는 외팅어에게 "당신네 기독교인들은 유대교 신비 경전인 소하르(Sohar, 빛)보다 카발라에 대해서 보다 정확하게 언급하고 있는 책을 가지고 있다."라고 말하자 외팅어는 "그 책이 무엇입니까?"라고 물었다. 헤히트는 "야콥 뵈메"4)라고 대답했다. 뵈메에 대한 이 같은 언급은 외팅어로 하여금 뵈메에게서 발견한 진리를 분명하게 확신하게 하는 것이었다. 외팅어는 마차로 때로는 도보로 여행을 계속하였다. 도중에 그는 계속해서 가장 특이한 분리주의자들을 만났고, 그들과 광범위하게 대화를 나누었다. 그리하여 기나긴 마차 여행은 풍부한 기회를 제공했다. 그리고 적어도 한번은 신비주의적 분리주의자들의 피난처인 베를레부르크(Berleburg)를 방문했다.

외팅어는 1729년 10월 혹은 11월에 그의 목표였던 예나에 도착했다. 그곳에서 그는 즉시 새로운 집단을 방문했다. "한번은 경건 모임에 갔는데, 그 모임에서 50-60명의 교수들과 심지어는 귀족들조차도 얼굴을 숙이고 기도하고 있었다."5) 그 후 그는 할레로 갔고, 그곳에서 1729년 11월에서 1730년 3월까지 머물렀다. 물론 그가 첫 번째로 한 일은 고(故) 아우구스트 헤르만 프랑케에 의해 설립된 교육기관들을 방문하는 것이었다. 그곳에서 외팅어는 대학으로부터 강의허락을 받을 때까지 잠시나마 가르쳤다. 그는 성경뿐만 아니라 논리학을 강의했고, 또한 "거룩한 철학"에 대한 자신의 생각을 제시했다. 그러나 이것은 성공적이지 못했다. 그는 한 명의 유대인과 함께 카발라 연구에 참여했다.

1730년 3월 말 그는 할레를 출발하여 4월 5일에 진젠도르프 백작(Count

---

3) 보라. Ernst Benz, *Die christliche Kabbala*, Albae Vigiliae NF XVIII (Zurich: Rhein, 1958).
4) Oetinger, *Genealogie*, 52.
5) Oetinger, *Genealogie*, 55.

Nicholas Ludwig von Zinzendorf, 1700-1760)의 사유지인 보헤미안 형제회, 즉 모라비안 공동체가 있는 헤른후트에 처음으로 도착했다. 외팅어는 첫 번째 인상을 자신의 작품에서 두 번씩이나 감탄문으로 표현했다. "오 사랑하는 사람들이여, 나는 여러분들이 성경이 아니라 백작의 찬송을 고집해 내세운다고 말하는 모든 것으로부터 권유합니다. 그들은 그것이 그렇지 않다고 말하면서 용서를 구했습니다."6) 그럼에도 불구하고 외팅어는 그곳에 머물기를 요청받았고, 그는 그것을 기쁘게 받아들였다. 그는 성경 원어로 진젠도르프를 가르쳤으며, 번역 작업에도 참여했다. 진심에서 우러나오는 환대와 절친한 우정은 그를 즐겁게 하였다. 5월 9일 그는 벵엘에게 헤른후트에 관하여 편지하기를 "그리스도 안에서 형제애와 순결한 모습은 내가 기대했던 것 이상"이라고 썼다. 외팅어를 본 사람의 증언에 의하면, 그가 체험한 정서적인 보살핌과 그가 참여했던 내적인 경건성은 "학문을 깊이 연구한 사람을 거의 눈물짓게 만들었다." 외팅어에게 있어서 합리성과 감정의 만남은 집중력이라는 중대한 결과를 낳았다.

이러한 일들은 곧 일어났다. 외팅어는 진리를 추구하는 철학자 그리고 자신보다 두 살 연상의 친절하고 폭넓은 사고를 갖고 있는 백작과 논쟁을 하게 되었다. 외팅어는 진젠도르프의 공리주의를 비판했다. 진젠도르프에 따르면, 헤른후트 "공동체"의 성장은 진리에 대한 물음보다 더 중요하다고 주장했던 것이다. 진젠도르프는 중심에 예수를 모시고 성경의 "격언에 관한 작은 보석상자" 하나를 만들었으므로, 이로 인해서 창조주 하나님을 망각하였던 것이다. 그 역시 심판과 율법을 무시하곤 했으므로, 독단과 경건한 전체주의에 문을 열었다. 10년 동안 외팅어는 진젠도르프와 논쟁을 벌였다. 시간이 되면 그는 다시 백작에게 찾아갔고 백작과 함께 여행을 했으나, 몇 번이고 갈라섰다. 그 당시에 주고받은 서신들은 심리요법에 관한 교과서에 실릴 수 있었다. 그들의 심리기록(psychogram)에 따르면, 외팅어는 거의 자살 직전에 이르렀고, 반대로 진젠돌프는 죽기를 원했지만 이를

---

6) Oetinger, *Genealogie*, 58.

사랑으로 포장하였다. 그러나 후에 외팅어는 진젠도르프가 1760년에 죽자 곧바로 복수를 했는데, 죽음의 왕국(realm of the dead)이라는 글에서 이를 문학적으로 표현했다.7)

외팅어는 중대한 여정 중에서 튜빙엔에 대학의 강사로서 자신의 의무를 다했다. 동시에 그는 야콥 뵈메의 작품을 읽을 것을 "독려하는" 글을 포함하여 1731년에 폭넓은 저술활동을 펼쳤다. 그가 청년시절에 그리고 여행을 통해서 알게 된 사람들로부터, 특별히 헤른후트에서 받았던 영향력은 프랑스의 정적주의자요 예수-신비주의 성향으로 관심을 기울이게 하였다. 그 당시 마담 귀용(Madam Guyon, 1648-1717)의 전기와 서신들이 많이 읽혀졌고, "현대적"이며 중대한 지적인 중요성을 띤다고 평가되었다. 평온함에 대한 그녀의 주제는 특별히 매력을 끌었다. 외팅어는 1734-35년에 여성 신비주의자들의 몇몇 작품들을 연구하고 번역하고 주석을 달고 편집했다.

항상 탐구하였던 외팅어는 오랫동안 교회에서 봉사하는 것에 대해 결정을 내릴 수가 없었다. 따라서 그는 라이프치히와 바트 홈부르크(Bad Homburg)에서 의학공부를 하였다. 그가 의사가 되는 것이 더 낫지 않았을까? 유대철학에 대한 그의 지대한 관심으로 풍부한 영양분을 소유하게 되었는데 왜 그는 유대교로 귀의하지 않았을까? 아니면 성지(Holy Land)에 살고 있는 유대인들을 개종시켰는가? 그는 콘스탄티노플이나 인도, 미국 등으로 멀리 멀리 나아가는 것이 최선이라고 생각했었다. 그러나 진젠도르프가 선교를 목적으로 하는 여행을 하도록 그를 납득시키려 시도했기 때문에, 동시에 외팅어는 망설였다.

마침내 신비적이고 완벽주의자적인 그의 기이한 행동으로 인해 빚어진 중요한 위기와 연관해서, 그는 실상을 알게 되었다. "사도적인 공동체에 대한 개념에서 출발하여 내가 그릴 수 있는 최상의 그림은 하나님을 반영하고 그분의 말씀에 근거하는 것으로, 고린도서신에서 증거한 십자가의

---

7) Oetinger, *Gespräch im Reich der Todten zwischen Johann Conrad Dippel...und dem Grafen von Zinzendorf...* (1761).

본질적인 모습을 묘사한다는 것은 나의 한계를 넘어선 것이기 때문에 나의 관념적인 용어로는 그것을 발견할 수 없었다."8) 그는 자신을 위해 "교회의 모든 개념을 지나치게 플라톤적"으로 만들었다. 따라서 교회, 예수, 성경은 드러나지 않게 낮아짐의 형태로만 존재했다. 이는 콘스탄티누스 황제 이후로 시대가 변했기 때문에 좀 더 흔해진 경우이다. 교회는 사회와 다를 바 없다고 외팅어는 서술하였다. 에덴의 시대 이후로 사회적 조건이 불평등과 사유재산 그리고 주인제도 등으로 변했기 때문에, 이제 "교회" 역시 "삶의 원초적인 생생함에서 노쇠한 옛 시대로"9) 넘어갔다. 오늘날은 거대한 혼동의 시대다. "이러한 바탕에서 사람들은 초대교회에서 교리를 어긴 자들이라고 해서 이단이라고 부를 수는 없다."10)

사람들은 종종 "적절한 판단"을 내리기 위해서는 "심판을 유보"해야 한다. 즉 너무 재빠르게 타인을 판단하지 말아야 하는 것은 분명하다. 하나님의 뜻에 따르면 알곡과 쭉정이(마 13:24-30)는 함께 자란다. 사람들이 "시기상조적으로 판단"을 내리고 "바벨을 향해 맹렬하게 돌진함"으로써 각 사람이 언제나 회심이 가능하도록 하시는 하나님의 방법을 침해한다. "그러는 동안에도 하나님은 복음을 전 세계에 선포하는 것을 허락하시며, 심지어 타락한 교회를 통해서도 그렇게 하신다."11)

겸손에 대한 외팅어의 개념은 다음과 같이 요약된다. 진리는 복음을 순수하게 가르치지 못하거나, 복음대로 살지 못하는 교회와의 교제를 단절할 것을 요구한다. 그럼에도 불구하고 사랑은 교제하며 살아갈 것을 요구한다. 따라서 순결이 요구하는 겸손은 이상적이지만, 실제적으로는 파괴적이다. 외팅어는 오류에 빠지기 쉬운 교회 공동체 안에서 불완전한

---

8) Oetinger, *Die Unerforschlichen Wege der Herunterlassung GOTTES* (Leipzig: Samuel Benjamin Walther, 1735), A 116f.
9) Oetinger, *Wie ich durch meine eigenen Prinzipien ein guter Lutheraner geworden* (Explicatio sententiae <German translation>), 1735. In Oetinger, *Theologia ex idea vitae deducta* (1765), ed. Konrad Ohly, TGP VII/ 2, Part 1 (Berlin and New York: de Gruyter, 1979), 282.
10) Oetinger, *Herunterlassung*, A 100.
11) Oetinger, *Herunterlassung*, A 51.

사람이 하나님의 뜻을 섬길 수 있다는 가능성을 깨달았다. 이것은 그에게 새로운 것이었다. 동시에 여러 사건들의 역전은 그로 하여금 루터와 칭의의 교리의 형태를 발견하는데 도움을 주었다.

4. 목회자와 감독관 - 연금술, 카발라, 전기학(電氣學), 스베덴보리

결과적으로 1738년 외팅어는 히르사우(Hirsau)에서 목회직을 수락했고, 크리스티아나 도로테아 린젠만(Christiana Dorothea Linsenmann, 1719-96)과 결혼했다. 그녀는 열 명의 자녀를 낳았는데 그 가운데 여섯은 일찍 죽었다. 두 자녀는 목회자의 아내가 되었고, 한 사람은 목회자가 되었고, 또 한 명은 의과대학 교수가 되었다. 외팅어는 화학실험 작업과 신학연구에 아내를 동참시켰다.

히르사우에서 진젠도르프를 비롯해서 왕성한 모라비안 공동체와 논쟁이 있었지만, 행정관의 적대감이 히르사우에서의 삶을 힘들게 만들었다. 1743년 그는 하이덴하임(Heidenheim) 근처의 슈나이트하임(Schneitheim)으로 이사했다. 그는 헤어브레히팅엔(Herbrechtingen)에 살고 있는 벵엘과 좀 더 가까이 지내고자 이 지역을 선택했다. 그러나 오래 지나지 않아 1746년 그는 건강상의 이유로 슈투트가르트와 튜빙엔 사이에 있는 마을 발트도르프(Walddorf)로 옮겼다. 그곳에서의 시간은 그에게 매우 유익했다. 그곳에서 그는 중요한 작품들을 완성했고, 또한 이론적이며 실제적으로 화학적 연금술을 연구했다.

1752년 외팅어는 바인스부르크(Weinsburg)에서 특별한 감독관직을 제의받았다. 한편 그곳에서 그는 자신의 가장 아름다운 작품인『바인스베르거 설교집』(*Weinsberger Predigten*)의 일부를 저술했고, 다른 한편으로 목회사역에 있어서 가장 힘든 시기를 겪었다. 그가 맡은 교구의 대다수가 그를 받아들이지 않았으며 그의 아내와 딸을 비난했다. 교구는 목회자가 화학을 왜 연구하는지를 이해하지 못했다. 그가 연금술 연구를 통해서 스스로를 더럽힌다는 것과 그러므로 더 이상 그로부터 성찬을 받아들일 수 없다는 소문이 나돌았다. 그러나 외팅어에게는 폭넓은 아이디어가 열려 있었다. 외팅어는 뵈메주의자와 유대-신비철학, 카발라, 연금술 개념들 그리고 화학-물리 실험 등, 이 모든 것들을 모두 의미있는 것으로 만들었다.

12세기 이후 유대 신비주의 신학에서 "비밀 전승"이라고 불리는 카발라는 출애굽하는 하나님의 백성들의 상황과 악에 관한 문제를 심도 있게 반영하였다. 카발라의 기초와 주된 문헌은 소하르로서, 달리 말하자면 2세기에 유명했던 시메온 벤 요하이(Schimeon ben Jochai)라는 필명을 사용해서 모세 벤 쉠 토브 드 레옹(Mose ben Schem Tov de Leon, 1240-1305)에 의해서 편집된 익명의 책들이다. 동시대의 많은 사람들처럼 외팅어도 기독교인이 자신의 믿음을 이해하기 위해서 유대인과 대화를 모색한다는 것은 말할 나위도 없었다. 르네상스의 과정과 그 후 오랜 시기 동안 카발라 개념을 수용하고 받아들였던 기독교인들이 있었다. 하나님과 세상에 대한 역동적인 이해는 그들의 엄격한 차이뿐만 아니라 내적인 연관성도 가지고 있음을 뵈메와 아주 흡사하게 카발라에서 분명하게 보여준다. 그 후 1763년의 작품『공주 안토니아의 교육지침서』(Lehrtafel der Prinzessin Antonia)에서 외팅어는 기독교-카발라적인 "교육지침"(Lehrtafel)을 택했는데, 이는 교리를 은유적으로 그린 것으로, 뷰르템베르크의 안토니아(Antonia of Württemberg, 1613-79) 공주에 의해 타이나흐(Tainach) 교회에 소장된 것이다. 그 내용은 "성경이라는 자물쇠에 딱 들어맞는 열쇠와 같은" "시골뜨기 물리학"(연금술과 연금술사) 뿐만 아니라 유대철학과 뵈메주의자 철학의 상호작용에 대한 상세한 강론을 담고 있다.[12] 마침내 외팅어는 프레몽트레 수도회(Premonstratensian)의 프로코프 디비쉬(Prokop Divisch, 체코 과학자)에게 서신으로 교제를 나누었는데,

---

12) Oetinger, *Die Lehrtafel der Prinzessin Antonia* (1763), ed. Reinhard Bremayer; Friedrich Häussermann, TGP VII/ 1 (Berlin and New York: de Gruyter, 1977), 428.

그는 모라비아 출신의 신학자, 철학자, 물리학자, 음악가로 - 아마도 벤저민 프랭클린(Benjamin Franklin, 1706-90)과 완전히 무관하지는 않았을 것이다 - 날씨 기계인 "번개 도관"(lightning conductor)을 개발했다. 또한 외팅어는 바인스베르크에서 정전기를 가지고 연구를 시도했을 가능성이 있었다. 전기에 매료된 그는 당시엔 전기의 극성으로 알려지지 않았던 현상을 탐구했고, 그의 삶의 철학이 이것을 확증하고 있음을 볼 수 있다. 아무 것도 단순한 단계로 존재하지 않으며, 만물은 극성으로 구성되어 있고, 지금은 에너지, 영혼, 육체, 또는 하나님의 계시로 구성되어 있다. 1765년 전기에 관한 그의 유일한 작품이 등장했다.[13] 그 작품에는 디비쉬(Divisch)의 출판되지 않은 문헌의 독일어판 『자연의 마술』(Magia naturalis)이 수록되어 있고, 아마도 이 주제에 대한 독일 최초의 기술적인 문학일 것이다. 이 책은 번개 도관의 설치에 관한 것과 동시에 효과적인 면에서는 그렇게 합리적이지 못할지라도 다른 "날씨 기계"에 대한 광고가 되었다.

이 모든 것이 어디로 귀결되는가? 무엇보다 자연과 연관해서 다양한 것들을 추구한다는 것이 외팅거에게는 커다란 매력이었다. 자연 속에서 그는 자신이 하나님의 창조와 가까이 있다고 여겼다. 그는 연금술사의 작품들 같이 고대의 자연철학을 모델로 삼았다. 그에게 있어서 자연의 창조성, 순수성이 갖는 제약, 세상의 합리적인 이미지, 계몽주의의 수량화에 반대해서 인간의 정신에 앞서 물질의 우위성 그리고 "주와 주인"(데카르트)으로서 인류에 의한 급진적인 자연의 지배를 지적하는 것이 중요했다. 겉보기에 그는 시대에 뒤진 것처럼 여겨지는 전통들을 성경적 메시지의 주해에 적용함으로써 이것을 성공적으로 수행한 것처럼 보인다.

1759년 그는 헤렌베르크(Herrenberg)의 감독관직을 맡게 되었다.[14]

---

13) Oetinger, *Procopii Divisch Theologiae Doctoris & Pastoris zu Prendiz bey Znaim in Mähren längst verlangte Theorie von der meteorologischen Electricite* (Tübingen: Joh. Heinr. Schramm, 1765).

14) 보라. Eberhard Gutekunst, Roman Janssen et al. (eds), *Eine Gottesleuchte im Gäu. Friedrich Christoph Oetinger als Dekan in Herrenberg* 1759-1765, in R. Janssen (ed.), *Die Stiftskirche in Herrenberg* 1293-1993 (Herrenberger Historische Schriften 5) (Herrenberg: Stadt Herrenberg, 1993), 179-208.

그곳에서 그는 대부분의 중요한 작품들을 집필할 여유를 가졌다. 수많은 사람들의 요청에 응답하여 그는 자서전인 『한 신학자의 정직한 생각에 대한 계통학』(*Genealogie der reellen Gedanken eines Gottesgelehrten*, 1762)을 집필했다. 이 자서전에서 그는 헤렌베르크 시기에 대해 다음과 같이 언급했다. "달리 말하자면 나는 6명의 자녀를 잃고 나서 4명의 자녀를 기르며 시절을 보냈다."15) 1762에서 63년 겨울에 그는 생명을 위협할 정도의 늑막염을 앓았다.

그는 질병에서 회복된 후에 스웨덴의 광산학자이자 예언자인 임마누엘 스베덴보리(Emanuel Swedenborg, 1688-1772)의 작품인 『천국의 비밀』(*Arcana Coelestia*, 1749)을 구했다. 1730년대에 외팅어는 이미 스베덴보리의 자연과학이론을 연구한 바 있다. 그러나 지금 그는 하나의 신비적인 작품을 소유하게 되었는데, 그 작품에서 스베덴보리는 천국과 지옥의 여정을 묘사했다. 스베덴보리는 비교적 심각하지 않은 죄를 지은 사람들을 "버리는" 대행자들이 있으며, "버려진 자들은" 일종의 (복음적인!) 연옥에 도달하게 된다는 사실을 독자들에게 알려주었다. 외팅어는 스베덴보리의 기록이 중요하다는 것을 발견했다. 그는 이것을 검증하기 위해서 보다 더 많은 청중들에게 알리고자 했다. 결국 그는 라틴어로 된 작품의 일부를 번역했고, 헤렌베르크에서 병상에 있을 당시 집필한 야콥 뵈메의 철학에 대한 변증서인 자신의 "언약"(Testament)의 제1권에 담아 출판하였다. 그 작품의 제목은 『최상의 판단을 위해 빛을 비춰주는 스베덴보리와 그 밖의 세상 철학과 하늘나라 철학』 (*Swedenborgs und anderer Irrdische und himmlische PHILOSOPHIE, Zur Prüfung des Besten/ ans Licht gestellt*, 1765)이었다. 머리말에서 그는 "여기에서 나는 하나님이 현재에 알리고자 하시는 것이 무엇인지를 검증하기 위해 무엇인가 특별한 것들을 독자들에게 맡깁니다…나는 모든 물질이 신학이 아닌 철학으로서 검증되어야 한다는 것을 주장합니다."라고 기록하였다.

---

15) Oetinger, *Genealogie*, 93f.

그는 종교법원 또는 튀빙엔 대학의 신학교수진을 책임지는 검열관에게서 검토 받을 기회를 갖지 못했다. 그렇다고 해서 그는 주저하지 않고 일찍이 자신의 『교육지침서』를 "통과시킨" 철학과 학과장인 요한 키스(Johann Kies, 1713-81) 교수에게 스베덴보리의 원고를 검열 받게 하는데 성공했다.

5. 고위 성직자 - 문학 작품들, 서적에 대한 검열, 정치 그리고 은퇴

1765년 고위 성직자인 샤르펜슈타인(Scharffenstein)이 88세의 나이에 죽음으로 무르하르트(Murrhardt)의 수도원장직은 공석이 되었다. 교회의 영적인 행정 이사회격인 슈투트가르트 종교법원은 공석인 자리에 3명의 감독관을 추천했다. 그 가운데 외팅어는 두 번째 지위에 있었다. 가톨릭 공작을 위한 교회 대표기관인 추밀원은 11월 19일 외팅어에게 임명을 통보하였다. 외팅어를 추천한 것은 "종교법원이 그의 선한 성품을 높게 평가한 때문이었다." 그는 "많은 학문에 정통했고, 많은 묵상과 풍부한 독서로 학습된 학자, 다양한 문헌을 부지런히 집필하였고, 하나님의 말씀을 귀히 여겨야 한다고 주장하는 자였으며, 성경의 원어를 자유자재로 사용할 수 있었고, 자신의 직분을 양심적으로 수행하면서 신실하고 부지런하며 기독교인의 삶을 수행하는" 자였다. 그가 고위 성직자로서 추천을 받은 것은 이번이 처음이 아니었다. 이미 1761년, 1762년, 1764년에 고위 성직자로 고려된 바 있다. 그는 이번에야말로 확실하게 되기를 원했다. 그는 "공작에게 프랑스어로 서신을 보냈는데, 그 결과 공작은 그에게 나흘 안에(1765년 11월-12월) 두 통의 서신을 보냈다. 첫 번째 서신에서 그가 이미 다른 사람을 추천한 바 있다고 명시되었고, 두 번째 서신에서는 지금 그는 외팅어를 그 직분에 추천하기를 원한다고 언급하였다. 공작은 무르하르트에 소금공장을 세우기를 원했으므로 그에게 있어서 외팅어의 화학적 지식은 유용한 것으로 비춰졌다. 그러나 더 이상 제염소에 관한 소식은 없었다.

이제 외팅어는 고위 성직자인 동시에 무르하르트의 오래된 복음적인 수도원학교의 수도원장, 즉 수석 성직자로서 수도원의 행정과 재산을 관장하는 명목상의 수장이었다. 그러나 고문관으로서 그는 공작의 잠재적인 조언자였고, 게다가 옛 법률에 따르면 그는 뷰르템베르크 '주의회'(Landschaft)의 의원이었다. 의회의 일원으로서 그는 교회조직이 아니라 수도원의 재산에 대한 관심을 대변해야 했다. 그는 양심적으로 이러한 직무들을 수행했으며 의회의 회기를 거의 놓치지 않았다.[16)]

그런 가운데 외팅어의 스베덴보리 출판은 관심을 끌었는데, 그것은 뷰르템베르크에 국한하는 것이 아니었다.[17)] 1766년 2월 25일 종교법원은 새로운 고위 성직자로 하여금 "그 속에는 대중들에게 수치스러운 온갖 종류의 기이한 생각들과 일들을 담고 있다는" 이유로 작품의 보급을 금지시켰다. 그것은 외팅어에게 심한 형벌의 고통이었다. 이런 명령을 내린 중심 인물은 궁정 설교자인 피셔(Fischer)였다. 더욱이 이렇게 "해로운 서적"의 모든 사본들은 압수당했는데, 특히 튜빙엔의 바우호프(Bauhof) 출판사가 이에 해당되었다. 서점, 제본소, 심지어 창고까지도 수색하였다. 동시에 외팅어는 검열관의 허락이 없이는 더 이상 그 어떠한 것도 출판하지 말라는 권고를 받았다. 이러한 행위는 확실히 부당한 것이었는데, 왜냐하면 종교법원이 검열권을 가지고 있었지만 고위 성직자에게 명령을 내릴 수는 없었고, 적어도 의회의 청문회를 거쳐서야 가능한 일이었기 때문이다. 그들은 추밀원에 속해 있었다. 추밀원은 고위 성직자에 반대해서 자신들의 의사를 표현할 필요가 있곤 했었다. 외팅어는 자신의 저술을 출판하는데 물러서지 않았다. 이미 1766년 바우호프 출판사는 허락 없이 재판을 찍었고, 저자와 다른 출판사에 『스베덴보리의 철학』(*Swedenborgs Philosophie*)을 300-400부 보냈으며 독일어를 사용하는 외국에도 판매했다.

---

16) 보라. Eberhard Gutekunst, "'Wer will in diesem Periodo viel bessern?' Friedrich Christoph Oetinger als Prälat, BWKG 88 (1988), 335-68.

17) 보라. Immanuel Kant, *Träume eines Geistersehers* (Riga: Hartknoch, 1766).

외팅어 자신은 "종교법원이 결정한 금지에 대해 거의 무시"하곤 했다. 그는 1770년까지 두 번이나 다른 장소에서 그 책을 인쇄했어야 했다고 불평했다. 이제 외팅어는 그 밖의 많은 문헌들을 출판하도록 허락받았다. 어떤 것은 익명으로 또는 다른 사람 이름으로 편집해서, 가끔은 공공연히 자신의 이름을 저자로 내걸고 출판하였다. "종교법원은 나에 대해서 매우 분노했습니다…그러나 나는 이것이 하늘에 계신 나의 주님을 섬기는 것이라고 생각했습니다. 주님은 나를 위해 싸워주실 것이니, 여러분은 평안을 가지십시오(출 14:14). 나는 이 말씀을 붙들었고, 하나님이 나와 함께 하심을 알았습니다."[18]

이와 같이 고위 성직자는 '주의회'의 몇몇 의원들과 함께 의회 내의 소위원회가 보여준 독재적인 행위에 항거했기 때문에 정치적으로 어느 정도 문제를 지니고 있었다. 덧붙여 그는 호헨트빌(Hohentwiel) 성(城)에 부당하게 수감되어 있었던 의회의 고문관 요한 야곱 모저(Johann Jakob Moser, 1701-85)의 재임명을 위해 노력을 기울였다. 외팅어가 자신의 정치적인 관점을 실현하는데 행운이 따르지는 않았다는 것이 분명하다.

운명하기 10년 전에도 화학에 대한 그의 흥미는 식을 줄을 몰랐다. 오히려 그는 무르하르트의 고위 성직자 사택에 실험실을 세우기 위해 준비했다. 동시에 그는 장미십자회원(Rosicrucian: 연금술로 유명하다)의 교류에 착수했다. 또한 그는 기업가로서 왕성한 활동을 벌였다. 그는 자신이 임명한 경영자에 의해 벌어진 사기와 수익의 부족으로 인해 다시 문을 닫아야 했던 주변 광산의 영지(領地)보유자였다. 그 광산의 이름은 "예기치 못한 행운"이었다.

외팅어는 1770년대 말까지 여전히 왕성하게 활동했다. 그는 다음과 같이 기록했다. 나는 "마침내 보다 더 많은 여가를 가지고 성경과 철학"에 주의를 기울일 수 있었다. 그는 많은 분량의 저술을 출판하였는데, 그 가운데 자신의 신학과 철학은 오직 『성경적이고 상징적인 사전』(Biblische und

---

18) Oetinger, *Genealogie*, 100-01.

emblematische Wörterbuch, 1776)이라는 논문에서만 요약하여 언급하였다. 생애에 마지막에 해당하는 이 위대한 책은 외팅어의 주된 작품에 속한다. 1777년 4권 이상의 저서들이 세상에 발표되었다. 마지막 출판물은 야콥 뵈메에 관한 논문이었다.[19] 1778년 부활절 그는 "기쁨에 대하여"라는 제목으로 마지막 설교를 했다.

6. 침묵 - 삶의 전야

그 후로 외팅어는 조용한 노년을 보냈다. 기록에 따르면 그는 이전보다 더 조용하고 말수가 적어졌으나 숲에서 어린아이들과 함께 행복하게 놀이도 하고 기도도 했다. 휴식을 취하는 동안에 특히 부르고뉴 포도주가 노년인 그의 입맛에 맞았다. 동시대의 서신을 통해 알 수 있는 것은 그가 점점 더 "어린아이" 같아졌고, "지각이 없는 것" 같이 보여졌다.[20] 분명한 것은 그를 추앙하는 자들의 모임에서 이미 부각되고 있는 전통들이 마지막 세월을 빛나게 해주었다는 것이다. 외팅어에게 만물은 심오한 의미를 가지며, 또 그러한 방식으로 해석되었다. 오늘날 우리는 노년의 "치매"가 부분적으로 자신만의 독특한 논리에 따른다는 것을 알고 있다. 그래서 외팅어에 관한 마지막 전설들은 하나의 진리를 동반할 수도 있다. 즉 죽음, 심판, 황금 빛나는 하늘나라에서의 시간에 대해 의식적으로 준비했던 외팅어는 자신을 거지로 보았고, 거지에게는 많은 단어들이 어울리지 않다는 것 그리고 아마도 어린아이가 말로 표현할 수 없는 깨달음의 체험과 유사한 방식으로 앞으로 있을 경험을 의식하는 가운데 침묵했을 것이다. 그러나 이미 우리는 그의 전기보다는 그의 영향력이 지닌 역사의 영역 가운데 있음이 확실하다.

---

19) Oetinger, *Versuch einer Auflösung der* 177 *Fragen aus Jakob Böhm* (1777), in Oetinger, *Sämtliche Schriften*, I 5, ed. Karl Christian Eberhard Ehmann (Reutlingen: Rupp und Baur, 1856-57; Stuttgart: Steinkopf, 1858), 414-23.
20) 보라. Ehmann, *Oetinger Leben und Briefe*, 387-9,427.

1782년 2월 10일 주일 아침, 이제 거의 80세에 가까운 프리드리히 크리스토프 외팅어는 짧은 기간 동안 열병을 앓고, 무르하르트 교회에 안장되었다. 전승에 따르면 그는 감기에 걸린 채 계속해서 침대에 곧추 앉아 기도를 했고, 3일 째에는 그의 아들이 아버지가 쏘아올린 유성처럼 하늘나라로 올라가는 것을 보았다고 한다. 그의 아내는 엄청난 양의 장비와 실험실 비품들을 - 불행하게도 쓰레기와 잡동사니처럼 - 처분한 후에 진델핑엔(Sindelfingen)으로 이사를 가서 그곳에서 딸과 함께 14년을 더 살았다.

7. 외팅어의 삶의 신학

외팅어의 폭넓은 삶의 활동은 매우 많은 수량의 책, 서신 그 밖의 원고가 전해주고 있다. 백편이 훨씬 넘는 외팅어의 작품들을 여기에서 간략하게나마 살펴 볼 수 있다. 그는 자신의 작품에서 주옥 같은 것을 추려 네 편의 큰 설교 전집과 또한 몇 편의 작은 설교 전집으로 편집했다. 다양한 작품 속에서 그는 설교의 기술을 정교하게 다듬었다. 더욱이 그는 찬송과 기도문을 포함해서 주목할만한 시 작업도 출판하였다. 또한 그는 찬송도 작곡했으며 물리적-철학적으로 음악 이론에 몰두했다.

그의 많은 독립적인 출판물과 편집물의 폭은 매우 넓다. 그가 다루지 않은 영역은 거의 없다. 먼저 생각할 것은 신학적인 작품으로, 목회적인 돌봄에 관한 노트뿐만 아니라 어린이 성경책과 교리문답을 포함해서 백과사전, 성경주석, 성경해석학, 교회사, 종교교육, 설교학에 관한 것들이다. 여기에는 그가 75세가 되었을 때 썼던 결혼에 관한 책도 속한다. 그가 의도했던 조직신학 작품인 『신학』(*Theologia*, 1765)이라는 책에서는 자신의 강점이나 특성을 덜 보여준다. 이 책에서 그는 슈투트가르트의 종교법원과 튜빙엔 대학 신학부와 원만한 관계를 유지하려는 의도를 가지고 매우 신중하게 저술했다. 그러나 종말론에 관한 논문에서는 색다른 측면들을 더 많이 보여주었다.

그는 연금술에 관한 논문을 포함하여 이론적인 과학서뿐만 아니라 매우 많은 철학 작품들에서 역사적인 테마를 주제로 삼았다. 그의 출판물들은 아주 다양한 학문분야를 다루었다. 즉 의학, 법학, 정치학, 물리학 그리고 전기(電氣)와 기상에 관한 텍스트를 담고 있는 화학 등이다.

외팅어를 파악하고 그의 작품을 접해보고자 하는 자들은 누구든지 그의 자서전인 『한 신학자의 정직한 생각에 대한 계통학』으로 시작하는 것이 최상의 방법일 것이다. 그리고 관심사에 따라서 그의 『설교집』이나 『스베덴보리의 철학』 또는 『교육지침서』를 읽는 것이 좋다.

외팅어는 순수한 이성에 대한 개념들 위에 기초한 신학과 철학에 반대해서 "삶의 개념으로부터 구성된 특별한 신학"을 밝혀냈다. 그의 신학적인 발전의 토대는 루터파 정통주의와 경건성에 기인한다. 그리고 벵엘에 의해 중재된 강력해진 성경주의와 천년왕국설; 구약성경에 대한 접근성의 강조와 유대교 및 카발라 신비주의; 연금술, 신플라톤적인 이미지와 독일의 자연철학에 대한 심오한 공감; 자연과 과학, 인간의 개성과 사회에서 발견되는 경의적인 기쁨 등이다. 이처럼 폭넓은 범위를 함유하도록 하는 가능성은 바로 이 모든 것을 만든 저자, 즉 하나님이다. 보다 정확하게 말해서 기독교인들이 삼위일체 하나님이라고 생각하고 말하는 그 하나님이다. 그래서 삼위일체는 외팅어를 이해하는 열쇠이다.

확실성에 대한 외팅어의 세심한 연구는 자신의 인식론이 삼위일체 형식을 획득한 곳에서 그 목표를 찾았다. 목표는 하나님의 일하심(經世)과 유사하게 삼중적인 방법으로만 도달할 수 있다. "① 길거리의 지혜의 목소리를 통해서(즉, 철학을 통해서), ② 성경의 의미와 성령을 통해서, ③ 하나님의 외적인 섭리를 통해서." 이러한 단어들로써 외팅어는 자서전을 시작한다. 세 가지 "수단"은 신학을 "실재"가 되도록 하기 위해서 함께 다루어져야만 한다.

"길거리의 지혜"(잠 1:20)를 통해서 그는 무엇보다 건강한 인간의 이해를

"공통의식"('상식', sensus communis)이라고 언급하였다. 여기에서 키케로의 사상에 의지하고 있는 외팅어는 스코틀랜드의 일반상식 철학을 포함시켰고, 인간이해의 가능성의 근거를 해석하였으며, "진리를 향한 감정"을 창조에서 창조주의 영이 활동한 것으로 설명한다. 이 같은 하나님의 "본성적"인 활동은 "지금" 매우 위험한 상태에 빠졌고, (본성적인 활동에) 거의 도달할 수 없음에도 불구하고 사람들은 (하나님의) 본성적인 활동에 대해 생각해야 한다. 상징적인 신학에 대한 그의 연구는 바로 여기에 그 입지를 두고 있다. 하나님의 모든 계시는 창조의 비유에서 표현되고, 알려지고, 예증될 수 있고 또 그래야만 한다. 이는 그것이 인류를 창조하는 깊음 가운데 반향과 일치 그리고 기쁨을 불러일으키기 때문이다.

그리스도 안에 있는 하나님의 신비, 즉 "성경의 의미와 성령"은 인류에게 알려졌는데 인류가 스스로 그것을 발견하거나 생각할 수 없다. 여기 처음이 아니라 두 번째인 믿음의 조항은 육체성에 대한 외팅어의 존중에 근거를 두었다. 그 이유는 성육신하신 그리스도 예수 안에서 육체성은 하나의 과도기적인 현상이 아니라 "하나님의 활동의 목적"(Ende)으로 명백하게 되었기 때문이다.[21] 하나님의 겸비, 즉 겸손은 오류와 자비를 향한 관용에 대한 교훈을 제공해준다. 주님의 부활은 단지 인류만이 아니라 만물의 회복에 대해서 무한한 희망을 나타내준다. 예수는 "자연의 구세주"이기도 하다. 합리적인 추상인 "기하학적인 방법"에 상반되게 인간적인 사랑의 정치와 과학으로서 "현상학적인 방법"을 추구하는 외팅어의 노력은 그 근거를 예수 안에 계시된 하나님의 사랑에서 찾는다.

시간의 역할이 전기에서는 우연성으로 나타나지만, "하나님의 섭리"에서는 중심적이다. 외팅어의 신학에서 시간이라는 요소는 구성적인 역할을 하며, 단지 묵시적인 사변의 역할에 그치지 않는다. 특별한 상태와 시간에 대한 구체성이 없다면 신학이란 하찮은 것으로 남는다. 이러한 관점은 그를 겸손하고 조용하며 사려 깊은 자라고 평가하게 하였다. "열린 마음을

---

21) Oetinger, *Biblisches und Emblematisches Wörterbuch* (1776), 407; ed. Gerhard Schäfer, TGP VII 3, Teil 1 (Berlin and New York: de Gruyter, 1999), 223.

갖는 것", "자비심을 가지고 판단하는" 것은 무한한 지평을 가진 자에게만 가능하다. 외팅어가 중심적인 신학의 주제로서 "삶의 개념"을 강조하고 확립하려고 한 노력은, 생명을 창조하는 성령의 역사는 인류가 파괴하거나 건설하려는 의도나 활동보다는 신자와 불신자 안에서 보다 더 많이 성취될 수 있다는 희망으로부터 발생한 것이었다.

외팅어는 묵시의 수용, 무엇보다 천년왕국에 대한 모든 전승들을 수용하는 독창적인 길을 택하였다. 그에게 종말론은 윤리학의 기초가 되었는데, 그것은 주로 사회윤리학이었다. 심지어는 그가 공공연하게 옹호했던 가르침인 '만물의 회복'(apokatastasis panton)조차도 지금까지 연구를 거의 인정하지 않았던 윤리적인 차원이었다. 하나님의 나라에 대한 소망의 관념은 그에게 국가와 종교와 과학의 발전을 위한 목표와 방향을 제시하였다. 세 권으로 구성된 『황금시대』(*Die Gueldene Zeit*, 1759-61)에서 그는 인간이 어떻게 이 황금시대를 준비할 수 있는지를 설명하였다. 그는 삶이란 개인적인 이해로부터 모든 피조물들의 이해에 이르기까지 영원을 준비하는 것이라는 대중적인 생각(topos)을 확장시켰다. 육체성에 대한 사상으로써 그는 창조에 대한 평가절하를 막았다. 동시에 그는 하나님과 인류 사이의 차이를 유지하였다. 하나님은 구원을 창조하셨고, 구원은 시간과 영원의 과정 안에서 효과를 발할 것이다. 그러나 이러한 토대 위에서 하나님은 협력자들을 지키신다. 여기에서 그의 관심사는 요한 아모스 코메니우스(Johann Amos Comenius, 1592-1676)의 관심사와 강하게 연관되어 있다. 비록 외팅어가 그를 거의 인용하지 않았음에도 불구하고 다른 관점에서는 상당히 밀접하다.

8. 충격과 중요성

생애 말년에 외팅어의 침묵에 대한 전승은 그의 영향력의 역사, 즉 희미하고, 숨겨져 있고, 잠재의식화 된 것과 일치한다. 모든 가능한 전승에 대한 그의 다양한 수용, 종종 집필방법을 이해하기 힘들어 했던 것뿐만 아니라 루터 정통주의와의 밀접한 관계 그리고 경건주의적인 성경적 신앙과 자연철학은 후에는 좀처럼 이해할 수 없었고, 거의 수용되지 않았다. 또한 그는 추종자들이 학파를 만드는 것에 특별한 관심을 두지 않았다. 그럼에도 불구하고 외팅어가 교회사, 신학의 역사 그리고 지성사(知性史)에 끼친 영향은 다양하다. 대부분 그는 일방적으로 받아들여졌다. 그는 분명히 경건주의에 영향을 주었으나 불행히도 매우 약하였다! 뿐만 아니라 괴테(Goethe), 헤르더(Herder), 휠덜린(Hölderlin), 헤겔(Hegel), 슐레겔(Schlegel)에게 영향을 미쳤다.[22] 사변적인 신학과 인지학은 그에 의해서 고무되었다. 1960년대 말부터 철학과 신학에서 외팅어 르네상스를 맞고 있다. 그와 동시에 삼위일체론의 재발견이 일어났다. 예를 들어 위르겐 몰트만(Jürgen Moltmann)의 신학은 외팅어와 아주 근접한 것으로 보인다. 또한 여성신학도 외팅어의 작품에서 취하였는데, 그가 여성의 종교적 상징에 대해 개방적인 카발라의 전통을 전파했기 때문이다. 그의 영향력이 널리 전파된 지역은 주로 독일이다. 그러나『성경적이고 상징적인 사전』(1776)의 번역은 이미 1786년 모스크바 프리메이슨에 의해 이루어졌다. 오늘날 그의 몇몇 작품은 일본어, 이탈리아어, 프랑스어로 번역되었다.

또한 잘못된 송영들도 그의 영향력에 해당한다. 두 가지를 언급할 수 있다. 당시 성령에 대해 설교할 때 외팅어가 영성주의자들처럼 충만한

---

22) 보라. Peggy Cosmann, "Der Einfluss Friedrich Christoph Oetingers auf Hegels Abrechnung mit Spinoza. Die Selbstbewegung des Absoluten vs. bestimmungslose und unlebendige Substantialität," ZRGG 50/2 (1998), 115-36; Henry F. Fullenweider, *Friedrich Christoph Oetinger. Wirkungen auf Literatur und Philosophie seiner Zeit* (Goeppingen Arbeiten zur Germanistik, 174 <Goeppingen: Kuemmerle, 1975>); Ulrich Gaier (ed.), *Goethes Faust-Dichtungen*, 3 vols (Stuttagart: Reclam, 1999); Ulrich Gaier,"Herder und Oetinger," PuN 28 (2003), 213-36; Jürgen Habermas, *Das Absolute und die Geschichte. Von der Zwiespaeltigkeit in Schellings Denken* (PhD dissertation, Bonn, 1954); Reiner Heinze, *Bengel und Oetinger als Vorläufer des deutschen Idealismus* (dissertation, Münster University, 1971); Rolf Christian Zimmermann, *Das Weltbild des jungen Goethe. Studien zur hermetischen Tradition des deutschen 18. Jahrhunderts* (Munich: Fink, vol. I, 1969; vol. II, 1979).

상태였다고 하는 전승에 대해서는 그의 저서들이나 편지 어디에서도 찾아볼 수 없다. 도리어 그는 영성주의자들의 실천을 하나님의 특별한 허락이 필요한 그 무엇으로 파악하였다. 그 자신은 이러한 것들을 단 한 번도 원하지 않았다고 분명히 기록하였다. 그에게 이 같은 가시적인 삶의 과제는 완벽하게 충분했다.

1960년대부터 "고요한 평온기도"가 적어도 독일에서 널리 전파된 것은 익명의 알코올 중독자들에 의해서만이 아니라, 그 기원을 외팅어까지 거슬러 올라가는 잘못도 있었다. "하나님! 바꿀 수 없는 것들은 평온함으로 받아들일 수 있는 은총을, 바꿀 수 있는 것들은 바꿀 수 있는 용기를 그리고 이 둘을 구별할 수 있는 지혜를 우리에게 허락하소서." 정확하게 말해서 이렇게 널리 퍼진 기도의 저자는 미국의 신학자 라인홀드 니버(Reinhold Niebuhr)였다.[23] 잘못된 송영의 근거는 니버의 겸손함과 2차 세계대전 이후 "프리드리히 외팅어"라는 필명으로 글을 썼던 어느 독일 교육자의 익명의 인용이었다.[24]

신학에 대한 프리드리히 크리스토프 외팅어의 중요성은 그의 근본적인 개념을 기초로 하여 공식화할 수 있다는 점이다. 그에게 있어서 모든 사유와 믿음에 대한 가치있는 척도는 삶이 그 육체성에서 포착된다는 것이다. 모든 관념론은 의심스럽다. 몸은 단지 장신구이거나 영혼이 거하는 임의의 장소가 아니라, 하나님의 본질적인 선물로써 널리 인식된 몸의 평가절하에 반대하여 취한 외팅어의 입장이다. 구약에 대한 강력한 고집과 구약에 대해서 뛰어난 해석자이며 예수의 친척뻘에 해당하는 유대인과의 대화 가운데, 기독교인들은 삼위일체의 빛에서만 단지 하나님을 믿고 말할 수

---

23) 라인홀드 니버(Reinhold Niebuhr)의 딸이 이 관계를 해명해주었다. Elisabeth Sifton, "The Serenity Prayer," *Yale Review* 86 (1998), 16-65. 씁쓸함이 담긴 그녀의 해명은 독일에서 책으로 출판되었다. *Das Gelassenheits Gebet*, tr. Hartmut von Hentig (Munich: Hanser, 2001). 불행히도 시프톤(Sifton)과 헨티히(Hentig)는 외팅어에 대해 아는 바가 거의 없었으므로 그들이 외팅어에 대해 비방하였음이 확실하다.
24) 이것은 키일(Kiel)의 교육가인 테오도어 빌헬름(Theodor Wilhelm)의 익명의 작품이다. "Friedrich Oetinger," *Wendepunkt der politischen Erziehung* (Stuttgart: Metzler, 1951), 251에서 인용.

있다. 하나님은 어디에서나 일하신다. 이것은 신자들을 열린 마음과 분명한 사고를 가진 사람으로 바꾸어 놓는다. 인간은 생명, 통찰력, 인지 그리고 순수한 믿음에 대한 창조를 망각해서는 안 된다. 인류는 "고통이 아니라 기쁨을 위해서 창조되었다."25) 메시아로서 예수는 인류뿐만 아니라 자연을 구원하신다. 그의 재림을 기대하면서, 지상의 과학적, 기술적, 경제적, 사회적, 정치적 및 종교적인 것들은 인류가 그리스도의 도래를 "준비하되", 이를 두려워하는 대신에 기뻐할 수 있는 방식으로 세워져야 한다. 단념은 악마에게 속한 것이다. (그러나 심지어 악마를 위해서도 그리스도는 헛되이 죽지 않으셨다.) 그래서 외팅어는 근대의 시작에서 이미 예견된 "계몽주의 변증법"을 극복하기 위한 출발점을 제시할 뿐만 아니라, 일부 신학의 자기 몰입인 사소한 "세계"에서 벗어나는 길도 제시해준다.

---

25) Oetinger, *Hochzeit-Predigt* (1768) in Sämtliche Schriften, I 5, ed. Ehmann, 424.

참고문헌

- 일차 자료

Oetinger, Friedrich Christoph, *Säm(m)tliche Schriften*, Part I, vols 1-5; *Predigten*; Part II, vols 1-6: *Theosophische Schriften*, ed. Karl Christian Eberhard Ehmann (Stuttgart: Steinkopf, 1858-64; various reprints and new editions by different publishers).

Ehmann, Karl Christian Eberhard (ed.), *F. C. Oetinger Leben und Briefe als urkundicher Commentar zu dessen Schriften* (Stuttgart: Steinkopf, 1859) (includes the "Genealogie," many letters, as well as excerpts from his works).

Oetinger, Friedrich Christoph, *Weinsberger Evangelienpredigten* (1758-59) (Metzingin: Franz, 1978).

Oetinger, Friedrich Christoph, *Die Güldene Zeit oder Sammlung wichtiger Betrachtungen von etlichen Gelehrten zur Ermunterung in diesen bedenklichen Zeiten zusammen Getragen. [Erstes] bis Drittes Stük, Frankfurt and Leipzig,* 1759-61. Excerpts in Sämmtliche Schriften II, 6 (Stuttgart: Steinkopf, 1864), 1-145.

Oetinger, Friedrich Christoph, *Selbstbiographie. Genealogie der reellen Gedanken eines Gottesgelehrten*, ed. Julius Roessle, (3rd edn, Metzingen; Franz, 2990).

Oetinger, Friedrich Christoph, *Die Lehrtafel der Prinzessin Antonia*, eds Reinhard Breymayer and Friedrich Häussermann, TGP VII, vol. 1

(Berlin and New York: De Gruyter, 1977).

Oetinger, Friedrich Christoph, *Theologia ex idea vitae deducta*, ed. Konrad Ohly, TGP VII, vol. 2 (Berlin and New York: De Gruyter, 1979).

Oetinger, Friedrich Christoph, *Swedenborgs irdische und himmlische Philosophie*, ed. K. Chr. E. Ehmann; E. Beyreuther in Sämmtliche Schriften, II, 2 (Stuttgart: Steinkopf, 1977).

Oetinger, Friedrich Christoph, *Biblisches und Emblematisches Wörterbuch*, ed. Gerhard Schäfer et al., TGP VII, vol. 3 (Berlin and New York: De Gruyter, 1999).

· 이차 자료

Benz, Ernst, *Die christliche Kabbala*, Albae Vigiliae NF XVIII (Zurich: Rhein, 1958).

Benz, Ernst, (tr.) Wolfgang Taraba, *The Theology of Electricity. On the Encounter and Explanation of Theology and Science in the 17th and 18th Centuries*, Princeton Theological Monograph Series, 19 (Allison Park, PA: Pickwick, 1989).

Cosmann, Peggy, "Der Einfluss Friedrich Christoph Oetingers auf Hegels Abrechnung Mit Spinoza. Die Selbstbewegung des Absoluten vs. bestimmungslose und Unlebendige Substantialität," ZRGG 50/2 (1988), 115-36.

Fullenwider, Henry F., *Friedrich Christoph Oetinger. Wirkungen auf Literatur und Philosophie seiner Zeit*, Göppinger Arbeiten zur Germanistik, 174 (Göppingen: Kümmerle, 1975).

Gaier, Ulrich, "Herder und Oetinger," PuN 28 (2003), 213-36.

Grossmann, Sigrid, *Friedrich Christoph Oetinger Gottesvorstellung. Versuch einer Anayse seiner Theologie*, AGP 18 (Göttingen: Vandenhoeck & Ruprecht, 1979).

Llewellyn, Robert Terence, "Friedrich Christoph Oetinger and the Paracelsian Tradition. A Disciple of Boehme in the Age of Rationalism," in D. H. Green (ed.), *From Wolfram and Petrarch to Goethe Grass. Studies in Literature in Honor of Leonard Forster*, Saecula Spritualia, 5 (Baden-Baden: Koerner, 1982), 539-48.

Piepmeier, Rainer, *Aporien des Lebensbegriffs seit Oetinger* (Freiburg: Alber, 1978).

Schneider, Robert, *Schellings und Hegels schwäbische Geistesahnen* (Würzburg: Triltsch, 1938).

Schoberth, Wolfgang, *Geschölichkeit in der Dialektik der Aufklärung. Zur Logik der Schöpfungstheologie bei F. C. Oetinger und J. G. Hammann* (Neukirchen Vluyn: Neukirchener, 1994).

Sifton, Elisabeth, "The Serenity Prayer," *Yale Review* 86 (1998), 16-65.

Sifton, Elisabeth, tr. Hartmut von Hentig, *Das Gelassenheits-Gebet* (Munich: Hanser, 2001).

Spindler, Guntram (ed.), *Glauben und Erkennen. Die Heilige Philosophie von Friedrich Christoph Oetinger. Studien zum 300. Geburtstag* (Metzingen: Franz, 2002).

Weyer-Menkhoff, Martin, *Christus, das Heil der Natur. Entstehung und Sysematik der Theologie Friedrich Christoph Oetinger*, AGP 27 (Göttingen: Vandenhoeck & Ruprecht, 1990), Bibliography: 272-326.

Weyer-Menkhoff, Martin, *Friedrich Christoph Oetinger* (Wuppertal and Zurich: Brockhaus, 1990).

Yeide, Jr., Harry Elwood, *A Visions of the Kingdom of God. The Social*

Ethic of Friedrich Christoph Oetinger, PhD dissertation, Cambridge, MA, 1965.

Yeide, Jr., Harry Elwood, *Studies in Classical Pietism. The Flowering of the Ecclesiola* (New York: Lang, 1997).

존 웨슬리(1703-1791)

데이비드 햄튼(David Hempton)

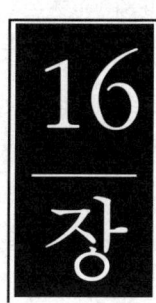

    1880년대 초, 옥스퍼드에 있는 공식 석상에서 빅토리안 계열 두 명의 저명인사 간의 공개적인 만남이 이루어지고 있었다. 후기 빅토리안 감리교의 저명인사이며, 나중에 옥스퍼드에 정착한 휴 프라이스 휴즈(Hugh Price Hughes)라는 사람은 이 모임의 의장이며 유명한 학자인 링컨 칼리지(Lincoln College)의 학장 마크 패티슨(Mark Pattison)에게 왜 옥스퍼드 대학교에서는 존 웨슬리(John Wesley, 1703-1791)를 기념하는 합당한 조치를 취하지 않느냐는 질의를 하고 있었다.1) 잘 알고 있듯이 링컨 칼리지는 웨슬리의 모교이다. 그러나 패티슨은 종교적 열광주의자를 흠모하지 않았기에 웨슬리가 옥스퍼드 대학교의 "가장 위대한 동문" 가운데 하나라고 제안한 휴즈의 의견을 인정하지 않았다. 후에 패티슨은 「논문과 비평」(*Essays and Reviews*, 1861)이라는 학술지를 만든 7인의 발행인 가운데 한 명이었는데, 이 학술지는 주로 "종교와 도덕적 진리"에 대하여 자유로운 논쟁을 싣곤 하였다. 패티슨의 논문 「1688-1750까지 영국 종교사상의 경향」(*Tendencies of Religious Thought in England, 1688-1750*)은 80페이지를 조금 넘는

---

1) Dorothea Hughes, *The Life of Hugh Price Hughes* (London: Hodder & Stoughton, 1904).

분량이었는데, 여기에서 웨슬리는 사라진지 오래 된, 또한 감리교 자체는 이성적인 종교의 반대편 가까이에 위치한 그 무언가로 표현되었다. 이에 반해 휴즈는 전 세계에 걸쳐 약 2500만 명의 신자를 헤아리는 종교 운동의 창시자를 옥스퍼드 대학교에서 무관심한 것에 대하여 심히 놀라지 않을 수 없다고 반박하였다. 그러나 패티슨은 휴즈가 2500명을 2500만으로 잘못 알고 있는 것 같다고 응수하였다. 휴즈는 자기주장을 증명하는 통계수치를 위해 코트 주머니를 뒤지는 모습을 보였지만, 수치상으로 놓고 볼 때 패티슨이 지닌 옥스퍼드대 출신 특유의 현학주의를 극복하진 못했다. 휴즈는 옥스퍼드를 배경으로 하는 패티슨의 지적 중량감에 밀렸으나, 사실은 휴즈의 견해가 옳았다. 몇 년이 지난 1909년, 감리교의 삼인방이라고 불리는 W. J. 타운센드(Townsend)와 헐버트 B. 워크맨(Workman) 그리고 조지 아이어스(Eayrs)는 『감리교의 새로운 역사』(New History of Methodism)라는 책을 출간했는데, 여기에서 그들은 세계 감리교의 통계를 제시하였다. 그것은 감리교가 4개 대륙에 걸쳐 870만 명의 등록교인과 대략 3,500만 명의 예배자들을 포함한다는 사실이었다.[2] 역사학자들은 이점에 대해 감리교 신자 수를 측정함에 있어서 대략 3-5배 정도 부풀려진 것이라 보고 있다. 19세기 말에 이르러 새롭고 거대한 성령의 제국이 마침내 그 실체를 드러낸 것이다. 더구나 만일 누군가가 20세기 오순절주의(Pentecostalism)의 폭발적인 성장(역설적이지만 『감리교의 새로운 역사』가 등장할 당시 오순절주의는 수면 아래에 있었다)은 감리교의 성결전통이 상당히 변화된 형태로 지속된 것이라고 주장하는 데이비드 마르틴(David Martin)의 제안을 진지하게 받아들인다면, 적어도 또 다른 2억 5천만 명의 종교적 열광주의자들의 통계적 증가는 여기에서 비롯되었다는 사실이다.[3] 역사학자들과 사회학자들의 최근의 저술들을 본다면 다음과 같은 사실들을 알 수 있을 것이다. 물론 현재 아프리카, 남아메리카 그리고 아시아 지역에서

---

[2] William J. Townsend et. al., *A New History of Methodism* (London: Hodder & Stoughton, 1909), 531-2.

[3] David Martin, *Pentecostalism: The World their Parish* (Oxford: Blackwell, 2001).

오순절주의의 성장 속도는 많이 더디어졌다. 그러나 필립 젠킨스(Philipp Jenkins)는 언급하기를 "현재의 전망으로는 오순절주의 신도 수는 2050년이 되기 전에 10억을 돌파할 것이다."라고 했다. 그렇게 되면 오순절주의 신도 수는 힌두교와 비슷해지며, 불교도 수의 거의 2배가 되는 것이다. 패티슨의 경우처럼 종교적 열광주의의 도약을 혐오하며 그들의 크기를 축소하거나, 아니면 자신들의 지적 영역의 변두리에 가두어 두려는 시도가 있었음에도 불구하고 감리교의 실체는 여전히 입증되어야 할 것이다. 1730년대 영국교회 안에서 작은 그룹으로 출발했던 감리교가 19세기 말경에는 세계적인 종교의 하나로 발돋움하도록 가능하게 만든 웨슬리의 지도력과 인격, 신학과 교회론, 정평이 나있는 에너지와 추진력은 무엇이었을까?

1. 신학과 교회론

젊은 웨슬리에게 미친 신학적 영향은 광범위하다. 그는 교부들에 대해 박식했고, 초기 수도원의 경건과 고대의 예배의식에 호기심을 갖고 있었다. 그는 마카리우스(Macarius), 니사의 그레고리(Gregory of Nyssa) 그리고 비잔틴의 영성적인 전통들로부터 영향을 받았다. 비록 그가 계몽주의적인 경향, 영적 훈련의 부족과 빈약한 지성적 내용으로 인해 나중에는 프랑스 신비주의자들을 거부했지만, 마담 귀용(Madame Guyon), 페넬롱(Fenelon), 플러리(Fleury), 드 랑띠(De Renty), 로렌스(Lawrence) 형제 그리고 앙뜨와네뜨 부리뇽(Antoinette Bourignon)의 작품들을 왕성하게 읽었다.[4] 어머니 수잔나(Susanna)는 부모의 권리로서 중요한 영향력을 행사했는데, 파스칼(Pascal)을 비롯해서 17세기와 18세기의 영국 국교회의 고전적인

---

4) Jean Orcibal, "The Theological Originality of John Wesley and Continental Spirituality," in R. Davies and G. Rupp (eds), *A History of the Methodist Church in Great Britain* (London: Epworth Press, 1965).

영성가들을 그에게 소개했다.5) 그러나 아마도 그에게 가장 명백한 영향을 끼친 자는 한편으로 토마스 아 켐피스(Thomas a Kempis), 제레미 테일러(Jeremy Taylor)와 윌리엄 로(William Law)이며, 다른 한편으로는 모라비안 교도들이었을 것이다. 이런 방식으로 웨슬리가 부모로부터 물려받은 영국 국교회의 고교회파 영성전통은 그가 조지아(Georgia)에서 "복음전도회"(Society for Propagating the Gospel)의 선교사로서 처음으로 조우한 대륙 경건주의의 마음의 종교(the heart religion)와 접촉하도록 이끌었다. 이렇듯 믿기 어려운 요소들의 융합은 폭발적인 에너지를 분출했다.

이와 같이 절충적인 영향 속에서 나타난 신학의 특성을 묘사하기란 쉽지 않다. 비록 웨슬리가 일반적으로 모순되거나 일관성이 전혀 없는 것은 아니지만 그렇다고 해서 체계적인 신학자라고 말할 수도 없기 때문이다. 그의 신학은 신중히 고려되고 면밀히 통합된 글을 통해서라기보다는 오히려 설교, 저널(일기), 서신, 논쟁적인 팸플릿, 찬송가 및 성경 주해들 가운데 제시되었다. 그는 이동하면서 썼으며, 종종 목회자들이나 또는 조직적인 압력에 대응하기 위해서 기록했다. 그는 60년 이상 왕성하게 목회자의 직책을 수행하면서 지속적으로 방대한 저술을 남겼다. 웨슬리의 작품에 체계를 부여하는 하나의 공통적인 방식은 성경(성령에 인도된), 체험(개인의 경험적 종교), 이성(이성주의가 아니라 합리성) 그리고 전통(속박으로서가 아니라 과거에서 현재로 확장되는 영적인 전력선으로서)이라는 "웨슬리 사변형"(Wesleyan quadrilateral)을 강조하는 것이었다. 이러한 모델은 어느 정도 설득력을 가지고 있다. 그러나 너무나 공식적이고 정적이기 때문에, 웨슬리가 성령의 도움으로 성경적인 거룩함을 역동적으로 추구한 것까지 포괄하지는 못한다. 성경적인 성결에 대한 역동적인 추구는 모든 종교적인 노력이 추구하는 제일의 목표이다.6)

---

5) Charles Wallace, *Jr., Susanna Wesley: The Complete Writings* (New York: Oxford University Press, 1997).
6) Randy Maddox, *Responsible Grace: John Wesley's Practical Theology* (Nashville:

웨슬리의 신학에 접근하는 또 다른 방식은 그의 가장 두드러진 특징과 가장 고통스러웠던 논쟁들 가운데 몇 가지를 살펴보는 것이다. 웨슬리 신학의 가장 비범한 측면들, 그중에서도 특히 선행 은총, 확신과 기독교인의 완전은 "우리 자신의 구원을 이루는 일에 관하여"(On Working out our own Salvation), "성경적인 구원의 길"(The Scripture way of Salvation), "기독교인의 완전"(Christian Perfection)과 같은 설교에서 가장 잘 나타난다. "첫 번째 소원은 하나님을 기쁘시게 하는 것" 또는 "삶을 지향하는 성향"으로 기술되는 선행 은총(Prevenient grace)은 웨슬리로 하여금 은총의 원리를 훼손하거나 펠라기우스주의(Pelagianism)에 굴복하지 않으면서도 인간이 구원에 참여한다는 고상한 견해를 가질 수 있도록 해주었다. 체험과 확신에 대한 그의 가르침은 실제로 로크의 경험주의와 성령의 증언의 복잡한 혼합물이며, 기독교 신자 자신이 "하나님의 자녀가 되었다는 것을 성령이 그의 영혼과 더불어 증언하기" 때문에 "알" 수 있다는 것을 보여주기 위해 기획된 것이다. 기독교인의 완전은 아마도 웨슬리의 모든 교리적 견해 가운데 가장 큰 쟁점이며 비정통적인 견해로 볼 수 있으며, 또한 반대하는 주장들에도 불구하고 이 교리는 세상에서 죄 없는 완전함을 전하려는 의도가 아니라 오히려 완전한 사랑 속에서 하나님께 항복함으로써 고의적으로 죄짓는 것을 효과적으로 제거하는 삶의 상태를 기술하려는 의도였다. 기독교인의 완전에 대한 웨슬리의 해설을 보면, 그는 이것을 결코 자기 자신을 위해 주장하지 않았다. 이것은 신자가 추구해야 하는 것이지만 동시에 하나님의 선물이며, 따라서 이것은 상태이자 과정이라는 것을 말해준다. 완전은 한층 더 완성될 수 있다. 웨슬리가 강조한 이 교리는 그가 사역하는 동안 적절하고 균형있게 강조되지 못했다는 점이 지적되어야 할 것이다. 즉 완전성의 실체가 남성들보다는 여성들에게 더 많다고 인정하는 경향이 있었다는 사실이 지적되어 왔다. 또한 사람들이 타당한 근거를 가지고 적어도 은총의 특별한 상태를 경험했다고 주장했을 때에 그

Abingdon Press, 1994).

은혜의 타당성을 분명하게 판단한다는 것도 쉬운 일이 아니었다. 웨슬리가 의도한 것이 무엇이든 간에, 기독교인의 완전과 전적인 성화는 웨슬리의 영성을 형성한 한 부분일 뿐만 아니라 웨슬리의 모든 가르침 가운데 가장 광범위하게 비판을 받은 부분이기도 했다.

웨슬리 신학에 접근하는 또 다른 길은 그가 열정적으로 관심을 가졌던 것을 고려하는 것이다. 그는 너무나도 열정적이어서 자신의 입장을 생각하기보다는 우정의 위험을 감수하거나 욕설과 조롱을 당할 준비가 언제든지 되어 있었다. 물론 몇몇 신학적 논쟁들은 통제를 위한 그의 욕심(我慾)이나 열망에 의해 야기된 것들이었으나, 가장 격렬한 논쟁은 그가 생각하기에 협상할 수 없는 이슈에 관한 것들이었다. 그 가운데 세 가지가 눈에 띤다. 첫째는 그가 모라비안 교도들과 그들의 정적주의 및 성화를 실천하는 수단과 방법으로서 적극적으로 영성훈련을 강조하는 것에 대한 논쟁이다. 둘째는 칼빈주의에 대한 그의 거부와 칼빈주의 예정론에서부터 제한적 속죄 및 성도의 영원한 견인으로부터 악인들의 영원한 형벌을 지지하는 모든 제도들을 거부하는 것이었다. 셋째는 전적인 성화 또는 기독교인의 완전이라는 주제에 대한 거의 모든 다른 기독교 전통들과의 갈등이었다. 물론 웨슬리는 로마 가톨릭, 퀘이커교, 이신론, 영국 국교회의 자유주의를 포함하는 다른 기독교 전통들로 대표되는 교리적 차이들에 대해 싸웠는데, 이것들이 웨슬리에게 싸움(battles)이었다면, 칼빈주의자들, 모라비안 교도들 그리고 완전에 반대하는 자들과는 전쟁도 불사했던 것이다. 웨슬리의 신학적 우선성과 감리교 메시지의 본질에 대해 이 점은 우리에게 무엇을 말해주는가?

칼빈주의자들과의 논쟁거리는 하나님의 성품과 인간 책임의 본질에 관한 것이었다. 웨슬리는 모든 것을 미리 정하신 하나님이나 단순히 순종하는 인간의 영성을 상상할 수 없었다. 모라비안 교도들과의 말다툼은 사실은 성경적인 성화에 이르는 길에 대한 것이었고, 자비와 신성한 박애의 활동은 진정한 영성의 본질적 구성요소라는 웨슬리의 깊은 확신에 관한 것이었다. 마지막으로 그와 기독교인의 완전에 반대하는 사람들과의 논쟁은 성경에서 "완전하라"고 하신 명령에 대한 의미가 다르다는 확신에 관한 것이었다. 웨슬리가 선행, 칭의화, 신성화, 성례전 및 보편성 등으로 명시하는 가운데 인간이 은총에 의존하는 것을 크게 강조했기 때문에 그가 반(半)-펠라기우스주의자라고 하거나 그가 은총의 신학이 약해서 인간의 책임과 생득적 공의를 강조한 것이라고 결론을 짓는다면, 이는 심각한 잘못이다. 그러나 감리교 영성의 특유성은 인간의 영적인 운명을 통제하기 위하여 성경적인 거룩함과 인간 존재의 궁핍함을 무자비하리만치 철저히 강조하는 데에 있다. 그것은 하나님의 철벽같은 의지에 수동적으로 반응하는 존재로서가 아니라, "우리 자신의 구원을 성취하는" 적극적 행위자로서 영적인 운명을 통제하려는 것이다.

웨슬리 신학의 논의는 더 이상 개신교 사상사에서 수사학적 실습이 아니라 오히려 그가 새롭게 만든 운동의 성격을 이해하는데 기초가 된다는 사실을 인식하는 것이 중요하다. 감리교 전체의 교회론적인 상부구조는, 순회 설교자와 지역 설교자, 밴드와 속회, 애찬식과 캠프 모임 그리고 찬송가와 출판물들은 모두 성경적인 거룩을 증진시키고 나태와 경거망동을 경계하기 위해 계획되었다. 메시지에 명백히 나타난 적극적 행동주의와 기능 역시 전달매체에도 분명히 존재한다. 감리교는 끊임없이 움직이며 정력적이고, 내성적이며 확장주의적이고, 감정적이며 진지하다. 감리교는 정착하지 않은 사람들에 의해 선도된 고정되지 않는 운동이었다. 그런데 18세기와 19세기의 북대서양 지역의 주민들에게 어떻게 수용되었고 어떻게 흡수되었는가?

논의를 분명히 하기 위해서는 웨슬리가 시작한 운동을 특징짓는 세 가지 중요한 원리를 분리시키는 것이 가능하다. 첫 번째 원리는 연합의 원리이다. 세례를 통해 국가교회의 일원이 되는 것보다는 로크의 계약론에 기초하여 자발적인 조직으로 운영되었으므로, 웨슬리의 감리교는 회원을 위한 규칙과 규율들로 가득 차 있다. 1743년에 출간된『연합 신도회의 본질, 계획 및 일반규칙』(*The Nature, Design and General Rules of the United Societies*, 1743)에서 웨슬리는 그의 추종자들을 지역에 따라 대략 12명으로 구성된 속회로 나누었다. 속회 회원들은 "다가오는 진노로부터 벗어나기 위한" 열망으로 하나가 되었고, 악을 멀리하고 적절한 언어를 사용하며, 진지함과 검소함 및 근면함을 양성하라는 것과 또한 교회사역과 빈민구제를 위해 일주일에 1페니히를 헌금하라는 교육을 받았다. 속회 구성원들은 하나님의 모든 의식(예배, 성찬식, 기도, 금식)에 참석하고, 권면과 상호협력을 통해 경건한 능력을 추구하라는 격려를 받았다. 그들은 매분기마다 회원카드를 발급 받았으며, 영적으로 중대한 신앙의 증거가 있을 때에는 갱신할 수 있었다. 규율은 엄격했으며 제명은 보통이었다. 1744년에 출간된 『밴드 신도회에게 주는 지침들』(*Directions Given to the Band Societies*)에서 웨슬리는 보다 거룩한 것을 추구하고자 보다 신실한 신자들을 성별과 결혼 상태에 따라 나누었다. 밴드(bands)와 속회(class)는 신도회(society)로 분류되었으며, 신도회는 다시금 지역 설교자와 순회 설교자가 돌보는 순회구역(circuit)으로 나뉘었다. 그 구조는 독립된 회중적인 틀이 아니라 상호 결합적이었으며, 웨슬리의 권위는 가르침, 조언 및 지도를 위해 그가 설교자들을 만나는 연례 협의회(연회, annual conference)를 통해 유지되었다. 감리교의 구조는 위계적이었고, 심지어 권위주의적이었으며, 웨슬리의 사후 비민주적인 구조에 대해서 감리교 메시지의 영적인 평등주의가 맞서면서 자주 분열되는 경향이 있었다. 웨슬리 감리교의 교회론은 "경멸적인 천주교"(popery)의 일종으로 간주되는 고백적 요소, 교구의 다수보다 영적인 소수로 인한 분열성 그리고 시간이 지나면서 환경에 따라 변한 경험적인 성격 때문에 적대자들로부터 격렬한 공격을 받았다. 이러한 불평의 정당성이 어떠하든 간에, 웨슬리의 시스템은 싸고 다루기 쉽고 유연했고, 모두가 활동할 수 있는 교구를 제공했으며, 지도력과 목회적인 재능을 양육하였다.

두 번째 교회론적인 원리는 축제의 원리이다. 만일 감리교 속회가 일차적으로 영적 훈련과 상호협력을 위한 대행조직이라 한다면, 교제와 축제를 위한 다른 기회들도 있었다. 단순한 친교식사인 애찬식(Love-Feasts), 월삭(watch-night)과 언약 예배(covenant services), 월중 서신일(monthly letter days), 신앙부흥(revival)과 캠프모임(camp meetings) 그리고 찬송가 부르기(hymn-singing) 등, 이 모든 것은 감리교 운동에 보다 많은 감정적 예식이 되게 하였다.[7] 모든 감리교 신앙부흥 집회의 모습, 곧 감리교의 가장 인상적이며 독특하며 어디서나 볼 수 있는 감리교의 메시지의 형태는 찬송과 찬송가 부르기를 통한 전달에 의해 오랫동안 인정되어 왔다. 어떻게든 감리교의 정수를 파악하기 위해 단 하나의 작품을 선택해야 한다면, 가장 잘 변호할 수 있는 것은 아마도 웨슬리 형제가 발행한 30권 정도의 찬송가집 가운데 가장 유명한 1780년에 나온 『감리교도라 불리는 사람들의 사용을 위한 찬송가집』(Collections of Hymns for the Use of the People called Methodists)일 것이다. 존 웨슬리는 선별인, 조직인, 편집인이자 출판인이었으며, 찰스 웨슬리(Charles Wesley)는 다작의 시인, 작가이자 작사자였다. 찰스는 모두 대략 9,000곡의 찬송가와 성시를 지었을 것이라고 추정되며, 그 가운데 몇몇은 경건문학의 고전들인데, 많은 사람들이 이를 쉽게 망각하곤 한다. 1780년에 『찬송가집』(Collection of Hymn)이 나오기 전에, 이미 감리교는 성가에 헌신함으로써 다른 운동과 구별되었다는 점을 지적하는 것이 중요하다. 거의 모든 감리교 집회는 찬송가로 시작해서 찬송가로 끝났지만, 찬송가는 공적인 행사에서만 부른 것이 아니라 사적으로도 부르거나 암송했다. 감리교 문서 보관소를 살펴보면, 순회 설교자의 경험을 기록한 것에서부터 감리교 신자의 신실한 일기에 이르기까지 찬송가는 신앙의 표현, 위안, 예견 및 해석을 위해 사용되었음을 볼 수 있다. 감리교도들은 찬송가 가사와 성구(sacred verse)를 통해 그들의 신앙을 받아들였다. 웨슬리 형제, 곧 찰스는 작곡가이며 시적 천재이며, 존은 수집가이며 편집인으로서 여러 목적을 이루는데 찬송가의 힘이 크다는 것을 예리하게 통찰하고 있었다. 그들은 찬송가를 통하여 복잡한

---

7) Karen Tucker, *American Methodist Worship* (New York: Oxford University Press, 2001).

신학적 내용을 이해하기 쉬운 언어로 전달했다. 찬송가는 운율, 멜로디와 운(韻)을 통해 신자들의 의지와 정서에 깊이 도달했다. 찬송가는 대중적인 곡조의 수용을 통해 보다 광범위한 문화와 연결되었다. 찬송은 찬송가에 영감을 불어넣은 성경의 시구보다 더 쉽게 기억되었으며, 각각의 신자들은 삶의 위기의 순간에 이를 이용하였다. 찬송가는 공동체적 연대와 집단적 헌신에 영감을 불어넣었고, 한편으로는 감정적 불모의 밑바닥에 빠져버리고 말았을 모든 종류의 모임에 생기를 주었다. 찬송가는 상상력에 영감을 불어넣었고, 성서적 은유역할을 하였으며, 상징의 체계를 구축하는데 도움을 주었다. 찬송가는 감리교에 신앙고백이나 성가를 부르는 예배의식을 통해 얻는 것보다 더 활기에 넘치고 대중적인 종류의 신앙 내용과 예배양식이 되게 하였다. 간단히 말하자면, 찬송가는 마음의 신앙을 위해 시적 음악을 제공해주었던 것이다. 매체와 메시지는 완벽한 조화를 이루었다.

감리교 구조의 세 번째 원리는 사역에 평신도를 동원한다는 원리로서, 이는 만인사제직이라는 종교개혁 교리를 웨슬리가 나름대로 변형시킨 것이다. 웨슬리의 체계는 남녀 모든 평신도를 위한 광범위한 기능과 책임을 갖고 있었다. 속회 지도자와 보조자들, 집사들, 가난한 자들과 병약한 자들을 위한 심방자들, 평신도 설교자들과 권고자들 그리고 순회 설교자들 모두는 자원봉사를 하였고, 지도력을 발전시켰다. 그 어느 것도 물질적 보상을 위해 행해지지 않았다. 심지어 순회 설교자들은 처음에 봉급이 아니라 비용을 지급받았다. 19세기 초에는 이 정책이 더 이상 유지할 수 없는 부담으로 다가왔다. 모든 사람을 위한 사역 부분인 자선과 자원을 필요로 하는 자들에게 거룩한 자선과 자원을 나누는 것이 보편적이었다. 웨슬리는 사회적 책임이 없는 기독교 성직은 생각할 수 없었으며, 설교자들이 그들 주변의 사회적 요구를 잘 파악할 것을 주문했다. 웨슬리 목회직의 위계질서에서 가장 윗부분을 차지하는 순회 설교자들은 웨슬리 체계를 결합시키는 접합제였다. 교육적인 무용(武勇)보다는 목회사역의 분명한 열매를 더 선택하였으므로 순회전도자들은 중요한 기능들을 보다 많이 감당하였다. 웨슬리는 순회제도를 단순히 감리교의 메시지를 보급하기 위하여 근사하게 값싸고 유연한 제도로서 강조한 것이 아니라, 이 제도를 통해서 목회직이 지역의 소수 재산가들에게 예속되는 것을 막아주는 것이었다. 감리교 순회 설교자들은 궁극적으로 엘리트 회중을 위한 것이 아니라고 웨슬리에게 보고했다. 순회 설교자들의 공헌을 제대로 언급하지 않고는 감리교가 영국 제도(諸島)와 북미에 급속히 확산된 현상을 설명하기 어렵다.[8] 그들 가운데 많은 사람들이 자신들의 삶에 대한 보고서를 남기면서, 운동이 가져다준 성공에 대해 자신의 공헌을 과대평가하고 영적으로 열등한 후계자들을 꾸짖은 사실은 그들이 지닌 의미를 적절히 파악하면서 마음으로 새겨들어야 한다. 감리교에서는 즉흥적 설교가 찬송가를 부르는 것과 마찬가지로 편재하였으며, 감리교 메시지의 전달 과정에 있어서 그 중요성은 똑 같다.

　웨슬리의 신학과 교회론에서 그들이 갖는 보다 중요한 몇몇 적용과 결과를 살펴보지 않는 것은 잘못일 것이다. 그 이유는 감리교가 이론에서 착상된 운동이라기보다 오히려 실천에서 연마된 운동이기 때문이다. 웨슬리는 그의 생애동안 영국 교회의 성체배령 멤버(communicant member)로 남았으며, 국교회 추종자들에게 국교회 예배에 참석하고 국교회 성례전에 참여하며, 또한 국교회 교구민으로서 십일조와 교회 유지세를 내라고 역설했다.[9] 비록 영국 국교회의 지지자이었지만, 웨슬리는 제도화된 교회에 대해서 양면적인 태도를 취했다. 그는 영국 국교회의 역사적 전통, 교회적 규율과 사회적 유용성을 높이 평가했지만, 주교제도의 신성한 권리와 사도적 계승을 거부했다. 그는 교회의 본질이란 설교, 예배의식과 신조에 있으며, 사람에 있지 않다고 하면서 웨슬리는 방종한 사제적 기준을 통렬히 비판하였다. 웨슬리는 감리교의 네 가지 긴요한 특징, 곧 순회설교,

---

8) John Wigger, *Taking Heaven by Storm: Methodism and the Rise of Popular Christianity in America* (New York: Oxford University Press, 1998).
9) Frank Baker, *John Wesley and the Church of England* (Nashville: Abingdon Press, 1970).

즉흥기도, 감리교 신도회 조직 그리고 평신도 설교가 방해받지 않는 한 영국 국교회로부터 전반적으로 분리되는 것을 상상하지 않았다. 간단히 말해, 웨슬리는 감리교 선교를 성공으로 이끄는 것이 국교회에 충성하는 것보다 더 중요하다고 믿었으며, 그는 미국 혁명의 현실을 받아들이고 1784년에 미국 선교를 위하여 설교자들에게 안수함으로써 이를 충분히 입증했다. 바로 10여년 후인 1795년의 강화 계획(Plan of Pacification)은 영국 감리교가 영국 국교회로부터 공식적으로 분리를 승인받게 하였는데, 그럼에도 불구하고 많은 감리교도들이 그 후로도 얼마동안 이중적인 충성을 지속하였다.[10]

웨슬리가 영국 국교회에 대해 사회적 보수주의와 종교적 급진주의의 흔적이 혼합된 것과 유사한 태도를 보인 것은 돈과 성직에서의 여성의 역할에 대한 것이다. 웨슬리는 막대한 토지재산의 상속에 기초를 두는 사회인 대지주 연합에서 성장했다. 그러나 이 사회는 부분적으로 제국주의적 재산에 기반을 둔 소비자들의 혁명이 시작하고 있음을 경험하고 있었다. 감리교를 해석하는 대부분의 사회사가들과 종교사회학자들은 감리교의 사회윤리가 프로테스탄티즘의 윤리와 자본주의의 발생 사이의 관계라는 막스 베버(Max Weber)의 패러다임에 깔끔하게 들어맞는다고 시사해왔다. 그러나 기록은 그보다 더 복잡하다. 돈에 대한 웨슬리의 견해는 성경적인 청지기 원리에 대한 믿음과 초대교회가 재산공동체를 실천한 것에 대한 그의 관심에서 나온 것이다. 잘 알려진 바와 같이, 그는 자신의 추종자들에게 할 수 있는 한 모든 것을 획득하고, 할 수 있는 한 모든 것을 절약하며, 할 수 있는 한 모든 선행을 베풀라고 역설했다. 누구든지 이러한 경제적 삼부작 가운데 첫 두 원리를 시인하면 자연히 세 번째 원리가 뒤따를 것이라고 기대한다는 점이 논의 될 수 있다. 순진하지만 웨슬리는 기독교인들이 경제적 이기심을 대체할 수 있으리라고 믿었다. 그럼에도 경제에 대한 그의 가르침은 대부분 자유주의적 자본주의의 모델이

---

10) David Hempton, *Methodism and Politics in British Society* (Stanford: Stanford University Press, 1984), 55-84.

아니라는 것을 인정해야 할 것이다. 그는 아담 스미스(Adam Smith)가 잉여축적을 승인하는 것을 거부했고, 관례적으로 E. P. 톰슨(Thompson)의 문구인 "부유한 자들의 연극적 유물론", 즉 부유한 자들이 돈이 없다고 엄살하는 것을 공격했고, 상속된 부로 인한 영적 위험성을 맹렬히 비난했고, 도움을 받을 가치가 있는 가난한 자들과 도움을 받을 가치가 없는 가난한 자들로 구분하는 것을 거부했으며, 또한 그 자신과 추종자들에게 그들이 가진 자원 사용에 대해 철저하게 계산하도록 했다.[11] 웨슬리는 고도의 청지기직 개념을 논하면서, 그의 추종자들이 "그들이 당연히 할 수 있음에도 불구하고 제거하지 않음으로써 발생하는 모든 결핍, 고통 및 고뇌에 대해 그들에게 책임이 있다"고 했다. 시간이 지나면서 웨슬리는 자신의 추종자들 사이에서 감리교식 훈련을 통해 물질적 이득이 생기는 것을 볼 수 있었기에, 그는 자신의 가르침이 이러한 측면에서 대중적으로 간단하게 실현되기가 불가능하다는 것을 깨달았으므로 더 과격하게 경고하였다. 감리교도들은 베버의 패러다임에 잘 들어맞을 수도 있다. 그러나 감리교 창시자에게는 결코 그렇지 않다.

거의 다른 모든 종교적 전통보다 감리교의 역사는 진정으로 여성들의 역사이다. 대서양의 양쪽 해안의 속회 구성원들에 대한 조사연구는 여성들이 지속적으로 다수를 차지했음을 보여준다. 1830년 이전의 감리교 구성원 명단(80,361명)에 대한 클리브 필드(Clive Field)의 광범위한 조사연구는 여성의 평균비율이 57.7퍼센트임을 보여주었다.[12] 비록 이 비율은 순회구역에 따라 상당히 달랐지만, 시기에 따라 그리고 지역에 따라 일관적이었다는 것이 특이하다. 비록 상당히 더 작은 샘플에 기초하고 있지만, 그래도 비교할만한 통계는 미국의 초기 감리교에는 유용한

---

11) John Walsh, "John Wesley and the Community of Goods," in Keith Robbins (ed.), *Protestant Evangelicalism: Britain, Ireland, Germany, and America, c.* 1750-*c.* 1950. *Essays in Honor of W. R. Ward* (Studies in Church History, Subsidia 7, 1990).

12) C. D. Field, "The Social Composition of English Methodism to 1830: A Membership Analysis," *Bulletin of the John Rylands University Library of Manchester* 76/1 (1994), 153-69.

자료이다. 1786년부터 1801년까지 뉴욕, 필라델피아 그리고 볼티모어 같은 동부 해안도시에 대한 디 앤드류(Dee Andrew)의 통계는 지역과 연도에 따라 59퍼센트에서 66퍼센트에 이르는 여성의 우위를 보여준다.[13] 보스턴에서는 여성 구성원의 비율이 1790년대에 61퍼센트에서 71퍼센트까지 다양했다. 미혼 여성들 또는 미망인들은 전체 구성원의 1/3 이상을 지속적으로 차지했다. 감리교에서 여성들이 우세하다는 사실을 냉정하게 인정하는 것은 감리교 역사에 적용된 개념적인 기준틀과는 판이하게 다르다. 자선사업 조달자, 여 집사, 심방자, 복음전도자, 기도자, 권고자, 간증자, 속회 지도자 그리고 설교자 등으로서 여성들은 감리교 운동의 특성을 광범위하게 규정짓게 하였다.[14] 물론 영국과 미국 모두에서 다음과 같이 여성들이 감리교 프로젝트에 정식적인 참가자로 등장하는 것을 제한하는 요소들이 있었다. 즉 사회적 예의와 여성적 정숙함에 대한 당대의 관념, 영국 국교회 또는 제도화된 식민지 교파들과의 긴장된 관계, 간헐적인 남성 순회 설교자들의 격렬한 저항, 여성 지도자들에게 성경을 금지시킨 것에 대한 관습적 이해, 감리교도들과 퀘이커교도들 사이에 그려지는 노골적인 유사성에 대한 두려움 및 감리교가 감정적인 여성들에게 호소한다고 단정을 짓고 그것을 강조하기를 즐기는 반(反)감리교 출판물이 끼치는 해악 등이다. 그러나 여성들이 성공을 거둔다는 것을 부정할 수 없는 상황 속에서, 웨슬리는 여성의 공적인 역할에 대해 더욱더 실용적인 견해를 채택했는데, 이는 "특별한 소명"이라는 독특한 제도의 고안에서 절정을 이룬다. 이 제도는 그에게 여성들의 능력이 교회의 전도에 성공적으로 동력화될 수 있음을 인정하면서 동시에 전통적인 사도 바울의 해석을 고수할 수 있도록 허용하는 길이었다.[15] 1770년경 감리교 내부에는 쉽게

---

13) Dee Andrews, *The Methodists and Revolutionary America, 1760-1800: The Shaping of an Evangelical Culture* (Princeton: Princeton University Press, 2000), 247-8.
14) Jean Schmidt, *Grace Sufficient: A History of Women in American Methodism* 1760-1939 (Nashville: Abingdon Press, 1999), 52-3.
15) Henry Rack, *Reasonable Enthusiast: John Wesley and the Rise of Methodism* (London: Epworth Press, 2002), 244.

무시할 수 없는 의미있는 여성 설교자들이 많이 있었다. 웨슬리는 그들의 설교 권리를 지지하면서, 신중하게 그의 보수적인 성경해석을 파기하지 않고, 오히려 수단을 정당화하는 목적에 대한 또 다른 진술을 했다. 체험, 경험주의, 영적인 평등주의, 열광주의와 능력수여 등을 강조하는 (감리교)운동에서 비록 남녀관계에서 영원한 변화를 상상할 수도 없었고 실제 일어날 수도 없었지만, 여성들이 그늘로부터 벗어나 완전한 참여로 들어서는 것은 거의 피할 수 없었다. 목회직에서 여성에 대한 웨슬리의 태도에 대해 18세기 해설가들은 그의 "열광주의"를 한 예로 들었으며, 현대 여성주의자들은 그의 계몽주의를 예로 들었다. 다음 부분에서 입증되듯이 열광주의와 계몽주의라는 바로 이 두 바로미터야말로 감리교 역사에 훨씬 더 광범위하게 적용될 수 있다.

2. 열광주의와 계몽주의

감리교가 1740년대에 폐쇄된 조직에서 영국사회의 열린 공간으로 발전하자마자, 곧바로 "열광주의" 때문에 비난을 받았다. 1640년대와 1650년대에 종교영역을 소란케 한 청교도적 대중주의의 유형이 재연되는 것을 두려워한 영국 국교회의 주교들은 재빨리 그 문제점들의 원인을 분석했다. 에드먼드 깁슨(Edmund Gibson)의 『감리교도들이라 불리는 이름으로 항상 구별되는 어떤 종파의 태도와 행위에 대한 관찰』(Observations upon the Conduct and Behaviour of a Certain Sect usually distinguished by the name of Methodists, 1744)은 감리교에 대한 포괄적인 고발이다. 즉 감리교는 종교적 실천을 규제하는 법령(통일령<the Act of Uniformity>, 집회령<the Conventicle Act>, 관용령<the Toleration Act>)을 준수하는데 실패한다. 감리교도들은 교회와 국가의 지배를 공개적으로 무시한다. 순회설교와 교구 바깥의 단체에 참가함으로써, 감리교도들은 모든 영국 국교회들이 자신들을 안전하게 한다고 믿는 지역적 통합의 원리를 위반한다. 그리고 "하층민"들을 옥외에서 만나도록 장려하고, 심지어는 부추기기까지 하여, 그들은 사회적 불안을 불러일으켰다. 실제로는 이보다 더 많다. 숙고를 위한 일련의 질문에서 깁슨은 영국 국교회가 전통적으로 "종교의 공적 직무에 규칙적으로 참석하는 것"을 강조하는 것이 "저급작스런 고통, 고함과 외침, 전율, 쓰러짐, 광란과 광기들 속으로 내쳐진 저들(감리교) 청중들보다 성령과의 협력에 대한 더 좋은 증거"가 아닌가 물었다. 깁슨은 특히 감리교의 극단주의, 반(反)도덕주의 및 즉흥적인 개종주의 경향을 싫어했다. 영국인들로 하여금 "무정부와 혼란의 시기"에 빠져들게 한 "광기와 열광주의"보다 그에게는 도덕적 의무의 규율화된 실천이 수반되는 은총과 선행의 점진적 개선들을 제공함으로 영적 각성에 이르는 더 좋은 길을 제공했다. 감리교에 대한 깁슨의 법률적이고 도덕적인 비판은 래빙턴(Lavington) 주교의 더욱 음란하고 진부한 『감리교도들과 가톨릭교도들의 열광주의 비교』(*Enthusiasm of Methodists and Papists Compar'd*, 1749-51)보다 시간적으로 더 오래 갔으며, 두 세기에 걸쳐 감리교 열광주의를 비판하는 논조를 제공했다.

평생을 종교적 열광주의 연구에 바친 로널드 낙스(Ronald Knox)는 감리교가 열광주의에서 주도적인 부분을 차지한다고 아주 우아하고 통찰력 있게 말한다.[16] 웨슬리는 낙스를 당혹케 하고 그를 혼란하게 하였다. 웨슬리는 옥스퍼드에서 냉정한 논리와 기계적인 기질을 갖도록 훈련을 받았기에 평생을 온전히 종교적 열광주의의 가장자리에서 놀았다. 그는 자신을 포함해 수많은 18세기 신앙부흥 운동가들에게 나타나는 감정적 폭발이나 의기소침에 대해 결코 불명한 태도를 취하지 않았다. 도리어 그는 완전한 무관심이나 그가 스코틀랜드에서 만난 칼빈주의적인 신학적 기교보다는 종교적 흥분을 선호했다. 그는 기독교인의 완전에 대한 주장을 인정하면서도 신중하게 증거를 체로 치듯이 조사했으며, 종종

---

[16] Ronald Knox, *Enthusiasm: A Chapter in the History of Religion* (Oxford: Clarendon Press, 1950).

그것의 부족한 부분도 발견하였다. 그는 마녀와 요정의 존재를 믿었지만, 사람들의 종교적 어리석음도 공격하였다. 그는 열정적으로 종교적 열망을 부추긴데 반해 "고요한 연설"(Calm addresses)을 여러 차례 공식적으로 출간하였다. 그는 자신의 추종자들 가운데 지나친 천년왕국주의자들을 비난했지만, 자연적 재앙과 공적 사건에 대한 해설을 통해 종말론에 대한 자극을 신장시켰다. 그는 도박을 맹렬히 비난했지만, 많은 주요결정을 제비를 뽑아 결정했다. 그는 논쟁이 불가능한 것은 어느 것도 포용할 수 없었기 때문에 예언은사나 투시은사에 대한 그 어떠한 주장도 불신했지만, 종교적 체험과 느껴진 확신에 대한 높은 견해는 방어하였다. 낙스는 이 모든 것을 종합해 결론내리기를, 웨슬리는 열광주의에 공감했지만 결코 그것으로 인해 벗어나지는 않았다고 하였다. 즉 "그의 자세는 자기 시대의 열정으로부터 냉정할 정도로 초연한 자 중에 한 사람이었다. 그는 광신자가 되지 않도록 만들어진 자였다."[17] 그가 무엇으로 예정되었든 간에, 웨슬리의 「저널」(Journal)은 그가 7만 명 이상의 영혼을 감독하는 자천(自薦)의 목사임을 보여준다. 사람들의 장점과 단점, 열정과 열광, 신념과 고지식함은 천년왕국 예언에서부터 영아살해에 이르기까지 상상할 수 있는 인간행동에 관한 모든 형식을 당장 버리도록 하였다. 웨슬리는 자신의 명예를 걸고 일반적으로 제명을 교회규율의 최종 무기로 사용하면서 우둔함과 무자비함이라는 최악과 정면으로 부딪혔다. 이것이 웨슬리가 창시한 운동과 동일하게 참된 것으로, 그는 열광주의를 훈련으로 부드럽게 하였고 개인주의는 공동체적 책임성으로 감쌌다.

웨슬리의 저작에 나타나는 열광주의에 대한 언급만 해도 2백 개 이상의 참고문헌이 있다. 대개는 그에게 가해진 비난을 조심스럽게 논박하는 글이지만, 의외로 많은 글들이 웨슬리의 견해를 기발하게 해석하여 특별히 거룩한 계시를 주장하는 웨슬리 추종자들에 대한 경고이다. 일반적으로 말해 만일 그것이 대충이라도 힘 있고 진지한 신앙을 의미하는 동의어를

---

17) Knox, *Enthusiasm: A Chapter in the History of Religion*, 452.

의미한다면, 모멸적인 의미의 열광주의자라는 호칭을 받아들였을 것이지만, 거룩한 영감을 잘못 주장하는 동의어를 의미한다면 강력하게 거부했을 것이다. 열광주의에 대한 웨슬리의 수많은 논쟁에서 문제가 된 이슈는 거룩한 영감과 초자연적인 중재자에 대한 것으로, 옹호할 수 있거나 옹호할 수 없는 주장들로 구성된 것들이다. 마찰을 일으킨 문제는 하나님이 그의 목적을 진척시키고 그의 종들을 보호하기 위해 창조된 질서에 정규적으로 간섭한다는 것을 웨슬리는 보편적 명제로 받아들였지만, 반면에 그의 비판자들 대부분은 그렇지 않았던 것이다. 그러므로 웨슬리에게는 열광주의에 대한 그 어떠한 특별한 부분도 신학적 해석의 제일의 원리 이하로 격하시킬 수 없다. 그는 이 원리를 협상할 수 없는 것으로 간주했으나, 증거의 설득력에 근거하여 경우에 따라서 그것은 검증되었다. 누군가 성경의 내용을 넘어서는 어떠한 거룩한 조명(예언)을 주장하는 경우, 이를테면 특별한 권위를 지니는 천년왕국에 대한 예언이나 환상적인 계시 같은 것으로, 웨슬리는 이를 열광주의로 판단했다. 이에 반해 하나님이 군중을 진정시키고자 간섭하고, 병을 고치고, 지지자를 보내거나 날씨를 안정시키기 위해 개입하시는 경우, 웨슬리는 성경의 매 페이지에서 발견할 수 있는 것과 같은 것으로서 하나님께서 감독하는 보편적 섭리의 증거로 간주하였다. 여기에서 문제가 되는 이슈는 웨슬리가 줄타기 곡예사처럼 종교적 열광주의의 협곡을 가로질러 행군하는 것이 과연 지지를 받을 수 있었느냐 아니었느냐가 아니다. 모든 논리학자들이 자신을 정당화하기 위한 증거를 가지고 있듯이 웨슬리의 저작들은 파악하기 곤란한 자신의 권익(이해관계)과 언어적으로 상당한 기술을 보여준다. 그것이 웨슬리의 종교적 견해를 떠받치기 위해 세분하게 될 경우, 웨슬리보다 독창적인 자는 없다. 그러나 요점은 웨슬리가 스스로 자신이 환상을 본다면서 성경 외적인 것을 주장하는 것에 대해 인정하지 않고, 열광주의자들로 하여금 하나님의 예견적인 섭리하심의 방식에 자신들을 놓아두도록 격려한 종교적 운동(감리교)을 창시했다는 사실이다.

열광주의에 대한 웨슬리의 견해를 어떻게 생각하든지 상관없이, 그의 전체 작품을 관통하는 광범위하면서도 일관성 있는 접근법이 있다. 그 정수는 1752년 5월 17일자로 추정되는「저널 목록」(Journal entry)에 표현되어 있다. 이날 그는 게이츠헤드(Gateshead)의 옥외집회에서 설교하면서 바람이 잔잔해지는 것을 체험했다. 웨슬리는 수사학적으로 다음과 같이 기록한다. "우리가 받는 모든 은혜에서 하나님을 보는 것이야말로 열광주의가 아닌가?" 다른 경우에 그는 "계시의 기묘한 연속" 또는 "하나님을 부르는 모든 자들 위에 나타나는 하나님의 특별한 계시의 징후"에 대해 이야기한다. 간단히 말해, 웨슬리는 하나님이 그를 따르는 자들을 보살피신다고 믿었다. 이것은 기적의 흔적을 노골적으로 드러냄으로써가 아니라, 신자의 삶에는 모든 좋은 것의 창조자를 필요로 한다는 것이다. (웨슬리는 하나님이 감독하는 섭리로서의 날씨와 기대하지 않은 만남이 기적이라고 하는 것은 받아들이지 않았다.) 그렇다면 웨슬리의 마음에서 열광주의의 받아들일 수 있는 형식과 받아들일 수 없는 형식을 나누는 선은 어디에 있었는가? 순회 복음전도자로서 일하던 초기에 웨슬리는 다음과 같이 썼다. "나는 두 인물과 함께 있었는데, 그들이 정말로 열광주의자였는지 의심스럽다. 왜냐하면 첫째 그들은 수단이 없이 목적을 달성하는 것을 생각하기 때문이다. 이들은 당연히 열광주의자라고 불린다. 한편 다른 이들은 하나님에 의해 영감을 받았다고 생각하지만, 그렇지 않다. 그러나 그들의 열광주의는 잘못된 상상들이다. 그들의 상상은 율법과 하나님의 가르침에 모순되므로, 그들의 영감 또한 가상의 영감으로 나타났다(「저널」: 1739년 1월 17일). 다른 곳에서 그는 열광주의자를 "그들 자신의 상상력을 하나님의 의지로 돌리는" 사람들로, 또는 "잘못 상상된 하나님의 영향이나 영감으로부터 일어나는 종교적 광기"를 지닌 사람들이라고 정의했다. 실제로 웨슬리는 열광주의를 확인하는 일련의 검사를 사용했다. 주장하는 것이 성경과 일치했는가? 그것이 자연적 설명력을 가지고 있는가? 주장하는 사람들은 신뢰할 만한 증인들인가? 주장들이 좋은 영적 결실 또는 나쁜 영적 결실을 맺는가, 겸양 또는 무익을 생산했는가? 주장은 건전한 이성에 상반되었는가? 이런 방식으로 조지 벨(George Bell)의 천년왕국적 예언은 열광주의라고 결론지었다. (벨은 1760년대 초에 런던 감리교 협회에서 대혼란을 일으켰다). 반면 웨슬리는 제니 비손(Jennie Bisson)에게서 그 어떠한 "열광주의의 기미"도 찾아낼 수 없었기에 그녀의 온전한 헌신을 수용하였다. 웨슬리의 검사가 명백한 답을 주지 못하는 경우도 있었다. 1739년에 이루어진 어느 프랑스 예언자와의 기묘한 만남에서 그는 그녀의 진정성에 대해 확신을 갖지 못하였다. 그러므로 그는 기다리면서 지켜보며 문제를 풀기로 했다. 이와 유사하게 감리교 회합에 보고된 발작과 몽환에 대한 반복하는 공격에 대해, 웨슬리는 어느 것은 자연적 설명력을 갖는 반면에 다른 것은 갖지 않는다고 했으며, 그는 개별적인 모든 경우에 어떤 것이 있는지를 알고자 하는 것을 기대할 수 없었다. 또한 그는 반대자들이 만들어낸 열광주의에 대한 수많은 진술들을 견디기가 점점 힘들게 되었다. 진술들이 너무 심하였기에 그는 의미가 없는 말들만 점점 늘어나고 있다고 불평했다. 그 말들은 폭언뿐이었고, 그의 견해로는 감리교에 대해서라기보다 오히려 18세기 영국 기독교의 유약한 상태를 드러내는 것들이라고 보았다.

웨슬리는 자기 자신의 마음과 자신의 운동을 신앙과 고지식한 신앙을 구분하는 어떤 선상에 두었다고 생각하였다. 그 위치는 자신의 추종자들에게는 결코 고정된 지점이 아니었다. 구분선은 성, 계급, 인종과 교육수준에 따라 정교하게 변했다. 18세기와 19세기에 감리교가 뿌리를 내리는 곳이라면 특별한 섭리와 범상치 않은 사건에 대한 이야기가 존재한다. 감리교도들은, 일반적인 신학적 의미가 아닌 만남의 한 집합체로서, 하나님이 그들과 함께 하신다고 믿었다. 이는 앞서 행동하는 신적 현존을 설명하는 것이라기보다는 다른 설명이 필요 없는 순종을 말한다. 감리교의 모든 문서 보관소의 깊은 곳에는 이상한 사건들에 대한 기묘한 이야기들이 있는데, 많은 부분은 웨슬리 자신이 실시한 타당성 검사를 통과하지 못한 것들일 것이다. 그러나 지적해야 할 중요한 요점은 감리교가, 주요 부분에서, 대중 종교들이 갖는 극단적인 표현들에 열광적으로 따르지 않으면서도 자연스러운 종교적 흥분의 테두리 속에서 부흥하였다는 사실이다. 거품처럼 종교적인 열광주의가 편재적인 규칙성과 함께 18세기와 19세기의 영국과 미국에서 팽창하고 폭발하고 있는 동안, 감리교는 내면의 신학적이고 조직화된 규율을 갖고 있었다. 바로 이것이 당대 유행했던 많은 대중적인 열광 종교들이 맞이한 파멸로부터 감리교를 구제했다. 하여간 웨슬리의 합리성은 반대자들에 의해서 실천하는데 제한을 받았고 또한 도전을 받았다. 그러나 웨슬리의 합리성은 실제로는 제한되었고 적대자들에 의해 도전을 받았으며 또한 일종의 비합리적인 극단론에 맞서 그가 시도했던 보루(방패)로 작동하였다. 웨슬리는 이런 비합리적인 극단주의를 자신의 신도회로부터 근절시키려 하였으나 자주 실패하였다. 특별한 의미로 보자면 웨슬리는 합리적인 열광주의자였다.

열광주의에 대한 웨슬리와의 관계가 아무리 복잡하다 할지라도, 그들은 계몽주의에 대한 그의 태도에 비교하면 무색해진다. 한 때는 웨슬리를 명백한 반(反)계몽주의 인물로 보는 것이 일반적이었으며, 이 견해에 대해 어떤 이들은 아직도 확신하고 있다. 하나님이 즉각적으로 감독하시는 섭리를 믿지 않는 자, 또 이 같은 신앙을 웨슬리가 저술한 과학, 자연과 역사에 관한 거의 모든 것에 끼워 넣으려고 시도한 자들은 계몽사상의 주류에 대한 변두리에 있는 사람이라기보다는 계몽주의 사상의 중심에 있는 자로 묘사할 수 있다. 그러나 웨슬리는 18세기 사상이라는 틀에 의해 깊은 영향을 받았는데, 그는 마상독서(horseback reading)를 통해 이러한 사상에 열정적으로 몰두하였고 또한 대중적인 소비를 위해 가차 없이 편집하였다. 최근에 이루어진 주된 연구는 웨슬리가 로크의 경험주의와 감각론적인 리학으로부터 영향을 받은 것[18], 제한된 범위이지만 그가 과학적 방법을 승인한 것,[19] 모든 종류의 실험방법에 대한 그의 순수한 열정, 근본적으로

---

18) Frederick Dreyer, *The Genesis of Methodism* (London: Associated University Press, 1999).
19) J. W. Hass, Jr., "John Wesley's Views on Science and Christianity: An Examination

인류의 진보에 대한 그의 낙관론적인 강조 (단조롭고 숙명론적인 칼빈주의에 반대해서), 그리고 계몽주의의 가장 저명한 역사가들이 소유한 가설들에[20] 관해 주목하고 있다. 사상에서 실천으로 눈을 돌려보면, 종교적 관용을 변호하는 것이나, 노예제도 폐지를 옹호하는 것, 육체적-정신적 건강에 관심을 갖는 것, 모든 박해와 폭력을 증오하는 것 등을 보면, 웨슬리는 계몽주의에 대한 반동이라기보다 오히려 계몽주의의 산물로 간주될 수 있을 것이다.[21] 그는 이 땅에서의 삶이란 영생을 고대하면서 끈기있게 견뎌야 하는 눈물의 골짜기 그 이상이라고 믿었다. 그는 끊임없는 자기개량과 사회개량의 대변자였다. 그가 보기에 "이상적인 기독교인의 삶은 부단하고 쾌활한 적극적 행동주의이었다."[22] 웨슬리는 고전적인 책을 좋아하는 독서량이 풍부한 자로서, 그리스도 없는 인간지혜의 최고로 소크라테스적 미덕과 이성을 좋아하였다. 간단히 말해, 웨슬리는 배움을 깔보지도 않았을 뿐만 아니라 그의 시대의 사상과 끊임없는 전쟁을 벌이지도 않았다. 그가 가장 싫어한 것은 스코틀랜드와 프랑스 계몽주의가 보여주는 어떤 측면들인 종교적 회의주의와 영국 이신론자들과 영국 국교도를 싫어하는 합리주의자들로부터 유래한 종교적 이단이었다. 그러나 그는 칼빈주의 또한 싫어했다. 웨슬리는 칼빈주의를 싫어하여 그의 저술에서 거의 언제나 도덕률 폐기론자와 영원한 정죄의 사악한 교리를 동일한 것으로 취급하였다. 칼빈주의에 대한 웨슬리의 유명한 해설, 즉 "인류의 20명 가운데 한 명이 선택되었다고 가정하면, 19명은 정죄를 받았다. 선택된 자는 그들이 원하는 것을 하라고 구원을 받을 것이다. 선택받지 못한 자는 그들이 할 수 있는 것을 하라며 저주를 받을 것이다"라는 것은 깊은 의미에서 볼 때, 계몽주의 사상이 그의 신학적이고 도덕적인 감수성에 끼친 산물이다.

---

of the Charge of Antiscience," CH 63 (1994), 378-92.
20) K. MacMillan, "John Wesley and the Enlightened Historians," *Methodist History* 38 (2002), 121-32.
21) Bernard Semmel, *The Methodist Revolution* (London: Heinemann, 1974).
22) John Walsh, *John Wesley* 1703-1791: *A Bicentennial Tribute* (Inverness: Dr Williams' Trust, 1993), 7.

하나님의 진노가 수많은 인류에게 구원을 제공하지도 않고 영원한 형벌로 이끈다는 사상은 철학자들에게 가장 진보한 사상인 것같이 웨슬리에게도 도덕적으로 거슬리는 것이었다.

웨슬리가 창시한 운동은 종교적 열광주의의 범위를 벗어나지 않았지만, 어떤 강력한 힘이 충동을 억제하였다. 이 운동은 외부인들에게는 근본적으로 비이성적인 것으로 다가왔지만, 이성에 뿌리박지 않았다면 합리적인 것에 뿌리를 내리고 있었을 것이다. 이렇게 말하는 요점은 감리교를 계몽주의 시대의 합리성을 보여주는 전형적인 것으로 묘사하려는 것은 아니다. 사실 그렇지도 않았다. 그보다 어떻게 감리교가 반-칼빈주의 노선에 있게 되었으며, 규율화된 자기발전의 강조와 함께 자기 자신을 스스로 특별한 하나님의 섭리의 길에 서게 하는 자발성이 18-19세기의 영국과 북미의 주민들에게 감리교가 발전할 수 있도록 특별히 잘 정착되었는지를 보여준다. 만약에 감리교 내부에서 열광주의와 계몽주의의 관계가 몇몇 동시대인들이 기꺼이 인정했던 것보다 더 복잡했다면, 이는 웨슬리 씨(Mr. Wesley)보다 훨씬 더 계몽주의를 좋아하는 사람들에게서도 똑같은 사실이다. 예컨대 아이작 뉴턴(Isaac Newton)과 조셉 프리스틀리(Joseph Priestley)의 천년왕국론적인 숙고는 후대에 마녀에 대한 웨슬리의 생각보다 더 열광적인 환영을 받지 못했다.

3. 해 석

존 웨슬리의 생애는 당황케 할 만큼 광범위한 전기의 주제가 되어왔다. 초기의 설교에 대한 찬사로부터 시작해서 1791년 그의 죽음에 이르기까지 각 교파의 셀 수 없는 성인전 작가들에 의해서, 종교개혁 이후 개신교 전통 안에 그를 각인시키기 위해 관심을 가진 역사신학자들로부터,[23] 그의

---

23) Maximin Piette, *John Wesley in the Evolution of Protestantism* (London: Sheed & Ward, 1983).

생애를 역사적 맥락 중 적절한 곳에 두기를 열망하는 전문적 역사학자들에 이르기까지 다양하다.24) 또한 마찬가지로 웨슬리의 이미지를 나타내는 그림과 조각도 후대를 위해 조작되어 왔으며, 그의 전기 작가들은 종종 역사적인 연구보다는 오히려 교회를 위한 봉사차원에서 기술해왔다. 심지어 아무리 고귀한 학문적 의도로 접근해도 웨슬리의 생애는 모든 전기 작가에게 특별한 문제를 제기한다. 그는 수명이 길면서 동시에 논쟁적인 삶을 살았다. 그가 기록한 문서들은 풍성하게 남아있으며, 현재 새로운 주요 편집사업의 과제이기도 하다. 이에 비해 사적인 자료는 소량인데, 그 가운데 어떤 것은 그가 세상을 떠나자 선의의 파괴주의(vandalism)자들이 소각하였다. 웨슬리의 생애를 판단하는데 요구되는 능력의 범위는 실로 대다수 역사가들이 생각하는 정상적인 범위를 초월한다. 웨슬리 생애의 보다 사적인 부분들, 그중에서도 특히 여성들과의 기묘한 관계들과 끊임없이 재해석되는 영적 체험들을 간단하게 일반화하는 것을 허용하지 않는다. 심지어 그에 대해 많이 기록된 1738년의 "회심" 체험은 그 이전과 그 이후의 영적 체험에 비추어볼 때 다루기 힘든 것이며, 또 그 자신의 회고에서 왜 회고하였는지가 불분명하다는 점 때문에 다루기가 어렵다. 근래의 전기에서는 그를 "파악하기 어려운 사람"25), "합리적인 열광주의자"26) 그리고 "열정적인 복음전도자"27)로 부른다. 그를 최초의 국교폐지론자, 최초의 세계교회주의자, 최초의 반-유물론자 그리고 교회성장 산업에서 탁월한 혁신자라고 주장한다. 이 모든 해석은 일정부분 장점이 있지만 과장되었다. 그의 전기들에서 눈에 띠는 가장 공통적인 웨슬리에 대한 비판은, 그가 쉽게 믿는 열광주의자, 야망적이고 권력을

---

24) John Kent, *Wesley and the Wesleyans: Religion in Eighteenth-Century Britain* (Cambridge: Cambridge University Press, 2002).

25) Richard P. Heitzenrater, *The Elusive Mr. Wesley*, 2 vols (Nashville: Abingdon Press, 198).

26) Henry Rack, *Reasonable Enthusiast: John Wesley and the Rise of Methodism* (London: Epworth Press, 2002).

27) Henry Abelove, *The Evangelist of Desire: John Wesley and the Methodists* (Stanford: Stanford University Press, 1990).

추구하는 지도자, 완강한 입법자, 동배(同輩)들과 함께 하면 불편을 느끼는 종교적 극단주의자 그리고 다른 사람들과 밀접하고 건강한 관계를 형성할 능력이 없는 자기중심적인 통제자 등이다. 다른 한편으로 그는 과소평가된 신학자, 인간 노예제도에 관한 놀라운 원칙에 서 있는 부분을 포함하여 폭력과 인간착취에 대한 일관된 반대자로 존경받는다. 대부분의 종교적 열광주의자들, 특히 하등의 명백한 위선이 발견되지 않은 종교적 열광주의자들로부터, 해가 지날수록 그의 명성은 높아져 갔다. 그렇지만 거부할 수 없어 보이는 것은 휴 프라이스 휴즈가 백여 년 전에 마크 패티슨에게 제시한 견해이다. 그를 어떻게 생각하든 상관없이, 웨슬리는 기독교 역사에서 가장 역동적이고 급속히 성장하는 운동 가운데 하나를 창시했다. 그의 교회론적인 실용주의, 성경적인 거룩(성화)이 확산되는 것에 대한 열망, 맹렬한 에너지 그리고 옥스퍼드 사교계의 엘리트 문화와 영국 빈민들의 대중적 문화 사이의 간극을 메우는 비상한 역량 등 모든 것이 결합되어 그를 기독교 전통에서 가장 논란의 여지가 많고 영향력 있는 인물 가운데 하나로 만들었다.

웨슬리와 그의 신학의 모습을 분명하게 제시하는 것이 아무리 어려울지라도, 감리교가 18-19세기에 북대서양 지역을 가로질러 발흥한 사실을 설명하는 것의 어려움에 비하면 무색해진다.[28] 감리교 전통의 내부에서 저술하는 사람들은 감리교의 평등주의적 아르미니우스 신학의 호소력, 평신도의 동원, 집요한 전도에의 헌신 그리고 구성원을 추종자들의 규율화된 집단으로 조직하는 능력과 같은 내부적 설명을 강조하는 경향이 있다.[29] 감리교 전통의 외부에서 저술하는 사람들은 감리교의 성장을 인구의 성장과 이동, 최초 산업화, 제국의 발흥, 시장의 확대[30] 그리고

---

28) William R. Ward, *The Protestant Evangelical Awakening* (Cambridge: Cambridge University Press, 1992).
29) Richard P. Heitzenrater, *Wesley and the People Called Methodists* (Nashville: Abingdon Press, 1995).
30) Richard Carwardine, "'Antinomians' and 'Arminians': Methodists and the Market Revolution," in M. Stokes and S. Conway (eds), *The Market Revolution in America: Social, Political and Religious Expressions*, 1800-1880 (Charlottesville: University

사회의 민주화31)와 더불어 영국 제도(諸島)와 북미의 보다 광범위한 경제적, 정치적 문화에서의 심층적인 구조적 변화와 연관시키려고 시도해왔다. 이들은 상호배타적인 준거틀이 되어서는 결코 안 된다. 감리교 성장에 대한 상세한 미시적 역사(micro histories)와 국제적 팽창을 다룬 거시적 역사(macro histories)는 모두 감리교 신학과 교회론이 보다 오래된 제도적인 교회를 잠식하고 있는 보다 광범위한 환경에서 생긴 변화에 대처할 수 있도록 잘 재단되었음을 보여준다. 감리교가 영국 국교회 내부의 작은 자발적 모임으로부터 시작해서 1850년경에는 영국에서 가장 큰 비국교회 종교적 전통과 미국에서 가장 큰 프로테스탄티즘 교파로 팽창하는 것이 가능케 한 것은 이러한 내적 요소와 외적 요소 사이의 반동적인 교환 때문이었다.32) 자신의 운동이 갖는 중요성에 대해 특성있는 거대한 견해를 가지고 있었던 웨슬리조차도, 자신의 죽음 이후에 감리교 운동이 전달되는 속도와 범위를 알았더라면 상당히 놀랐을 것이다.

Press of Virginia, 1996), 282-307.
31) Nathan O. Hatch, *The Democratization of American Christianity* (New Haven: Yale University Press, 1989).
32) David Hempton, "Methodist Growth in Transatlantic Perspective," in Nathan O. Hatch and J. H. Wigger (eds), *Methodism and the Shaping American Culture* (Nashville: Abingdon Press, 2001), 41-85.

참고문헌

· 일차 자료

Curnock, Nehemiah (ed.), *The Journal of the Rev. John Wesley*, 8 vols (London: Epworth Press, 1983).

· 이차 자료

Abelove, Henry, *The Evangelist of Desire: John Wesley and the Methodists* (Stanford: Stanford University Press, 1990).
Andrews, Dee E., *The Methodists and Revolutionary Ameirica, 1760-1800: The Shaping of an Evangelical Culture* (Princeton: Princeton University Press, 2000).
Baker, Frank, *John Wesley and the Church of England* (Nashville: Abingdon Press, 1970).
Carwardine, Richard, "'Antinomians' and 'Arminians': Methodists and the Market Revolution." in Melvin Stokes and Stephen Conway (eds), *The Market revolution in America: Social, Political and Religious Expressions,* 1800-1880 (Charlottesville: University Press of Virginia, 1996), 282-307.
Dreyer, Frederick, *The Genesis of Methodism* (London: Associated University Presses, 1999).
Field, C. D., "The Social Composition of English Methodism to 1830:

A Membership Analysis," *Bulletin of the John Rylands University Library of Manchester* 76/1 (1994), 153-69.

Haas, J. W. Jr., "John Wesley's Views on Science and Christianity: An Examination of the Charge of Antiscience," CH 63 (1994), 378-92.

Hatch, Nathan O., *The Democratization of American Christianity* (New Haven: Yale University Press, 1989).

Heitzenrater, Richard P., *The Elusive Mr. Wesley*, 2 vols (Nashville: Abingdon Press, 1984).

Heitzenrater, Richard P., *Wesley and the People called Methodists* (Nashville: Abingdon Press, 1995).

Hempton, David, *Methodism and Politics in British Society* (Stanford: Stanford University Press, 1984).

Hempton, David, "Methodist Growth in Transatlantic Perspective," in Nathan O. Hatch and J. H. Wigger (eds), *Methodism and the Shaping of American Culture* (Nashville: Abingdon Press, 2001), 41-85.

Hughes, Dorothea, *The Life of Hugh Price Hughes* (London: Hodder & Stoughton, 1904).

Kent, John, *Wesley and the Wesleyans: Religion in Eighteenth Century Britain* (Cambridge: Cambridge University Press, 2002).

Knox, Ronald, *Enthusiasm: A Chapter in the History of Religion* (Oxford: Clarendon Press, 1950).

MacMillan, K., "John Wesley and the Enlightened Historians," *Methodist History* 38/2 (2000), 121-32.

Maddox, Randy, *Responsible Grace: John Wesley's Practical Theology* (Nashville: Abingdon Press, 199470).

Martin, David, *Pentecostalism: The World their Parish* (Oxford: Blackwell, 2001).

Orcibal, Jean, "The Theological Origianality of John Wesley and

Continental Sprituality," in Rupert Davies and Gordon Rupp (eds), *A History of the Methodist Church in Great Britain* (London: Epworth Press, 1965).

Piette, Maximin, *John Wesley in the Evolution of Protestantism* (London: Sheed & Ward, 1938).

Rack, Henry, *Reasonable Enthusiast: John Wesley and the Rise of Methodism* (London: Epworth Press, 2002).

Schmidt, Jean, *Grace Sufficient: A History of Women in American Methodism* 1760-1939 (Nashville: Abingdon Press, 1999).

Samuel, Bernard, *The Methodist Revolution* (London: Heinemann, 1974).

Townsend, William, et al., *A New History of Methodism* (London: Hodder & Stoughton, 1909).

Tucker, Karen, *American Methodist Worship* (New York: Oxford University Press, 2001).

Wallace, Charles, Jr., *Susanna Wesley: The Complete Writings* (New York: Oxford University Press, 1997).

Walsh, John, "John Wesley and the Community of Goods," in Keith Robbins (ed.), *Protestant Evangelicalism: Britain, Ireland, Germany, and America, c.* 1750-1950. *Essays in Honor of W. R. Ward.* Studies in Church History, Subsidia, vol. 7 (Oxford : Blackwell, 1990).

Walsh, John, *John Wesley* 1703-1791*: A Bicentennial Tribute* (Inverness: Dr Williams' Trust, 1993).

Ward, William R., *The Protestant Evangelical Awakening* (Cambridge: Cambridge University Press, 1992).

Wigger, John, *Taking Heaven by Storm: Methodism and the Rise of Popular Christianity in America* (New York: Oxford University Press, 1998).

The Pietist Theologians

용어 해설집

청교도주의, 경건주의, 대각성운동에 관해 적극적으로 관심을 표명하는 이들을 위한 정보로 다음을 소개하고자 한다. 우선 처음의 약어 목록에 따라 다음을 참고하라. TRE, RGG, 『옥스퍼드 기독교 대사전』(*The Oxford Dictionary of the Christian Church*), 『새로운 웨스트민스터 교회사사전』(*The New Westminster Dictionary of Church History*), 『전기와 자서전을 담고 있는 교회사전』(*Biographisch-Bibliographisches Kirchen Lexikon*. www.bautz.de/bbkl에서도 가능하다.) 『국제 인명사전』(*Dictionary of National Biography*) 등을 참조하라. 또 유용한 사전으로는 리처드 멀러(Richard A. Muller)의 『라틴어와 그리스어 신학용어 사전』(*Dictionary of Latin and Greek Theological Terms*. *Grand Rapids*: Baker Books, 1985)이 있다.

연금술(alchemy): 인간과 질료(물질)의 완전함에 관심을 두고 있는 아리스토텔레스주의, 신플라톤주의, 영지주의 철학이 합성된 것으로서 16-17세기에 발달한 마술과 자연과학의 혼합을 일컫는다. 연금술사들(alchemists)은 때로는 "헤르메티키스트"(hermeticists, 은수사적 신비주의자)로도 알려져 있다. 2-3세기 이후 연금술에 관한 자료들은 모든 지식의 아버지로 믿고 있었던 이집트의 신 헤르메스 트리스메기스투스(Hermes Trismegistus)에 대해 기록하고 있기 때문이다. 그 당시에 가장 유명한 연금술사는 파라셀수스(Paracelsus, 1493-1541)였다.

반(反)-율법주의 또는 율법 폐기론(Antinomianism): 하나님 앞에서 기독교인의 의(義)는 오직 은혜에 의한 것이며 기독교인의 삶은 성령에 의해 인도되므로 회개를 비롯하여 일상생활에서 율법의 위치와 기능은 최소화하거나 폐기되어야 한다는 견해.

묵시(apocalyptic): 일반적으로 미래 세계의 종말에 대해 숨겨진 그 어떤 것이 "계시"되거나 "드러나는 것"을 뜻한다. 종종 묵시문학과 예고들은 세상의 종말과 최후의 심판과 연관된 절박한 재앙이나 사회적인 소동에 대하여 상징으로 가득한 꿈과 환상을 반영한다. 마태복음 24장, 마가복음 13장, 누가복음 21장 및 요한계시록을 보라.

만물의 회복(apocatastasis panton): 문자적으로 볼 때, 우주적인 회복이나 화해 또는 만물의 회복을 나타낸다. 사도행전 3:21, 에베소서 2:16, 골로새서 1:20에서 그리스어의 표현은 우주적인 구원을 나타낸다.

무념적인 신비주의(부정의 신비주의, apophatic mysticism): 신비주의는 하나님께서 말씀하시는 방법이 "무지를 깨닫는 것", 즉 부정에 기초하고 있다. 하나님은 확신과 부정 모두를 초월하시며 또한 불가해하신 분이기 때문에, 하나님은 반대와 모순을 통해서 알려지신다. 그러므로 관상(contemplation)은 신학적인 개념들을 제거하며, 개인적인 종교경험은 하나님을 아는 수단이 된다.

아르미니우스주의(Arminianism): 네덜란드의 개혁주의 신학자 야코부스 아르미니우스(Jacobus Arminius, 1560-1609)가 모든 형태의 예정에 관한 교리를 비판한 것 그리고 하나님의 은혜에 책임적으로 응답하는 인간의 자유의지를 지지하는 것과 관련된 신학적인 입장을 뜻한다. 아르미니우스주의자들의 입장은 도르트 공의회(Synod of Dort, 1618-19)에서 정죄를 받았다. 그들은 1610년 신학논문인 『항의서』(*Remonstrance*)를 발표한 이후로 항의하는 자들(Remonstrants)이라고 알려졌다.

대각성 운동(Awakening<s>): 북미(뉴잉글랜드)에서 일어난 부흥운동으로 알려져 있다. (최초의 대각성 운동은 1734년에, 제2차 대각성 운동은 1797년부터 계속해서 일어났으며, 1801년 케인 리지(Cane Ridge)에서 일어난 변경지대의 부흥운동은 그 이후 부흥회와 캠프모임으로 전개되었다.) 스칸디나비아 지역과 유럽 대륙(독일지역에서는 Erweckungsbewegungen, 스위스, 프랑스 및 네덜란드에서는 Réveil이라 불린다.)에서 있었던 19세기의 대각성 운동은 미국과 영국의 부흥운동 및 복음전도운동의 결과로 인한 것이다. 대다수 중요한 종교갱신운동은 경건주의와 연관되어 있으며 또한 계몽주의에 대한 반작용이기도 하다.

카발라(유대신비주의, Cabbala): 중세 유대 신비주의의 한 형태로서 히브리어 성경에 숨겨진 의미와 교리 및 거룩 그 자체의 숨겨진 신비들을 발견하고자 수비학(numerology)이 포함된 성경해석의 비밀스러운 방법을 사용했다. 근대 초기의 몇몇 기독교 학자들은 카발라 문헌들과 방법들이 구약성경이나 히브리 성경에서 기독교 교리에 다가가도록 해 준다고 믿었다.

결의론(決疑論, casuistry): 특수한 경우에 윤리적인 규칙을 적용하는 것을 뜻한다. 기독교 윤리학에서 볼 때 역사적으로는 중세초기 참회의 책으로 사용되었던 것에 뿌리를 둔 관습이며, 이 책들로부터 발달한 법률적인 요약들이다. 개신교의 결의론은 신앙과 도덕의 질문들에 대해 성경이 실제적으로 적용되도록 하려고 노력하였다.

천년왕국설(chiliasm): 그리스어로 "천년"을 의미한다. 천년왕국설은 그리스도가 역사적으로 최후의 종말 이전에 성도들과 함께 천년동안 통치하시고자 지상에 다시 오시는 것을 가정한 것이다. 실제로 천년왕국설은 성도들이 지상왕국을 예루살렘에 세운다는 것을 확신하는 것에서부터 슈페너가 말한 대로 "보다 나은 시대"(better times)를 소망하는 것에 이르기까지 다양하다. 또한 천년왕국설은 유대인들의 회심과 적그리스도를 물리치는 것도 예고한다. 천년설(millennialism)을 참조하라.

경건한 자들의 모임(Collegium pietatis): 사적인 "경건한 자들의 모임"으로 거룩함을 증진시키는 의도에서 집이나 다른 장소에서 모이는 "비밀집회"(conventicle, assembly)로도 알려져 있다. 이 모임에는 기도, 경건서적 읽기, 성화에 대한 토론 및 성경공부 등이 포함되어 있다. 평신도 신자들이 이러한 모임에 힘쓸 것을 고무한 최초의 자료 가운데 하나는 1699년 슈페너가 행한 설교이다.

성경을 사랑하는 이들의 모임(Collegium philobiblicum): 신학생들이 성경연구를 위해 수업 외에 모인 모임으로서 1686년 라이프치히(Leipzig)에서 프랑케와 그의 친구 파울 안톤(Paul Anton)에 의해 설립되었다. 이로써 정통주의 신학 교수단과 긴장관계가 형성되었는데, 왜냐하면 이 모임이 교의학보다는 성경의 본문주석에 우선권이 있다고 강조하였으며 내적인 신앙의 생활에 몰두하도록 강화하였기 때문이다.

비밀집회(conventicle): "경건한 자들의 모임"을 보라.

도나투스주의(Donatism): 역사적으로 초대교회에서 교회의 도덕적 순결성을 주장하고 성례전의 생명력은 성직자의 순결성에 달려있다고 주장한 분리주의 운동이다. 보편적으로 도나투스주의는 메시지를 전달하는 자의 도덕적인 특성에 그 신뢰도가 담겨있다고 본다.

교회 안의 작은 교회(ecclesiola in ecclesia): "교회 안에 있는 작은 교회"라는 의미. 달리 표현하면 "경건한 자들의 모임"(Collegium pietatis)으로서 본래 의도는 교회를 위해 "누룩"이 되는 것이었다. 교회 안의 작은 교회(ecclesiola in ecclesia)가 지향한 의도는 회심하지 못한 목회자들과 경건하지 못한 신자들을 비판하고자 시작되었다. 그런 의미에서 이 비밀집회는 이미 알려진 도나투스주의자들과 마찬가지로 분리주의자들의 성향을 가지고 있었다.

열광주의/자(Enthusiasm/ Enthusiast): 그리스어의 의미로는 "하나님 안에 거하는 것"(God within-ism)이다. 이들은 성령에 의해 직접 영감을 받는 것을 주장하는 자들로서 종교개혁시대에는 경멸적인 호칭이었다. 루터는 열광주의자들을 "떼, 무리"(Schwärmer, 열광주의자)라고 불렀으며, 때에 따라서는 "광신자"(fanatics)로 번역되었다. 정통주의자들은 이 용어를 경건주의자들에 반대하는 의미로 사용하였다.

종말론(eschatology): 부활, 최후의 심판, 지옥과 영원한 생명 등 인류와 개인의 마지막 생을 결정짓는 "최후의 일들"을 다루는 신학의 한 분야이다.

방념(放念, Gelassenheit): 독일의 신비주의 전통에서 유래한 용어로 자기부정(self-renunciation)과 하나님의 뜻에 완전히 굴복하는 것을 나타내는 용어다. 이 단어에 걸맞은 영어 표현은 없다.

해석학(hermeneutics): "설명하다, 해석하다"(to interpret)라는 의미의 그리스어에서 유래한 것으로, 해석학은 본문을 설명하기 위해 사용되는 방법론을 다루는 학문이다.

연금술에 관한 작품들(hermetic writings): 1-3세기 어간에 걸쳐 기록된 신비적인 작품들로서 그 출처는 헤르메스 트리스메기스투스(Hermes Trismegitus)이다. 모든 지식을 관장하는 이집트인들의 신으로 명명되며, 지식을 통해 영혼이 하나님께로 고양된다고 말했다. 『연금술 전집』(corpus Hermeticum)은 1487년 마르실리오 피키노(Marsilio Ficino)에 의해 번역되어 서구 세계에서 유용하게 사용되어 왔다.

타락 이후 예정/ 타락 이전 예정(또는 전천년 왕국설/후천년 왕국설)(Infralapsarian/ supralapsarian): 신적인 예정과 개인의 영벌(永罰)이 아담의 타락 이후(infralapsarian)인가 아니면 타락 이전(supralapsarian)에 선고되었는가에 관한 개혁주의 신학의 예정론과 연관된 용어이다.

얀센주의(Jansenism): 이프레스(Ypres, 1636년 이후)의 주교인 코르넬리우스 얀센(Cornelius Jansen, 1585-1638)의 이름에서 따온 것으로, 그의 주요 연구업적은 아우구스티누스이며, 이 작품은 그가 죽은 후인 1640년에 유고집으로 출판되었다. 이 운동은 처음에 프랑스에 있는 포트 로얄 수도회(convent of Port Royal)가 중심이 되어 시작되었다. 경건성, 엄격한 도덕주의 및 예수회에 대한 비판이 알려지면서 1713년 9월 8일 교황 클레멘스 11세가 교서 "우니게니투스"(Unigenitus: 정식 이름은 Unigenitus Dei Filius. 프랑스에서 일어난 반체제 종교운동인 얀센주의 교리들을 단죄하는 내용이 실려 있다)를 통해 얀센주의를 단죄하였다. 얀센주의는 프랑스 신학자요 철학자이며, 신비주의자요 수학자인 블레즈 파스칼(Blaise Pascal. 1623-62)의 삶과 사상에 지대한 영향을 주었다.

비국교도주의(Non-conformity): 17세기 영국 국교회의 규율과 관습, 특히 예전을 수행하는 것을 거부했던 사람들을 가리키는 용어. 1662년 통일령(The Act of Uniformity)은 분리주의로 나아갔다. 일반적으로 이 용어는 제도적인 교회가 제정한 교리, 정책, 또는 규율 등에 대해 거부하는 것을 의미한다.

개신교 정통주의(Orthodoxy, Protestant): "바른 가르침"(right teaching) 또는 "바른 신앙"(right belief)으로, 성경이 문자적으로 영감(靈感)되었다는 교리에 근거해서 스콜라적인 방법론을 채택하여 체계적인 교리를 만든 16세기 후기와 17세기의 개신교 신학을 지칭한다.

정밀주의/자(Precisionism/ precisionist): 독일어로 "정확주의"(Präzisionismus)이다. 17세기 청교도들과 경건주의자들이 성경적인 개혁을 수행하고자 노력하면서 그들의 신앙과 도덕적 꼼꼼함이 마치 "정밀함"(preciseness)과 같다고 하여 조롱한 용어다.

정적주의(Quietism): 하나님 앞에서 전적으로 수동적이며 자기의지의 소멸을 옹호했던 17세기 경건의 한 형태로써 스페인의 사제 미구엘 드 몰리노스(Miguel de Molinos)와 연관되어 있다. 1687년 종교재판소(Inquisition)는 몰리노스에게 종신금고형을 선고하였으며 그의 저술들은 금서목록에 올렸다. 몰리노스는 마담 귀용과 감독 페넬롱(Fénelon)에게 영향을 끼쳤으며, 또한 이탈리아, 영국, 독일의 경건주의에도 영향을 끼쳤다.

개혁주의(Reformed): 칼빈주의자들의 교회와 그들을 신봉하는 자들을 지칭하는 용어.

열광주의자들(Schwärmer): 열광주의자들(Enthusiasts)을 참고하라.

분리주의/자(Separatism/ Separatist): 본래는 "어느 곳에 거주하는지"(tarrying for anie) 상관하지 않고 교회의 개혁을 촉구하였던 로버트 브라운(Robert Browne)과 그를 추종하는 자들에게 사용되었다. 또한 엘리자베스 해결책(Elizabethan Settlement)에 만족하지 못하고 제도적인 영국 국교회로부터 분리하여 모임을 만든 청교도(회중주의자들, Congregationalists)를 지칭하였다.

구원론(soteriology): 그리스어 구세주(soter)에서 유래한 것으로 구원에 관한 교리이다.

땅의 평안(Stillen im Lande): 시편 35:20의 "평안히 땅에 거하는 자"로서 제도적인 교회를 떠나서 가정에서 예배하고 기도하는 경건주의자들을 지칭한다.

타락 이전 예정론(Supralapsarianism): 타락 이후 예정론(infralapsarian)을 보라.

색 인

이텔릭체로 된 페이지 숫자는 장을 나타낸다. 페이지 번호 다음에 나오는 "n"은 해당 페이지의 미주 번호를 의미한다.

감리교(Methodism) 79, 159, 289, 153 175, 269, 292, 423, 511, 512, 517-526, 530-536

개혁주의 신학(Reformed theology) 7, 101, 126, 542, 546

거듭남(rebirth) 34, 51, 53, 195,-201, 203-204, 250, 291, 362, 375

게르라흐, 페테르즈(Gerlach, Petersz) 397

게르스도르프, 헨리에타 카타리나 폰(Gersdorf, Henrietta Catharina von) 421

게르하르트, 요한(Gehard, Johann) 65, 161

게르하르트, 파울(Gehardt, Paul) 38, 83, 153, 160, 164, 168-169, 174, 180, 480

겜볼드, 존(Gambold, John) 153

결의론(casuistry) 50, 114, 145, 146, 543, 119, 118

경건(*Frömmigkeit*) 24, 26, 28, 31, 32,35-36, 55-56, 59-60, 63, 69, 72, 93, 125, 150, 180, 329, 445

경건문학(devotional literature) 38, 49, 51-52, 248, 519

경건주의(Peitism)
 정의 23-54, 88-91
 사회윤리에 대한 공헌 157-159, 164-165, 176-177, 214-216, 232-233, 256-259, 516-517, 521-523

경건한 자들의 모임(collegium pietatis) 184, 256, 544-545

경배(worship) 150, 154, 161, 519, 539

계몽주의(Enlightenment) 29, 38, 41, 53, 65, 147, 217, 324, 397, 400, 410, 426, 472, 486, 494, 506, 513, 525, 531, 533, 543

계시 또는 묵시(apocalyptic) 190, 203, 275, 280, 286, 289, 297, 308, 315

공동기도서(Book of Common Prayer) 100, 127, 130

광야에 있는 여인의 공동체(Society of the Woman in the Wilderness) 296

괴테, 요한 볼프강(Goethe, Johann Wolfgang von) 53, 385, 504, 509

교부들(Church Fathers) 25, 112, 131, 209, 243, 253, 389, 391, 458, 460, 485, 513

교육(education) 351

교회안의 작은 교회(ecclesiola in ecclesia) 27, 44, 89, 544-545

속죄(atonement) 413, 516

구원(salvation) 19, 39, 51, 74, 82, 84, 86, 101-102, 107-110, 159, 169, 187-190, 193-197, 203-204, 206-207, 248, 250, 525, 255, 257, 260, 268, 271, 288, 310, 315, 317-318, 320, 325, 332, 335, 340, 351, 362, 379

귀용, 쟌느-마리 보비에 드 라 모드(Guyon, Jeanne-Marie Bouvier de la Mothe) (마담 귀용) 18, 38, 331-354, 367, 388, 390, 394, 396, 404, 412, 490, 513, 540

그라스, 귄터(Grass, Günter) 179

그랑거, 제네비브(Granger, Geneviève) 338

그래함, 빌리(Graham, Billy) 249

그레고리 타우마투르고스(Gregory Thaumaturgos) 458

그레고리, 니사(Gregory of Nyssa) 513

그리스도/하나님과 연합(union with Christ/God) 342, 362

그린우드, 존(Greenwood, John) 100

근대적 경건 또는 오늘의 경건 (Devotio moderna) 33, 79-80

기도(prayer) 25, 36 n 44, 38, 45, 69, 77, 100, 129, 154, 162, 165, 170, 176, 260, 262, 334, 386, 388, 390, 413, 520

기독론 66, 107, 170, 186, 314, 325, 434, 446

기히텔, 요한 게오르크(Gichtel, Johann Georg) 281

깁슨, 에드먼드(Gibson, Edmund) 525

네스틀레, 에버하르트(Nestle,

색 인 551

Eberhard) 462, 458, 477

노동(works) 47, 258, 444

노알리스, 추기경 루이스 드(Noailles, Cardinal Louis de) 421

노예(slavery) 68, 249, 256, 422, 429, 438, 532, 535

뉴턴, 아이작(Newton, Issac) 533

뉴턴, 존(Newton, John) 249

니버, 라인홀드(Niebuhr, Reinhold) 505

니취만, 데이비드(Nitschmann, David) 423, 439

니취만, 안나(Nitschmann, Anna) 425

니콜라이, 필립(Nicolai, Philipp) 72-73, 78, 80

다이히만, 헨리 존(Deichmann Henry John) 296

단하우어, 요한 콘라트(Dannhauer, Johann Conrad) 62, 183, 221, 223, 225

대각성 운동(Awakening<s> the 3) 77, 245, 264, 541, 543

데카르트, 르네(Descartes, René) 334, 494

도나티즘(Donatism) 544

도르트 종교회의(Dordt, Synod of) 245, 542

도버, 존 마르틴(Dober, J. Martin) 401

독일신학(*Theologia Deutsch*) 14, 68, 79

도르빌, 마리아(d'Orville, Maria) 399, 410

드알렉스, 장 드아렌통(d'Alex Jean d'Arenthon) 341

디비쉬, 프로코프(Divisch, Prokop) 494

디트마르, 요한(Dithmar, Johann) 281, 294

디펠, 요한 콘라트(Dippel, Johann Conrad) 403-404, 490

라 꽁브, 프랑수아(La Comb François) 339

라무스, 피터(Ramus, Peter) 101

라바디, 장 드(Labadie, Jean de) 390, 396, 398

로드, 윌리엄(Laud, William) 124

라이마루스, 헤르만 사무엘(Reimarus, Hermann Samuel) 385

레이저, 폴리캅(Leyser, Policarp) 23, 66

라이츠, 요한 하인리히(Reitz, Johann Heinrich) 401

라이프니츠, 고트프리트 빌헬름(Leibnitz, Gottfried Wilhelm) 484

란터파, 고함치는 사람들의 뜻으로 초기 감리교도들의 이명(異名)(Ranters) 268

랍, 요한 게오르크(Rapp, Johann Georg) 298, 473

랑고, 콘라트 티부르티우스(Rango, Conrad Tiburtius) 164

랑비처, 임마누엘 고트립(Langbecker, Emmanuel Gottlieb) 178

램지, 앤드류 마이클(Ramsey, Andrew Michael) 351

레거, 막스(Reger, Max) 179

레나투스, 크리스티안(Renatus, Christian) 425

레데, 제인 와드(Leade, Jane Ward) 267-299, 298, 303, 306, 318, 422

레싱, 고트홀트 에프라임(Lessing, Gotthold Ephraim) 53

렌티, 마르크라페 폰(Renty, Markgrave von) 393, 399, 404

로마 가톨릭(Roman Catholic) 14, 37, 75, 79, 124, 128, 186, 188, 194, 254, 297, 312, 325, 335, 399, 421, 470, 516

루비니, 장 베르니에 드(Louvingny, Jean Berniéres de) 397

로스, 마그누스 프리드리히(Roos, Magnus Friedrich) 472

로욜라, 이그나티우스(Loyola, Ignatius) 50, 128, 334

로, 윌리엄(Law, William) 269, 291, 514

로이스, 알브레히트 라이하르트(Reus, Albrecht Reichard) 451 n 2, 456, 468

로이스, 예레미아스 프리드리히(Reus, Jeremias Friedrich) 487

로젠루트, 크리스티안 크노르 폰(Rosenruth, Christian Knorr von) 488

색 인 553

로크, 요한 프리드리히(Rock, Johann Friedrich) 177, 487

로크, 존(Lock, John) 515, 517, 531

로페즈, 그레고리(Lopez, Gregory) 399, 404

뢰버, 파울(Röber, Paul) 156

루터, 마르틴(Luther, Martin) 33, -44, 63, 66-67, 70-72, 74, 78, -79, 105, 137, 153, 174, 186, 187-188, 194, 198, 208-209, 226, 250, 253, 312, 423, 463, 465, 492, 545

루터신학(Lutheran theology) 51, 84-86, 137-140, 170-171, 178-179, 187-191, 204-205, 214-216, 230-231, 361-362, 429-430, 503-504

리, 프란시스(Lee, Francis) 268, 275, 285, 296

리, 앤(Lee, Ann) 284

리츨, 알브레히트(Ritschl, Albrecht) 445

마녀(witchcraft, witches) 527, 533,

마담 드 맹뜨농(Madame de Maintenon) 347

마더, 잉크리스(Mather, Increase) 241

마더, 코튼(Mather, Cotton) 16, 241

마르바흐, 요한(Marbach, Johanness) 66, 451

마르크스, 칼(Marx, Karl) 474

마르티우스, 마티아스(Marthius, Martthias) 460

마음의 종교(heart religion) 23, 24, 37, 428, 430, 431, 514,

마이스터 에크하르트(Meister Eckerhardt) 80,

마이어, 요한(Mayer, Johann) 189

마카리우스(Macarius) 389, 513

맥코비우스, 요한네스(Maccovius, Johannes) 137,

만, 토마스(Mann, Thomas) 179

만물의 회복(*apokatastasis panton*) 268, 288, 289, 316, 502, 503, 542,

만인사제직(priesthood of all believers) 43, 520

말라발, 프랑스와(Malaval, François) 344

메노나이트(Mennonites) 247, 358 n 2

멜랑히톤, 필립(Melanchthon, Philipp)15, 105

모라비안(Moravians) 17, 18, 28, 40, 175, 246, 264, 295, 295 n 40, 401, 420, 422-425, 433, 437- 468, 487, 489, 492, 514, 516

모리츠, 칼 필립(Moritz, Karl Philipp) 354

모저, 요한 야곱(Moser, Johann Jakob) 176, 470, 498

몬타니즘(Montanism) 284

몰리노스, 미구엘 드 (Molinos, Miguel de) 254, 345, 347, 367, 547,

몰트만, 위르겐(Moltmann, Jürgen) 445, 504

무디, 드와이트 라이먼(Moody Dwight Lyman) 249, 259, 260

무신론(atheism) 42, 83, 186, 217, 428, 445,

뮤제우스, 요한네스(Musäus, Johannes) 233

뮬러, 하인리히(Müller, Heinrich) 40, 172, 205

뮬렌베르크, 헨리 멜키오르 (Mühlenberg, Henry Melchior) 177

믿음(faith) 33, 36-46, 51, 73-79, 82, 87, 89, 107, 108, 115, 133, 137, 138, 141, 147, 195, 196, 197, 201, 204, 206, 208, 209, 213, 216-219, 229-231, 248, 250, 254, 271, 281, 290, 294, 322, 331-335, 338, 360-363, 372, 375, 386, 376, 378, 395, 380-382, 396, 406, 409, 410, 412, 414, 429, 438, 461, 469, 471, 484, 485, 493, 502, 505, 522

밀, 존 스튜어드(Mill, John Steward) 459

바레니우스, 아우구스트(Varenius, August) 71, 72

바로, 피터(Baro, Peter) 106

바로우, 헨리(Barrow, Henry) 100

바르톨디, 펠릭스 멘델스존 (Bartholdy, Felix Mendelsson) 179

바르트, 칼(Barth, Karl) 299, 445

바이겔, 발렌틴(Weigel, Valentin) 34, 70, 79, 81,

바이셀, 콘라트(Beissel, Conrad) 297

바흐, 요한 세바스티안(Bach, Johann Sebastians) 385

바흐, 칼 필립 에마누엘(Bach, Carl Philipp Emanuel) 179

반-율법주의(Antinominianism) 133 n 20

방에만, 테오도르(Wangemann, Theodor) 178, 178 n 25

방념(*Gelassenheit*) 34 n 39

백스터, 리처드(Baxter, Richard) 49, 50, 123, 129-130, 133-148, 246, 250, 273

버니, 에드워드(Bunney, Edward) 131

버크, 필립 다비드(Burk, Philip David) 471

번연, 존(Bunyan, John) 125, 130

범신론(pantheism) 402

베르토, 쟈끄(Bertot, Jacques) 338, 342

베를레부르크 성경(*Berleburg Bible*) 294, 353, 401

베버, 막스(Weber, Max) 31, 522

베인스, 폴(Baynes, Paul) 117

베일리, 루이스(Bayly, Lewis) 48-49, 123-130, 134-135, 138-139, 146-148

베자, 테오도어(Beza, Theodore) 100-102 n 16

베트케, 요아힘(Betke, Joachim) 87-88

벨, 조지(Bell, George) 530

벵엘, 요한네스 알브레히트(Bengel, Johannes Albrecht) 90-91, 325, 449-474

보가츠키, 칼 하인리히(Bogatzky, Carl Heinrich) 176

보헤미안 형제회(Bohemian Brethern) 모라비안을 참조. 489

본회퍼, 디트리히(Bonhoeffer, Dietrich) 179, 248

볼로토브, 안드레아(Bolotov, Andrej) 472

볼테르(Voltaire) 385

볼프, 크리스티안(Wolff, Christian)

482, 484-485

뵈메, 안톤 빌헬름(Böhme, Anton Wilhelm) 48 n 74

뵈메, 야콥(Böhme, Jakob) 34-35, 48, 87-88, 269 n 4, 273-274, 280-299, 367-368, 402, 452, 484-485, 488, 492-495, 499

부리뇽, 앙트와네트(Bouringnon, Antoinette) 351, 513

부시에, 쟈끄 베니느(Bossuet, Jacques Bénigne) 337, 343, 348-350

부젠로이트, 요한네스(Busenreuth, Johannes) 70

부조화(non-conformity) 467

부처, 마르틴(Bucer, Martin) 65, 67, 260, 261

부틀라, 에바 마가레타 폰(Buttlar, Eva Magaretha von) 293

부흐너, 아우구스트(Buchner, August) 156, 162

북스테후데, 디트리히(Buxtehude, Dietriech) 179

분리주의(Separatism) 99-100, 112, 174,
278, 283, 298, 367, 395-396, 400, 402, 413, 488, 544-545

불름하르트, 요한 크리스토프(Blumhardt Johann Christoph) 325

뷔히젤, 안나 폰(Büchsel, Anna von) 402-403

브라이트하우프트, 요아힘 유스투스(Breithaupt, Joachim Justus) 215

브레클링, 프리드리히(Breckling, Friedrich) 87-88

브레히트, 베르톨트(Brecht Bertold) 179

브렌츠, 요한(Brenz, Johann) 14, 015

브렐러, 멜키오어(Breler, Melchior) 71

브롬리, 토마스(Bromley, Thomas) 291, 295

비손, 제니에(Bisson, Jeannie) 530

베아네, 마가레트 폰(Beaune, Magarett von) 394

비처, 라이먼(Beecher Lyman) 249-250, 260

빌핑거, 게오르크 베른하르트 (Bilfinger Georg Bernhard) 482

쁘아레, 피에르(Poiret, Pierre) 38, 351-353

시몬즈, 조셉(Symonds, Joshep) 131

삼위일체(Trinity) 161, 197, 207 n 60, 314, 321, 427-428, 501, 504, 506

샹탈, 종 드(Chantal, Jean de) 334-336

선교(missions) 24, 33, 42, 89, 175, 216, 220, 261, 264, 311, 335, 421-424, 440, 443, 445, 453, 490, 522

설교(preaching) 27, 36, 41-42, 48-49, 51-52, 80, 104, 109, 113, 115, 133, , 141, 158, 184, 193, 208, 227, 282

성경(Bible), 주석(*exegesis*), 해석학(*hermeneutics*) 27, 31, 32-33, 40, 43, 51, 69, 90, 98, 103-104, 126-127, 141, 215, 217, 231, 245, 289, 306-307, 318-320, 352-353, 380, 396, 412-422, 433, 457-460, 493, 499, 514, 525

성경을 사랑하는 모임(*collegium philobiblicum*) 215

성령(Holy Spirit) 219, 222, 231, 246, 264, 284, 300, 318, 361-363, 369, 380-381, 433-436, 500, 502-503, 514-515

성육신의 마리아(Mary of Incarnation) 399

성화(sanctification) 31, 34, 36 n 43, 75, 90, 175, 190, 215, 251, 322-324, 402-403

성찬(Lord's Supper) 34, 96, 98, 166, 186, 203-204, 250, 315, 367, 422, 493, 518

세례(baptism) 67, 82, 160, 198-19, 204-205, 312, 449 n 1, 464, 517

셰이커교(Shakers) 284소시니우스주의(Socinians) 186, 201

소피아(Sophia) 287-288, 293, 318, 368

쉬츠, 요한 야곱(Schütz, Johann Jakob) 287

쉴러, 요한 크리스토프 프리드리히 폰(Schiller, Johann Christoph Friedrich von) 53

슈미트, 세바스티안(Schmidt, Sebastian) 183, 191

슈미트, 요한(Schmidt, Johann) 183

슈발리에, 야곱(Chevalier, Jacob) 406-407

슈벵크펠트, 카스파 폰(Schwenckfelt, Kaspar von) 33, 79, 87-88

슈타우피츠, 요한 폰(Staupitz, Johann von) 68, 80

스토다드, 솔로몬(Stoddard, Solomon) 68, 80

스투룸 요한(Sturm, Johann) 65-66

슈팡엔베르크, 아우구스트 고트리브(Spangenberg, August Gottlieb) 444

슈페트, 요한 페터(Spaeth, Johann Peter) 325

슈페너, 필립 야콥(Spener, Philipp Jakob) 17, 27-28, 29 n 21, 30-31, 40, 52-53, 62, 72, 78, 85, 172, 174, 183-209, 351, 360, 365, 368, 463, 482, 544

슐라이어마허, 다니엘(Schleyermacher, Daniel) 402

슐라이어마허, 프리드리히(Schleiermacher, Friedrich) 402, 431, 441

슐레겔, 프리드리히 폰(Schlegel, Friedrich von) 204

스베덴보르그, 에마누엘(Swedenborg Emmanuel) 295

스쿠더, 헨리(Scudder, Henry) 49

슈토르, 요한 크리스티안(Storr, Johann Christian) 472

스피노자, 바룩(Spinoza, Baruch) 402

스핀들러, 다비드 벤델린(Spindler, David Wendelin) 450

스핀크스, 나다나엘(Spinckes, Nathaniel) 285

히메네스, 추기경(Ximenes, Cardinal) 459

시에나의 카타리나(Catherine of Sienna) 399

신비적인 영성주의(spiritualism) 34, 39

신비주의(mysticism) 28, 57, 67-68, 75, 78, 161-162, 171, 248, 273, 342-343, 350-352, 370, 372-374, 386, 399, 487-490, 501, 513

신생, 중생(regeneration) 36-37, 39, 43, 44, 51, 53, 87, 172, 195, 221-222, 225-229, 248-251, 260, 361-362, 372, 375

신정론(theodicy) 289

신정정치(theocracy) 439-440

신조(Creed) 38, 66-67, 88, 102-103, 110, 115, 117, 187, 193, 245, 277, 287, 312, 521

십스, 리처드(Sibbes, Richard) 117, 131

아기 예수의 엘리자베스(Elizabeth of the Child Jesus) 399

아르놀트, 고트프리드(Arnold, Gottfried) 15, 23, 34, 81, 270 n 6, 281, 291, 321, 337-382, 388, 396, 403, 452

아르눌프 폰 루뱅(Arnulf von Leuven) 161

아르미니우스, 제임스(Arminius, James) 101, 110

아르미니우스주의(Arminianism) 136, 244-245, 542

아른트, 요한(Arndt, Johnn) 28 n 17, 29, 33, 37, 39 n51, 41, 43, 61-91, 154-155, 162, 164, 169, 172, 176-178, 217, 255

에임스, 윌리엄(Ames, William) 117, 144

아우구스티누스, 아우구스티누스주의(Augustine, Autustinianism) 126, 169, 219, 225, 252, 445, 483, 546

아쿠아테인의 프로스퍼(Prosper of Acquatine I) 24

안네, 성 바르톨로뮤(Anne of St. Bartholomew) 399

안드레에, 요한 발렌틴(Andrea, Johann Valentin) 40-41, 84-85, 102

안젤라 다 폴리뇨(Angela da Foligno) 81

안톤, 파울(Anton, Paul) 215, 544

야블론스키, 다니엘 에른스트(Jablonski, Daniel Ernst) 423

얀센주의(Jansenism) 29, 344, 546

어셔, 제임스(Usher, James) 49

에가르트, 파울(Egard, Paul) 985-86

에드워드, 조나단(Edward, Jonathan) 241

에라스무스, 데시데리우스(Eramus Desderius) 33 n 38, 459

에르트무트, 도로데아(Erdmuth, Dorothea) 421, 425

에릭슨, 야곱 그리고 에릭(Eriksen, Jakob and Erik) 295

에페르첸, 엥겔베르트(Evertsen, Engelbert) 392

에페르첸, 요한 엥겔베르트(Evertsen, Johann Engelbert) 405-406

에벨링, 요한 게오르크(Ebeling Johann Georg) 157-158, 164-165

에큐메니즘(ecumenism) 75, 154

에프라타 공동체(Epharata Society) 297

엘러 분파(Eller Sect) 402-403

엘리어트, 조지(Eliot, George) 148

엘리엇, 존(Eliot, John) 261

엥겔스, 프리드리히(Engels, Friedrich) 474

여성들(women) 15, 37, 305-326, 425, 515, 523, 524-525, 534

여성신학(Feminist theology) 504

연금술(alchemy) 404, 493-494, 498, 501, 541

열광주의자(enthusiasts) 68, 277, 350, 511-512, 528-529, 534, 545

영감주의자들(Inspirationist) 177

영국 교회(Church of England) 116, 124, 130, 277, 521

예거, 요한 볼프강(Jäger, Johann Wolfgang) 452

예수회(Jesuits <Society of Jesus>) 50, 114, 128, 131 n 15, 141, 144, 390

예정(predestination) 50, 66, 96 n 3, 101-102, 104-108, 110-111, 116, 118, 243, 313, 317, 319, 510, 527, 542, 546

오순절주의(Pentecostalism) 512

오시안더 2세, 루카스(Osiander II, Lukas) 71

오웬, 존(Owen John) 133

오토, 루돌프(Otto, Rudolf) 431

오터베크, 엘스겐(Otterback, Elsgen) 397, 402

오피츠, 마르틴(Opitz, Martin) 162

와트, 아이작(Watts, Issac) 419

완전(perfection) 36, 39 n 51, 52, 74, 199, 202

외팅어, 프리드리히 크리스토프(Oetinger, Friedrich Christoph) 424, 438, 456, 472, 479, 480-506

요리문답(catechisms) 40, 69, 74, 142, 184, 210, 391

성 요한, 십자가의(John of the Cross) 352, 399

웨슬리, 수산나(Wesley, Susanna) 513

웨슬리, 존(Wesley John) 249, 511-520, 530

웨슬리, 찰스(Wesley, Charles) 519

윌버포스, 윌리엄(Wilberforce, William) 249

윙크워스, 캐서린(Winkworth, Catherine) 153

유니테리언주의(Unitarianism) 148

유대인, 유대주의(Jew, Judaism) 42, 89, 104, 206, 208, 217, 261, 310-311, 321, 325, 485, 489, 490, 501, 506

융-스틸링, 요한 하인리히(Jung-Stilling, Johann Heinrich) 385, 472

이신론(Deism) 280, 291, 400, 516, 532

인지학(人知學, Anthroposophy) 504

자연, 자연과학(nature, science) 49 n 77, 83, 273, 495

자연과학(science) 52, 106, 364, 370, 420, 491, 502, 531

자연신학(natural theology) 82

자우베르트, 요한헤(Saubert, Johann) 72

잔트하겐, 카스파 헤르만(Sandhagen, Kaspar Hermann) 217

장키, 제롬(Zanchi, Jerom) 101

전천년설, 후천년설(millennialism, pre and post) 207, 262, 268, 285, 290, 295, 308, 325, 501, 543

정적주의(Quietism) 40, 254, 297, 335, 345-346, 352, 354, 367, 402, 445, 490, 510, 544

정통주의, 개신교(Orthodoxy, Protestant) 23, 24, 37, 38-40, 42, 44, 65-69, 71, 84-91, 123, 137, 134-136, 161, 164, 178, 187-180, 202, 204, 208, 226, 292,

장미십자회(Rosicrucians) 498

제5군주론주의자들(Fifth Monarchy Men) 268

요안, 캉브레(Joan of Cambray) 399

좀머, 하인리히(Sommer, Heinrich) 394, 405

종교개혁(Reformation) 13, 14, 16-17, 24-26, 28-29, 30, 32, 34-35, 37 n 45, 54, 63, 72, 74-75, 78-79, 91, 111, 117, 125-126, 132 n 18, 188-190, 209, 214, 233, 245, 268, 306, 312, 314, 322, 449, 520, 533

종교적 체험(religious experience) 13, 14, 16-17, 24, 26, 28-29, 30, 32, 34-35, 37 n 45, 42, 54, 63, 72, 74-75, 78-79, 81, 91, 111, 117, 125-126, 132 n 18, 145, 155, 188-190, 209, 214, 233, 245, 268, 306, 312, 314, 322, 449, 520, 533

종말론(eschatology) 43, 52, 85, 88-90, 205-206, 261-262, 290, 308-309, 310, 317-318, 442, 464, 467, 472-473, 527

죄(sin) 36 n 43, 45, 50, 74-75, 78, 83, 105, 106, 110, 146, 166-167, 188, 195, 196, 200 n 40, 219, 227-228, 242, 249, 252, 270-271, 288-289, 290, 293, 318, 323, 349, 428-429, 437-438, 470, 495, 515

주석(exegesis) 90, 115, 205, 208, 222, 308, 331, 349, 352, 457-458, 462-463, 420, 500

찬송, 찬송가(Hymns, hymnody) 24, 26, 63, 73, 80, 896, 127, 153, 154-179, 368, 386, 393, 402, 419, 424-425, 429, 489, 520, 517-519, 520

청교도주의(Puritanism) 25 n 6, 28-29, 32, 99, 217, 241, 247, 541

종교 친우회(퀘이커, Religious Society of Friends) 278

진젠도르프, 니콜라스 루트비히 폰(Zinzendorf, Nicholas Ludwig von) 28, 246, 294, 401-402, 419, 420-440, 456, 467-468, 487, 489-490, 492

침머만, 요한 야곱(Zimmermann, Johann Jakob) 295

칭의(justification) 104, 138, 196-197, 319

카리스마적인 발발(charismatic outbreak) 293, 306, 351, 401

까미사드(프랑스의 칼빈주의 개신교도〈Camisards〉) 283-284

카발라(Cabbala) 35, 487-488, 492-493, 501, 504, 543

카스텔리오, 세바스티안(Castellio, Sebastian) 79

카시미르, 세이네 비텐베르크 공작 (Casimir, Count of Sayne-Wittenberg) 294, 353, 401

칸슈타인, 칼 힐데브란트 폰 (Canstein, Carl Hilderbrand von) 205

칸츠, 이스라엘(Canz, Israel) 482

칸트, 임마누엘(Kant, Immanuel) 29 n 21

칼, 요한 사무엘(Carl, Johann Samuel) 401

칼로프, 아브라함(Calov, Abraham) 156, 164

칼빈, 존(Calvin, John) 51, 79, 99, 103, 107, 116, 126 n 5, 253

칼빈주의(Calvinism) 41, 50, 67-68, 85, 136, 243-2445, 248-250, 395, 516, 526, 532

칼슈타트, 안드레아스 보덴슈타인 폰(Karlstadt, Andreas Bodenstein von) 34

켈피우스, 요한네스(Kelpius, Johannes) 296

켐니츠, 마르틴(Chemnitz, Matin) 66

코메니우스, 요한 아모스(Comenius, Johann Amos) 503

쾨니히, 사무엘(König Samuel) 293

쾨스터, 하인리히 베른하르트(Köster, Heinrich Bernhard) 297

퀘이커(Quakers): 종교 친우회 (Religion Society of Friends)를 보라.

크니프하우젠, 바론 도도 폰 (Knyphausen, Baron Dodo von) 275, 292

크래독, 월터(Craddock, Walter) 131

크루시우스, 크리스티안 아우구스트 (Crusius, Christian August) 472

크룸마허, 프리드리히 빌헬름 (Krummacher, Friedrich Wilhelm) 178

크뤼거, 요한(Crüger, Johann) 86, 157, 164, 172

크리소스토무스(Chrysostum) 458

크리습, 토비아스(Crisp, Tobias) 138 n 31, 271

크벤슈테트, 요한 안드레아스(Quenstedt, Johann Andreas) 23 n 1

클라우디우스, 마티아스(Claudius, Matthias) 179

클레르보의 베르나르(Bernard of Clairvaux) 81, 103, 139, 161, 167, 169

키스, 요한(Kies, Johann) 496

키케로(Cicero) 458, 502

꾸란(Koran) 217

타울러, 요한(Tauler, Johann) 68, 70-71, 80-81

타티안(Tatian) 464

탈무드(Talmud) 217

터툴리안(Tertullian) 23

테레사, 아빌라(Theresa of Avila) 399

테어슈테겐, 게르하르트(Tersteegeen, Gerhard) 81, 352, 385

테일러, 제레미(Tayor, Jeremy) 514

텔레만, 게오르크 필립(Telemann, Georg Philipp) 179

토마스 아 켐피스(Thomas à Kempis) 79, 127, 328, 514

토마시우스, 크리스티안(Thomasius, Christian) 324

토저(Tozer, A.W.) 352 n 18

트로이너, 요한 필립(Treuner, Johann Philipp) 173

파라켈수스(Paracelsus)호헨하임(Hohenheim)을 보라. 32, 82-83

파스칼, 블레즈(Pascal, Blaise) 169, 229, 293, 513, 546

파슨스, 로버트(Parsons, Robert) 135 n 15

파파스, 요한(Pappas, Johann) 65

패티슨, 마크(Pattison Mark) 511-513, 535

퍼킨스, 윌리엄(Perkins, William) 50, 95-117, 242, 256

페넬롱, 프랑수아 드(Fénelon François de) 333, 340, 347, 351, 547

페테르젠, 요한 빌헬름(Petersen, Johann Wilhelm) 292, 304

페테르젠, 요한나 엘레아노라 메를라우(Petersen, Johanna Eleanora Merlau) 303-326

페핑, 에른스트(Pepping, Ernst) 179

펠, 존(Fell, John) 459

펠라기우스주의(Pelagianism) 515, 517

펠러, 요아힘(Feller, Joachim) 30-31

포르다지, 존(Pordage, John) 272-275, 286-288, 291

포르스트, 요한(Porst, Johann) 174

포브, 아드리안(Pauw, Adriaan) 392, 3999, 404

포이스트킹, 요한 하인리히(Feustking, Johann Heinrich) 324

포이어바흐, 루트비히(Feuerbach, Ludwig) 53, 444

폰타네, 테오도르(Fontane, Theodor) 179

포에티우스, 기스베르트(Voetius, Gisbert) 117

풀러, 토마스(Fuller, Thomas) 97 n 4, 109-111, 113

프라이링하우젠, 요한 아나스타시우스(Freylinghausen, Johann Anastasius) 173-174

프란시스, 아시시(Francis of Assissi) 386

프랑수아 드 살레스(Françcous de Sales) 334, 336, 341

프랑케, 아우구스트 헤르만(Francke, August Hermann) 17, 44, 85, 153, 173, 185, 213-233, 243, 254-256, 260, 262, 264, 420-421, 453-456, 482, 488

프랑크, 세바스티안(Frank, Sebastian) 79

프랭클린, 벤저민(Franklin, Benjamin) 62, 257, 494

프레스톤, 존(Preston, John) 117

프레토리우스, 스테판(Praetorius, Stephan) 70, 83

프로이트, 지그문트(Freud, Sigmund) 445

프리드리히 대제(Frederick the Great)

385, 410

프리스틀리, 요셉(Priestly, Joshep) 533

플러리, 클로드(Fleury, Claude) 513

피니, 찰스(Finney, Charles) 256, 260, 262

피스터, 오스카(Pfister, Oskar) 445

피히테, 임마누엘 헤르만 폰(Fichte, Immanuel Hermann von) 53

필라델피아 공동체(Philadelphia Society) 267-269, 277-280, 282-285, 291, 294, 299, 422 n 3

하나님의 나라(Kingdom of God) 76-78, 80, 231, 244, 263, 467, 503

하나님의 형상(Image of God) 78, 82-83, 90, 314-315, 362-363

하모니스트(Harmony Society) 298

하우크, 요한 하인리히(Hauck, Johann Heinrich) 401

하이네, 하인리히(Heine, Heinrich) 248

한, 필립 마테우스(Hahn, Philip Matthäus) 177

할레 재단(Halle Institutions) 45, 185, 213, 252, 404

해석학(hermeneutics) 221, 223-226, 233, 306, 319, 353, 434, 500, 545,

헤겔, 게오르크 빌헬름 프리드리히(Hegel, Georg Wilhelm Friedrich) 473-474, 504

헤르더, 요한 고트프리드(Herder, Johann Gottfried) 504

헷처, 루트비히(Hetzer, Ludwig) 79

헤페, 하인리히(Heppe, Heinrich) 95

형제단(Unitas Fratrum) 117, 401

호르헤, 요한 하인리히(Horche, Johann Heinrich) 293

호파커, 루트비히(Hofacker, Ludwig) 178

호프만, 빌헬름(Hoffmann, Wilhelm) 387, 394, 405

호헨하임, 테오프라스트 봄바스트 폰 파라켈수스(Hohenheim, Theophrast Bombast von <Paracelsus>) 33

호호만 폰 호헤나우, 에르네스트 크리스토프(Hochmann, von Hochenau, Ernest Christoph) 293, 389, 398

호흐슈테터, 안드레아스 아담(Hochstetter, Andreas Adam) 452

호흐슈테터, 요한 안드레아스(Hochstetter, Johann Andreas) 452, 482

홉킨스, 사무엘(Hopkins, Samuel) 260

회개(repentance) 67, 74, 76-77, 84, 109, 128, 110, 219, 250, 332, 382

회심(conversion) 27, 44, 48, 74, 89, 97, 107, 110, 142, 146, 196, 208, 218-219, 221, 224, 226-227, 230, 232-233, 249, 251, 260, 291, 310-311, 335, 337, 358, 362, 387, 443, 457, 483, 534

후커, 리처드(Hooker, Richard) 116

후터, 레온하르트(Hutter, Leonhard) 23 n 1, 156, 160

휘티어, 존 그린리프(Whittier, John Greenleaf) 296

휴즈, 휴 프라이스(Hughes, Hugh Price) 511, 534

희망의 신학(theology of hope) 42

힉스, 조지(Hicks, George) 284, 285 n 24

힐러, 필립 프리드리히(Hiller, Philipp Friedrich) 472

경건주의 신학과 신학자들
The Pietist Theologians

2009년 7월 31 일 초판 발행
2019년 10월 10 일 초판 2쇄 발행

편 집 | 카터 린드버그
옮긴이 | 이은재

펴낸곳 | 사) 기독교문서선교회
등록 | 제16~25호(1980. 1. 18)
주소 | 서울시 서초구 방배동 983-2
전화 | 02) 586-8761~3(본사) 031) 923-8762~3(영업부)
팩스 | 02) 523-0131(본사) 031) 923-8761(영업부)
홈페이지 | www.clcbook.com
이메일 | clckor@gmail.com
온라인 | 기업은행 073-000308-04-020,
       국민은행 043-01-0379-646

       예금주: 사)기독교문서선교회

ISBN 978-89-341-1047-7(93230)

• 낙장•파본은 교환해 드립니다.